W9-CXM-195

500 Jahre Theologie in Hamburg

Hamburg als Zentrum christlicher Theologie und Kultur
zwischen Tradition und Zukunft

Mit einem Verzeichnis sämtlicher Promotionen
der Theologischen Fakultät Hamburg

Herausgegeben von

Johann Anselm Steiger

Walter de Gruyter · Berlin · New York

BV
4140
.G3
A16
2005

♾ Gedruckt auf säurefreiem Papier,
das die US-ANSI-Norm über Haltbarkeit erfüllt.

ISBN-13: 978-3-11-018529-4
ISBN-10: 3-11-018529-6

Bibliografische Information Der Deutschen Bibliothek

Die Deutsche Bibliothek verzeichnet diese Publikation in der Deutschen Nationalbibliografie;
detaillierte bibliografische Daten sind im Internet über http://dnb.ddb.de abrufbar.

© Copyright 2005 by Walter de Gruyter GmbH & Co. KG, D-10785 Berlin

Dieses Werk einschließlich aller seiner Teile ist urheberrechtlich geschützt. Jede Verwertung
außerhalb der engen Grenzen des Urheberrechtsgesetzes ist ohne Zustimmung des Verlages
unzulässig und strafbar. Das gilt insbesondere für Vervielfältigungen, Übersetzungen, Mikro-
verfilmungen und die Einspeicherung und Verarbeitung in elektronischen Systemen.

Printed in Germany
Satz: Stefan von der Lieth, Hamburg
Umschlaggestaltung: Christopher Schneider, Berlin

Vorwort

Die Theologie an der Hamburger Universität wurde im Wintersemester 2004/05 fünfzig Jahre alt. Die Hamburger Bürgerschaft beschloß im Oktober 1952 einstimmig das ‚Gesetz über die Errichtung einer Evangelisch-Theologischen Fakultät'. Erklärtes Ziel war es – auch hierin herrschte Einigkeit –, die im Jahre 1919 gegründete Hamburgische Universität durch eine Theologische Fakultät zu komplettieren und sie so zu einer ‚Volluniversität' auszubauen. Helmut Thielicke, Gründungsdekan der Theologischen Fakultät und späterer Rektor der Universität Hamburg, schreibt dazu in seinen Lebenserinnerungen unter anderem: „Tatsächlich wurde deren Gründung [scil. der Theologischen Fakultät] dann mit einer Einmütigkeit, wie sie sonst nur beim Thema ‚Hafen' zustandezukommen pflegt, beschlossen. (So erzählte es mir strahlend der zuständige Senator Landahl, der einer der eifrigsten Förderer dieses Plans war.)"[1] Im Wintersemester 1954/55 nahm die Hamburger Fakultät ihren Lehr- und Forschungsbetrieb auf.

Die Theologie in Hamburg ist – so könnte es scheinen – mit ihren 50 Jahren vergleichsweise jung. In Wahrheit aber ist die theologische Wissenschaft in Hamburg sehr viel älter. Seit 1493 gab es am Dom theologische und philosophische Vorlesungen. Unter den Hauptpastoren vergangener Jahrhunderte finden sich führende Köpfe und tonangebende Theologen – etwa Philipp Nicolai, Johann Winckler und Johann Melchior Goeze. Viele andere wären zu nennen. Zudem wurden auch am 1613 gegründeten Akademischen Gymnasium, das de facto eine Hochschule ohne Universitätsstatus war, sowie seit 1764 im ‚Allgemeinen Vorlesungswesen' wegweisend Theologie und Philologie, nicht zuletzt Orientalistik und Hebraistik betrieben. Das Hamburger Akademische Gymnasium genoß recht rasch nach seiner Gründung europaweit hohe Wertschätzung, was u.a. Johann Christoph Wolf dazu bewog, einem Ruf nach Hamburg zu folgen und Wittenberg, wo er bereits eine außerordentliche Professur für Philosophie bekleidete, den Rücken zu kehren, um in der Hansestadt den Rest seines Gelehrtenlebens forschend und lehrend zu verbringen. Wie Hermann Samuel Reimarus ist es nicht we-

---

1   HELMUT THIELICKE, *Zu Gast auf einem schönen Stern. Erinnerungen*, Hamburg ³1984, 281.

nigen anderen gegangen: Reimarus wechselte, nachdem er das ‚Grundstudium' am Akademischen Gymnasium absolviert hatte, nach Jena
und war von der dortigen Universität zutiefst enttäuscht. Tatsache ist,
daß die ‚Beschränkung' auf die artes-Fächer in Hamburg wie an manch
anderem akademischen Gymnasium zumal in Norddeutschland die
Möglichkeit bot, auf diesen Gebieten Spezialisierung und ‚Exzellenz' zu
erreichen, die den universitären Standorten versagt blieb.[2]

Ganz entscheidend haben in Hamburg aber auch Nicht-Theologen
das Nachdenken über die Frage bestimmt, wie von Gott zu reden sei:
Schriftsteller, Philosophen, Pädagogen, Dichter. Mit einem Wort: Seit
dem ausgehenden 15. und beginnenden 16. Jahrhundert war Hamburg
ein wichtiges nicht-universitäres Zentrum wissenschaftlicher Theologie. Ähnlich wird man sagen dürfen, daß die Hansestadt auch eines der
bedeutendsten nicht-akademischen Zentren der Aufklärung in Mitteleuropa war.

Vorliegender Band vereinigt die Vorträge, die im Wintersemester
2004/05 im Rahmen der aus Anlaß des fünfzigjährigen Bestehens der
Theologischen Fakultät bzw. des Fachbereichs Evangelische Theologie
veranstalteten Vorlesungsreihe „500 Jahre Theologie in Hamburg. Hamburg als Zentrum christlicher Theologie und Kultur zwischen Tradition
und Zukunft" gehalten worden sind.[3] Die Beiträge dieser Vorlesungsreihe, die nicht nur unterschiedliche theologische Fachkompetenzen
interdisziplinär bündelte, sondern zudem benachbarte Geisteswissenschaften integrierte, spannen einen Bogen von der Reformationszeit über
das konfessionelle Zeitalter und dasjenige der Aufklärung bis hinein in
das 20. Jahrhundert. Besonderes Augenmerk gilt hierbei der seinerzeit
international anerkannten (und bislang wenig erforschten) Kultur der
Gelehrsamkeit am Hamburger Akademischen Gymnasium im 17./18.
Jahrhundert (Johann Albert Fabricius, Johann Christoph Wolf, Hermann
Samuel Reimarus), aber auch der Debatte zwischen Lessing und Johann
Melchior Goeze im Rahmen des sog. Fragmentenstreits. Neben einem
weiteren Schwerpunkt, der die Gründungsgeschichte der Hamburger
Theologischen Fakultät, die Bedeutung des Wirkens Helmut Thielickes
und der Missionswissenschaft als eines Hamburger Propriums zum
Gegenstand hat, enthält der Band innovative Studien zur Hamburger
Erweckungsbewegung (Sieveking/Averdieck) sowie zu Johann Hinrich
Wichern. Anhand exemplarischer Ausschnitte entsteht so ein Überblick

---

2   Vgl. Fritz Krafft, Art. „Jungius (Junge), Joachim", in: Ders., *Vorstoß ins Unerkannte.
      Lexikon großer Naturwissenschaftler*, Weinheim u.a. 1999, S. 231-233, hier 232.
3   Zusätzlich aufgenommen wurden neben dem Verzeichnis der Promotionen der Bei-
      trag von Christian Herrmann und der Aufsatz von Rainer Hering mit dem Titel
      „Theologie am Rande der Kirche".

über fünf Jahrhunderte Hamburger Christentumsgeschichte, der zugleich bestrebt ist, die lokalgeschichtlich relevanten Aspekte in die übergreifenden mentalitätsgeschichtlichen Entwicklungen einzuordnen. Ein programmatischer Beitrag zur Standortbestimmung der wissenschaftlichen Theologie im universitären Kontext angesichts der voranschreitenden Säkularisierung richtet den Blick in die Zukunft und rundet den Band ab. Beigegeben ist dem Band zudem ein detailliertes Verzeichnis sämtlicher in Hamburg Promovierter sowie aller Ehrendoktoren.

Ich danke allen Autorinnen und Autoren für ihr Engagement innerhalb der Vorlesungsreihe und bei der zügigen Vorbereitung der Drucklegung. Zudem gilt mein Dank den Herausgebern der Reihe ‚Arbeiten zur Kirchengeschichte', Herrn Stefan von der Lieth, der die Satzarbeiten erledigte und das Register anfertigte, den Herren Dres. Claus-Jürgen Thornton und Albrecht Döhnert vom Verlag Walter de Gruyter sowie Herrn Dr. Hans-Walter Stork (Staats- und Universitätsbibliothek Hamburg), der freundlicherweise eine Reihe von Abbildungsvorlagen zur Verfügung stellte.

Meinen aufrichtigen Dank spreche ich zudem der Abteilung „Forschung und Wissenschaftsförderung" der Verwaltung der Universität Hamburg aus, die durch die Bereitstellung von finanziellen Mitteln die Einladung der auswärtigen Referenten ermöglichte und zudem eine Druckbeihilfe gewährt hat.

Hamburg, im August 2005   Johann Anselm Steiger

Inhalt

Abb. 1: Johannes Bugenhagen

„Der Ehrbaren Stadt Hamburg Christliche Ordnung" durch Johannes Bugenhagen (1529)

von

TRAUGOTT KOCH

I.

Vor 475 Jahren erging „Der Ehrbaren Stadt Hamburg Christliche Ordnung".[1] Sie war verfaßt von Johannes Bugenhagen, dem aus Pommern stammenden Freund, Beichtvater und Mitreformator Luthers, den der Rat der Stadt Hamburg eigens zur Errichtung dieser Ordnung aus Wittenberg gleichsam ausgeliehen hatte und der zu diesem Zweck vom 9. Oktober 1528 bis zum 9. Juni 1529 in Hamburg in der sog. „Doktorei", gestiftet von einem Domherrn, zwar nicht „weilte", aber tätig war.[2] Von Bugenhagen verfaßt, trug diese Ordnung auch den Titel: „De Ordeninge Pomerani". In alter Handschrift sind das 132 Seiten.[3] „Am Pfingstsonnabend, dem 15. Mai 1529, wurde die[se] Ordeninge von Rat und Bürgerschaft angenommen und am Sonntag Trinitatis, dem 23. Mai, von allen Kanzeln" verlesen – nebenbei: welche Zumutung an die Geduld der Zuhörer – „als ‚der Erbarn Stadt Hamborch Christlike Ordeninge‘".[4] Und so trat sie als städtisches Gesetz, als Recht in dieser Stadt, in Kraft.

1 JOHANNES BUGENHAGEN, *Der Ehrbaren Stadt Hamburg Christliche Ordnung 1529. De Ordeninge Pomerani.* Unter Mitarbeit von Annemarie Hübner hg. und übersetzt von HANS WENN (AKGH 13), Hamburg 1976. – In dieser Ausgabe ist auf der linken Seite (mit geraden Seitenzahlen) der niederdeutsche Originaltext und auf der rechten Seite (mit ungeraden Seitenzahlen) eine hochdeutsche Übersetzung wiedergegeben. Gelegentlich weiche ich von der vorliegenden Übersetzung ab. – Im folgenden abgekürzt zitiert als: Hamburger Ordnung.

2 CARL HIERONYMUS WILHELM SILLEM, *Die Einführung der Reformation in Hamburg* (SVRG 16), Halle 1886, 124–154.

3 Hamburger Ordnung (Anm. 1), 308

4 WENN in seinem Nachwort zur Hamburger Ordnung (Anm. 1), 284. In der „Hamburger Ordnung" selbst über die Annahme durch Rat und Bürgerschaft: Ebd., 134f.

Mit dem ersten Epitheton oder Adjektiv: „der ehrbaren Stadt" dürfte es wohl keine Probleme geben: eine etwas altmodische, aber gefällige Bezeichnung. Jedoch das zweite Adjektiv: der „Stadt [...] christliche Ordnung" – was soll das heißen? Eine „christliche Ordnung" Hamburgs: Wenn es das je gegeben hat, wir bezweifeln das spontan, so ist doch nichts davon geblieben – oder? Davon geblieben ist allenfalls, so scheint es, die Senatsbank in der St. Michaelis Kirche, selten oder nie ordentlich besetzt. Doch, so möchte ich raten, seien wir vorsichtig und langsam im Urteil. Es ist, vorweg sei es gesagt, erheblich mehr geblieben durch diese Etablierung der lutherischen Reformation in einer Stadt wie Hamburg.

Drei Jahre vor der Veröffentlichung und rechtsverbindlichen Inkraftsetzung der Hamburger Ordnung Bugenhagens hat er im Jahre 1526 der Stadt Hamburg eine Schrift gewidmet, in der er – im Anschluß an Luther – seine reformatorische Lehre wiedergibt. Sie trägt den Titel: „Van dem Christen loven" [= Glauben] „unde rechten guden wercken wedder den falschen loven unde erdichtende guden wercke. Dar tho, wo me schal anrichten myt guden Predickeren, dat sulk loven und wercke gepredicket werden. An de ehrentrike" [= ehrenreiche] „stadt Hamborch. Dorch Johannes Bugenhagen Pomeren [...]."[5] In den Schlußausführungen handelt sie auch von den nötigen Neuregelungen der bisher kirchlichen Belange: zunächst „von den Predigern",[6] einschließlich ihrer notwendigen Besoldung;[7] sodann „von guten Schulen anzurichten",[8] und schließlich von der ‚Einrichtung' eines „gemeinen Kasten[s]" zur Armenversorgung.[9] So enthält diese Schrift bereits als grundlegend für die Neuordnung der bisher kirchlichen Belange die drei Hauptthemen: Predigeranstellung und -besoldung, Einrichtung von Schulen, Regelung der Armenfürsorge.[10]

---

5 So aufgeführt in: Hamburger Ordnung (Anm. 1), 316. Übersetzt ist diese Schrift von KARL AUGUST TRAUGOTT VOGT in: DERS., Johannes Bugenhagen Pomeranus. Leben und ausgewählte Schriften (LASLK 4), Elberfeld 1867, 101–262.

6 Bei VOGT (Anm. 5), 240.

7 Bei VOGT, 252: „Daß man die Prediger versorge". Hier heißt es: „Zum anderen, dieweil die Prediger die Schafe zum ewigen Leben weiden müssen, so wärs wider Gott und Recht, daß die Hirten nicht wiederum genugsam versorgt sollen werden".

8 Bei VOGT, 257.

9 Bei VOGT, 261.

10 Nach Hermann Hering enthält die oben zitierte Schrift Bugenhagens „die Grundzüge, nach welchen er später alle seine Kirchenordnungen ausgeführt hat" (HERMANN HERING, Doctor Pomeranus, Johannes Bugenhagen. Ein Lebensbild aus der Zeit der Reformation [SVRG 22], Halle 1888, 37). Erstmals ist die von Johannes Aepinus verfaßte Ordnung für die Stadt Stralsund von 1525 entsprechend der oben angeführten Dreiteilung aufgebaut. Die Kapitelüberschriften lauten: „1) Van den Predigern [...] 2) van der Schole [...] 3) van den gemenen Kasten [...]" (C. F. JÄGER, „Die Bedeutung

Der Hamburger Ordnung (1529) ging in Bugenhagens Wirken die „Der Erbarn Stadt Brunswig Christlike orderninge" (1528) voraus.[11] Diese Braunschweiger Ordnung ist mustergültig geworden für alle seine folgenden Stadt- und Land-Ordnungen, nämlich: 1529 in Hamburg, 1531 in Lübeck, 1535 in Pommern, 1537 in Dänemark und Norwegen, 1542 in den Herzogtümern Schleswig und Holstein, 1543 im Herzogtum Braunschweig-Wolfenbüttel und 1544 in Hildesheim.[12] Im kurzen Vorwort der Braunschweiger Ordnung gibt Bugenhagen die drei Grundbestimmungen und somit die drei Teile seiner Ordnung wie folgt an:

> VOr alle sint dre dinck alse nödisch angesehen. Dat erste, gude scholen up torichten vor de kindere. Dat ander, predikere, de Gades wort reyn dem volke vordragen, antonemen, ock, latinische lectien und uthleginge [= auch lateinische Lesungen und Auslegungen] der hilgen scrifft, vor de geleerden to vorschaffen. Dat drudde, gemeyne Casten antorichten mit kerken guderen unde anderen gaven, dar uth sulke unde andere kerken deenste erholden, unde der armen notrofft werde geholpen. Darna is ock gehandelt wat Christlike Ceremonien unde andern kerken deenst andrept [= anbetrifft], so vele alse deenstlick, tomm Evangelio, Christliker leve [= Leben], ehre unde eynicheit, is angesehen.[13]

Das sind auch die drei Hauptstücke, die der Hamburger Ordnung zugrunde liegen und sie bestimmen: 1. Die Einrichtung von Schulen. 2. Die Anstellung rechter Prediger. 3. Die Schaffung einer geregelten Besoldung für die Prediger und – nota bene – für die Schullehrer und zudem einer dauerhaften Fürsorge für die Armen mittels eines „gemeinen Castens", eines allgemeinen oder gemeindlichen, wie es in der Hamburger Ordnung heißt, „Schat[z]kastens".[14]

In der gegenwärtigen Geschichtsschreibung zur Reformation ist es nach Jahrzehnten vergangener Zeiten, in welchen man Luthers Reformation als totalen Neuanfang und Aufbruch in die Neuzeit pries, Mode geworden zu behaupten, mit der Reformation Luthers, seiner Freunde und Anhänger sei im Grunde gar nichts Neues in die Welt, in die Geschichte

---

der ältern bugenhagen'schen Kirchenordnungen für die Entwicklung der deutschen Kirche und Cultur", in: *ThStKr* 26 (1853), 457–512, zur Sache: 467. Vgl. auch: ANNELIESE SPRENGLER-RUPPENTHAL, „Bugenhagen und das protestantische Kirchenrecht", in: *ZSRG.K* 88 [1971], 196–233, zur Sache: 202, Anm. 17).

11   Aufgeführt in: Hamburger Ordnung (Anm. 1), 316.

12   WILHELM JENSEN, „Johannes Bugenhagen und die lutherischen Kirchenordnungen von Braunschweig bis Norwegen" in: Lu 29 (1958), 60–72, zur Sache: 62f. Ebenso: JOACHIM ROGGE, in: JOHANNES BUGENHAGEN [Werke]. Ausgewählt und übersetzt von JOACHIM ROGGE (Quellen 30-II), Berlin 1962, zur Sache: 9.

13   BUGENHAGEN [Werke] (Anm. 12), 100.

14   So Bugenhagens eigene Zusammenfassung in der „Vorrede" zur Hamburger Ordnung (Anm. 1) (12f.) und in deren Eröffnung (36f.).

gekommen, sondern alles sei längst schon vorreformatorisch angelegt und zumindest ansatzweise entwickelt, von einer mehr oder weniger nebensächlichen Kritik an den damaligen kirchlichen Zuständen abgesehen. Dem entgegen behaupte ich: Mit Bugenhagens Stadtordnung hat sich Erhebliches verändert; und das ist in den wesentlichen Grundsätzen bis in die Gegenwart geblieben. Es betrifft das die drei oder vier Hauptstücke: die Schulen, die Anstellung von Predigern, die geregelte Besoldung der Prediger und Lehrer und die geordnete Armenfürsorge. Das hat die reformatorische Ordnung der rechtmäßigen Zuständigkeit der bisherigen Kirche entzogen und zu einer Angelegenheit städtischer, also bürgerlich-weltlicher Kompetenz erklärt.[15] Und so ist es ja, was die Schulen und die Besoldung der Lehrer und was die auf Dauer gestellte, öffentliche Armenfürsorge oder „Sozialhilfe" betrifft, mit einschneidenden Wandlungen bis heute geblieben. H. Hering meinte in seiner Bugenhagen-Biographie aus dem Jahre 1888 zu seinem Bedauern feststellen zu müssen, daß Bugenhagens Bestimmungen zur Armenpflege der „weiteren Entwickelung Anknüpfungen geboten" haben, die zu einer „rein bürgerliche[n], religiös indifferente[n]" Wohlfahrtspflege führten.[16] Nun, das ist wohl so.[17] Bugenhagens Hamburger Ordnung ist eben eine Stadtordnung, ist Stadtgesetz – und ist keine von der Stadt getrennte „Kirchenordnung".

---

15 Nach Bernd Moeller lassen sich die reformatorischen „Neuerungen" in den Städten dahingehend „zusammenfassen, daß in den Städten nunmehr die Organe der bürgerlichen Selbstverwaltung für Schulen und Bildung, Fürsorge und Sittlichkeit vollends die Zuständigkeit, Verantwortung und Leitung übernahmen; der Hoheitsbereich des Rates wurde ausgeweitet, die Identifikation der bürgerlichen und kirchlichen Gemeinde vervollkommnet" (BERND MOELLER, Reichsstadt und Reformation. Bearb. Neuausgabe, Berlin 1987, 91).

16 HERING, Doctor Pommeranus (Anm. 10), 71. Hering wünscht sich statt dessen „eine lebendige Befruchtung der Armen= und Krankenpflege durch die Macht der persönlichen, aus dem Glauben geborenen Liebe". Ernst Wolf nennt dies Bedauern angesichts der „befreienden Sachlichkeit auf dem Gebiet der sog. christlichen Liebestätigkeit", die „einem hier" bei Bugenhagen „entgegen[tritt]", ein „arges Mißverständnis der reformatorischen Haltung" (ERNST WOLF, „Johannes Bugenhagen, Gemeinde und Amt", in: DERS., Peregrinatio, Bd. 1: Studien zur reformatorischen Theologie und zum Kirchenproblem, München 1954, 257–278, zur Sache: 273). Zu Luthers Wittenberger Ordnung (1522) und zu seiner Leisniger „Ordnung eines gemeinen Kasten" (1523) erklärt KARL HOLL: „Es war der erste Keim für die Entwicklung zum sozialen Staat" (Karl Holl, „Die Kulturbedeutung der Reformation" [1911], in: DERS., Gesammelte Aufsätze zur Kirchengeschichte, Bd. 1: Luther, Tübingen ⁴1927, 468–543, hier: 510).

17 RAINER POSTEL, „Sozialgeschichtliche Folgewirkungen der Reformation in Hamburg", in: 450 Jahre Reformation in Hamburg. Eine Festschrift, hg. v. WENZEL LOHFF, Hamburg 1980, 63–84, hier: 80 erklärt: „Damit war das neue System der Armen- und Wohlfahrtspflege an die städtische Obrigkeit gebunden."

II.

Selbstverständlich gab es längst schon vor der Reformation Schulen und Hohe Schulen. Das waren ganz überwiegend oder in der Mehrzahl Kloster-, Stifts- und Domschulen. Daneben gab es einige städtische Schulen, mehrheitlich wohl in Latein, aber auch in Deutsch unterrichtende Schulen. Doch auch für diese städtischen Einrichtungen stand die rechtliche Kompetenz der Schulverwaltung, der Anstellung der Schullehrer, der Schulaufsicht und der Erhebung von Schulgeld – jedenfalls in der Sicht der damaligen römischen Kirche – zumeist dem Domscholastikus zu. Auch in Hamburg existierte vor der Reformation eine städtische, deutsche Schule im Kirchspiel St. Nicolai. Jahrzehntelang hat sich die Stadtregierung mit dem Domscholastiker wegen der Rechte der Bestellung von Lehrern, der Schulverwaltung und der Aufsicht gestritten – bis zu Bugenhagens Ordnung.[18]

Von einer geregelten Besoldung aller Prediger *und* gar der Schulmeister konnte *zuvor* keine Rede sein.[19] Nun aber, nach 1529, war die geregelte Besoldung aller Prediger, bis hin zum dritten Kaplan an St. Jacobi, und aller Lehrer, auch an der deutschen Schreib- und Leseschule, stadtgesetzlich garantiert.[20] Zurecht stellt E. Wolf fest: Wie sich durch Bugenhagens gesamtes Ordnen „die Kluft [...] zwischen Gemeinde und Klerus [...] wieder zu schließen begann", so wurde „angesichts der Spannung zwischen fürstlichen Prälaten und klerikalem Proletariat" durch „die Einrichtung geordneter materieller Versorgung" die „Gefahr eines klerikalen Proletariats mit Einschluß der Schullehrer [...] gebannt".[21]

Die Lehrer – in der damaligen Sprache: die Schulmeister – waren nun „zu Angestellten des Rates" der Stadt geworden.[22] Ihre Ernennung oder Anstellung erfolgte nicht nur durch den Rat, sondern durch ein

---

18 Siehe dazu: Sillem, Einführung (Anm. 2), 6f.; Hans Oppermann, Die Hamburger Schulordnungen Bugenhagens (Vorträge und Aufsätze, hg. v. Verein für Hamburgische Geschichte 14), Hamburg 1966, 22; Wenn, Hamburger Ordnung (Anm. 1), 30, Anm. 48. Generell zu den Zuständen in Hamburg in der Zeit vor der Reformation siehe: Heinrich Reincke, *Hamburg am Vorabend der Reformation*. Aus dem Nachlaß hg. [...] v. Erich von Lehe (AKGH 8), Hamburg 1966.

19 Über die damaligen, sicherlich unordentlichen Verhältnisse bezüglich der Besoldung der Lehrer informiert knapp: Fritz Strübing, „Bugenhagens Fürsorge für Schule und Lehrer", in: *Berliner Lehrer-Zeitung*, hg. v. Berliner Verband der Lehrer und Erzieher. Gewerkschaft Erziehung und Wissenschaft 12 (1958), 200–202, zur Sache: 200.

20 Hamburger Ordnung (Anm. 1), 248f.

21 Wolf, Bugenhagen (Anm. 16), 278 u. 277.

22 Strübing, Bugenhagens Fürsorge (Anm. 19), 201.

Gremium, in dem auch die Bürgerschaft und der „Oberste der Prediger", der „Superintendent", vertreten sein sollte.[23]

So war gerade auch nach der Bugenhagenschen Ordnung eine sog. „geistliche Schulaufsicht" gegeben. Wie auch sollte es anders sein? Die Prediger – keine „Geistlichen" mehr im Unterschied zu den Laien – stellten die Mehrzahl der Gelehrten, also derer, die die lateinische Sprache beherrschten, und bildeten den einzigen Stand der Gelehrten in einer Stadt wie Hamburg. Auch waren sie ja nach der Bugenhagenschen Ordnung städtische Bedienstete.

Zudem und vor allem sollten es „christliche" Schulen sein, besonders die Lateinschule, das Johanneum. Eine andere als eine „christliche" Schule war gar nicht vorstellbar. Nur die Kirche vermittelte bislang die Kultur. Das „Christliche" der Schule nach Bugenhagens Ordnung drückt sich ganz klar in den Unterrichtsgegenständen und also im Lehrplan aus. Auch in den deutschen und – erstmals – neu einzurichtenden Mädchenschulen[24] war Luthers Kleiner Katechismus das Elementarbuch.[25] Die Schüler der Lateinschule sollten insbesondere auch zum Chorsingen im Gottesdienst in der Pfarrkirche ausgebildet werden.[26] Dennoch ist es übertrieben, wenn E. Wolf behauptet: „Das ganze Schulwesen" [Bugenhagens] „dient der christlichen Erziehung. In ihm wird die in der Taufe auferlegte Erziehungspflicht der christlichen Eltern verwirklicht."[27] Das trifft so sicherlich nicht ganz zu. Vielmehr sollten durch solch eine Lateinschule Jugendliche zur Universität vorbereitet werden und das nicht nur als zukünftige Prediger, sondern auch als Schulmeister, Juristen und Mediziner oder Physici.[28] Und so sollte sich ja auch ein humanistisch gebildetes Stadtbürgertum ergeben. Folglich war nicht Katechismus und Bibel, sondern nachdrücklich die Beherrschung des Lateins der Schwerpunkt und damit war auch die Kenntnis der „Officia" Ciceros Unterrichtsgegenstand – wie das in den Grundzügen dem humanistischen Schulprogramm Melanchthons entsprach.[29]

---

23   Hamburger Ordnung (Anm. 1), 46–49.
24   Ebd., 60f.
25   Ebd., 38f. 44f. 60f.
26   Ebd., 16f. 38–41. 46f. 138f. 166f.
27   Wolf, Bugenhagen (Anm. 16), 265.
28   Hamburger Ordnung (Anm. 1), 52f.
29   Die Hamburger Ordnung (Anm. 1) selbst verweist (38f.) auf Melanchthons „Unterricht der Visitatoren" (1528). Siehe dazu auch: Adolf Scholz, „Bugenhagens Kirchenordnungen in ihrem Verhältnis zueinander", in: ARG 9 (1911/12), 1–50, zur Sache: 12. Zu Melanchthons Schulprogramm siehe zuletzt: Melanchthon und das Lehrbuch des 16. Jahrhunderts. Begleitband zur Ausstellung [...] Rostock [...] 1997, hg. v. Jürgen Leonhardt (Rostocker Studien zur Kulturwissenschaft 1), Rostock 1997.

Die „geistliche Schulaufsicht" blieb übrigens bestehen bis zur Trennung von Stadt und Kirche, definitiv in Hamburg im Jahre 1870.[30]
In Bugenhagens Hamburger Ordnung war mit den Schulen auch die Errichtung eines sog. „Lektoriums" vorgesehen zur Weiterbildung der Gelehrten.[31] Wiederum ist deutlich, wie das Vorreformatorische aufgenommen und umgestaltet wurde: Es bestanden zwei Domlekturen, gestiftet von Domherren, für den niederen Klerus.[32] Doch Bugenhagens „Lektorium" ist städtisch, eine höhere Stadtschule. An ihm sollte der Superintendent, also der Oberste der Prediger und Aufseher über die Prediger, zusammen mit seinem Adjutor drei- bis viermal die Woche lateinische Vorlesungen halten über „die Hauptlektionen aus der heiligen Schrift". Daneben sollten zwei Juristen je dreimal wöchentlich über das kaiserliche Recht und den Codex iuris civilis lesen. Auch sollte der Stadtphysikus, dem ein Chirurg oder Wundarzt beigeordnet war, über sein Fachgebiet belehren. Mit der Zeit könnten auch geeignete Lehrer des Johanneums über andere Sprachen, über Griechisch und Hebräisch in diesem Lektorium vortragen.[33] Doch eine solche Einrichtung wurde erst später, im Jahre 1613, in dem Akademischen Gymnasium verwirklicht.[34]
Auch wegen der Besetzung von Pfarrstellen und wegen der Besoldung der Inhaber haben im Spätmittelalter die Städte oft jahrzehntelang mit der entsprechenden bischöflichen Kanzlei gestritten. Das Recht zur Auswahl und zur Präsentation lag nun nach 1529 in Hamburg bei einem Gremium von städtischen Ratsherren und einer Anzahl von Oberalten der Bürgerschaft, dem der Superintendent und einige der amtierenden Prediger beigeordnet waren.[35] Zum ersten Mal sieht die Hamburger Ordnung eine obligatorische Ordination mit Gebet und Handauflegung vor.[36]
Die finanzielle Unterlage der ganzen Ordnung war der genannte „Schatzkasten" für die Besoldung und für die Armenfürsorge: am besten, wie in Hamburg vorgesehen, beides getrennt in zwei „Kästen". In der Einrichtung eines solchen „Schatzkastens" kann man, wie E. Wolf formuliert, „das Hauptkennzeichen der Ordnungen Bugenhagens" se-

---

30 Wenn in seinem Nachwort zur Hamburger Ordnung (Anm. 1), 278.
31 Hamburger Ordnung (Anm. 1), 54–57. Dazu siehe auch: Sillem, Einführung (Anm. 2), 136f.; Sprengler-Ruppenthal, Bugenhagen (Anm. 10), 222f.
32 Sillem, Einführung (Anm. 2), 7f.
33 Siehe Anm. 31.
34 Wenn in Anm. 38 zu S. 55 der Hamburger Ordnung (Anm. 1).
35 Hamburger Ordnung (Anm. 1), 68–71. Siehe dazu: Scholz, Bugenhagens Kirchenordnungen (Anm. 29), 34–39.
36 Sillem, Einführung (Anm. 2), 138f.

hen.[37] Bugenhagen wußte genau, daß ohne verbindlich geordnete finanzielle Mittel die vorgesehenen Regelungen nicht zu realisieren sind. In der Einleitung zur Lübecker Ordnung schreibt er: „Auf diesen vorgesagten Stücken" [d.i. den drei genannten Hauptstücken] „will fest stehen die ganze Ordnung, nämlich, daß wir versorgen die Arbeiter des heiligen Evangeliums Christi und die Schularbeiter, welche wir nicht können entbehren". Daneben ist auch die Versorgung der „rechten Armen" mit dem nötigen Lebensunterhalt unabdingbar nötig.[38] Die „rechten Armen", das sind „besonders die Hausarmen und die verlassenen Witwen und Waisen".[39]

Gewiß, unverkennbar gab es lange schon vor der Reformation Armenhilfe aus der gepredigten christlichen Nächstenliebe: Stiftungen, Pfründen und Ähnliches in kirchlicher und teils auch in städtischer Verwaltung. Ein Armen- oder Gotteskasten stand in vielen Kirchen. Doch das beruhte alles auf einem mehr oder weniger freiwilligen und immer kirchlich prämierten Almosengeben. Aber nun mit der „Ordnung der Stadt Hamburg" und der anderer reformatorischer Städte wird das zu einer städtischen, stadtgesetzlichen Angelegenheit, und das zum Beispiel mit einer verbindlich geregelten und verbindlich beaufsichtigten doppelten Buchführung.[40]

Zustandekommen sollte dieser „Schatzkasten", in Hamburg besonders der Hauptkasten, durch die Zusammenführung aller im Besitz der bisherigen Kirche befindlichen Güter, spätestens nach Ableben der derzeitigen Pfründe-Inhaber. Im Vorwort zur Hamburger Ordnung legt Bugenhagen das so dar:

> Daß also die Güter, die aus guter Absicht, wenn auch in Unwissenheit zu Gottes Dienste gegeben sind, und andere Stiftungen und frommer Leute barmherzige Gaben jetzt zu dem rechten Gottes Dienste – den Gott mit klaren Worten befohlen hat und den auch der rechte Christenglaube fordert – verwendet werden, wie auch vormals bei den alten Christen solche Güter für die Prediger und arme Leute gebraucht wurden.[41]

Bugenhagens Ordnung für Pommern formuliert diese Bestimmung wie folgt:

> Vom Schatzkasten. In den Schatzkasten soll der Schatz der Kirche kommen, nämlich die Opferpfennig zu den vier Zeiten (d. h. Ostern, Pfingsten, Michaelis, Weihnachten) von dem Rat gesammelt und den Kastenherren

---

37 Wolf, Bugenhagen (Anm. 16), 275.
38 Zitiert nach ebd.
39 Hamburger Ordnung (Anm. 1), 6f. 222f.
40 Ebd., 244–247.
41 Ebd., 7.

überantwortet; ebenso alle Kirchengüter, alle Benefizien, Almosen, die zur Kirche gehören, alle Memorien, Station, Konsolation, Brot, Geld, Kalengeld [...] groß und klein, und auch alle anderen Benefizien, Almosen und ander Geld und Güter zu Gottesdienst gegeben, item alle Kalande-, Bruderschafts-, Kapellen- und Feldkirchengelder [...] liegenden Gründe, die dem geistlichen Leben gehörten, nach Absterben der Besitzer.[42]

In der Lübecker Ordnung ist vom „Schatzkasten" im Unterschied zum Armenkasten gesagt:

De schat caste heft den namen darumme, dat me dar ut nicht versorget de armen, sunder me sammelet dar in einen schat, dar van me geve to rechter tidt allen kerken deneren even bestemmenden sold, und buwe de kerken und wöningen und wat mehr darto höret.[43]

Auch in der Hamburger Ordnung äußert sich ein langer Teil über die sog. „Ceremonien": über die Feiertage, Gottesdienstzeiten und liturgischen Formen.[44] Das ist auch ganz naheliegend, denn dabei handelt es sich ja um die äußere, wahrnehmbare Selbstdarstellung der Kirche. Zusammenfassend ist dazu von Bugenhagen in der Vorrede gesagt, verlangt sei in dieser Ordnung, „solche Zeremonien einzurichten, die [...] dienlich sein sollen zur Unterweisung zum Glauben und [mithin] zu Gottes Wort." Abgetan und aus der Kirche entfernt sollen alle Zeremonien sein, die „bislang ohne Gottes Wort und gegen Gottes Wort und den Christenglauben" verrichtet wurden.[45] – Dieses Thema ausführlich zu erörtern, ist hier nicht der Ort. Geblieben ist von diesen Bestimmungen bis heute zumindest dies: die staatliche Festsetzung der christlichen Feiertage.

Der für die Stadt Hamburg gesetzlichen Geltung der Bugenhagenschen Ordnung ging die Inkraftsetzung des „Langen Rezesses" voraus. Dieser „Lange Rezeß" war eine Vereinbarung zwischen der Bürgerschaft, vertreten durch die Kirchspielvertreter und hier besonders durch die zwölf Oberalten, einerseits und dem Rat der Stadt andererseits. Im Februar 1529, drei Monate vor der Einführung von Bugengens Ordnung, wurde diese Vereinbarung rechtsverbindlich beschlos-

---

42 Zitiert nach WOLF, Bugenhagen (Anm. 16), 275, Anm. 46. Die entsprechenden Bestimmungen stehen in der Hamburger Ordnung (Anm. 1): über die Spenden, Güter und Einkünfte für die Armen (216f.), über die Lehen und Pfründe für kirchliche Zwecke (220f.) und über die Vierzeitenpfennige und Kirchengüter (230f.).

43 Zitiert nach SPRENGLER-RUPPENTHAL, Bugenhagen (Anm. 10), 214, Anm. 51.

44 Dazu siehe bes. SCHOLZ, Bugenhagens Kirchenordnungen (Anm. 29), vor allem 39–46.

45 Hamburger Ordnung (Anm. 1), 4–7. Abgetan sollen die Zeremonien sein, die dem „Irrtum" und der „Verführung" Vorschub leisten (32f.).

sen und bekannt gemacht.[46] Sie stellte fortan das Stadtrecht – oder „eines der Hauptgesetze der Hamburger Verfassung"[47] – dar. Geregelt sind in ihr vor allem die Kompetenzen in der Stadtregierung zwischen Rat und Bürgerschaft und die Finanzen der Stadt. Für unser Thema hier dürfte wichtig sein: Sie nahm der bisherigen Kirche jede Gerichtsbarkeit, selbst die über ihre „Geistlichen".[48]

Den angeführten Bestimmungen sei eine Konsequenz entnommen: Auf Kosten der bisherigen Kirche, und das war die römisch-katholische, kam es durch die Reformation in einer Stadt wie Hamburg zu einem innerstädtischen Rechtsfrieden. Und dieser war dadurch bedingt, daß es nur noch *ein* geltendes („positives") Recht gab und als öffentlich geltend gar kein „geistliches", kirchliches Recht mehr, sondern eben nur noch ein weltliches, säkulares:[49] in Hamburg vor allem ein städtisches.

III.

Diese zusammenfassende Erkenntnis lädt ein zu einer das Ganze dieses reformatorischen Ordnungswerkes überblickenden theologischen Reflexion. Sie beziehe sich auf drei Sachgebiete.

1. Im Vorwort zur Hamburger Ordnung beruft sich Bugenhagen ausdrücklich auf jenen „Langen Rezeß", also auf das geltende Stadtrecht. Er führt dazu aus: Verhandelt und geordnet seien in solchem Stadtrecht die nötigen Regeln, „die das gemeine" [= allgemeine] „Beste in zeitlichen Dingen und weltlichen Angelegenheiten betreffen", und das heißt das, was in diesem Gebiet „gottgefällig, billig" [= für jedermann akzeptabel], „recht und angemessen" ist, „zu Nutzen und Frieden dieser Stadt, jetzt und für künftige Zeiten". Der Beitrag der Theologie zu solchen „weltlichen, doch gottgefälligen" Regelungen bestehe in der Predigt, die ‚lehrt und vermahnt', „weil wir ja keine Türken und Heiden sein sollen" – sondern, ergänze ich, Christen –

---

46 Bernhard Lohse behauptet: „Im Grunde sind die Kirchenordnung" Bugenhagens „und der Lange Rezeß eine Einheit" (Bernhard Lohse, „1529–1979. 450 Jahre Reformation in Hamburg", in: 450 Jahre Reformation in Hamburg (Anm. 17), 41–62, hier: 55).

47 Sillem, Einführung (Anm. 2), VII. Nach Lohse stellte „der Lange Rezeß [...] im Grunde eine Verfassung dar [...]" (Bernhard Lohse, Art. „Hamburg", in: TRE 14 [1985], 404–414; hier: 406).

48 Rainer Postel, „Obrigkeitsdenken und Reformation in Hamburg", in: ARG 70 (1959), 169–201, zur Sache: 192.

49 Zugrunde liegt dem Luthers grundsätzliche Verneinung eines „geistlichen", spezifisch kirchlichen Rechts. Dazu siehe z.B. das Zitat bei Sprengler-Ruppenthal, Bugenhagen (Anm. 10), 214f., Anm. 54.

wie alle Stände, vom höchsten bis zum niedrigsten, ein jeder an seinem Platze, mit gutem Gewissen vor Gott zu handeln vermögen. Zum ersten, wie man der Obrigkeit […] nächst Gott in allen Dingen gehorsam sein soll durch Dienst, Steuer, Furcht und Ehrerbietung. Zum zweiten, wie die Obrigkeit vor allem Gott als Oberherren anerkennen und in allen Sachen als Oberherrn ansehen soll und so richten und regieren, daß die Bösen gestraft und die Rechtschaffenen geschützt werden, zum Nutzen und Frieden von Stadt und Land. Zum dritten, wie Recht, Gericht und Urteilsspruch mit allen Personen, die man dazu nötig hat und in aller Unparteilichkeit, beschaffen sein sollen. Zum vierten, daß Christen bestrebt sein sollen, sich des Prozessierens für ihre Person und den eigenen Nutzen zu enthalten und ihre Verwandten und Freunde auch zu Frieden und gütlicher Einigung zu ermahnen [– obschon Unrecht nicht zu dulden ist.][50]

Gehorsam aber ist jeder, der nicht regiert, der Obrigkeit schuldig, selbst wenn sie Unrecht verfügt.[51]

Die Theologie in der Predigt legt nach reformatorischer Lehre die Grundlagen oder Prinzipien des „weltlichen" Rechts dar und zeigt auf, weshalb die weltliche Obrigkeit ein besonderes Regiment Gottes ist. Sie ist das, weil nach Melanchthon und Luther ihr oberster Zweck der ist, bürgerliche, zivile Gerechtigkeit und Frieden zu beschaffen, und weil sie Gott dient, indem sie die Schöpfung mit Gott erhält – gegen das Böse und gegen das allzeit drohende Chaos. Herrschaft war Gottesdienst, nach Luther im Dekalog verordnet. Wie aber jener Zweck, Gerechtigkeit und Frieden, zum „Nutzen" einer Stadt oder eines Landes auszuführen, also recht zu gestalten ist, das ist Sache rechter weltlicher Weisheit. Dazu, zu den realen Regelungen, zur positiven Rechtsordnung, hat die Theologie nach dieser Vorstellung nichts zu sagen.

So führt es auch Bugenhagen in der Vorrede von sich selbst aus:

Solchen Dienst habe ich […] mit Gottes Wort [also in der Predigt] gewissenhaft geleistet im Hinblick auf die weltlichen Sachen, die hier [nämlich im ‚Langen Rezeß'] verhandelt worden sind, damit ich so zum Frieden mahnen konnte, auf daß nicht etwas Unrechtes vor Gott oder etwas Unbilliges vor der Welt vorgenommen werden möchte. […] Weiter hat sich mein Amt in den weltlichen Sachen nicht erstreckt.[52]

---

50 Hamburger Ordnung (Anm. 1), 2–5.
51 Zum Gehorsam gegen die Obrigkeit siehe: Hamburger Ordnung (Anm. 1), 78f. Vgl. auch: POSTEL, Obrigkeitsdenken (Anm. 48). MOELLER, Reichsstadt (Anm. 15) zitiert aus GEORG LUDWIG VON MAURER, Geschichte der Stadtverfassung in Deutschland, Bd. 4, Erlangen 1871, 186: „Noch höher aber" (als in Ulm, wo sich der Rat als „von Gott gesetzter Magistrat" nannte) „stiegen 1602 die Hamburger Herren, als sie erklärten, wenn auch eine Obrigkeit tyrannisch sei, so gebühre den Untertanen dennoch nicht sich aufzulehnen und zu widersetzen; sondern das sei dann die Strafe des Allmächtigen für ihre Sünden" (von MOELLER zitiert a.a.O., 66).
52 Hamburger Ordnung (Anm. 1), 5f.

Zu den weltlichen rechtlichen Verhältnissen einer Stadt wie Hamburg –
etwa was die politische Ordnung der Regierung im Gegenüber von Rat
und Bürgerschaft oder was die Beschaffung der Finanzmittel betrifft
– oder zur tatsächlichen Amtsführung der Obrigkeit etwas zu sagen,
liegt nach reformatorischer Anschauung außerhalb der Kompetenz der
Theologie, der Predigt.

2. Nun ist, wie dargelegt, durch die Reformation einer Stadt wie
Hamburg ein weiter zusätzlicher Bereich – die Schule, die Pfarr- oder
Predigeranstellung, die Besoldung und die Armenfürsorge – zu rechtlicher Alleinzuständigkeit überantwortet. In diesem Zusammenhang findet sich in Bugenhagens Vorwort zur Hamburger Ordnung eine andere
Formulierung des Endzwecks als die angeführte für das weltliche Reich
der Obrigkeit. Hier, im Bezug auf diesen Bereich, haben die Regelungen das zu „erstreben", was „für diese gute Stadt [...] recht, redlich und
christlich ist zum Frieden und zur Seligkeit jetzt und in aller Zukunft."
„Hier [...] hat man Frieden und Seligkeit gewollt".[53] Also nicht nur Frieden zu erreichen, sondern mit ihrem Recht die Seligkeit zu fördern, wird
nun zur Aufgabe der Stadt.

Auf diesem Gebiet der ehemals kirchlichen Belange war zugleich erforderlich, zu unterscheiden zwischen dem, was an bisherigen Kirchen-
gebräuchen oder „Ceremonien" notwendig, und was abzutun ist, weil
es „wider Gottes Wort und den christlichen Glauben ist".[54] Bugenhagens
Ordnung verfolgt mithin zwei Intentionen: zum einen darzulegen, was
in dem Bereich bisher kirchlicher Belange *notwendig*, unbedingt geboten
und also einzurichten und zu ordnen ist, und zum andern, was zu erle-
digen, abzuschaffen ist.

In dieser doppelten Intention gibt Bugenhagen den Anordnungen
in diesem Gebiet eine biblische Begründung.[55] Als das Primäre und
vor allem Gültige führt er an, was unabdingbar notwendig ist, wessen
wir also unbedingt bedürfen: Und das ist das, was Gott in der Heiligen
Schrift geboten hat, was also Gebot *Gottes*, gleichsam Gottes Recht ist.
Was hingegen Gott nicht in der Heiligen Schrift geboten hat und was

---

53 Ebd., 9–12.

54 Ebd., 30f.; siehe den Zusammenhang 30–38 und auch 5f.

55 Darauf hat erstmals Wolf hingewiesen in seinem Artikel: Bugenhagen (Anm. 16),
    272–274. Sprengler-Ruppenthal hat das zur Grundlage ihrer gesamten Ausführun-
    gen zum „Kirchenrecht" [!] gemacht (Bugenhagen und das protestantische Kirchen-
    recht [Anm. 10]). Gelegentlich hebt sie die Unterscheidung zwischen Gottes Gebot
    und dem folgenden Menschen Werk selbst wieder auf und erklärt alles zum von
    Gott Gebotenen; so wenn sie schreibt: „Der Medicus hat gleichzeitig seinen Platz in
    der Kastenordnung. Sein Amt darf somit als auf das göttliche Recht der Armenver-
    sorgung [...] bezogen gelten" (223, Anm. 85).

wider Gottes klares Wort ist, das ist zu verwerfen und abzutun. Als sekundär, weil daraus folgend, legt er dar, *wie* dem nachzukommen ist, wessen wir, Menschen einer Stadt, aus Gottes Gebot folgend, bedürfen: wie oder auf welche Weise und in welchen rechtlichen Gestaltungen das uns Nötige und unbedingt Gebotene einzurichten ist. Und dies, was so auszuführen ist, das ist von uns Menschen einzurichten und zu regeln. *Das*, was dem Gebot, der Anordnung Gottes in der Heiligen Schrift zufolge pragmatisch, unter Nützlichkeitsaspekten zu regeln, zu ordnen ist, das ist *Menschen*-Werk. Und als solches ist es keine Gewissenssache und kann jederzeit revidiert werden. Die rechtliche Gestaltung und Durchsetzung des Grundsätzlichen, des von Gott Gebotenen, also das ganze Regelwerk der Bugenhagenschen Ordnung, das ist angeordnet „aufgrund vernünftig-praktischer Einsicht"[56]: Das ist städtisches Gesetz, „weltliches" Recht.

Einige Beispiele für diese Form der Argumentation: Nach dem Schluß des Matthäus-Evangeliums (Mt 28,19f.) ist mit der Taufe das Lehren geboten. Und folglich schließt Bugenhagens Ordnung: Wir, Menschen in der Stadt, brauchen Schulen, und diese sind von uns so und so einzurichten.[57] – Oder: Da nach Titus 1 (V. 6) auch Frauen, gleich wie die Männer, Christen sind, folgt nach Bugenhagen, daß auch die Mädchen zu unterrichten sind und also Mädchenschulen eingerichtet werden sollen.[58] – Oder: Mit besonderem Nachdruck führt Bugenhagen an, daß Christus selbst nach dem Evangelium des Lukas gesagt und geboten habe: „der Arbeiter ist seines Lohnes wert" (Lk 10,7). Und also ist es nach Bugenhagen „göttlich, billig und ehrlich, daß man solche Arbeiter, welche diese gute Stadt in dieser christlichen Ordnung nicht entbehren" kann, „mit redlichem und ehrlichen Sold versorgt, einen jedlichen nach seiner Kunst" [= nach seinem Können] „und Amtes wert".[59]

Wessen es jedoch in einer reformatorischen Stadt und in ihrer nun neu und durch Stadtgesetz geregelten Kirche nicht bedarf, sind beispielsweise bischöflich geweihte Priester; denn davon ist im Neuen Testament

---

56 WOLF, Bugenhagen (Anm. 16), 274.

57 Siehe dazu: JÄGER, Bedeutung (Anm. 10), 461: „Die Grundlage für den evangelischen Schulunterricht ist die Taufe" (ebenso: 469 u. 493). – SCHOLZ, Bugenhagens Kirchenordnungen (Anm. 29), 10. – WOLF, Bugenhagen (Anm. 16), 265. – SPRENGLER-RUPPENTHAL, Bugenhagen (Anm. 10), 211 mit Zitaten in Anm. 42f.

58 Siehe: ERNST WOLF, „Johannes Bugenhagen und die ‚Ordnung der Gemeinde'", in: *Zwischenstation. Festschrift für Karl Kupisch zum 60. Geburtstag*, München 1963, 281–298, zur Sache: 295.

59 So in der Braunschweiger Ordnung (1528), zitiert von WOLF, Bugenhagen und die Ordnung (Anm. 58), 290. Die entsprechende Darlegung in: Hamburger Ordnung (Anm. 1), 116f.

nichts geboten.[60] So kann Bugenhagen im Vorwort zur Hamburger Ordnung behaupten: „[...] alles" in dieser Ordnung ist „mit Gottes Wort belegt" oder bewährt.[61]

Noch einmal sei das gesagt: Die Stadt hatte nun Kirche und Schule
zu fördern und zu unterhalten. Sie hatte für den kirchlichen Gottesdienst in dessen liturgischen Formen und für die öffentliche Alleingel-
tung der rechten, d.i. der lutherischen Lehre zu sorgen. Und da es keine
kirchliche Gerichtsbarkeit mehr gab, hatte sie, die Stadt, gerichtszustän-
dig den Ehebruch zu bestrafen[62] und überhaupt einen „liederlichen",
lasterhaften Lebenswandel zu verbieten.[63] Eine Abweichung von der
rechten Lehre hatten die Prediger festzustellen; eine daraus notwendig
werdende Ausweisung aus der Stadt, falls einer bei seinem Dissens be-
harrt, hatte durch den städtischen Büttel zu erfolgen.

So ist eine Stadt wie Hamburg eine christliche, d. i. lutherische Stadt
geworden.

3. Doch was blieb denn nun der Kirche, der nun reformatorischen,
lutherischen Kirche? Sie hat erhalten, was die Reformatoren vor allem
wollten und forderten: die „frei[e]", durch die bisherige offizielle Kirche nicht länger behinderte ‚Predigt' des „reine[n] Wort[s] und" des
„lautere[n] Evangelium[s] Christi" und das „Spenden und Empfangen"
der Sakramente „so [...], wie es Christus mit klaren Worten befohlen
und die von Christus gesandten Apostel gelehrt haben".[64] Der lutherischen Kirche blieb, was ihr Eigenstes war, das Interne – und das ist das
von Christus selbst, also mit göttlichem Recht eingesetzte und in der
Heiligen Schrift gebotene Predigtamt in rechter Lehre samt der Unterweisung auch darüber, was das Grundsätzliche der weltlichen Obrigkeit betrifft. Was aber die administrative Ausformung des Standes der
Prediger belangt, das war nun Sache der Stadt nach weltlichem Recht.
Und dementsprechend erhielten die Prediger von der Stadt eine geregelte Besoldung.

---

60 Hamburger Ordnung (Anm. 1), 72f.
61 Ebd., 16f.
62 Ebd., 102f. 106f. Siehe auch: POSTEL, Obrigkeitsdenken (Anm. 48), 187.
63 Siehe: POSTEL, Obrigkeitsdenken (Anm. 48), 194.
64 Hamburger Ordnung (Anm. 1), 4f. Vgl. ebd., 78f.: „[...] denn wir wollen durch Gottes
    Gunst einträchtige Prediger nach dem Worte Gottes im ganzen Stadtgebiet haben,
    [...] Mit unserem Wissen wollen wir keine Sekten und Parteien um des Wortes [scil.
    Gottes] willen dulden".

Die lutherische Kirche hatte keine organisatorische Selbständigkeit; sie hatte, wie B. Lohse formuliert, „eine Gesamtvertretung nur in den städtischen Organen".[65] Sie war, so können wir sagen, stadteigen.[66]

IV.

Eine Schlußbemerkung sei noch angefügt: Diese ganze Ordnung eines stadtherrlichen Kirchenregiments war für die christliche Lehre ungemein blockierend. Denn es unterband jede Fortbildung der christlichen Überzeugung und jede Abweichung von der herrschenden Lehre.

Das Stadtregiment einer solchen „Der Ehrbaren Stadt [...] christliche Ordnung" weist sicherlich Züge auf, die spätmittelalterlichen Gegebenheiten analog sind[67] – herrührend aus Augustins Schrift: „De civitate Dei" in deren mittelalterlichen Rezeption. Zugrunde liegt ihm jedoch noch immer und vor allem das römische Recht, wonach die eine, von Staats wegen gepflegte religio zuständig ist für iustitia und pax und concordia der res publica.[68] Diese Vorstellung ist rudimentär ja auch noch gegenwärtig in der vor Jahren umlaufenden These, wonach der moderne Rechtsstaat auf Voraussetzungen beruhe, die er selbst nicht zu setzen vermag, nämlich auf einen Wertekonsens, für den Kirchen und die Religionsgemeinschaften zu bürgen haben.

Doch wir stellen fest: Das alles ist längst vorbei. Es kommt niemandem mehr in den Sinn, ernsthaft in gegenwärtigem Sinn von einer „christlichen Ordnung" der Stadt Hamburg zu sprechen. Alles öffentlich geltende Recht ist nämlich säkulares Recht. Und so ist es, denke ich, von Gott gewollt. Darin, im formalen und säkularen Recht, die Unbedingtheit des Rechts und des Rechtsfriedens in der fundamentalen Unterscheidung von Recht und Unrecht zu denken, ist die Aufgabe einer gegenwärtigen Theologie des Rechts.

---

65 Lohse, Hamburg (Anm. 47), 407.

66 Vergleichbar für die Stadt Nürnberg hat Gottfried Seebaß eine Zuständigkeit der Stadt nicht nur „für Friede und Eintracht", sondern auch „für das ewige Heil der Bürger" aufgewiesen. Ähnlich, aber rechtlich unterschieden in Hamburg, übte der Nürnberger Rat „die gesamte Kirchenverwaltung" aus, „beaufsichtigte" er „das Kirchenwesen" (Gottfried Seebass, „Stadt und Kirche in Nürnberg im Zeitalter der Reformation", in: Stadt und Kirche im 16. Jahrhundert, hg. v. Bernd Moeller [SVRG 190], Gütersloh 1978, 66–86; Zitate: 76. 80. 85). Moeller spricht zitatweise von einer „Kommunalisierung der Kirche" (Moeller, Reichsstadt [Anm. 15], 66).

67 So beispielsweise Postel, Obrigkeitsdenken (Anm. 48), 199.

68 Ganz wie selbstverständlich schreibt Jaeger im Jahre 1853: der „Staat [...], sofern dieser seine innere Ruhe und Einheit durch die kirchliche Einheit vermittelt und bedingt ansieht" (Jaeger, Die Bedeutung [Anm. 10], 484).

Abb. 2: Philipp Nicolai

Wo bist Du, Gott? Wer bin ich Mensch?

Eine Theologie der Seelsorge im Sterben der Pest Philipp Nicolai (1556–1608)

von

Anne M. Steinmeier

„In dieser pestreichen Zeit, wo so viele Orte von der Seuche heimgesucht sind, geliebtester Bruder, ist es für eine besondere Gnade zu halten, daß uns der barmherzige Gott bis hierhin wohl erhalten hat. Ich bin durch Gottes Gnade noch ganz gesund, wenn ich gleich von Häusern, die von der Pest angesteckt sind, fast umlagert bin und auf dem Kirchhofe wohne, wo täglich bald 24, 27, 29, 30 Leichen der Erde übergeben werden. Beinahe 800 Menschen hat die Pest in dieser Stadt schon getödtet und in der vergangenen Woche sind 170 gestorben".[1] Unna, den 30. August 1597 – Philipp Nicolai an seinen Bruder Jeremias.

Philipp Nicolai? Vielleicht ist manchen der Name vertraut. Er war Pfarrer in Herdecke, in Waldeck, in Unna und schließlich – von 1601 bis 1608 – Hauptpastor hier in Hamburg, an St. Katharinen, einstimmig gewählt. Abgeordnete des Kirchenvorstandes sind nach Unna gefahren, um ihn predigen zu hören, und am 6. August 1601 wird Nicolai neben seinen Kollegen Johann Meier, Hinrich Stammichius und Joachim Gryphius in sein Amt eingeführt, das er bis zu seinem Tode innehaben sollte. Warum haben die Hamburger diesen Pfarrer aus Unna an eine ihrer Hauptkirchen geholt? Wir wissen es nicht genau.[2]

---

1   Zit. in: Louis Friedrich Christian Curtze, *D. Philipp Nicolai's Leben und Lieder*, Halle 1859, 155f. Zum Folgenden vgl. auch meine Monographie: *‚Von Gott kompt mir ein Frewdenschein'. Die Einheit Gottes und des Menschen in Philipp Nicolais ‚FrewdenSpiegel deß ewigen Lebens'* (EHS.T 430), Frankfurt a.M. 1991.

2   Hans Hinrich Wendt, *Dr. Philipp Nicolai, Hauptpastor zu St. Catharinen in Hamburg. Vorlesungen, gehalten auf Veranlassung des Vereins für hamburgische Kirchengeschichte*, Hamburg 1859, führt die Tatsache, daß das „Kirchen-Collegium" (52) zuerst auf Nicolai aufmerksam geworden sei, auf den Einfluß von „Rechtgläubigen" unter jenen Niederländern zurück, die vor den „schrecklichen Kriegsdrangsale[n]" (53) Aufnahme in Hamburg gefunden hätten. Nicolai habe – wahrscheinlich schon während

Nicolai war bekannt als erbitterter Streiter um die Fragen, die damals die Gemüter erhitzten: Wie ist das Abendmahl zu verstehen? Was bedeutet Gottes Allgegenwart und Allmacht? Aber vielleicht haben die Hamburger Nicolai auch geholt, weil sie wußten, sie holen hier einen Theologen, der wirklich etwas zu sagen hat, der Seelsorger ist. Nicolai hat Lieder geschrieben, die wir bis heute kennen und singen: „Wie schön leuchtet der Morgenstern" und „Wachet auf, ruft uns die Stimme". Lieder, die dichtend formulieren, was das Herz seiner Theologie ausmacht. Nicolais Herz hört man schlagen in einem Buch, das 1599 erschienen ist, das den Hamburgern nicht unbekannt gewesen sein wird,[3] auch wenn es hinter seinen Streitschriften um das Abendmahl bis heute zurücksteht: Es ist das Buch, in dessen Gedanken ich den Leser und die Leserin ein kleines Stück hineinnehmen möchte. Ein Buch, das den geheimnisvollen Titel „FrewdenSpiegel deß ewigen Lebens" trägt. Ein Buch, das Nicolai mitten in jener Zeit der Pest geschrieben hat, in einer Situation also, in der alles auf den Tod zuläuft und im Bann des Todes gefangen ist. Er hat dieses Buch geschrieben, nicht um sich zurückzuziehen in einen vermeintlich schützenden Elfenbeinturm, nicht um aus jener Situation zu fliehen. Nein, er schreibt, um zu trösten. „Ich habe ein deutsches Werk unter dem Titel ,FrewdenSpiegel' geschrieben", schreibt Nicolai im Januar 1598 an den Bruder, „so abgefaßt, daß ich hoffe, alle Frommen, die den Tod der Ihrigen betrauern, werde die Lectüre sehr angenehm sein und des reichen Trostes wegen erwünscht."[4]

Aber kann man das – Menschen in solcher Situation, in der Übermacht des Sterbens, trösten? Kann Philipp Nicolai das?

Die Intention des Trostes jedenfalls verbietet jedes bloß Erbauliche, verbietet das, was Hegel so formuliert hat: „das Herz erheben und die Vernunft leer lassen, erbauen, aber nicht aufbauen."[5] Nicolai will trösten und muß um dieses Trostes willen dem Glauben selbst, der Wahrheit des Glaubens selbst noch einmal neu und grundlegend nachdenken. Dabei ist der Freudenspiegel keine abstrakte Abhandlung, sondern höchst konkret. Es ist, wie man heute sagen würde, ein durch und durch dialo-

---

er in Herdecke und Köln war – Mitglieder der streng lutherischen Gemeinden in Holland kennengelernt. Den Lutheranern in Holland seien seine Schriften bekannt gewesen und durch jene dann auch den Landsleuten, die sich in Hamburg niedergelassen haben (52f.).

3   Schon 1600 sind – das ist, jedenfalls nach einer Information Curtzes, einem Brief Nicolais vom 8. Mai jenen Jahres zu entnehmen – einer Hamburger Kaufmannsfamilie sein „FrewdenSpiegel" und seine Lieder bekannt und vertraut gewesen (vgl. CURTZE, Nicolai's Leben und Lieder [Anm. 1], 200f.).

4   CURTZE, Nicolai's Leben und Lieder (Anm. 1), 157.

5   GEORG WILHELM FRIEDRICH HEGEL, Phänomenologie des Geistes (1807). Gesammelte Werke, Bd. 9, hg. v. WOLFGANG BONSIEPEN/REINHARD HEEDE, Hamburg 1980, 212.

gisches Buch, weil es bezogen geschrieben ist, bezogen auf Menschen in dieser Situation. Und es trägt doch gerade deshalb den Anspruch in sich, etwas zu sagen, das über diese konkrete Situation hinausgeht.

Der Pfarrer Philipp Nicolai schreibt ein Buch, dem man anmerkt, daß er selber sucht. Das scheint mir ein Grund zu sein, warum dieses Buch lange auch wissenschaftlichen Theologen so unverständlich war. Es scheint leichter zu sein, abstrakt-logischen und das heißt vor allem vorgefertigten Gedankengebäuden zu folgen. Ein Buch aber, das selbst einen Weg sucht, das selbst neu formuliert, verlangt ein Mitgehen. Und mitgehen kann ich nur, wenn mich dieselben Fragen bewegen. Wenn ich selber suche.

Menschen in schrecklicher Not und ihr Erleben sind der Wirklichkeitsernst des Freudenspiegels. Nicolai nimmt die Menschen wahr. Und was er wahrnimmt, verbietet ihm jede Glättung. Im Gegenteil: Er gibt dieser Wahrnehmung Sprache – radikal: Dieses Leben sollte „kein Leben […] genennet werden / sondern ein Todt / in welchem wir alle Augenblick sterben".[6] Alles Leben läuft auf den Tod zu, und auch die Christen hält nicht mehr, was bisher getragen hat. Sie „grämen" sich und sind „trawrig […] gleich den Heyden",[7] schreibt er, als ob sie keine Hoffnung hätten. Denn die Hoffnung, die sie eigentlich haben, das biblische Wort, spricht nicht mehr. In großer Sensibilität beschreibt er, wie sich die Not anfühlt: Die Menschen tragen ihre „Plage vnnd Wehetage am Halß", und diese Wehetage nehmen kein Ende, sie „geberen" nur immer weiter „eytel Schwermuht" und „ewiges Seufftzen vnd Weinen".[8] Sie zerfressen von innen und lähmen alles. Es gibt nichts anderes mehr.

Diese Ende des 16. Jahrhunderts geschriebenen Sätze lassen sich durchaus vergleichen mit dem, was eine Dichterin des letzten Jahrhunderts als Anspruch einer Dichtung beschreibt, die auf der Suche ist, *wahre Sätze* zu finden: Ich denke an Ingeborg Bachmann. „Wahre Sätze" lassen sich allein finden in dem Mut, „den Schmerz (nicht) zu leugnen, seine Spuren (nicht) zu verwischen" und nicht „über ihn hinwegzutäuschen", schreibt sie. Und nicht nur das: Der Schriftsteller muß „im Gegenteil" den Schmerz „wahrhaben".[9] Sie formuliert das gegenüber Menschen, die im Zweiten Weltkrieg ihr Augenlicht verloren haben und die ihr den Hörspielpreis der Kriegsblinden verliehen haben. Sie sagt das in ihrer Dankesrede, der sie den Titel gibt: „Die Wahrheit ist dem Men-

---

6   PHILIPP NICOLAI, *FrewdenSpiegel des ewigen Lebens*, Frankfurt a.M. 1599, Faksimile-Neudruck (SWB 23), Soest 1963, 147f.

7   Ebd., 12.

8   Ebd., 136.

9   INGEBORG BACHMANN, *Essays. Reden. Vermischte Schriften. Anhang*, Werke 4, hg. v. CHRISTINE KOSCHEL u.a. (1978), München/Zürich ⁵1993, 275.

schen zumutbar."[10] Dazu gehört der Mut, die Unsicherheit auf sich zu
nehmen, „‚Ich' zu sagen" gegen jene „‚Es' und ‚Man' ",[11] dazu gehört der
Mut, *selbst* zu antworten.[12]

In aller Unterscheidung – darin trifft Bachmann sich mit Nicolai.

Weil Nicolai die Menschen wahrnimmt, nimmt er auch wahr – und
das ist lange für die theologische Forschung ein Anstoß gewesen –, daß
Antworten, die die Kirche und Theologie jener Zeit bereithalten, die
Antwort der Rechtfertigung, das Thema von Schuld und Vergebung
also, die Menschen allein nicht mehr trösten und den Riß nicht mehr
zudecken können. Denn dieser Riß ist nicht mehr an einer zuerst auf
Gott bezogenen Frage entstanden: Es ist vielmehr ein elementares und
leidvoll existentielles Erleben, das den Menschen in seiner Gottesbeziehung trifft und in seinem Glauben anficht.

Wenn Luther noch 70 Jahre vorher in seiner Reformationsschrift
„Von der Freiheit eines Christenmenschen" schreibt: Nichts Äußeres
kann den inwendigen Menschen, d.h. den Menschen in seiner Gottesbeziehung, das, was Luther Seele nennt, treffen,[13] so hat sich das bei Nicolai verändert. Bei ihm kann ein äußeres Geschick den inneren Menschen
sehr wohl erschüttern. Der Glaube nämlich ist für Nicolai erschüttert,
wo der Geist der Freude und die lebendige und lustvolle Kraft des Lebens ersterben. Damit ist – modern formuliert – das Thema des Religiösen kein Sonderthema mehr. Es wird Alltagsthema, wird jeden Tag neu
mit dem Leben buchstabiert.

Wo bist Du, Gott? Diese Frage ist aufgebrochen im Todesschrecken
der Pest. Aufgebrochen aber im Feuer einer anderen brennenden Frage,
die mit dieser doch zutiefst zusammenhängt, der Frage nämlich: Wer
bin ich Mensch?

Mit diesen Fragen steht Nicolai an der Schwelle zur Neuzeit. An
anderer Stelle als Luther. Steht Luther, sehr vereinfacht formuliert, mit
seinem theologischen Begriff der Freiheit und seiner Betonung des
Glaubens des Einzelnen in der Neuzeit, so bleibt er doch noch im Rahmen des mittelalterlichen Gedankens der Weltordnung durch Gott, insbesondere der sozialen Welt, waren ihm ja die Gotteslenkung der Welt
und der menschlichen Geschichte noch nicht problematisch geworden.

---

10   Ebd., 275–277.
11   Ebd., 237.
12   Vgl. das Gedicht „Wahrlich – Für Anna Achmatova", in: Ingeborg Bachmann, *Ge-
     dichte, Hörspiele, Libretti, Übersetzungen,* Werke 1, hg. v. Christine Koschel u.a. (1978),
     München/Zürich ⁵1993, 166.
13   Vgl. Martin Luther, *Von der Freiheit eines Christenmenschen,* in: WA 7, 21; vgl. auch
     Martin Luther, *Freiheit und Lebensgestaltung. Ausgewählte Texte,* hg. v. Karl-Heinz
     zur Mühlen (KVR 1493), Göttingen 1983, 42.

Nicolai aber betritt die Schwelle, die in die Moderne führt, an dieser Stelle: Der Himmel ist über der blutenden Erde zerrissen, herabgerissen das Himmelsbild eines allmächtigen Gottes, der die Welt und die Geschichte lenkt. Diese Ansicht der Welt als einer von Gott bestimmten und durchwalteten ist zerbrochen. Auffällig jedenfalls ist, im Unterschied zu Luther, der gewaltige Eindruck der Gottferne der Welt. „Es geht ein Weinen durch die Welt, als ob der liebe Gott verloren wär"[14] – diese Zeilen Else Lasker-Schülers aus ihrem Gedicht *Weltende* können sehr wohl ausdrücken, was Nicolai wahrnimmt und ausdrückt: Gott ist fern und der Mensch sich selbst fremd geworden. Ein Fremdling, sagt Nicolai, der „nichts Eygens hat / noch zu haben gedencket" und darum auf Erden „schlechts durchpassiert".[15]

Wo bist Du, Gott? Wer bin ich Mensch? Im Fragehorizont der Identität sind beide Fragen verbunden. Was sagt Nicolai dazu? Kann er, kann überhaupt jemand etwas dazu sagen? Nicolai antwortet nicht einfach. Vor allem: Er läßt sich nicht ein auf ein Warum. An keiner Stelle. Nicolai malt Bilder. Sprachbilder. Bilder gegen den Tod. Bilder voller Leben.

„Was betrübstu dich meine Seele", fragt er mit Worten aus dem Psalter im „FrewdenSpiegel", „vnnd bist so vnrühig in mir? Wirstu doch nicht ewig in diesem trübseligen Jammerthal bleiben: Es ist dir ein ewiges Leben nach diesem Elend bereitet".[16] Ein Leben, das in Farben des unbedingten Gegensatzes zu diesem Leben gemalt und beinahe hymnenhaft vorgestellt und gepriesen wird:

„O du aller seligstes Leben / Du bist fürwar ein seliges Reich [...] vnd hast kein Ende. In dir ist eine Ewigkeit vnd keine Veränderung der Zeit."[17] „Du bist ein ewiges frewdenreiches Leben / da man von keinem Tode / von keiner Trawrigkeit vnd Betrübnuß höret. Du bist ein Leben ohne Mackel / ohne Angst vnd Noth / ohne Verwesung und Enderung / ohne Furcht / Entsetzen vnd Schrecken."[18] Ein Land voll Freude, ein „Landt der Lebendigen / die heylige Statt deß lebendigen Gottes / das neue Jerusalem."[19] Wo „wir gläubige Christen werden den allmächtigen Ehrenkönig / [...] vnsern einigen Erlöser [...] Jesum Christum / mit frölichen Augen sehen / vnd zu den heyligen Patriarchen / Propheten vnd Aposteln / versamlet werden" und alle geliebten Toten, „Vatter / Mutter / Brüder / Schwester / Mann / Weib / Kinder vnd alle Bekandten

---

14 ELSE LASKER-SCHÜLER, *Gedichte (1959–1962)*, Gesammelte Werke 1, Frankfurt a.M. ³1998, 149.

15 NICOLAI, FrewdenSpiegel (Anm. 6), 153.

16 Ebd., 10.

17 Ebd., 5.

18 Ebd., 4.

19 Ebd., 13.

(welche seliglich in dem HERRN entschlaffen/ vnd in wahrem Glauben
für vns hingezogen sind) mit großer Frolockung widersehen. Vnd Gott
wird abwischen alle Thränen von vnsern Augen / vnd unsere Klage
verwandeln in einen Reigen [...] daß vnser Hertz in alle Ewigkeit sich
freuwe / vnd solche Frewde niemandt von uns nemme."[20]
    Was ist mit diesen Bildern gemeint? Ist hier einer so weit nach vorn
gegangen, um nur umso tiefer in alte Zeit zurückzufallen? Versucht da
einer bloße Vertröstung, projiziert da einer aus übermächtigem Jammer
und elementarer Entbehrung Bilder sehnsüchtiger Unwirklichkeit?[21]
Zynisch wäre das, wenn auch zu verstehen.
    Die Bilder, mit denen Nicolai das ewige Leben vorstellt, scheinen den
Verdacht nur zu bestätigen: die Rede vom himmlischen Jerusalem, jener
Stätte voller Herrlichkeit, der Lebendigkeit und des Wiedersehens der
durch den Tod getrennten Liebenden, jenes Land ohne Tod und ohne
Tränen, jenes Land einer Freude ohne Ende.
    Bilder, die in dem einen großen Liebesbild der Einheit von Gott und
Mensch gipfeln – der *unio mystica* – , in der über dem Getröstetwerden
eines einzelnen Menschen „der Himmel [...] jauchtzen soll / vnd die
Erde sich freuwen / [...] vber dem, daß ich" – also Gott – „dich tröste."[22]
„Es ist [...] ein recht Hochzeitlich Leben / [...] ein Leben der vnaufflöß-
lichen Gemeinschafft / welche die Außerwehlten mit Gott dem Vatter
/ mit Gott dem Sohn / vnnd mit Gott dem heyligen Geist in Ewigkeit
haben / voll alles Trosts, voll aller Frewden vnd voll aller Herrlichkeit
/ [...] mit heyliger Liebe verbunden / vnd auff heylige starcke Liebe gegründet",[23] in welchem Gott seine Auserwählten „in jhm / wie in einem
wunderschönen Tempel / wunder lieblich ruhen vnd frolocken" läßt.[24]
    Sind das Bilder, mächtig genug, *dieses* Leben nun vollends aufzuge-
ben, Bilder, mächtig genug, den Jammer zu verklären in eine Sehnsucht
nach dem Tod? Ein Zitat wie dieses schließlich scheint dem Recht zu
geben. „O was sinds in Warheit selige Leute / welche auß dem Meer deß
Trübsals an den Vfer deß Heyls / [...] gleich als auß dem Gefängnuß in
den himmlischen Pallast gekommen sind / da sie nun leben [...] / vnd ha-

---

20 Ebd., 1.
21 Vgl. hierzu besonders Dorner, es läge nichts als ein subjektivistischer ‚Begriffsrealis-
    mus' vor, formuliert im Verstehenshorizont des „Platonismus und des platonisieren-
    den Mittelalters". Hier sei die „wirkliche Welt" „als etwas nur Subjektives" gedacht,
    „noch zu wenig zur Selbständigkeit aus Gott hervorgetreten" (ISAAK AUGUST DORNER,
    *Entwicklungsgeschichte der Lehre von der Person Christi vom Ende des vierten Jahrhunderts
    bis auf die Gegenwart*, Berlin 1853, 786), eine Interpretation, die m.E. letztlich auf den
    Vorwurf von Projektion und Weltflucht hinausläuft.
22 NICOLAI, FrewdenSpiegel (Anm. 6), 73.
23 Ebd., 15f.
24 Ebd., 16.

ben erlangt das Kleinot der ewigen Herrligkeit / das sie hie durch viele Trübsal gesucht haben? [...] O was sinds selige, [...] vberselige Leute / die nun frey und sicher sind von allem Bösen / von allem Jammer / von aller Angst und Noht / und haben erreichet die vnverwelkliche Herrligkeit [...] deß ewigen Lebens."[25]

Und doch – ich möchte dem entgegenfragen: Sind diese Bilder als Sehnsuchts*bilder* schon deshalb als unwahr entlarvt? Sind sie allein unwahr, weil sie Farben unvorstellbarer Gegenwirklichkeit malen? Ich halte das nicht nur für eine Frage der Vergangenheit. „Bilder, das Leben anzusagen", hieß kürzlich eine Ausstellung hier in der Hamburger Staatsbibliothek. Es ist eine grundsätzliche Frage für unser Leben: Von welchen Bildern leben wir? Welche Bilder leiten uns? Welche Bilder geben wir unseren Kindern mit? Brauchen wir nicht alle dringend Bilder, die das Leben ansagen? Gegenbilder auch gegen das, was von innen und außen Leben zerstören will – wenn auch anders als damals?

Zurück zu Nicolai und in die Zeit des 16. Jahrhunderts. Wenn wir uns einen Moment lang auf seine Bilder selbst einlassen, mag vielleicht auch etwas anderes aufleuchten – oder besser noch – spürbar werden. Darin, daß die Bilder vermögen, Sehnsüchte auszulösen, daß sie Bilder, Visionen des Lebens gegen den Tod sind, erweisen sie sich gerade mächtig, die Traurigkeit aufzubrechen. Denn es ist doch gerade die Horizontlosigkeit, die Erwartungs- und Hoffnungslosigkeit, die die Traurigkeit so übermächtig, so unbedingt sein läßt.

In den Bildern der Sehnsucht ist dieses zumindest gesagt: Das Leid ist nicht alles, es ist nicht unendlich. Nicolai bricht in diesen Bildern die Unbegrenztheit, die vermeintliche „Ewigkeit" der Traurigkeit, die das Leid ausmacht, auf: „Wirstu doch nicht ewig in diesem trübseligen Jammerthal bleiben." Denn „ein ewiges Leben" ist dir „nach diesem Elend bereitet."[26]

So gibt Nicolai dem diesseitigen Leben mit seinem Elend die Zeit zurück und mit der Zeit auch die Vergänglichkeit und mit der Vergänglichkeit auch wieder Hoffnung und Erwartung. Indem er so die Vertauschung von Zeit und Ewigkeit aufhebt, nimmt er der Traurigkeit in ihrer Absolutheit ihren Grund. Er sprengt den Horizont auf. *In* allem Elend gibt es dieses Wort, das er in der Heiligen Schrift findet: Es wird ein *anderes* als dieses sein, ein anderes, das nicht begrenzt und nicht vergänglich ist, sondern ewig, das heißt *mächtig* gegenüber aller Zeit.

Hier liegt das gedankliche Recht des vermeintlich so leicht abzutuenden Jenseitsgedankens: *In* „Creutz und Widerwärtigkeit" wird hier

---

25 Ebd., 163.
26 Ebd., 10.

die Erwartung einer „liebliche[n] Ergetzung"[27] aufgeboten, die *aus* Kreuz und Widerwärtigkeit nicht mehr aufbrechen kann. Der Schmerz kann sich aus sich selbst nicht lösen, die Traurigkeit nur tiefer in sich selbst versinken, wenn nicht ein anderes – „jenseits" des Elends – hinzukommt.

Was dem Vorwurf des Begriffsrealismus, der reinen Idealität und also der Projektion des Nicolaischen Gedankens den Weg bereiten mag, einem Vorwurf, dem das Werk Nicolais ausgesetzt ist in der theologischen Forschung,[28] nämlich die unbedingte Vorrangigkeit in der unbedingten Distanz des Ewigen gegenüber allem Irdisch-Menschlichen, hat nicht nur sein gedankliches Recht in der schlechthinnigen Kargheit und Elendigkeit des Irdischen. Hier liegt vielmehr erst der Ermöglichkeitsgrund, der Heimat- und Gottlosigkeit überhaupt Sprache zu geben. Nur aus dem Begriff eines Jenseitigen, das sich nicht verifizieren will in der Faktizität äußerer Erfahrung oder der Labilität gefühlsmäßiger Innerlichkeit, kann die Erfahrung des Jetzt angeeignet werden. Denn um diese wird es gehen.

Was aber „jenseits" des Elends hinzukommt, das versteht man erst gleichsam auf den zweiten Blick. Denn Bilder erschließen sich erst, wenn man sich zu ihnen in Beziehung setzt. Eben das, denke ich, ist zugleich der Prozeß, in dem Nicolai sich selber befindet und in den er andere, seine Leser und Leserinnen, mit hineinnehmen will. Nicolai geht seinen Bildern und Gedanken selber erst nach. Er geht in die Bilder hinein wie in Räume, und während er in diese Bild-Räume geht, schließen sie sich ihm selber erst auf. Dabei wird nach und nach deutlich: „Himmlisch" und „irdisch" meinen nicht äußere Räume, dann und dort jenseitig, sondern innere: Innere Räume von Leben und Nichtleben. Innere Räume von Einheit und Versöhnung, von Trennung und Entfremdung, von Identität und Identitätslosigkeit.

So reißt der Horizont auf. Nicht nach oben, sondern nach innen! Innen aber nicht als ein verborgener Seelenfunke, den der Mensch in sich entdecken könnte, sondern als eine *größere* Wirklichkeit, die den Menschen im Wort Gottes von außen trifft, ihm begegnet, aber ihm nicht äußerlich bleibt, sondern in ihm *selbst* lebendig ist, in ihm wächst, *verinnert* gleichsam.

Das von Nicolai als ewiges bezeichnete Leben steht nicht einfach dort und dann aus, sondern ist, wenn auch verborgen, gegenwärtig. Hier und jetzt, gegenwärtig im Prozeß der ver-innerten Gottesidentität des Menschen. Das gilt es zu erklären.

---

27   Ebd.
28   Vgl. o. Anm. 21.

Das Himmelsbild der hochzeitlichen Liebe von Gott und Mensch, der *unio mystica*, der liebenden Einheit von Gott und Mensch, erschließt sich erst, wenn deutlich wird: Nicolai redet hier in einer neuen Weise von Gott. Er findet einen neuen Gottesbegriff. In Berufung auf Martin Luther, in der Lektüre von Augustin, korrigiert Nicolai die Tradition[29] und stellt die Alleingültigkeit und Ausschließlichkeit der Liebe, die Gott selber ist, heraus, so daß sie über Luther hinaus alle anderen Eigenschaften von Gott zusammenfaßt.[30]

Mein Wort Gottes*begriff* ist allerdings mißverständlich, denn das Gegen*wort* gegen die irdische Hölle ist kein bloßer Gedanke, sondern ein *Leben*, das Leben der Liebe, das Gott selber *ist*. Ein Leben, in dem Gott nicht für sich allein bleiben will, sondern die Seligkeit, und das heißt bei Nicolai nicht nur die Vergebung der Sünden, sondern die Gegenliebe und, sehr sinnlich formuliert bei Nicolai, das Glück der Menschen, begehrt.

Der Satz, den er bei Luther findet, den er radikalisiert, Nicolai würde vielleicht sagen, freilegt, in dem für ihn die Mitte der Heiligen Schrift begründet liegt, ist dieser: Gott selbst ist ein „Feuwer Ofen" voller Liebe.[31] Und er ist nichts anderes als das. Eine Liebe, die in der von Gott geweckten Gegenliebe der Menschen zu ihrer Erfüllung kommt. Das Ewige ist nichts anderes als das Sichtbarwerden dieser Liebe. Das Sichtbarwerden dessen, was nach Nicolai das Wort der Schrift sagt, aber „ohne Fürhang und Decke", nicht mehr „im tunckelnWort / als in einem Spiegel",[32] wie es heißt, sondern von Angesicht zu Angesicht, unmittelbar: „Sihe / das

---

29 Vgl. Traugott Koch, *Die Entstehung der lutherischen Frömmigkeit. Die Rezeption pseud-augustinischer Gebetstexte in der Revision früher lutherischer Autoren (Andreas Musculus, Martin Moller, Philipp Kegel. Philipp Nicolai)*, unter Mitarbeit von Stephan von Twardowski (Texte und Studien zum Protestantismus des 16.–18. Jahrhunderts 2), Waltrop 2004, 97–112.

30 „Denn es werden Gott / neben dem (daß er ist die Liebe selbst) auch sonst mancherley Idiomata oder Eygenschafften zugeschrieben / als ewige Gerechtigkeit / ewige vnendliche Weißheit / Heyligkeit / Allmacht / Barmhertzigkeit / Warheit vnd dergleichen. Vnnd wirdt recht gesagt / Gott ist die Allmacht selbst / die Warheit selbst / die Barmhertzigkeit selbst / die Gerechtigkeit selbst / die Weißheit selbst / etc. Denn es ist kein Eygenschafft deß Göttlichen Wesens / die nicht das Wesen selbest sey: Aber doch hat die Liebe vnter allen Eygenschafften den Vorzug / vnnd ist wie ein Circkel / die alle andere Eygenschafften vmbschreibet vnd in sich fasset / dieweil alles auß der Liebe herfleust / was Gott thut vnnd wircket / auch wenn er schon nach seiner Gerechtigkeit zürnet / blitzet vnnd donnert / wie Doctor Martinus Luther fein deutlich in seinem Sermon von der Liebe erkläret" (Nicolai, FrewdenSpiegel [Anm. 6], 175).

31 Ebd., 27 (nach Martin-Luther, *7. Invokavit-Predigt*, in: WA 10/III, 56).

32 Ebd., 84.

ist der Trost", schreibt Nicolai, „so wir auff jenes Leben haben / daß Gott
selbst soll vnser / vnd alles in vns seyn."[33]

In und mittels dieses Gottesbegriffes der Liebe findet Nicolai zugleich auch einen neuen Begriff vom Menschen und – modern formuliert – von seiner Identität. Er findet in diesem Leben der Liebe, die Gott
ist, eine neue Erzählung vom Menschen. Im Bild eines anderen herrlichen Lebens erblickt sich der sich in der Todesähnlichkeit des Lebens
Fremdgewordene aufgerichtet: Der Mensch erkennt sich selbst als Bild
Gottes, als sein klarer Spiegel, der wie eine helle Sonne leuchtet.

Aber was ist das für eine Identität? Noch einmal: Ist das ein reiner
Begriff bar jeder Erdenschwere? Man hat so interpretiert. Es braucht einen zweiten Blick.

Je weiter Nicolai und mit ihm der Leser in die Bilderräume des
Himmlischen folgt, desto mehr verändern sie sich. Was zunächst in völliger Gegensätzlichkeit erschien, beginnt sich ineinander zu spiegeln.
Die leuchtenden Bilder des Himmlischen nehmen ihre dunklen Gegenbilder des Irdischen in sich auf: So sehr hat „die Liebe alles eyngenom-
men […] alles starck in ein geknüpfft / daß es kein Todt noch Hell / kein
Gewalt noch Macht / weder hohes noch tieffes / weder gegenwärtiges
noch zukünfftiges kan trennen noch von einander reißen".[34] „Wo sich
einer erfreuwet / da erfreuwen sie sich alle / vnd wo einem Menschen
[…] jrgendt eine Widerwärtigkeit / Elendt oder Vnfall begegnete […]
so würde solchs Gott selbst fühlen eylendts / als weren jhm seine Aug-
äpffel angetastet / vnd […] alle Engel vnd Menschen / würdens […] fühlen / als gieng es einen jedern selbst an." Und „all mit einander trawren
/ zuspringen / Rettung thun […] biß dem Elenden geholffen were." Ich
„führe […] diß zur Erklärung eyn", schreibt Nicolai, um zu zeigen, „wie
daß die selige Vnion […] vnsers lieben Gottes vnd seiner lieben Enge-
len vnd Menschen im Himmel / vber alle Massen / starck vnd mächtig
sey".[35] Eine „Ringmawre" der Liebe,[36] in der wir sagen können: „Der in
vns ist / ist grösser denn der in der Welt ist".[37]

Die Aussage ist gewaltig: In dieser mächtig widerständigen *unio* ist
durch alle Erfahrung hindurch die Identität des Menschen, seine Gottesidentität ausgesagt. Was heißt das? Hier wird nicht die Verborgenheit
Gottes in der äußeren Erfahrung beschönigt, nicht ein verloren gemein-
ter Gott über der Elendigkeit des Irdischen dennoch herbeigerufen. „Der
in vns ist / ist grösser denn der in der Welt ist" – dieses Wort beschreibt

---

33   Ebd., 398.
34   Ebd., 17.
35   Ebd., 98f.
36   Ebd., 97.
37   Ebd., 213.

für Nicolai eine *ver-innerte* Kraft, die im Menschen nicht zerstört werden kann, und der Mensch nicht in ihr, was immer auch von innen oder außen auf ihn zukommt.

Das heißt aber: In dem Verspiegeln der Bilder, Himmelsbild, Menschenbild, ist etwas geschehen. Die göttlich-menschliche Ringmauer der Liebe, also das, was Nicolai als Gott benennt, ist nichts Fernes. Auch nichts Statisches. Sie ist vielmehr ein Prozeß. Wenn das ewige Leben als eines ohne Angst und ohne Schmerz beschrieben wird, dann nicht, weil es paradiesisch keine Angst, keinen Schmerz und keinen Tod kennte, sondern weil es durch dieses hindurchgegangen und darin bestanden ist und in diesem Sinne bleibt.

Die ewige Gottesliebe ist ohne Angst, weil sie den Weg der Angst gegangen ist, sie ist ohne Traurigkeit, weil sie durch die Traurigkeit hindurchgegangen ist. Die ewige Liebe, die Gott ist, sagt Nicolai, ist nicht ohne das, was gegen sie steht, an dem sie sich bewährt, was sie überwindet. Das heißt: Sie vermag alles unter die Liebe zu begreifen.

Ein Gedanke, der sich für Nicolai nur mittels der Einheit Gottes mit dem Menschenleben des Jesus von Nazareth aufschließt und begründet. Die Liebe, die Gott selber ist, ist gleichsam nicht im Himmel geblieben, sondern hat das Andere ihrer Selbst kennengelernt. Diese Liebe ist deshalb kein bloßer Begriff, keine bloße Idee, weil sie nichts Menschliches ausgelassen hat, ganz in die Not und den Tod dieses Menschen hineingegangen ist. Das hat Gott *selbst* verändert. Darum allein kann die Liebe, die Gott selber ist, zur Wahrheit, zur Erfüllung kommen im Leben von Menschen. Darum kann es keine Realität mehr geben, die in Gott nicht wirklich, von Gott nicht angenommen wäre, die also gegen diese Liebe – ihren vermeintlichen Idealismus erweisend – ins Feld geführt werden könnte. Und darum kann ein Mensch durch alle Menschenerniedrigung und Gottestrennung hindurch „teilhaftig der göttlichen Natur" werden. Darum kann er gewiß sein: „Der in mir ist / ist grösser / denn der in der Welt ist."[38]

Darum ist in der Antwort auf die Frage: Wo bist Du, Gott? zugleich gesagt, wer das ist: Ich Mensch. Der Mensch, der Gott glaubt, erkennt sich nicht in der Unmittelbarkeit und Äußerlichkeit des Irdischen, sondern er kann dessen gewiß sein, daß er durch alles Leiden und durch allen Tod hindurch mit Gott geeint ist.

Wo bist Du, Gott? Nirgends anders als in dieser realen Menschengeschichte des Jesus von Nazareth und darum nirgends anders als in allem, was Menschen bewegt und betrifft.

---

38 Ebd., 59f.

Wo bist Du, Gott? Nirgends anders als in dieser realen Menschengeschichte des Jesus von Nazareth, in der Gott selbst vom Zerstörerischen,
Tödlichen betroffen wird, es zu Ende geht und ihm doch überlegen,
stärker ist.

Wo bist Du, Gott? Wo bist Du nicht?

Der Gedanke der Liebe, den Nicolai entfaltet, will nur dieses eine
Tröstende sagen: In der Einheit mit diesem Menschen Jesus hat Gott kei-
nen Weg und keinen Ort des Menschlichen ausgelassen. Darum ist „das
Leben der Seele", das Leben der Seele des Jesus von Nazareth sowie das
Leben jeder Menschenseele, auch ihr „heimlich Leyden oder verborgen
Hertzenleyd", „Gott selbst."[39] Darum „muß" kein Menschliches ohne
Gott, kein Weg, den je ein Mensch gegangen ist, ausweglos, *nichts* Tödli-
ches mehr ohne das *Himmelslicht* eines „kommenden Lebens" sein.[40]

Darum kann der Glaubende seine angegriffene und bedrohte Identität in der *unio* mit Gott wiederfinden: Im Spiegel des Gottesantlitzes
leuchtet das Gesicht des Menschen, der Gott verloren zu haben meint. In
dieser Verwundbarkeit der Liebe, in der der Mensch das, was ihm Gott
ungewiß macht und den Glauben zu ersticken droht, in Gott selbst wie-
derfindet und *zugleich* als überwunden glaubt, kann er Gott wiederfinden als den, der er wesentlich ist: als die Macht gegen das Zerstörende.
Kann die Göttlichkeit der *unio* offenbar werden als die Macht der Liebe,
die gerade in der Verwundung alle Verwundung überwindet. Als die
Macht, die das entstellte Antlitz des Menschen ins Abbild der Göttlichkeit verwandelt, teilhaftig der göttlichen Natur macht. In dieser Stärke
und Macht der *unio* besteht die Allmacht Gottes, wie sie Nicolai – gleich
allen anderen Eigenschaften – im Brennspiegel der Liebe konzentriert.

Diese Macht zeigt sich in der Kraft, die noch das Abgeschlossene der
Trostlosigkeit öffnen kann in eine andere Erzählung. In die noch nicht
zu Ende erzählte Erzählung von der Einheit Gottes und des Menschen.
Eine Erzählung, die den in seinem Leben fremd Gewordenen verbinden
und vielleicht gar versöhnen kann – noch mit dem Unausgemachten seiner Existenz.

Wer bin ich Mensch? Nicolai antwortet: Der, der Gott glaubend in
Christus zu erkennen vermag: Mein Leben, mein Menschsein ist die
verborgene Gestalt, die das Himmlische birgt. Was ist mein Leben? Verborgen unter allem, was dagegen spricht: der Weg, den die ewige Liebe
geht. So kann im Glauben ein Mensch neu geboren werden. Es ist die
Geburt der Gewißheit: In mir lebt das, was ich wesentlich bin und was

---

39   Ebd., 181.
40   Traugott Koch, *Mit Gott leben*, Tübingen 1989, 384.

ewig bleiben wird, zu dem ich selbst trotz und durch allen Tod hindurch gehören werde.

Diese Einheit, diese Einheit von Göttlichem und Menschlichem, von Geist und Realität wird im Abendmahl als Einheit mit Christus anschaulich, sinnlich und doch geistig genießbar. Nur um dieser Einheit Gottes und des Menschen willen, die für Nicolai real ist, nur um dieser realen Gegenwart Gottes im Menschlichen willen kämpft er den Kampf um das Abendmahl, ist jener Streit so heftig, der heutigem Denken so schwer einsichtig und überflüssig scheint. Es geht um die reale Gegenwart Gottes im Menschen, in seinem Fleisch und Blut. Es geht um die reale Gottbetroffenheit vom Menschlichen, um die Gottes*realität*. Wie die unendliche Gottesliebe real geworden ist in Leib und Blut des Menschen Jesus, so wird sie real, und das heißt nicht habbar, aber sinnlich – im Glauben – so wahrhaft zu ergreifen, wie es der Buchstabe sagt: Dieses Brot *ist* mein Leib, dieser Wein *ist* mein Blut. Das Abendmahl ist die leiblich-sinnhafte *unio* des Glaubenden mit Christus.[41]

Noch einmal pointiert formuliert: Gott selbst gewinnt etwas durch die Menschwerdung hinzu. Zu Gott wesentlich gehört, daß seine Liebe realisiert ist. Es gibt im Gottesgedanken selber keine Flucht mehr in die Idee. Hier, in der Realität Gottes als in seiner Verbindung mit dem Menschen, liegt das Zentrum Nicolaischer Theologie, der es allein darum geht, Menschen zu trösten in einer absolut trostlosen Situation. Hier liegt der Grund, warum er nicht einfach die Väter zitiert und wiederholt, sondern in einer eigenen Weise, in einer eigenen Lesart die Tradition aufnimmt und korrigiert.

Vielleicht könnte man soweit gehen zu sagen, daß Nicolai in der konkreten Situation etwas von dem freilegt, was überhaupt für Theologie von Bedeutung ist, auch gegenwärtig: einen Trost zu begründen, der keine Illusion ist, einen Glauben zu formulieren, der nicht bloße infantile Perpetuierung von Kindersehnsucht ist, wie es Sigmund Freud[42] gedacht hat. Zu begründen, was der französische Religionsphilosoph Paul Ricœur in seiner Auseinandersetzung mit Freud, in der er uns noch weit davon entfernt sieht, die Wahrheit des Freudismus angeeignet zu haben, „Trost dem Geiste nach", nennt: ein Trost, der nicht den Unglauben bestärke, weil er bloß vertröste, sondern der den Glauben der Gläubigen läutern könne: „Es gibt nämlich zwei Arten von unentwirrbar miteinander verflochtenen Tröstungen: den kindlichen [...] Trost, den gleichen, den auch die Freunde Hiobs kannten – und den Trost dem Geiste nach,

---

41   Der Glaubend-Liebende ist versichert, daß sein Fleisch und Blut in Christus mit Gott geeint und er selbst des ewigen Lebens der ewigen Liebe teilhaftig ist.

42   Vgl. Sɪɢᴍᴜɴᴅ Fʀᴇᴜᴅ, *Die Zukunft einer Illusion* (1927), Gesammelte Werke, Bd. 14, Frankfurt a.M. 1991, 323–380.

der nichts Narzißtisches und Eigennütziges mehr an sich trägt, der gegen die Widerwärtigkeiten des Daseins keinen Schutz und vor der Härte
des Lebens keine Zuflucht mehr bietet. Dieser Trost steht nur dem höchsten Grad von Gehorsam der Wirklichkeit offen, und er muß durch die
Trauer des ersten Trostes hindurch. Derjenige jedoch, der diesen Weg bis
zum Ende gegangen wäre, hätte wahrhaft den Freudschen Ikonoklas-
mus in die Bewegung des Glaubens selbst hineingenommen."[43]

Der Gottesgedanke lebendiger Einheit von Gott und Mensch, die *unio
mystica*, wie Nicolai ihn entfaltet, lange vor der Auseinandersetzung mit
Freud, aber nicht weniger erfahren in der Ananke, dem Unausweichli-
chen der Realität, kann Wege weisen zu diesem „Trost dem Geiste nach".
Wege, die heutige Theologie, wenn auch in anderer Sprache, braucht.

Wenn man diese Gedanken aus der Perspektive unserer sogenannten Postmoderne und deren Anfragen aufnimmt, möchte ich wagen,
so zu formulieren: Das Ende der Großerzählung, auch der christlichen,
wird konstatiert.[44] Ein Anliegen, das sich gerade aus der Erfahrung
der Vergangenheit des letzten Jahrhunderts, der Erfahrung zerstöre-
rischer Macht totalisierender Weltdeutung begreift. Auch Nicolai und
den Menschen im 16. Jahrhundert ist die Großerzählung zerbrochen im
Zerbrechen des kosmologischen Gottesbegriffes und der Erfahrung der
Gottferne der Welt. Was er dagegen setzt, was er suchend formuliert, ist
kein bloßer abstrakter, platonischer Begriff Gottes. Nicolai nähert sich
in seinem Freudenspiegel dem Leben Gottes als dem Prozeß, der Erzählung der Liebe, in die Gott den Menschen hineinnehmen will und wird.
Eine Erzählung, die sich im Menschlichen und durch alles Menschliche hindurch erzählt. Was bergen kann, ist keine in sich abgeschlossene
Metaerzählung, sondern die Menschenerzählung des Gottes, die sich in
der kleinen Geschichte des Menschen, wie Lyotard formuliert, in der
Geschichte seiner Verluste, auch des Verlustes Gottes über den Verlust
geliebter Menschen, erzählt – und in dieser Erzählung aber zugleich sie
verändert. So verändert, daß Verlorenes wiedergefunden werden kann.

Nichts anderes sagen die alten Bilder von der Unsterblichkeit der
Seele und der Auferstehung des Leibes, die Nicolai im Freudenspiegel
malt: „Zu dem ist vber alle massen lieblich vnd tröstlich zu hören / [...]
daß nemlich Gott alle jhre Threnen von jhren Augen abwasche: Das ist:
Er tröstet sie hertzlich / wie einen seine Mutter tröstet / vnnd darnach
die Seele auff Erden ist in der Angst vnnd Noht gewest / hertzet vnnd

---

43 PAUL RICŒUR, *Der Atheismus der Psychoanalyse Freuds* (1966), zit. in: ECKART NASE /
    JOACHIM SCHARFENBERG (Hgg.), *Psychoanalyse und Religion* (WdF 275), Darmstadt 1977,
    218. Zum Problem vgl. ANNE M. STEINMEIER, *Wiedergeboren zur Freiheit. Skizzen eines
    Dialogs zwischen Theologie und Psychoanalyse*, Göttingen 1998.
44 JEAN-FRANÇOIS LYOTARD (1982), *Das postmoderne Wissen. Ein Bericht*, Wien ⁴1999.

küsset er sie / vnnd spricht zu jhr: O selig bistu meine Freundin / meine Braut [...] Sihe nun ist das Himmelreich dein". Du „hast geweinet vnnd leide getragen [...] nun soltu lachen vnnd ewiglich getröstet werden".[45]

Das Bild sagt die Überwindung des Leides aus. Aber in den Bildern des Trostes – und es gibt wohl kaum Bilder intensiverer Nähe als die Urbilder vom Trost der Mutter und der Innigkeit von Braut und Bräuti-gam – ist das gegenwärtige Leid nicht einfach aufgehoben und vorüber. Es ist in der Liebe, die Gott ist, unendlich wichtig. Es wird im Himmel erzählt.[46] Und in diesem Erzählen geschieht Überwindung durch die Befreiung zur Sprache dessen, was gegenwärtig stumm macht, wird das Leid als bloßes Er-Leiden, das irdische Leben als schlechthinnige Fremdheit überwunden.

Das wird deutlich auch in der Vorstellung von der Auferstehung des Leibes. Leib – das meint den Menschen in seiner sinnenhaften Beziehung zu anderen. Das meint, „daß wir nicht allein bey GOtt" sind, sondern jede „Freundtschafft", so „biß ans Ende erhalten [...] mit uns wider erstehen [...] vnd vollkommen"[47] sein wird und wir uns in jenem Leben „tausentmahl besser kennen" als auf dieser Welt, wo „bißweilen Argwohn / Zorn vnd Hader mit vntergelauffen" sind. Aber dort sind sie „gereiniget", „daß sie Gott lieben von gantzem Hertzen" und „einer den andern als sich selbst".[48]

In den Bildern des Trostes gewinnt der Fremdgewordene seinen Ort in der Sprache des Schmerzes. Und er gewinnt zugleich ein Verstehen von sich selbst, das ihn Menschen wesentlich, nicht nur äußerlich in Beziehung verstehen läßt.

Wer bin ich Mensch? „What I loved", „Was ich liebte", wie es die amerikanische Schriftstellerin Siri Hustvedt, die Frau des Schriftstellers Paul Auster, in ihrem Romantitel aus dem letzten Jahr formuliert.[49]

Was ist, wenn ich liebte und es keine direkten Möglichkeiten des Miteinanders mehr gibt? Im seelsorglichen Trauergespräch steht diese Frage nicht selten im Zentrum, gerade dann, wenn ein Abschied nicht mehr möglich war, aus welchen Gründen auch immer. Viele machen die Erfahrung, daß es ein Zuspät geben kann. Eine Erfahrung, die über die akuten Schuldgefühle hinaus – „Ich hätte sollen; ich konnte nicht mehr; der Tod kam völlig überraschend; wir konnten etwas nicht mehr klären; ich konnte das Sterben nicht an mich heranlassen; ich wußte nicht, daß

---

45 Nicolai, FrewdenSpiegel (Anm. 6), 350f.
46 Ebd., 345.
47 Ebd., 403.
48 Ebd., 368.
49 Siri Hustvedt, *What I loved*, New York 2003; *Was ich liebte*, Reinbek bei Hamburg 2003.

es schon so schlimm stand; wer konnte denn ahnen [...]" – die Fragen von Gelingen und Nichtgelingen des gemeinsamen Lebens überhaupt aufwühlen kann. Es kann für die Arbeit eines trauernden Menschen lebenswichtig werden, ob es auch eine Zukunft für das Vergangene gibt.

Philipp Nicolai schreibt 1597: „Wie nun die Seele errettet / vnd ewig leben wirdt / also wirdt auch alles / was in der Seele gepflantzet oder gebildet / kein Verderben oder Auffhören haben."[50] Die Liebe, die Freundschaft wird bleiben, und bleiben heißt hineingenommen werden in einen neuen Anfang: auch durch alles Mißverstehen, sagt Nicolai, durch alle Trennung, letztlich durch den Tod.

Darum bleibt bei Nicolai das Irdische nicht nur Gegenbild des Himmlischen. In der Spurenhaftigkeit leiblich sinnenhafter Existenz, da, wo Beziehung gelingt und Glück aufleuchtet, wo, mit den Worten Nicolais, Mann und Frau, Eltern und Kinder, Bruder und Schwester einander in „natürliche[r] Liebe" lieben, dort wird das Irdische Spiegel und Vorbild des Himmlischen.[51]

Und so erstaunt es nicht, daß Nicolai von seinen Himmelsbildern zu einem Bild der Erde findet, in dem das ewige Leben, Gott also, als gegenwärtig in der Lebendigkeit ver-innerter Gottesidentität des Menschen verwirklicht ist. Nicolai findet zum Mutterbild der Geburt. Das vielleicht ja einzige Bild, das erlaubt, vom Schmerz zu reden, ohne zynisch zu werden. Der Gläubige, sagt Nicolai, und nicht nur er, sondern die gesamte Schöpfung, ja Gott selbst als die Urmutter gebiert unter Schmerzen das Leben.[52]

Im Bild der Wiedergeburt durchdringen sich am intensivsten Himmlisches und Irdisches. Die Grunderfahrung der Mütter wird zum Hoffnungsbild des Glaubens. Sie macht vorstellbar, was so schwer auszusagen ist – und was doch auszusagen sich Nicolai fortwährend bemüht: daß das Leben nicht ohne Schmerz und nicht ohne Tod ist und daß doch alle Schmerzen, alle Ängste, letztlich der Tod sich dem Leben nicht entgegenstellen können, sondern helfen müssen, das Leben dennoch zu gebären.

Der Freudenspiegel Philipp Nicolais ist darum kein Buch jenseitiger Himmelssehnsucht. Es stellt mitten hinein in dieses Leben.

An der Grenze des Todes findet Nicolai theologisch zum Begriff einer *unio mystica*, zu seinem Begriff einer Wirklichkeit, in der Menschliches und Göttliches nicht unterschiedslos ineinander verschmelzen, sondern alles in der Gottesliebe erkannt, in ihr umfaßt ist.

---

50   Nicolai, FrewdenSpiegel (Anm. 6), 404.
51   Ebd., 32.
52   Ebd., 239. 258ff. 284f.

In der einen Wirklichkeit dieser Liebe kann alles Irdische zum Spiegel des Göttlichen werden. Nicht im platonischen Deutungshorizont eines bloßen Abbildes. Im Spiegel wird auch Verborgenes erkennbar: So kann der Glaubend-Liebende noch im Vergehen Wachsen sehen, noch im Sterben Geborenwerden, noch im Tod Leben.

Das bedeutet aber zugleich die Aufforderung, dem Himmlischen zu leben, selbst im Glauben Himmlisches im Irdischen erkennbar und für andere sichtbar zu machen. So ist das Glaubensleben nach Nicolai letztlich ein wachsendes Spiegelsehen: Als Geschichte wachsender *Gottesunio*, Geschichte des Zusammenwachsens von Gott und Mensch im Prozeß der offenen Erzählung der Verinnerung des Wortes Gottes der ewigen Liebe, wird im Irdischen immer mehr Göttliches erkannt, bis der Glaubende noch in der Todestrennung im Spiegel des Wortes Gottes sich selbst, das Ich seines Glaubens als erkannt wahrnimmt in der Liebe Gottes, die bleibt.

Im Tod zerbricht der Spiegel, und wo Himmlisches und Irdisches im Glauben unzerstörbar eins geworden sind, wird der Gottliebende Gott von Angesicht zu Angesicht sehen. Vielleicht ist die Trostmacht dieses Gedankens der *unio* am ehesten verstehbar, je näher man der Frage und Wahrnehmung Nicolais am Ende des 16. Jahrhunderts ist, die – wenn auch in anderer Gestalt – so fremd uns Heutigen nicht sein kann.

Innumeri per quem post frigida funera vivunt
Huic vitam servat post bona scripta Gener.
Quae scripsit, vere scripsit, non omnia scripsit,
Cetera enim scribat non nisi FABRICIVS.

JO. CHRISTOPH. WOLFIVS.
Past. ad D. Cath. et Scholarcha

Abb. 3: Johann Albert Fabricius

Literaturgeschichte und Physikotheologie: Johann Albert Fabricius[1]

von

RALPH HÄFNER

I. Einleitung

Das *jeu de paume* ist eine Vorform des heutigen Tennis. In der Mitte des 17. Jahrhunderts erfreute sich dieses Spiel großer Beliebtheit. Entsprechende Hallen oder Sandplätze waren Teil eines jeden größeren fürstlichen Gartens – in den Tuilerien ebenso wie in Nymphenburg.

Denken wir uns einen *homme de lettre* dieser Zeit, der gerade in einer Partie begriffen ist. Als man das Spiel unterbricht, entdeckt er auf dem Griff seines Schlägers die Fragmente einiger Dekaden des Titus Livius. Man geht der Sache auf den Grund, und es stellt sich heraus, daß das Pergament, mit dem man den Schläger kunstfertig umwickelte, von einem Apotheker stammt. Dieser Apotheker hatte mehrere Pergamentbände von den Nonnen des Klosters von Fontevrault geschenkt bekommen und sie aus Unkenntnis ihres Wertes an einen Hersteller von Tennisschlägern verkauft.[2]

Die Episode gibt einen guten Einblick sowohl in die Überlieferung des Wissens wie auch in die Sozialisation der frühneuzeitlichen Gelehrtenwelt. Und sie widerlegt eindrucksvoll das Cliché von dem Polyhistor, der die Nächte in der Gelehrtenstube durchwacht und über dem

---

1   Die Anmerkungen sind auf das Wesentlichste beschränkt; der Charakter des Vortrags wurde beibehalten. Für eine eingehendere Diskussion der angeschnittenen Fragestellungen verweise ich auf mein Buch *Götter im Exil. Frühneuzeitliches Dichtungsverständnis im Spannungsfeld christlicher Apologetik und philologischer Kritik (ca. 1590–1736)* (Frühe Neuzeit 80), Tübingen 2003. Die bisher umfassendste Darstellung gibt ERIK PETERSEN, *Johann Albert Fabricius en humanist i Europa* (Danish Humanist Texts and Studies 18), 2 Bde., Kopenhagen 1998. Einen vorzüglichen bio-bibliographischen Abriß mit umfangreichem Literaturverzeichnis gibt WERNER RAUPP, Art. „Fabricius, Johann Albert", in: *BBKL* 25 (2006), bereits zugänglich über www.bautz.de.

2   PAUL COLOMIÈS, „Recueil de particularitez, fait l'an M.DC.LXV.", in: DERS., *Opera, theologici, critici & historici argumenti* [...], hg. v. JOHANN ALBERT FABRICIUS, Hamburg: Christian Liebezeit 1709, 315–332, hier: 320.

lebensfernen Studium mächtiger Folianten ergraut. Dem Spürsinn des sportlichen *homme de lettre* entgeht nicht, daß es sich bei den Wortfetzen auf dem zweckentfremdeten Pergament seines Tennisschlägers um Fragmente handelt, die sonst nicht überliefert sind. Als Johann Friedrich Gronovius – der in Hamburg geborene und in Leiden tätige große Gelehrte – 1664 eine verbesserte Edition der römischen Geschichte des Livius in den Druck gibt, verdankt sich die Qualität der Ausgabe nicht zuletzt der Aufmerksamkeit eines kundigen Ballspielers.

Die Anekdote zeigt aber auch, daß die *respublica litteraria* der Frühen Neuzeit bemerkenswert vielseitige Diskursformen ermöglicht hat, die zugleich Ausdruck eines lebendigen Umgangs mit der Überlieferung sind. Die Beschäftigung mit der Antike erregte selbst beim Ballspiel mehr als ‚nur ein historisches Interesse‘, wie uns mancher Zeitgenosse heute weismachen möchte, für den Griechisch und Latein deswegen ‚tote Sprachen‘ sind, weil er sie nicht versteht. Das Selbstverständnis umfassender Bildung ist uns auch deshalb heute abhanden gekommen, weil ihre ‚praktische Relevanz‘, nach der zu fragen unsere Bildungsplaner Anlaß finden, dem Stumpfsinnigen nicht sogleich einleuchtet. Die Verwertbarkeit des Wissens, so zeigt unsere Anekdote, wird in der Tätigkeit des Handwerkers, der die Griffe von Tennisschlägern mit Pergamentstreifen umwickelt, auf eine Weise sinnenfällig, die uns gewissermaßen *sprachlos* macht, aber es ist der Tennisspieler mit seinen zierlichen Kenntnissen, der den wahren Wert seines *racket* einzuschätzen vermag.

Es ist nicht bekannt, ob sich Johann Albert Fabricius je dem *jeu de paume* gewidmet hat; mit hoher Wahrscheinlichkeit spielte er ein Tasteninstrument. Wie im Falle des umsichtigen Tennisspielers gibt indes auch sein Lebenswerk Einblick in den Reichtum einer Lebensform, die ihm das Studium des Altertums allererst ermöglicht hat. Als er 1688 die Abhandlung *Scriptorum recentt. decas* veröffentlicht, war nicht sogleich klar, daß sich hinter dem unscheinbaren Titel einiger Sprengstoff verbarg. Mit sachlichen Argumenten gab er darin nicht nur seiner Bewunderung für den damals wohl berühmtesten Polyhistor, Daniel Georg Morhof (1639–1691), Ausdruck; der noch völlig unbekannte Autor Fabricius übte vielmehr zugleich scharfzüngig Kritik an dem bekannten Juristen und Leipziger Professor Christian Thomasius (1655–1728), dem er, der junge und selbstbewußte Gelehrte, eklatante Lücken in der Kenntnis der Literaturgeschichte nachwies.[3]

Der Anlaß dieser Polemik war die in demselben Jahr 1688 publizierte *Introductio ad philosophiam aulicam*, der Thomasius eine in der Tat

---

3 Vgl. hierzu: RALPH HÄFNER, „Philologische Festkultur in Hamburg im ersten Drittel des 18. Jahrhunderts: Fabricius, Brockes, Telemann", in: *Philologie und Erkenntnis*, hg. v. RALPH HÄFNER (Frühe Neuzeit 61), Tübingen 2001, 349–380.

ziemlich blasse und unselbständige Übersicht über die ältere Philosophiegeschichte vorangestellt hatte. Die Einleitung hatte einen doppelten Zweck: Sie sollte einerseits zeigen, daß die Herrschaft von Lehrsätzen auf dem bloßen Glauben an die Autorität oder das Ansehen der Antike gebaut sei; und sie hatte insbesondere zum Ziel, nachzuweisen, daß die heidnische Gelehrsamkeit und das Christentum, gleichwie Licht und Finsternis, keiner Vermittlung fähig seien.

Fabricius nahm an beiden Behauptungen gleichermaßen Anstoß. Weshalb, so fragte er sich, sollte die Wertschätzung der Literaturgeschichte auf einem bloßen Vorurteil beruhen, da uns doch der weitaus überwiegende Teil des Wissens nur durch Tradition, nicht aber durch die tägliche Erfahrung vermittelt wird? Wenn nur die Erfahrung zu gültigen Urteilen anleitet, sollte man dann die gesamte Überlieferung preisgeben? Und weshalb sollte das Wissen der heidnischen Gelehrten grundsätzlich nicht mit den Einsichten des Christentums vermittelt werden können, wenn sich zeigen läßt, daß das naturkundliche Wissen der Antike mit wesentlichen Elementen der ‚christlichen Physiologie‘, wie sie zum Beispiel die mosaische Weltentstehungslehre umrissen hatte, übereinkommt?[4] In dem halben Jahrhundert, das auf die Publikation der Erstlingsschrift folgt, wird Fabricius beide Anliegen mit derselben Intensität verfolgen: Literaturgeschichte *und* Physikotheologie sind die beiden zentralen Aspekte, denen er sein Leben gewidmet hat.

Einstweilen erwiderte er auf die Argumente von Thomasius, in denen er den Übermut und die Arroganz bloßer Scheingelehrsamkeit aufspürt, mit Ironie und Sarkasmus: Thomasius, so legte er dar, erfreue sich

> eines vornehmen und ziemlich freien Geistes, eines nicht unreifen, wenn auch bisweilen bestechlichen Urteils, auch weil es oft eine [gründliche] Gelehrsamkeit (*doctrina*) vermissen läßt. Derjenige aber, der sich zum Zensor über alles ausruft, muß eine mehr als gewöhnliche Gelehrsamkeit besitzen. Bei Christian aber müßten wir diese Gelehrsamkeit noch um vieles mehr vermissen, wenn er nicht den [ererbten] Manuskriptvorrat [seines Vaters] Jacob in Besitz genommen hätte.[5]

Man könnte in der Polemik gegen den ‚Freigeist‘ Thomasius eines jener billigen Gefechte erblicken, wie sie von einer satten lutherischen Orthodoxie gegen den unliebsamen Leipziger Professor in der Tat dutzendweise lanciert worden ist. Worum es dem jungen Philologen Fabricius

---

4   Eine derart komparatistische Perspektive war vor allem durch das Werk von Gerhard Johann Vossius, *De theologia gentili, et physiologia christiana* (1642, zuerst vollständig postum 1668 veröffentlicht), erneuert worden. Zu dieser Schrift und zu seiner Wirkung vgl. meine in Anm. 1 genannte Untersuchung.

5   Vgl. Häfner, Philologische Festkultur (Anm. 3), 351.

ging, war jedoch nicht eine machtgeschützte Invektive, sondern vielmehr die unvoreingenommene Prüfung der antiken Tradition, *ohne daß* diese – *als* Tradition – im Blick auf vorgeblich ‚aktuellere' Tendenzen des Zeitgeists immer schon desavouiert sein müßte. Zu vieles, so schien es Fabricius, hatte Thomasius über Bord gehen lassen, als er sich zum Herold der Vorurteilslosigkeit ausrief.

Die Wertschätzung der Tradition ist dem Konzept paulinischer Eklektik analog: „Prüfet alles, aber das Beste behaltet", und Fabricius hat es mit jenem „Prüfet *alles*" besonders ernst genommen. Die über die Jahrzehnte hin entstehenden und immer wieder erweiterten Literaturgeschichten vorwiegend zur griechisch-lateinischen Welt sind von der Einsicht bestimmt, daß ein wahrhaft gegründetes Urteil die möglichst vollständige Kenntnis der Überlieferung voraussetze. Wenn Thomasius kurzerhand zwei historische Persönlichkeiten desselben Namens mit einem einzigen Gelehrten identifiziert, so zeigte sich ihm darin ein Mangel an Kritik, die Thomasius doch gerade für sich selbst reklamiert hatte. Namenkunde war deshalb ein wichtiger Bestandteil dieser kritischen Philologie, die Fabricius – in der Nachfolge antiker und neuerer Prosopographien – mit Fleiß erneuerte.

Wer war eigentlich *Fabricius*? Aber es gab Hunderte, die diesen Namen trugen, und wie wichtig die prosopographische Forschung für die Kenntnis der Traditionsgeschichte ist, macht die Tatsache deutlich, daß bis heute nicht einmal selten Johann Albert mit Johann Andreas Fabricius, dem Autor des *Abrisses einer allgemeinen Historie der Gelehrsamkeit* (1752), oder auch mit dem Helmstedter Theologen Johannes Fabricius verwechselt wird. Nichts schien daher nützlicher als jene *Centuria Fabriciorum scriptis clarorum, qui jam diem suum abierunt* (Hamburg 1709) zu verfassen, mit der Fabricius – Johann Albert Fabricius – Licht in das Dunkel zumindest der bereits verstorbenen Fabricii brachte; und weil es mehr als hundert berühmte Träger des Namens Fabricius gibt, die Ordnung der Centurie jedoch – ebenso wie die der Decas – dem Gesetz der ‚schönen Zahl' gehorcht, ließ er 1727 noch eine *Fabriciorum centuria secunda cum prioris supplemento* folgen.

II. Die Anfänge eines Gelehrten

Fabricius' Vorfahren stammten ursprünglich aus dem holsteinischen Itzehoe, sein Vater Werner Fabricius war jedoch als Organist und Musikologe in Leipzig tätig, wo Johann Albert aufwuchs. Nach dem unzeitigen Verlust der Eltern kam er in die Obhut des Theologen Valentin Alberti, der ihm eine sorgfältige Erziehung angedeihen ließ. In Leipzig absolvierte er das artistische Grundstudium und ließ sich insbesondere durch Thomas Ittig (1643–1710) in die Geheimnisse der Literaturgeschichte einführen. Der Kreis der *artes liberales*, ursprünglich nur als Propädeutik zu den Fächern der oberen Fakultäten, Theologie, Jurisprudenz und Medizin, gedacht, hatte im Laufe des 17. Jahrhunderts einen derartigen Umfang erreicht, daß sich die Philologie (in einem umfassenden Sinn als Wort- und Sachwissenschaft) nach und nach als selbständige Disziplin zu etablieren vermochte. Thomas Ittig war der seinerzeit sicherlich profilierteste Gelehrte auf dem Gebiet der patristischen Forschung; seine Werke wurden weit über die Reichsgrenzen hinaus gelesen, geschätzt und zitiert. Darunter finden sich bibliographische Handbücher wie die Abhandlung *De bibliothecis et catenis patrum* (Leipzig 1707). Sein bei weitem wichtigstes Werk ist eine bedeutende häresiegeschichtliche Arbeit, *De haeresiarchis aevi apostolici & apostolico proximi, seu primi & secundi à Christo nato seculi dissertatio* (Leipzig 1690), ein Traktat, mit dem sich Fabricius vielfach beschäftigt hat. Auch im Umkreis von Valentin Alberti hatte die häresiologische Forschung eine bemerkenswerte Förderung erfahren. Ein Schüler des Theologen, Paul Stockmann, veröffentlichte 1692 in Leipzig den *Elucidarius haeresium, schismatum aliarumque opinionum & dogmatum, cum fide orthodoxa pugnantium*. Fabricius selbst wird noch 1721 das schmale Handbuch der Häresien des Brixener Bischofs Philastrius († vor 397) in einer kommentierten Ausgabe herausgeben.

Die Frage nach der Autorität der frühchristlichen Schriftsteller und nach der Verläßlichkeit ihrer Darlegungen war im Verlauf des 17. Jahrhunderts mit zunehmender Gereiztheit diskutiert worden. Sie bildet auch den Hintergrund von Christian Thomasius' Vorurteilskritik. In kritischer Hinsicht wirkte vor allem der *Traité de l'employ des saints pères pour le jugement des différends qui sont aujourd'hui en la religion* (1631) des Calvinisten Jean Daillé. Daillé legte dar, daß die frühchristliche Literatur ungeeignet sei, den dogmatischen Streit im konfessionellen Dissens der Zeit auszutragen. Ittig, der sich diese Ansicht in einer selbständigen Abhandlung zueigen gemacht hatte,[6] arbeitete zugleich den Wert dieser

---

6   Thomas Ittig, *Oratio inauguralis, pro Joh. Dallaei tractatu de usu patrum adversus Matth. Scriveneri Apologiam pro S. Ecclesiae Patribus*, Leipzig 1697, auch in: Ders., *Exercitationum theologicarum varii argumenti in Academia Lipsiensi publice propositarum Enneas*.

Quellen für die Rekonstruktion der Entstehung des Christentums und der frühen Kirche heraus. In diesem Zusammenhang erweckten insbesondere die sogenannten apostolischen Väter vermehrte Aufmerksamkeit. Der Genfer Gelehrte Jean Le Clerc hatte 1698 die Schriften der *SS. patrum qui temporibus apostolicis floruerunt* in zwei starken Foliobänden in einer vermehrten Ausgabe ediert, nachdem sie zuerst 1672 von Jean-Baptiste Cotelier publiziert worden waren.[7] Die Sammlung enthält die Werke der Barnabas, Clemens Romanus, Polycarp, den Hirten des Hermas, die ignatianischen Briefe etc., wobei man ausdrücklich zwischen echten und untergeschobenen Schriften („vera, & supposititia") unterschieden hatte.

Aus heutiger Perspektive mag die Patristikforschung leicht als der hoch spezialisierte Teil der philologisch orientierten Kirchengeschichte oder der theologisch interessierten Altphilologie erscheinen. Diese ‚moderne' Perspektive verzerrt jedoch die Verhältnisse der frühen Neuzeit. Wie sehr Fragen und Gegenstände der frühchristlichen Literatur zum Allgemeingut einer interessierten Öffentlichkeit im 17. und noch mindestens bis in die Mitte des 18. Jahrhunderts rechneten, zeigen Le Clercs Publikationsorgane *Bibliothèque choisie* und *Bibliothèque universelle*, Vorläufer breitenwirksamer Periodica, in denen Le Clerc Lehre und Wirkung frühchristlicher Schriftsteller sukzessive vorgestellt hatte. Christian Thomasius nahm die entsprechenden Stücke zusammen und ließ sie 1721 unter dem programmatischen – an Gottfried Arnold erinnernden – Titel *Unpartheyische Lebens-Beschreibung einiger Kirchen-Väter und Ketzer* in den Druck gehen. Auch in der jeweils zeitgenössischen Dichtung haben die Topoi dieser langwierigen Diskussion über die Kirchenväter breiten Widerhall gefunden. Entsprechende Entwicklungen bedürfen dringend systematischer Erforschung. Es handelt sich um Grundlagenforschung, die der Sache nach von den Philologien selbst geleistet werden muß.

In der frühen Neuzeit war es für einen angehenden Wissenschaftler üblich, während und unmittelbar nach dem Studium einige der wichtigsten Gelehrtenzentren Europas aufzusuchen. Derartige Forschungsreisen hatten den Zweck, Manuskripte und schwer erreichbare Bücher

---

Accedunt ejusdem duae orationes inaugurales & totidem programmata his praemissa, Leipzig 1702, 740–770. Vgl. RALPH HÄFNER, „Johann Lorenz Mosheim und die Origenes-Rezeption in der ersten Hälfte des 18. Jahrhunderts", in: *Johann Lorenz Mosheim (1693–1755). Theologie im Spannungsfeld von Philosophie, Philologie und Geschichte*, hg. v. MARTIN MULSOW, RALPH HÄFNER, FLORIAN NEUMANN und HELMUT ZEDELMAIER (Wolfenbütteler Forschungen 77), Wiesbaden 1997, 229–260, hier: 230f.

7 Zu Cotelier vgl. DOMINIQUE BERTRAND, „Jean-Baptiste Cotelier et les Pères apostoliques?", in: *Les Pères de l'Église au XVIIe siècle*, Actes du colloque de Lyon, 2–5 octobre 1991, hg. v. EMMANUEL BURY und BERNARD MEUNIER, Paris 1993, 175–189.

zu studieren sowie Kontakte zu führenden Gelehrten innerhalb der *res-publica litteraria* zu knüpfen. Im Jahr 1693 begibt sich Fabricius von Leipzig aus über Hannover auf die Reise, aber sein Unternehmen endet bereits vor den Toren Hamburgs, da ihm die Reisekasse unvermutet rasch ausgeht. Glücklicherweise wohnt in Bergedorf, einem Vorort der Stadt, ein Onkel, der Pastor Gerhard Corthum, den er ohnehin zu besuchen gedachte und der ihn für einige Zeit aufnimmt. Noch in demselben Jahr ergibt sich die Möglichkeit, in den Dienst des ebenso berühmten wie umstrittenen Kieler Theologen und Hamburger Hauptpastors Johann Friedrich Mayer zu treten.[8] Die Arbeiten, mit denen Fabricius befaßt ist, sind vorwiegend bibliothekarischer Art. Er verwaltet den immensen Bücherschatz Mayers.

Blickt man auf die Schriften, die Fabricius in dieser Zeit ausarbeitet, so wird man keine Spur von den kirchenpolitischen Auseinandersetzungen finden, die das Hamburger Gemeinwesen bis an die Schwelle zum Bürgerkrieg führte. Es sind die Jahre, in denen die Hamburger Orthodoxie mit Johann Friedrich Mayer an ihrer Spitze ebenso gnadenlos wie unbarmherzig gegen die um sich greifenden pietistischen Umtriebe vorgeht. Der ausgezeichnete Patristikforscher Johann Heinrich Horb (1645–1695), der, von Straßburg kommend, sich in Hamburg niedergelassen hatte, ist nur eines unter den prominenten Opfern, die von Vertreibung und Lynchjustiz des von der Kanzel herab aufgewiegelten Mobs bedroht werden. Der Gelehrte stirbt mittellos in der Nähe der Stadt.

In den heftigen Reaktionen gegen Horb manifestiert sich ein Konflikt, den wir im Verlauf der frühen Neuzeit immer wieder beobachten können: der Konflikt zwischen einer dogmatischen Begründung von Glaubenssätzen einerseits und einer historischen Beschäftigung mit Dogmen, Konfessionen und Glaubensüberzeugungen auf der anderen Seite. Seit dem letzten Drittel des 17. Jahrhunderts hat der radikale Pietismus, der sowohl die offizielle Dogmatik als auch die Polymathie ablehnte, nicht unwesentlich zu einer Verhärtung des Standpunkts der institutionalisierten Kirche beigetragen.[9] Nennen wir einige prominente Beispiele für diesen Konflikt: Als der Leidener Gelehrte Gerhard Johann Vossius 1618 (es ist das Jahr der Synode von Dordrecht) seine umfassende Geschichte der pelagianischen Streitigkeiten veröffentlicht, zeiht man den Verfasser dieser historisch-philologischen Abhandlung

---

8   Zu Mayer vgl. Dietrich Blaufuss, „Der Theologe Johann Friedrich Mayer (1650–1712). Fromme Orthodoxie und Gelehrsamkeit im Luthertum", in: *Pommern in der Frühen Neuzeit. Literatur und Kultur in Stadt und Region*, hg. v. Wilhelm Kühlmann und Horst Langer (Frühe Neuzeit 19), Tübingen 1994, 319–347.

9   Vgl. umfassend: *Der Pietismus vom siebzehnten bis zum frühen achtzehnten Jahrhundert*, hg. v. Martin Brecht (Geschichte des Pietismus 1), Göttingen 1993.

sogleich des Pelagianismus. Als Horb 1670 seine Geschichte des Orige-
nismus publiziert, unterstellt man ihm, er predige die von mehreren
Synoden verurteilten Irrlehren des Origenes. Als Adriaan Reland 1705
seine Darstellung des Islam drucken läßt, sieht er sich präventiv zu der
Stellungnahme veranlaßt, daß ein adäquates Verständnis des Islam noch
kein Bekenntnis zu ihm impliziere. Allein diese drei Beispiele illustrieren treffend die Entwicklung der historisch-kritischen Philologie oder
Literaturwissenschaft, deren Ergebnisse von der Seite der konfessionellen Dogmatik beständig konterkariert worden sind.

Gerade vor diesem – gesellschaftspolitisch labilen – Hintergrund
sind die Arbeiten, mit denen sich Fabricius zur selben Zeit beschäftigt,
aufschlußreich. Seine Karriere betreibt er durch eine 1699 bei Mayer in
Kiel verteidigte theologische Dissertation über die Erinnerung, die die
Seele nach dem Ableben des Leibes bewahrt. Das Thema bot genügend
Gelegenheit zu Exkursen philologischer Art, und es setzte implizit die
Vereinbarkeit von heidnischer Bildung und christlicher Offenbarung
voraus. 1697 bereits erscheint das erste Hauptwerk, die Geschichte der
lateinischen Literatur mit dem Titel: *Bibliotheca latina, sive notitia auctorum
veterum latinorum, quorumcunque scripta ad nos pervenerunt.* Mit diesem
Meisterwerk begründet der Autor seinen Ruhm als einer der bedeutendsten Literaturwissenschaftler der Neuzeit. Im Jahr 1700 dann gibt
Fabricius eine erste Probe seiner editorischen Fähigkeiten, indem er die
von dem Neuplatoniker Marinos verfaßte Lebensbeschreibung des neu-
platonischen Philosophen Proklos herausgibt.

Mit dem Weggang Mayers nach Greifswald ändern sich die Verhältnisse in Hamburg auch für Fabricius grundlegend. Als Nachfolger des
verstorbenen Vincentius Placcius übernimmt er das Amt eines Profes-
sors am Hamburger Akademischen Gymnasium. Mit der Aufnahme der
akademischen Lehrtätigkeit, die er später zeitweise mit dem Unterricht
an der Lateinschule Johanneum verbindet, wird er zum Mentor mehrerer heranwachsender Schülergenerationen der Hansestadt.

Wie gestaltete sich damals der literaturwissenschaftliche Unterricht? Bis zum Ende des 18. Jahrhunderts war es üblich, eigens für diesen
Zweck verfaßte Handbücher dem akademischen Vortrag zugrundezule-
gen, indem man die einzelnen Paragraphen erläuterte und illustrierte.
Jacob Thomasius, der Vater des mehrmals erwähnten Christian, schrieb
eine Vielzahl derartiger Kompendien, die über Jahrzehnte hin in Gebrauch waren. Fabricius bediente sich zweier unterschiedlicher Vortrags-
typen: (1) Die Vorlesungen über Gelehrtengeschichte, d.h. Überblicke
über Leben und Werk einzelner Gelehrter, gliederten sich alphabetisch,
wobei er nach Vollendung einer Centurie mit einer neuen Hundert-
schaft, wieder mit dem Buchstaben A einsetzend, begann. Außer der al-

phabetischen Ordnung waren diese Sammlungen durchaus aleatorisch. (2) Vorlesungen über Realwissenschaften, d.h. über Physik, Astronomie, Naturgeschichte etc. orientierten sich an topischen Gesichtspunkten, also an Leitbegriffen, sogenannten ‚Gemeinplätzen‘ (loci communes).

Beide Vorlesungstypen spiegeln sehr gut die Arbeitsweise des Gelehrten in der frühen Neuzeit wider. Die Ordnungsschemata, denen das Wissen unterworfen wird, sind bio-bibliographischer, topischer (sachorientierter) oder centurialer (einfach zahlenmäßiger) Art. Fabricius hat sich, soweit ich sehe, jedoch nie der Handbücher von Kollegen oder Vorgängern bedient. Alle seine Vorlesungen sind das Ergebnis der eigenen Forschungen. Darin reflektiert sich *sein* Verständnis einer vorurteilslosen Prüfung der Tradition. Charakteristisch etwa für den Vortrag der Realwissenschaften ist die Verbindung der neuesten Ergebnisse auf dem Gebiet der beobachtenden Forschung – zum Beispiel der Kosmologie Newtons – mit der gesamten Traditionsgeschichte des Wissens – zum Beispiel die Geschichte des Heliozentrismus seit der Antike. Der Schüler wurde also nicht nur mit dem jüngsten Forschungsstand, sondern immer zugleich auch mit den Entstehungsbedingungen dieses Wissens, wie es sich im Verlauf einer langen Überlieferung darstellt, konfrontiert. Auf dieser Koppelung beruht übrigens das Geheimnis einer umfassenden (‚humanistischen‘) Bildung, deren Absenz heute von ahnungslosen Bildungspolitikern und Reformpädagogen beklagt wird. Gewiß, an manchem heutigen Maßstab gemessen, hatte ein derartiger Bildungsgang weder einen hohen Spaßfaktor noch leitete er in serviler Weise auf ein genau definiertes Ausbildungsziel hin. Literaturwissenschaft in dem Sinne einer grundlegenden Bildung des Menschen zum Menschen entfaltete sich auf dem Fundament eines fortgesetzten Memorierens, von dem man am Ende nicht einmal sicher sein durfte, daß es den Menschen glücklicher machte: Aber es machte ihn einsichtiger, es half, den Geist aus der Knechtschaft des Unwissens und der Dummheit zu befreien, wie Fabricius’ Biograph Erik Petersen zurecht betont hat.[10]

III. Bibliographien und Editionen

Eine so beschaffene Einsicht fand Fabricius vor allem in zwei Vorbildern, die seine eigenen Forschungen bestimmen sollten: Caspar Barth und Daniel Georg Morhof. Caspar Barth (1587–1658) hatte 1624 in einem monumentalen Folioband sechzig Bücher *Adversaria commentaria*

---

10 Vgl. die in Anm. 1 genannte Studie. Petersen stellt Fabricius mit guten Argumenten in die Tradition entsprechender Überlegungen des Bernhard von Clairvaux.

veröffentlicht. Bei der Gattung der Adversaria handelt es sich um vermischte Beobachtungen zur antiken, mittelalterlichen und bisweilen
auch neueren Literatur. Diese vermischten Beobachtungen können sehr
verschiedene Gegenstände umfassen: kritische Erläuterungen, Varianten und Emendationen zu alten Texten; Sacherläuterungen unterschiedlichster Art, die anhand von topischen Leitbegriffen nicht selten Anlaß
geben zu nahezu eigenständigen Abhandlungen von bemerkenswertem
Umfang; Erläuterungen zu Überlieferung, Echtheit und möglicher In-
terpolation von Texten; Hinweise zu einzelnen Autoren und zu ihrem
kulturellen Selbstverständnis; mitunter sind auch Ersteditionen oder
verbesserte Editionen von Handschriften Teil dieser Adversaria. Fabricius' literaturwissenschaftliche Forschungen haben von hier aus reiche
Nahrung gefunden.

Der *Polyhistor sive de notitia auctorum et rerum commentatio* (1688) von
Daniel Georg Morhof (1639–1691) war für Fabricius so wichtig, daß er
selbst einen Neudruck des Werks besorgte. Barths *Adversaria* sind durch
ihren völlig aleatorischen Aufbau in der Tat nur schwer benutzbar. Auch
dreizehn Register, die Barth seinem Werk beigefügt hat, können nicht
die Fülle des Wissens erschöpfend erschließen, die der Autor mit seinem Thesaurus bereitstellt. George P. Goold zum Beispiel, der Herausgeber der Teubner-Ausgabe von Manilius' astronomischem Gedicht, hat
es deshalb ausdrücklich abgelehnt, die verstreuten Varianten Barths zu
Manilius, die in die Tausende gehen mögen, im einzelnen zu überprü-
fen. Morhof bot demgegenüber ein nach Sachgesichtspunkten klar ge-
gliedertes Schema, das seinerseits an ältere Systeme der Wissenschafts-
klassifikation anschließt. Die topische Struktur gibt dem Leser die Gewißheit, über alle Fragen der Literaturwissenschaft möglichst umfassend und vollständig unterrichtet zu sein.

Freilich sind Grundcharakter und Erkenntnisziel des *Polyhistor* anders akzentuiert als im Falle von Barths *Adversaria*. Fabricius hat in gewisser Weise beide Formen, Literaturgeschichte zu schreiben, zusam-
mengenommen. Seine Bibliographien besitzen einen nach Sachen und
Autoren topisch klar gegliederten Aufbau, und sie stellen zugleich eine
Fülle von Spezialwissen wie Emendationen zu vorhandenen Editionen
und sogar Ersteditionen von Handschriften bereit. War die *Bibliotheca
latina* gleichsam das Specimen einer derart strukturierten Literaturgeschichte, so brachte Fabricius mit der *Bibliotheca graeca* ein Werk zur
Ausführung, das bis zu seinem Tode im Zentrum seiner gelehrten Bemühungen stehen sollte. Sie ist im übrigen das einzige Werk, über dessen Unentbehrlichkeit auch heute noch Konsens herrscht. Die *Bibliotheca
graeca* ist zu Lebzeiten des Autors in drei Auflagen erschienen, wobei
Fabricius bereits vor Abschluß der jeweiligen Auflage überarbeitete und

erweiterte Nachauflagen der jeweils ersten Bände lieferte. Eine vierte, niemals zum Abschluß gekommene Auflage gab der Erlanger Gelehrte Gottlieb Christoph Harles seit 1790 heraus.

Was bietet die *Bibliotheca graeca*? Sie vermittelt dem Leser einen umfassenden Überblick über die griechischsprachige Literatur von den Anfängen bis in die Zeit der Renaissance, als byzantische Gelehrte in die italienischen Gelehrtenzentren emigrierten und dort den Druck der griechischen Literatur maßgeblich initiiert und gefördert hatten. Fabricius gibt detaillierte Informationen zur Biographie und Prosopographie der Autoren, Verzeichnisse ihrer überlieferten, verlorenen und untergeschobenen Werke, Auflistungen von Fragmenten und Fragmentsammlungen, präzise Hinweise zu Handschriften und ihrer Überlieferung sowie zu den Drucken, Synopsen unterschiedlicher Paginierungen in den Ausgaben, Erläuterungen zu Kommentarwerken, sowie Indices unterschiedlicher Art.

Ein besonderes Anliegen ist Fabricius das Problem der Echtheit und – damit verbunden – das Problem der Datierung. Greifen wir ein Beispiel heraus: Noch zu Beginn des 18. Jahrhunderts wurden die sibyllinischen Weissagungen zum Beweis der Wahrheit der christlichen Religion in Anspruch genommen. Die Diskussion über die Authentizität der sibyllinischen Gesänge hat über mehrere Jahrhunderte hinweg unterschiedlichste Reaktionen hervorgerufen, die auch den Dissens der Konfessionen untereinander – Katholiken, Lutheraner und Calvinisten – regulierten. Besonderes Gewicht innerhalb dieser Debatte kam dabei der sogenannten Weissagung Vergils in der Vierten Ekloge zu, weil sie von Kaiser Konstantin – durch den frühchristlichen Gelehrten und Bischof Eusebios überliefert – zum Beweis aufgerufen wurde, daß auch die heidnischen Völker über das Heilswerk Christi hinreichend unterrichtet gewesen seien. Noch Johannes Praetorius hatte deshalb 1663 in einer in Leipzig erschienenen Parodie Vergil als „evangelischen Weihenachts-Prediger" ausgerufen. Fabricius faßte nur den Forschungsstand zusammen, wenn er die scheinbar uralten Weissagungen der Sibyllen als Fälschungen der ersten nachchristlichen Jahrhunderte aufwies. Aber seine Darlegungen hatten in der Gelehrtenrepublik eine derartige Wirkung, daß die sibyllinischen Gesänge für den Beweis der Wahrheit der christlichen Religion nun endgültig unbrauchbar wurden.[11]

Fabricius verfaßte noch eine dritte, heute zu Unrecht weniger bekannte Literaturgeschichte: Die *Bibliotheca latina mediae et infimae aetatis* (Hamburg 1734) gab erstmals einen umfassenden Einblick in die Litera-

---

11   Einen detaillierten Überblick über die Diskussion habe ich in meinem Buch *Götter im Exil*, Zweiter Teil (Anm. 1), gegeben.

tur seit dem Ausgang der Antike bis zur Wiedergeburt der klassischen Studien. Sie widerlegt zudem das notorische Fehlurteil, im 18. Jahrhundert sei das Mittelalter ein weißer Fleck auf der Landkarte des Wissens gewesen. Das Gegenteil ist richtig: Gelehrte wie Melchior Goldast oder Morhof im 17. und Johann Georg Wachter im frühen 18. Jahrhundert haben sich extensiv der lateinischen und volkssprachlichen Literatur des Mittelalters angenommen. Für die Zeit um 1700 kann man geradezu von einer Renaissance der hochmittelalterlichen Mystik sprechen, die in zum Teil umfangreichen Editionen und auch volkssprachlichen Übersetzungen – letzteres mitbedingt durch den Pietismus – wieder zugänglich gemacht worden ist. Die frühmittelalterlichen (oder spätantiken) Kompendien der *artes liberales* waren seit dem späten 16. Jahrhundert in vorzüglichen Editionen greifbar. Die mittelalterliche Scholastik und insbesondere Logik spielten im Kanon der akademischen Bildung noch immer eine herausragende Rolle. Mit Fabricius' mittelalterlicher Literaturgeschichte war der immense Schatz dieser Epoche erstmals vollständig erschlossen.

Neben den Literaturgeschichten ist Fabricius auch als bedeutender Editor hervorgetreten. Im Jahr 1700 widmete er die bereits genannte *Vita Procli* des Samaritaners Marinos keinem geringeren als dem – sechs Jahre älteren – englischen Gelehrten Richard Bentley. Mit Bentley verband ihn nicht nur das gemeinsame Interesse an der kritischen Philologie, sondern auch – und ich komme darauf zurück – der Problemkomplex der Physikotheologie. Nach dieser nicht sehr umfangreichen Edition trat Fabricius fast gleichzeitig mit zwei gewichtigen Editionsunternehmungen hervor. Da ist zunächst die Ausgabe des Sextus Empiricus, *Opera omnia graece et latine*, die 1718 in Leipzig bei Gleditsch erschien. Das Werk ist ein Muster sowohl im Blick auf die Textkritik als auch in Rücksicht auf die Sachkommentierung.

Es gab mehrere Gründe, sich mit dem Werk des Sextus Empiricus (*fl.* 180/200 n.Chr.) zu beschäftigen.[12] Vergleichbar mit Plutarchs *Moralia* oder den Florilegien der Johannes Stobaios, Macrobius und Aulus Gellius, der Isidor von Sevilla, Johannes von Salesbury, Vincenz von Beauvais u.a. stellte Sextus Empiricus einen erheblichen Vorrat doxographischen Wissens bereit, das auf anderem Wege nicht mehr zugänglich war. Zum anderen war die Auffassung von dem Gleichgewicht widerstreitender Argumente – das Kernelement der Skepsis des Sextus – geeignet, allem dogmatischen Wissen den Boden zu entziehen. Der frühchristliche Ge-

---

12 Vgl. Ralph Häfner, „Das Erkenntnisproblem in der Philologie um 1700. Zum Verhältnis von Polymathie und Aporetik bei Jacob Friedrich Reimmann, Christian Thomasius und Johann Albert Fabricius", in: Philologie und Erkenntnis (Anm. 3), 95–128.

lehrte Theodoret hatte die Wahrheit der Evangelien als Therapeutikum gegen die heidnische (griechische) Gelehrsamkeit empfohlen, an der die Menschheit erkrankt sei. Henri Estienne, der 1562 die erste Gesamtausgabe der Werke des Sextus veranstaltet hatte, empfahl die Lektüre von dessen Schriften insbesondere denen, die sich von der Krankheit des dogmatischen Philosophierens heilen wollten. Die Aufnahme skeptischer Denkformen entfaltete sich hier nach einem bekannten Argumentationsmuster christlicher Apologetik.

Daß es sich um 1700 noch immer um dieses Argumentationsmuster handelt, mag – der Kürze halber – die Tatsache illustrieren, daß Gianfrancesco Pico della Mirandola, der 1520 sein *Examen vanitatis doctrinae gentium et veritatis christianae disciplinae* publiziert hatte, noch zu Beginn des 18. Jahrhunderts auf reges Interesse gestoßen ist. Johann Franz Budde hatte 1702 Picos *De studio divinae et humanae philosophiae* in der Form eines Leitfadens zum Gebrauch im akademischen Unterricht veröffentlicht. Dieser Typus christlicher Apologetik ist innerhalb der Geschichte gelehrter Studien ein Phänomen von langer Dauer, an dem die Einheit und Kohärenz der Epoche zu erkennen ist. Es ist kein Zufall, daß ungefähr seit den 1730er Jahren, mit dem Schwinden der Argumentationskraft christlicher Apologetik, auch die Wissenschaften einen völlig neuen Charakter aufweisen, der sich in dem bemerkenswerten Unternehmen von Diderots und d'Alemberts *Encyclopédie* vielleicht am prägnantesten manifestiert hat. Fabricius steht ziemlich genau an der Schwelle dieses historischen Ideenwechsels.

Ein weiteres großes Editionsunternehmen hat Fabricius damals zum Abschluß gebracht. Die Schriften des frühchristlichen Gelehrten und Bischofs Hippolytos von Rom (1. Hälfte des 3. Jh. n. Chr.) sind im Laufe der Jahrhunderte stark zerstreut worden, und die zweibändige Folioausgabe, die Fabricius 1716 und 1718 vorgelegt hat, war denn überhaupt die erste Edition aller greifbaren Schriften: *Opera, non antea collecta, et partem nunc primum e mss. in lucem edita graece et latine*. Die Ausgabe enthält auch Hippolyt zugeschriebene Werke wie den Traktat über das Weltende, den Antichrist und die Wiederkunft Christi, dem Fabricius die lateinische Übersetzung von Giovanni Pico della Mirandola beigab. Der zweite Band trägt eine Widmung an den Hamburger Orientalisten Johann Christoph Wolf, der seinerseits 1706 die Ausgabe der dem Origenes zugeschriebenen Philosophumena dem älteren Freund, Lehrer und Kollegen zugeeignet hatte.

IV. Kritische Emendationen: Die Revision
der mosaischen Genesis

Neben dem apologetischen und exegetischen Werk Hippolyts war Fabricius vor allem an einem Problemkomplex interessiert, mit dem er sich seit längerem, genauer: seit seiner bibliothekarischen Tätigkeit im Hause des Theologen Mayer, beschäftigt hatte: Wenn es richtig war, daß die Weltgeschichte von Gottes weiser Vorsehung gelenkt wurde – und für einen Christen gibt es keinen Grund, daran zu zweifeln – so mußte sich die Heilsgeschichte mit mathematischer Präzision aus den Daten ihres Verlaufs errechnen lassen. Die Heilsgeschichte markiert jenen Schnittpunkt, in dem sich Chronologie und Kosmologie treffen. Im Jahr 1551 hatte man in Rom eine Marmorstatue ausgegraben, deren Inschrift eine Berechnung der Ostertermine enthielt. Es ist nun gerade dieser „Canon paschalis" des römischen Bischofs Hippolyt, bei dem Fabricius mit besonderer Aufmerksamkeit verweilt. Der knappe Text der marmornen Stele war es ihm wert, in einem kritischen Apparat von mehr als 150 Folioseiten eine vermutlich ziemlich vollständige Sammlung von Kommentaren zu dessen Erläuterung beizufügen. Dieser Kommentar umfaßt Auszüge aus den Schriften der vorzüglichsten Chronologen und Astronomen der Zeit: Joseph Justus Scaliger, Denis Pétau, Giovanni Domenico Cassini, Aegidius Bucher, Étienne Lemoine, Thomas Gale, Francesco Bianchini, Giovanni Vignola u.a.

Dieser Zusammenhang von Heilsgeschichte, chronologischer und kosmologischer Forschung macht es verständlich, daß Fabricius im Anhang zu den Werken des Hippolytos den Kommentar des platonischen Philosophen Chalcidius zu Platons *Timaios* (der bekanntlich seine Kosmologie enthält) ediert hat. Aus bestimmten – textimmanenten – Gründen war Fabricius davon überzeugt, daß Chalcidius Christ gewesen sein muß. Seine detaillierte Kosmologie hatte deshalb einen besonderen Wert für die Rekonstruktion der Heilsgeschichte.

Für unsere Erfahrung heute ist es kaum noch nachvollziehbar, in welchem Maße astronomische Beobachtungen und Berechnungen noch um 1700 den Alltag vieler Menschen bestimmt haben. Durch das populäre Medium der Flugblätter wurden Erscheinungen von Kometen, ungewöhnliche oder als bedrohlich empfundene Gestirnskonstellationen sowie meteorologische Beobachtungen unterschiedlichster Art einer großen Zahl von Zeitgenossen zur Kenntnis gebracht. Astronomie und Astrologie, die wir heute scharf zu unterscheiden gewohnt sind, überlagerten sich beständig bis zur Ununterscheidbarkeit. Diese Überlagerung ist durch den Umstand bedingt, daß man den astronomischen, durch physikalische und mathematische Berechnungen gewonnenen Daten einen moralischen, sittlichen oder sogar heilsgeschichtlich bedeutsamen Sinn beilegen zu dürfen glaubte. Der Zusammenhang zwischen der physikalischen und der moralischen Welt schien umso gewisser, als auch die Heilige Schrift immer wieder den Verlauf der Heilsgeschichte an dem Geschehen, das an dem Firmament zu beobachten war, ablas. Man braucht nur daran zu erinnern, daß die drei Weisen oder Könige aus dem Morgenland durch die ungewöhnliche Erscheinung eines Sterns nach Bethlehem an die Wiege des Heilands geführt worden waren.

Fabricius war ein entschiedener Gegner der Astrologie und Wahrsagekunst seiner Zeit; in dem Hamburger Kreis der Patriotischen Gesellschaft – mit ihrem Periodicum *Der Patriot* – hatte man sich diese Kritik durchaus zueigen gemacht. Aber mit der Kritik an der Astrologie war nicht zugleich auch der Zusammenhang zwischen physikalischen und moralischen Phänomenen aufgehoben. Isaac Newton hatte seine astronomischen Berechnungen mit einer ausgesprochen chiliastischen Geschichtstheologie konfrontiert. Worin bestand dann aber noch der Unterschied zur landläufigen Astrologie?

Auch um 1700 noch unterschied man zwei Typen von Sterndeutung: (1) Die – durch civiles und Kirchenrecht verbotene – judiciarische Astrologie setzte voraus, daß die Gestirne, ihre Verhältnisse und ihre Bewegungen im eigentlichsten Sinne *Ursachen* oder Urheber der irdischen Ereignisse sind, es handele sich nun um Erdbeben, Unwetter oder kriegerische Auseinandersetzungen. Alle Verrichtungen auf Erden waren im Sinne eines allgemeinen Fatalismus genau determiniert. (2) Dieser Konzeption stand die weit verbreitete semantische Astrologie gegenüber, der zufolge die Ereignisse an dem Firmament die irdischen Ereignisse *anzuzeigen* berufen seien. Während wir es im Fall der judiciarischen Astrologie mit Kausalverhältnissen zu tun haben, so beleuchtet die semantische Astrologie Verhältnisse der Analogie, die durch Zeichentheorien unterschiedlicher Art und Herkunft – Allegorese, jüdisch-christliche Kabbala, Hermetismus etc. – ,erklärt' werden sollen.

Fabricius war Philologe, und das heißt: er war Skeptiker im Blick auf die Reichweite des menschlichen Verstandes. Seine Kritik an der Astrologie war denn auch grundsätzlicher Art. Astronomische Beobachtungen sind prinzipiell ungeeignet, zukünftige Ereignisse vorauszusagen. Aber er war mit einer bemerkenswerten Zuversicht davon überzeugt, daß die Heilige Schrift und die in ihr niedergelegte Kosmologie – also insbesondere mosaische Schöpfungsgeschichte und johanneische Apokalypse – dem Menschen, und koste es ihn einiges Nachdenken, verständlich sein müsse. Mit anderen Worten: Er war überzeugt, daß die Heilige Schrift irgendetwas enthielt, was die menschliche Fassungskraft nicht überstieg, wenn anders es sich um Offenbarungen Gottes an den Menschen handelte.

Das Problem im Umgang mit der Heiligen Schrift lag denn auch auf einer anderen Ebene: Fabricius hat niemals den Offenbarungsgehalt der Bibel in Frage gestellt (wie dies sein Schwiegersohn Hermann Samuel Reimarus wenige Jahre später tun wird), aber er sah sich mit der Schwierigkeit konfrontiert, daß wir es mit Texten zu tun haben, die eine lange Überlieferungsgeschichte durchlaufen haben und die im Lauf dieser Überlieferungsgeschichte vielfach korrumpiert worden waren. Mit Richard Simon, dem katholischen Geistlichen und Verfasser der *Histoire critique du Vieux Testament* (1678), war er davon überzeugt, daß der Pentateuch nicht von einem Autor namens Moses stammen könne, sondern vielmehr eine Vielzahl von Redaktionen durchlaufen haben mußte.[13] In einem breit angelegten Versuch, das ursprüngliche Schöpfungswerk zu rekonstruieren – einem Versuch, den er freilich nie publiziert hat –, setzte Fabricius allen philologischen Scharfsinn daran, zu zeigen, daß die mosaische *Genesis*, so, wie sie uns überliefert ist, ein verhältnismäßig spätes Stadium der Geschichte des Universums abbilde.[14]

Wichtigstes Zeugnis für diese Rekonstruktion war die sogenannte Prophetie Henochs über den Abfall der Wächterengel und den Sturz Luzifers. Mit einem erheblichen mathematisch-astronomischen Aufwand machte es Fabricius wahrscheinlich, daß dem in der *Genesis* geschilderten Schöpfungsgeschehen jenes Jahrtausend voller Heil, jener „Millenarius sanctus", *vorausliege*, der durch den Abfall der Wächterengel und den Sturz Luzifers ein Ende gefunden habe. Während zuvor ein immerwährender Frühling herrschte, so begann jetzt nicht nur der Wechsel der Jahreszeiten; vielmehr, da der gesamte Kosmos aus seinen ursprünglich kreisrunden Bahnen gerückt war, setzte erst jetzt eine Erscheinung ein, die wir Präzession nennen: Mit zunehmendem Alter der Welt rücken auch die Sternzeichen voran; erst jetzt kommt die Heils*geschichte* in Gang, nachdem zuvor, vor dem Abfall der Wächterengel, von einer Entwicklung nicht die Rede sein konnte.

Während des gesamten 17. Jahrhunderts und noch um 1700 stellten millenaristische (chiliastische) Strömungen eine der größten Herausfor-

---

13 In der Forschung wird häufig Jean Astruc als erster genannt, der Moses die Autorschaft am Pentateuch abgesprochen habe. In Wirklichkeit war diese Auffassung seit dem genannten Werk von Richard Simon keine Neuigkeit mehr. Zu ASTRUCS *Conjectures sur les memoires originaux dont il paroit que Moyse s'est servi pour composer le livre de la Genese*, Bruxelles 1753, vgl. RALPH HÄFNER, „Die Weisheit des Ursprungs. Zur Überlieferung des Wissens in Herders Geschichtsphilosophie", in: *Herder-Yearbook* 2 (1994), 77–101.

14 Vgl. hierzu im einzelnen meine Studie *Götter im Exil*, Dritter Teil (Anm. 1).

derungen dar, die die Integrität der Konfessionen bedrohten. Mit den Mitteln der philologischen Kritik und der mathematischen Astronomie glaubte Fabricius nachweisen zu können, daß das Tausendjährige Reich nicht erst kurz vor dem Weltende bevorstehe, sondern daß es vielmehr *vor* den in der mosaischen *Genesis* geschilderten Ereignissen chronologisch einzuordnen sei. Die Chiliasten warteten also vergebens auf sein Kommen, da es doch bereits vor sehr langer Zeit vergangen war.

Es waren Einsichten dieser Art, die die Leistung philologischer Kritik im Verein mit den Sachwissenschaften ins Licht stellten. Die biblischen Texte mit den Mitteln der philologischen Textkritik herauszugeben, war bereits ein Anliegen, das Origenes, Hieronymus und andere umtrieb. Problematisch blieb auf lange Sicht der Umfang der kanonischen Texte. Mit dem Nachweis, daß es sich bei den mosaischen Büchern um verschiedene Redaktionsstufen eines verlorenen Urtextes handelte, gewann die Frage nach dem biblischen Kanon zusätzlich an Brisanz. Die Kontroversliteratur der Zeit zu diesem Problem ist unüberschaubar. Auch die Herausgabe der apostolischen Väter durch Cotelier und Le Clerc, von denen wir eingangs sprachen, steht ja ganz im Zeichen dieser Diskussion. Fabricius schlug einen pragmatischen Weg ein, wenn er die Apokryphen und Pseudepigraphen in zwei umfangreichen Sammlungen zusammenfaßte und edierte. Diese Sammlungen gewinnen noch dadurch an Wert, daß der Herausgeber – ähnlich wie im Falle von Hippolyts *Canon paschalis* – wichtige Zeugnisse zur kritischen Aufnahme der entsprechenden Texte abdruckte.

Und eine weitere Grundlagenwissenschaft kommt hinzu: die Altertumskunde. Bereits Sébastien Castellion hatte es sich im 16. Jahrhundert zur Aufgabe gemacht, den jeweiligen zivilisationsgeschichtlichen Hintergrund, vor dem die biblischen Texte entstanden waren, zu rekonstruieren. Hinter diesen Bemühungen steht der Gedanke, daß unser Verständnis sehr alter Texte außerordentlich oft durch die Unkenntnis des kulturellen Zusammenhangs behindert wird, aus dem heraus sie entstanden waren. Im Laufe des 17. Jahrhunderts avancierte der Antiquarianismus zur Leitwissenschaft innerhalb der traditionsgeschichtlichen Forschung. Inschriften und Stelen, Münzen und bloße Tonscherben dienen fortan zum Werkzeug, um die Bedeutung von Texten zu entziffern.

Dieses antiquarische Interesse – in den Augen der Zeitgenossen oft von wahrhaft welt- und heilsgeschichtlicher Reichweite – reicht im Falle von Fabricius bis in die Landeskunde hinein. Als Christian Detlev Rhode 1720 seine Forschungen zur Hamburger Vor- und Frühgeschichte veröffentlicht, bereitet es Fabricius ein Vergnügen, diese *Cimbrisch-Hollsteinischen Antiquitaeten-Remarques* mit einer Vorrede zu begleiten. Noch immer sind derlei Unternehmungen – zumindest mittelbar – von der

Einsicht bestimmt, daß die Erforschung der sichtbaren Schöpfung einen Weg zur Einsicht in Gottes unsichtbares Wesen bereiten werde. Der spezifische Charakter in der Entwicklung der Real-Wissenschaften ist in den Jahrzehnten um 1700 ohne den notorischen Hinweis auf Röm 1,19f. schlechterdings nicht zu verstehen. Die Physikotheologie ist in diesem Kontext die vielleicht bemerkenswerteste Gattung real-wissenschaftlicher Literatur der Zeit.

V. Philologie und Physikotheologie

Die Ursprünge der Physikotheologie reichen bis in die vorchristliche Zeit zurück. Fabricius beruft sich gerne auf das aristotelische Höhlengleichnis: Höhlenbewohner, die zum ersten Mal an die Oberfläche der Erde treten, sind von dem funkelnden Firmament und seiner Geordnetheit derart beeindruckt, daß sie das Dasein einer göttlichen Macht glauben. Vor dem Hintergrund von Röm 1,19f. gewinnt dieser Schluß von der Geordnetheit der sichtbaren ‚Natur im ganzen' auf eine unsichtbare Ursache dieser Geordnetheit eine herausgehobene Funktion für die christliche Apologetik. Konnte es seit dem Streit um den Heliozentrismus zu Beginn des 17. Jahrhunderts so scheinen, als träten Theologie und (weltliche) Real-Wissenschaften unversöhnlich auseinander, so schien es insbesondere wieder seit Newtons Entdeckung der allgemeinen Gravitationskraft möglich, auf dem Wege der realwissenschaftlichen Erforschung der ‚Natur im ganzen' zu unwiderleglichen Argumenten für die Wahrheit der christlichen Religion zu gelangen. Die Physikotheologien sind denn auch in gewisser Weise aus der reichen Traktatliteratur *De veritate religionis christianae* (vor allem in der Tradition des Hugo Grotius) hervorgewachsen.

Wichtigster Anreger für die Physikotheologie im engeren Sinne war der englische Gelehrte Robert Boyle (1627–1691). Boyle hatte 1688 in *A Disquisition about the Final Causes* zu zeigen versucht, daß alle Erscheinungen in der sichtbaren Natur durch Zwecke regiert werden. In dieser allseitigen Zweckbestimmtheit der ‚Natur im ganzen' kommt ihm ein Plan zum Ausdruck, der nicht ohne einen weisen und allmächtigen Agenten zu erklären ist. Boyle umriß damit ein Modell, das den Physikotheologien der folgenden Jahrzehnte zugrundeliegen wird. Der englische Gelehrte hatte testamentarisch verfügt, daß die christliche Religion in dieser Weise durch gemeinnützige öffentliche Vorträge propagiert werden solle. Bereits 1692, im Jahr nach seinem Tod, gewinnt man den – beiläufig bereits erwähnten – Cambridger Philologen Richard Bentley für den ersten Zyklus der seither so genannten Boyle-Lectures.

Sein Thema: *The Folly of Atheism, and (what is now called) Deism*. Dieses Werk erlebte schon bald (1696) eine lateinische Übersetzung durch den mit Leibniz eng verbundenen Berliner Gelehrten Daniel Ernst Jablonski; 1715 erscheint – nicht zufällig in Hamburg, wo sich rasch das Zentrum der kontinentalen Physikotheologie etabliert – eine deutsche Übertragung unter dem Titel: *Die Thorheit und Unvernunft des Atheismi* aus der Feder von Christoph Matthias Seidel.

Es ist nicht unwichtig, daß die erste, noch nicht so genannte, Physikotheologie von einem Gelehrten verfaßt worden ist, der heute vor allem als einer der bemerkenswertesten kritischen Philologen im Gedächtnis geblieben ist. Im Falle von Fabricius haben wir es mit einer verwandten Interessenlage zu tun. Wir hatten darüber hinaus Gelegenheit, auf die persönlichen Kontakte, die Fabricius zu Bentley unterhielt, hinzuweisen. Entscheidend wurde dann jedoch das Jahr 1713 in zwiefacher Hinsicht: Damals erschien in Paris eine *Démonstration de l'existence de Dieu tirée de la connaissance de la nature et proportionnée à la faible intelligence des plus simples*. Das Werk des katholischen Geistlichen und Romanautors Fénelon erschien bereits im folgenden Jahr in Hamburg in einer deutschen Übersetzung: *Augenscheinlicher Beweis, daß ein GOtt sey, hergenommen aus der Erkäntniß der Natur, und also eingerichtet, daß es auch die Einfältigen begreiffen können*. Noch in demselben Jahr 1713 läßt der englische Domherr William Derham, auch er Redner der Boyle-Lectures, ein Werk erscheinen, das den Titel trägt: *Physico-Theology: Or, a Demonstration of the Being and Attributes of God, from His Works of Creation*.

Beide Werke haben – neben dem Jahr ihrer Erstpublikation – zwei weitere Dinge miteinander gemein: Sie geben sich als unwiderleglichen Beweis („demonstration") des Daseins Gottes, und beide Autoren benutzen dieses Verfahren, um zu einem dezidiert überkonfessionellen Konsens über die Wahrheit der christlichen Religion zu kommen. Keine dogmatischen Spitzfindigkeiten also, sondern eine Handleitung, die Fénelon ausdrücklich für die Geistesschwachen geschrieben zu haben bekennt. Dennoch darf dieser Eindruck nicht darüber hinwegtäuschen, daß die Lektüre zumindest von Derhams Physikotheologie ein hohes Maß an Bildung voraussetzte. Wie Bentley richtete er sich vornehmlich an die Zweifler unter den Gelehrten und an die Libertinisten im Kreis der *gens du monde*. Immerhin war damit der Grad der Öffentlichkeit, an den sich derlei Schriften wandten, erheblich ausgeweitet.

Derham hat im Jahr 1714 noch eine *Astro-Theology* veröffentlicht. Ziel war es jedesmal, entweder aus der ‚Natur im ganzen' (Physikotheologie) oder aus dem nach Newtonschen Gesetzen geregelten Lauf der Gestirne (Astrotheologie) zur Kenntnis von Ursache und Zweck der gesamten Schöpfung anzuleiten. Fabricius hat beide Werke in deutscher Übersetzung herausgegeben. Der große Erfolg dieser Übersetzungen ist an der hohen Auflagendichte leicht ablesbar. Allein Derhams *Astrotheologie* erschien in Hamburg bis 1745 in vier Auflagen.

Fabricius selbst hat 1730 eine *Hydrotheologie* veröffentlicht; sie eröffnete ihm ein Themenfeld, das mit der geographischen Lage Hamburgs nicht ungeschickt harmonierte. In einer Stadt, die so sehr von der Gegenwart des flüssigen Elements geprägt ist, vermochte man auch den Einfältigsten das Dasein Gottes nicht besser als aus den mannigfaltigen Erscheinungen des Wassers zu beweisen.[15]

Allegorien des Wassers waren in der zeitgenössischen Kunst, nicht nur der Malerei, in der Tat allgegenwärtig. Georg Philipp Telemann setzte für seine „Wasser-Ouvertur" („Hamburger Ebb' und Fluht") von 1723 allerdings das leichtsinnige Personal der heidnischen Mythologie in Gang. Überhaupt scheint Fabricius gewisse Vorbehalte gegenüber Telemanns Musik gehabt zu haben, die ihre Wurzeln in komplexen Fragen der Harmonielehre haben.

Ähnlich wie Derhams Titelaufschrift verfügt auch Fabricius' Werk über einen die Intention erklärenden Titel: *Hydrotheologie oder Versuch, durch aufmerksame Betrachtung der Eigenschaften, reichen Austheilung und Bewegung der Wasser, die Menschen zur Liebe und Bewunderung Jhres Gütigsten, Weisesten, Mächtigsten Schöpfers zu ermuntern [...].* In der inhaltlichen Darbietung des Stoffes gehen beide Autoren indes andere Wege. Während Derham sich mit Vorliebe auf Experimente und eigene Beobachtungen stützt, verwendet Fabricius in viel stärkerem Maße eine Erkenntnisform, die ich anderswo „vermittelte Erfahrung" genannt habe. Der weitaus größte Teil unseres Erfahrungsschatzes besteht aus vermittelten Erfahrungen. Wir müssen nicht selbst uns in die Todesgefahr eines Seesturms begeben haben; es genügt, wenn wir von derartigen Ereignissen gelesen haben, um deren Charakter abschätzen zu können. Naturgemäß hat der Philologe zum weit überwiegenden Teil mit Erfahrungen zu tun, die irgendwann in sehr alten Texten niedergelegt worden sind. Fabricius' *Hydrotheologie* besteht denn auch zu einem nicht geringen Teil aus Schriftauslegungen. Er sammelt – nach dem Verfahren der *loci communes* – Zeugnisse der antiken, heidnischen und biblischen Überlieferung, die in dem gemeinsamen Bezug zu den Erscheinungen des Wassers übereinkommen. Wenn am Beginn der *Genesis* jener „ruach" gedacht wird, die über den Wassern geschwebt hatte, so nimmt Fabricius die Ambiguität des hebräischen Wortes („Geist" oder „Hauch") zum Anlaß einer umfangreichen Bibelexegese. Dieses Beispiel mag genügen, um einen

---

15 Vgl. HÄFNER, Philologische Festkultur (Anm. 3).

Eindruck von der Fülle textkritischer Beobachtungen zu geben, von denen das Buch geprägt wird.

Insbesondere auf dem Feld der bibliographischen Forschung waren Fabricius' Arbeiten unübertroffen. Die wissenschaftlich-kritische Bibliographie ist der Kern seines Werks. Hatte er die deutsche Übersetzung von Derhams *Astrotheologie* mit einer detaillierten Bibliographie zur mathematischen Astronomie und ihrer Tradition begleitet, so fügt er der eigenen *Hydrotheologie* nun unter anderem bei: ein „Verzeichniß von alten und neuen See- und Wasser-Rechten und denen Materien und Schriften, die dahin gehören, unter XL. Titul gebracht". Dem topischen Verfahren entspricht auch der Schluß des Bandes: Er endet mit Barthold Heinrich Brockes' Gedicht „Das Wasser im Frühlinge", bei dem es sich um eine Andacht über den Ps 94,10 handelt: „Du lässest Brunnen quellen in den Gründen, daß die Wasser zwischen den Bergen hinfliessen".

Nicht mehr zur Ausführung bringen konnte Fabricius eine *Pyrotheologie*, deren Inhaltsverzeichnis allein einen ganzen Quartbogen umfaßt. An Nachahmern mangelte es indes nicht. Friedrich Christian Lessers *Lithotheologie* zum Beispiel entstammt unmittelbar dem Umkreis der Hamburger Physikotheologie.

VI. Missionsgeschichte und christliche Apologetik

Fabricius' Beitrag zu dem geselligen Leben Hamburgs war beträchtlich. Es versteht sich von selbst, daß er in seiner Eigenschaft als Professor am Akademischen Gymnasium und zeitweiliger Rektor am Johanneum maßgeblich auf die Hebung der allgemeinen Bildung in der Hansestadt einwirken konnte. Daneben bestanden über die Jahrzehnte wechselnde Freundschaftskreise, die Teutsch-übende Gesellschaft und die Patriotische Gesellschaft, an deren Publikationen er nach Kräften mitwirkte.[16]

In seinem letzten Lebensjahrzehnt indes hat sich Fabricius, neben der fortgesetzten Überarbeitung der kritischen Bibliographien zur Literaturgeschichte und den Projekten zur Physikotheologie, mit zwei weiteren Themenschwerpunkten beschäftigt: mit der christlichen Apologetik und mit der Missionsgeschichte. Gewiß, die christliche Apologetik war von allem Anfang an ein integraler Teil seiner Literaturstudien. Die reifste Frucht dieses Interesses stellt jedoch die 1725 publizierte Bibliographie von Schriften dar, die sich den Beweis der Wahrheit der christ-

---

16   Vgl. Jürgen Rathje, „Gelehrtenschulen. Gelehrte, Gelehrtenzirkel und Hamburgs geistiges Leben im frühen 18. Jahrhundert", in: *Hamburg im Zeitalter der Aufklärung*, hg. v. Inge Stephan und Hans-Gerd Winter (Hamburger Beiträge zur Öffentlichen Wissenschaft 6), Hamburg 1989, 93–123.

lichen Religion zum Anliegen gemacht hatten. Der genaue Titel lautet: *Delectus argumentorum et syllabus scriptorum qui veritatem religionis christianae adversus atheos, epicureos, deistas seu naturalistas, idololatras, judaeos et muhammedanos lucubrationibus suis asseruerunt.* Fabricius strebte hier wie in allen seinen Unternehmungen möglichste Vollständigkeit an, und es ist durchaus bewundernswert, mit welcher Sorgfalt er auch noch so entlegene Zeugnisse diesem Werk dienstbar gemacht hat. Man spürt, daß hinter der anscheinend unerschöpflichen Belesenheit des Verfassers die langjährige Erfahrung in der Bearbeitung der drei großen Literaturgeschichten sowie der eigene Bücherschatz von mehr als 20.000 Bänden steht.

Im Jahr 1731 schließlich erscheint: *Salutaris lux evangelii toti orbi per divinam gratiam exoriens, sive notitia historico chronologica literaria et geographica propagatorum per orbem totum christianorum sacrorum* [...], ein Werk, in dem Fabricius die Geschichte der christlichen Mission von den Anfängen bis in die konfessionell konkurrierenden Missionswerke der eigenen Gegenwart beleuchtet.

Über vier Jahrzehnte hinweg hat sich Fabricius als einer der profiliertesten Gelehrten seiner Zeit um die Wissenschaft in Deutschland verdient gemacht. Als Literaturwissenschaftler von wahrhaft europäischem Ruf hat er verlockende Angebote auswärtiger Universitäten stets abgelehnt. Die reiche Hansestadt hat es ihm damit gedankt, daß sie sich außerstande zeigte, die wissenschaftliche Bibliothek und den wertvollen handschriftlichen Nachlaß in Hamburg zu halten. Einen Teil der Bücher erbte Fabricius' Schüler und Schwiegersohn Hermann Samuel Reimarus, der Rest wurde in den Jahren 1738 bis 1741 versteigert. Der Handelsgeist erfreut sich an der Zirkulation der Waren. Der gesamte handschriftliche Nachlaß gelangte in den Besitz der Königlichen Bibliothek in Kopenhagen, wo er heute so gut wie an kaum einem anderen Ort wissenschaftlich betreut wird.

Bei all der beeindruckenden Gelehrsamkeit sollte jedoch nicht vergessen werden, daß das von Fabricius geschaffene Werk im eigentlichsten Sinne ‚nur' das Werkzeug einer im gesellschaftlichen Umgang lebendigen Bildung zu sein beanspruchte. Undenkbar, daß man sich um 1730 über einen Bildungs-Kanon den Kopf zerbrochen hätte. Die Antike, die heidnische und die christliche, war auf eine für viele heute unbegreifliche Weise gegenwärtig. Sie stellte Musterformen des Denkens bereit, die sich unmittelbar auf den täglichen Lebensstil auswirkten. Dabei handelte es sich freilich nicht um ein serviles Konservieren eines Vergangenen als Vergangenen, noch um eine Erinnerungskultur in d-moll, sondern um das Gegenwärtighalten und Wirklichwerden von Möglichkeiten des Denkens und des sozialen Interagierens. Dieser Gedanke gründet in der Einsicht, daß derjenige, dem die Überlieferung des Wissens verschlossen bleibt, sich mutwillig oder zwangsweise aller Möglichkeiten begibt, in denen sich die Schönheit und die Würde des menschlichen Geistes manifestiert haben und noch immer manifestieren. Überblickt man Fabricius' Werk im ganzen, so wird man diese erzieherische Intention als den eigentlichen Zielpunkt seines Wirkens leicht erkennen können. Diesem Ziel dienten sowohl die drei großen Literaturgeschichten – die griechische, lateinische und mittellateinische – als auch die Physikotheologien, in denen das doxographische, experimentelle und adhortative Element untrennbar miteinander verschmolzen.

Nicht nur in Hamburg indes galten Fabricius' Gelehrsamkeit und Belesenheit manch einem als geradezu unwahrscheinlich. Man mochte sich durch den Handel mit Kaffee oder Tabak nützlich machen, aber die geistigen Güter, mit denen die Gelehrten handelten, entzogen sich für viele der schieren Wahrnehmung. Einmal endlich, als man ihn zur Rede stellt, aus welchem Grunde er sich mit solchem Eifer in das Meer der Literatur stürze, weiß er sich nicht anders zu rechtfertigen als mit der Versicherung: „Der Mensch braucht ein Spielzeug in diesem Leben" (aliquid ludendum esse homini dum viveret"). Fabricius wußte um die intellektuelle Reife einer Kultur, die den Geist immer aufs neue wieder aus der Knechtschaft der Barbarei und der Trägheit zu befreien geschickt ist.

Abb. 4: Barthold Hinrich Brockes

Poesie, Musik, Religion

Betrachtungen über Barthold Hinrich Brockes
(1680–1747)

von

Andreas Grossmann

Es war einmal ein Hamburger Senator, der durch seine Poesie exzellierte, mit ihr musikalisch inspirierte und sogar diplomatisch reüssierte, mit ihr aber, zuerst und zuletzt, zu irdischem Vergnügen in Gott animierte. Was wie der Beginn eines Märchens anmutet, ist indes reich dokumentierte Geschichte. Den dichtenden, polyglotten Senator der Hansestadt hat es gegeben. Sein Name ist Barthold Hinrich Brockes. Er ist sicher eine Ausnahmeerscheinung unter den Senatoren dieser Stadt (oder Ratsherren, wie man sie weiland nannte). Im heutigen Hamburg erinnert, immerhin im Zentrum der Stadt, ein Straßenname an Brockes: In Bahnhofsnähe führt die schmale Brockesstraße am Museum für Kunst und Gewerbe vorbei. Eine Tafel an nämlichem Museum gibt den Hinweis: „Lic. Barthold Hinrich B. (1680–1747). Ratsherr, Dichter." Doch wer weiß damit schon etwas anzufangen? Man darf seine Zweifel hegen, und es dürfte erst recht fraglich sein, ob heutige die Geschicke der Stadt bestimmende Senatoren mit dessen Namen überhaupt noch etwas verbinden. Manche Zeilen dieses in Hamburg einst gefeierten und tonangebenden, mit dem Hamburger Musikdirektor Georg Philipp Telemann und den Hamburger Gelehrten Johann Albert Fabricius und Hermann Samuel Reimarus befreundeten Dichters möchte man ihnen zu gelegentlicher Reflexion durchaus anempfehlen. So etwa die auf einen Atheisten gemünzte Lehrdichtung im sechsten Bande von Brockes' insgesamt neun Bände füllenden Hauptwerk *Irdisches Vergnügen in Gott*[1] mit dem umständlichen, spätbarocken Titel „Versuch, ob, ausser der Lehre von den Contingenzen, ein Atheist nicht könne mit unumstöß-

---

[1] Barthold Hinrich Brockes, *Irdisches Vergnügen in Gott, bestehend in Physicalisch- und Moralischen Gedichten*, Hamburg 1721–1748, Nachdruck Bern 1970. Zitate werden im folgenden im Text nach dieser Ausgabe mit Angabe von Band- und Seitenzahlen wiedergegeben.

lichen Gründen convinciret werden". In ihren Schlußpassagen gibt die Lehrdichtung, wie mir scheint, ihrem Leser einen Rat, den zumal eine ganz und gar nicht poetische, vielmehr durch und durch prosaische, ausschließlich in ökonomischen Kategorien denkende Hochschul- und Bildungspolitik beherzigen sollte. „Sind dir vielleicht", schreibt Brockes, „aus Vorurtheil, die geistgen Theile lächerlich: So handle Philosophenmäßig, und nicht so, daß man denken muß, Du dächtest so, wie jener [der Atheist, A.G.] dachte. Er hielte sich für unbetrieglich, Und schloß beständig: Dieses Ding begreif ich nicht, es ist unmüglich. Allein ein Kluger dacht und sprach: Dieß ist ein rechter Narren-Schluß" (VI, 613). Ob solche fürwahr kluge Mahnung vor Verachtung der geistigen Dinge bei den heute amtierenden Senatoren und Nachfolgern des Ratsherrn und Dichters auf offene Ohren trifft? Leider sind derlei Erwartungen wohl deplaziert. Tempi passati …

Bevor womöglich alsbald schon Schwanengesänge zu intonieren sind, mag es daher angesagt erscheinen, im Rahmen dieser Vorlesungsreihe auch an Barthold Hinrich Brockes zu erinnern. In einem ersten Teil werde ich zunächst einige Aspekte des bereits genannten Hauptwerks Brockes', *Irdisches Vergnügen in Gott*, zu skizzieren versuchen. Denn wenn überhaupt, ist Brockes mit diesem Werk, wenigstens bei Germanisten und Literaturwissenschaftlern, heute noch bzw. wieder präsent[2] (I). Etwas eingehender werde ich mich sodann einem Text widmen, der seinerzeit weite Verbreitung gefunden und die namhaftesten Komponisten der Zeit zu Vertonungen angeregt hat: Reinhard Keiser, Georg Philipp Telemann, Johann Mattheson, aber auch Händel, Fasch und Stölzel. Nicht zuletzt begegnen wir Teilen dieses Textes im heutigen Konzertleben immer noch in Johann Sebastian Bachs großen Passionen, vor allem der Johannespassion. Der Text trägt den (wiederum umständlichen, barocken) Titel *Der für die Sünde der Welt gemarterte und sterbende Jesus* und ist gemeinhin als die „Brockes-Passion" bekannt (II).

---

2   Vgl. Georg Guntermann, *Barthold Heinrich Brockes' „Irdisches Vergnügen in Gott" und die Geschichte seiner Rezeption in der deutschen Germanistik. Zum Verhältnis von Methode und Gegenstand literaturwissenschaftlicher Forschung* (Bonner Arbeiten zur deutschen Literatur 36), Bonn 1980. Ponderable, auch Brockes würdigende Arbeiten aus jüngerer Zeit liegen etwa in folgenden Studien vor: Hans-Georg Kemper, *Gottebenbildlichkeit und Naturnachahmung im Säkularisierungsprozeß. Problemgeschichtliche Studien zur deutschen Lyrik in Barock und Aufklärung.* 2 Bde. (Studien zur deutschen Literatur 64f.), Tübingen 1981 und Uwe-K. Ketelsen, *Die Naturpoesie der norddeutschen Frühaufklärung. Poesie als Sprache der Versöhnung: Alter Universalismus und neues Weltbild* (Germanistische Abhandlungen 45), Stuttgart 1974.

I. Irdisches Vergnügen in Gott

Irdisches Vergnügen in Gott – das ist Titel und Programm zugleich von Brockes' Poesie. Dem damaligen Sprachgebrauch gemäß meint „Vergnügen" soviel wie „Behagen", „Wohlgefallen", auch „Gefühlsheiterkeit"[3] und keineswegs den „Spaß", den die heutige „Event"(un-)kultur damit assoziiert. Dieses Behagen ist bzw. soll nach Brockes ein dezidiert *irdisches* sein. Das impliziert bereits im Titel des Werks einen radikalen Widerspruch gegen eine Theologie, die das irdische Dasein nur als Jammertal ausgibt und den Menschen für die Erfüllung seines Glücks aufs Jenseits verweist. Die Welt, der gesamte Kosmos, hält Brockes dem entgegen, ist im Großen wie im Kleinen schön und gut, und ihre Schönheit und Pracht ist Anlaß, dem Schöpfer der Welt dafür dankbar zu sein – und eben darum irdisches Vergnügen *in Gott* zu empfinden, der sich in und durch seine Schöpfung zu erkennen gibt. Doch eben um dies tun zu können, bedarf es genauer, sinnlich geschärfter Betrachtung und der Poesie, die diese Betrachtungsweise vermittelt: die lehrt, das „Buch der Natur" angemessen zu lesen.

Als 1721, ein Jahr nach der Wahl Brockes' in den Rat der Stadt Hamburg, der erste Band des *Irdischen Vergnügens* erscheint, ist das Buch sofort ein Bestseller, der bald weitere Auflagen erfahren sollte. Die „physikalisch-moralischen Gedichte", wie sie im Untertitel der Lyriksammlung genannt werden, hatten offenbar den Ton der Zeit getroffen. Und tatsächlich spiegeln sie selbst das rege Interesse ihres Verfassers an den unterschiedlichsten zeitgenössischen Diskursen, um sie im Blick auf sein zentrales Sujet – Lob und Verehrung des Schöpfers – zusammenzuführen.

Nicht ohne Bedacht schickt Brockes dem ersten Band des *Irdischen Vergnügens* eine zweigeteilte Vorrede voran, die sich an die Leser und an Gott gleichermaßen wendet:

Ach möchte dieses Buch euch doch zu zeigen taugen,
Ihr Menschen, wie so leicht der schöne Bau der Erden,
Den ihr anitzt durch Geitz, durch Neid, durch Stoltz und Pracht
Euch leyder! selbst zur Hölle macht;
Euch allen könn' ein Himmel werden!
*
Ach HERR! eröffne mein Verständniß!
Ach gieb mir Weisheit und Erkänntniß,
Der Dinge Wesen zu betrachten,

3   Vgl. Jacob und Wilhelm Grimm, *Deutsches Wörterbuch*, Bd. 12, Leipzig 1956, 468f.

Und in denselben Dich zu achten,Weil alles, Dich zu ehren, lehrt!
Nicht nur der Himmel Raum, nicht nur der Sonnen Schein,
Nicht der Planeten Gröss' allein;
Ein Stäubchen, ist bewunderns wehrt.

„Der Dinge Wesen zu betrachten | Und in denselben Dich zu achten |
Weil alles, Dich zu ehren, lehrt!" Brockes' Dichtung hat dies mit einer
zu ihrer Zeit einzigartigen und für nachfolgende Dichter wegweisenden
Aufmerksamkeit auf alltägliche Phänomene getan – von Ameisen über
Fliegen und Kühe bis hin zu Blumen und Gärten, Landschaften und
Wolken und vieles andere mehr. Brockes' Beschreibungslust scheint
nachgerade unbändig. Ein bezauberndes Beispiel dafür ist etwa das
Gedicht *Kirsch-Blüthe bey der Nacht* aus dem zweiten Buch des *Irdischen
Vergnügens* (II, 38):

Ich sahe mit betrachtendem Gemüthe
Jüngst einen Kirschbaum, welcher blühte,
In kühler Nacht beym Mondenschein;
Ich glaubt', es könne nichts von größrer Weisse seyn.
Es schien, ob wär' ein Schnee gefallen.
Ein jeder, auch der kleinste, Ast
Trug gleichsam eine schwere Last
Von zierlich weissen runden Ballen.
Es ist kein Schwan so weiß, da nemlich jedes Blatt,
Indem daselbst des Mondes sanftes Licht
Selbst durch die zarten Blätter bricht,
So gar den Schatten weiß und sonder Schwärze hat.
Unmöglich, dacht ich, kann auf Erden
Was weissers angetroffen werden.

Indem ich nun bald hin und her
Im Schatten dieses Baumes gehe;
Sah' ich von ungefähr
Durch alle Blumen in die Höhe,
Und ward noch einen weissern Schein,
Der tausendmal so weiß, der tausendmal so klar,
Fast halb darob erstaunt, gewahr.
Der Blühte Schnee schien schwarz zu seyn
Bey diesem weissen Glanz. Es fiel mir ins Gesicht
Von einem hellen Stern ein weisses Licht,
Das mir recht in die Seele strahlte.
Wie sehr ich mich am Irdischen ergetze,
Dacht' ich, hat Gott dennoch weit größre Schätze.
Die größte Schönheit dieser Erden
Kann mit der himmlischen doch nicht verglichen werden.

Ein Schriftsteller wie Arno Schmidt sollte im 20. Jahrhundert sich nicht scheuen, dies zu würdigen: Brockes, so sein Urteil, sei „der erste wirkliche Realist und Kirchenvater deutscher Naturbeschreibung".[4] Brockes freilich, so wäre zu präzisieren, steht noch, anders als das für spätere zutrifft, für eine Naturbeschreibung, die sich immer schon als eine *religiöse* begreift und von daher ihr poetologisches Selbstverständnis definiert sieht: *Poesie als Organon natürlich-„sinnlichen" Gottesdienstes.*[5]

Der Gottesbegriff dieser Dichtung (sofern davon überhaupt die Rede sein kann) hat Nähen zum Deismus und Pantheismus. Brockes hat sich aber auch lebhaft für das frühneuzeitliche hermetische Schrifttum interessiert, d.h. alchimistische Schriften und solche theologische, philosophische und naturwissenschaftliche Abhandlungen, die hermetisches Gedankengut enthalten (unter vielen anderen etwa Fabricius' *Pyrotheologie oder Anweisung zur Erkenntniß Gottes aus Betrachtung des Feuers* [1732] und Christian Thomasius', seines Hallenser Lehrers, *Versuch. Von Wesen des Geistes* [1699]).[6]

Brockes ist nicht einer Geistesrichtung allein gefolgt, und es wäre deshalb verkehrt, ihn ausschließlich einer Richtung, dem englischen Deismus etwa, zuzuschlagen, wie dies David Friedrich Strauß in einem bekannten Aufsatz über Brockes und Reimarus meinte tun zu können.[7]

---

4   Arno Schmidt, *Nachrichten von Büchern und Menschen. Bd. 1: Zur Literatur des 18. Jahrhunderts*, Frankfurt a.M. und Hamburg 1971, 8.

5   Vgl. Hans-Georg Kemper, „Norddeutsche Frühaufklärung. Poesie als Medium einer natürlichen Religion", in: Karlfried Gründer/Karl Heinrich Rengstorf (Hgg.), *Religionskritik und Religiosität in der deutschen Aufklärung* (Wolfenbütteler Studien zur Aufklärung 11), Heidelberg 1989, 79–99.

6   Neuere Forschungen vor allem des Tübinger Literaturwissenschaftlers Hans-Georg Kemper haben hierzu einiges Erhellende ans Licht gebracht; vgl. Hans-Georg Kemper, „Brockes und das hermetische Schrifttum seiner Bibliothek", in: Ders./Uwe-K. Ketelsen/Carsten Zelle (Hgg.), *Barthold Heinrich Brockes (1680–1747) im Spiegel seiner Bibliothek und Bildergalerie* (Wolfenbütteler Forschungen 80), Wiesbaden 1998, 223–271. Die Eingliederung Brockes' in die hermetische Tradition bei Kemper läuft freilich augenscheinlich Gefahr, diese Traditionslinie gegenüber anderen bei Brockes durchaus auch anzutreffenden Bezügen, nicht zuletzt auch zum Luthertum, zu verabsolutieren und das sich in seinem Werk spiegelnde breite Gedankenspektrum somit nur in perspektivischer Verkürzung zu präsentieren. Angesichts dessen erscheint auch ein üblicherweise auf Brockes angewandter Epochenbegriff wie Frühaufklärung als viel zu unscharf. Das Gesamtwerk Brockes' zeigt ihn eher als eine Figur zwischen den Zeiten, zwischen Orthodoxie und Aufklärung, wie zumal die Betrachtung der sogenannten „Brockes-Passion" zeigen wird. Einseitige Zuordnungen werden dieser in sich durchaus spannungsvollen denkerischen Vielfalt nicht gerecht, und man sollte ihr denn auch interpretatorisch gerecht zu werden suchen.

7   David Friedrich Strauss, „Barthold Heinrich Brockes und Hermann Samuel Reimarus" (1861), in: Ders., *Gesammelte Schriften*. Eingeleitet und mit erklärenden Nachweisungen versehen von Eduard Zeller. Bd. 2, Bonn 1876, 3–16.

Brockes hat sich bei verschiedenen, im einzelnen durchaus sehr differenten und einander widerstreitenden Ansätzen bedient, ohne dies mit
dem Anspruch zu tun, ein konsistentes philosophisch-theologisches System zu entwerfen. Brockes war vielmehr und im besten Sinne ein Ek-
lektiker: Was sich seiner Vorstellung einer natürlichen Religion einfügen
ließ, hat der Hamburger Ratsherr verarbeitet und aufgenommen, und
sei es in nachdichtender Übertragung.

Brockes' Credo findet sich in dem 1732 erstmals veröffentlichten Gedicht *Das Grosse im Kleinen* (IV, 159f.):

> Wenn die Materie den Geist vermögend wäre auszuschliessen,
> So würde, wenn man dieses glaubte, unstreitig daraus dieses fliessen:
> Daß selbst die Gottheit Grentzen hätte; daß Sie, bis zur Materie
> Nur bloß, und dann nicht weiter geh.
> Wie läch- und lästerlich nun dieß, wird ja ein ieder leicht erkennen,
> Dem GOTT nur den geringsten Theil von einer Seele wollen gönnen.
> Durchdringt hingegen eine GOTTHEIT (so wie sie ja unstreitig thut,
> Da sie allgegenwärtig ist) an allen Orten alle Dinge;
> So ist kein Cörperchen so klein, und kein Geschöpfe so geringe,
> Das Sie nicht durch und durch erfüllt; in
> welchem Sie nicht wirckt und ruht.

> Erkenne denn, geliebter Leser, wie nahe GOTT dir sey nicht nur;
> Erkenne, daß allgegenwärtig Er in der kleinsten Creatur,
> Ohn allen Wiederspruch, vorhanden. Daß folglich unser GOTT in allen,
> Was wir auf dieser Welt bemercken, Betrachtungs- und Verehrungs-wehrt,
> Ja einzig anzubeten sey.

Die Annahme, Gott in jeder noch so unscheinbaren und unbedeutend
anmutenden Kreatur zu finden – das ist das entscheidende Movens von
Brockes' Dichtung, seines natürlich-sinnlichen Gottesdienstes, der das
Göttliche in allen wahrnehmbaren Phänomenen aufspürt, seine „Spur"
im Irdischen zu sehen und zu hören auffordert. Derart schließt seine
Poesie wider eine Selbstüberschätzung der Vernunft geradezu eine
Apologie der Sinne ein (II, 321):

> So Wundervolle Wunder-Werke,
> So Menschen-Witz nicht fassen kann,
> Die Zeigen Gottes Weisheit, Stärke,
> Auch in dem Werth der Sinnen, an.
> Ach lasset uns denn besser, als wir pflegen,
> Mit Ernst erwägen,
> Was an den Sinnen doch gelegen!

Oder wie Brockes in durchaus kritischen Anfragen an die Adresse der
Theologen im Gedicht *Gefährliche Verachtung der Welt* (VI, 288) formuliert:

Sind uns die Sinnen, hier im Leben,
Denn nur fürs Künftige gegeben?
Sind sie und diese Welt nicht werth,
Daß man denjenigen verehrt,
Der sie so herrlich schaffen wollen,
Nebst uns, damit wir, im Genuß,
Bey einem solchen Überfluß,
Uns freuen und ihm danken sollen?

Das aufklärerische Projekt einer natürlichen Religion mußte denn mit der Hamburger lutherischen Orthodoxie in Widerstreit geraten. In der Tat ist es auffallend, daß die Gedichte des *Irdischen Vergnügens* allein auf den Schöpfergott abzielen. Doch die poetisch anklingende Schöpfungs„lehre" Brockes' bricht mit grundlegenden Auffassungen der Orthodoxie: Gott ist allgegenwärtiges Numinosum, eine creatio ex nihilo ist dem hermetischem Denken nahestehenden Brockes ein Widersinn. Denn, so unterweist der Dichter seine Leser im Neujahrsgedicht auf 1738 (VI, 674ff), wenn Gott von Ewigkeit her ist, kann es kein Nichts geben, das Gott vorgängig wäre; folglich sei die geschaffene Welt nur als eine Emanation aus der Gottheit zu begreifen – oder vielmehr zu bewundern. Christologie und Soteriologie, überhaupt alles Dogmatische, überläßt Brockes mit Bedacht und gerne den Theologen, deren Spekulationen ihm wohl eher fremd geblieben sind:

Worinn es [das Christentum, A.G.] aber weiter geht, den Glauben; davon
laß ich lieber
Den überzeuglichen Beweis, voll Glaub' und Hoffnung, denen über,
Die sonderlich dazu bestellt, und die, mit mehr geübten Händen,
Die Schätze der Geheimnisse, als ich, vermögend, auszuspenden.

Mit diesen Zeilen beschließt Brockes sein Lehrgedicht *Der vernünftige Gottes-Dienst* (VIII, 620), das im übrigen, gut aufklärerisch, ein großes Plädoyer für ein tolerantes, in der Nächstenliebe seinen „wahren Gottes-Dienst" erblickendes Christentum bietet. Und wieder ist der anklagende Ton gegenüber einer erstarrten und in ihrem „heilgen Eifer" unversöhnlichen Orthodoxie unüberhörbar, wenn Brockes angesichts der unüberwindlich scheinenden Religionsstreitigkeiten schreibt (VIII, 618):

[...] Dieß stimmt mit der Wahrheit Schein,
Mit einer ewgen Liebe Willen, die unser Gott, nicht überein.
Wie kann man, sonder Raserey, in Glaubens-Sachen, sich erkühnen,
Der ewgen Liebe, durch Verfolgung, durch Zank,
durch Haß und Mord, zu dienen?

Der Hamburger Orthodoxie blieb denn auch Brockes' „freier Geist" nicht unverborgen. Mußte der von ihm vertretene „vernünftige Gottesdienst" nicht als inakzeptabel erscheinen? Wir wissen, daß es nicht nur eine

Reihe von Streitschriften der orthodoxen Glaubensstreiter gegen Brokkes und seinen Kreis (um die Wochenschrift *Der Patriot*) gegeben hat.[8]
Offensichtlich suchte man durch Streuung von Gerüchten Brockes zu
verleumden. Seine Frau muß dies sehr beunruhigt haben, denn Brockes
repliziert in einem Gedicht direkt auf Vorwürfe der von ihm sogenannten „schwarzen Heuchler". Die Zeilen (IX, 559) geben der Verbitterung
beredten Ausdruck:

> Belisa, ist denn das, so ich vernommen, wahr?
> Ists möglich? glaubst du mehr der schwarzen Heuchler Schaar
> Als deinen Augen selbst? Allein, was tadelt dann
> An mich der Gleißner Schwarm, der nichts als tadeln kann?
> Hab ich mit meiner Lehr die Sitten je vergiftet?
> Hab ich in unserm Staat Verrätherey gestiftet?
> Hab ich verschmitzt, mit Schein- und andern falschen Gründen
> Für Atheisten je gesuchet Schutz zu finden?
> O nein, ein solches Gift, ein solches Irrwischlicht
> Befindet sich Gottlob in meinen Schriften nicht.

Was indessen, so mußte sich und seine Leser der Hamburger Ratsherr
fragen, war von einer Geistlichkeit zu halten, die sich blind gegenüber der
Schönheit der Schöpfung zeigte und weder in Lehre noch im Leben dem
Schöpfer die geschuldete Achtung entgegenzubringen in der Lage war?

Das Gedicht *Unbegreifliche Gleichgültigkeit* (VI, 279f.) nimmt ausdrücklich
auch Bezug auf eine Begegnung mit einem ungenannt bleibenden lutherischen Geistlichen – eine Begegnung, die den der Welt und der Musik
so zugetanen Brockes empfindlich schmerzen mußte:

> Bey allen diesen Wunderwerken,
> Worin die Gottheit klar zu merken,
> Und welche von ihr Zeugen sind,
> Ist mancher Christ dennoch so blind,
> Daß er dieselben nicht betrachtet,
> Nicht sie, nicht ihren Herrn beachtet.
> Ja, wenn auch Gott noch irgendwo
> Für das, so er uns hier erwiesen,
> Mit Worten etwan, wird gepriesen:
> So wird man dessen doch nicht froh.

---

8   Vgl. ERNST FISCHER, „Patrioten und Ketzermacher. Zum Verhältnis von Aufklärung
    und lutherischer Orthodoxie in Hamburg am Beginn des 18. Jahrhunderts", in:
    WOLFGANG FRÜHWALD/ALBERTO MARTINO (Hgg.), *Zwischen Aufklärung und Restauration*
    (FS für Wolfgang Martens zum 65. Geburtstag), Tübingen 1989, 17–47.

Es scheint, als hielte mans zu klein,
Und keiner Achtung werth zu sein.
Da wir, von unsers Schöpfers Gaben,
Solch ein vortreffliches Gedicht
Im Luthrischen Gesangbuch haben:
So weis es auch ein solcher nicht,
Der der vortrefflichen Gesänge
Erhabnen Inhalt, Wort und Menge
Fast ansonsten auf den Finger weis.

Wie ich denn einst erfahren mußte,
Daß einer, der gewiß der Preis
Von allen Geistlichen, nicht wußte,
Daß das vortrefflich-schöne Lied,
So man in allen Büchern sieht:
    Geh aus, mein Herz, und suche Freud,
    In dieser schönen Sommerszeit.
Dergleichen ich noch keines funde,
Und welches ihm, da man es sang,

Ins Innerste der Seelen drang,
Im Luthrischen Gesangbuch stunde.
Und dieß hab ich, von vielen Frommen,
Mit bitterm Mitleid, wahrgenommen.
Wodurch Verwundrung, Grimm und Gram
Ob dem Betrieb mich übernahm.

Mein Gott, wo kömmt doch immermehr,
Gedacht ich, solche Schlafsucht her?
Die leider jetzt so allgemein,
Daß auch sogar in Lehr und Leben,
Die Gottes eigne Diener seyn,
Auf Gottes Werk nicht Achtung geben.

Die Hamburger Orthodoxie mußte augenscheinlich und paradoxerweise an einen ihrer bedeutendsten Lieddichter – Paul Gerhardt – von einem erinnert werden, der der Orthodoxie selbst doch so distanziert und kritisch gegenüberstand. – Die zitierten Gedichtzeilen nehme ich zum Anlaß, den Bogen zum zweiten Teil meiner Überlegungen zu schlagen. Barthold Hinrich Brockes hatte in der Tat eine durchaus innige Beziehung zur Musik. Die großbürgerliche Herkunft erlaubte ihm bereits zu seiner Studienzeit in Halle (von 1700 bis 1702), allwöchentlich Konzerte auf seiner Studierstube zu geben.[9] Wahrscheinlich ist Brockes damals schon dem jungen Georg Friedrich Händel und Georg Philipp Telemann begegnet, die er zeit seines Lebens zu seinen hochgeschätzten Freunden zählen konnte. Beide haben Texte aus dem *Irdischen Vergnügen* vertont – bekannt geworden sind vor allem Händels *Neun deutsche Arien* (HWV 202–210), von Händel zwischen 1724 und 1727 komponiert.[10]

Einige Jahre zuvor haben indes nicht nur Telemann und Händel sich eines Librettos aus Brockes' Feder angenommen, das in der ersten Hälfte des 18. Jahrhunderts begeisterte Aufnahme gefunden und im auflebenden bürgerlichen Konzertleben eine „herausragende Stellung"[11] eingenommen hat. Reinhard Keiser, der seit 1697 an Hamburgs junger Gänsemarkt-Oper wirkte, hat es noch im Jahr seiner Entstehung in Hamburg 1712 zuerst vertont, später (1718) auch der gleichfalls mit Brockes befreundete Hamburger Komponist, Musikkritiker und -theoretiker Johann Mattheson. Die Vertonungen des Librettos sind in Hamburg in den Folgejahren mehrfach zur Aufführung gelangt.[12] Insgesamt sind bis 1759 elf vollständige oder teilweise Vertonungen des Textes bekannt.[13] Ein, wie allein diese äußerlichen Daten belegen, damals – und zwar weit über Hamburg hinaus – äußerst populärer Text.[14] Ein Bestseller auch er. Er ist, wie gesagt, 1712 erstmals unter dem Titel *Der für die Sünde der Welt gemarterte und sterbende Jesus* erschienen und kurz auch als die „Brockes-

---

9   Vgl. „Selbstbiographie des Senator Barthold Heinrich Brockes", mitgetheilt von Johann Martin Lappenberg, in: Zeitschrift des Vereines für Hamburgische Geschichte 2 (1847), 167–229, hier 177.

10   Vgl. zum Verhältnis von Brockes und Händel Werner Braun, „Händel und der Dichter Barthold Heinrich Brockes", in: *Händel und Hamburg* (Ausstellungskatalog der Staats- und Universitätsbibliothek Hamburg Carl von Ossietzky 10. Mai bis 29. Juni 1985), Hamburg 1985, 87–105.

11   Laurenz Lütteken, „Überlegungen zur Musikaliensammlung von Barthold Heinrich Brockes", in: Barthold Heinrich Brockes (1680–1747) im Spiegel seiner Bibliothek und Bildergalerie (Anm. 6), 273–298, hier 274.

12   Vgl. Magdalena Marx-Weber, Art. „Brockes, Barthold H(e)inrich", in: MGG, 2., neubearbeitete Ausgabe, Kassel u.a. 2000, Personenteil 3, Sp. 958.

13   Vgl. Harold P. Fry, „Barthold Heinrich Brockes und die Musik", in: Hans-Dieter Loose (Hg.), *Barthold Heinrich Brockes (1680–1747). Dichter und Ratsherr in Hamburg. Neuere Forschungen zu Persönlichkeit und Wirkung* (Beiträge zur Geschichte Hamburgs 16), Hamburg 1980, 71–104, hier 76ff.

14   Henning Frederichs, *Das Verhältnis von Text und Musik in den Brockespassionen Keisers, Händels, Telemanns und Matthesons* (Musikwissenschaftliche Schriften 9), München und Salzburg 1975, 8f. verweist auf Aufführungen sogar in Stockholm (in der Vertonung Händels) und in St. Petersburg (in Telemanns Vertonung). Frederichs zufolge fand „wohl kein Textbuch des 18. Jahrhunderts […] eine derartige Verbreitung wie das der Brockespassion" (ebd., 14).

Passion" bekannt. Ihm, *dem* Hamburger Passionsoratorium, sollen die folgenden Ausführungen gelten.

II. Der für die Sünde der Welt gemarterte und sterbende Jesus: Brockes' Hamburger Passionsoratorium

Brockes hat nach seinem Jura-Studium in Halle, den sich anschließenden Bildungsreisen nach Italien, in die Schweiz und nach Frankreich und dem an der Universität Leiden schließlich erworbenen Licentiat auch in Hamburg den Brauch gepflegt, regelmäßig Konzerte im eigenen Hause zu veranstalten. In seinen autobiographischen Aufzeichnungen hat er festgehalten, nichts versäumt zu haben, was die gesellschaftliche Reputation zu befördern geholfen habe. Dazu zählte offensichtlich an vorderster Stelle auch die Institution des Privatkonzerts. Brockes schreibt: „Ich hielte mich zu den vornehmsten Compagnien, gab wöchentlich ein Concert, verschaffte mir ein klein Cabinett von Gemählden etc. und gedachte auf solche Weise mich in Estime zu setzen und beliebt zu machen."[15] Als Privatkonzert hat auch sein Passionslibretto in der Vertonung durch Reinhard Keiser seine Uraufführung erlebt. Für die Hamburger Geistlichkeit war das Oratorium offenkundig allzu anstößig, das nach dem Vorbild von Christian Friedrich Hunolds *Der blutige und sterbende Jesus* (1705)[16] – anders als wenig später Bach in seinen Passionen – auf die wörtliche Wiedergabe des Evangeliumstextes zugunsten eines gereimten, von zahlreichen Arien und dramatischen Szenen flankierten Evangeliumsberichts verzichtet. Das selbstbewußte Hamburger Bürgertum ließ sich freilich von der Geistlichkeit, gleich ob orthodox oder pietistisch, nicht mehr den Horizont seines Denkens und Glaubens autoritär vorgeben, und so hat man sich weder das von der Kirchenmusik emanzipierte Konzert noch die Oper verbieten lassen, die in jenen Jahren der Kirchenmusik in Hamburg ohnehin den Rang abgelaufen hatte – und im übrigen auch von Brockes vehement unterstützt wurde. Zur Geschichte der Theologie in Hamburg gehört so auch – und keinesfalls ephemer – der Streit um (Kirchen-)Musik und Oper.[17]

---

15   Vgl. Selbstbiographie (Anm. 9), 199.
16   Vgl. FREDERICHS, Verhältnis (Anm. 14), 73ff.
17   Vgl. SIEGHART DÖHRING, „Theologische Kontroversen um die Hamburger Oper", in: AXEL BEER/LAURENZ LÜTTEKEN (Hgg.), *Festschrift Klaus Hortschansky zum 60. Geburtstag*, Tutzing 1995, 111–123 sowie MARKUS VINZENT, „Von der Moralität des Nichtmoralischen. Die ethische Grundlage für die Ermöglichung der Hamburger Oper", in: RENATE STEIGER (Hg.), *Von Luther zu Bach. Bericht über die Tagung 22.–25. September 1996 in Eisenach*, Sinzig 1999, 197–231.

Die Aufführung der Brockesschen Passion in den Privaträumen des nachmaligen Senators und als öffentliches geistliches Konzert später vorzugsweise in weltlichen Räumen (z.B. dem Hamburgischen Waisenhaus)[18] ist denn vor dem zeitgeschichtlichen Hintergrund einer beginnenden „Säkularisierung der Musik" zu sehen.[19] Für Brockes bedeutet sie zugleich den Beginn einer im Musikleben Hamburgs beispiellosen Symbiose von Poesie und Musik, musikgeschichtlich schließlich markiert das Oratorium einen „der wichtigsten Faktoren der frühen musikalischen Aufklärung".[20]

Doch welches sind nun die genaueren Charakteristika dieses Hamburger Passionsoratoriums? Das gewiß auch für heutige Ohren auffallendste Merkmal ist der gereimte Evangelistenbericht. Er stützt sich vorwiegend auf das Matthäusevangelium, das Brockes an manchen Stellen aus anderen Evangelien ergänzt. Der Evangelistenbericht ist mitunter Teil kleiner dramatischer Szenen – beispielsweise zwischen Jesus und dem Chor der Jünger oder Jesus, Kaiphas und dem Chor der Juden. Daneben stehen in das Handlungsgeschehen teils integrierte, teils es betrachtende und kommentierende Ariosi und Arien. Sie haben ein deutliches Übergewicht und sind großenteils der „Tochter Zion" zugedacht, aber auch Figuren wie Jesus, Petrus, Judas und der „gläubigen Seele". Sogenannte „Soliloquien", kantatenartige Monologe, finden sich den sechs Hauptprotagonisten zugewiesen: Jesus, Petrus und Judas einerseits, der Tochter Zion, Maria und der gläubigen Seele andererseits. Das gesamte Geschehen wird schließlich gerahmt bzw. an Schlüsselszenen unterbrochen von Chorälen, die Brockes' Libretto jeweils als „Choral der Christlichen Kirche" ausweist und die die Selbstbetrachtung der hörend am Passionsgeschehen Beteiligten initiieren sollen. Auch diesbezüglich ist im übrigen allein quantitativ der Unterschied zu Bachs Johannespassion evident, die in ihren betrachtenden Ariosi und Arien nicht unerhebliche Anleihen bei der Brockes-Passion machen wird: Während Brockes mit vier Chorälen auskommt, integriert Bach in die Johannespassion elf, in die Matthäuspassion, seine „große Passion", sogar vierzehn Choräle.

Der von Brockes von der biblischen Erzählung auf die Arien verlagerte Schwerpunkt korrespondiert einer Auffassung der Passion, wie sie nach den einschlägigen Studien von Elke Axmacher als für das frühe 18. Jahrhundert charakteristisch gelten darf: Die Passionsbetrachtung zielt – in Aufnahme und gleichzeitiger Distanzierung von der Tradition

---

18 Vgl. die Auflistungen bei FREDERICHS, Verhältnis (Anm. 14), 7f. und FRY, Brockes und die Musik (Anm. 13), 103f.

19 Vgl. RAINER HEYINK/HANS JOACHIM MARX/(KURT STEPHENSON), Art. „Hamburg", in: MGG, 2., neubearbeitete Ausgabe, Kassel u.a. 1995, Sachteil 3, Sp. 1753.

20 So LÜTTEKEN, Überlegungen (Anm. 11), 276.

der protestantischen Passionspredigt – auf emotionale und dramatische Wirksamkeit bzw. auf seiten des Hörers auf ein Miterleben und Mitempfinden, auf Selbstbetrachtung und Selbsterkenntnis mit der Konsequenz seiner Bekehrung. Diesem Endzweck unterwirft Brockes die „Dramaturgie" des Librettos: Manche Details des biblischen Berichts läßt er aus, andere unterstreicht er durch textliche und szenische Erweiterungen. In der beispielhaften Vorführung des Moments der Bekehrung zeigt sich, so Elke Axmacher, „der letzte Zweck der Brockes-Passion, dem alle inhaltlichen Aussagen, historische wie deutende, zu dienen haben". Derart dokumentiere sich hier „eine undogmatische, rein vom Gefühl bestimmte und auf es abzielende Passionsauffassung, die *jede* theologische Deutung der Passion, sei es die der lutherischen Orthodoxie, sei es die des Pietismus, hinter sich läßt".[21] Axmacher hat im einzelnen durchaus überzeugend nachgewiesen, welche Motive und Bilder der überkommenen Passionsauslegung – etwa bei Johann Gerhard, Johann Arndt und Heinrich Müller – Brockes aufgreift oder auch eliminiert. So läßt die Brockes-Passion vor dem Hintergrund der protestantischen Auslegungstradition nach Axmacher sowohl vielfache Bezüge *zu* als auch bemerkenswerte Abweichungen *von* dieser erkennen. Zielt die lutherische Passionspredigt zwar auch und zentral auf das Sündenbekenntnis, auf den Affekt des „Erschreckens" des Menschen über die eigene Sündhaftigkeit,[22] so *verselbständigen* sich bei Brockes letztlich die Momente des Affektiven und Expressiven: Der Hörer seiner Passion sieht sich „aus der Situation des Jesu Leiden *Bedenkenden* in die des *Miterlebenden*" versetzt,[23] um in unmittelbarer Vergegenwärtigung der Passion sich selbst als Sünder zu erfahren und zu erkennen. Brockes' Passionsbetrachtung schlägt damit eine Richtung ein, die in ihrer Akzentuierung des Affekts der compassio der lutherischen Passionsbetrachtung deutlich widerstreitet. So kann man denn nach dem Urteil Axmachers den Eindruck gewinnen, Jesu Passion werde hier „zum bloßen *Anlaß* für die Erschüt-

---

21 ELKE AXMACHER, „*Aus Liebe will mein Heyland sterben*". *Untersuchungen zum Wandel des Passionsverständnisses im frühen 18. Jahrhundert* (Beiträge zur theologischen Bachforschung 2), Neuhausen-Stuttgart 1984, 132.

22 Martin Luther hat dies, etwa in seinem *Sermon von der Betrachtung des heyligen Leydens Christi* (1519; WA 2, 136–142, hier 137, 10–21, 138, 15–17, 33f.), ausdrücklich als den Brennpunkt rechter Passionsbetrachtung herausgestellt. Das Luthertum hat dafür auch in seinen Liedern (bei Johann Heermann, Paul Gerhardt u.a.) eine eindringliche Sprache gefunden. Vgl. dazu JOHANN ANSELM STEIGER, „Zorn Gottes, Leiden Christi und die Affekte der Passionsbetrachtung bei Luther und im Luthertum des 17. Jahrhunderts", in: *Passion, Affekt und Leidenschaft in der Frühen Neuzeit*, hg. v. DEMS. in Verbindung mit RALF GEORG BOGNER, ULRICH HEINEN, RENATE STEIGER, MELVIN UNGER und HELEN WATANABE-O'KELLY, Wiesbaden 2006, 179–201.

23 AXMACHER, Aus Liebe (Anm. 21), 129.

terung des Herzens wie zuvor der Gedanke an die eigenen Sünden",[24] sei von Bedeutung lediglich noch als Voraussetzung und Veranlassung des als innerseelischer Vorgang vorgestellten Ereignisses der Erlösung bzw. Bekehrung:[25] *Poesie als Organon der Erlösung.* Axmacher zufolge ist dies Zeugnis nachgerade einer Verfallsgeschichte – ein m.E. durchaus problematisches Urteil, das allzu einseitig auf die Position des orthodoxen Luthertums fixiert scheint und dabei, wider besseres Wissen, nicht recht anzuerkennen vermag, in welchem Maße Brockes' Dichtung bei allen Devianzen von der überkommenen Tradition durchaus manche Topoi der lutherischen Passionspredigt aufgreift.[26] Kulturgeschichtliche Wandlungen und Transformationen auch des Bestandes theologischer Dogmatik wird man derart wohl kaum angemessen würdigen können.

Die Zielperspektive der Brockes-Passion mit ihrer „Kombination von versifizierter Geschichte, dramatischer Gestaltung, Andachtsübung und Lehrgedicht"[27] möchte ich zunächst an einem Beispiel demonstrieren, das, pars pro toto, als für das Vorgehen und die Absicht dieser Passionsbetrachtung charakteristisch genommen werden könnte. Es handelt selbst von einer Bekehrung – der Gotteserkenntnis des römischen Hauptmanns anläßlich der Naturereignisse beim Tode Jesu. Es nimmt nach dem eben Gesagten kaum wunder, daß diese Stelle des biblischen Berichts (Mt 27,54) zu denjenigen gehört, an denen Brockes besonders gelegen ist, die er daher mit hervorstechendem Kolorit versieht und zu einer Miniaturszene formt. Die Sprache des Dichters ist, was für das gesamte Libretto gesagt werden kann, anders als der ruhig-beschreibende Stil im späteren Hauptwerk, um eine die Geschehnisse ausmalende Drastik bemüht, die kaum zu überbieten ist.

Nach der Arie der Tochter Zion „Brich, brüllender Abgrund" folgt ein Accompagnato, das sich Tochter Zion und Hauptmann teilen:[28]

---

24 Ebd., 131.

25 Ebd., 146.

26 Es ist ein Desiderat der Forschung, mögliche Bezüge der Brockes-Passion zu zeitgenössischen Hamburger Passionspredigten zu eruieren. Dabei könnte sich in concreto bestätigen, inwiefern das Werk Brockes', wie oben (Anm. 6) behauptet, „zwischen den Zeiten" zu verorten ist – ohne daran problematische Wertungen in der Weise Axmachers zu knüpfen.

27 So die treffende Kennzeichnung des Textes bei HANS KUHN, „Die Brockes-Passion", in: KLAUS BOHNEN/PER ØHRGAARD (Hgg.), *Aufklärung als Problem und Aufgabe* (FS für Sven-Aage Jørgensen zum 65. Geburtstag), München und Kopenhagen 1994, 38–53, hier 50.

28 Zitate im folgenden nach der Ausgabe: *Der für die Sünde der Welt / Gemarterte und Sterbende JESUS aus den IV. Evangelisten / von B. H. B. In gebundener Rede vorgestellt / Und In der Stillen-Woche Musicalisch auffgeführt / Anno 1712*, Hamburg 1712 (Staats- und Universitätsbibliothek Hamburg MS 369/3).

Ja! Ja! Es brüllet schon in Unter-Irdschen Grüfften
Es kracht bereits der Erden-Grund
Des finstern Abgrunds schwartzer Schlund
Erfüllt die Lufft mit Schwefel-Düfften.
Hauptmann
Hilff Himmel! Was ist diß?
Ihr Götter wie wird mir zu Muth!
Es fällt die Welt in schwartzer Finsterniß
In Dufft und Nebel schier zusammen.
O Weh! Der Abgrund kracht und speiet Dampf und Gluht,
Die Wolcken schüttern Blitz / die Lufft gebiehret Flammen
Der Felß zerreist / es bersten Berg und Stein.
Solt Jesus Tod hieran wohl Ursach seyn?
Ach ja! Ich kann aus allen Wundern lesen:
Der Sterbende / sey Gottes Sohn gewesen.

Brockes schließt daran eine Arie, die auf die direkte Applikation der Regungen der Figur des Hauptmanns auf das Herz des Hörers abzielt:

Da Berge bersten / Felsen krachen
Mein Felsen-Hertz sich nicht entsteint?

Es folgt ein Accompagnato der „gläubigen Seele" – Johann Sebastian Bach hat sich den Text im Tenor-Arioso Nr. 34 der Johannespassion von 1724 (BWV 245) anverwandelt –, bevor der „Choral der Christlichen Kirche" die Szene beschließt.

Georg Philipp Telemann, der im Jahre 1720 maßgeblich durch die Fürsprache Brockes' aus Frankfurt am Main als Musikdirektor an die Elbe berufen wurde und den mit dem Hamburger Dichter, wie gesagt, eine besonders enge Freundschaft verband, hat die Sprache seines Freundes kongenial in Töne gesetzt.[29]

Man hat gelegentlich die Frage aufgeworfen, wie die ganz offenkundig stilistisch wie inhaltlich differenten Welten des Passionslibrettos und des *Irdischen Vergnügens* als Werke ein und desselben Dichters vorzustellen seien. Bei allen nicht zu übersehenden und überhörenden Unterschieden gibt es indes signifikante Merkmale, die durchaus schon im Passionslibretto des jungen Brockes den späteren Verfasser des *Irdischen Vergnügens* ahnen lassen. Dazu zählt nicht allein eine Distanzierung von theologischer Dogmatik, die, wie vermerkt, für das Passionslibretto genauso zutrifft wie für das spätere Hauptwerk. Zu nennen ist darüber hinaus der Impetus des Erwägens, des Betrachtens, der sich auf der sprachlichen Ebene zuerst und vor allem als die Lust an phanta-

---

29 Vgl. dazu insgesamt die musikologischen Analysen bei Fredericks, Verhältnis (Anm. 14).

siereich-piktoraler Beschreibung niederschlägt. Sie kann sich bereits im
Passionsoratorium auf Phänomene der Natur erstrecken, die wiederum,
wie im Falle der Szene der Bekehrung des römischen Hauptmanns, als
Spiegel innerseelischen Empfindens vorgestellt werden.

So finden sich in der Brockes-Passion Passagen, die biblische Naturmotive in Bezug zu Momenten des Passionsgeschehens setzen. Die
Reue des Petrus etwa deutet Brockes unter Rekurs auf die Etymologie
des Namens und in Anspielung auf Num 20,11 als ein Zerspringen des
„Felsenherzens":

> Drauf krähete der Hahn;
> Sobald der heißre Klang
> Durch Petrus' Ohren drang
> Zersprang sein Felsen-Hertz / und lieff
> (Wie Moses Felß dort Wasser gab)
> Ein Thränen-Bach die Wangen ab [...].

Es folgen Soliloquium und Arie des Petrus (bevor auch diese von Brokkes breit ausgestaltete Episode – wiederum eine Bekehrungsszene!
– vom „Choral der Christlichen Kirche" beschlossen wird). An Drastik
des Ausdrucks und Affekts läßt es der Dichter auch hier nicht fehlen:

> Heul du Schaum der Menschen-Kinder!
> Winßle wilder Sünden-Knecht!
> Thränen-Wasser ist zu schlecht
> Weine Blut verstockter Sünder!

Die Reue-Arie des Petrus hat ihre negative und nicht minder lehrrei-
che Entsprechung in der Reue-Arie des Judas – deren Untiefen Brockes
darum mit Vergnügen, so möchte es scheinen, ausmalt:

> Last diese That nicht ungerochen
> Zerreist mein Fleisch / zerquetscht die Knochen
> Ihr Larven jener Marter-Höle;
> Strafft mit fliessend Bley und Schwefel
> Meinen Frevel
> Daß sich die verdammte Seele
> Ewig quäle!

In einer 1713 revidierten Fassung des Librettos, die Telemann wie danach alle weiteren Komponisten der Vertonung des Textes zugrundegelegt haben, hat Brockes u.a. in der Geißelungsszene Zeilen der „gläubigen Seele" anvertraut, die alttestamentliche Naturmotive (aus Ps 129,3
und Gen 9,12–17) typologisch im Blick auf den leidenden Jesus deuten.
Zugleich kommt es hier zu einer Häufung von Oxymora, die das eigentlich sich Widersprechende anschaulich machen sollen. Auch fällt in die-

sem Zusammenhang der im späteren Hauptwerk titelgebende Begriff des „Vergnügens":[30]

> Drum, Seele! Schau mit ängstlichem Vergnügen,
> Mit bittrer Lust, und mit beklemmtem Herzen,
> Dein Himmelreich in seinen Schmerzen!
> Wie dir auf Dornen, die Ihn stechen,
> Des Himmels Schlüsselblumen blühn.
> Du kannst der Freuden Frucht von seiner Wermuth brechen.
> Schau, wie die Mörder Ihm auf seinen Rücken pfllügen!
> Wie tief, wie grausam, sie ihre Furchen ziehn!
> Die Er mit seinem Blut begiesst,
> Woraus der todten Welt des Lebens Erndt' entspriesset.
> [...]
> Dem Himmel gleicht sein bunt gestriemter Rücken,
> Den Regenbögen ohne Zahl
> Als lauter Gnadenzeichen schmücken [...].

Und, wie könnte es anders sein: *Rosen* schmücken gemäß der auf diese Betrachtung folgenden Arie der „Tochter Zion" das von Dornen gekrönte Haupt, jene Blumen, die Brockes später in so vielen Gedichten des *Irdischen Vergnügens* besingen wird ...

Man denkt bei den zuletzt wiedergegebenen Zeilen freilich wiederum unweigerlich an Bach, der in die Johannespassion von 1724 insgesamt sechs Stücke der madrigalischen Dichtung aus der Brockes-Passion abgewandelt aufgenommen hat (in den Nummern 7, 19, 20, 24, 32 und 34), anders aber als Brockes und die sein Passionsoratorium in Töne setzenden Komponisten den Passionsbericht aus Joh 18 und 19 als Grundgerüst seiner Komposition zugrundegelegt hat. Gemäß der in Leipzig gültigen liturgischen Ordnung war Bach dazu verpflichtet, den biblischen Passionsbericht in seiner Ursprungsgestalt zu verwenden. Doch wird man unterstellen können, daß dies auch seiner (theologischen) Überzeugung entsprochen hat. Warum sollte er sonst auch im Autograph seiner wenige Jahre später entstandenen Matthäuspassion den biblischen Bericht eigens mit roter Tinte eintragen? Bach war in jedem Falle die Brockes-Passion Händels bekannt, von der er sich selbst eine Abschrift angefertigt hat;[31] mindestens ein Mal, 1747, hat er die Händelsche Brockes-Passion in Leipzig nachweislich auch aufgeführt.[32] In unserem Zusammenhang ist freilich interessant zu sehen, wie Bach mit den übernommenen Textstücken verfahren ist, d.h. wie und mit wel-

---

30 Zitate im folgenden nach der Ausgabe: *Der für die Sünde der Welt gemarterte und sterbende JESUS*, Hamburg 1755 (Staats- und Universitätsbibliothek Hamburg A/70 001).

31 Vgl. BRAUN, Händel (Anm. 10), 101. 103.

32 Vgl. CHRISTOPH WOLFF, *Johann Sebastian Bach*, Frankfurt a.M. 2000, 318.

chen Akzentuierungen er sie in seine Passion integriert hat.[33] Dazu seien
abschließend wenigstens einige skizzenhafte Betrachtungen angestellt.

Man wird Bach ein Interesse an Dramatik sicher nicht absprechen
können, ganz im Gegenteil. Das schon genannte Tenor-Arioso Nr. 34
(mit der unmittelbar vorhergehenden Einschaltung von Mt 27,51 und
52) bezeugt dies ebenso wie die Baß-Arie Nr. 24 „Eilt, ihr angefochtnen
Seelen": Repetitionen von in Oktaven geführten Zweiunddreißigstelfi-
guren der Streicher versinnbildlichen in Nr. 34 das Beben des Herzens
„bei Jesu Leiden", abfallende Streicherfiguren bringen das Reißen des
Vorhangs im Tempel und das Zerfallen des Felsens zu Gehör, ostinate
Sechzehntelrepetitionen des Continuo das Beben der Erde; das „Eilen"
und „Fliehen" der „angefochtenen Seelen" wird in Nr. 24 durch das
gesamte Stück gleichsam atemlos sich durchziehende, wild nach oben
schießende und von der Singstimme dann aufgenommene Sechzehn-
telläufe in den Streichern und im Continuo nachgezeichnet, die „Mar-
terhöhlen" charakterisiert Bach durch abwärtsführende Chromatik und
verminderte Intervalle in der Singstimme, Anfechtung und Orientie-
rungslosigkeit erhalten ferner Ausdruck in den das Metrum geradezu
aus dem Lot bringenden „Wohin?"-Einwürfen des Chores.

Deutlich wird an den angeführten Stellen, wie überaus kunstvoll
Bach den Affektgehalt des Brockesschen Textes kompositorisch zu übersetzen versteht. So findet auch in der Alt-Arie Nr. 7 „Von den Stricken
meiner Sünden mich zu entbinden", die sich textlich an den Eingangs-
satz der Brockes-Passion anlehnt, die Metaphorik der „Stricke" eine
sinnfällige Übertragung in der regelrechten „Verstrickung" der beiden
Oboenstimmen sowie in Sechzehntel- und Zweiunddreißigstelfigu-
ren der Singstimme auf das Wort „Stricke". Auffallen muß im direkten
Vergleich mit Brockes' Vorlage aber auch, daß Bach manche in seiner
Sicht wohl allzu überbordende Theatralik ausläßt und selbst auch bei
den von Brockes übernommenen Textstücken sprachlich eingreift. Ein
hervorragendes Beispiel hierfür ist in dieser Hinsicht das Baß-Arioso
Nr. 19. Denn Bachs Aufforderung an die Seele, ihr „höchstes Gut in Jesu
Schmerzen" zu betrachten, zielt nicht wie bei Brockes auf ein Höchst-
maß an Miterleben und Mitfühlen. Der Blick der Seele erfährt endlich
eine entscheidende Umkehrung: Bach verläßt Brockes' Vorlage, um das
Arioso betont mit dem mehrfach wiederholten Verweis auf den Gekreuzigten ausklingen zu lassen:

---

33   Die Matthäuspassion zeigt nur noch in den Nummern 27 a und b Anlehnungen an
     die Brockes-Passion. Allerdings wird für Bach bzw. seinen Textdichter Picander der
     allegorische Dialog zwischen Tochter Zion und Gläubigen aus der Brockes-Passion
     für die Konzeption dieser „großen Passion" und ihre doppelchörige Anlage maß-
     geblich. Vgl. Wolff, Bach (Anm. 32), 319.

Drum sieh ohn Unterlaß auf ihn!

Wobei Bach mit Bedacht das „auf ihn" eigens noch hervorhebt, zunächst in einem Quartsprung von f nach b (in T. 12), dann, in nochmaliger Steigerung, in einem Septimensprung von es nach des (in T. 13). Kompositorische Details, die unverkennbar eine von der Brockes-Passion doch sehr divergierende und, so will es scheinen, theologisch ungleich anspruchsvollere Deutung der Passion indizieren.[34]

Brockes' Passionsoratorium, einst für lange Zeit stilprägend und populär, ist in diesen Bachschen Brechungen und Transformationen immerhin in Teilen auch in Kirchenmusik und Konzert heute noch präsent – ohne daß man freilich um diese Präsenz gemeinhin wüßte. Die Brockes-Passion in den Vertonungen der Keiser, Telemann, Händel oder Mattheson hingegen ist, von wenigen Ausnahmen abgesehen, die die Regel bestätigen, im Dunkel der Geschichte verschwunden.

Weithin vergessen ist im allgemeinen Bewußtsein zumal der Dichter des *Irdischen Vergnügens in Gott* – Physikotheologie, selbst im Gewande der Poesie, hat spätestens seit Kants Widerlegung des physikotheologischen Gottesbeweises ausgespielt. Wozu also noch Brockes lesen oder hören? Vielleicht aus Interesse an der Geschichte oder auch aus Sympathie für die eine oder andere Ansicht eines aufgeklärten Christenmenschen. Vielleicht aus Freude – oder mit Brockes gesprochen: aus Vergnügen – an manchen schönen, durchaus bezaubernden Bildern und am Reichtum der dichterischen Sprache, der gegenüber aller Begriffssprache allemal ein ästhetischer Mehr-Wert eignet. Vielleicht aber einfach auch aus Liebe zur Musik – etwa derjenigen Johann Sebastian Bachs, die theologisch immer wieder und immer neu zu denken gibt.

---

34 Im Blick auf die Gesamtanlage des Werks vgl. auch ANDREAS GROSSMANN, „Musik und Theologie in Bachs Johannespassion", in: *KuD* 46 (2000), 84–91. Daß Bachs Passionsdeutung dabei entscheidend von der Auslegungstradition der lutherischen Passionspredigt geprägt ist, zeigen LOTHAR und RENATE STEIGER, „Die Passionstheologie der Bachzeit, ihr Predigttypus und der Text der Johannes-Passion", in: ULRICH PRINZ (Hg.), *Johann Sebastian Bach. Johannes-Passion* (Schriftenreihe der Internationalen Bachakademie Stuttgart 5), Kassel u.a. 1993, 8–43. – Indes kann und sollte es m.E. nicht darum gehen, den theologisch gebildeten Komponisten gegen den dogmatisch freizügiger verfahrenden Dichter auszuspielen und das Bild einer Verfallsgeschichte zu zeichnen, wie dies – leider – bei Axmacher der Fall ist. Dies kann schon deshalb nicht überzeugen, weil auch Bach (man denke nur an die Choräle seiner Passionen!) an der adäquaten musikalischen Darstellung der Momente des Subjektiven und Affektiven, der subjektiven Aneignung, dem „pro me" der Passion Christi interessiert ist. Die Frage des heutigen Zugangs zu den Texten und der Musik jener Zeit ist denn auch nicht schon damit beantwortet, daß man den einen gegenüber dem anderen als gleichsam besserer Lutheraner ausmacht. Es stellt sich hier die hermeneutische Aufgabe einer Übersetzung, für die die historische Belehrung doch nur ein erster, wenngleich unverzichtbarer Schritt sein kann.

Historische Bildung überhaupt hat noch nie, auch der Theologie nicht, geschadet. Und ästhetische Bildung sollte auch sie zu schätzen wissen. Doch auch einer Stadt, die sich rühmt, Tor zur Welt zu sein, könnte es gut zu Gesichte stehen, sich an diesen Ratsherrn und Dichter in anderer Weise noch als über einen Straßennamen zu erinnern. Nicht, daß man wieder dichtende Senatoren erwarten könnte oder sollte. Man fände heute sein – ganz und gar irdisches – Vergnügen bereits an einer Bildungs- und Universitätspolitik, die dem Geist Raum und Zeit und – vor allem – Freiheit läßt. Aber das ist eine andere Geschichte.

Abb. 5: Johann Christoph Wolf

Johann Christoph Wolf (1683–1739) und die verbotenen Bücher in Hamburg

MARTIN MULSOW

*für Eva Horváth
und Elke Matthes*[*]

I. Ein Spannungsbogen

Es gibt in der Hamburger Gelehrtengeschichte einen Spannungsbogen, der immer noch nicht wirklich verstanden ist, und der niemals intensiver gewesen ist als in der ersten Hälfte des achtzehnten Jahrhunderts. Es ist der Bogen von der strengen lutherischen Orthodoxie Wittenberger Prägung zur Religionskritik und zum Deismus, der Bogen vom jungen Johann Christoph Wolf zur reifen Phase seines Schützlings und Freundes Hermann Samuel Reimarus, der Bogen vom orthodoxen Wüterich Johann Friedrich Mayer über dessen Ziehsohn Johann Albert Fabricius nicht nur zu dessen Schwiegersohn Reimarus, sondern auch zu einer ganzen Gruppe von höchst liberalen Intellektuellen, von Peter Carpser bis Christian Friedrich Weichmann, von Christian Ludwig Liscow bis Christian Joachim Lossau. Zugleich aber – und das ist der Ansatz, den ich hier wählen möchte – spiegelt sich der Spannungsbogen in den Bücherschätzen wider, die hier in Hamburg angehäuft worden sind. Hamburg war ja die Stadt der üppigen Privatbibliotheken, eines Fabricius, Wolf, Winckler, Richey, Lossau, Neumeister, Bibliotheken, die meist zwischen zwanzig- und dreißigtausend Bänden rangierten. Hier ist es der Bogen von den „Curiosa", der Jagd nach raren und entlegenen Schriften, nach anonymen und pseudonymen Werken hin zu den verbotenen Schriften, den Clandestina und ihrer Wirkung in den Köpfen

---

[*] Bei meinen Studien im Handschriftenbestand der Hamburger Staats- und Universitätsbibliothek hatte ich das Glück, von den beiden Bibliothekarinnen Eva Horváth und Elke Matthes unterstützt zu werden, mit einem Engagement, das weit über das gewöhnliche Maß hinausreicht. Ihnen verdanke ich auch die Kenntnis etlicher Wolf-Manuskripte aus Beständen, die noch nicht modern katalogisiert sind. Als Zeichen meiner tiefen Dankbarkeit möchte ich ihnen diesen Aufsatz widmen, der vielleicht Vorläufer einer größeren Wolf-Studie ist.

ihrer Besitzer. Die Privatbibliotheken besaßen alle ihr „Infernum", ihren „Enfer", ihre Hölle oder Unterwelt, meist in einem abschließbaren separaten Schrank, in dem die Giftschätze der Clandestina untergebracht wurden. Was es zu erzählen gilt, ist der Weg der verbotenen Bücher aus dem „Enfer" heraus in die Zirkulation und in die Wirksamkeit der intellektuellen Kultur.[1]

In diesem Sinne strebe ich ein tieferes Verständnis von zwei Dingen an. Erstens möchte ich die Eigendynamik verstehen, die von den apologetischen Projekten der Wittenberger Orthodoxie zu der umfassenden, objektiven und damit eo ipso im Kern toleranten Gelehrsamkeit geführt hat, die die großen Hamburger Polyhistoren auszeichnet. Und zum zweiten möchte ich die Eigendynamik verstehen, die von der defensiven oder bestenfalls neugierigen Beschäftigung mit Rarissima und anonymen Schriften zur affirmativen Benutzung und Verbreitung von solchen Texten geführt hat. Beide Dynamiken sind natürlich eng miteinander verknüpft, denn die gelehrten Projekte basierten ganz und gar auf den Bücherschätzen, und die Bücherschätze trieben die gelehrten Projekte geradezu aus sich hervor, wie schon die Titel *Bibliotheca graeca* oder *Bibliotheca hebraea* zeigen. Und wohl niemand ist besser geeignet, an seiner Person die hier skizzierten Spannungsbögen studierbar und erfahrbar zu machen als Johann Christoph Wolf.[2]

Es ist seltsam – und auch ein wenig beschämend –, daß über diesen großen Gelehrten, den eigentlichen Begründer der Hamburger Stadtbibliothek und jetzigen Staatsbibliothek, den führenden deutschen Hebraisten im frühen 18. Jahrhundert, Religionsgeschichtler und Gräzisten von Rang, einen der maßgeblichen neutestamentlichen Philologen, bisher kein einziges Buch (abgesehen von einer unpublizierten Dissertation[3]) geschrieben worden ist.

---

1   Zu deutschen Privatbibliotheken im 18. Jahrhundert vgl. u.a. PAUL RAABE (Hg.): *Öffentliche und private Bibliotheken im 17. und 18. Jahrhundert*, Bremen/Wolfenbüttel 1977; HANS DIETER GEBAUER, *Bücherauktionen im 17. Jahrhundert*, Bonn 1981; zum „infernum" vgl. GUILLAUME APOLLINAIRE, *L'enfer de la bibliothèque nationale*, Paris 1919; *L'enfer de la Bibliothèque Nationale*, Paris 1984; PASCAL PIA, *Les livres de l'enfer*, Paris 1998. Zum zeitgenössischen Gebrauch des Begriffs vgl. etwa die Briefe von Conrad Zacharias von Uffenbach an Mathurin Veyssière La Croze, Biblioteka Jagiellońska Krakow (Bestand Staatsbibliothek zu Berlin), Ms. Gall. Quart 25 und 26.

2   Zu Wolf (1683–1739) vgl. JOHANN WILHELM GÖTTEN, *Das jetzt noch lebende Europa*, Bd. 1, Braunschweig 1735, 142–158; JOHANNES MOLLER, *Cimbria litterata*, Bd. 2, Kopenhagen 1744, 1010–1015; FRIEDRICH LORENZ HOFFMANN, „Hamburgische Bibliophilen, Bibliographen und Litterarhistoriker XIV: Die Brüder Wolf", in: *Serapeum* 21 (1863), 321–333 sowie 22 (1863), 337–348 und 23 (1863), 353–360. Dort weitere Literatur.

3   SIMONE HINTRÄGER, *Die Entstehungs- und Rezeptionsgeschichte der Bibliotheca Hebraea Johann Christoph Wolfs – unter besonderer Berücksichtigung der hebräischen Handschriften-*

II. Gnosis-Angst in Wittenberg

Beginnen wir damit, das intellektuelle Profil des jungen Wolf zu zeichnen. Wolf ist 1683 geboren, in Wernigerode am Harz, doch schon mit zwölf kam er nach Hamburg, als sein Vater zum Pastor an die Nicolai-Kirche berufen wurde. Wolf wurde damit das Glück zuteil, seine höhere Schulbildung in Hamburg zu erhalten und vor allem auf dem Akademischen Gymnasium studieren zu können, jener Eliteanstalt, die so profund war, daß sie Hamburger Begabte, wenn sie dann später auf eine richtige Universität wechselten, dies als intellektuellen Abstieg empfinden ließ. Man sehe etwa die Briefe, die der junge Reimarus später von Jena aus an Wolf schrieb.[4] Wolf studierte also bei Größen wie Johann Albert Fabricius (Ethik, Rhetorik und Geschichte), Johann Friedrich Mayer (Theologie), Eberhard Anckelmann (Griechisch und Arabisch) und Edzard Edzardi (Hebräisch).[5] Mit zwanzig war er bereits so weit, daß er zusammen mit seinem Mitschüler Peter Zorn einen Beitrag zum ersten Band von Fabricius' *Bibliotheca Graeca* liefern konnte.[6] In diesem Jahr, 1703, bezog er die Universität Wittenberg und war denn auch schon ein Jahr später in der Lage, sein Magisterexamen abzulegen. Der Aufstieg folgte schnell: 1706 Adjunkt der philosophischen Fakultät, 1707 Konrektor in Flensburg, 1708–09 Peregrinatio academica nach Holland und England, 1709 außerordentlicher Professor in Wittenberg, bis er 1712 eine Professur am Akademischen Gymnasium in Hamburg annehmen konnte. Der Kreis hatte sich geschlossen – und Wolf war noch nicht einmal dreißig.

Doch sehen wir genauer auf die Zeit in Wittenberg, die ihn theologisch geprägt hat. Wolfs erstes Hauptwerk stammt aus dieser Zeit: Es ist

---

sammlung der Hamburger Staats- und Universitätsbibliothek, unveröffentlichtes Typoskript Bremen 2002.

4   Etwa Reimarus an Wolf, Jena, 7.5.1714: „Deine philosophischen Vorlesungen sind mir so im Gedächtnis, daß mir alle, die ich hier höre, Ekel erregen. Die meisten Professoren hier dictiren das Lateinische aus ihren Heften, wie Buddeus, und übersetzen es dann ins Deutsche! Das mag wohl nothwendig sein um der Schwächlinge willen, die aus den benachbarten Orten hierherkommen, aber das bin ich ganz anders gewohnt!" Zit. nach Carl Mönckeberg, *Hermann Samuel Reimarus und Johann Christian Edelmann*, Hamburg 1867, 16.

5   Weitere Lehrer Wolfs waren Georg Eliser Edzardi in Historie und Sebastian Edzardi in Logik und Metaphysik. Vgl. die privaten Übungsdiputationen Wolfs (zusammen mit Johann Christoph Krüsike und Jacob Middelborg): SUB Hamburg, Cod. Hist. litt. 4° 26, 73–318, sowie Wolfs Vorlesungsnachschriften von Kollegien bei Fabricius, Seb. Edzardi u.a. im gleichen Band.

6   „Index scriptorum ab Eustathio in Commentariis ad Homerum citatorum accommodatus ad paginas editionis romanae", in: Johann Albert Fabricius, *Bibliotheca graeca*, Bd. 2, Hamburg 1706, 306–329.

die 1707 erschienene Abhandlung *Manichaeismus ante Manichaeos*, über den Manichäismus schon vor den Manichäern des dritten nachchristlichen Jahrhunderts, nämlich vor allem den altpersischen, zoroastrischen Dualismus eines guten und eines bösen Prinzips.[7] Das Werk des vierundzwanzigjährigen umfaßt 528 Seiten und ist von überbordender Gelehrsamkeit. Es ist ein Dialog mit der ganzen Fülle der religionsgeschichtlichen Literatur, die sich im Laufe des 17. Jahrhunderts ausgebildet hatte. Wie ist das Werk einzuordnen? Warum beschäftigt sich ein angehender Theologe des frühen 18. Jahrhunderts mit dem altpersischen Dualismus?

Um das zu verstehen – und zu verstehen, daß es sich nicht um ein abseitiges Orchideengewächs, sondern einen brandaktuellen Traktat handelte – muß man zunächst sehen, daß es in Wittenberg in diesen Jahren eine komplexe intellektuelle Konstellation gab: Man pflegte die Konkurrenz mit der Universität Halle, und zwar zum einen mit dem dortigen Pietismus, zum anderen mit der dortigen Frühaufklärungsbewegung. Außerdem sah man als eine Hauptaufgabe die Abwehr der theosophisch-hermetischen Strömungen an, die im Luthertum immer noch zahlreich waren, ob sie nun von Jakob Böhme, Valentin Weigel, Paracelsus, Johann Amos Comenius oder von wem auch immer herrührten.[8] Man hatte den Hallenser Pietismus im Verdacht, mit diesen Strömungen im Bunde zu stehen, und so sind die dicken Werke eines Daniel Colberg – *Hermetisch-Platonisches Christentum* – oder Friedrich Bücher zu verstehen, die aus dieser Zeit stammen und mit einem Entlarvungsgestus die Gefährlichkeit der theosophischen „Sektierer" „Enthusiasten" und „Fanatiker" beweisen wollen.[9] Schließlich hatte man

---

7   WOLF, *Manichaeismus ante Manichaeos, et in Christianismo Redivivus*, Hamburg 1707. Zu diesem Werk vgl. RALPH HÄFNER, „Die Fässer des Zeus. Ein homerisches Mythologem und seine Aufnahme in die Manichäismusdebatte in Deutschland am Beginn des 18. Jahrhunderts", in: *Scientia poetica* 1 (1996), 35–61.

8   Vgl. vor allem VALENTIN ERNST LÖSCHER, *Praenotiones theologicae contra naturalistarum et fanaticorum omne genus, atheos, deistas, indifferentistas, anti-scripturarios* [...], Wittenberg 1708; zum Begriff der Einfluß-Angst vgl. HAROLD BLOOM, *The Anxiety of Influence: A Theory of Poetry*, New York 1973.

9   EHREGOTT DANIEL COLBERG, *Das Platonisch-Hermetisches [sic!] Christenthum, begreiffend die historische Erzehlung vom Ursprung und vielerley Secten der heutigen Fanatischen Theologie* [...], 2 Bde. Frankfurt a.M./Leipzig 1690f. Vgl. WALTER GLAWE, *Die Hellenisierung des Christentums in der Geschichte der Theologie von Luther bis auf die Gegenwart*, Berlin 1912, Ndr. Aalen 1973; jetzt auch ausführlich SICCO LEHMANN-BRAUNS, *Weisheit in der Weltgeschichte: Philosophiegeschichte zwischen Barock und Aufklärung*, Tübingen 2004. In Hamburg war es (was Lehmann-Brauns übersehen hat) vor allem Abraham Hinckelmann, der die mit Jacob Thomasius anhebende und von Colberg ausgeführte Polemik wirkungsmächtig verbreitet hat. Vgl. ABRAHAM HINCKELMANN, *Detectio fundamenti Böhmiani, Untersuchung und Widerlegung der Grund-Lehre, die in Jacob Böhmens*

den von Westeuropa eindringenden Skeptizismus und Naturalismus im Blick, dessen Einfallstor man wiederum in der Frühaufklärung um Christian Thomasius sah.[10] Dieser Mehrfrontenkampf wurde vor allem auf dem Gebiet der historischen Gelehrsamkeit geführt. Koordiniert wurde er vor allem von dem führenden orthodoxen Theologen Valentin Ernst Löscher, mit dem Wolf auch noch viele Jahre nach seinem Weggang aus Wittenberg in engem Briefkontakt geblieben ist.[11] In Löschers, aber auch in Johann Georg Neumanns Umkreis sah man sich nach geeigneter Munition für den Kampf um. In dieser Perspektive hat man in Wittenberg mit viel Interesse das im Jahr 1700 erschienene Buch von Thomas Hyde, *Historia religionis veterum Persarum* gelesen.[12] Im Umkreis Löschers entstanden 1707 und 1708 einige Dissertationen von Heinrich Gottlob Schneider über Zoroaster im Anschluß an Hydes Buch.[13] Schneiders Arbeiten bil-

---

Schriften vorhanden: *worinnen unter andern der recht-gläubige Sinn der alten jüdischen Cabalae, wie auch der Ursprung alles Fanaticismi und Abgöttery der Welt entdecket wird,* Hamburg 1693. Vgl. JOHANN PETER SPÄTH an JOHANN GEORG WACHTER, abgedruckt in WACHTER, *Der Spinozismus im Jüdenthumb, oder die von dem heutigen Jüdenthumb und dessen Geheimen Kabbala vergötterte Welt,* Amsterdam 1699, Ndr. hg. v. WINFRIED SCHRÖDER, Stuttgart 1994, 27f.: „Und dieses erkühnet sich auch zu thun Hr. Hinckelmann in Hamburg, in seiner *Detectione Fundamenti Bohemiani,* allwo er unvermerckt seines höchsten Schadens, und vernichtigung des gantzen Christenthumbs historice beweiset, daß die Christliche Theologia Mystica ein pures Heydnisches concept, systema und Werck sey. Was thut ihr mehr oder besonders, als alle diese alte Heyden gethan haben, welches eben jetzo mit einer langen Schrifft an den alten Heyden Helmont erinnert habe, aber vergebens!" Auch Wolf bezieht sich im *Manichaeismus* (Anm. 7), gleich auf S. 3 und 4 (und passim) auf Hinckelmann.

10   Vgl. in diesem Kontext auch WOLFS kleine Schrift: *Programma de hodierno scepticismo philosophico ejusque causis,* Wittenberg 1710. Diese Schrift wendet sich gegen Historiker wie Jean Hardouin, aber auch gegen „Hallenser" Autoren wie den Anonymus in den in Halle herausgegebenen *Observationes selectae.* Dabei handelt es sich wahrscheinlich um Jakob Friedrich Reimmann. Gegen Artikel in den *Observationes* hat Wolf oft polemisiert.

11   Zu Löscher vgl. MARTIN GRESCHAT, *Zwischen Tradition und neuem Anfang. Valentin Ernst Löscher und der Ausgang der lutherischen Orthodoxie,* Witten 1971. Löschers 22 Briefe an Wolf aus dem Zeitraum 1709–1737: SUB Hamburg, Sup. ep. 118, 322–366 und 124, 207–210. Vgl. das Verzeichnis von NILÜFER KRÜGER, *Supellex epistolica Uffenbachii et Wolfiorum. Katalog der Uffenbach-Wolfschen Briefsammlung,* Hamburg 1978.

12   THOMAS HYDE, *Historia religionis veterum Persarum,* Oxford 1700.

13   HEINRICH GOTTLOB SCHNEIDER (Praes.)/JOHANNES DAVID MULERT (Resp.), *Dissertatio historico-philologica prima [...] de nomine et vita Zoroastris,* Wittenberg 1707; DERS./MICHAEL WIPPERT (Resp.), *De aetate et magia Zoroastris,* Wittenberg 1707; DERS./GEORG RUDOLF HABBE (Resp.), *De oraculis Zoroastris,* Wittenberg 1708. Vgl. MICHAEL STAUSBERG, „Zoroaster im 18. Jahrhundert: zwischen Aufklärung und Esoterik", in: MONIKA NEUGEBAUER-WÖLK (Hg.), *Aufklärung und Esoterik,* Hamburg 1999, 117–139, hier 123.

den aber nur das Beiwerk zu Wolfs großem Werk über den altpersischen Dualismus aus demselben Jahr 1707.

Löscher hatte erkannt, daß sich mit Hydes Hypothese eines jüdisch beeinflußten „orthodoxen" Zoroastrismus, von dem die dualistische Lehre lediglich eine häretische Spielart war, Pierre Bayles berüchtigte Reflexionen über die Unwiderlegbarkeit des Manichäismus wenn nicht bestreiten, so doch unterminieren ließ.[14] Als Löscher 1707 in Wittenberg seine Professur bezog, hatte Wolf aber schon sein Buch abgeschlossen, auch ohne den Impuls von Hyde. Er bezog ich auf Ralph Cudworth, John Spencer, Abraham Hinckelmann, Samuel Bochart, Pierre Daniel Huet und andere, um den „Ursprung", den ursprünglichen „Fehler" des Dualismus festzumachen. Es ist Wolfs Initiative gewesen, diese Fahndung nach dem Ursprung in Wittenberger Manier gegen Bayle zu wenden und damit zugleich – das zeigt schon der Titel – Buddes von Jacob Thomasius geprägten Ansatz einer Untersuchung des *Spinozismus ante Spinozam* zu komplementieren oder sogar noch zu überbieten.[15] Hier konnte Wittenberg den Hallensern eine Nase voraus sein.[16]

Die ständige Wittenberger Besorgtheit um ein Überhandnehmen der spiritualistischen, pietistischen und theosophischen Strömungen, die man mit Löscher als das eigentliche Abgleiten in den Deismus betrachtete, war nämlich durch Buddes Buch nicht befriedigt. Dessen Genealogie des Pantheismus leitete sich – wie auch die Wolfs – von den Analysen her, die Jacob Thomasius geliefert hatte. Seit Thomasius galt als das entscheidende Kriterium zur Bewertung gefährlicher heidnischer Philosophien das schöpfungstheologisch bestimmte Verhältnis von Gott und Materie.[17] Gefährlicher Pantheismus und somit Atheismus

---

14 PIERRE BAYLE, *Dictionnaire historique et critique*, Rotterdam 1697, Art. „Manichee". Vgl. WOLF, Manichaeismus (Anm. 7), schon im Untertitel: „Praeterea ob argumenti affinitatem enarratur historia motuum et controversiae a Baelio nuper in Belgio motae, quippe qui improbo conatu ostendere allaboravit, Dei bonitatem in rationis humanae foro a malitiae labe ob permissum Liberi Arbitrii abusum nullo modo posse, nisi Manichaeorum approbetur Systema; cujus persuasionis vanitas simul ob oculos ponitur, eademque opera Arbitrii libertas, a Baelio temere oppugnata adstruitur, novaque Kingii eaque periculosa de Libertatis ratione hypothesis modeste examinatur." Mit seiner Tendenz gegen Bayle und King steht Wolfs Buch natürlich in einer Reihe mit der nur drei Jahre später erschienenen *Theodicée* von Leibniz.

15 JOHANN FRANZ BUDDE, *De Spinozismo ante Spinozam*, Halle 1701.

16 Vgl. zum Verhältnis von Wolfs Werk zu Buddes Buch HÄFNER, Die Fässer des Zeus (Anm. 7), 46ff.

17 JACOB THOMASIUS, *Schediasma historicum, quo occasione definitionibus vetustae, qua philosophia dicitur* Gnosis ton onton *varia discutiuntur ad historiam tum philosophicam tum ecclesiasticam pertinentia*, Leipzig 1665; zu ihm vgl. RALPH HÄFNER, „Jakob Thomasius und die Geschichte der Häresien", in: FRIEDRICH VOLLHARDT (Hg.), *Christian Thomasius 1655–1728. Neue Forschungen im Kontext der Frühaufklärung*, Tübingen 1997,

lag dann vor, wenn nicht die Schöpfung der Welt aus dem Nichts, wie in der Bibel, angenommen war, sondern die Materie in irgendeiner Weise unerschaffen bereits vorhanden gewesen sein sollte. In dieser Perspektive erschließen sich die großen Diskussionsthemen um 1700, und von ihr ging auch Wolf aus. Wenn Gott und die Materie beide zu Prinzipien gemacht werden, wie im Manichäismus, dann war die Materie als Ursprung des Bösen auf unwiderlegbare Weise autonom, und das Christentum mußte darüberhinaus in gewisser Weise als Folgeerscheinung dieser orientalischen Lehre wirken, denn es konnte selbst nicht Gott als Ursprung des Übels erklären wollen. Um diese ins Revolutionäre driftende Theorienmotorik zu kompensieren, hat man eine im Zoroastrismus gründende asiatische Abweichung mosaischen Wissens konstruiert, die für die manichäistischen Korruptionsformen des Christentums bis in die Moderne verantwortlich zu machen sei.[18]

Wolf hat in diesem Sinne den häretischen Magismus zu Mani und von dort aus über die gnostisch-kartharische Tradition als Vorläufer der frühneuzeitlichen Theosophen weitergeführt.[19] Es galt, die Linie der Dualismus-, Pantheismus- und Spinozismus-Gefahr auf die neuplatonisierenden Sektierer zulaufen zu lassen. Allerdings wollte Wolf Platon selbst vom Pantheismus-Verdacht ausnehmen.[20] Das hat er in der Dissertation von 1710 über die Denker getan, die zu Unrecht des Atheismus beschuldigt worden seien: *De atheismi falso suspectis*.[21] Dieser im Geist von Gabriel Naudé geschriebene Text[22] – ein Stück auf Wolfs Weg zu

---

141–164; DERS., *Götter im Exil. Frühneuzeitliches Dichtungsverständnis im Spannungsfeld christlicher Apologetik und philologischer Kritik (ca. 1590–1736)*, Tübingen 2003, 325–364; LEHMANN-BRAUNS, Weisheit (Anm. 9), 21–111.

18 WOLF, Manichaeismus (Anm. 7). Vgl. auch unten Anm. 28. Es existieren noch Wolfs Notizhefte, in denen er sich seine (eng beschriebenen) Lektürenotizen nach bestimmten Topoi gemacht hat. Für den Umkreis des Manichaeismus-Buches sind insbesondere diejenigen Notizen in SUB Hamburg, Cod. theol 2235 interessant, die sich Wolf offensichtlich im Zuge seiner Lektüre von RALPH CUDWORTH, *The True Intellectual System of the Universe*, London 1678, gemacht hat. Die diesbezüglichen Topoi beginnen in etwa mit S. 67 und beziehen sich z.B. auf die persische Philosophie (68; auch Hyde wird genannt), die Platonica Trinitas, die Theologia gentium (100), Causae Polytheismi (102), Metempsychose (107), sowie auf den Einwand der Atheisten: Nihil fit ex nihilo (128).

19 Vgl. auch Anm. 28.

20 WOLF, Manichaeismus (Anm. 7), 142f.

21 WOLF (Praes.)/PETER A. BOYSEN (Resp.), *Atheismi falso suspecti vindicati*, Wittenberg 1710; 2. Aufl. 1717; vgl. auch Wolfs Notizheft SUB Hamburg, Cod. theol. 2236, 418: „Atheismi accusati".

22 Vgl. GABRIEL NAUDÉ, *Apologie pour tous les grands personnages qui ont été faussement soupçonnés de magie*, Paris 1625; Ndr. in: JACQUES PRÉVOT (Hg.), *Libertins du XVIIe siècle*, Bd. I, Paris 1998, 137–380; zur Rezeption in Deutschland vgl. MARTIN MULSOW, „Ap-

größerer Toleranz – möchte vor einer Überreaktion warnen: Nachdem Budde in *De Spinozismo ante Spinozam* 1701 die Quelle des Übels noch auf die materialistischen Vorsokratiker und die Stoa beschränkt hatte, war seit 1706 von Gundling auf diese Weise der Platonismus in Platon selbst als atheistisch attackiert worden, um die engen Verbindungen zwischen Theologie und Philosophie skeptisch zu kappen.[23] Dem steuerte Wolf entgegen.

Hat man all diese komplexen Zusammenhänge einmal verstanden, erschließen sich viele der Seiten- und Anschlußprojekte Wolfs und auch Konkurrenzprojekte seiner Gegner. Seitenprojekt war etwa die Dissertation über die Zabier oder Sabäer von 1706, die sich gegen den englischen Orientalisten John Spencer richtet.[24] Spencer hatte in *De legibus Hebraeorum* die alte These von Maimonides aufgenommen und weitergeführt, die ältesten Ursprünge der Idolatrie und des Paganismus seien in der Gestirnverehrung der legendären Sabäer zu suchen.[25] Dabei spekuliert er nicht nur, daß mit Sabäern sowohl Chaldäer als auch Ägypter, Nabatäer, Kanaaniten und Syrer gemeint waren, sondern auch, daß der Name Sabäer oder Zabier erst jüngeren Datums sei, aus der Zeit Mo-

---

punti sulla fortuna di Gabriel Naudé nella Germania del primo illuminismo", in: *Studi filosofici* 14–15 (1991–92), 145–156. Dort auch Angaben zum Diskussionskontext von Wolfs Schrift mit den Arbeiten von Jakob Hase und Johann Heinrich Fopp. Vgl. ALAN CHARLES KORS, *Atheism in France 1650–1729*, Bd. 1, Princeton 1990, 232f. Den Geist von Naudé atmet auch eine kleine Schrift, die zwar nominell vom Respondenten Caspar Petrus von Schwoll verfaßt wurde, an der Wolf aber, wie auch die Briefe zeigen, den wesentlichen Anteil hatte: *Carcer eruditorum museum*, Wittenberg 1710. In dieser Schrift geht es um Gelehrte, die ihre Werke im Kerker schrieben wie Peucer oder Campanella. Vgl. dazu den Brief Wolfs an La Croze vom 16.2.1710, in: *Thesaurus epistolicus Lacrozianus*, hg. v. LUDWIG UHL, 3 Bde., Leipzig 1742–1746, hier Bd. 2, 4.

23 Vgl. von NIKOLAUS HIERONYMUS GUNDLING vor allem die „Velitatio de atheismo Platonis", in ders.: *Gundlingiana* 43 (1729), 187–280 und 44 (1729), 281–360. Dazu MARTIN MULSOW, *Moderne aus dem Untergrund. Radikale Frühaufklärung in Deutschland 1680–1720*, Hamburg 2002, 288–307.

24 WOLF, *Ex antiquitate orientali, Spenceriana de Zabiis hypothesis [...] ceu dubia [...] excussa*, Wittenberg 1706. Weiter: *Manichaeismus* (Anm. 7), 85–94. Vgl. auch Wolfs Notizen zu den Zabiern in SUB Hamburg, Cod. theol. 2235, 123. Zu den Zabiern vgl. DANIEL W. CHWOLSON, *Die Szabier und der Szabismus*, St. Petersburg 1856, Ndr. Hildesheim 1965; MICHEL TARDIEU, „Sabiens Coraniques et ‚Sabiens' de Harran", in: *Journal Asiatique* 274 (1986), 1–44.

25 JOHN SPENCER, *De legibus Hebraeorum ritualibus et earum rationibus*, London 1685; Lib. II, Cap. I und II, 209ff. in der Ausgabe Den Haag 1686. Dort 215: „Verisimile est, Gentem & religionem hanc, nominaliter spectatam [h.e. quatenus nomine Zabiorum notam] recentem esse admodum, nec Mahometis tempora superare. [...] colligo, Muhamedum illum aliosque scriptores Arabicos se persuasos habuisse, Zabiorum nomen novum plane & hesternum fuisse, eique Alcoranum occasionem & originem tribuisse."

hammeds, da auch im Koran von Sabäern die Rede ist.[26] Das bestreitet
Wolf energisch, und hier findet er einen Punkt, wo er von Wittenberg
aus den englischen „Neuerer" angreifen kann: die Sabäer des Korans
sind eine Täufersekte und haben nichts mit dem von Maimonides erwähnten frühen Volk zu tun.

Ein Anschlußprojekt war Wolfs Edition eines Textes über die Ma-
nichäer aus der Feder des byzantinischen Patriarchen Photios, den sich
Wolf kurze Zeit später in England abschrieb. Er erschien 1722 in den *Anecdota graeca*.[27] Ein weiteres Anschlußprojekt war seine 1712 erschienene
Geschichte der Bogomilen, einer zuweilen als „neumanichäisch" be-
zeichneten Sekte des 10. bis 13. Jahrhunderts auf dem Balkan und in By-
zanz. Noch im 14. und 15. Jahrhundert wirkte die Sekte in Bulgarien und
Bosnien nach.[28] Wolf rekonstruierte ihre Geschichte vor allem aus den
Manuskripten des byzantinischen Mönchs Euthymios Zigabenos.[29] Aus
Gnosis-Angst war jetzt längst historische Detailforschung geworden,
allerdings mit dem im Untertitel des Bogomilen-Buches formulierten
Zusatz, daß „damit die Übereinstimmung sowohl mit den alten als auch
den gegenwärtigen Fanatikern aufgezeigt werde".

Man kann im Umkreis Wolfs noch ganz ähnliche Unternehmungen
beobachten, die alle Belege für die Wittenberger Angst vor gnostisch-
hermetischen Strömungen abgeben. Ich möchte eines nennen, das zugleich die Wichtigkeit deutlich macht, die dabei den Hamburger Privatbibliotheken mit ihren seltenen und verbotenen Büchern zukam. Es geht
um einen Freund Wolfs, Johann Georg Hocheisen. Hocheisen ist sechs
Jahre älter und ist 1702 promoviert worden. Nach seiner Promotion ist

---

26 Vgl. Sure 2,62; 5,69; 22,17.
27 PHOTIOS, „Contra Manichaeos", in: WOLF (Hg.), *Anecdota Graeca sacra et profana*, 4
    Bde., Hamburg 1722–1724, Bd. I, 1–298; II, 1–283. In den *Anecdota* brachte Wolf noch
    zahlreiche andere Schriften zur Edition, zudem Schriften spätantiker und byzan-
    tinischer Herkunft. 1706 hatte er bereits eine pseudo-origenianische Schrift zur
    Geschichte der Philosophie ediert: *Compendium historiae philosophicae antiquae sive
    Philosophumena: quae sub Origenis nomine circumferentur*, Hamburg 1706. Vgl. zu die-
    sem Themenkomplex die Vorbereitungen in SUB Hamburg, Cod. philol. 398, 14: „Plu-
    tarchi de placitis philosophorum; Anonymus de placitis philosophorum; Apparatus
    criticus ad Plutarchi opera omnia e diversis fontibus ductus; Index Graecus in Plu-
    tarchum" usw.
28 WOLF, *Historia Bogomilorum, qua potissimum ex Panoplia Dogmatica Euthymii Zigabeni
    eiusque codice graeco non edito eorum fata, doctrinae et mores ita exponuntur ut simul con-
    sensio cum veteribus ac recentioribus fanaticis strictum indicetur*, Wittenberg 1712. Zu den
    Bogomilen vgl. einführend ALOIS SCHMAUS, „Der Neumanichäismus auf dem Bal-
    kan", in: *Saeculum* 2 (1951), 271–299. Die Gegengeschichte zu den Bogomilen schrieb
    Beausobre (vgl. Anm. 37).
29 Zu Zigabenos (Anfang 12. Jh.) vgl. *LThK*[2] 3 (1959), 1211. Seine *Dogmatike Panoplia* sind
    gedruckt in der *Patrologia Graeca* 128, 41–1326.

er nach Hamburg gegangen und hat sich dort offenbar als Hofmeister verdingt. Tief beeindruckt wird er dort von Johann Albert Fabricius, und er freundet sich mit Wolf an. Aus den Jahren 1703 und 1704 gibt es einige Briefe Hocheisens an Wolf, die für uns sichtbar machen, wie sehr die Riesenbestände von Mayer und Fabricius und der Unterricht Esra Edzardis damals den Horizont junger Leute erweitern konnten. Der Briefwechsel handelt von Autoren wie Adriaan Beverland, einem philologischen Libertin, von dem später noch die Rede sein wird.[30] Als Hocheisen 1705 nach Wittenberg kommt, schreibt er dort zwei bemerkenswerte Dissertationen über den *Comte de Gabalis*, einen anspielungsreichen Rosenkreuzer-Roman, 1670 anonym von seinem Autor Villars de Montfaucon veröffentlicht.[31] Der *Comte de Gabalis* handelt unter anderem von Elementargeistern, Dämonen, Engeln und Tierseelen.[32] Er behauptet (ohne daß der Leser weiß, ob dies ernstgemeint ist), der Adept solle sich von Frauen fernhalten und statt dessen mit Elementargeistern verkehren; alles Übel resultiere aus dem Mißverstehen dieser Geister. Das *Gabalis* spielt auf „Kabala" an, und in Wittenberg assoziierte man damit spätestens seit Wachters *Spinozismus im Jüdenthumb* einen pantheistischen Spinozismus.[33] Hocheisen ist in der Lage, aus seltenen und verbotenen Büchern von Lucilio Vanini bis Adriaen Koerbagh, von Girolamo Cardano bis Baruch Spinoza, von Friedrich Wilhelm Stosch bis zu Adriaan Beverland zu zitieren. Die beiden Dissertationen sind damit zweifellos Früchte der Hamburger Initiation nicht nur in die Gelehrsamkeit, sondern speziell auch in die Orientalistik, da es um Kabbala geht, und sie geben uns die Möglichkeit zu beobachten, wie sich

---

30 HOCHEISEN an WOLF, 1703, SUB Hamburg, Supellex Ep. 117, 181.

31 JOHANN GEORG HOCHEISEN, *Dissertationum physicarum quibus elementicolae Comte de Gabalis examinantur, dissertatio prima* und *dissertatio altera*, Wittenberg 1705; vgl. in diesem bemerkenswerten Text in Dissertatio I etwa A 2r zu Maimonides und Spinoza, A 2v zu Vanini, Bodin, Spinoza, Koerbagh, Hobbes, B 2v zu Cardano, B 3r zu Beverland; in Dissertation II B 1r zu Bekker und Hobbes, B 1v zu Spinoza, Koerbagh und Stosch, B 2r zu F.M. van Helmont; vgl. auch JOHANN G. NEUMANN (Praes.)/JOHANN G. HOCHEISEN (Resp. et auctor), *Disputatio theologica qua Deismum in Theosophia deprehensum [...] publice sistit [...]*, Wittenberg, 8.3.1709. Neumann war auch Wolfs Lehrer in Wittenberg. Man sieht, wie sehr in diesem Ambiente heterodoxe Autoren präsent waren, da man sich als Abwehrfront gegen deren Einflüsse verstand. Sehr sprechend in diesem Sinne sind auch die extrem gut informierten und präzise argumentierenden Schriften des Assessors Johann Hermann von Elswich, eines weiteren jungen Kollegen von Wolf. Siehe etwa VON ELSWICH, *Recentiores de anima controversiae*, Wittenberg 1717.

32 [NICOLAS-P. VILLARS DE MONTFAUCON], *Le Comte de Gabalis, ou entretiens sur les sciences secretes*, Amsterdam 1670 u.ö. Dazu: ERIKA TRESKE, *Der Rosenkreuzerroman Le Comte de Gabalis und die geistigen Strömungen des 17. und 18. Jahrhunderts*, Greifswald 1933.

33 WACHTER, Der Spinozismus im Jüdenthumb (Anm. 9).

hier die Wittenberger Abwehrkämpfe gegen den ‚Enthusiasmus' und den ‚Spinozismus' mit einem komplexen Verständnis der Problematik der neuplatonisch-kabbalistischen Strömungen verbinden, wie man es bei Fabricius erwerben konnte.[34] Der Austausch mit Wolf komplettiert die Platonismus-Studien mit einer Diskussion über jüdische Quellen. Einer der Hauptschuldigen an den zeitgenössischen Verwirrungen ist für Hocheisen und Wolf Franciscus Mercurius van Helmont, der Propagator der lurianischen Kabbala, die bei vielen Lutheranern als verderbte spätantike Art der Kabala galt. In einem der Briefe an Wolf heißt es: „und mag Helmontius diejenige" mit seinen Schriften verführen, „welche ihre Erudition durch solch einen character signaliren, kehren sich recht kluge Leuthe hieran nicht, gesetzt sich Helmontius mit vielen abgeschmackten principiis denen Philosophis und Chymicis" selbst der Lächerlichkeit preisgebe.[35]

Ich habe schon gesagt, daß all diese Projekte und Besorgnisse oft mit einer Spitze gegen Halle versehen waren. Der polemische Höhepunkt von Wolfs Wittenberger Phase waren sicherlich die öffentlichen Vorlesungen, die er gegen die Pietisten in Halle hielt und die er 1707 unter dem Titel *Absurda Hallensia* veröffentlichte.[36] Später hat ihm diese Grobheit wohl leidgetan, auch wenn er in der Sache nichts zurücknehmen wollte. Doch der Stil, das wurde ihm bald klar, paßte nicht zu der weltläufigen Gelehrsamkeit, um die er sich bemühte. Und auch die implizit polemische Ausrichtung seines frühen Großprojekts hat fast automatisch Widerspruch provoziert. Der kam nicht aus Halle, sondern aus Berlin. Dort hat Isaac Beausobre, ein Parteigänger Bayles im Berliner Refuge, die Genealogie des Manichäismus aus einer ganz anderen Sicht nachgezeichnet. Ihn bewegte nicht nur von Bayle her ein Interesse am Manichäismus, sondern gerade auch von der gnostisch-kartharischen Tradition des Mittelalters, die Wolf verworfen hatte. Beausobre sah hier über das Zwischenglied der Hussiten die Vorläufer der Reformation und des Calvinismus.[37]

---

34 Zu Fabricius vgl. ERIK PETERSEN, *Johann Albert Fabricius. En Humanist i Europa*, 2 Bde., Kopenhagen 1998; HÄFNER, Götter im Exil (Anm. 17), 425–566 und passim.

35 HOCHEISEN an WOLF, 1703 (Anm. 30). Vgl. von VAN HELMONT etwa: *Seder Olam sive ordo saeculorum, historia enarratio doctrinae*, o.O. 1693. Zu ihm vgl. ALLISON P. COUDERT, *The Impact of the Kabbalah in the Seventeenth Century. The Life and Thought of Francis Mercury van Helmont (1614–1698)*, Leiden 1999.

36 WOLF, *Absurda Hallensia oder die irrigen und ungereimten Meynungen, welche die Herrn Theologi in Halle in ihren Hertzen hegen*, o.O. 1707.

37 ISAAC DE BEAUSOBRE, *Histoire critique de Manichée et du Manicheisme*, 2 Bde., Amsterdam 1734/1739; Ndr. Leipzig 1970. Zum Kontext dieses Projektes vgl. MARTIN MULSOW, „Views of the Berlin *Refuge*: Scholarly Projects, Literary Interests, Marginal Fields",

Beausobre hat wegen der polemischen Anlage von Wolfs Werk zunächst gezögert, mit dem Zögling Wittenbergs Kontakt aufzunehmen,
als er in den 1720er Jahren selbst begann, über den Manichäismus zu
arbeiten. Aber La Croze hat ihn beruhigen und ihm versichern können,
daß Wolf in Hamburg und unter dem Einfluß seines Freundes Johann
Albert Fabricius sehr viel toleranter und großzügiger geworden sei.[38]
Diesen Weg zur gelehrten Großzügigkeit gilt es nun nachzuzeichnen.
Er führt über England.

III. Die Früchte der England-Reise

Die peregrinatio academica nach Holland und England 1708/09 hat für
Wolf einen Schatz an Exzerpten erbracht, von dem er Jahre, ja Jahrzehnte
zehren konnte. Wer auch immer auf seiner peregrinatio nach dem Studium war, nahm eine ganze Liste von Hinweisen und Desiderata von
Lehrern und Freunden mit auf den Weg, und dann setzte er sich in Leiden, Oxford oder Paris in die Bibliotheken und exzerpierte, so viel es
ihm möglich war. Große Teile der Studienreise wurden auf diese Weise
verbracht; Reimarus sehen wir in Leiden Plethon kopieren und kollatio-
nieren; für Rundgänge außerhalb der Bibliothek blieb nur wenig Zeit.[39]
Wolf selbst hat in zahlreichen Exzerptheften seine Lesefrüchte notiert.[40]
Mindestens ein Dutzend Editionen ist aus ihnen hervorgegangen, ein
Teil davon in den vier Bänden *Anecdota Graeca*, die 1722–24 erschienen,
und man fragt sich, ob Wolf sich in diesem Auslandsjahr, von dem er
allein sechs Monate in der Bodleian Library in Oxford zubrachte, nicht
die Hand wundgeschrieben haben muß.[41] Nicht nur die Photios-Edition
und Editionen zu den griechischen Kirchenvätern sind aus dem Oxfor-
der Aufenthalt hervorgegangen, sondern auch die Arbeiten, die aus der

---

in: SANDRA POTT/MARTIN MULSOW/LUTZ DANNEBERG (Hgg.), *The Berlin Refuge 1680–
1780. Learning and Science in European Context*, Leiden 2003, 25–46.

38   Vgl. den Brief von BEAUSOBRE an WOLF, 15.5.1728, SUB Hamburg, Sup. ep. 114, 136f.
     Zur delikaten Beziehung der Antipoden Wolf und Beausobre vgl. SANDRA POTT,
     „Critica perennis. Zur Gattungsspezifik gelehrter Kommunikation im Umfeld der
     Bibliothèque Germanique (1720–1741)", in: MARTIN MULSOW/HELMUT ZEDELMAIER
     (Hgg.), *Die Praktiken der Gelehrsamkeit in der Frühen Neuzeit*, Tübingen 2001, 249–273.
39   Zu Reimarus' peregrinatio vgl. MÖNCKEBERG (Anm. 4), 18ff.; sein im Staatsarchiv
     Hamburg, Nachlaß Reimarus III b 4a, aufbewahrtes Tagebuchfragment wird von
     mir zusammen mit Ulrich Groetsch ediert werden.
40   Vgl. Wolfs Reisetagebuch SUB Hamburg, Cod. geogr. 84. Vgl. weiter das Notizheft
     Cod. theol. 2234; manche Einträge lassen darauf schließen, daß sie in England ge-
     macht wurden.
41   Anecdota Graeca (Anm. 27).

Auswertung von Zigabenos resultierten, und das Publikationsprojekt der Briefe des spätantiken Rhetors Libanios.[42] Was Photios angeht, so sollte Wolf gegen Ende seines Lebens zu ihm zurückkommen, als er eine Verbesserung von David Hoeschels Ausgabe der *Bibliotheca* von 1601 mitsamt einer lateinischen Übersetzung anvisierte.[43]

Einer der vielen Schätze der Bodleian Library bestand – und besteht noch heute – aus den nachgelassenen Papieren des Philologen Isaac Casaubon, einschließlich vieler seiner annotierten Bücher. Allein zu dessen protestantischem Gegen-Großprojekt gegen die *Annales ecclesiasticae* des Baronio liegen dort eine ganze Reihe von dicken Notiz- oder Adversaria-Bänden.[44] Erschienen sind nur 1614 die *Exercitationes*, ein kleiner Anfang des Geplanten.[45] Wolf hat die Bedeutung der Hinterlassenschaft sofort erkannt und sich entschlossen, seine Exzerpte aus den Adversaria-Bänden in Form der modischen *Ana*-Literatur herauszugeben, als *Casauboniana*, erschienen 1710 in Hamburg.[46] La Croze hat von diesem wohlkommentierten Büchlein geschwärmt, es gehöre zum Interessantesten, was er je gelesen hätte.[47]

---

42 Zu Libanios vgl. unten Anm. 57ff. Vgl. weiter Wolf (Hg.), *Catenae patrum graecorum eaque potissimum mscr.*, Wittenberg 1712. Die Manuskripte stammen aus dem New College, Oxford.

43 Vgl. Wolfs Handexemplar der Ausgabe von Photios, *Bibliotheca*, Augsburg 1601, SUB Hamburg, Cod. philol. 63. Auf dem Vorsatzblatt ist handschriftlich der Kontext von Konsultationen und Manuskripttauschen mit Staden, Börner, Normannus, Gronovius u.a. vermerkt. Wolf kam aber nur bis zum Buch 180; die vorhandene Arbeit ist in SUB Hamburg, Cod. philol. 392a, erhalten geblieben: *Photii Myriobiblion sive Bibliotheca / librorum quos legit et censuit Photius, patriarcha Constantinopolitanus / Graece et latine / Contextum graecum ad fidem codicum.* Zu liegengebliebenen Photios-Editionen vgl. Edgar Martini, *Textgeschichte der Bibliotheke des Patriarchen Photios von Konstantinopel. Erster Teil: Die Handschriften, Ausgaben und Übertragungen*, Leipzig 1911. Zu griechischen Texten teilweise aus Wolfs Provenienz vgl. auch Maria Molin Pradel, *Katalog der griechischen Handschriften der Staats- und Universitätsbibliothek Hamburg*, Wiesbaden 2002.

44 Henry O. Coxe, *Bodleian Library, Quarto Catalogus: I: Greek Manuscripts*, Oxford 1853, Ndr. 1969, col. 823–850: Isaaci Casauboni Adversaria; zu Casaubon vgl. Mark Pattison, *Isaac Casaubon 1559–1614*, Oxford 1892, Ndr. Genf 1970.

45 Isaac Casaubon, *De rebus sacris et ecclesiasticis exercitationes XVI ad Cardinalis Baronii Prolegomena in Annales primam eorum partem [...]*, London 1614; vgl. bes. in den bei Coxe (Anm. 44) aufgelisteten Adversaria die Nr. 3: De potestate, praesertim temporali, Pontificis Romani, e Baronio.

46 *Casauboniana, sive Isaaci Casauboni varia de scriptoribus librisque judicia [...] ex varii [sic] Casauboni Mss. in bibliotheca bodleiana reconditis [...]*, Hamburg 1710.

47 La Croze an Wolf, 28.4.1710, SUB Hamburg, Sup. ep. 115, 267: „Confirmavit vetus judicium meum elegantissimum Casaubonianorum tuorum munus quo me beasti. Nullum librum [...] legi quo tantopere delectatus sim."

IV. Der Gelehrte in Hamburg

Hat Wolf die Weltläufigkeit seiner Gelehrsamkeit, insbesondere nach
der England-Reise, moderater werden lassen? Diese Frage ist schwer
zu beantworten, denn was sichtbar wird, ist nicht eine Revokation von
Dogmatik, sondern eine zunehmende Abwesenheit von Dogmatik.[48] Sie
tritt hinter der Philologie und Historie immer mehr zurück und ist auch
auf der Ebene der Hintergrundintentionen von philologischen Projekten
nur noch zum Teil auszumachen. Im Hamburger Fabricius-Umkreis gab
es eine Kultur des gelehrten Tausches. Das war schon aus den Zeiten von
Joachim Jungius und Vincent Placcius so Brauch.[49] Wenn man in fremden
Ländern exzerpiert hatte, dann konnte der Tausch mit abgeschriebenen
Texten beginnen. Auf diese Weise entwickelte sich eine kumulative Gelehrsamkeit, die ihren Ausdruck vorzugsweise in Editionen und Bibliographien fand. Kumulativ war auch das Wachstum von Wolfs Privatbi-
bliothek. Wolf hatte immer ein Auge auf Nachlässe, die es aufzukaufen
gab, und so konnte er seinem Bücherschatz Texte und Manuskripte der
Bibliotheken von Christian Theophil Unger, Zacharias Konrad von Uffenbach oder von Abraham Hinckelmann einverleiben. Hinckelmann
war Koran-Übersetzer und hatte zahlreiche russische, arabische, türki-
sche, persische und hebräische Handschriften in seiner Bibliothek. Am
Ende belief sich die Zahl von Wolfs Büchern auf 24 000.[50]

Als Wolf von seiner Peregrinatio zurück war, besuchte er noch Kopenhagen und Berlin, bevor er sich Ende 1709 wieder in Wittenberg ein-
fand. In Berlin war er in der Königlichen Bibliothek gewesen – und hatte

---

48   Daß Wolf zeitlebens in der lutherischen Orthodoxie beheimatet blieb, zeigt auch sein
     enges Verhältnis zu Erdmann Neumeister. Zu Neumeister vgl. jetzt die Briefedition:
     ‚Geld ist der Hamburger ihr Gott'. Erdmann Neumeisters Briefe an Valentin Ernst Löscher,
     hg. v. HERWARTH VON SCHADE, Herzberg 1998. Vgl. dort etwa 196, wo deutlich wird,
     daß Wolf 1725 Materialien über einen Gichtelianer gesammelt und an den Rat wei-
     tergeleitet hat.

49   Zu Placcius vgl. MARTIN MULSOW, „Wissenspolizei. Die Entstehung von Anonymen-
     und Pseudonymenlexika im 17. Jahrhundert", in: DERS., Die unanständige Gelehrten-
     republik. Zur historischen Anthropologie der Wissenschaft (Druck in Vorbereitung). Wie
     sehr Wolf in diese Tradition von kumulativen bibliographischen Erkundigungen
     gehörte, zeigt sein durchschossenes Handexemplar von GEORG MATTHIAS KÖNIG, Bi-
     bliotheca vetus et nova, Nürnberg 1678 (SUB Hamburg, Cod. hist. litt. 2° 29, vorhanden
     nur Bd. 1 von Königs Buch mit den Buchstaben A–H). Das Werk ist über und über
     mit Wolfs Ergänzungen bedeckt – unter anderem auch Eintragungen zu anonymen
     oder pseudonymen Werken. Vgl. weiter Cod. hist. litt. 4° 99 aus Wolfs Nachlaß mit
     Verschiedenem zu Büchern, Bibliotheken, Journalen und Sammeltätigkeit. Fol. 1r–
     21r befindet sich dort ein Auszug „De scrinio literato" (nicht von Wolfs Hand) aus
     PLACCIUS, De arte excerpendi, Hamburg 1689, 121, 149–183.

50   Zu Wolfs Erwerbungen vgl. GÖTTEN (Anm. 2) sowie HINTRÄGER (Anm. 3).

dort einen Freund fürs Leben gefunden: den Bibliothekar und Orientalisten Mathurin Veyssière La Croze.[51] La Croze war ein ehemaliger Benediktiner, der aus Paris geflohen war, als die katholische Atmosphäre ihm dort zu eng wurde. „Einzigartig war Deine Humanität", schrieb Wolf ihm nach der Begegnung, „mit welcher Vertrautheit Du mich empfangen hast, als ich neulich in Deiner wahrhaft königlichen Bibliothek vorbeischaute."[52] Und La Croze antwortete ihm: „Was für eine Freude war es für mich, Dich in unserer Bibliothek anwesend zu finden, und zu bewundern, wie bei Dir hervorragendste Bildung mit höchster Bescheidenheit verbunden sind." Und er fügt hinzu: „Also, wenn Du das willst, und glauben willst, soll dies der Anfang einer Freundschaft unter uns sein, die niemals endet."[53] Die in der Tat lebenslange Freundschaft und der lebenslange Briefwechsel, der aus dem Treffen erwuchs, waren keineswegs selbstverständlich. Ein orthodoxer Lutheraner aus Wittenberg und ein calvinistischer Konvertit aus der französischen Kolonie in Berlin – das war eine ungewöhnliche Paarung; bestaunt und kommentiert sowohl von den Hugenotten an der Spree als auch von den Lutheranern an der Elbe, die sonst nur spärliche Kontakte zueinander hatten.[54]

Zwischen La Croze und Wolf aber wurde zwischen 1710 und 1739 alles und jedes besprochen und verhandelt, was nur das gelehrte Herz umtrieb. Und beide notierten sich die Ansichten, die sie vom anderen erfuhren, gewissenhaft in ihren Papieren. Um nur ein Beispiel zu nennen: im Jahr 1724 beschäftige sich La Croze intensiv mit der Datierung eines pseudo-lukianischen Dialoges, des *Philopatris*. 1714 hatte der junge Johann Matthias Gesner in Jena die Authentizität angezweifelt und den Dialog (den man heute ins 10. Jahrhundert versetzt) in die Zeit von Julian datiert, Mitte des 4. Jahrhunderts. Sein Respondent war damals übrigens Hermann Samuel Reimarus gewesen, frisch vom Akademischen

---

51 Zu La Croze vgl. Martin Mulsow, *Die drei Ringe. Toleranz und clandestine Gelehrsamkeit bei Mathurin Veyssière La Croze (1661–1739)*, Tübingen 2001.

52 Wolf an La Croze, 9.2.1710, in: Thesaurus (Anm. 22), Bd. 2, 1: „Singularis ea fuit humanitas, qua more tibi familiari me excepisti, cum nuper admodum in bibliotheca vere regia ad te inviserem."

53 La Croze an Wolf, 12.2.1710, SUB Hamburg, Sup. ep. 115, 258. Ich gebe den ganzen Satz wieder: „Quam mihi jucundum fuit te in Bibliotheca nostra praesentem appellare, & admirari conjunctam in te summa modestia praestantissimam eruditionem, tam gratum est illud quod hodie accepi non leve, quovis certe dono mihi longe acceptius, benevolentiae tuae argumentum."

54 Paul Emil de Mauclerc beispielsweise, hugenottischer Journalist in Berlin, beobachtet die Freundschaft zwischen La Croze und Wolf auf diese Weise. Vgl. Pott, Zur Gattungsspezifik (Anm. 38), 255ff.

Gymnasium mit Empfehlungen von Wolf nach Jena gekommen.[55] La Croze nun wollte Gesners Datierung nicht akzeptieren. Er neigte eher dazu, ihn in der Zeit Aurelians, also nach 270, anzusiedeln. Wolf hat diesen Vorschlag in seinem Handexemplar von Fabricius' *Bibliotheca Graeca* notiert. Dort schreibt er an den Rand, das Werk sei keineswegs, wie Artemidoros in seinen *Oneirocritica* glaube, aus der Epoche Trajans, sondern, wie La Croze in seinem Beitrag in den *Miscellaenea Berolinensea* sage, aus Aurelianischer Zeit.[56]

Informationen, Bücher und Abschriften wechselten nicht nur zwischen Berlin und Hamburg, sondern auch in allen möglichen anderen Richtungen. Wie dieser Austausch funktionierte, und welche Großzügigkeiten, aber auch Konkurrenzen es dabei gab, läßt sich am Beispiel der genannten Libanios-Briefe zeigen. Briefe dieses spätantiken Rhetors aus dem vierten Jahrhundert gibt es sehr viele.[57] Doch bis ins 18. Jahrhundert waren sie noch nicht gesammelt und ediert. Das mag an ihrer Zahl und Verstreutheit gelegen haben, aber auch daran, daß der Gelehrte Libanios eine typische Entdeckung der ihm wahlverwandten frühneuzeitlichen Polyhistoren war. Einer von denen, die auf ihren Reisen intensiv Libanios-Briefe sammelten und keine Gelegenheit ausließen, solche aus Bibliotheken zu kopieren oder Kopien von anderen einzutauschen, war der dänische Edelmann Frederik Rostgaard. Über 1000 Briefe soll er gesammelt haben.[58] Als Wolf daher nach seiner Peregrinatio auf den Geschmack kam, weil er in Oxford mehrere hundert Briefe abgeschrieben hatte, riet ihm La Croze sofort: „Höre nicht auf, ich bitte Dich, den Rostgaard am Ohr zu zupfen; falls er weniger durch Liebe zu Dir und zu den Wissenschaften selbst gedrängt werden kann, dann läßt er sich doch vielleicht durch Scham bewegen."[59] Rostgaard

---

55 JOHANN MATTHIAS GESNER (Praes.)/HERMANN SAMUEL REIMARUS (Resp.), *De aetate et auctore dialogi Lucianei qui Philopatris inscribitur*, Jena 1714.

56 JOHANN ALBERT FABRICIUS, *Bibliotheca graeca*, Lib. IV, Hamburg 1708; Handexemplar Wolfs aus dem Besitz des Verfassers dieses Aufsatzes; Marginalie zu 504: „Grotius existimat scriptum jam e[sse] t[em]p[o]re Trajani Imperatori; errat nam Artemidori *Oneirocritica* [...] in hoc. Tr[actatum] scriptum v[erum] e[ss]e t[em]p[o]re Aureliani p[ro]bare in seipse scripsit [?] La Croze in Miscel[lanea] Berol[inensea] P[ars] 1. Obs[ervatio] 4." Vgl. *Miscellanea Berolinensea ad incrementum scientiarum*, Bd. 1, Berlin 1710.

57 Zu Libanios vgl. LOUIS PETIT, *Essai sur la vie et la correspondance du sophiste Libanius*, Paris 1866; OTTO SEECK, *Die Briefe des Libanius zeitlich geordnet*, Leipzig 1906.

58 Zu Rostgaard vgl. KNUD LARSEN, *Frederik Rostgaard og bøgerne*, Kopenhagen 1970; CHRISTIAN WALTHER BRUUN, *Frederik Rostgaard. Liv og Levnet*, Kopenhagen 1870.

59 LA CROZE an WOLF, 12.2.1710, sup. ep. 115, 259: „Utinam vero Libanii Epistolae curis tuis, procul omni dubio limatissimis ornatae aliquando tandem in lucem proderant. Ne desinas, quaeso, Rostgaardio aurem vellere: si minus amore tui & litterarum ipsarum impelli poterit, attamen forte pudore movebitur." Als Reimarus 1720/21 in

sollte also nicht auf seinem Schatz hocken bleiben, sondern ihn Wolf zur Verfügung stellen, damit dieser zu einer größeren Vollständigkeit kam. Doch zunächst veröffentlichte Wolf 1711 eine erste Zenturie von Briefen samt seiner eigenen lateinischen Übersetzung.[60] Zu einer Anreicherung durch die Rostgaard-Briefe kam es dann 1725, als Wolf über die Vermittlung seines Kopenhagener Freundes, des Philologen Hans Gram, auf einer Auktion die Rostgaard-Briefe erwerben konnte.[61] 1738, kurz vor seinem Tod, konnte er schließlich stolz 830 Seiten Libanios-Briefe samt lateinischer Übersetzung präsentieren.[62]

V. Jüdische Texte

Doch mehr noch als durch die gräzistische Editionstätigkeit ist Wolf als Hebraist bekannt geworden. Ich kann dieses gewaltige Gebiet hier nur streifen, für den die vier stattlichen Bände der *Bibliotheca Hebraea* stehen, erschienen zwischen 1715 und 1733.[63] Die *Bibliotheca Hebraea* ist die erste umfassende Bestandsaufnahme der jüdischen Literatur und blieb als solche mehr als zwei Jahrhunderte lang unentbehrlich. Wolf konnte dafür aus den eigenen Beständen schöpfen, vor allem später, als er 1722 über die Unger-Manuskripte und vor allem 1731 über die hebräischen und rabbinistischen Manuskripte aus dem Besitz von Uffenbach verfügte.

Holland war, erkundigte er sich auch (wohl im Interesse von Wolf) nach dessen Libanius-Briefsammlung und konnte in sein Tagebuch (vgl. Anm. 39) notieren: „Hat ein hübsch manuscriptum von des Libanii epistolis in fol. [...] abgeschrieben, als er auch alle abbreviaturen nachgemacht. Es enthält 1013 briefe."

60 *Libanii Sophistae Epistolarum adhuc non editarum centuria selecta*, hg. v. JOHANN CHRISTOPH WOLF, Leipzig 1711.

61 Vgl. den Briefwechsel zwischen Wolf und Gram: GRAM an WOLF, SUB Hamburg, 42 Briefe aus dem Zeitraum 1724–1739, Sup. Ep. 116, 360–425 und 123, 257–279. In der Königlichen Bibliothek von Kopenhagen liegen wahrscheinlich die Gegenbriefe von Wolf an Gram.

62 *Libanii Sophistae Epistolae. Quas nunc primum maximan partem e variis codd. manu exaratis, edidit, latine convertit et notis illustravit Joannes Christopherus Wolfius*, Amsterdam 1738.

63 *Bibliotheca Hebraea, sive notitia tum autorum haebraeorum, cuijusque aetatis, tum scriptorum, quae vel hebraice primum exarata vel ab aliis conversa sunt, ab nostram aetatem deducta*; Vol. I: *Index codicum Cabbalist. MSS, quibus Jo. Picus, Mirandulanus Comes, usus est*, Hamburg 1715; Vol. II: *Historiam scripturae sacrae [...] Talmudis item utriusque, tum vero bibliothecam Iudaicam et Antiiudaicam [...], scripta iudeorum anonyma*, Hamburg 1721; Vol. III: *complectens accessiones et emendationes ad volumen primum totum, et partem secundi, quoad de scriptis anonymis exponit, pertinentes*, Hamburg/Leipzig 1727; Vol. IV: *complectens accessiones et emendationes inprimis ad volumen secundum tum vero ad totum opus pertinentes una cum indicibus auctorum et rerum*, Hamburg 1733. Dazu HINTRÄGER (Anm. 3).

Er ist aber auch nach Hannover gereist, um in Oppenheimers großer
Sammlung zu arbeiten, und hat dazu die Leidener Bestände benutzt.[64]
Auch aus dem Umkreis der *Bibliotheca Hebraea* gibt es wieder separate
Editionen, die Wolfs Interessen ein wenig profilierter hervorscheinen
lassen. So hat er 1721 eine *Notitia Karaeorum* veröffentlicht, das heißt eine
Textsammlung zur Geschichte der Karäer. Die Karäer waren jene jüdische Gruppierung, die nur die hebräische Bibel anerkannten, nicht aber
den Talmud mit seinen rabbinischen Texten.[65] Damit waren die Karäer
ein Parallelphänomen zu den Protestanten, die gegenüber den auf Tradition verpflichteten Katholiken nur die Bibel selbst als autoritative Quelle
anerkennen. Im 17. Jahrhundert hat sich aus dieser Parallele ein starkes
Interesse von protestantischen Hebraisten an den Karäern entwickelt.[66]
Übrigens ist auch der berühmte jüdisch-antichristliche Traktat *Chizzuk
Emmunah* von einem Karäer geschrieben worden, dem litauischen Juden
Isaak Troki. Wolf hat sich sehr mit Troki beschäftigt und auch in der *No-
titia Karaeorum* Observationes zu Trokis Text veröffentlicht.[67]

Ein weiteres Manuskript, das in Deutschland neben dem *Chizzuk
Emunah* Furore machte, war ein kleiner Text eines portugiesischen Juden,

---

64 Vgl. die Vorworte zu den einzelnen Bänden der *Bibliotheca Hebraea*.

65 Wolf, *Notitia Karaeorum, hausta ex Tractatu Mordochaei, Karaei recentioris, qui ex Ms.
    hebr. cum versione latina, notis et praefatione de Karaeorum rebus scriptisque editur; pro-
    deunt ad eandem notitiam accessiones, cum ejusdem vindiciis a viri docti animadversionibus
    nuperis, nec non cum observationibus variis de libro anti-christiano Chissuk Emmuna; ac-
    cedit in calce Jacobi Triglandii, Dissertatio de Karaeis*, Hamburg 1714 (2. Aufl. 1721). Zu
    den Karäern vgl. Daniel Frank, *Search Scripture Well. Karaite Exegetes and the Origins
    of the Jewish Bible Commentary in the Islamic East*, Leiden 2004; Meira Polliack (Hg.),
    Karaite Judaism, Leiden 2003. Als Reimarus auf seiner Holland-Reise war, versuchte
    er auch zum Thema der Karäer für seinen Lehrer Wolf an Informationen zu kom-
    men. Vgl. Reimarus an Wolf, 20.6.1721, SUB Hamburg Sup. ep. 438, hier zit. nach
    Wilhelm Schmidt-Biggemann, „Einleitung", in: Hermann Samuel Reimarus, *Kleine
    gelehrte Schriften. Vorstufen zur Apologie*, Göttingen 1994, IX: „Sed ut verum fatear non
    sine magnis impensis id fieri potest, quoniam custos Bibliothecae, qui perpetuo as-
    sidat evolventibus Msta, erit pro navata opera solvendus. Ipsa vero haec Warneriana
    de Karraeis excerpta ita comparata sunt, ut lucem non mereantur, nisi simul autores,
    ex quibus petita sunt, et qui maximam partem in hac ipsa bibliotheca latent sedulo
    et accurate consultantur."

66 Vgl. Yosef Kaplan, „,Karaites' in Early 18th Century Amsterdam", in: David Katz/Jo-
    nathan Israel (Hgg.), *Sceptics, Millenarians and Jews*, Leiden 1990, 196–236; Richard
    H. Popkin, „The Lost Tribes, the Caraites and the English Millenarians", in: *Journal of
    Jewish Studies* 37 (1986), 213–227.

67 Vgl. [Isaac Troki], *Liber munimen fidei autore R. Isaaco filio Abrahami ex MS. Africano*, in:
    Johann Christoph Wagenseil, *Tela ignea Satanae*, Altdorf 1781 (separate Paginierung).
    Zu Troki vgl. Samuel Kraus, *The Jewish-Christian Controversy from the Earliest Times to
    1789*, Vol. I: History, hg. v. William Horbury, Tübingen 1995, 242f. und passim (mit
    Literatur).

den La Croze in Umlauf gebracht hat. Weder La Croze noch Wolf wußten, daß Moses Raphael d'Aguilar aus Amsterdam der Autor der Schrift
war, die sie beide aber als äußerst scharf argumentierend einschätzten.[68]
Wolf hat sich, als er die Schrift von La Croze geschenkt bekam, einige
Notizen gemacht und kursorisch zu übersetzen begonnen, doch bald
wieder damit aufgehört.[69] Daß dieser Text schon kurze Zeit später von
Sozinianern als Munition gegen das trinitarische Christentum benutzt
wurde, daran trägt er keine Schuld – aber es zeigt die Eigendynamik,
die eine durch Tausch begonnene und im Clandestina-Schwarzmarkt
mündende Zirkulation annehmen kann.

VI. Philologische „Sorge" um die Theologie

Blicken wir schließlich noch auf Wolfs Arbeiten zur Theologie. Sie sind
zahlreich. Neben den Predigten, die er an der Katharinenkirche gehalten
hat, seit er dort 1716 Pastor wurde, und die ihre Spuren in vielen Notizen
und Konzepten hinterlassen haben, gibt es einige ungedruckt gebliebene
apologetische Werke, *Der christliche Held* und *Von der Vortrefflichkeit der
christlichen Religion.*[70] Doch das ist nicht das eigentliche. Das eigentliche
theologische Werk sind die fünf massiven Quartbände der *Curae philologicae et criticae,* erschienen 1725–1735.[71] Die *Curae* sind ein fortlaufen-
der Stellenkommentar durch alle Schriften des Neuen Testaments, mit
einer vierfachen Intention und Besonderheit: erstens verstehen sie sich
als apologetisch gegen die Novatores, die im Anschluß an John Mills
Varianten-Edition[72] dabei waren, den Text des Neuen Testaments aufzu-
weichen und mit neuen Lesarten zu belegen; zweitens hat Wolf in bisher
nicht gekanntem Ausmaß profane griechische Schriftsteller herangezogen, um Wortbedeutungen besser verständlich zu machen; drittens
versteht sich das Werk als Synopse der bisherigen wissenschaftlichen
Literatur – im Anschluß an Matthew Poole –, gegliedert nach dem Vor-

---

68 Zu dieser Episode vgl. MULSOW, Moderne aus dem Untergrund (Anm. 23), 41–84.

69 SUB Hamburg, Cod. theol. 1831, Vorblatt.

70 SUB Hamburg, Cod. theol. 1943. Bei diesen Texten kann es sich freilich auch um
    bloße Übersetzungen aus dem Englischen handeln, was mir wahrscheinlicher er-
    scheint.

71 WOLF, *Curae philologicae et criticae,* Bd. 1: *SS. Evangelia Matthaei, Marci, et Lucae,* Ham-
    burg 1725; Bd. 2: *In Evangelium S. Iohannis, et Actus apostolicos,* Hamburg 1725; Bd. 3:
    In IV. priores S. Pauli epistolas, Hamburg 1731; Bd. 4: *In X. posteriores S. Pauli epistolas,*
    Hamburg 1734; Bd. 5: *In SS. Apostolorum Jacobi, Petri, Judae et Joannis epistolas huiusque
    apocal.,* Hamburg 1735; eine spätere Ausgabe wurde in Basel 1741 gedruckt.

72 JOHN MILL (Hg.), *He kaine diathece cum lectionibus variantibus,* Oxford 1707; vgl. RUDOLF
    PFEIFFER, *Die Klassische Philologie von Petrarca bis Mommsen,* München 1982, 194.

kommen der Sachthemen im Fortgang des Textes; viertens schließlich
will Wolf die aufgelisteten Interpretationen kritisch kommentieren, um
auch hier unorthodoxen Neuerungen, die ihm in eine falsche Richtung
zu führen schienen, einen Riegel vorzuschieben.[73]

Isaac de Beausobre, der mit Rezensionen von Berlin aus kritisch
Wolfs Werdegang beobachtete, konnte immer noch den orthodoxen
Wittenberger Theologen darin entdecken, der es sich beispielsweise lei-
stete, die moderne französische Übersetzung des Neuen Testaments, die
Jacques Lenfant und Beausobre angefertigt hatten, einfach zu ignorieren.[74] Es ist wahr: Wolfs Horizont, so weit er ist, ist im wesentlichen der
der lutherischen Debatten, wenn auch angereichert durch die internationale Gelehrsamkeit. Das Werk ist ein lebendiger Spiegel der Bibliotheken, aus denen es erwachsen ist – also der Wolfs selbst und seiner
Hamburger Kollegen –, und ohne die ein Unternehmen wie dieses auch
gar nicht zu verwirklichen gewesen wäre. Es lebt aus den Adversaria-
Heften und vielleicht auch Karteikarten, die Wolf sich angelegt hatte,
und dem Nachschlagen in tausenden von Traktaten, die um ihn herum
aufgestellt waren. Doch bei aller berechtigten Kritik Beausobres wäre
es doch völlig falsch, in den *Curae* immer noch ein Wittenberg reinsten
Wassers zu sehen. Schon von der bibliographischen Anlage her ist das
Werk auf philologische Toleranz verpflichtet. Als etwa Johann Heinrich
Majus aus Kiel Wolf anbot, ihm die *Otia Oxoniensia* von Beverland zu
überlassen, eine Reihe von unveröffentlichten Aufzeichnungen unter
anderem zur Bibelphilologie, hat dieser nicht nein gesagt, obwohl dieser Beverland doch einer der berüchtigtsten obszönen und libertinen
Schriftsteller seiner Zeit war.[75] Die kuriose Figur Beverland beschäftigte
ihn schon seit seiner Schülerzeit am Akademischen Gymnasium, als er
sich mit Hocheisen über ihn unterhalten hatte.[76] Wolf hat eine Reihe von
Schriften Beverlands kopiert und gesammelt: *De peccato originali*[77] und

---

73   Vgl. Wolfs Vorwort zum ersten Band der Curae (Anm. 71), 7–14.
74   Vgl. Pott (Anm. 38).
75   SUB Hamburg, Cod. hist. litt. 4° 65c. Vgl. Wolf, Curae (Anm. 71), Bd. IV, 483: „[…]
     adponam vero *Adriani Beverlandi* observationem eruditam ex *Otiis* ejus *Oxoniensibus*
     adhuc *anecdotois*, quae amicissimi & eruditissimi Jo. Henr. Maji beneficio possidere
     me, gratus profiteor." Vgl. auch den Horaz-Kommentar Beverlands, den Lossau be-
     sessen hat. Vgl. dazu die Anm. 101 und 119.
76   Zu Beverland vgl. Rudolf de Smet, *Hadrianus Beverlandus (1650–1716): Non unus e
     multis peccator. Studie over het leven en werk van Hardiaan Beverland*, Brüssel 1988.
77   SUB Hamburg, Cod. theol. 2165. Vgl. zu den folgenden Angaben allg. Nilüfer Krü-
     ger, *Katalog der Handschriften der Staats- und Universitätsbibliothek Hamburg, Bd. 2: Die
     theologischen Handschriften der Staats- und Universitätsbibliothek Hamburg*; dort die Teil-
     bände 2: *Die Quarthandschriften*, Stuttgart 1985; 3: *Quarthandschriften und kleinere For-*

Perini del Vago epistola[78]. Er hat denn auch Beverlands *Otia* mehrfach in seinen *Curae* benutzt und zitiert. So zieht er ihn zur Erklärung von 1Kor 11,14 heran, wo es um das Verhalten im Gottesdienst geht und darum, daß eine Frau nicht ohne Kopfbedeckung beten solle: „Lehrt euch nicht die Natur selbst, daß es einem Manne eine Unehre ist, so er langes Haar trägt, der Frau aber eine Ehre, so sie langes Haar hat?" Wie ist in diesem Zusammenhang „physis" zu verstehen? Als Natur? Als Gewohnheit? Beverland, der Experte für – wie man heute sagen würde – alles, was mit „gender" und „sex" in der Antike zu tun hat, war natürlich an diesen Passagen interessiert. Er benutzt sie, um sein Wissen über Haartrachten und Transsexualität in der Antike auszubreiten und aus allem zu schließen, daß es hier „die Natur lehrt" heißen müsse.[79] Wolf zitiert das alles, seitenlang. „Keine der beiden Ansichten über den Ausdruck *Physis*", rechtfertigt er sich anschließend, „die er [Beverland] anzufügen versucht hat, billige ich, noch mache ich mir das andere, was er beimischt, zu eigen. Dennoch meinte ich hier seine Gedanken, die von manchen bewußt ausgelassen werden, einfügen zu sollen, weil sie zum Teil hier hinzugehören scheinen."[80] Das ist der reife Wolf: philologische und historiographische Toleranz ja, dogmatische nein. Er zitiert Beverland, aber er stimmt ihm nicht zu. Oder besser: Er stimmt Beverland nicht zu, aber er zitiert ihn – anders als viele seiner Kollegen. Mit dieser Devise stimmt er völlig mit La Croze überein, der es mit brisanten Ansichten genauso gehalten hatte. Uns mag das heute wenig erscheinen, doch ist es gerade die philologische und historiographische Toleranz, die den Weg für mehr bereitet, die unorthodoxe Ansichten in die Diskussion gebracht hat. Wolf meint sogar: „Vielleicht werde ich auch an anderer Stelle diese *Otia Oxoniensia* veröffentlichen [...]."[81] Gut die Hälfte der 85 Seiten

---

mate, Stuttgart 1993; 4: *Nachträge*, Stuttgart 1998. Die Kataloge Krügers sind freilich oft etwas oberflächlich gearbeitet.

78 SUB Hamburg, Cod. theol. 2156.

79 WOLF, Curae (Anm. 71), IV, 483 = SUB Hamburg, Cod. hist. litt. 4° 65c, 46ff: „Capillorum fissores nec verba, nec mentem D. Pauli I. Cor. XI. 14. intellexisse comperio. *He Physis* non denotat dictamen rectae rationis; alioquin contra *dikaion akineton*, irreformabile jus, peccassent Nazaraei 2. Sam. XIV. 26. (Absolon non capillis pependit ab arbore, sed a gula inhaerente bidenti forcae 2. Sam. XVIII. 9. 14, Joseph. VII. 8.)" usw.

80 WOLF, Curae (Anm. 71), IV, 486: „Neutram, quam is adstruere conatus est, de voce *physis* sententiam approbo, nec alia, quae immiscuit, mea facio. Haec tamen ejus cogitata, nonnullis studiose omissis, inserenda hic censui, quod ex parte huc pertinere viderentur."

81 Ebd.: „Fortasse etiam alibi *Otia* illa *Oxoniensia* in lucem proferam, bonae frugis prae reliquis ejus scriptis plena, nisi quod ea obscoeni, quamvis eruditi, ingenii sordibus hinc inde conspurcata appareant."

hat er denn auch mit Korrekturen druckfertig gemacht, doch blieb die Sache, wie so viele seiner Projekte, am Ende doch liegen.

VII. Verbotene Bücher

In der Hamburger gelehrten Tauschkultur gab es immer auch Leute, die sich auf „schlimme" Werke spezialisiert hatten, die also an Beverland gerade *De peccato originali* schätzten und nicht so sehr die *Otia Oxoniensia*. Ein solcher Mann war Peter Friedrich Arpe aus Kiel, der oft in Hamburg war und später ganz in Hamburg lebte.[82] Arpe war fast gleichaltrig mit Wolf. Irgendwann um 1706 herum rieb der vierundzwanzigjährige Arpe dem dreiundzwanzigjährigen Wolf unter die Nase, daß er das berüchtigte und unedierte *Colloquium heptaplomeres* von Jean Bodin besitze, und schwärmte ihm davon vor. Offenbar waren die beiden noch nicht so gut befreundet, daß Arpe dem Hamburger angeboten hätte, den Text zu kopieren. Wolf hatte erst Jahre später die Gelegenheit, Arpes Schwärmereien durch eigene Lektüre nachzuprüfen, und er schüttelte – wie oft bei diesen Gelegenheiten – etwas indigniert den Kopf darüber, wie man einen solchen Text so hochschätzen könne.[83] In der Tat bereitete sowohl die bei Bodin präsente Dämonologie als auch die Tendenzen zu einer rein natürlichen Theologie den orthodoxeren Zeitgenossen unter den Lesern einiges Unbehagen bei seiner Rezeption.[84] Sowohl Wolf als auch Fabricius waren der Ansicht, Arpe verschleudere sein Talent, wenn

---

82 Zu Arpe vgl. Martin Mulsow, „Freethinking in Early Eighteenth Century Protestant Germany: Peter Friedrich Arpe and the Traité des trois imposteurs", in: Silvia Berti u.a. (Hgg.), *Heterodoxy, Spinozism and Free Thought in Early Eighteenth Century Europe*, Dordrecht 1996, 193–240; ders., „Peter Friedrich Arpe collectioneur", in: *La lettre clandestine* 3 (1994), 35f. Ich bereite derzeit eine Monographie über Arpe vor.

83 Wolf an La Croze, 1.5.1716, in: Thesaurus (Anm. 22), Bd. 2, 107: „Equidem Arpii illius, hominis docti et elegantis, vices aliquoties miseratus sum, qui et opera et ingenio suo abuti mihi videatur. Relatum enim mihi est, eundem in societate quadam erudita, quae Kilonii certis per hebdomadem diebus cogi solet ad recensendos libros recens editos, plerumque ea in medium afferre, quae animum eiusmodi rerum percupidum et studiosum ostentent, quarum notitiam alius ne titivilitio quidem emerit. Ita famosum illud Jo. Bodini colloquium Heptaplomeres sibi lectum praesenti mihi ipse ante decennium circiter referebat, in quo aliquot post annis nihil eorum inveniebam, quae nescio quam doctrinae ingeniique praestantiam spirare ipsi videbantur." Wolfs eigenes Exemplar: SUB Hamburg, Cod. theol. 1221.

84 Vgl. Winfried Schröder, „Jean Bodins Colloquium Heptaplomeres in der deutschen Aufklärung", in: Günter Gawlick/Friedrich Niewöhner (Hgg.), *Bodins Colloquium Heptaplomeres*, Wiesbaden 1996, 121–137; Ralph Häfner, „Die Geisterlehre Jean Bodins und der literarische Stil des Colloquium Heptaplomeres", in: Ders. (Hg.), *Bodinus polymeres. Neue Studien zu Jean Bodins Spätwerk*, Wiesbaden 1999, 179–196.

er sich so ganz und gar den zweifelhaften Büchern verschriebe. Das hielt sie aber beide nicht davon ab, immer auch wieder mit Arpe in gelehrten Tausch zu treten. So schrieb sich Wolf einmal eine italienische Fassung der magischen *Clavicula Salomonis* von Arpe ab,[85] ein anderes Mal verglich er seine Kopie der clandestinen *Ars nihil credendi* von Pseudo-Vallée mit der, die Arpe sich schon vorher gemacht hatte.[86] Als Arpe die berüchtigte *Disquisitio de polygamia* des verrückten Exegeten Johannes Lyser ergattert hatte, der die Vielweiberei zur Pflicht erklärt haben wollte, überließ er sein Exemplar Wolf zur Abschrift,[87] ebenso wie seine wertvolle Handschrift von Giordano Brunos *Spaccio della bestia trionfante*. Seine Kopie von Stoschs *Concordia rationis et fidei* komplettierte er durch die Kollation mit Arpes Exemplar.[88] Vor allem als Arpe seit Mitte der 1720er bis in die frühen 1730er Jahre ständig in Hamburg lebte, ergaben sich viele Gelegenheiten für solchen Austausch.

Doch auch abgesehen von seiner Bekanntschaft mit Arpe war Wolf auch so zunehmend ein Kenner von verbotenen Schriften geworden.[89] Natürlich hat er den berüchtigten Traktat *De tribus impostoribus* besessen, den in Hamburg fast alle Gelehrten kannten, in lateinischer wie in französischer Fassung;[90] er hat Schriften von Michael Servet, Giordano Bruno, Theodor Ludwig Lau, Stosch, Vanini, Isaac de La Peyrère oder John Toland in Abschriften gehabt,[91] und wenn ihn wegen seiner Orientalistik ein Autor besonders interessierte wie Guillaume Postel, dann hat er sich so ziemlich alles von ihm beschafft, dessen er habhaft werden

---

85 SUB Hamburg, Cod. alchim. 780 [a]: Salomo: Clavicula Salomonis, traduit de la langue hebraique en Italien, per Abraham Calorno. „Hoc exemplar ex Apographo Cl. Pet. Arpe eo modo descripsit J. Ch. Wolf."

86 SUB Hamburg, Cod. theol. 2160: Anonymi Galli Commentatio Sceptica de incertitudine Religionum in genere et in specie Christianae; dazu Mulsow, Die drei Ringe (Anm. 51), 25f.

87 SUB Hamburg, Cod. theol. 2090.

88 SUB Hamburg, Cod. theol. 1866 (Bruno). Dort ist auf dem Vorsatzblatt von Wolf notiert: „Descripta est haec commentatio ex apographo [*in margine*: habet illud Cl. Pet. Frid. Arpe], ad exemplum Parisiis […] et Cantabrigiae […], exacto manu satis luculenta, sed interdum lubrica." SUB Hamburg, Cod. theol. 2152 (Stosch). Vgl. Wolfs Notiz unter der Titelzeile. Zu Stosch vgl. Winfried Schröder, *Spinoza in der deutschen Frühaufklärung*, Würzburg 1987.

89 Vgl. Wolfs Notizbuch Cod. theol. 2238, 1216: „Censura Iudic. de Libris", 1217: „Censura librorum".

90 SUB Hamburg, Cod. theol. 2156 (De tribus impostoribus) u.a. Zu diesen Texten vgl. die Editionen von Winfried Schröder: Anonymus [Johann Joachim Müller], *De imposturis religionum / Von der Betrügerey der Religionen; Dokumente*, Stuttgart 1999; Anonymus, *Traktat über die drei Betrüger. Französisch-deutsch*, Hamburg 1992.

91 SUB Hamburg, Cod. theol. 2152 (Stosch), 2158 (Lau), 1866 (Bruno), 2136 (Servet) usw. Vgl. die Kataloge von Krüger (Anm. 77).

konnte. Mindestens sechs Codizes mit Postel-Handschriften lassen sich noch ausmachen.[92] Als Wolf dann 1731 einen Großteil der Manuskripte von Uffenbach aufkaufte, waren darunter auch zahlreiche weitere clandestine Texte. Uffenbach hatte weit systematischer als Wolf verbotene Texte für sein eigenes „infernum" gesammelt, und durch Wolfs Aufkauf gelangten sie fast alle nach Hamburg.[93] Es waren teilweise Texte, die auf einer Liste standen, die Wolf sich schon zwei Jahre zuvor angelegt hatte.

Arpe hatte nämlich einen engen Freund, Johann Heinrich Heubel, der auch ein Schützling Wolfs war, da er sich für philologische Fragen insbesondere des Mittelalters interessierte. Doch hatte Heubel ähnlich radikale Neigungen wie Arpe, mit dem zusammen er in Kiel als Professor abgesetzt worden war. Heubels Konsequenz war, dem Universitätsbetrieb Adieu zu sagen und eine Karriere am Hof einzuschlagen. Wann immer er konnte, hat er seine Reisen als Begleiter fürstlicher Gesandtschaften dazu benutzt, sich in Bibliotheken herumzutreiben und nach Texten zu suchen. Eines seiner Lieblingsprojekte war die Idee, eine Geschichte der verbrannten Bücher zu schreiben. Er wollte das nicht pedantisch und trocken tun, sondern mit Witz und Lust an der Provokation. „Brenno Vulcanius" wollte er sich pseudonym nennen, ja „Brenno Vulcanius Heyseise", weil es im doppelten Sinne ein heißes Eisen war, das er da anpackte. Und „Bibliotheca Vulcani" wollte er sein Buch nennen, die Bibliothek des Feuergottes Vulkan, weil es sich ja um Bücherverbrennungen handelte. Wahrscheinlich sollte das Buch auf französisch bei einem dieser holländischen Verleger herauskommen – wie Jean-Fréderic Bernard, oder Charles Levier – die ganz wild auf brisante Werke dieser Art waren – wenn es denn fertiggeworden wäre.[94] Wir haben heute nur noch einige Spuren von dem Projekt, Autoren- und Bücherlisten, die sich Heubel gemacht hat. Eine dieser Spuren führt zu Wolf: zum Hamburger Cod. hist. litt. 4° 76. Als Heubel in den ersten Augusttagen 1729 von einem zweijährigen Gesandtschaftsaufenthalt in Soissons und Paris zurück war, hat er sich gleich mit Wolf getroffen und

---

92   SUB Hamburg, Cod. theol. 1825, 2144–2148.

93   Vgl. die Provenienz-Angaben in Krüger (Anm. 77); vgl. weiter Arpes Liste von Beständen Uffenbachs, „Mssta nonnulla rariora in Bibliotheca Uffenbachiana existentia", aus den Beständen der Rostocker Universitätsbibliothek (vgl. unten Anm. 95). Ich werde die Liste innerhalb meiner Arpe-Monographie (vgl. Anm. 82) publizieren.

94   Vgl. Martin Mulsow, „Bibliotheca Vulcani. Das Projekt einer Geschichte der verbrannten Bücher bei Johann Lorenz Mosheim und Johann Heinrich Heubel", in: *Das achtzehnte Jahrhundert* 18 (1994), 56–71.

ihm seine Listen gezeigt. Wolf hat sie sich sorgsam abgeschrieben und offenbar später noch ein paar eigene Zusätze gemacht.[95]

VIII. Hamburger Manuskriptwege

Wenn man all diese persönlichen Verwicklungen von gelehrtem Tausch, gemeinsamen Interessen und wechselseitigem Kopieren Revue passieren läßt, dann mag sich ein Eindruck ergeben, wie sich die Geschichte der radikalen Aufklärung als Kommunikationsgeschichte schreiben ließe. Man würde dann in erster Linie eine komplexe Rekonstruktion von Konstellationen und Manuskriptwegen anstreben, aus der man bestimmte Transmissionsmuster und ihre intellektuellen Folgen – oder Nebenfolgen – erkennen könnte. Ich möchte in meinem letzten Abschnitt ein wenig eine solche Geschichte für Hamburg skizzieren, noch über den Tod Wolfs im Jahr 1739 hinausgehend. Denn was seine Bücher und Manuskripte angeht, ist Wolfs Tod kein Einschnitt, sondern nur Episode in ihrem langen Nachwirken.

Als vorauszusetzendes Medium der Zirkulationsmöglichkeit von verbotenen Schriften[96] ist zuallererst Vertrauen zu nennen;[97] Vertrauen, wie es innerhalb von Freundschaftskreisen existierte. Wer nicht in diesen Kreisen lebte, bekam die Inhalte der verschlossenen Schränke nicht zu Gesicht. Sehr selten war es, wenn jemand – wie Uffenbach es von Fabricius berichtet – fremde Besucher freimütig an die Fächer ließ.[98] Welches waren also die Hamburger Freundeskreise? Beginnen wir bei Johann Albert Fabricius. Reimarus erzählt über ihn: „Von daher setzte er

---

95 SUB Hamburg, Cod. hist. litt. 4° 76, 107–116: „Scriptores ad rogum damnati" (107). „Alia scripta, igni addicta" (113). Das Pendant Arpes, der ein Exemplar der Liste offenbar schon vor Heubels Rückkehr zugeschickt bekommen hat, ist in der Universitätsbibliothek Rostock als Mss. hist. part. S[chleswig-Holstein] 2° erhalten, innerhalb des Konvoluts „Cimbria illustrata". Vol. II: Propylaei Continuatio" nach fol. 464, unpaginiert. Es ist ediert in MULSOW, Bibliotheca Vulcani (Anm. 94), 69–71. Die Differenzen zur Liste Wolfs bestehen darin, daß Arpes Liste mit Werken von 1728 endet, Wolfs Liste hingegen mit Werken von 1729. Die Schlußeintragung stammt vom Juli 1729.

96 Eine offizielle Zensur gab es in Hamburg vor 1819 nicht. Dennoch übten die Verlage auf Druck der Behörden hin Selbstzensur, und es konnte durchaus vorkommen, daß Schriften öffentlich verbrannt wurden. Vgl. HERMANN COLSHORN, „Über die Zensur in Hamburg mit besonderer Berücksichtigung des Buchhandels", in: *Aus dem Antiquariat* 4/1979 (= *Beilage zum Börsenblatt für den deutschen Buchhandel*, Frankfurter Ausgabe 34 [1979]), A 121–A 132.

97 Zum Vertrauensbegriff allg. vgl. NIKLAS LUHMANN, *Vertrauen*, Stuttgart 1968.

98 CONRAD ZACHARIAS VON UFFENBACH, Merkwürdige Reisen durch Niedersachsen, Holland und Engelland, 3 Bde., Ulm/Memmingen 1753f.

sich [...] auch die Maxime, regelmäßig wöchentlich einen Freundeszirkel zu frequentieren. Zunächst unterhielt er mit Vincentius Placcius und anderen, dann mit Langermann und seinem Kollegen Johann Müller, zwei Doktoren der Medizin, aber auch mit anderen gelehrten Herren aller Disziplinen, mit den Pastoren Nikolaus Staphorst und Joachim Morgenweg, dem Mediziner Christian Joachim Lossau, weiter mit [Barthold Heinrich] Brockes, [Michael] Richey, [Johann Ulrich] König, [Georg Jacob] Hoeft, [Johann] Hübner, zur Verbesserung der deutschen Sprache, schließlich mit der berühmten Gesellschaft der Patrioten, wöchentliche Treffen, und mischte dabei nützliche und erheiternde Beiträge."[99] Der Patrioten-Kreis ist gut bekannt; was uns hier hingegen aufhorchen lassen sollte, ist der Name Christian Joachim Lossau.[100] Lossau ist wohl, wie Wolf auch, als Schüler am Akademischen Gymnasium an Fabricius geraten und von dort aus in seinen Kreis gekommen. Er war zehn Jahre jünger als Wolf und dürfte in den 1720er Jahren die wöchentlichen Treffen mit Fabricius gepflegt haben. Später war er wie Arpe in Diensten eines Mecklenburger Herzogs, allerdings der Linie Mecklenburg-Strelitz, während Arpe am Hof in Schwerin war.

Lossau ist es noch viel besser als Reimarus gelungen, seine wahrscheinlich radikalen Neigungen zu verbergen. Wir wissen fast nichts über ihn. Sprechend ist nur die gewaltige Bibliothek, die er hinterlassen hat. Wenn man Lossaus Bibliothek betrat, fiel ein gläserner Schrank auf. In ihm waren etwa tausend *libri rari prohibiti* enthalten, teils in handschriftlicher, teils in gedruckter Fassung: das größte Arsenal an clandestiner Literatur in Hamburg und vielleicht sogar in ganz Deutschland. Daneben stand ein weiterer Schrank, der eine noch speziellere Samm-

---

99 HERMANN SAMUEL REIMARUS, *De vita et scriptis Joannis Alberti Fabricii commentarius*, *Hamburg 1737*, 83: „Hinc et eam quasi legem sibi per hos quadrigenta annos Hamburgi imperavit, ut statis per hebdomadas diebus Collegia amicorum frequentaret. Nam primo cum Vincentio Placcio aliisque, dein cum Langermanno et Collega Johanne Mullero Medicinae doctoribus, aliisque omnium artium Viris doctis, hinc cum Nicolao Staphorsto et Joach. Morgenwegio Pastoribus, Christiano item Joachimo Lossovio M. Doctore, porro cum Brockesio, Richeyo, Koenigio, Hoeftio, Hubnero, linguae Germanicae excolendae ergo, denique illustri Patrotarum Collegio, conventus hebdomadales agitavit, et sermones utiles et jucundos miscuit." Dazu JÜRGEN RATHJE, „Gelehrtenschulen. Gelehrte, Gelehrtenzirkel und Hamburgs geistiges Leben im frühen 18. Jahrhundert", in: INGE STEPHAN/HANS-GERD WINTER (Hgg.), *Hamburg im Zeitalter der Aufklärung*, Hamburg 1989, 93–121.
100 Gemeint ist Christian Joachim Lossau II. (1693–1753); vgl. HANS SCHRÖDER, *Lexikon der Hamburgischen Schriftsteller*, Hamburg 1851, art. No. 2326, 548–550. Es ist die Möglichkeit nicht völlig ausgeschlossen, daß Christian Joachim Lossau I. (1637–1721) gemeint sein könnte (vgl. ebd. 547f.); allerdings ist dieser weit weniger für gelehrte Interessen bekannt.

lung enthielt: *libri publice combusti*, öffentlich verbrannte Bücher.[101] Dafür hatten sich in der Frühaufklärung so manche liberale Gelehrte interessiert, und wie wir gesehen haben, hatte Johann Heinrich Heubel vorgehabt, in seiner „Bibliotheca Vulcani" die Geschichte all dieser verbrannten Bücher zu erzählen. Woher hatte Lossau all die raren Schriften? Wir wissen, daß er einige Manuskripte aus dem Nachlaß von Jakob Friedrich Reimmann aufgekauft hat, jenem Experten für atheistische Literatur, der 1743 gestorben war.[102] Wir können weiter annehmen, daß Lossau Texte von Fabricius, Wolf und vor allem wohl auch von Arpe kopieren durfte. Da wir nicht wissen, was aus Arpes Manuskripten geworden ist, bevor oder nachdem er 1740 starb, kann es durchaus sein, daß Lossau viele brisante Texte aus Arpes Bibliothek übernehmen konnte.[103]

Seit den 1730er Jahren ist es vor allem der Kreis um Friedrich Hagedorn, Carpser, Wilckens und die Brüder Christian Ludwig und Joachim Friedrich Liscow, dem einiges heterodoxe Potential zuzutrauen ist.[104] Joachim Friedrich Liscow hatte sich mit dem Freidenker Theodor Ludwig Lau angefreundet, der verelendet und unter Verfolgungswahn leidend in Altona untergekommen war. Als Lau 1740 starb, scheint Liscow teilweise seine Manuskripte in seine Obhut genommen zu haben.[105]

---

101 Vgl. die Beschreibung in: Johann Joachim Rasch, *Die zwote und letzte fortgesetzte Historische Beschreibung der öffentlichen Kirchen=Bibliothek zu St. Jacobi in Hamburg*, Hamburg 1756, 6.

102 Etwa SUB Hamburg, Cod. theol. 1842: Johann Georg Wachter, *De origine rerum humanarum ex affectibus Zodiacus Caballisticus*. Zu Reimmann vgl. Martin Mulsow/ Helmut Zedelmaier (Hgg.), *Skepsis, Providenz, Polyhistorie. Jakob Friedrich Reimmann (1668–1743)*, Tübingen 1998.

103 Vgl. die Nachricht in den *Hamburger Berichten* von 1740 (Nr. 101), 874–876, Arpes Sammlung von raren und paradoxen Schriften sei schon zu Lebzeiten zerstreut worden und in andere Hände gekommen.

104 Vgl. allg. Franklin Kopitzsch, *Grundzüge einer Sozialgeschichte der Aufklärung in Hamburg und Altona*, Hamburg ²1990, 303–313. Vgl. weiter Friedrich Hagedorn, *Briefe*, Bd. 1, hg. v. Horst Gronemeyer, Berlin 1997. Von Christian Ludwig Liscow vgl. seine *Samlung Satyrischer und Ernsthaffter Schriften*, Frankfurt a.M./Leipzig 1739.

105 Vgl. die Dedikation in Theodor Ludwig Lau, *Uebersetzung in Deutscher Helden Poesie des Virgilianischen Lobes- und Lebenslauffs des grossen Kriegshelden Aeneas; mit kurzverfaßter Beyfügung: erforderlicher Anmerkungen. Auf des seeligen Verfassers ausdrücklichen Befehl und letzter wahrer Willensmeynung denen beyden größten Kunstrichtern der Deutschen Herrn Johann Jacob Bodmern und Herrn Johann Jacob Breitingern zugeeignet und nach des Uebersetzers eigener Handschrift mit größter Sorgfalt ans Licht gestellt von dem unpartheyischen Hamburgischen Correspondenten*, Hamburg 1743: „Denen beyden größten itztlebenden schweizerischen Kunstrichtern / Herrn / Johann Jacob Bodmern, und Herrn Johann Jacob Breitingern, übergiebt gegenwärtige Virgilianische Uebersetzung, der letzten und wahren Verordnung des seeligen Uebersetzers gemäß, zu Bezeugung seiner eigenen Hochachtung und Ehrfurcht Der dießfalls durch des Verfassers Testament dazu constituirte wahre einzige Universalerbe ein treuer

Christlob Mylius, der 1753 Hamburg besucht, beschreibt, wie täglich mittags um die Börsenzeit, von zwölf bis zwei, „die besten Kaufleute und Gelehrten" zusammenkamen.[106] Er trifft dort Hagedorn und Carpser etwa zusammen mit Barthold Joachim Zinck, Georg Behrmann und Johann Matthias Dreyer, dem freidenkerischen Journalisten, der etwas später für die Zeitung des Deisten Georg Schade arbeiten sollte.[107] Zinck, Liscow, Dreyer, wie schon zuvor Weichmann: es waren vor allem die gelehrten Journalisten, die die Spitze der liberalen Intelligenz stellten. Was sich in den Bibliotheken der Hamburger Gelehrten an verbotenen Texten ansammelte, wurde in diesen Kreisen, wenn es zu ihnen hinübergelangte, gelesen und diskutiert. Als der Radikalpietist und Bibelkritiker Johann Christian Edelmann sich in den späten 1740er Jahren in Hamburg aufhielt, konnte er auf diese Kreise als Sympathisanten rechnen.[108]

Fast nahtlos ist seit diesen 1740er Jahren ein Übergang von journalistischen in geheimbündlerische und in freimaurerische Aktivitäten

---

und tiefer Verehrer / Anhänger und Eidgenosse der Zürchercritik. Der bekannte Hamburgische Correspondent." In diesen Jahren war der Verfasser des Gelehrten Artikels des Hamburger Correspondenten Joachim Friedrich Liscow. Ich schließe aus dem Umstand, daß er sich als „einziger Universalerbe" bezeichnet, daß Lau sich mit Liscow angefreundet hatte. Freilich ist dieser Schluß noch mit Unsicherheiten behaftet. Ich bereite über diese Beziehung eine Veröffentlichung vor. Bisher galt der Nachlaß Laus einfach nur als verschollen. Einiges aber scheint an Liscow gegangen zu sein. Liscow, der S. 10 von einer Schweiz-Reise Laus zu Bodmer und Breitinger zur Zeit der *Discourse der Mahlern* (1721–23) erzählt (was die These einer persönlichen Bekanntschaft erhärtet), berichtet auf S. 11: „Man möchte uns sonst auch hier beschuldigen, wir hätten des Herrn Lau Lobredner abgegeben wegen seiner reichen Verlaßenschaft. Gott Lob! daß jedermann in Hamburg weis, wie arm und bedürftig Herr Lau verschieden ist. Unser Erbtheil bestehet bloß aus einigen Manuscripten, welche hier in diesem Werke citiert sind. Diese sollen wir nach und nach ans Licht stellen. Aller unserer Bemühungen ungeachtet haben wir noch keinen Verleger finden können." Vgl. zu Lau allg. MARTIN POTT, „Einleitung", in: THEODOR LUDWIG LAU, *Meditationes de Deo, Mundo, Homine (1717); Meditationes, Theses, Dubia (1719); Dokumente*, Stuttgart 1992, 9–54; weiter MARTIN MULSOW, „Libertinismus in Deutschland? Stile der Subversion in Politik, Religion und Literatur des 17. Jahrhunderts", in: *Zeitschrift für historische Forschung* 31 (2004), 37–71. Zu Lau als Literat: PAUL KONSCHEL, „Theodor Ludwig Lau, ein Literat der Aufklärungszeit", in: *Altpreußische Monatsschrift* 55 (1918), 172–192.

106 „Christlob Mylius: Hamburg im Jahre 1753. Mitgeteilt von KARL S. GUTHKE", in: *Hamburgische Geschichts- und Heimatblätter*, Bd. 9, H. 7 (1974), 157–166, hier 160.

107 Zu Dreyer vgl. ALFRED DREYER, *Johann Matthias Dreyer 1717–1769. Ein Hamburger satirischer Dichter und Diplomat. Ein Beitrag zur Geistesgeschichte Hamburgs um die Mitte des 18. Jahrhunderts*, Hamburg 1934; zu Dreyer und Schade vgl. MARTIN MULSOW, *Monadenlehre, Hermetik und Deismus. Georg Schades geheime Aufklärungsgesellschaft 1747–1760*, Hamburg 1998, 88ff.

108 Zu Edelmann in Hamburg vgl. STEFAN WINKLE, *Die heimlichen Spinozisten in Altona und der Spinozastreit*, Hamburg 1988.

zu beobachten. Carpser beispielsweise war Mitglied der Loge Absalom, ebenso Matthias Arnold Wodarch.[109] Johann Joachim Bode arbeitete als Journalist für Georg Schade, war dann Kollege Lessings, bevor er eine beispiellose Karriere bei Freimaurern und Illuminaten startete.[110] In dieser Grauzone zwischen Journalistik und Geheimgesellschaften blühte das liberale Denken und die Rezeption von clandestinen Schriften. Es wird eine Aufgabe der künftigen Forschung sein, die Kanäle zu entdecken, die es zwischen dieser Grauzone und den gelehrten Privatbibliotheken mit ihren „Infernum"-Beständen gab. Denn es muß diese Kanäle gegeben haben – zu gut informiert war man in den heterodoxen Kreisen über Inhalte aus den radikalen Schriften.

Eine Spur führt uns dabei wieder zu Lossaus Bücherschatz. Lossau war 1753 gestorben, doch sein Sohn Carl Ernst August, in dessen Besitz die Bibliothek übergegangen war, hatte Kontakte zu den Freimaurern.[111] Anfang der 60er Jahre wurde er sogar „Meister vom Stuhl" der Loge „St. Georg", während Johann Gottfried von Exter, Zirkeldirektor der Rosenkreuzer, zugleich Provinzial-Großmeister der vereinigten Hamburger Logen war.[112] Nun gibt es die Vermutung – nach Nilüfer Krügers Katalog –, daß die wertvollen Edelmann-Handschriften (Unikate der Autobiographie und der späten Moses-Anblicke) aus der Lossau-Bibliothek gestammt haben könnten und so in die Hamburger Stadtbibliothek gelangt sind. Allerdings fehlen in den Bänden Indizien für diese Vermutung.[113] Falls sie aber richtig sein sollte, dann müssen die Handschriften unter der Ägide von Carl Ernst August Lossau in der Sammlung deponiert worden sein, denn sie stammen aus den späten 50er Jahren, also der Zeit nach dem Tod des Vaters. Dazu würde passen, daß in einem Codex die Edelmann-Handschriften mit einer Geheimbund-Schrift

---

109 Vgl. KOPITZSCH (Anm. 104), 314. Zur Loge vgl. *Allgemeines Handbuch der Freimaurerei. 3. Aufl. von Lennings Encyclopädie der Freimaurerei*, 2 Bde., Leipzig 1900–1901, Bd. 1, 405–419: „Hamburg".

110 Vgl. MULSOW, Monadenlehre (Anm. 107), 202–204.

111 Zu Carl Ernst August Lossau (1726–1881) vgl. SCHRÖDER, Lexikon (Anm. 100), 545–547. Vgl. den anonymen Auktionskatalog von Lossaus Bibliothek: *Catalogus einer auserlesenen Bibliothek aus allen Theilen der Wissenschaften insbesondere der medicinischen Gelehrsamkeit, worunter sich zugleich die mehresten der sogenannten raren Bücher aus der Theologie theils gedruckt, theils im Manuskript, wie auch eine vortreffliche Sammlung von medicinischen Disputationen, und Landcharten befinden, welche 1761 den 1. März und folgende Tage im Hartmannschen Hause bey der Börse durch den Auktionarium, Johann Diederich Klefeker, öffentlich sollen verkauft werden*, Hamburg 1760.

112 Vgl. CARL WIEBE, *Die Große Loge von Hamburg und ihre Vorläufer. Nach den Quellen des Archivs der Großen Loge, der Vereinigten 5 Logen und des Geschichtlichen Engbundes*, Hamburg 1905, 151.

113 KRÜGERS (Anm. 77) Zuschreibung der Handschriften zur Lossau-Provenienz („wie Cod. theol. 1852"), ist nach erneuter Autopsie wenig wahrscheinlich.

von gleicher Kopistenhand zusammengefügt sind (Cod. theol. 1875): einem Text, der in Schades Geheimer Gesellschaft zirkulierte.[114] Ob nun der Lossau-Sohn in die Angelegenheit involviert ist oder doch ein anderer Geheimbündler, der Zusammenhang von Geheimgesellschaften und geheimer Literatur ist evident. Ähnlich evident ist die Sache bei einem der anderen Hamburger bekannten Unbekannten, dem Hofrat Rudolph Johann Friedrich Schmid, einem Sammler von alchemischen Manuskripten, der auch heterodoxe Texte nicht verschmähte, Freund von Lossau, Freund von Edelmann. Auch Schmid war Geheimbündler, möglicherweise Rosenkreuzer; ob er mit von Exter engen Kontakt hatte, wissen wir nicht.[115] Es ist für uns aber sichtbar, daß Manuskripte aus Arpes Besitz an Schmid übergegangen sind.[116]

Bleibt der Blick auf Hermann Samuel Reimarus. Reimarus hatte über seine Herkunft von Wolf und Fabricius her von früh an Zugang zu einer Vielzahl von verbotenen Büchern. Daß er sich Abschriften von einigen dieser Texte gemacht hat, beweist eine Hallenser und eine Kieler Kopie des Traktates *De tribus impostoribus*, die einen Reimarus-Kopisten-Vermerk tragen.[117] Den *Chizzuk Emmunah* hat Reimarus für einen der besten Texte der Christentumskritik gehalten. Während bei Wolf die Kenntnis der Heterodoxa bei aller philologischen Toleranz noch durch dogmatische Festigkeit neutralisiert werden konnte, ist bei Reimarus, wie wohl auch bei Arpe, bei Carpser, bei Schmid, bei Lossau diese Festigkeit ins Schwimmen gekommen und hat vor der Fülle der antireligiösen Argumente kapituliert.[118]

---

114 Vgl. ursprünglich ANNEGRET SCHAPER, *Ein langer Abschied vom Christentum. Johann Christian Edelmann (1698–1767) und die deutsche Frühaufklärung*, Marburg, 1996; korrigiert: MULSOW, Monadenlehre (Anm. 107), 177–187.

115 Zu Schmid vgl. FERDINAND MAACK, *Zweimal gestorben! Die Geschichte eines Rosenkreuzers aus dem XVIII. Jahrhundert*, Leipzig 1912; MARTIN MULSOW, „You only live twice. Charlatanism, Alchemy and Critique of Religion, Hamburg 1747–1761", erscheint in: PETER CRYLE (Hg.), *Charlatanism in the Age of Reason* (Druck in Vorbereitung). Vgl. die Briefe von GABLER an SCHMID in SUB Hamburg, Cod. alchim. 580b, aus den Jahren 1740, 1742, 1744. Ein anderer Band mit Briefen ist noch immer verschollen.

116 SUB Hamburg, Cod. alch. 728, 729 und 733. Die Überschriften der Bände, „Bibliotheca Curiosa", sowie ihre Inhalte machen deutlich, daß sie aus Arpes Sammlung stammen; vgl. MULSOW, Peter Friedrich Arpe collectioneur (Anm. 82).

117 ULB Halle, Ms. Stolb.-Wern. Zd 56, fol. 1–12; Universitätsbibliothek Kiel, Ms. K.B. 89 aus dem Besitz von Johann Albert Hinrich Reimarus. Zu Reimarus' Entwicklung vgl. PETER STEMMER, *Weissagung und Kritik. Eine Studie zur Hermeneutik bei Hermann Samuel Reimarus*, Göttingen 1983; WILHELM SCHMIDT-BIGGEMANN, Einleitung (Anm. 65).

118 Zum *Chizzuk Emmunah* vgl. HERMANN SAMUEL REIMARUS, *Apologie oder Schutzschrift für die vernünftigen Verehrer Gottes*, hg. v. GERHARD ALEXANDER, 2 Bde., Frankfurt a.M. 1972, Bd. 2, 268: „Der R. Isaac [Troki] in seinem Chissuk Emmunah […] widerlegt

Ein Krisenjahr – mit dem ich auch schließen will – scheint für die verbotenen Bücher in Hamburg der Winter 1760/61 gewesen zu sein. In diesem Winter ist Georg Schades Geheimgesellschaft aufgedeckt und Schade auf eine Gefängnisinsel verbannt worden. Schmid stirbt just an dem Tag, in dem der Ausweisungsbefehl für Schade aus Kopenhagen kommt. Allerdings scheint er nicht wirklich gestorben zu sein, sondern – so meine Vermutung – er hat sich abgesetzt, weil er vielleicht Mitglied in Schades Gesellschaft war und Angst haben mußte, durch Mitgliederlisten kompromittiert zu werden. Vielleicht hat er unter Druck seine Bücher der Hamburger Stadtbibliothek vermacht. Jedenfalls ist er später im Jahr noch durchaus lebendig in Kopenhagen gesehen worden.[119] Reimarus war da klüger gewesen und hatte sich trotz aller Avancen nie wirklich auf Schades Gesellschaft eingelassen. Einen Monat später wird die Lossau-Bibliothek versteigert, womöglich ebenfalls aus Gründen vorsichtiger Distanzierung, nun des geheimbündlerischen Lossau-Sohnes – doch schon vor dem Verkauf hatte Johann Melchior Goeze dafür gesorgt, daß die ganzen heterodoxen Bestände vom Hamburger Senat für tausend Mark aufgekauft und damit aus dem Verkehr, aus der Zirkulation gezogen wurden.[120] Goeze hatte begriffen, worum es ging: es war in erster Linie die beispiellose Zirkulation verbotener Schriften in Hamburg und Altona, die den Boden dafür bereitet hatte, daß nun, in den 1750er und 60er Jahren, ein kaum mehr zu kontrollierendes intellektuelles Milieu von Radikalaufklärung in der Hansestadt entstanden war. Und einer der Hauptverursacher dieser Zirkulation ist der doch eigentlich so orthodoxe, in Wittenberg geschulte Pastor der Katharinenkirche gewesen, der große Büchersammler und Connoisseur Johann Christoph Wolf.

---

auch im zweyten Theil seines Werkes alle Deutungen der besonderen Stellen des A.T. die man im Neuen angeführt findet, als falsch und verkehrt; und soferne ist dieser Jude der gründlichste und stärkste Widersacher des Christenthums". Was Reimarus' Benutzung von Wolfs *Bibliotheca Hebraea* und vor allem seiner *Curae* angeht, deren philologischen Scharfsinn er gegen das Christentum richtet, so wäre dies ein ergiebiges Thema eines ganz eigenen Aufsatzes.

119 Vgl. MULSOW, You only live twice (Anm. 115).
120 Zum Aufkauf vgl. Staatsarchiv Hamburg, III A 1u (1760–1763) und III B, Bd. 1 [1760–1767]; dazu CHRISTIAN PETERSEN, *Geschichte der Hamburgischen Stadtbibliothek*, Hamburg 1838; MULSOW, Monadenlehre (Anm. 107), 238ff. Es existiert noch die Liste der Bücher, die damals angekauft worden sind (ich habe vor, diese Liste zu edieren); an erster Stelle ist der handschriftliche Horaz-Kommentar von Beverland genannt. Ob Lossau diesen Text von den Beverland-Sammlern Wolf oder Arpe hatte?

Willhelm Derhams,

Canonici in Windsor, Rectors zu Upminster in Essex, und Mitgliedes der königl. engl. Gesellschaft,

PHYSICO-THEOLOGIE

oder

Naturleitung zu Gott,

durch aufmerksame Betrachtung der Erdkugel und der darauf sich befindenden Geschöpfe,

zum augenscheinlichen Beweise, daß ein Gott, und derselbige ein allergütigstes, allweises, allmächtigstes Wesen sey.

Ins Deutsche übersetzet von C. L. W. und zum Drucke befördert

von

Johann Albert Fabricius,

D. und Profess. des Gymnasii zu Hamburg.

Jetzo aber nach dem englischen Grundtexte von neuem sorgfältig durchgesehen, verbessert, und dem heutigen Sprachgebrauche gemäßer eingerichtet.

Mit Churfürstlicher Sächsischer Freyheit.

Hamburg,

In Verlage Johann Christian Brandts, 1764.

Abb. 6: Titelblatt der von Johann Albert Fabricius herausgegebenen Übersetzung von William Derhams ‚Physico-Theology'

Ist es denn ein Wunder?

Die aufgeklärte Wunderkritik.
Oder: Von Spinoza zu Reimarus

von

JOHANN ANSELM STEIGER

I. Aufklärerische Wunderkritik

Der jüdische Philosoph Baruch Spinoza (1632–1677) war es, der in vielerlei Hinsicht Ergebnisse der späteren christlichen Aufklärungstheologie vorwegnahm und in seinem „Tractatus theologico–politicus"[1] eine scharfe Wunderkritik formulierte. Hiermit war Spinoza keineswegs der erste, wie ein Blick in die vielverhandelte und bis heute nicht auch nur näherungsweise datierbare Schrift *De tribus impostoribus* belegt.[2] Gleichwohl nimmt Spinoza nicht nur wegen der Wirkungsträchtigkeit seiner Schriften eine besondere Position innerhalb der Geschichte der neuzeitlichen Wunderkritik ein. Spinoza leitet seine Lehre von Gott und den göttlichen Eigenschaften nicht vornehmlich aus der Bibel ab. Was Gott ist, erkennt Spinoza vielmehr in der Natur, die die eine Ursubstanz ist, wobei Gott, der das Eine und alles ist, als ein von dieser Substanz unterschiedener nicht gedacht werden kann. Zum Wesen dieser Substanz gehört es, daß sie als eine unendliche, unteilbare und unveränderliche vorgestellt werden muß, die nach unverbrüchlich geltenden Naturgesetzen wirkt und hierbei nur durch sich selbst bestimmt ist und durch nichts außerhalb ihrer selbst liegendes. Ewigkeit (aeternitas) und Unveränderlichkeit (immutabilitas) Gottes sind aus den ewigen Naturgesetzen nicht nur abzulesen, sondern beides läßt sich überhaupt nicht voneinan-

---

1   BARUCH SPINOZA, *Tractatus theologico-politicus. Opera, Werke, lateinisch und deutsch*, hg. v. GÜNTER GAWLICK und FRIEDRICH NIEWÖHNER, Bd. 1, Darmstadt 1979.

2   Anonymus [JOHANN JOACHIM MÜLLER], *De imposturis religionum (De tribus impostoribus). Von den Betrügereyen der Religionen*, hg. v. WINFRIED SCHRÖDER (Philosophische Clandestina der deutschen Aufklärung I,6), Stuttgart-Bad Cannstatt 1999. Die Datierungsvorschläge reichen vom 15. bis ins ausgehende 17. Jahrhundert.

der trennen. Die Unveränderlichkeit der natürlichen Gesetzmäßigkeit *ist* nach Spinoza die göttliche immutabilitas, denn es gibt nur die eine Substanz.[3] Es steht fest, „daß die Natur eine ewige, feste und unveränderliche Ordnung bewahrt" [„aeternum fixum et immutabilem ordinem servare"][4] und daß deswegen nichts gegen die Naturgesetzlichkeit geschehen kann. Die Naturgesetze bilden nicht nur die eine, göttliche substantia ab, sondern Spinoza setzt die Naturgesetze mit der Gott eignenden Natur gleich. Von Gott zu verlangen, „gegen die Naturgesetze zu handeln" [„contra leges naturae agere"], würde bedeuten, von ihm zu erwarten, „gegen seine eigene Natur zu handeln" [„contra suam naturam agere"[5]]. Geschähe etwas gegen die Naturgesetze, so würde es also gleichzeitig „dem Ratschluß, dem Verstand und der Natur Gottes notwendig zuwiderlaufen" [„decreto et intellectui et naturae divinae"[6]]. Die biblischen Wunder sind nach Spinoza durchgehend keine Veranstaltungen, die den Naturgesetzen widersprechen, sondern Dinge, die natürliche Wirkungen von natürlichen Ursachen sind. Nur habe zu biblischer Zeit die Fähigkeit zur Einsicht in diese Kausalzusammenhänge gefehlt. Schließlich sei es ja bereits Mose gewesen, der gelehrt habe, daß aus vermeintlichen Wundern Gott nicht zu erkennen sei. Denn schon Dtn 13,2f. nenne die Wunder Kennzeichen, anhand deren die falschen Propheten erkannt würden.

Der englische Philosoph John Locke (1632–1704) streitet ab, daß dem Menschen bestimmte Ideen angeboren sind, und bezeichnet die menschliche Seele als tabula rasa. Zugleich spricht Locke der Vernunft die Fähigkeit ab, von Wirkungen auf eine Ursache (auch auf die letzte Ursächlichkeit) zu schließen. Hieraus aber leitet Locke in seinerseits rationalistischem Verfahren mit Hilfe von Weissagungs- und Wunderbeweisen die Notwendigkeit einer supranaturalen Offenbarung ab. Der Empirist David Hume (1711–1776) radikalisiert diesen Ansatz, indem er (infolge seiner Kritik am Lockeschen Substanzbegriff) Religiosität als Produkt von Furcht und Streben nach Glückseligkeit apostrophiert. Obgleich Hume einer der schärfsten Kritiker des spinozistischen metaphysischen Systems und des ihm inhärierenden Substanzbegriffs war, gibt es doch in der Wunderfrage durchaus Gemeinsamkeiten zwischen beiden, die sich gerade aus der radikalen Entgegensetzung beider Denker speisen. Im Unterschied zu Descartes hatte Spinoza nicht zwei voneinander unterschiedene Substanzen – res cogitans und res extensa – angenommen,

---

3   Vgl. SPINOZA (Anm. 1), 200.
4   Ebd., 190.
5   Ebd.
6   Ebd.

sondern nur eine, die causa sui ist und Gott genannt wird. Hume dagegen formuliert seine sich nicht nur gegen Spinoza richtende, sondern im Grunde alle metaphysischen Systeme treffende Kritik, indem er die These aufstellt, der Begriff der Substanz komme dem menschlichen Denken lediglich durch Gewohnheit zu. Die Annahme, eine Wirkung müsse eine Ursache haben, ist uns als Ergebnis einer Reihe von sinnlichen Wahrnehmungen bloß zur Denkgewohnheit geworden. Der bloß angenommene Kausalzusammenhang jedoch besteht nicht mit Notwendigkeit. Dementsprechend unterschiedlich ist auch die wunderkritische Argumentationsweise Humes derjenigen Spinozas gegenüber. Denn Hume fragt zunächst nach der Evidenz des schriftlichen Zeugnisses, das von Augenzeugen herrührt, und nach der Vertrauenswürdigkeit dieser Augenzeugen im Vergleich mit der eigenen Wahrnehmung. Wir wissen von Wundern nur durch doppelte Vermittlung, nämlich durch die der Augenzeugen und die des schriftlichen Zeugnisses. „Die Evidenz, welche die Wahrheit der christlichen Religion für uns hat, ist also schwächer als die Evidenz bei der sinnlichen Wahrheit."[7] Einem doppelt vermittelten Bericht jedoch mehr Glauben zu schenken als der eigenen Wahrnehmung, der zufolge keine Wunder geschehen, ist nach Hume unsinnig und unvernünftig: „Niemand kann in ihr [scil. der Augenzeugen; A.S.] Zeugnis gleiches Vertrauen setzen wie in den unmittelbaren Gegenstand seiner Sinne. Eine schwächere Evidenz kann aber niemals eine stärkere zerstören."[8] Obwohl also „die Erfahrung unser einziger Führer bei Denkakten"[9] ist, muß doch damit gerechnet werden, daß die Zeugen der vermeintlichen Wunder einer Sinnestäuschung unterlegen sind. Und eine starke Prädisposition, einer solchen Sinnestäuschung zu unterliegen, ergibt sich aus der geringen Bildung (besonders der Menschen zu biblischer Zeit). Hinzu kommen, so Hume, die „Affekte der Überraschung und des Staunens"[10] sowie die „starke Hinneigung der Menschen zum Außerordentlichen und Erstaunlichen",[11] sprich ihre Sensationslust, weswegen Menschen zum Wunderglauben neigten.

Obendrein spielt auch die Tatsache eine Rolle, daß die Menschen zu allen Zeiten Lügner gewesen sind. Die Testfrage also, mit der jede Wundererzählung hinterfragt werden muß, lautet: Ist es wahrscheinlicher, daß sich Wunder wirklich zugetragen haben, oder aber, daß der Wunder-Erzähler einem Betrug aufgesessen ist oder gar selbst ein Betrüger

---

7 DAVID HUME, *Eine Untersuchung über den menschlichen Verstand*, hg. v. RAOUL RICHTER (PhB 35), Hamburg 1961, 128.
8 Ebd.
9 Ebd., 129.
10 Ebd., 137.
11 Ebd., 138.

ist?[12] „Ich wäge das eine Wunder gegen das andere ab, und je nach der
Überlegenheit, die ich entdecke, fälle ich meine Entscheidung und ver-
werfe stets das größere Wunder."[13] Angewandt auf die biblischen Wun-
derberichte hat diese Testfrage also zu lauten: „Nun bitte ich einen jeden, Hand aufs Herz und nach reiflicher Erwägung zu bekennen, ob
es ihm dünkt, daß die Falschheit eines solchen Buches, das durch solches Zeugnis gestützt wird, außerordentlicher und wunderbarer sein
würde als alle die Wunder, die es berichtet."[14] Hieraus folgt nun, „daß
ein auf menschliches Zeugnis gestütztes Wunder mehr ein Gegenstand
des Spottes als der Widerlegung sei."[15] Nicht die metaphysische Argumentation mit Hilfe der aus der Natur geschlossenen Unveränderlichkeit Gottes wie bei Spinoza führt bei Hume zur Ablehnung der Wunder, sondern die von empiristischen Reflexionen geleitete Frage, ob es
wahrscheinlicher ist, daß ein Wunder geschieht oder der Wunder-Zeuge
ein Betrogener ist. Im Ergebnis jedoch sind beide Arten der Wunderkritik gleich. Beide führen zur völligen Ablehnung einer supranaturalen
Wirkweise Gottes.

Nachhaltig wirksam ist auch die Wunderkritik des französischen
Pädagogen und Philosophen Jean-Jacques Rousseau (1712–1778) gewesen, die er in gebündelter Form im „Glaubensbekenntnis des savoyischen
Vikars" seines Erziehungsromanes „Emil oder über die Erziehung" äußert. Annehmen zu wollen, Gott durchbreche die Naturgesetzlichkeit,
würde nur Zweifel an der Existenz Gottes hervorrufen. „Die unwan-
delbare Ordnung der Natur allein zeigt uns am besten die weise Hand,
die sie regiert. Gäbe es viele Ausnahmen, so wüßte ich nicht mehr, was
ich davon halten soll."[16] Ähnlich wie Hume kritisiert Rousseau an dem
biblischen Zeugnis von der Augenzeugenschaft, daß sie Gott in eine
derartige Menschenferne durch doppelte Vermittlung rückt, daß mit
der Möglichkeit des Betruges ständig gerechnet werden müsse. „Er [scil.
Gott; A.S.] hat andere beauftragt, dir seine Worte mitzuteilen! Ich verstehe: Menschen werden mir sagen, was Gott gesagt hat. Mir wäre lieber,
Gott selbst gehört zu haben. Das hätte ihm nicht mehr Mühe gemacht
und ich wäre vor Verführung sicher gewesen. Er schützt dich davor,
indem er die Sendung seiner Boten bezeugt! Wie denn? Durch Wunder! Und wo sind diese Wunder? In den Büchern! Wie, immer wieder
menschliche Zeugnisse! Immer nur Menschen, die mir berichten, was

---

12   Vgl. ebd., 135f.
13   Ebd., 136.
14   Ebd., 155.
15   Ebd., 145.
16   JEAN-JACQUES ROUSSEAU, *Emil oder über die Erziehung*, hg. v. LUDWIG SCHMIDTS, Pader-
      born 1972, 316.

andere Menschen berichtet haben? Wie viele Menschen zwischen mir und Gott!"[17] Zudem bedeute es, dauernd einen unerträglichen Zirkelschluß vorzunehmen, nämlich einerseits die Wunder durch die Lehren zu bestätigen, um sodann andererseits die Lehren durch die Wunder zu beweisen. „Also muß das Wunder erst wieder durch die Lehre bewiesen werden, nachdem die Lehre durch das Wunder bewiesen wurde [...] Was hältst du von diesem Zirkelschluß?"[18] Glaubwürdig – so Rousseau – könnten Weissagungen und Wunder nur dann sein, wenn sie den Ansprüchen mathematischer Exaktheit genügten, was aber auf die in der Bibel erzählten Wunder nicht zutreffe.[19]

Der englische Deismus[20] nun machte ebenfalls die menschliche Vernunft zum Prinzip der Theologie, woraus sich eine konsequente Bibel-, Dogmen- und Wunderkritik ergab. Das Wort „Deismus" ist von lateinisch „Deus" abgeleitet und wurde ursprünglich als Gegensatz zu „Atheismus" gebildet. Deisten wenden sich gegen die atheistische Leugnung der Existenz Gottes. Sie verstehen sich als vernünftige Verehrer Gottes unter Hintansetzung der kirchlichen Dogmen, insbesondere der Trinitätslehre, der Christologie und der mit ihnen zusammenhängenden Lehrartikel. Dieser Bewegung gehören Gestalten an wie John Toland (1670–1722), Matthew Tindal (1657–1733), William Derham (1657–1735) etc. Nach Ansicht der Deisten ist Gott rein vernünftig zu erkennen und der Kosmos, aus dem die Existenz Gottes zu beweisen ist, eine perfekt eingerichtete Maschine, die Rückschlüsse auf deren Erbauer zuläßt, so wie eine Uhr die Kompetenz des Uhrmachers sichtbar werden läßt, der sie erbaut hat. Verkürzt gesprochen konzentriert sich das deistische Lehrgefüge auf die dem Menschen angeborenen Ideen, die ideae innatae (griechisch: κοιναὶ ἔννοιαι). Nach Edward Herbert of Cherbury (1583–1648) bestehen diese in folgenden Aussagen: 1. Gott ist wirklich. 2. Der Mensch hat die Pflicht, Gott zu verehren. 3. Dieser Dienst geschieht in Tugend und Frömmigkeit. 4. Sünden sind zu bereuen und wiedergutzumachen. 5. Den Menschen erwartet eine Vergeltung, teils im Diesseits, teils im Jenseits.

---

17 Ebd., 315.
18 Ebd., 316f.
19 Vgl. ebd. 319f.: „Und warum haben Weissagungen keine Beweiskraft für dich? Der Aufklärer: Weil dazu drei Dinge gehören, deren Zusammentreffen unmöglich ist; nämlich: Ich muß Zeuge der Weissagung sein; ich muß Zeuge des Eintreffens sein, und man muß mir beweisen, daß das Zusammentreffen des Ereignisses und der Weissagung nicht zufällig ist. Denn wäre sie auch genauer, klarer, einleuchtender als ein geometrischer Satz, so beweist diese Erfüllung, wenn sie wirklich eintritt, nichts für denjenigen, der sie voraussgesagt hat, weil die Deutlichkeit einer aufs Geratewohl gemachten Voraussage die Erfüllung nicht unmöglich macht."
20 Vgl. als Überblick Christof Gestrich, „Deismus", in: TRE 8 (1981), 392–406.

II. Hamburg als Zentrum der Rezeption und Popularisierung der Physikotheologie und des Deismus

Die Aufklärung in Deutschland ist in vielerlei Hinsicht eine verspätete Erscheinung – wie vieles in der deutschen Geschichte. Viele Grundsatz-Diskussionen, die in England und Frankreich weitaus früher geführt worden waren, wurden im deutschen Sprachraum erst zeitversetzt nachgeholt. Derart nachgesessen haben die Deutschen oft, auch in Sachen Revolution und nicht nur diesbezüglich. Versöhnlich stimmt, daß man in Hamburg – wie auch anhand des hier dargestellten Sachzusammenhanges deutlich wird – zumindest in der ersten Reihe nachgesessen hat. Zeitversetzt und verspätet wurden in Deutschland nicht zuletzt auch die Debatten über den Deismus im weiteren und die Wunderkritik im engeren Sinne geführt. Richtig ist, daß schon der Separatist Johann Christian Edelmann (1698–1767) in der ersten Hälfte des 18. Jahrhunderts einen Import deistischen Gedankengutes nach Mitteleuropa betrieben und vieles von Reimarus Geleistete vorweggenommen hat. „So genannte Wunder" sagt Edelmann,

> zumahl, wenn ich sie selber nicht mit Augen sehe, wollen mir, wegen des gar zu grossen und groben Betrugs / der je und allewege damit vorgegangen, gar nicht mehr in den Kopf. Die Verwunderung ist allemahl eine Tochter der Unwissenheit / und diese entweder eine Schwachheit des Verstandes / oder ein Mangel hinlänglichen Unterrichts und Erkentniß.[21]

An diesem Kulturtransfer hatte sich auch Johann Lorenz Schmidt (1702–1749) beteiligt, der 1741 Matthew Tindals Buch *Christianity as Old as the Creation*[22] in deutscher Übersetzung[23] herausgab. Und zutreffend ist auch, daß wenigstens auf akademischer Ebene, etwa im Disputationswesen, eine Auseinandersetzung mit der deistischen Position z.B. Herberts von Cherbury stattgefunden hatte. Diesbezüglich hat sich u.a. der Jenenser spätorthodoxe Theologe Johannes Musäus (1613–1681) hervorgetan,[24]

---

21   JOHANN CHRISTIAN EDELMANN, *Abgenöthigtes Jedoch Andern nicht wieder aufgenöthigtes Glaubens-Bekentniß*. Faksimile-Neudruck der Ausgabe 1746 mit einer Einleitung v. WALTER GROSSMANN, Stuttgart-Bad Cannstatt 1969, 98f.

22   MATTHEW TINDAL, *Christianity As Old As the Creation*. Faksimile-Neudruck der Ausgabe London 1730, hg. v. GÜNTER GAWLICK, Stuttgart-Bad Cannstatt 1967.

23   MATTHEW TINDAL, *Beweis, daß das Christenthum so alt als die Welt sey. Nebst Jacob Fosters Widerlegung desselben*, Frankfurt a.M./Leipzig 1741 (SUB Göttingen 8 TH TH I, 634/11).

24   Vgl. z.B. JOHANNES MUSÄUS, *Dissertatio De Aeterno Electionis Decreto, An ejus aliqua extra Deum causa impulsiva detur, nec ne? In quâ Praemissâ cum quaestionis controversae, tum verae de eâ sententiae, explicatione, Argumentum Ab Executione Petitum pressiùs urgetur, & solidè evincitur [...] Accessit De Luminis naturae insufficientiâ ad salutem Dissertatio*

aber auch der Göttinger Theologe Johann Lorenz von Mosheim[25] (1693–1755). Gleichwohl wird man sagen müssen, daß eine wirklich öffentlich geführte, auch außerhalb des engeren universitären Kontextes hörbar werdende Diskussion der grundstürzenden Anfragen seitens des Deismus damit noch nicht geleistet war. Henning Graf Reventlow urteilt: „Als endlich die ‚Fragmente' ans Licht traten, waren Blickpunkt und Methode (scil. der deistischen Argumentation) schon geistesgeschichtlich überholt."[26] Dem ist prinzipiell zuzustimmen. Jedoch: Diese Aussage hat aus englischer und französischer Perspektive ihre Gültigkeit, kaum jedoch aus derjenigen des deutschsprachigen Kulturkreises.

Es ist der Hamburger Aufklärungsszene zumindest entscheidend mitzuverdanken, nicht nur den soeben benannten Nachholbedarf aufgewiesen, sondern auch Schritte unternommen zu haben, die zu einer Debatte über die Wunderkritik führten. Hier kommt neben Reimarus vor allem dessen Lehrer und Schwiegervater Johann Albert Fabricius[27] (1668–1736) eine wichtige Rolle zu, der einen regelrechten natürlich-theologischen Zirkel um sich scharte, dem auch Reimarus angehörte, und die Physikotheologie in Hamburg pflegte.[28] Fabricius war Professor für Moral und Eloquenz am Hamburger Akademischen Gymnasium, ein Gelehrter von international-europäischem Rang, und äußerte sich als Fachschriftsteller zu einer Fülle von altphilologischen, theologischen und philosophischen Themen. Fabricius nun publizierte im Jahre 1730

Contra Edoardum Herbert De Cherbury [...], Jena 1668 (HAB Wolfenbüttel G 204.4° Helmst. [10]).

25 Vgl. z.B. Johann Lorenz von Mosheim, *Vindiciae antiquae Christianorum disciplinae, adversus Jo. Tolandi, Nazarenum. Editio II, priori longe auctior. Acc. De vita, fatis et scriptis Joannis Tolandi Commentatio* [...], Hamburg 1722 (HAB Wolfenbüttel Te 880) (1. Aufl. Kiel 1720). Vgl. Henning Graf Reventlow, „Johann Lorenz Mosheims Auseinandersetzung mit John Toland", in: *Johann Lorenz Mosheim (1693–1755). Theologie im Spannungsfeld von Philosophie, Philologie und Geschichte*, hg. v. Martin Mulsow u.a. (Wolfenbütteler Forschungen 77), Wiesbaden 1997, 93–110.

26 Henning Graf Reventlow, „Das Arsenal der Bibelkritik des Reimarus. Die Auslegung der Bibel, insbesondere des Alten Testaments, bei den englischen Deisten", in: *Hermann Samuel Reimarus (1694–1768) ein „bekannter Unbekannter" der Aufklärung in Hamburg. Vorträge gehalten auf der Tagung der Joachim-Jungius-Gesellschaft der Wissenschaften Hamburg am 12. und 13. Oktober 1972* (Veröffentlichungen der Joachim-Jungius-Gesellschaft der Wissenschaften Hamburg 18), Göttingen 1973, 44–65, hier 45.

27 Vgl. Jürgen Rathje, „Fabricius, Johann Albert", in: *Literaturlexikon. Autoren und Werke deutscher Sprache*, hg. v. Walther Killy. 15 Bde., Gütersloh/München 1988–1993, Bd. 3, 322f. Ralph Häfner, „Philologische Festkultur in Hamburg im ersten Drittel des 18. Jahrhunderts: Fabricius, Brockes, Telemann", in: *Philologie und Erkenntnis*, hg. v. Ralph Häfner (Frühe Neuzeit 61), Tübingen 2001, 349–380. Vgl. zudem den Beitrag von Häfner in diesem Band.

28 Vgl. Udo Krolzik, „Physikotheologie", in: *TRE* 26 (1996), 590–596.

eine von Christian Ludwig Wiener erstellte Übersetzung der 1713 erstmals erschienenen „Physikotheologie" des englischen Deisten William Derham unter dem Titel: *Physico-Theologie oder Natur-Leitung zu Gott, Durch aufmercksame Betrachtung der Erd-Kugel, und der darauf sich befindenden Creaturen. Zum augenscheinlichen Beweiß Daß ein Gott, und derselbige ein Allergütigstes, Allweises, Allmächtiges Wesen sey* (Hamburg 1730).[29]

Dieses Werk hatte durchschlagenden Erfolg und erfuhr eine beachtliche Menge von Neuauflagen (1732,[30] 1736,[31] 1741,[32] 1750,[33] 1764[34]). Der Titel dieses Buches zeigt bereits dessen Programm: Aus der Betrachtung der Schöpfungswerke sowie der im Kosmos waltenden Harmonie und Vernünftigkeit vernünftig zurückzuschließen auf eine erste Ursache (auf eine prima causa), nämlich Gott, der selbst Inbegriff von Vernunft ist und zur Durchsetzung seines Heilsplanes keiner unvernünftigen Wunder bedarf. Oder kürzer: Ziel ist es, einen kosmologischen Gottesbeweis zu führen. Es ist zurecht bereits mehrfach darauf hingewiesen worden, daß genau dies auch die Programmatik ist, die der Hamburger Poet Barthold Hinrich Brockes[35] (1680–1747) – Reimarus' wohl engster Freund –, nun in eigenständiger und unverwechselbarer Weise, poetisch verarbeitet hat, nämlich in seinem äußerst breit angelegten Werk *Irdisches Vergnügen in GOTT, bestehend in Physicalisch= und Moralischen Gedichten,*[36] das in den Jahren 1721 bis 1748 in neun stattlichen Bänden erschien. Zu klären allerdings bleibt, inwiefern bei Brockes neben dem physikotheologischen Impuls auch und zugleich die lutherisch-barocke, radikale Hinwendung zum Buch der Natur als Erfahrungsraum des Glaubens virulent ist und bleibt, die nicht nur in Johann Arndt und Paul Gerhardt, sondern auch in dem für den Hamburger Kontext einschlägigen Hauptpastor Philipp Nicolai[37] (1556–1608) wichtige Vertreter hat. Wenn Brockes in gebundener Sprache betend Klage und Lobpreis folgendermaßen aufeinander bezieht: „Ach HERR! eröffne mein Verständniß! | Ach gieb mir Weisheit

---

29 Staats- und Universitätsbibliothek Hamburg (fortan: SUB Hamburg) A/12889 und A/1813.

30 ULB Halle/S. AB 44 15/k, 6 (1).

31 SUB Hamburg A 1953/3295.

32 HAB Wolfenbüttel Na 38c.

33 ULB Halle/S. Ig 1173.

34 UB Erfurt 31-Uf 0400.

35 Vgl. Eckart Klessmann, *Barthold Hinrich Brockes* (Hamburger Köpfe o.Nr.), Hamburg 2003. Von der neueren Brockes-Literatur sei an dieser Stelle nur genannt: Hans-Georg Kemper u.a. (Hgg.), *Barthold Heinrich Brockes (1680–1747) im Spiegel seiner Bibliothek und Bildergalerie* (Wolfenbütteler Forschungen 80), Wiesbaden 1998.

36 Barthold Hinrich Brockes, *Irdisches Vergnügen in GOTT, bestehend in Physicalisch= und Moralischen Gedichten,* Hamburg 1735–1748, 9 Bde. (Reprint Bern 1970).

37 Zu Nicolai vgl. den Beitrag von Anne Steinmeier in vorliegendem Band.

und Erkänntniß, | Der Dinge Wesen zu betrachten, | Und in denselben
Dich zu achten, | Weil alles, Dich zu ehren, lehrt! | Nicht nur der Him-
mel Raum, | nicht nur der Sonnen Schein, | Nicht der Planeten Gröss'
allein; | Ein Stäubchen, ist bewunderns wehrt" – wenn also Brockes
derart um die göttliche Aufschlüsselung des liber naturae bittet, indem
er Anleihen macht bei der Sprache des Buches der Schrift, dann lebt
hier – wenngleich in mehreren Brechungen, die näher zu analysieren
wären – die genuin lutherische Hermeneutik der Doppelbuchigkeit der
göttlichen Offenbarung weiter. Und es hallt Luthers abendmahlstheo-
logischer Hymnus nach, der die barocke Schöpfungstheologie zutiefst
motiviert und geprägt hat:[38] „Nichts ist so klein, Gott ist noch kleiner,
Nichts ist so gros, Gott ist noch grösser, Nichts ist so kurtz, Gott ist noch
kürtzer, Nichts ist so lang, Gott ist noch lenger, Nichts ist so breit, Gott
ist noch breiter, Nichts ist so schmal, Gott ist noch schmeler und so fort
an."[39]

Doch zurück zu Fabricius. Noch eine weitere Schrift Derhams gab
Fabricius in Übersetzung heraus, nämlich die *Astrotheologie oder Himmlisches Vergnügen in Gott, Bey aufmercksamen Anschauen des Himmels, und
genauer Betrachtung der Himmlischen Cörper, Zum augenscheinlichen Beweiß,
Daß ein Gott, und derselbige ein Allergütigstes, Allweises, Allmächtiges Wesen
sey* (Hamburg 1728,[40] Neuauflagen: 1732,[41] 1739,[42] 1745,[43] 1765[44]). Diese
Schrift widmete Fabricius seinem Freund Brockes. Artverwandte Schriften aus Fabricius' eigener Feder kamen hinzu: Die *Pyrotheologie Oder Versuch Durch nähere Betrachtung Des Feuers, Die Menschen Zur Liebe und Bewunderung ihres Gütigsten, Weisesten, Mächtigsten Schöpfers anzuflammen*
(Hamburg 1732,[45] Neuauflagen: 1745,[46] 1765[47]) und die *Hydrotheologie
oder Versuch, durch Betrachtung der Eigenschaften, reichen Austheilung und
Bewegung der Wasser die Menschen zur Liebe und Bewunderung ihres [...]*

38 Vgl. JOHANN ANSELM STEIGER, *Fünf Zentralthemen der Theologie Luthers und seiner Erben.
Communicatio – Imago – Figura – Maria –Exempla. Mit Edition zweier christologischer
Frühschriften Johann Gerhards* (SHCT 104), Leiden u.a. 2002, 23ff.
39 MARTIN LUTHER, WA 26, 339, 39–340,1 (Vom Abendmahl Christi, Bekenntnis 1528).
40 SUB Hamburg A/12889.
41 HAAB Weimar R 6: 31.
42 HAB Wolfenbüttel Ne 152.
43 ULB Halle/S. AB 71 B 5/f, 23.
44 HAB Wolfenbüttel Ne 153.
45 SUB Hamburg A/1953/3293.
46 ULB Halle/S. AB 71 B 5/f, 23.
47 HAB Wolfenbüttel Ne 153.

Schöpfers zu ermuntern (Hamburg 1730,[48] Neuauflage: 1734,[49] französisch 1741[50]). Auch hier bedient sich Fabricius der Bezeichnung Gottes als allweisen Uhr-Machers, indem er feststellt:

> Daß ie mehr wir dieses alles erwegen, und ie fleißiger demselben nachdencken, wir allenthalben finden, daß die Welt sey ein mit allem Fleiß gemachtes vortrefliches Uhr=Werck, von dem gütigsten Meister zu den weisesten Absichten bereitet, darin der grösste Ressort ist das Feuer, das Wasser aber, die Lufft und Erde sind die grossen Räder, so künstlich eingerichtet und so genau in einander geflochten, daß durch derselben beständige Wirckungen und Einhalt gegeneinander, die herrlichsten Dinge entstehen, und die nützlichsten Bewegungen unterhalten werden.[51]

Völlig zurecht ist herausgearbeitet worden, daß Fabricius mit diesen Publikationen naturwissenschaftliche Erkenntnisse neueren Datums verbreitet, also popularisiert hat und hierin eine volksaufklärerische Programmatik zu erkennen ist. Hinzu kommt jedoch der Umstand, daß Fabricius auf diese Weise zugleich die Position der deistischen Theologie – oder sagen wir besser: der deistischen Religionsphilosophie – außerhalb des universitär-akademischen Kontextes bekannt gemacht hat, und zwar in einer Weise, wie es vorher noch nicht stattgefunden hatte. Dies dürfte das eigentliche Novum sein. Eine wie wichtige Transferleistung der Übersetzung deistischer Quellen aus dem Englischen ins Deutsche zukam, wird zudem erst in voller Tragweite offenbar, wenn man sich dessen erinnert, daß im ersten Drittel des 18. Jahrhunderts die Englisch-Kenntnisse auch unter deutschen Gelehrten noch meist entweder höchst rudimentär oder gar nicht vorhanden waren.[52]

III. Hermann Samuel Reimarus und dessen *Apologie*

Reimarus bekleidete seit 1727 die Professur für orientalische Sprachen am Akademischen Gymnasium in Hamburg. Er war damit Nachfolger seines Lehrers Johann Christoph Wolf[53] (1683–1739), der in der gelehrten Welt des ausgehenden 17. und beginnenden 18. Jahrhunderts höchste Wertschätzung genoß und entscheidend zum akademischen Ruhm der Hansestadt beigetragen hatte. Reimarus nun hat neben einer Vielzahl von Schriften zu sprachwissenschaftlichen, hebraistischen, bibelphilolo-

---

48   SUB Hamburg A/29196.
49   SUB Hamburg A 1953/3293.
50   HAB Wolfenbüttel Nf 115.
51   Fabricius, Hydrotheologie 1734 (bei Anm. 49), 81.
52   Vgl. Reventlow, Mosheim (Anm. 25), 100.
53   Zu Wolf vgl. den Beitrag von Martin Mulsow in vorliegendem Band.

gischen, naturkundlichen und philosophischen Fragestellungen[54] auch die *Apologie oder Schutzschrift für die vernünftigen Verehrer Gottes* abgefaßt, dieselbe aber nicht publiziert. Gleichwohl muß und darf Reimarus' *Apologie* als die wohl reinste Artikulation des Deismus im deutschsprachigen Kulturkreis bezeichnet werden, der man eigentlich nur noch die Schriften Carl Friedrich Bahrdts[55] (1741–1792) an die Seite stellen kann, der allerdings in vielerlei Hinsicht auf Reimarus fußt. Mit deistischem Gedankengut war Reimarus erstmals auf einer Studienreise nach Holland und England vertraut geworden, die er in den Jahren 1720 und 1721 unternahm. Reimarus wagte sich mit der *Apologie* nicht an das Licht der Öffentlichkeit, machte diese vielmehr handschriftlich nur seinen engsten Vertrauten zugänglich, nämlich seinen Kindern, Brockes, dem Senatssyndikus Johann Klefeker und dem niederländischen Gesandten Mauritius.[56] Zudem verfügte Reimarus, seine Schutzschrift dürfe auch nach seinem Tod nicht veröffentlicht werden. „Die Schrifft mag im Verborgenen, zum Gebrauch verständiger Freunde liegen bleiben; mit meinem Willen soll sie nicht durch den Druck gemein gemacht werden, bevor sich die Zeiten mehr aufklären."[57] Diese Strategie des Verschweigens hatte mehrere Gründe: zum einen die Überzeugung, daß die Zeit noch nicht reif sei für die Promulgation der in diesem Traktat niedergelegten radikal-bibelkritischen Erkenntnisse. Andererseits haben natürlich auch Reimarus' eigene Interessen eine Rolle gespielt. Denn es ist nur schwer vorstellbar, daß er im Falle einer Publikation nicht seines Amtes als Professor am Hamburger Akademischen Gymnasium und damit nicht nur seiner Lebensgrundlage, sondern auch seiner Reputation verlustig

---

54   Wilhelm Schmidt-Biggemann (Bearb.), *Hermann Samuel Reimarus. Handschriftenverzeichnis und Bibliographie*, Göttingen 1979.

55   Vgl. Gert Röwenstrunk, „Bahrdt, Carl Friedrich", in: *TRE* 5 (1980), 132f. sowie DERS., *Anfangsschwierigkeiten eines Rationalisten. Carl Friedrich Bahrdts orthodoxe und pietistische Phase*, Diss. theol. Heidelberg 1977. *Carl Friedrich Bahrdt (1740–1792)*, hg. v. Gerhard Sauder und Christoph Weiss, St. Ingbert 1992. Vgl. weiter Thomas K. Kuhn, „Carl Friedrich Bahrdt. Provokativer Aufklärer und philanthropischer Pädagoge", in: *Theologen des 17. und 18. Jahrhunderts. Konfessionelles Zeitalter, Pietismus, Aufklärung*, hg. v. Peter Walter und Martin H. Jung, Darmstadt 2003, 204–225 sowie *Karl Friedrich Bahrdt. Radikaler deutscher Aufklärer. Bibliographie*, bearb. von Otto Jacob und Ingrid Majewski (Schriften zum Bibliotheks- und Büchereiwesen in Sachsen-Anhalt 69), Halle/S. 1992.

56   Vgl. Franklin Kopitzsch, „Hermann Samuel Reimarus als Gelehrter und Aufklärer in Hamburg", in: *Herrmann* [sic!] *Samuel Reimarus 1694–1768. Beiträge zur Reimarus-Renaissance in der Gegenwart*, hg. v. Wolfgang Walter, Göttingen 1998, 14–22, hier 17.

57   Hermann Samuel Reimarus, *Apologie oder Schutzschrift für die vernünftigen Verehrer Gottes*. 2 Bde., hg. v. Gerhard Alexander, Frankfurt a.M. 1972.

gegangen wäre. Damit wäre dem Hamburger Aufklärungsprozeß[58] in keiner Weise gedient gewesen, denn auch eine Vielzahl von aufklärerischen Projekten, an denen Reimarus und später die „Hamburgische Gesellschaft zur Beförderung der Künste und nützlichen Gewerbe" beteiligt gewesen sind, hätte hierunter empfindlich zu leiden gehabt.

Sechs Jahre nach Reimarus' Tod hat Gotthold Ephraim Lessing (1729–1781) bekanntermaßen damit begonnen, in den Jahren 1774–1778 Auszüge aus Reimarus' *Apologie,* freilich ohne Angabe ihres Verfassers, als *Wolfenbütteler Fragmente eines Ungenannten* in der Zeitschrift *Zur Geschichte und Literatur. Aus den Schätzen der Herzoglichen Bibliothek zu Wolfenbüttel* zu edieren, was zum sog. Fragmentenstreit führte.[59] Die Geschwister Reimarus' hatten Lessing eine handschriftliche Fassung der *Apologie* – wohlgemerkt „nicht für eine Veröffentlichung, sondern als Studienmaterial"[60] – überlassen. Lessing trat mit der Publikation von Auszügen dieser Handschrift genau die Diskussion los, die in Gang zu setzen Reimarus zu seinen Lebzeiten für verfrüht gehalten hat und die – wie Wilhelm Schmidt-Biggemann treffsicher formuliert – in kürzester Zeit zu einem „literar[ischen] Orkan"[61] anschwillen sollte. Erst im Jahre 1972 ist die von Gerhard Alexander erarbeitete Edition des gesamten Textes der *Apologie* veröffentlicht worden.[62] Reimarus' *Apologie* ist darum von so hohem mentalitäts- und theologiegeschichtlichem Wert, weil sie eines der wenigen Zeugnisse einer wirklich tiefreichenden Rezeption des englischen Deismus im deutschsprachigen Kontext darstellt. Das aufgeklärte Hamburg war nicht nur Umschlagplatz von Waren, sondern auch ein offenes Tor für den Import von innovativen Mentalitäten, Umschlagplatz also von Nachrichten, progressiven Druckerzeugnissen, neuen Denkansätzen usw. Das zeigt sich an Reimarus' *Apologie* – und nicht nur an ihr – sehr deutlich.

Nur ein Buch gibt es – so Reimarus –, aus dem Gott zu erkennen ist: Das Buch der Natur, das allein mit den Mitteln der Vernunft zu lesen ist:

---

58   Vgl. hierzu Franklin Kopitzsch, *Grundzüge einer Sozialgeschichte der Aufklärung in Hamburg und Altona* (Beiträge zur Geschichte Hamburgs 21), Hamburg ²1990.

59   Vgl. hierzu z.B. William Boehart, *Politik und Religion. Studien zum Fragmentenstreit (Reimarus, Goeze, Lessing),* Schwarzenbeck 1988.

60   Gerhard Alexander, „Neue Erkenntnisse zur ,Apologie' von Hermann Samuel Reimarus", in: *Zeitschrift des Vereins für Hamburgische Geschichte* 65 (1979), 145–159, hier 159.

61   Wilhelm Schmidt-Biggemann, „Reimarus, Hermann Samuel", in: *Literaturlexikon. Autoren und Werke deutscher Sprache,* hg. v. Walther Killy. 15 Bde., Gütersloh/München 1988–1993, Bd. 9, 351f., hier 352.

62   S. o. Anm. 57.

Es bleibt der einzige Weg, dadurch etwas allgemein werden kann, die Sprache und das Buch der Natur, der Geschöpfe Gottes, und die Spuren der göttlichen Vollkommenheiten, welche darin als in einem Spiegel allen Menschen, so gelehrten als ungelehrten, so Barbaren als Griechen, Juden und Christen, aller Orten und zu allen Zeiten, sich deutlich darstellen.[63]

Damit Gott erkannt werden kann, bedarf es also nur des Buches der Natur, nicht aber der Heiligen Schrift, der die lutherische Theologie nachsagte, Zeugnis einer übernatürlichen Offenbarung Gottes zu sein. Eine übernatürliche Belehrung der Menschen ist nach Reimarus nicht nötig, denn:

Aber so wäre doch kein Grund vorhanden, warum Gott, der nach seiner Weißheit ohne Noht keine Wunder thut, die Quelle solches Erkenntnisses nicht gleich in den zugetheilten Naturkräften gelegt hätte; oder wenn ja die Naturkräfte durch einen Zufall wären geschwächt worden, warum er nicht, nach seiner Güte und Macht, die verlornen lieber, durch ein eintziges Wunder, in dem Stamvater wieder herstellte, als daß er alle Tage an allen Orten in jedes Menschen Verstande übernatürliche Wirkungen hervor bringen wollte.[64]

Hieran zeigt sich: Gott, dem Reimarus unterstellt, Vernunft in ihrer reinen Darstellung zu sein, verfährt innerhalb seiner Selbstkundgabe nach den (in Hamburg weitenteils auch heute noch den Ton angebenden) Prinzipien der wirtschaftlichen Rationalität, der Ökonomie und der Sparsamkeit. Eine übernatürliche, supranaturale Kundtuung des göttlichen Willens ist auch darum ausgeschlossen, weil dies voraussetzte, daß Gott stetig Wunder tut.

Wenn wir nun erstlich das äußerste setzen, daß Gott allen und jeden Menschen, zu allen Zeiten und an allen Orten, ein übernatürliches Erkenntnis unmittelbar offenbarete: so müßten wir zugleich annehmen, daß alle Augenblick und allenthalben bei allen Menschen Wunder geschähen. Denn eine Wirkung, die in der Natur keinen Grund hat, oder übernatürlich ist, ist ein Wunder. Daß aber Gott stets Wunder tun sollte, ist seiner Weisheit zuwider. Beständige Wunder stören die Ordnung und den Lauf der Natur beständig, welche doch Gott selbst weislich und gütig gesetzt hatte.[65]

Hieran zeigt sich: Reimarus hat in der Tat – worauf Gerhard Alexander zurecht hingewiesen hat – nicht dem ontologischen, sondern dem phy-

---

63 REIMARUS, in: GOTTHOLD EPHRAIM LESSING, Werke. 8 Bde., hg. v. HERBERT G. GÖPFERT, Darmstadt 1970–1979, Bd. 7, 387.

64 REIMARUS, Apologie (Anm. 57), I, 183. Vgl. REIMARUS, in: LESSING (Anm. 63), 387: „Sollten die Menschen zu ihrem Zweck, dazu sie Gott geschaffen, eine mehrere Fähigkeit und Erkenntnis haben müssen, als sie jetzt erhalten können: so würde Gott selbiges in der Natur oder natürlichen Kräften des Menschen gelegt haben."

65 REIMARUS, in: LESSING (Anm. 63), 345.

sikotheologischen Gottesbeweis den Vorzug gegeben.[66] Doch Reimarus
ging noch weiter. Wenn ein übernatürliches Eingreifen Gottes unmöglich ist, dann fällt damit nicht nur die Glaubwürdigkeit der biblischen
Wundererzählungen dahin, etwa derjenigen vom Durchzug des Volkes
Israel durch das Schilfmeer. Vielmehr ist dann ebenso an den Wundern,
die Jesus bewerkstelligt hat, grundsätzlich zu zweifeln und auch das
Wunder der Auferstehung Jesu zu negieren: Der Leichnam Jesu wurde
von seinen Jüngern gestohlen, um das Scheitern der politischen Mission
eines Messiasprätendenten – mehr war Jesus in der Sicht des Reimarus
nicht – zu kaschieren und ihm eine göttliche und heilsgeschichtliche
Würde andichten zu können.

Die aufgeklärte Wunderkritik bemühte sich um eine natürliche, mithin vernünftige Erklärung der biblischen Wundererzählungen. Man
ging hierbei von dem dogmatischen Grundaxiom aus, daß die Welt eine
von der Allweisheit Gottes hervorgebrachte Maschine sei, die nach un-
verbrüchlichen Naturgesetzen ablaufe. Anzunehmen, daß Gott übernatürlich durch Wunder eingreife und die Naturgesetze für eine Zeit
außer Kraft setze, ist dieser Sicht der Dinge zufolge unmöglich, denn
damit wäre ja gesagt, daß Gott nicht allmächtig und allwissend ist, weil
er die Maschine anfangs nicht derart einzurichten im Stande war, daß
sie mit seinem Heilsplan harmoniert.

Auf seiten der zeitgenössischen Orthodoxie sah man sich herausgefordert, die Wunder zu verteidigen. Man tat dies, indem man versuchte
darzulegen, daß vernünftig betrachtet sehr wohl Wunder möglich sind.
Diese apologetische Strategie läßt sich u.a. sehr prägnant an der Argumentation beobachten, die der Hamburger Hauptpastor Johann Melchior
Goeze (1717–1786)[67] an den Tag gelegt hat.[68] Wir begegnen hier einer Orthodoxie, die sich im Unterschied zu derjenigen des 17. Jahrhunderts auf
die Fahne geschrieben hatte, die traditionellen Glaubensinhalte auf eine

---

66 Vgl. GERHARD ALEXANDER, „Der Einfluß von Hermann Samuel Reimarus auf Moses
    Mendelssohn", in: *Begegnung von Deutschen und Juden in der Geistesgeschichte des 18.
    Jahrhunderts*, hg. v. JAKOB KATZ und KARL HEINRICH RENGSTORF, Tübingen 1994, 17–24,
    hier 20.

67 Vgl. *Johann Melchior Goeze 1717–1786. Abhandlungen und Vorträge*, hg. v. HEIMO REI-
    NITZER (VB 8), Hamburg 1986. *Verspätete Orthodoxie. Über D. Johann Melchior Goeze
    (1717–1786)*, hg. v. HEIMO REINITZER und WALTER SPARN (Wolfenbütteler Forschungen
    45), Wiesbaden 1989. ERNST-PETER WIECKENBERG, „Angst vor der Aufklärung? Der
    Hamburger Hauptpastor Goeze und die aufgeklärten Theologen", in: *Aufklärung im
    21. Jahrhundert. Vorträge*, hg. v. HELWIG SCHMIDT-GLINTZER (Wolfenbütteler Hefte 18),
    Wiesbaden 2004, 107–153.

68 Vgl. hierzu GERHARD FREUND, *Theologie im Widerspruch. Die Lessing-Goeze-Kontroverse*,
    Stuttgart u.a. und LOTHAR STEIGER, „Die ‚gymnastische' Wahrheitsfrage. Lessing und
    Goeze", in: *EvTh* 43 (1983), 430–445.

vernünftige Weise erweislich zu machen. Man spricht darum von einer vernünftigen Orthodoxie, also von einer solchen, die selbst bereits Kind der Aufklärung ist, insofern sie die Vernunft zum Fokus jeglicher theologischer Reflexion erhob. Hierbei griff man seit Siegmund Jacob Baumgarten[69] (1706–1757), dem Lehrer Johann Salomo Semlers (1725–1791), aber auch Goezes, insbesondere auf das philosophisch-mathematische Subsumtionsverfahren des Hallenser Philosophen Christian Wolff (1679–1754) zurück. Innerhalb der vernünftigen Orthodoxie wuchs den biblischen Wundererzählungen eine zuvor nicht dagewesene Bedeutung zu. Sie wurden nun verstanden als vernünftig nachvollziehbare Beweise der Messianität und Gottheit Jesu. Mit der Wunderkritik aber drohte ein wesentliches Fundament der Beweisbarkeit der Gottheit Jesu zu schwinden.

Letztlich also waren Rationalismus und vernünftige Orthodoxie innerhalb dieser Konstellation gefangen. Reimarus hatte vernünftig die Unmöglichkeit von Wundern nachgewiesen. Goeze und Konsorten indes bewiesen vernünftig die Möglichkeit der Wunder u.a. mit der Frage: Wer kann wissen, ob das, was wir für Wunder, mithin für der Naturgesetzlichkeit nicht gemäß halten, nicht auf einer höheren Ebene doch mit solchen Naturgesetzen harmoniert, die wir nur noch nicht erforscht und darum auch nicht erkannt haben? Es stand also Vernunft gegen Vernunft – eine Situation, die sich Lessing zunutze zu machen wußte und die später der Philosoph Hegel in seiner *Phänomenologie des Geistes* als das platte Bewußtsein gegeißelt hat.[70]

Reimarus' Sicht der Dinge sowie sein Indizienbeweis dafür, daß die Auferstehung Jesu nicht stattgefunden hat, hat der neuzeitlichen Theologie nicht nur grundstürzende Anfragen bereitet und die sog. Leben-Jesu-Forschung entscheidend mitbegründet. Nicht von ungefähr lautet der Titel der ersten Auflage von Albert Schweitzers Werk über die Geschichte der Leben-Jesu-Forschung *Von Reimarus zu Wrede* (1906). Auch tauchen die Zweifel an der Historizität der Auferstehung Jesu seit Reimarus immer wieder von neuem auf. Ich erinnere nur an Gerd Lüdemanns entsprechende Position und die Diskussionen um sie in den vergangenen Jahren. Auch, wenn man Reimarus' Indizienbeweis nicht für überzeugend hält, muß man Reimarus doch zugute halten, daß er seine Argumente in einer derart radikalen, stilistisch glänzenden und argumentativ bestechenden Art und Weise vorgetragen hat, wie man dies nach ihm kaum mehr wird wiederfinden können. Dagegen nimmt

---

69 Vgl. MARTIN SCHLOEMANN, *Siegmund Jacob Baumgarten. System und Geschichte in der Theologie des Überganges zum Neuprotestantismus* (FKDG 26), Göttingen 1974.

70 Vgl. GEORG FRIEDRICH WILHELM HEGEL, *Phänomenologie des Geistes*, hg. v. JOHANNES HOFFMEISTER (PhB 114), Hamburg ⁶1952, 400.

sich der spätere sog. theologische Rationalismus, der alle Wunder leugnete, nur dasjenige der Auferstehung Jesu nicht,[71] wie eine weichgespülte, letztlich inkonsequente Fassung des Reimarusschen Entwurfes aus.

IV. Matthias Claudius und die Wunder

Reimarus indes hat nicht nur das Verdienst, die soeben knapp benannte Diskussion zumindest vorbereitet und den Stoff für dieselbe geliefert zu haben. Vielmehr hat er damit zugleich die Voraussetzung geschaffen für eine Neubesinnung darauf, was von den Wundern abseits von der progressiv-vernünftigen wie der traditionell-vernünftig-orthodoxen Position zu halten sei. Als Beispiel hierfür mag ein weiterer in Hamburg wohlgelittener Kopf dienen, nämlich Matthias Claudius (1740–1815). Er steht sowohl dem Rationalismus als auch der vernünftigen Orthodoxie kritisch gegenüber und sagt:

> Aber der Geist der Religion wohnt nicht in den Schalen der Dogmatik, hat sein Wesen nicht in den Kindern des Unglaubens, noch in den ungeratenen Söhnen und übertünchten Gräbern des Glaubens, läßt sich wenig durch üppige glänzende Vernunftgründe erzwingen, noch durch steife Orthodoxie und Mönchswesen.[72]

Claudius greift in einer unverwechselbaren Art auf die reformatorischen Grundlagen der Theologie zurück und entwickelt in seinen Beiträgen zum *Wandsbecker Bothen* eine höchst originäre narrativ-poetische Theologie, die sich allein an der Heiligen Schrift ausrichtet. „Wenn ich bei der Quelle stehe, warum soll ich nicht aus der Quelle trinken; so bin ich doch sicher vor dem Unrat am Eimer."[73]

Nach Claudius stehen die Wunder nicht für sich, sondern sind sichtbare Kommentare zur Verkündigung Jesu, also verba visibilia. „Und alle sichtbare Werke und Wunder waren nur seine kleinere und Nebenwerke, die er verrichtete und tat, um die Menschen über die größeren zu belehren und ihnen durch das, was sie sahen, die Augen zu öffnen über das, was sie nicht sahen."[74] Die wunderbare Heilung des Gichtbrüchi-

---

71 Vgl. hierzu JOHANN ANSELM STEIGER, „Rationalismus III: Kirchengeschichtlich", in: *RGG*[4] 5 (2004), 49–52.

72 MATTHIAS CLAUDIUS, *Sämtliche Werke. Gedichte, Prosa, Briefe in Auswahl*, hg. v. HANNS-LUDWIG GEIGER, München o.J., 66. Vgl. JOHANN ANSELM STEIGER, *Matthias Claudius (1740–1815). Totentanz, Humor, Narretei und Sokratik. Mit dem Totentanz von J.K.A. Musäus und J.R. Schellenberg (1785) und zahlreichen weiteren Illustrationen*, Heidelberg 2002.

73 CLAUDIUS, Werke (Anm. 72), 66.

74 Ebd., 450.

gen (Mt 9,2–8) hat Jesus nicht um ihrer selbst willen vollbracht und auch nicht, um seine Gottheit unter vernünftigen Beweis zu stellen. Vielmehr hat Jesus durch die Heilung auf Höheres hinweisen wollen, nämlich darauf, daß es eine Vergebung der Sünden gibt. Hierin stimmt Claudius mit Martin Luthers Interpretation der biblischen Wundergeschichten überein: Das eigentliche Wunder besteht gar nicht einmal darin, daß der Gichtbrüchige geheilt wird. Sondern dies ist das wahre Wunder: Daß jeder, der glaubt, allein um seines Glaubens willen geistlich-innerlich heil wird, um in der Folge dieses geistlichen Heilungsprozesses – und sei es erst dereinst am Jüngsten Tag – auch von allen körperlichen Krankheiten, Gebrechen, ja selbst vom Tod des Leibes befreit zu werden. Dieses tröstliche Evangelium von der Sündenvergebung nun verkündet der Sohn Gottes nicht nur verbal, sondern versieht seine Worte mit Zeichenhandlungen, mit sichtbaren Worten, die nur recht interpretiert werden, wenn sie im Kontext der Predigt Jesu gedeutet werden.

Ähnlich verhält es sich – so Claudius, auch hier wieder in Übereinstimmung mit Luther – mit der Auferweckung des Jünglings zu Nain (Lk 7,11–17). Sie interpretiert Claudius einerseits als eine Vorwegnahme der allgemeinen Totenauferstehung am Jüngsten Tag. Andererseits aber ist sie eine sinnlich nachvollziehbare Epiphanie dessen, was geistlich mit allen Menschen geschieht, die glauben und dadurch eine neue Kreatur werden. Um diese geistliche Neuwerdung, die sich jetzt schon vollziehen kann, sichtbar vor Augen zu führen, erweckte Jesus den Jüngling zu Nain.

> Die Auferweckung eines Toten ist freilich ein großes Werk; aber es gibt noch ein größeres. Wie Geist [...] größer und edler ist als Leib und Mechanismus; so ist auch die Auferweckung des geistlichen Jünglings zu Nain oder die Herstellung unsers Geistes in seine ursprüngliche Herrlichkeit ein ander Werk. Aber dies hohe und eigentliche Werk Christi ist unsichtbar. Damit wir aber wüßten, daß er der von der Welt erwartete und von allen guten Menschen begehrte Held und Helfer sei und Macht habe, den erstorbenen Geist des Menschen zu wecken, so weckte er leiblich Tote.[75]

Die Frage nach der Möglichkeit bzw. Unmöglichkeit von Wundern ist nach Claudius nur eine Nebensache. In diese Nebensache jedoch haben sich sowohl die Wunderkritiker als auch die orthodoxen Verteidiger verschanzt und dringen zum eigentlich Interessanten nicht mehr vor. Sie verabsolutieren die Nebenwerke Jesu, die nur sinnliche Abbilder des eigentlichen Wunders sind, nämlich der dem Menschen schon jetzt möglichen Erneuerung durch das Versöhnungswerk Christi. Auch die vernünftigen Orthodoxen, die die Wunder zu infalliblen Beweisen

---

75 Ebd.

der Gottheit Christi hochstilisieren, haben – so weist Claudius ihnen
nach – nicht begriffen, daß Jesus durch seine Wunder gerade den Blick
von sich weglenkt auf Gott. Was Reimarus betreibt, ist eine vernünftige
Apologie der Vernunft. Was Goeze dagegen formuliert, ist eine vernünftige Apologie der übervernünftigen Offenbarung. Aus diesem apologetischen Korsett bricht Claudius aus und formuliert die reformatorische
Wunderauffassung neu.

Das eigentliche Wunder also besteht darin, daß der Alltag, die empirische Wirklichkeit transparent wird für Jenseitiges und Göttliches.
Nach Reimarus sind Wunder vernünftig betrachtet unmöglich. Seine
neo-orthodoxen Gegner haben dagegen versucht, die vernünftige Notwendigkeit der Wunder nachzuweisen. Claudius indes würde Reimarus
Recht geben: Wunder sind rational betrachtet ausgeschlossen. Nur eine
andere Konsequenz zieht der Wandsbecker Bote daraus, nämlich: Der
Glaube erkennt in den biblischen Wundererzählungen Einbrüche des
Reiches Gottes in die Zeit, also Vorwegnahmen, Prolepsen der Endzeit.
Ist es denn ein Wunder? Nein, ist es nicht, denn das eigentliche Wunder,
eben das Letzte, steht noch aus. Da werden wir noch Augen machen und
uns wundern allemal der Dinge, die kein Auge gesehen hat, und kein
Ohr gehöret hat, und in keines Menschen Herz gekommen ist, das Gott
bereitet hat, denen die ihn lieben (1Kor 2,9).

Abb. 7: Gotthold Ephraim Lessing

Ein Trojaner

Lessings Reimarus-Fragmente als Anfrage an die zeitgenössische Theologie

von

GERHARD FREUND

I. Ein Trojaner?

In den Jahren 1777–78 veröffentlichte Lessing als Leiter der Herzoglichen Bibliothek in Wolfenbüttel in der Zeitschrift „Zur Geschichte und Literatur. Aus den Schätzen der Herzoglichen Bibliothek zu Wolfenbüttel" sieben von ihm so genannte „Fragmente eines Ungenannten" und fügte mit den „Gegensätze[n] des Herausgebers" seinen ersten Diskussionsbeitrag bei. Die Auswahl der Fragmente mit ihrer steigenden theologiekritischen Brisanz und nicht zuletzt auch Lessings Inszenierung der öffentlichen Diskussion, die weit über akademische Foren hinausreichte, nährten den Eindruck, dass der Ungenannte Lessings trojanisches Pferd war, das getreu dem alten mythologischen Vorbild unter berechnender Kriegslist den Feind in die Festung der zeitgenössischen Theologie einzuschleusen gedachte, um eine feindliche Übernahme vorzubereiten.

Der „Ungenannte" – ein „Trojaner" Lessings – in der Computersprache zumeist ein arglistiges Programm, das sich unter dem Schein der Harmlosigkeit in die Sicherheitslücken eines fremden Systems einschleust, um es auszuspionieren, zu überwachen und gar fern- und fremd zu steuern?[1]

Um dem dringlichen Tatverdacht nachzugehen, lassen Sie uns das Pferd und seinen brisanten Inhalt mitsamt dem Reiter sowie das trojanische Szenario der protestantischen Theologie zur Lessingzeit betrachten. Leitfrage ist: Welche Ziele verfolgte der Schriftsteller und „Liebha-

---

1 Missverständlich als „Trojaner" abgekürzt werden in der Computersprache solche Programme bezeichnet, die etwas anderes tun, als sie vorgeben, zum Beispiel in einem System unbemerkt Schadsoftware einschleusen. In der griechischen Mythologie (in Homers Odyssee, 8. Gesang) war das Trojanische Pferd bekanntlich eine Kriegslist, mit deren Hilfe die Griechen den Trojanischen Krieg gewannen.

Abb. 8: Johann Melchior Goeze

ber der Theologie"[2] mit der Publikation und Diskussion der Fragmente? Und wieweit konnte er seine Ziele erreichen?

In ersten Teil stelle ich die theologiekritische Brisanz und Eigenart der Reimarus-Fragmente vor (II); der zweite Teil ist Lessings Inszenierung des Fragmentenstreits gewidmet (III); der dritte Teil skizziert drei apologetische Gegenpositionen (IV). Bleibt die Frage, inwiefern es den theologischen Respondenten gelungen ist, eine angemessene Antwort auf die durch die Fragmente und Lessing gestellte theologische Wahrheitsfrage zu finden – dazu einige bilanzierende Notizen am Schluss (V).[3]

II. Das trojanische Pferd

Ein Unbekannter war der ungenannte Fragmentist sowenig wie sein nachmalig schärfster Kritiker unter den Kirchenleuten. Beide waren angesehene Bürger des „nordischen Zion" – wie das konfessionell noch weitgehend geschlossene lutherische Hamburg genannt wurde. Dass kein Zweifel sich in der festen Burg einnistete, darüber wachte Johann Melchior Goeze, Hauptpastor an St. Katharinen, zeitweise auch Senior des Geistlichen Ministeriums,[4] unterstützt von einer breiten Allianz der Religionsfreunde, die sich zur Verteidigung der Religion gegenüber Atheismus und Materialismus zusammengeschlossen hatten. Einer ihrer angesehensten Köpfe und Lobredner der Religion war ausgerechnet derselbe, den Lessing die Saat des Zweifels ausstreuen ließ – Hermann Samuel Reimarus, Professor für orientalische Sprachen am akademischen Gymnasium und Autor zahlreicher historisch-philologischer und religionsapologetischer Schriften,[5] vor allem der viel gerühmten und weit verbreiteten „Vornehmsten Wahrheiten der natürlichen Religion".[6]

---

2 GOTTHOLD EPHRAIM LESSING, „Axiomata, wenn es deren in dergleichen Dingen gibt", in: LESSING, H 8, 130. Die theologiekritischen und philosophischen Schriften Lessings, die Reimarus-Fragmente sowie Goezes Streitschriften werden zitiert nach den von HELMUT GÖBEL bearbeiteten Bänden 7 und 8 der Lessing-Werkausgabe aus dem Hanser-Verlag, hg. v. HERBERT G. GÖPFERT, München 1976–1979 (im folgenden zit.: H), die übrigen Lessing-Schriften nach Gotthold Ephraim Lessings sämtliche Schriften, hg. v. KARL LACHMANN und FRANZ MUNCKER, Stuttgart 1886ff., Nachdruck Berlin 1968 (im folgenden zit.: LM).

3 Zum ganzen vgl. GERHARD FREUND, Theologie im Widerspruch. Die Lessing-Goeze-Kontroverse, Stuttgart 1998.

4 Von 1760–1770.

5 Zur Bibliographie vgl. WILHELM SCHMIDT-BIGGEMANN, Hermann Samuel Reimarus. Handschriftenschriftenverzeichnis und Bibliographie (Veröffentlichung der Joachim Jungius-Gesellschaft der Wissenschaften Hamburg 37), Göttingen 1979.

Als Lessing die Fragmente veröffentlichte, wussten nur wenige um die wahre Identität des Anonymus und von seinem religionskritischen Lebenswerk. Zeitlebens galt Reimarus als loyaler Sohn seiner Stadt und Religion – das bezeugen sein öffentliches Wirken, seine zahlreichen wissenschaftlichen Publikationen nicht weniger als sein Ansehen als „eine wahre Zier, wie des Gymnasiums, als unsrer ganzen Stadt" wie der Dichter des „Irdischen Vergnügens in Gott", Barthold Heinrich Brockes, seinen illustren Hamburger Freund rühmte.[7]

In lebenslangem Studium hatte Reimarus eine „Apologie oder Schutzschrift für die vernünftigen Verehrer Gottes"[8] – so der Titel des Buches – zusammengestellt, die er zur „eigenen Gemüthsberuhigung"[9] verfasst hatte, wohl wissend, dass es bei einer Veröffentlichung mit seinem irdischen Vergnügen ein jähes Ende nehmen würde.[10] Im Vorwort schildert Reimarus die Genese seines Zweifels an dem ererbten Katechismusglauben und Stationen seiner kritischen Auseinandersetzung mit Bibel und Dogmatik. Sein Ziel war es – auch hier Erbe seiner Religion –, sich Gewissheit zu verschaffen, worauf er im Leben und Sterben mit vernünftiger Einsicht bauen könne.[11]

Um sein Resultat gleich vorwegzunehmen: Allein die vernünftige praktische Religion, nicht aber die Offenbarungsreligion, entspricht den Wahrheitskriterien vernünftiger Erkenntnis und obendrein dem Kern christlichen Glaubens, „weil Christus nichts anders als eine vernünftige praktische Religion gelehret hat".[12] Mit der kritischen Destruktion des Offenbarungsglaubens und seiner Reduktion auf eine praktische Vernunftreligion ging es Reimarus vornehmlich um die eigene Selbstvergewisserung und Verteidigung für den Fall eines Prozesses gegen die Anhänger der vernünftigen Religion. Und es entsprach dem politisch-konservativen Habitus eines Reimarus wie auch anderer zeitgenössischer

---

6   Erstauflage 1754 unter dem Titel: *Die vornehmsten Wahrheiten der natürlichen Religion in zehn Abhandlungen auf eine begreifliche Art erkläret und gerettet von Hermann Samuel Reimarus Professor in Hamburg*, Hamburg 1754, drei Neuauflagen zu Lebzeiten, weitere Auflagen postum, Übersetzungen ins Holländische und Englische, auszugsweise auch ins Französische, vgl. Bibliographie (Anm. 5), Nr. 42–51. Neu hg. in: HERMANN SAMUEL REIMARUS, *Gesammelte Schriften*, 2 Bde., hg. v. GÜNTER GAWLICK, Göttingen 1985.

7   Zitiert nach CARL MÖNCKEBERG, *Hermann Samuel Reimarus und Johann Christian Edelmann* (Galerie hamburgischer Theologen 5), Hamburg 1867, 42.

8   HERMANN SAMUEL REIMARUS, *Apologie oder Schutzschrift für die vernünftigen Verehrer Gottes*, 2 Bde., hg. v. GERHARD ALEXANDER, Frankfurt a.M. 1972.

9   Ebd., I, 41.

10   Ebd., I, 129; vgl. FREUND (Anm. 3), 92.

11   Ebd.

12   Ebd., I, Vorbericht, 64; vgl. auch FREUND (Anm. 3), 97.

Aufklärer, auf eine „Aufklärung von oben" durch einsichtige Regenten und intellektuelle Eliten zu setzen.[13] Solange sollte seine Schrift unveröffentlicht bleiben, um den „gemeinen Hauffen" nicht in einen „wütenden Religionseiffer" zu versetzen[14] und den „intoleranten Theologis" keinen Vorwand zu bieten, „die alten Kunstgriffe zur Unterdrückung einer vernünftigen Religion hervor [zu] suchen".[15]

Während seines Hamburger Aufenthalts in den Jahren 1767–70 hatte Lessing von den Erben des 1768 verstorbenen Reimarus ein Manuskript der „Apologie" in einer früheren Fassung zu treuen Händen erhalten mit der Auflage, die Anonymität des Autors zu wahren.[16] Im Herbst 1774 schmuggelte Lessing das erste Fragment „Von Duldung der Deisten" als vorgebliches Bibliotheks-Fundstück in die zensurfreien „Wolfenbüttler Beiträge" ein. Anfang 1777 folgten rasch weitere sechs Probierstücke: „Von der Verschreiung der Vernunft auf den Kanzeln", „Unmöglichkeit einer Offenbarung, die alle Menschen auf eine gegründete Art glauben könnten", „Durchgang der Israeliten durchs Rote Meer", „Dass die Bücher des A.T. nicht geschrieben wurden, eine Religion zu offenbaren"; schließlich das Fragment „Über die Auferstehungsgeschichte", zusammen mit den „Gegensätze[n] des Herausgebers" und den ersten 53 Paragraphen der „Erziehung des Menschengeschlechts". Auf der Höhe des Fragmentenstreits folgte im Mai 1778 das letzte wohl brisanteste Fragment „Vom Zwecke Jesu und seiner Jünger", das u.a. dazu beitrug, dass die Zensurfreiheit für Lessings „Beiträge" aufgehoben und das Manuskript der „Apologie" konfisziert wurde.

Die Fragmente bieten einen repräsentativen Ausschnitt aus der systematischen Vernunftkritik der „Apologie" an dem orthodox-lutherischen Lehrsystem und der sie normierenden biblischen Überlieferung. Reimarus schöpft aus dem breiten Arsenal deistischer Bibelkritik vornehmlich angelsächsischer Herkunft.[17] Originär ist seine Kritik in der

---

13 Vgl. WILLIAM BOEHART, *Politik und Religion. Studien zum Fragmentenstreit (Reimarus, Goeze, Lessing)*, Schwarzenbeck 1988, 103f., vgl. FREUND (Anm. 3), 47.

14 REIMARUS, Apologie (Anm. 8), I, 42.

15 Ebd., I, 58.

16 Vgl. GERHARD ALEXANDER in seiner Einleitung zu REIMARUS, Apologie (Anm. 8), 16f. Dass Reimarus der Verfasser der Apologie war, wurde erst öffentlich, als sein Sohn Johann Albert Hinrich Reimarus 1814 je ein Exemplar der Hamburger Stadtbibliothek und der Universitätsbibliothek Göttingen übergab. Vgl. ebd., 17.

17 Vgl. HENNING GRAF REVENTLOW, „Das Arsenal der Bibelkritik des Reimarus. Die Auslegung der Bibel, insbesondere des Alten Testaments, bei den englischen Deisten", in: *Hermann Samuel Reimarus (1694–1768) ein ‚bekannter Unbekannter' der Aufklärung in Hamburg* (Veröffentlichung der Joachim Jungius-Gesellschaft der Wissenschaften Hamburg 18), Göttingen 1973, 44ff. Vgl. auch GÜNTER GAWLICK, „Der Deismus als Grundzug der Religionsphilosophie der Aufklärung", in: ebd., 15–43.

systematischen Konsequenz,[18] mit der sie in das theologische und politische Koordinatensystem des zeitgenössischen lutherischen Protestantismus eingreift; deutlich verrät sie auch den Kontext des nicht erst zu Goezes Zeiten streitbaren Hamburger Luthertums.[19] Wenn Reimarus im Fragment „Von Duldung der Deisten" die Gefährdung der Anhänger einer nur vernünftigen Religion beklagt, spiegelt sich eine durchaus realistische Einschätzung der kirchenpolitischen Situation wider. Exempel der Verfolgung und Intoleranz gegen Dissidenten gab es reichlich zu seinen Lebzeiten.[20]

So werben die ersten beiden Fragmente um religiös-kirchliche und politische Toleranz gegenüber den Anhängern der vernünftigen Religion und um den freien Gebrauch der Vernunft auch auf dem Feld der christlichen Religion, die laut Reimarus durch Aberglaube und theologisch gebundene Vernunft verdunkelt wird. Den Protestantismus nimmt er beim Anspruch, dass sein „Christentum mit der gesunden Vernunft sehr wohl bestehen könne, und sich für deren Prüfung gar nicht zu scheuen habe; ja dass die Vernunft selbst eine Wegweiserin zum Christentume sei".[21] Mit der vernunftimmanenten Auslegung biblischer Beweisgründe für eine dogmatische „Gefangennehmung der Vernunft unter den Gehorsam des Glaubens" stellt er schließlich das biblische Recht des suprarationalistischen Religionssystems in Frage.

Zu welcher Kraft die kritische Vernunft gereift ist, beweist Reimarus auch in den Fragmenten, die ins Herz des lutherischen Protestantismus treffen: in der Bestreitung der Offenbarungsreligion als einer universellen, Heil stiftenden Religion und in der konsequent rationalistischen Bibelkritik, die das Haus der orthodox-lutherischen Theologie und Religion zum Einsturz bringen und in ihren Ruinen eine geläuterte Vernunftreligion etablieren will.

Als einer der ersten in der Geschichte der neueren Theologie macht Reimarus Ernst mit der Entdeckung der christlichen Offenbarungsreligion als einer geschichtlichen Religion. Wie verträgt sich ihr universaler

---

18   Gawlick nennt Reimarus den „größte[n] Systematiker des Deismus". Gawlick (Anm. 17), 38.

19   Vgl. Freund (Anm. 3), 46.

20   Was es bedeutete, zur Zeit eines Goeze Toleranz für die Deisten zu verlangen, lässt sich daran ermessen, dass nicht einmal die Angehörigen reformierten Glaubens zu seiner Zeit und ohne seinen Einspruch als „Glaubensverwandte" bezeichnet werden durften. Beispiele kirchlicher und politischer Verfolgung sind das Schicksal des radikalen Bibelkritikers Johann Christian Edelmann oder des Wertheimer Bibelübersetzers Johann Lorenz Schmidt; welche Verfolgung seinem Schüler Johann Bernhard Basedow von Hamburger Theologen, insbesondere von dem Senior Goeze widerfuhr, erlebte Reimarus noch in seinen letzten Jahren. Vgl. Freund (Anm. 3), 92.

21   H 7, 321.

Wahrheitsanspruch mit ihrem faktischen geschichtlichen Partikularismus? In einem akribischen Rechenexempel rechnet das dritte Fragment nach, dass unmöglich alle Menschen, ja unter einer Million kaum einer, durch die Offenbarungsreligion zum Glauben und zur ewigen Seligkeit gelangen können. Umso eher scheint die bloße Vernunftreligion geeignet, den Zweck der göttlichen Heilsökonomie zu erfüllen und jeden Menschen zu jeder Zeit zu einer gegründeten und hinlänglichen Gotteserkenntnis führen zu können.

Nach diesem Generalangriff auf die Bastion der christlichen Offenbarungsreligion legen die weiteren Fragmente in kleinen, gewichtigen Stücken nach, um die historische und rationale Legitimation der christlichen Religion sukzessive zu unterminieren. Erträglich mochte es noch scheinen, wenn sich die Bibelkritik mit einer Wundergeschichte der Hebräischen Bibel anlegt, deren Ansehen bei den Zeitgenossen ohnehin im Schwinden war. Als Alttestamentler war Reimarus mit dem Terrain vertraut. Bei dem Schilfmeer-Wunder hat er pünktlich nachgezählt und allerlei Widersprüche und Ungereimtheiten recherchiert. Sein Fazit: Die Wundergeschichten gehören in das Reich der Dichtung, keinesfalls können sie zum Beweis der Göttlichkeit der Bibel herangezogen werden.[22]

Dass das erste Testament nicht nur im Detail, sondern insgesamt kaum zur Begründung einer Offenbarungsreligion taugt, ist Stoßrichtung des nächsten Fragments. Reimarus führt den exegetischen Nachweis, dass im Alten Testament das zentrale Stück der christlichen Religion, „die Lehre von der Unsterblichkeit und Seligkeit der Seelen nicht eigentlich und würklich enthalten"[23] ist. Damit scheidet das erste Testament für Reimarus als Urkunde christlichen Glaubens aus. Doch wer noch meinte, mit dem Neuen Testament auf sicherem Boden zu stehen, wird mit den letzten beiden Fragmenten vollends desillusioniert. Trifft das Fragment „Über die Auferstehungsgeschichte" bereits ins Herz christlicher Glaubensbegründung, so will das letzte und stärkste Stück: „Vom Zwecke Jesu und seiner Jünger" der christlichen Religion insgesamt die biblische und göttliche Legitimation entziehen. „Diese Schrift ist nicht nur eines der größten Ereignisse in der Geschichte des kritischen Geistes, sondern zugleich ein Meisterwerk der Weltliteratur"[24] – so Albert Schweitzer in seiner „Geschichte der Leben-Jesu-Forschung".

Mit methodischem Spürsinn für geschichtliche Ungereimtheiten untersucht Reimarus auch die evangelischen Auferstehungsberichte, deren innere Stimmigkeit in den zeitgenössischen Evangelienharmo-

---

22 H 7, 398.
23 H 7, 426.
24 ALBERT SCHWEITZER, *Geschichte der Leben-Jesu-Forschung*, Bd. 1, München/Hamburg 1966, 58.

nien außer Frage steht und zudem durch die dogmatische Schriftlehre als göttlich inspiriert und daher als unfehlbar gesichert ist. Nach Maßgabe der Logik, dem Grundsatz vom ausgeschlossenen Widerspruch, macht Reimarus in den Berichten zehn Widersprüche namhaft, genug, um das orthodoxe Schriftprinzip mit dem Grundpfeiler der göttlichen Inspiriertheit und Infallibilität der Heiligen Schrift aus den Angeln zu heben. Die Bibel als Gottes Wort, besonders in den Kernzeugnissen des Neuen Testaments, kann und darf sich selbst nicht widersprechen – das ist weder vereinbar mit dem Gottesbegriff noch einem Glauben, der sich auf gewisse Wahrheiten gründet.

Das letzte Fragment holt noch gründlicher aus zum Angriff auf die Grundfesten des christlichen Glaubens. Ist mit der Kritik der Auferstehung bereits die Grundlage christlichen Glaubens bestritten, untersucht Reimarus nun, wie weit sich christlicher Glaube und Lehre überhaupt auf ihren Stifter berufen können. Erstmals in der Geschichte der neueren protestantischen Theologie entdeckt Reimarus einen tiefen Graben zwischen Lehre und Leben Jesu und seiner theologischen Deutung namentlich bei Paulus, zwischen dem Zweck Jesu und dem apostolischen und kirchlichen Lehrsystem, wie es sich nach Jesu Tod herausgebildet hat und in den Symbolen und Lehrbildungen der Kirchen manifest geworden ist. Historische Rekonstruktion und rationalistisch-theologische Deutung entziehen Zug um Zug dem christlichen Glauben wie der Kirche den christlichen Legitimationsgrund: Jesu Absicht war es nicht, „ein neues Lehrgebäude der Religion aufzurichten", er hat weder Taufe und Abendmahl eingesetzt noch wirkliche Wunder getan, auch der trinitarische Gottesbegriff der Kirchenlehre ist ihm fremd. Jesu Predigt und Wirken sind ganz auf dem Boden des Judentums zu verstehen. Seine Botschaft vom nahen Gottesreich galt der Reform der jüdischen Religion. Für seine Zeitgenossen war er „kein Erlöser des menschlichen Geschlechts, der durch sein Leiden und Sterben die Sünde der ganzen Welt tilgen sollte, sondern ein Erlöser des Volks Israel von der weltlichen Knechtschaft".[25] Diese Hoffnung ist mit dem gewaltsamen Tod Jesu gescheitert – seine letzten Worte am Kreuz bestätigen, dass auch Gott ihn bei seinem Vorhaben verlassen hat.[26]

Soweit der Zweck Jesu. Grundverschieden davon sind nach Reimarus Lehre und Absicht seiner Jünger. Weil sie die Vernichtung ihrer Träume nicht ertragen konnten und ihr Handwerk verlernt hatten, stehlen sie den Leichnam, verkünden die Auferstehung Jesu und seine baldige Wiederkunft, ersinnen eine geistliche Erlösungslehre, die das irdische

25   H 7, 540.
26   H 7, 555.

Gottesreich in den Himmel versetzt und den Messias zum Heiland der Seelen und Stifter der christlichen Religion transformiert. So verschaffen sie sich an Pfingsten eine zahlreiche Anhängerschaft, die ihre Habe mit ihnen teilt und sich mit der Parusieerwartung hinhalten lässt. Statt des Messias kommt die Kirche der Apostel und ihrer Nachfahren mit einem Glaubenssystem, das mit der Lehre Jesu kaum etwas gemein hat.

Mit solcher Grund stürzenden Kritik ist das Vertrauen in die Zuverlässigkeit biblischer Überlieferung und protestantischer Lehre fundamental erschüttert – tatsächlich hat Lessings Trojaner das protestantische System mit dem Virus des Zweifels nachhaltig infiziert. Erweist sich seine Interpretation auch deutlich als Kind des Rationalismus und Deismus, so ist dennoch die „grandiose historische Leistung in dieser deistischen Streitschrift"[27] im Anschluss an Albert Schweitzer zu würdigen. Lassen Sie mich einige der epochalen Entdeckungen nennen:

(1) Reimarus hat den eschatologischen Horizont der Reich-Gottes-Botschaft Jesu sowie ihre messianisch-politischen Implikationen wieder entdeckt.[28] Dabei notiert er auch die verschiedenen Typen der Erlösungshoffnung, wie sie bereits im Spektrum des Ersten Testaments angelegt sind.

(2) markiert Reimarus die Diskontinuität zwischen der Verkündigung Jesu und der Lehrbildung der Apostel und der Kirche, besonders ihrer Christologie und Soteriologie.

(3) In der Kritik der Auferstehungserzählungen notiert er die Eigenart und Besonderheit der vier Evangelien – das ist das Ende jeglicher Evangelienharmonie und die Nötigung zu einer exegetischen wie theologischen Rekonstruktion der Überlieferung.

(4) Reimarus nimmt die Einbettung von Botschaft und Leben Jesu in ihren jüdischen Ursprung und Kontext ernst, allerdings mit problematischen Folgerungen sowohl für das Judentum als auch für die Begründung christlicher Theologie.

(5) Er weist hin auf den Sachzusammenhang von Naherwartung und Parusieverzögerung als bleibende theologische Problematik nicht nur im Frühchristentum.

(6) Schließlich zeigt Reimarus, dass sich Taufe und Abendmahl nicht historisch stringent als Stiftungen Jesu nachweisen lassen.

---

27 Schweitzer (Anm. 24), 65.
28 Vgl. ebd.: „Sein Werk ist vielleicht die großartigste Leistung in der Leben-Jesu-Forschung überhaupt, denn er hat zuerst die Vorstellungswelt Jesu historisch, d.h. als eschatologische Weltanschauung erfaßt."

III. Lessings Impulse im Fragmentenstreit

So viel zu Reimarus. Seine Front war die Theologie des konservati-
ven Luthertums seiner Zeit mit seiner Polemik gegen den freizügigen
Vernunftgebrauch und der Verteidigung des orthodoxen Lehrsystems.
Unter Lessings Strategie wandelt sich der Fragmentist zum „totalen hi-
storischen Ideologiekritiker des Christentums" (so Hermann Timm[29]),
nicht zuerst der Orthodoxie, sondern der modernen Versöhnung von
Glaube und Vernunft im Hauptstrom zeitgenössischer protestantischer
Theologie.[30]

Die veränderte kritische Stoßrichtung trägt nicht nur dem Fortschritt der Theologie Rechnung, sondern einem anderen Begriff von
„Aufklärung". Wollte Reimarus mit der Veröffentlichung auf aufge-
klärtere Zeiten und eine „Aufklärung von oben" warten, hält Lessing
die Zeit für reif genug, dem „Publikum als Richter"[31] jetzt schon die
Mündigkeit eines eigenen Urteils zuzumuten, im Theater ebenso wie
vor dem Katheder.[32] Natürlich ist die Kompetenz des Theatermannes,
freien Schriftstellers und Bibliothekars, auf theologischem Terrain zu
hantieren, von Anfang an bestritten worden.[33] Doch mit seiner rückhalt-
losen und „unbefugten" Einmischung schafft Lessing Tatsachen. Nicht
Institutionen und befugte Personen entscheiden über das Recht eines
öffentlichen Religionsdiskurses, sondern der öffentlich ausgetragene
Streit um Wahrheit selber. Er verflüssigt geronnene Positionen zum Prozess neuer Wahrheitsfindung, die durch die strittige Sache selbst bewegt
und gesteuert wird.

Dafür hat Lessing nicht nur die volle Verantwortung für die Veröffentlichung der Auszüge aus der „Apologie" gegen den Willen des Autors übernommen. Mit seinen „Gegensätzen" hat er das trojanische Pferd
gleich mit doppelter Fracht bestückt, indem er bewusst als „Liebhaber
der Theologie" eigene vorläufige Antworten auf die Reimarus-Kritik

---

29 HERMANN TIMM, *Gott und die Freiheit. Studien zur Philosophie der Goethezeit*, Bd. 1,
    Frankfurt a.M. 1974, 62.

30 So attestiert Lessing dem Ungenannten „nichts geringeres als einen Hauptsturm auf
    die christliche Religion unternommen" zu haben (H 8, 31).

31 Vgl. WOLFGANG KRÖGER, *Das Publikum als Richter. Lessing und die ‚kleineren Responden-
    ten' im Fragmentenstreit* (Wolfenbütteler Forschungen 5), Nendeln/Liechtenstein 1979.

32 Vgl. LESSING, Anti-Goeze VII, H 7, 249: „Ich glaube, dass die Zeiten nicht aufgeklärter
    werden können, um vorläufig zu untersuchen, ob das was er [scil. der Ungenannte]
    für Wahrheit gehalten, es auch wirklich ist." „Wenn nur bei der löblichen Beschei-
    denheit und Vorsicht des Ungenannten, nicht so viel Zuversicht auf seinen Erweis,
    nicht so viel Verachtung des gemeinen Mannes, nicht so viel Mißtrauen auf sein
    Zeitalter zum Grunde läge!"

33 So Goezes Kritik, vgl. BOEHART (Anm. 13), 439.

zur Diskussion stellt und zugleich Thematik und Stoßrichtung des Disputs programmiert. So suchen die „Gegensätze" gleichsam als „Antivirus" den durch den Trojaner ausgelösten „ersten Panischen Schrecken zu steuern"[34] und einen theologisch konstruktiven Dialog freizusetzen. Wie weit zum Schaden oder Nutzen der Theologie, zur Selbstaufklärung über ihre Wahrheit oder zur Abdankung und Beerbung durch eine wie immer geartete vernünftige Religion, ist bis heute in der Lessingforschung umstritten; Lessing selbst wusste um die Zweideutigkeit der Strategie und die Unberechenbarkeit des öffentlichen Disputs. Mit dem trojanischen Pferd des Ungenannten setzte er eine Kontroverse in Gang, über deren Ausgang weder Pferd noch Absender letztlich entscheiden. Es ist Sache der berufenen Verteidiger der umkämpften Festung, ob sie der feindlichen Übernahme durch apologetische Selbstbehauptung zuarbeiten oder in der Aneignung der Kritik eine erträgliche Wahrheit entdecken, die Glauben und Vernunft trägt und beide dialog- und zukunftsfähig macht.

Lessings Dialogstrategie konzentriert sich folgerichtig auf das Generalthema Vernunft und Glaube, äußere und innere Wahrheit der christlichen Religion und ihres Glaubensgrundes der Bibel, den klassischen Themen der dogmatischen Prinzipienlehre. Hier hat die zeitgenössische Theologie in der schrittweisen Abwendung vom Prinzip des konsequenten Suprarationalismus der klassischen altprotestantischen Dogmatik die Tür für die radikale historische Kritik weit geöffnet, wenn sie den Wahrheitsbeweis der christlichen Religion zunehmend auf historisches und philosophisches Terrain verlagert hat. Den damit verbundenen Wandel hat Lessing treffend glossiert: „Wenn ich doch nur wüßte, was man mit diesem Wort [scil. Glauben] sagen wollte. In dem Munde so mancher neuern Theologen [...] ist es mir wenigstens ein wahres Rätsel [...]. Sie haben so viel dringende Gründe des Glaubens, so viel unumstößliche Beweise für die Wahrheit der christlichen Religion an der Hand, daß ich mich nicht genug wundern kann, wie man jemals so kurzsichtig sein können, den Glauben an diese Wahrheit für eine übernatürliche Gnadenwirkung zu halten."[35]

Galten in der alten Dogmatik die äußeren Wahrheitsgründe allenfalls als Wahrscheinlichkeitsgründe für die Göttlichkeit der Heiligen Schrift und der auf sie gegründeten christlichen Religion, erhält in der Übergangstheologie die historische und rationale Demonstration eine quasi dogmatische, fundamentaltheologische Funktion, die Bibel gegen die historische und rationale Kritik zu immunisieren. Die Kritik des Un-

---

34 Gegensätze, H 7, 460.
35 H 7, 223.

genannten an der „Gefangennehmung der Vernunft" scheint überholt
zu sein. Lessing konstatiert: „Die Kanzeln, anstatt von der Gefangennehmung der Vernunft unter den Gehorsam des Glaubens zu ertönen,
ertönen nun von nichts, als von dem innigen Bande zwischen Vernunft
und Glauben. Glaube ist durch Wunder und Zeichen bekräftigte Vernunft, und Vernunft raisonnierender Glaube geworden. Die ganze, geof-
fenbarte Religion ist nichts, als eine erneuerte Sanction der Vernunft".[36]

Das Vernunftpathos der modernen Theologie spiegelt sich auch in
dem neuen Rang, den die ehedem streng offenbarungstheologisch sub-
ordinierte theologia naturalis erhalten hat.[37] Unter dem epochalen Einfluss der Wolffschen Schulphilosophie wandelt sich ihre Rolle von der
Magd zur verschwiegenen Herrin auch der christlichen Offenbarungs-
theologie. In dem überaus populären religiös-philosophischen Genre
„vernünftiger Betrachtungen" treffen Neologen wie Johann Joachim
Spalding[38] und Johann Friedrich Wilhelm Jerusalem[39] mit Reimarus zusammen und etablieren mit der Natürlichen Theologie eine Art theologischer Fundamentalwissenschaft, die als apologetisches Instrument
und Bollwerk der christlichen Religion allerorten, auch bei den konservativen Theologen geschätzt wird.[40] Inwiefern auch ein Orthodoxer wie
Goeze dem Vernunftanspruch des Zeitalters Tribut zollt, belegen Schriften, die die Glaubenswahrheiten sowohl aus Vernunft- als auch aus
Schriftgründen demonstrieren.[41] Auch wenn er sich noch weitgehend in
den Bahnen der altlutherischen Prinzipienlehre bewegt, verbindet die
apologetische Grundoption im Namen der gesunden Vernunft den Prediger mit den Zunftgenossen des neologischen Protestantismus.

Diese fraglose, wenn auch theologisch unterschiedlich gewichtete
Synthese von Glaube und Vernunft, Geschichte und Offenbarung ist

---

36 Gegensätze, H 7, 461.

37 Zum Funktionswandel der natürlichen Theologie vgl. FREUND (Anm. 3), 114ff.

38 Vgl. JOHANN JOACHIM SPALDING, Betrachtung über die Bestimmung des Menschen, Greifs-
    wald 1748, dritte Auflage 1749; dazu FREUND (Anm. 3), 124ff.

39 JOHANN FRIEDRICH WILHELM JERUSALEM, Betrachtungen über die vornehmsten Wahrhei-
    ten der Religion an Se. Durchlaucht den Erbprinzen von Braunschweig und Lüneburg,
    Braunschweig/Lüneburg 1768, 2. verbesserte Auflage 1769.

40 Auch ein vorsichtiger Neuerer, der keineswegs zu den Neologen gerechnet werden
    will, Johann Salomo Semler, befindet, dass „die übertriebene Unterscheidung der
    christlichen Religion von der natürlichen, wobei manche gar sie einander entgegen
    gesetzt haben, stets [...] mehr wirklichen Schaden als gewissen Vortheil nach sich
    gezogen [hat]; sie gehören aber beide durchaus zusammen; wie man den Menschen
    nicht vom Christen trennen kan." JOHANN SALOMO SEMLER, Beantwortung der Frag-
    mente eines Ungenannten, insbesondere vom Zweck Jesu und seiner Jünger, Halle 1779,
    Vorrede, unpaginiert.

41 Vgl. FREUND (Anm. 3), 62.

mit den Reimarus-Fragmenten fundamental in Frage gestellt; das Vernunftpathos der zeitgenössischen Theologie verliert seine Unschuld – das ist die epochale Schnittstelle des Fragmentenstreits. Gegen den Dogmatismus eines vernünftigen Glaubens setzt Reimarus den Dogmatismus einer selbstgenügsamen Vernunft, die dem Glaubenssystem seine historischen und rationalen Stützen entreißt. Seine Kritik ist deshalb treffsicher, weil er – als theologisch gebildeter Lutheraner kaum zufällig – den Angriff unter exakt jenen theologischen Prinzipien führt, die der zeitgenössischen protestantischen Theologie zur Verifizierung der christlichen Religion dienen.

Ohne hier den Fragmentenstreit im chronologischen und sachlichen Detail[42] nachzeichnen zu können, seien einige Brennpunkte skizziert. Lessings erklärtes Ziel ist es, die Paralyse komplementärer Dogmatismen und die fraglosen Synthesen von Vernunft und Glaube, Bibel und Religion aufzubrechen, um sie für eine neue, theologisch differenzierte Zuordnung freizusetzen. Zu prüfen ist, wo bei dem vernünftigen Christentum, das mehr als natürliche Religion sein will, die Vernunft und das Christentum sitzt.[43]

Um den christlichen Glauben gegenüber der Religionskritik zu stärken und die Theologie zu einer Revision ihrer Prinzipien zu provozieren, unterscheidet Lessing[44]

(1) zwischen der weder durch Zweifel gefährdeten noch beweisbedürftigen Glaubensgewissheit des gläubigen Christen und der neu zu gewinnenden Wahrheitsgewissheit der theologischen Lehre,

(2) zwischen dem Buchstaben und dem Geist der Bibel, zwischen biblischer und dogmatischer Satzwahrheit und dem wahren Geist der inneren Religion und damit der Kardinalfrage, was die „innere Wahrheit" des Glaubens wie der Lehre ausmacht.

Mit der Frage nach der „inneren Wahrheit" stellt Lessing die Theologie zugleich vor die Aufgabe, diese unter den Bedingungen der Kritik von neuem dogmatisch zu verantworten.[45] In den „Axiomata" hat er die

---

42 Eine Chronologie des Fragmentenstreits findet sich bei BOEHART (Anm. 13), 373ff. und im 8. Bd. der Lessing-Ausgabe des Hanser-Verlags, bearbeitet v. HELMUT GÖBEL, 578ff.

43 H 7, 330.

44 Gegensätze H 7, 458ff. – Axiomata H 8, 131ff.

45 Vgl. HARALD SCHULTZE, „Lessings Auseinandersetzung mit den Theologen und Deisten um die ‚innere Wahrheit'", in: Lessing in heutiger Sicht. Beiträge zur Internationalen Lessing-Konferenz Cincinnati, Ohio 1976, hg. v. EDWARD P. HARRIS u.a., Bremen/Wolfenbüttel 1977, 179ff. „Wenn Lessing von der inneren Wahrheit, statt von Vernunftwahrheit oder der moralischen Wahrheit der Religion spricht, hat er damit offenbar bewusst innerhalb des theologischen Streites selbst theologisch argumentieren wollen" (ebd., 180). Schultze verweist auf die Nähe zur Argumentation Semlers, seiner

Fundamentalunterscheidungen weiter entfaltet und begründet[46] – sie liefern den theologisch relevanten Stoff für die Prinzipiendiskussion mit Goeze.

IV. Aspekte der theologischen Diskussion der Fragmente

Allein in den Jahren 1777–79 erschienen über 30 Gegenschriften gegen den Fragmentisten und seinen Herausgeber.[47] Auf allen Seiten wurde der Streit mit polemischer Schärfe geführt, die auf weite Strecken die Sachdiskussion überlagert. Was die von Lessing angestoßene theologische Prinzipiendiskussion betrifft, skizziere ich nachfolgend drei exemplarische Antworttypen.

(1) Der erste Respondent, der Hannoveraner Pädagoge *Johann Daniel Schumann*, bietet mit seiner Schrift „Über die Evidenz der Beweise für die Wahrheit der christlichen Religion"[48] ein Allheilmittel gegen die Religionskritik an. Mit dem Instrumentarium historisch-rationaler Demonstration will er den Wahrheitsbeweis christlicher Religion von „wankender Probabilität" zu „entschiedener Gewissheit" führen. Wohl weiß Schumann um die letzthin suprarationale Evidenz des Glaubens. Dennoch steht für ihn – wie für die Mehrheit zeitgenössischer Theologen – außer Frage, dass „innere Wahrheit" der christlichen Religion auf den zuverlässig bezeugten Tatsachen biblischer Wunder und erfüllten Weissagungen gründet, sie beweisen hinlänglich die göttliche Autorenschaft der Bibel und mithin auch der christlichen Religion.[49] Lessing hat in der kleinen, wirkungsgeschichtlich wohl bedeutsamsten Schrift des

---

Unterscheidung von Theologie und Religion, sowie zur spiritualistischen Tradition und auf das orthodoxe Korrelat des testimonium Spiritus Sancti internum (ebd., 181f.).

46   H 8, 128ff.

47   Vgl. die Bibliographie zum Fragmentenstreit in der Reimarus-Bibliographie von Schmidt-Biggemann (Anm. 5), 89ff.

48   Hannover 1778 (1777).

49   Schumann gründet seinen Evidenzbeweis auf die „vesten, unbewegten, und gegen alle Spitzfindigkeit sich behauptenden Stützen unserer Religion" „in den erfüllten Weissagungen, und in den großen Wunderwerken, die zur Bestätigung derselben [scil. der Göttlichkeit der christlichen Religion] verrichtet sind, vorausgesetzt, dass die Lehre, vernünftiger Einsicht nach, Gott anständig sey, wie sie hier wirklich ist" (Evidenz, 56). Gründet sich nach Schumann das Christentum „zuletzt auf Thatsachen, und diese werden aus glaubwürdigen Zeugnissen" der Bibel erkannt, so quantifiziert er schließlich die historische Wahrscheinlichkeitsgewissheit zu einer der Glaubensgewissheit ebenbürtigen „moralischen Gewissheit", die der christlichen Religion und damit auch den Religionslehren, die auf der erwiesenen Göttlichkeit

Fragmentenstreits „Über den Beweis des Geistes und der Kraft"[50] solcher dogmatisch aufgeladenen Theologie der Tatsachen eine klare Absage erteilt – von ihr führt kein legitimer Weg weder zu autonomer Vernunft- noch christlicher Glaubensgewissheit, selbst wenn die Tatsachen den höchstmöglichen Grad historischer Zuverlässigkeit hätten.[51]

(2) Der Hallenser Theologe *Johann Salomo Semler* hat sich in seiner „Beantwortung der Fragmente eines Ungenannten" vor allem mit dem letzten Fragment „Vom Zwecke Jesu und seiner Jünger" auseinander gesetzt. Grundsätzlich unterläuft er die Kritik mit seiner reduktiven Hermeneutik, der Unterscheidung zwischen Historisch-lokalem und christlich Allgemeinem, der Unterscheidung zwischen der zeitgebundenen Lehrart der Bibel und der wahren Lehre Jesu, wie er sie in der „Abhandlung von freier Untersuchung des Kanon"[52] entwickelt hat. Anspruch auf „innere Wahrheit" in Bibel wie Glaubenslehre hat nur, was dem allgemeinen Wahrheitsbewusstsein und religiös-sittlichen Selbstbewusstsein entspricht; die Kritik mag deshalb die lokale, historische Theologie, nie aber die christliche Religion und das Christentum selbst treffen.[53] Immerhin erwartet Semler durch die Fragmente einen Anstoß zur Revision der gelehrten Theologie. Indem sie sich von den Fesseln der lokalen Theologie – und damit wohl auch der herkömmlichen Dogmatik – befreit, wird sie der Kritik weniger Angriffsflächen bieten. Semler erhofft sich damit einen Gewinn für die Zeitgenossen wie für die christliche Theologie, um „die Unschuld und Würde der christlichen Religion, wenn die localen Einkleidungen abgezogen werden, [...] in einem so einnehmenden, hellen Licht"[54] zu zeigen. Formal berührt sich die Unterscheidung von Theologie und Religion mit Lessings Argumentation,[55] material hat ihr Vernunftkanon aber schon festgelegt, was Anspruch auf

---

der Heiligen Schrift aufbauen, schlechterdings die Zustimmung nicht verweigern kann. Zu Schumanns Evidenzschrift vgl. Freund (Anm. 3), 196ff.

50 H 8, 9ff. „Zufällige Geschichtswahrheiten können der Beweis von notwendigen Vernunftwahrheiten nie werden" (ebd., 12) – ebenso wenig der Glaubenswahrheit wie der Gottessohnschaft Jesu Christi (ebd., 13). Der „garstige breite Graben, über den ich nicht kommen kann", markiert die Diskontinuität von Geschichte und Vernunft ebenso wie von Geschichte und Glaube. Zu Lessings Beweis-Schrift vgl. Freund (Anm. 3), 199ff.

51 Vgl. dazu auch Lessings Kritik der „historischen Exegetik" in der Duplik: „Wann wird man aufhören, an den Faden einer Spinne nichts weniger als die ganze Ewigkeit hängen zu wollen!" (H 8, 41).

52 Johann Salomo Semler, *Abhandlung von freier Untersuchung des Canon*, Halle 1771–1775, 2. Auflage Halle 1776.

53 Semler, Beantwortung (Anm. 40), unpaginiert.

54 Ebd.

55 Schultze (Anm. 45), 181.

innere Wahrheit in der Bibel hat. Pointiert hat Lessing angemerkt, dass
sich die Theologie damit wohl selbst ruiniere – geschweige denn der
Folgen für die philosophische Wahrheitsfrage –, wenn sie ihre innere
Wahrheit unter Abzug ihres geschichtlichen Grundes gewinnen will
– die „freiere theologische Lehrart" verdient weder ihre Freiheit noch
Christlichkeit.[56]

(3) Schließlich noch ein Blick auf *Johann Melchior Goezes* Streitschriften. Ihm haben es weniger die Fragmente angetan als „des Herrn Hofraths Leßings mittelbare und unmittelbare feindselige Angriffe auf
unsre allerheiligste Religion, und auf den einigen Lehrgrund derselben,
die heilige Schrift" – so der Titel seiner Anti-Lessing-Polemik.[57] Durchaus scharfsichtig hat er den wahren Gegner erkannt und die Folgen
kalkuliert, wenn Lessings Trojaner den Schein einer ernst zunehmen-
den Attacke gewinnt. Goeze kann sich nicht nur auf eine breite apologetische Front berufen – Schumanns Evidenzschrift wird zustimmend
erwähnt[58] und „das ganze kultivierte Menschengeschlecht, und die
strengste Vernunft"[59] gegen Lessings Grundsätze aufgeboten. Goezes
Hauptkritik gilt Lessings „Theaterlogik",[60] d.h. der für Goeze logisch
wie theologisch nicht eindeutig fassbaren Position seines Widerparts.
So unterstellt er Lessing einstweilen bis zum Erweis des Gegenteils, ein
unernstes Spiel mit der Theologie zu treiben und sie aus ihrer kirch-
lich-dogmatisch gefestigten Bastion auf das freie Feld einer moderni-
stischen, bibel- und bekenntnisvergessenen Vernunftreligion zu locken.
Pflichtschuldig hat er sich dieser gefürchteten feindlichen Übernahme
des nordischen Trojas mit allen Mitteln entgegengestellt, um sein „Zion"
zu retten. Unter seinen theologischen Prämissen durchaus stimmig
zeigt Goeze, wie Lessings „dahin gepflantzte Axiome"[61] das kirchliche
Lehrsystem unterlaufen. Konsequenterweise fordert er von Lessing ein

---

56 Vgl. FREUND (Anm. 3), 82.
57 JOHANN MELCHIOR GOEZE, „Etwas Vorläufiges gegen des Herrn Hofraths Leßings mit-
    telbare und unmittelbare feindselige Angriffe auf unsre allerheiligste Religion und
    auf den einigen Lehrgrund derselben, die heilige Schrift", die ersten beiden Stücke
    erschienen in den *Freywillige[n] Beyträgen zu den Hamburgischen Nachrichten aus dem
    Reiche der Gelehrsamkeit*. Weitere sechs Beiträge zusammen mit den ersten beiden
    Streitschriften veröffentlichte Goeze 1778 unter dem o.g. Titel. Ferner erschienen drei
    Streitschriften gegen Lessing unter dem Titel „Lessings Schwächen" 1778. Goezes
    Anti-Lessingiana sind gesammelt in: *Goezes Streitschriften gegen Lessing*, hg. v. ERICH
    SCHMIDT (Deutsche Litteraturdenkmale des 18. und 19. Jahrhunderts 43/45), Stuttgart
    1893 (Reprint Nendeln/Liechtenstein 1968).
58 GOEZE, Etwas Vorläufiges IV, H 8, 176f.
59 Ebd., IV, H 8, 177.
60 Ebd., III, H 8, 170.
61 Ebd., I, H 8, 23.

klares und „vollständiges Glaubensbekenntnis",[62] was dieser für die „innere Wahrheit" des christlichen Glaubens halte. Solcher Festlegung hat sich Lessing zeitlebens versagt – vielleicht wollte er auch deshalb keinen Theologen an seinem Sterbebett.

V. Bilanzierende Notizen

Insgesamt bleibt festzuhalten, dass die Theologie der Lessingzeit kaum das Recht der Kritik und die theologisch denkwürdigen Wahrheitsmomente der Fragmente wahr-, geschweige denn aufgenommen hat. Allenfalls hat der Fragmentist – wie Semler berichtet – ernsthafte Studenten der Theologie an ihrer Wissenschaft irre werden lassen, um sich einem anderen Beruf zuzuwenden.[63] Offenbar kam der Kritiker zu früh mit der Wucht von Erkenntnissen, auf die die Theologie weder vorbereitet noch in der Lage war, eine eigene angemessene Antwort zu finden – die Rezeption seiner exegetischen und historisch-kritischen Einsichten blieb künftigen Generationen vorbehalten.

M.E. hat diese Wirkungslosigkeit seiner Kritik in der zeitgenössischen Theologie zwei Ursachen: einmal in dem apologetischen Grundzug der zeitgenössischen protestantischen Theologie sowohl konservativer wie liberaler Prägung, die die Verteidigung des Status quo in Theologie und Kirche zur ersten Christenpflicht erklärte. Die Religionskritik des Ungenannten geht unter die Gürtellinie des gemeinchristlichen Konsenses und gehört in die Kategorie eines überzeugungsimmunen Antichristentums jüdischer Polemik.[64] Und zweitens: Durch Lessings Dramaturgie des Fragmentenstreits wandte sich die Verteidigung zum Angriff nicht zuerst gegen den Fragmentisten, sondern gegen den „Pflegevater der von dem Verfasser der Fragmente hinterlassenen Mißgeburt" – so Goezes Originalton.[65]

Unisono üben sich die Kritiker darin, Lessings theologisch-philosophische Kompetenz und seine religiöse wie moralische Integrität zu

---

62 Ebd., IV, H 8, 177.

63 Johann Salomo Semler, *Anhang zur Beantwortung der Fragmente des Ungenannten*, Halle 1779, 12.

64 „Den Juden wird insonderheit das letzte Fragment sehr willkommen sein, und ihnen zur Bestärkung in ihrem Unglauben, und in ihrer feindseligen Gesinnung gegenüber Jesum und gegen seine Religion, bessere Dienste tun als ihr Toldos Jesu" (Goeze, Etwas Vorläufiges, H 8, 29). Zu den Fragmenten bemerkt Semler: „Nicht selten findet man Beweise einer Unwissenheit, die [...] bey einem Juden aber nicht befremden könte" (Semler, Beantwortung [Anm. 40], unpaginiert).

65 H 8, 114.

demontieren. Semler erklärt Lessing kurzerhand für unzurechnungs-
fähig;[66] mit dem Vorwurf der „Theaterlogik" bestreitet Goeze die theologische Ernsthaftigkeit und Kompetenz der Lessingschen Beiträge. Der
polemisch versierte Kirchenmann lässt keine Ebene aus, um Lessing in
die Schranken zu weisen und „Lessings Schwächen" in den gleichna-
migen Streitschriften zu brandmarken. Für ihn war nicht nur die Wahrheitsfrage, sondern auch die Machtfrage gestellt. Sosehr er durchaus
auf der Höhe der Zeit das Publikum als Richter im Streit zu gewinnen
suchte, arbeitete er zugleich daran, durch Druck auf die Obrigkeit die
öffentliche Meinungsbildung einzuschränken.[67] Seine Taktik reüssierte
zumindest politisch, als die Zensur gegen Lessing einschritt, ihm weitere Veröffentlichungen in Religionsdingen untersagte und dem weiteren öffentlichen Umtrieb des Trojaners und seines Pflegevaters das
Handwerk legte.

Dennoch konnte das jähe Ende des Streits die Frage nach der „inneren
Wahrheit" des Glaubens und seiner zeit- und sachgemäßen Lehr- und
Verkündigungsgestalt nicht zum Schweigen bringen. Weder Goeze noch
Semler haben der Theologie im Fragmentenstreit zukunftsweisende Im-
pulse gegeben. Für seine ausgeprägte „Festungsmentalität"[68] (William
Boehart) mochte Goeze aus seiner Sicht durchaus gute Gründe haben. In
der Situation des allgegenwärtigen Religionszweifels sah er sich in der
Pflicht eines kirchlichen Amtsträgers, Kirchenlehre und Kirchenwesen
mit allen apologetischen und publizistischen Mitteln im verfassten Be-
stand zu sichern, um dem drohenden Untergang des reformatorischen
Glaubens, der christlichen Religion und letztenendes der Religion überhaupt zu wehren. Diese Position hat er konsequent durchgehalten, ohne
freilich zu erkennen, wie sehr sich der Zweifel selbst in der apologetischen Selbstbehauptung eingenistet hatte. Seine Abwehrstrategie der
Schadensbegrenzung verhinderte den Prozess neuer konsensfähiger
Wahrheitsfindung. Und Semler entzog sich dem Feuer der historischen
Kritik, indem er die Bibel der Historie überantwortete und die innere
Wahrheit der christlichen Religion auf eine vernünftige Moralität und
die Theologie auf eine undogmatische, vernünftige Denkungsart reduzierte – beide Positionen antiquierten sich im Fragmentenstreit zu Aus-
laufmodellen und vermochten nicht länger dem Anspruch der Vernunft
wie des christlichen Glaubens genügen.

Bleibt Lessings Frage nach der „inneren Wahrheit" des Glaubens
und seine Suche nach einem, „der dem Ideale eines echten Verteidigers

---

66 SEMLER, Abhandlung (Anm. 52), Vorrede, unpaginiert.
67 Zu Goezes publizistischer Doppelstrategie vgl. BOEHART (Anm. 13), 455ff.
68 So ebd., 200.

der Religion nur eben so nahe käme" wie der Fragmentist dem „Ideale eines echten Bestreiters der Religion".[69]

Als der „Liebhaber der Theologie" von der Zensur einen Maulkorb versetzt bekam, besann er sich von neuem seiner „Kanzel", dem Theater. Anti-Goeze, letzter Akt, hat man das Drama „Nathan der Weise" genannt. Ein ebenso frommer wie weiser Jude als Inkarnation der „inneren Wahrheit" der christlichen Religion? Ausgerechnet ein Klosterbruder bringt das befremdlich Überraschende an den Tag: „Nathan! [...] Bei Gott, Ihr seid ein Christ, ein bessrer Christ war nie!" Doch Nathan behält die Entdeckung nicht für sich: „Was Mich Euch zum Christen macht, das macht Euch mir zum Juden".[70] „Nathans Gesinnung gegen *alle* positive Religion" schrieb Lessing in der Vorrede „ist von jeher *die meinige* gewesen".[71]

Was immer Lessings Gesinnung war – Kennzeichen der „inneren Wahrheit" hat er im Fragmentenstreit wie im Nathan durchaus markiert: Sie ist erstens eine jeder geschichtlichen Gestalt von Religion *bleibend vorausgesetzte Wahrheit*, die ihre Konkretion in Theologie und Kirche ermöglicht, aber auch kritisch transzendiert.[72] Sie ist zweitens eine *dialogisch verbindende, versöhnliche Wahrheit*, die sich weder ein für alle Mal auf Satzwahrheiten und Wahrheitsansprüche verfestigen noch ins rein Individuelle, Beliebige verflüssigen lässt – mit Lessings Worten, eben „keine wächserne Nase, die sich jeder Schelm nach seinem Gesichte bossieren kann, wie er will".[73] Kurzum: Sie ist ein Bewegtwerden durch das, was den Glauben wahr macht und zu neuer Bewahrheitung in Lehre und Leben drängt, im Dialog mit dem geschichtlichen Erbe und gegenwärtigen Wahrheitsansprüchen, zwischen Tradition und Zukunft nicht nur der Theologie.[74]

In dieses „Dazwischen" hat sich Lessing mit den Fragmenten und seinen eigenen Zwischenrufen eingemischt, damit sich die „innere Wahrheit" des christlichen Glaubens in Theorie und Praxis entäußere und zur gewinnenden Wahrheit werde. Er mutet der Theologie zu, ihren eigenen Anspruch einzulösen, dass Wahrheit frei macht: indem sie die innere Wahrheit des christlichen Glaubens nicht durch Exkommunika-

---

69 H 7, 460.

70 Nathan IV/7, H 2, 317.

71 LM XVI, 444.

72 Vgl. Lessings „Wahrheitsapostrophe" in der Duplik, H 8, 32f.

73 H 8, 150.

74 Vgl. GERHARD FREUND, „Erkenntliche Wahrheit. Anregungen Lessings zum Dialog zwischen Christen und Juden", in: *Lessing und die Toleranz. Beiträge der vierten internationalen Konferenz der Lessing Society in Hamburg vom 27. bis 29. Juni 1985* (Sonderband zum Lessing-Yearbook), hg. v. PETER FREIMARK u.a., München 1986, 142f.

tion des Zweifels, sondern im kritischen Dialog von neuem vergewissert. Sie bedarf der Aufklärung,[75] weil sie nicht selbst über ihre Wahrheit verfügt, und traut dieser Wahrheit zu, auch den Zweifel aufzuklären. Das ist meine fragmentarische Bilanz des denkwürdigen Streits um einen Trojaner und seinen Pflegevater zwischen Tradition und Zukunft – nicht nur in Hamburg.

---

75 Nach H. Schultze ist Lessings Begriff der inneren Wahrheit geeignet, „die Sache der Aufklärung als Sache der Theologie selbst zu betreiben, um die Wahrheit des Christentums zum Leuchten zu bringen" (Schultze [Anm. 45], 183).

Abb. 9: Johann Hinrich Wichern

Der Schatten der Liebe

Johann Hinrich Wichern (1808–1881)

von

HANS-MARTIN GUTMANN

I. Ein „reactionäres" Programm?

Johann Hinrich Wichern war Begründer und organisatorischer, pädagogischer und geistlicher Leiter des Rauhen Hauses in Horn, der 1833 begründeten „Rettungsanstalt für sittlich verwahrloste Zöglinge". Er war ein in immer weiteren sozialen Arbeitsbereichen und Projekten engagierter Zeitgenosse. Und er war ein rastloser Schriftsteller, der eine Unzahl von Aufsätzen und Gelegenheitsschriften veröffentlicht hat, viele davon in den „Fliegenden Blättern" des Rauhen Hauses. Die publizistische Aktivität kulminiert um das Revolutionsjahr 1848.

Wicherns Stegreif-Rede auf dem Wittenberger Kirchentag 1849 gehört zu den bekanntesten Aspekten seiner öffentlichen Wirksamkeit. „Die Liebe gehört mir wie der Glaube" – dieses Selbstbekenntnis ist nicht Ausdruck einer spontanen Gefühlswallung gegen eine evangelische Kirche, die den Kontakt zur gesellschaftlichen Wirklichkeit des massenhaften Pauperismus zu verlieren droht. Wichern entfaltet in seinen zahlreichen Gelegenheitsschriften das Programm einer volksmissionarischen Bewegung, ja, noch mehr: es geht ihm um nicht weniger als um ein Programm zur gesamtgesellschaftlichen Reorganisation, Wichern hätte formuliert: zur „Wiedergeburt" des „Volkskörpers".

Wichern lässt in seinen Stellungnahmen an Deutlichkeit nichts zu wünschen übrig, *gegen* welche zeitgenössischen Tendenzen dieses Unternehmen sich richtet. Liberalismus, Demokratie, Sozialismus und Kommunismus[1] – Wichern unterscheidet hier nicht – gelten ihm als

---

1 Beispielsweise WICHERN, *Kommunismus und die Hilfe gegen ihn* (1848) (zit.: Kommunismus), SW I, 137. Und: *Kirchentag in Wittenberg: Wicherns Erklärung am Donnerstag, den 21. Sept. 1848* (zit.: Kirchentag in Wittenberg) SW I, 157ff. Und: *Der Atheismus und seine Mission unter deutschen Handwerksgesellen* (1847) (zit.: Der Atheismus) SW V, 50ff. Dagegen unterscheidet Wichern zwischen Sozialismus (als christlichem Sozia-

Ausdruck eines Rationalismus, einer menschlichen Vernunfttätigkeit
also, die sich von ihrem Grund im Glauben gelöst hat. Sie sind Ausdruck von Atheismus und Leugnung Gottes.[2] Die Entwicklungen des
Jahres 1848 sind in seinen Augen eine atheistische und kommunistische
Revolution,[3] ein Angriff gegen die göttlichen Ordnungen von Familie,
Staat und Kirche, Arbeit, Eigentum und ständischer Gliederung. Eine
apokalyptische Chaosmacht, Ausdruck des „Satanismus"[4]; damit aber
zugleich auch Gericht Gottes über einen Staat und eine Kirche, die es
zur sittlichen Entartung des Volkes haben kommen lassen,[5] Konsequenz
also des Versagens der höheren Stände. „Nicht der Besitz irdischer Güter hat den vom Kommunismus gestachelten Zorn der Menge erregt,
sondern der selbstsüchtige Gebrauch derselben, der nur genießt nach
dem Gelüsten des in allen Richtungen sich wendenden Fleisches, ohne
arbeitend mitzuteilen."[6]

---

lismus) und (atheistischem) Kommunismus. Die Texte Wicherns werden zitiert nach
JOHANN HINRICH WICHERN, Sämtliche Werke (zit.: SW), hg. v. PETER MEINHOLD, 8 Bde.,
Berlin/Hamburg 1962–1980.

2   SW I, 40ff. Wichern kann sogar so weit gehen, Prostitution, Onanie, Verbrechen,
     Atheismus und Revolution in einer Reihe aufzuzählen und in gegenseitigen Begrün-
     dungszusammenhang zu bringen. SW II, 214f.

3   WICHERN, Kirchentag in Wittenberg, SW I, 157.

4   WICHERN, Die innere Mission – eine Denkschrift (1849) (zit.: Denkschrift), SW I, 183.

5   WICHERN, Welches ist die Aufgabe der Inneren Mission für die wandernde Bevölkerung?
     (1849) (zit.: Innere Mission) SW II, 101.

6   Ebd., 234. Wicherns Stellungnahme zur Revolution verändert sich allerdings mit den
     historischen Ereignissen: während er zunächst noch im Revolutionsjahr besonders
     in der Forderung nach freien Assoziationen positive Momente erblickt und sogar
     ausrufen kann: „Darum hat die innere Mission mit freudiger Hoffnung die Neu-
     gestaltung des Vaterlandes zu begrüßen!" (WICHERN, Die Revolution und die innere
     Mission [1848], SW I, 132), so finden sich nach dem Sieg der Restauration ausschließ-
     lich klar ablehnende Stellungnahmen. Elemente einer positiven Rezeption bleiben
     nur insofern erhalten, als Wichern in Sozialismus und Kommunismus die falsche
     Antwort auf ein richtig erkanntes Problem sieht: „[...] daß, was der Sozialismus und
     Kommunismus im tiefsten Grunde seines Strebens und Bewegens verbirgt, die ent-
     stellten, aber doch wahrheitstragenden Züge des Angesichts einer tief gebeugten,
     schmerzerfüllten Menschheit sind, die sich in sozialer Beziehung nach Erlösung
     und Wiedergeburt sehnt [...]", deren Hoffnung jedoch nur durch das Evangelium
     zu erfüllen ist. WICHERN, Denkschrift, SW I, 273. Inwieweit Wichern überhaupt Au-
     toren der liberalen und frühsozialistischen Oppositionsbewegung gekannt hat, ist
     nur schwer auszumachen. Er selbst nennt Ludwig Feuerbach, Wilhelm Weitling,
     Wilhelm Marr, Pierre-Joseph Proudhon, das „Junge Deutschland" und polemisiert
     gegen die Handwerkerbünde, Marr und das „Junge Deutschland", in: WICHERN, Kir-
     chentag in Wittenberg, SW I, 158f.; Feuerbach, ebd., Marr, Weitling und Proudhon in:
     Denkschrift, SW I, 297ff.; Handwerkerbünde in ebd., 279 und Der Atheismus, SW V,
     50ff., hier auch wieder das „Junge Deutschland". Er rezipiert all diese Autoren und

Ich frage nach Johann Hinrich Wichern nicht zuerst als Kirchengeschichtler oder Sozialhistoriker. Als Praktischer Theologe bin ich an
Wahrnehmungen und Wahrnehmungsmustern interessiert, zugleich an
kirchlichen Handlungsfeldern und ihrer kritischen Reflexion. Wichern
entwickelt in seinen Veröffentlichungen ein ganzes Feld von einzelnen
Reformvorhaben. Die wandernden Handwerksgesellen sollen wieder
in Meisterhäusern untergebracht werden, als Antwort auf die kommunistischen sollen auch christliche Handwerkerbünde gebildet werden.
Aus dem Handwerkerstande sollen Straßenprediger angeworben werden, die die Armen in ihren Wohnungen, die Eisenbahn- und Straßen-
bauarbeiter an ihren Arbeitsstätten, die Handwerker in ihren Herbergen
aufsuchen und ihnen das Evangelium verkünden. Frauenvereine sollen
Kranke und Hilfsbedürftige versorgen,[7] umherstreunende Kinder in
„Ragged Schools" aufgenommen werden,[8] Vereine der Stadtmission
sollen gegen wilde Ehen, Bettel, Trunksucht, Spiel- und Lesesucht vorgehen,[9] Baugesellschaften sollen der Wohnungsnot der armen Leute ent-
gegenarbeiten[10] und Sparläden die Möglichkeit verbessern, den Lebensunterhalt auch bei Ausbleiben des Verdienstes zu sichern.[11]

Ein Thema steht immer wieder im Mittelpunkt, nicht zuletzt in Wicherns Wahrnehmung der Revolution und des „Kommunismus": es ist
die Wiederherstellung, die „Rettung" der *Familie.* Der Kommunismus
ist in seinen Augen vor allem ein Angriff auf die Familie und damit auf
den Grundorganismus des Volkskörpers. „Die Aufhebung des Unterschiedes der göttlichen Ordnungen von oben und unten, von Regierenden und Regierten, Eltern und Kindern, Herren und Knechten, Obrigkeit und Untertanen, folgt aus der Auflösung der Familien von selbst
und erscheint dem Kommunismus als ein um so gewisser erreichbares
Ziel, als die Sünde, welche an dieser Ordnung rüttelt, in unserem Jahrhundert schon längst gar mächtig geworden ist."[12] Wicherns Programm
beinhaltet konsequenterweise zuerst eine gesamtgesellschaftlich wirk-
same *Reorganisation der Familie im „christlichen Sozialismus"* als Abwehr

---

Bewegungen unter dem Aspekt des Atheismus. Dagegen hat sich Wichern mit den
Schriften von Karl Marx mit großer Wahrscheinlichkeit nicht auseinandergesetzt.
7   Wichern, Denkschrift, SW I, 267.
8   Wichern, Kirchentag in Wittenberg, SW I, 162.
9   Wichern, Denkschrift, SW I, 239.
10 Ebd., 281. Hier schlägt Wichern also einen „strukturell" orientierten Zugriff als Bestandteil diakonischer Arbeit vor.
11 In diesem Kontext nimmt Wichern auch zu Victor Aimé Hubers Genossenschafts-
modell, einer Assoziation zwischen verschiedenen Familien zur Sicherung ihrer
Lebensbedürfnisse, positiv Stellung. Zu Huber vgl. z.B. Hans-Walter Krumwiede,
Geschichte des Christentums III: Neuzeit. 17.–20. Jahrhundert, Stuttgart u.a. ²1987, 173.
12 Wichern, Denkschrift, SW I, 256.

gegen „Kommunismus" und Revolution.[13] Hier liegt in seinen Augen der
Ansatzpunkt zu einer Reorganisierung der Gesellschaft im Ganzen.[14]
Aufgabe ist „die christliche Wiederherstellung der Familien und Haus-
stände in jeder Beziehung und die Erneuerung und Wiedergeburt aller
damit unmittelbar zu verknüpfenden Verhältnisse der Erziehung, des
Eigentums, der Arbeit und durch sie bedingten Stände [...]."[15] Diesem
Vorstellungszusammenhang gibt Wichern den Titel eines „christlichen
Sozialismus, dessen frühreife, monströse Karikatur der atheistische und
radikale ist."[16]

Wicherns Äußerungen müssen im Rahmen eines umfassenderen
Gesprächszusammenhanges wahrgenommen werden, nicht allein in
der Kirche. Mit der beginnenden Industrialisierung Deutschlands fin-

---

13   Vgl. zum Folgenden auch: Günter Brakelmann, *Kirche und Sozialismus im 19. Jahr-
     hundert. Die Analyse des Sozialismus und Kommunismus bei Johann Hinrich Wichern und
     bei Rudolph Todt*, Witten 1966, und ders., *Die soziale Frage des 19. Jahrhunderts*, Witten
     ²1964.

14   Die Forderung einer Wiederbelebung der Familien gilt nicht nur für die Unter-
     schichtsfamilien, sondern auch für die höheren Ständen: Selbstsucht und Genuss-
     sucht dieser Familien haben den Neid der Armen erst angestachelt und damit die
     Revolution provoziert; zum anderen entstammen solchen Familien die „Proletarier
     der Bildung", ohne deren literarische Aktivität der Kommunismus nie hätte eine
     solche Verbreitung und Machtentfaltung erfahren können. Wichern, *Kommunismus
     und die Hilfe gegen ihn* (1848) (zit.: Kommunismus), SW III, 133ff.

15   Wichern, Denkschrift, SW I, 182.

16   Wichern, Denkschrift, SW I, 271. Gedacht ist dabei an eine Selbstorganisation der
     Hilfsbedürftigen, der Armen, Arbeiter und Handwerker im Rahmen eines umfas-
     senden Zusammenwirkens von Besitzenden und Besitzlosen. Ebd., 274ff. Wichern
     nimmt hier zum einen die Forderung der liberalen und sozialistischen Opposition
     nach freien und vom Staat unabhängigen Assoziationen positiv auf und plädiert für
     eine „Verbrüderung der Arbeiter zur Selbsthilfe" sowie für eine „christliche Asso-
     ziation der verschiedenen Arbeits- und Besitzstände" (ebd., 275); auf der anderen
     Seite schwebt ihm eine Reorganisation der Handwerks- und Gutshäuser als Zentren
     dieser Assoziationen vor. „Hier wäre ein patriarchalisches Verhältnis zu schaffen
     oder zu erneuern, das zwar eine Umwandlung aller sozialen Sitte zur Folge, aber
     nicht ein Revolutions-, sondern ein christliches Regenerationsprinzip zur Unterlage
     haben würde" (ebd., 277). Vgl. auch ebd., 188: „Der Geistliche soll in seiner Gemeinde
     bei denjenigen Gliedern derselben und Hausständen, die solche rettende Tätigkeit
     nötig machen, der Hausvater und die Hausmutter sollen in ihrer Hausgemeinde
     unter Kindern und Gesinde, Verwandtschaft und Freundschaft, – der Handwerks-
     meister in seiner Werkstatt unter Gesellen und Lehrburschen, – der Dienstbote, Ge-
     selle, Tagelöhner wiederum in seinem Kreise ein Kind dieses Geistes sein, ebenso
     der Schullehrer in seiner Schulgemeinde, sobald sie es erfordert; nicht weniger der
     Geschäftsmann in seinem Berufe, der Gutsherr, der Richter, der Staatsmann, der
     Universitätslehrer, der Kaufmann, der Soldat, der Matrose, der Bürger und der Bauer
     – und wer sonst, jeder an seiner Stelle, an die ihn Gott gestellt hat [...]" (grammati-
     sche Unstimmigkeiten im Original).

det seit den 30er Jahren des 19. Jahrhunderts eine höchst lebendige Debatte unter deutschen Intellektuellen statt, wie der sozialen Krise im Gefolge der veränderten Produktionsbedingungen begegnet werden kann.
In einem in der Deutschen Vierteljahrsschrift 1838 erschienenen Artikel
typisiert ein Professor Bühlau aus Leipzig die in der Debatte über die
Massenarmut vertretenen Positionen.[17] Er unterscheidet
– eine an den Thesen von Robert Malthus orientierte Auffassung, die
den Grund für die Massenarmut in der ungleichen Entwicklung von
Bevölkerungswachstum und Subsistenzmitteln sieht und als Lösungs-
möglichkeit z.B. Heiratsbeschränkungen für Arme sowie Auswande-
rungsprogramme empfiehlt;[18]
– eine Ansicht, die die Entstehung des Pauperismus in der Gewerbefreiheit und im modernen Fabrikwesen begründet sieht und für eine Reorganisation der Ständegesellschaft, der Zunft- und Gutsherrenabhängig-
keit sowie der Fürsorgepflicht der gehobenen Stände plädiert und auf
diese Weise eine Eingliederung der Armen in die Gesellschaft erreichen
will; diese Position bezeichnet Bühlau als die „reactionäre";[19]

---

17 Professor Bühlau aus Leipzig, „Der Pauperismus", in: *Deutsche Vierteljahrsschrift* 1
    (1838), 79ff.

18 Ebd., 89.

19 Bühlau selbst unterstützt diese Position in modifizierter Form, indem er dem Staate
    eine überstürzte Einführung der Gewerbefreiheit und eine rücksichtslose Auflö-
    sung der überkommenen Verhältnisse ankreidet (a.a.O., 87). In der Deutschen Vier-
    teljahrsschrift finden sich zahlreiche Beiträge, in denen diese Position vehement ver-
    treten wird. Vgl. Anonym, „Zunftleben und Gewerbefreiheit, mit Aussichten über
    Vermittelung, Uebergang und Reconstruction", in: Deutsche Vierteljahrsschrift 4
    (1839), 34ff. und auch: Wilhelm Heinrich Riehl, „Der Arbeiter. Eine Volksrede aus
    dem Jahre 1848", 4. Aufl., Stuttgart/Berlin o.J., 207ff., in: Carl Jantke/Dietrich Hilger
    (Hg.), *Die Eigentumslosen. Der deutsche Pauperismus und die Emanzipationskrise in Dar-
    stellungen und Deutungen der zeitgenössischen Literatur*, Freiburg/München 1965, 395ff.
    Riehl vertritt hier die These von der naturgesetzlichen Ungleichheit der Menschen.
    Die Gesamtheit der niederen und höheren Positionen im Gesamt der arbeitsteiligen
    Gesellschaft versteht er als Organismus. Arbeitslosigkeit sei in der Faulheit der Ar-
    beiter begründet. Von der Industrialisierung sei eine Aufhebung der Arbeitslosig-
    keit und eine Anhebung von Produktion, Angebot und Nachfrage zu erhoffen. Riehl
    artikuliert diese Vorstellungen jedoch auf der Basis eines ständischen Gesellschafts-
    modells. Seine Position kann damit als Mischform der unter 2) und 4) beschriebenen
    Argumentationstypen angesehen werden.
    Als streitbarer Vertreter dieser „reactionären" Denkrichtung muss auch Friedrich
    Julius Stahl angesprochen werden, eines der Mitglieder im 1849 auf dem Wittenber-
    ger Kirchentag begründeten „Centralausschusses für die Innere Mission". Der zu-
    nächst in Erlangen, ab 1840 in Berlin lehrende Professor für Staats- und Kirchenrecht
    kann als exemplarischer Vertreter einer gegenrevolutionären restaurativen Politik in
    Preußen angesehen werden. Er postuliert das Modell eines christlichen Staates un-
    ter einem Monarchen von Gottes Gnaden gegen die in Atheismus und Sozialismus
    wurzelnde Revolution (vgl. Krumwiede [Anm. 11], 116f.). Die bürgerliche Ordnung

– eine Auffassung, die die Beseitigung der Massenarmut durch die Aufhebung des privaten Eigentums und die Bildung von Arbeitergenossenschaften erreichen will; diese nennt Bühlau die „revolutionäre" Position;[20]
– eine Position, die die Massenarmut in einer noch ungenügenden industriellen Entwicklung, einer noch zu starken Beschränkung der Gewerbefreiheit sieht. Ihre Vertreter nehmen an, dass eine endgültig durchgesetzte Gewerbefreiheit immer mehr Menschen Arbeit geben und die Wohlfeilheit aller Waren erhöhen werde[21]

– Recht und Staat – ist, so Stahl, durch den Sündenfall notwendig geworden (FRIED-RICH JULIUS STAHL, *Die Philosophie des Rechts*, Heidelberg ²1846, 134). Es ist prinzipiell unmöglich, dass die Menschen in einem Zustand miteinander leben oder einen solchen auf Erden realisieren können, der „die völlige Einigung des Menschen zu einem sittlichen Reiche und die völlige Freiheit und Selbstbestimmung des einzelnen" erlauben würde (ebd., 136f.). Ein solcher Zustand kann nur als Reich Gottes von den Menschen erhofft werden, ohne dass sie je in der Lage wären, Subjekte seiner Realisierung zu sein. Die bürgerliche Ordnung nun faßt Stahl als eine Zwischengröße: Sie steht im Gegensatz zum Naturzustand, verstanden als „regel- und ordnungsloses Zusammenleben", zum anderen auch im Gegensatz zum Reiche Gottes als der „sittliche[n] Welt in ihrem wahren Zustande, dessen bloßes Surrogat sie ist" (ebd., 130). Durch ihr fixiertes Recht begrenzt die bürgerliche Ordnung zum einen eine bloß willkürliche Macht des Herrschers, vor allem jedoch jede demokratische Tendenz: „dass die Meinung der Masse unmittelbar und äußerlich durch die Gewalt der Masse die Obrigkeit bestimme. Denn die sündhafte Natur des Menschen und der Masse der Menschen bleibt immer unverändert dieselbe und fordert immer die sichernden Schranken" (ebd., 134), selbst wenn sich die menschlichen Verhältnisse im einzelnen auch verändern mögen. Von hier aus wendet sich Stahl gegen jeden Versuch, den gesellschaftlichen Zustand nach Maßgabe eines vernünftigen „allgemeinen Willens" zu regeln (ebd., 137), dagegen, der numerischen Mehrheit in politischen Entscheidungen einen Einfluß zuzubilligen, sowie gegen alle „politischen Theorien, welche auf gleichmäßige Gütervertheilung ausgehen" (ebd., 138). Wichern verkörpert eine eher integrative als repressive Variante der von Stahl skizzierten Staats- und Gesellschaftsauffassung. Wenn durch die Innere Mission die Sittlichkeit im Volke wiederhergestellt ist, sieht er die von Stahl noch prinzipiell ausgeschlossene Urwahl für möglich, weil ungefährlich an.

20 BÜHLAU (Anm. 17), 94f. Er nennt als Beispiele François M. C. Fourier, Saint-Simon und Robert Owen.

21 Bühlau nennt als Beispiel für diese Auffassung Mill McCulloch und Jean Baptiste Say. Vgl. zu dieser Position auch: ANONYM, „Die Veränderungen im Organismus der Arbeit und ihr Einfluß auf die socialen Zustände", in: *Deutsche Vierteljahrsschrift* 2 (1840), 20ff. Der Verfasser vertritt eine Organismusvorstellung von der arbeitsteiligen Produktion, die in der Arbeitsteilung zwischen Mann und Frau ihre natürliche Wurzel habe. Zugleich behauptet er einen Zusammenhang zwischen den Veränderungen in der materiellen Produktion und den Veränderungen in der „intellectuellen und politischen Kultur" (ebd., 35). Von der industriellen Entwicklung erhofft er sich die Ausweitung der Freizeit, die den Arbeitern Weiterbildung ermögliche, außerdem die tendenzielle Aufhebung der Unselbständigkeit der Frauen durch ihre Mitarbeit

– und schließlich eine Ansicht, die bei einer grundsätzlichen Zustimmung zur industriellen Entwicklung an den Staat appelliert, die Missstände des Fabrikwesens – wie z.B. überlange Arbeitszeit, Kinderarbeit, Bezahlung in Waren statt in Geld – zu beseitigen und Bildungsmöglichkeiten sowie Arbeitsplätze für die Armen zu garantieren.[22]

Für alle hier skizzierten Positionen finden sich in der zeitgenössischen Debatte wirkungsvolle Vertreter. Wicherns Programm, die im Glauben begründete, sittlich geläuterte Familie als Keimzelle eines gesellschaftlichen Organismus zurückzugewinnen und auf diese Weise der Massenarmut ebenso wie der demokratischen und „kommunistischen" Tendenzen Herr zu werden, könnte im Kontext der zeitgenössischen Diskussion der „reactionären" Variante zugeordnet werden. Dieses Urteil könnte aber durchaus zu kurz gegriffen sein.

Mit der Gründung des „Centralausschusses" für die Innere Mission ist Wicherns Programm institutionalisiert worden. Es macht aber Sinn, zunächst andere Texte Wicherns auf seinen Vorstellungszusammenhang von „Familie" zu befragen. Ich frage also: Welche Gestalt und welchen

---

in der Produktion (ebd., 95), schließlich insgesamt eine „Befreiung des Menschengeschlechts" durch die Entstehung der Arbeiterassoziationen und durch die Tatsache, dass statt der Menschen jetzt die Maschinen den Platz der Sklaven einnehmen. „Und nur unter dieser Voraussetzung kann die Idee einer allgemeinen staatsbürgerlichen Gleichheit, die so fernab von jedem Gedanken an eine verflachende Gleichmacherei liegt, mehr und mehr ins Bewußtseyn und Leben treten" (ebd., 98). Vgl. ähnlich auch: Anonym, „Pauperismus und Industrie", in: *Deutsche Vierteljahrsschrift* 1 (1847), 376ff.

22   Bühlau nennt als Beispiel für diesen Argumentationstyp die Position von Robert Mohl, „Über die Nachteile, welche sowohl den Arbeitern selbst als dem Wohlstande und der Sicherheit der gesamten bürgerlichen Gesellschaft von dem fabrikmäßigen Betrieb der Industrie zugehen wird über die Notwendigkeit gründlicher Vorbeugungsmittel" (1838). Zit. nach Jantke/Hilger (Anm. 19), S. 294ff.; vgl. zu diesem Argumentationstyp auch: Anonym, „Theorie und Praxis zur Bewältigung des Pauperismus", in: *Deutsche Vierteljahrsschrift* 1 (1845), 32ff. Der Verfasser betont die öffentlich-staatliche Aufgabe einer Arbeitserziehung für eine Epoche, in der die aus dem Mittelalter überkommene Arbeitsverfassung zerstört („Organismus und Thätigkeit"), eine neue jedoch noch nicht herausgebildet ist (ebd., 34). – Im übrigen vertritt der Autor eine deutlich kapitalismuskritische Position: Das nationalökonomische Postulat der Freiheit habe „sich in der Wirklichkeit sichtlich als Unfreiheit bewährt, als die Quelle einer materialistischen Geldaristokratie und eines neueuropäischen Sklaventhums" (ebd., 36). Eine kommunistische Revolution könne nur durch eine umfassende reformerische Tätigkeit des Staates verhindert werden, die den Ausgleich zwischen den Klassen durch eine Bekämpfung der Selbstsucht bei den Herrschenden ermöglicht. Der Verfasser fordert eine Lösung des Pauperismusproblems durch eine Durchsetzung des Rechts auf Arbeit, auf Organisation der Produktion durch die Arbeiter sowie eine Reorganisation des Gemeindelebens: Eine Gemeinde solle wieder „eine Gemeinschaft für Unternehmungen zum Nutzen aller Gemeindeglieder" werden (ebd., 49).

Sitz im Leben hat die in Wicherns gesellschaftspolitischen und volksmissionarischen Stellungnahmen immer wiederkehrende Rede von der
„Familie"?

II. „Die arme Frau Dortel am Weihnachtsabend"

Im Revolutionsjahr 1848 veröffentlicht Wichern eine Erzählung mit dem
Titel „Die arme Frau Dortel am Weihnachtsabend[23] für den Vortrag in
der Weihnachtsfeier für die Kinder des Rauhen Hauses. Er will damit
zugleich zur Entwicklung einer guten Volks- und Jugendliteratur beitragen.[24] Hier sollen zunächst einige Ausschnitte zitiert werden, um die
Atmosphäre des Textes einfühlbar zu machen, und sodann einige Bemerkungen zur Interpretation angeschlossen werden.

> In Hamburg, nicht weit von dem Altonaer Tore, ist ein enger Hof; hier woh-
> nen wohl zwanzig bis vierundzwanzig arme Familien neben- und überein-
> ander. Gleich rechter Hand, eine Treppe hoch, findst du an einer ziemlich
> geräumigen Diele eine kleine Stube. Alles ist reinlich und nett, wie sonst
> leider selten bei armen Leuten. Diesmal treten wir ein am ersten Weih-
> nachtstage gegen Abend. Die Mutter, gewöhnlich Frau Dortel genannt, hat
> sich mit ihren drei jüngeren Kindern soeben um den Tisch gesetzt, ein wei-
> ßes Tuch ist über denselben gedeckt; die wenigen Bilder an der Wand sind
> blank geputzt, der Ofen ist wegen des Christtages wärmer geheizt. Hin-
> ter demselben sitzt ein älterer Bruder der guten Frau; ein blinder Mann, 45
> Jahre alt, der seit seinem zwölften Jahre kein Licht des Tages mehr gesehen.
> Täglich pflegte er auszugehen, um auf seiner Flöte vor der Türen einige Me-
> lodien zu blasen; dafür erhielt er dann einen Lohn, den er eigentlich nicht
> gern als ein Almosen betrachtet sah.

Die anscheinend heimelige Atmosphäre ist trügerisch: Der Ehemann
der Frau Dortel ist früh verstorben, ebenso wie auch einer der Söhne,
der als Kajütenjunge bei einem Arbeitsunfall ums Leben gekommen ist.
Ein weiterer Sohn ist als Geselle auf Wanderung, der Kontakt ist abge-
brochen. Drei jüngere Kinder leben neben dem blinden Bruder mit in

---

23 Wichern, *Die arme Frau Dortel am Weihnachtsabend*, SW VII, 542–551, hier gekürzt
    wiedergegeben.

24 Erläuterungen: Wichern, *Zwei Erzählungen für die Kinder des Rauhen Hauses* (1848/49),
    SW VII, 643. Da der Text wenig bekannt und schwer zugänglich ist, halte ich ein aus-
    führliches Zitat für unumgänglich. Für die Interpretation scheint bedeutsam, dass
    die kulturelle Ausformung der Weihnachtsfeier als Fest der Innerlichkeit, Intimität
    und Abschließung nach außen die Intimisierung der bürgerlichen Kleinfamilie im
    19. Jahrhundert widerspiegelt. Vgl. z.B. Ingeborg Weber-Kellermann, „Die Familie.
    Geschichte, Geschichten und Bilder. Erläuternde Texte", in: Dies. *Die deutsche Familie*,
    Frankfurt a.M. ²1977, 300ff.

der kleinen Stube. Der kleine Nikolaus erzählt vom Sonntagsschulunterricht; Thema war die Weihnachtsgeschichte.

> Inzwischen fing er an zu erzählen und erzählte von Bethlehem, wo Maria in der Herberge wohnte und Jesus geboren wurde, wie derselbe so arm gewesen und in Windeln dargelegen; wie auch die Engel vom Himmel gekommen und das Loblied gesungen: ‚Ehre sei Gott in der Höhe und Friede auf Erden und den Menschen ein Wohlgefallen'. ‚Ja, liebe Kinder', fuhr die Mutter fort, ‚den guten Heiland wollen wir liebhaben. Er hat uns ja so liebgehabt und hat uns noch so lieb; er hat uns selig gemacht.' [...] Es wurde aber zuletzt beim Besehen des Bildes ganz stille unter ihnen, und als die Mutter eines nach dem andern immer näher an sich zog und das Kleinste unvermerkt auf ihren Schoß hub und nichts sich regte und das Mutterherz in Liebe so hoch schlug mit stiller Freude und bangem Schmerz, da war es, als ob man die heiligen Engel, die an der Krippe knieten, singen hörte. Der Herr feierte mitten unter ihnen Weihnachtsabend. Niemand jedoch schien das Bildchen genauer zu betrachten als die kleine elfjährige Karoline. ‚Warum', sagte sie plötzlich, ‚warum, liebe Mutter, ist aber der Heiland so arm gewesen? Er kam ja vom Himmel, und Gott ist doch so reich?' – ‚Liebe Karoline', antwortete die Mutter und drückte dabei das Kindlein an ihr Herz, ‚– du siehst ja, er hat so werden wollen wie wir; er hat uns arme Leute so liebgehabt, damit wir durch ihn reich werden sollten im Himmel, wie könnten wir sonst ein Herz zu ihm fassen?'

In die intime familiale Szene platzt unangemeldeter Besuch. Eine Bescherung.

> Von der Nachbarschaft war es niemand, das konnte man schon an der Stimme hören; und wer besucht denn an solchen kalten Winterabenden, und vollends, wenn es Weihnacht ist, die Armen in ihren Hütten? [...] und als die Mutter mit dem Licht an die Tür geleuchtet und die Kette abgenommen, – [...] – trat eine freundliche Dame herein [...] Es war die gütige Frau Morgenstern, eine der Herrschaften, bei welcher die Arme Witwe zuzeiten das Haus zu reinigen pflegte und die sich im Verborgenen der Armen und Betrübten so gern und von Herzen annahm [...]. Die vier fremden Kinder standen in Weihnachtskleidern um einen hellen Tannenbaum voll Lichter und traten ihrer Mutter entgegen, um mit ihr die lieben armen Kinder und deren Mutter zu dem Tannenbaum zu führen [...] Die Kinder jauchzten nun bald; der Mutter aber brach es das Herz. Sie musste sich die Augen trocknen mit ihrer Schürze und konnte nichts, als der Frau Morgenstern die Hand drücken. „Ach, der gnädige Herr," sprach sie nur einmal, „der uns so unser Leid versüßt und uns glauben lässt, dass wir in all unserem Elend und Tränen Genossen seines seligen Hauses sind! Ich kann es nicht vergelten! Aber er vergelte es und mache mich dankbar mit meinen armen kleinen Waisen.

Ich gehe in der Interpretation dieser Erzählung Wicherns davon aus, dass er die Familie „der armen Frau Dortel" idealtypisch als Modell

einer „heilen" Unterschichtsfamilie vorstellt, die er dem Gegentypus
einer „sittlich verwahrlosten" pauperisierten Lebensform entgegen-
setzen will.[25] Gleich im Anfangsteil der Erzählung findet sich ein Satz,
der die soziale Lage der Familie Dortel kennzeichnet, zugleich auch in
seiner Entgegensetzung die besondere Stellung dieser Familie deutlich
macht: „[…] alles ist reinlich und nett, wie sonst leider selten bei armen
Leuten."

Die Dortels teilen den ökonomischen Status und die soziale Situation mit anderen Armen. Dies ist die eine Seite; hierzu gibt der Text folgende Informationen:
– Frau Dortel und auch die Kinder müssen arbeiten, um den Lebensunterhalt der Familie sicherzustellen.[26]
– Die Mitarbeit aller Familienangehörigen (bis auf Nikolaus, der die
Sonntagsschule besucht, Sophie und eine ältere Schwester) kann die Reproduktion des Lebens offenbar nur unzureichend sichern.[27]
– Die Wohnbedingungen der Dortels sind sehr beengt: Zwanzig bis
vierundzwanzig Familien leben auf einem engen Hof neben- und über-
einander; die Dortels selbst leben mit mindestens fünf Menschen in einer kleinen Stube. Augenscheinlich hat der Tod des Ehemannes – er war
Meister – die Familie in Armut gestürzt: Frau Dortel „weint um bessere
Zeiten".

Im Gegenüber zu diesen Lebensbedingungen, die die Dortels mit
den anderen armen Leuten teilen, werden sie durch die Prädikate „reinlich und nett" von ihnen unterschieden. Auch diese ihre Besonderheit
wird in der Erzählung entfaltet:
– Der Haushalt als Arbeitsbereich der Frau. Wenn auch ärmlich, so ist
die Stube doch sauber und ordentlich: Über den Tisch ist eine weiße

---

25 Vgl. Ähnlichkeiten in Wicherns Aussage über die „Familie" mit dem zeitgenössi-
    schen höchst wirksamen Text von WILHELM HEINRICH RIEHL, *Die Familie* (Naturge-
    schichte des Volkes als Grundlage einer deutschen Socialpolitik 5), Stuttgart/Augs-
    burg 1855, insbesondere Einleitung VI, sowie 3. 5. 12. 18. 20f. 23. 45. 53f. 63. 65. 82. 91.
    115. 142ff. 172. 236ff. 247. 252. 268. 272.

26 Die Mutter arbeitet als Tagelöhnerin, d.h. sie geht bei „Herrschaften" zum Scheu-
    ern und nimmt abends, wenn die Kinder im Bett sind, noch Spinnarbeiten an. Der
    blinde Bruder Matthias bettelt (nach seinem Verständnis für „Lohn", nicht für „Al-
    mosen"). Das eine der Kinder (Gustel) ist infolge der schlechten Arbeitsbedingungen
    ums Leben gekommen (sie ist beim Kalenderverkaufen erfroren); ein weiteres Kind
    (Diedrich) ist als Kajütenjunge bei einem Schiffbruch ertrunken; ein schon erwach-
    senes Kind (August) ist als wandernder Schuhmachergeselle unterwegs.

27 Darauf weist die Passage, dass die kleine Gustel „aus Armut" Kalender verkaufen
    musste; ebenso die, dass die Mutter sich ein Stück Weißbrot für die Kinder vom
    Scheuern absparen muss, und dass die kleinen Kuchen, die Nikolaus aus der Sonn-
    tagsschule mitbringt, heiß erwartet und mit großer Freude aufgenommen, als „Zu-
    brot" zum Lebensunterhalt der Familie also offenbar notwendig sind.

Decke gelegt, die Bilder sind blankgeputzt. Für diesen Bereich ist die Mutter verantwortlich: Sie putzt das niedergebrannte Licht, hängt „das Schilderei" an die Wand. Auch die Zubereitung des Essens gehört zu ihrem Arbeitsbereich: Sie teilt den Geschwistern den Kuchen zu, gießt aus der Kanne ein und hat jedem ein Stück Weißbrot mitgebracht. Hierbei assistiert ihr die älteste Tochter (sie holt das Trinken vom Herd). Der Arbeitsbereich im Haushalt wird also der Frau zugeschrieben; sie hat ihn als zusätzliche Belastung zur Tagelohnarbeit zu versorgen. Der Charakter dieser Arbeit wird als der liebender Fürsorge beschrieben: „Jeder bekam ein Stück Weißbrot, das die Mutter sich vom armen Taglohn beim Scheuern erspart."

– Die Familie als Ort der Intimität und der Abschließung nach außen: Die Szene beim Besehen des Weihnachtsbildes wird so geschildert, dass es „ganz stille" unter ihnen wird, dass die Mutter die Kinder an sich zieht, dass nichts mehr sich regt und das Mutterherz „in Liebe so hoch" schlägt. Als dagegen die Tochter Sophie, angeregt von Geräuschen aus dem dunklen Hof, aus dem Fenster „hinter der Gardine [...] in den dunklen Abgrund" starrt, zieht die Mutter sie wortlos zurück. Und das Aufschließen und Verriegeln der Türe ist ein ständig wiederkehrender Zug in der Erzählung. Wiederum wird es als Aufgabe der Mutter beschrieben, die Atmosphäre der Intimität herzustellen und gegen äußere Einflüsse zu schützen.

– Das Verhältnis zwischen der armen und der „herrschaftlichen" Familie: Die Beziehung wird von der inferioren Position aus als Arbeitsverhältnis in unregelmäßiger Tagelöhnerarbeit beschrieben; zugleich wird, von der Position der herrschaftlichen Frau aus, diese Beziehung als liebende Fürsorge charakterisiert. Frau Morgenstern wird als „freundliche Dame" und als „gütig" bezeichnet, sie nimmt sich „im Verborgenen der Armen und Betrübten so gern und von Herzen [an]". Sie kennt die Situation der Armen und beginnt ein „tröstlich freundliches Gespräch" mit der Mutter und den Kindern. Von Frau Dortel aus wird dagegen die Beziehung als „Dankbarkeit" geschildert: „Ich kann es nicht vergelten! Aber er [scil. Jesus Christus, HMG] vergelte es und mache mich dankbar mit meinen armen kleinen Waisen."

– Weihnachten ist im Sinne Wicherns das Fest, an dem sich eine reziprok verpflichtete, durch den Austausch von Gaben bestimmte Sozialität auch angesichts von gesellschaftlicher Ungleichheit und Herrschaft realisieren soll – und in diesem Zusammenhang meint „Gabenaustausch" den Austausch von Gaben durch die herrschaftliche Position gegen die Gegengabe von Demut und Dankbarkeit vonseiten der inferioren Position.[28]

– Die ausdrücklich christlich-religiösen Aussagen: Jesus Christus als der Heiland ist selbst arm (Geburt in der Krippe) und wendet sich den Armen zu, damit diese im Himmel reich werden können. Dies bedeutet für die Haltung der Armen, dass sie sich in ihre Lebensbedingungen auf Erden hineinschicken (Frau Morgenstern kennt keine, die „wie Frau Dortel ihre Kinder in stiller Ergebung ohne Murren und in der fröhlichen Zuversicht auf des Heilands Gnade ertrug") und dass sie Tröstung erfahren („Ach, der gnädige Herr, der uns so unser Leid versüßt") in der Hoffnung, dass nach dem Tode alles Elend aufgehoben sein wird (alle Verhältnisse und Menschen werden neu werden, und auch der kleinen erfrorenen Gustel wird man ihre Leiden nicht mehr ansehen).[29]

Die Intimität der „heiligen Familie" verwandelt die Realsituation der Unterschichtsfamilien, die durch Enge, Schmutz, Trunksucht, aggressiven Umgangsstil, durch fehlende Trennung von Privatheit und Öffentlichkeit charakterisiert werden, in die „Gottesfamilie", der alle Prädikate von Intimität und Ordnung zugleich zugemessen werden. Und schließlich wird eine enge Konnotation von „Intimität" und „Tod" hergestellt: In einer Traum-Erzählung des blinden Matthias gelingt die Begegnung mit den unter den elenden Armutsbedingungen umgekommenen Kindern, deren Los nunmehr als himmlische Seligkeit, vollendete innige Gemeinschaft (das süße Singen mit silberhellen Stimmen) und als Ziel des Lebens der Armen durch diese Welt geschaut werden kann.

In Wicherns Wahrnehmungsmuster von „Familie" stehen der intimen „Gottesfamilie" Gegentypen zur damit verbundenen Intimitätsvorstellung entgegen: Die Lebenswirklichkeit der Armen findet sich in einer Reihe von Charkterisierungsformeln wieder, die ich insgesamt als „Gegentypen" zu dem von Wichern proklamierten Bild der heilen Unterschichtsfamilie bezeichnen möchte: als „Abgrund" nämlich, vor dem die Mutter die kleine Sophie bewahrt. Als kennzeichnend für

---

28   Wie stark bis heute das Weihnachtsfest die Aktualisierung einer Schenke-Ökonomie und damit einer gegenüber der Warenökonomie querliegenden, von dieser vernutzten Form gesellschaftlichen Austausches darstellt, hat zuletzt – in der Tradition von Marcel Mauss und Arnold van Gennep – HELMUTH BERKING, Schenken. Zur Anthropologie des Gebens, Frankfurt a.M./New York 1996, 34ff. beschrieben.

29   Im Traum des blinden Matthias (er nimmt als Erzählung in der Erzählung etwa 10 Vorleseminuten in Anspruch) wird die Weihnachtsszene mit dem Christkind in der Krippe und den Engeln, zuinnerst das neugeborene Kind selbst zum Zentralsymbol der Intimität, und zwar in mehreren Bedeutungsdimensionen. Die intime Szene kann nur mit dem „innern Auge" des Blinden erschaut werden, unter der Bedingung, dass er sich vom Getriebe (die um den Tannenbaum gescharte Familie) zurückzieht und sich vollständig der innerlichen Erfahrung überlässt.

solche Familien wird beschrieben, dass hier die Menschen Gefühlsregungen und Verhalten wenig kontrollieren („wildes Gekreisch und Gejauchze"), dass sie, besonders unter Alkoholeinfluss, zu aggressivem Verhalten neigen („es waren trunkene Leute, die nahe daran waren, sich zu zanken"), dass ihr familiales Zusammenleben nicht durch Intimität und Abgeschlossenheit, sondern durch Durchlässigkeit nach außen gekennzeichnet ist (die Nachbarn, die sich die Szene ansehen und durch ihr Lachen kommentieren). Das „wüste Wesen" dieser „Unholde" kann nicht von ihnen selbst, sondern nur durch das Eingreifen eines Vertreters der öffentlichen Gewalt gesteuert werden (der Nachtwächter, der an die Fensterläden klopft).

– Schließlich zum „Happy end" der Erzählung: Der Sohn August sagt dem Wanderleben als Schuhmachergeselle ab, er lässt sich als Meister nieder und vertritt als „Stütze seiner Mutter [...] die Stelle seines frommen Vaters an der Mutter und den Geschwistern". Zugleich wird er in seiner Umgebung im Sinne helfender Fürsorge aktiv (er arbeitet bei der Sonntagsschule mit). Im Hintergrund steht die Vorstellung eines Handwerkerhauses, in dem der Mann als Hausvater und Hauspriester einem Mehrgenerationen-Haushalt vorsteht und über den unmittelbaren Kreis seiner Familienangehörigen hinaus für Bildung und Schutz der mit ihm lebenden Menschen verantwortlich ist. Dieses Bild steht für Wicherns sozialdiakonisches Programm: die Rettung der „sittlich verwahrlosten" und deshalb armen Massen durch die „Familie". –

Ich lese die Erzählung „Die arme Frau Dortel am Weihnachtsabend" als Elementarisierung des Programms der „Inneren Mission" Wicherns, gleichsam als Skript, in dem sich die wechselseitige Verpflichtung der armen und reichen Stände im „Volkskörper", die „Rettung" vor „sittlicher Verwahrlosung" durch die Wiedererweckung der Familie mit dem Unternehmen verbinden, die gesamte Gesellschaft als Raum christlicher Mission anzunehmen.

III. Die „Gottesfamilie"

Im Hintergrund der Weihnachtsgeschichte von der „armen Frau Dortel" steht ein im Sinne Wicherns „christlich" begründetes, zugleich lebensweltlich geprägtes Wahrnehmungsraster von der „Familie", das sich als Aussagesystem aus verschiedenen Texten Wicherns erheben lässt.

– Familie ist – als natürliche Familie – zusammen mit Staat und Kirche göttliche Schöpfungsordnung. Als Ordnung Gottes dient sie der Erhal-

tung der gefallenen, von der Erbsünde bestimmten Schöpfung.[30] Die
Familie bedarf einer rechtlich fixierten Form. Ein Zusammenleben von
Mann und Frau ist nur dann zulässig, wenn ihre Ehe kirchlich getraut ist;
„wilde Ehen" sind ungültig und darüber hinaus funktionsunfähig.[31]

---

30 „Staat [...], Familie und [...] das damit zusammenhängende Verhältnis von Befehlen-
den und Gehorchenden [...], Eltern-, Kindes- und Feindesliebe [...] entstammen dem
Willen Gottes." WICHERN, *Eine von Wichern überarbeitete Nachschrift zu seinen Vorlesun-
gen* (1841/42) (zit.: Nachschrift), SW VII, 59. Gott gebietet die Arbeit und gründet die
Familie, SW VII, 60. Die Familie ist damit „Pflanzstätte des Staates wie der Kirche".
WICHERN, *Erziehung und Unterricht* (1846), SW VII, 309.

31 Dass Wicherns Vorstellung von der alleinigen Gültigkeit einer kirchlich getrauten
Ehe durchaus historisch relativ ist, zeigt nicht nur, dass für Preußen 1874, für das
Deutsche Reich 1876 die Zivilehe obligatorisch wird (WEBER-KELLERMANN [Anm. 24],
37). Dies zeigt auch ein Blick auf die geschichtlichen Veränderungen in der Form der
Eheschließung: Nachdem die frühgeschichtliche Sippenvertragsehe (ebd., 14ff.) sich
zur zwischen den Eheleuten sowie ihren Verwandten geschlossenen Konsensehe
gewandelt hat, verstärkt sich nach und nach der kirchliche Einfluss auf die Eheschließung. Zunächst noch hatte sich die Aktivität der Kirche auf die Einsegnung
der durch den Vormund vor der Kirche vollzogenen Trauung beschränkt. Mit der
Auflösung der Form der vormundschaftlichen Trauung und der Ersetzung des geborenen und gekorenen Vormunds, dessen Rolle immer stärker ein Priester übernimmt, tritt die Kirche in die Trauungshandlung selbst ein, gerät die kirchliche in
Konkurrenz zur Laienbetrauung und beginnt diese zu verdrängen (etwa um 1200;
vgl. ebd., 34. Vgl. dazu vor allem auch: RUDOLF SOHM, *Das Recht der Eheschließung,*
Weimar 1875). Das Problem der heimlichen („clandestinen") Ehen bleibt das ganze
Mittelalter hindurch jedoch virulent (vgl. MARTIN LUTHER, *Von Ehesachen*, 1530, in:
WEBER-KELLERMANN [Anm. 24], 35). Die Eheschließung besteht aus den beiden Akten der Verlobung und der Trauung, und nach dem bis zum Tridentinum 1562/63
gültigen Corpus iuris canonici (hier: dem Decretum Gratiani als seinem ältesten
Teil, um 1150) gilt die Verlobung als der eigentliche Eheschließungsakt. Diese kann
nichtöffentlich (durch bloßes Versprechen) oder öffentlich (durch vollzogenen Beischlaf und die Geburt des Nachwuchses) vollzogen werden; auf diese Weise konnte
es durchaus geschehen, dass ein und dieselbe Person mehrere Eheversprechen ein-
ging, und sich so, nach Maßgabe unterschiedlicher Rechtstraditionen (kanonische
versus deutschrechtliche), die Frage ergab, welches denn als gültig anzusehen sei.
Erst im Tridentinum wird die kirchliche Trauung von der Ehevollziehungs- zur al-
leingültigen Eheschließungshandlung; eine Ehe gilt nur dann noch als gültig geschlossen, wenn die Konsenserklärung in Gegenwart eines Priesters und zweier
Zeugen abgegeben wird; im Grunde also hat das Tridentinum die Trauungshandlung aufgehoben, während es die Verlobungshandlung als rechtlich einzig relevante
in sich aufnimmt.
Für den lutherisch-evangelischen Bereich gilt, dass Luther am Sakramentscharakter
der Ehe nicht weiter festhalten möchte: Die Ehe ist „ein eusserlich weltlich ding, wie
kleider und speise, haus und hoff weltlicher oberheit unterworffen" (Von Ehesachen
[1530]), ist allerdings wie die Obrigkeit Gottes Willen und Ordnung unterworfen.
Luther will an der rechtlichen Verbindlichkeit der Verlobung festhalten: „Dann dieweil der eheliche Stand grundlich stehet in einem Verwilligen zueinander und Gott
wunderlich ist in seinen Gerichten, will ich's ihm lassen befohlen sein. Die gemeine

– In einer vollständigen Familie leben mehrere Generationen mit dem in der Familie arbeitenden Gesinde (bei Handwerksfamilien: Gesellen) und darüber hinaus mit bedürftigen Personen (den „Hausarmen") zusammen. Der „Hausvater" hat die ökonomische und rechtliche Gewalt über die zur Familie gehörenden Menschen inne; die Frau ist seine „Gehilfin". Die wichtigste Rolle des Hausvaters in der Familie ist die des „Hauspriesters". Der „Hausmutter" obliegt demgegenüber die Leitung des Haushaltes, besonders die Aufsicht über das Gesinde.[32] Die vor-

Worte sein diese: Ich bin dein, du bist mein [...]" („Ein Sermon vom ehelichen Stand" [1519], in: *Hutten – Müntzer – Luther. Werke in zwei Bänden*, Bd. 2 (Luther), Berlin und Weimar 1975, 7ff., hier: 11). Die Vollendung der Ehe wird zunächst in kanonischer Tradition im Beischlaf gesehen: „Luther (selbst) hat seine eigene Ehe anscheinend nur durch copula carnalis, nicht durch kirchliche Trauung vollzogen" (Sohm, a.a.O., 240). In Tendenz, der Trauung die vollendende Funktion zuzuschreiben: sie ist erforderlich zum tatsächlichen In-Kraft-Treten des durch die Verlobung schon begründeten ehelichen Verhältnisses. Durch die Handlung des Geistlichen wird das Rechtsverhältnis zum Tatverhältnis; die Rolle des Geistlichen unterscheidet sich damit von der passiven Assistenz des Priesters in der Regelung des Tridentinums. Die Öffentlichkeit der Verlobung soll nach Luther durch die Einwilligung der Brauteltern, besonders des Brautvaters gesichert werden. In dieser Tradition argumentiert auch Wichern gegen die „clandestine Ehe". „Sichtbar werden diese Häuser und Familien (in einer Armensiedlung, HMG) die Pflanzschulen und Treibhäuser für Bettler, Herumtreiber und Verbrecher aller Art. Die wilden Ehen sind in diesen Räumen die wildesten, alles zerstörenden Wucherpflanzen [...] Die Kinder werden, was die Eltern bereits geworden sind" (Wichern, *Rettungsanstalten für verwahrloste Kinder* [1833], SW IV, 1, 94). „Dies sind die Orte und die Familien, woraus die Bettelkinder und die Vagabunden erwachsen, dies die Familien, welche als die Pflanzschulen der Laster, Schanden und Verbrechen bezeichnet werden müssen." Ebd. „Wenn aber die Einsegung der Ehe nicht verlangt wird, so leben die Leute so zusammen, ohne dass irgendjemand, den das eigentlich anginge, was davon erfährt. Von der Kindertaufe halten die Leute gottlob noch etwas mehr, sie ist auch nicht mit soviel Unkosten verbunden" (Wichern, *Die Beleuchtung des Theologen* [1839], SW I, 30). Zu den Verhältnissen in einer Vorstadtgemeinde: „die ‚wilden Ehen' sind bis auf wenige verkirchlicht, aber dabei derselbe Zustand, Unzucht, Vertierung, Trunk, Faulenzerei, Diebstahl, Raffiniertheit, die Kinder in allen Ecken, in allen Winkeln, die Eltern der Mehrzahl nach unter polizeilicher Aufsicht [...]" (Denkschrift, SW I, 210).

32 In den Hauskirchen soll „das Priestertum der Hausväter sich in patriarchalischer Würde und Einfalt regenerieren." Die Verbindung zwischen solchen Hauskirchen „würde notwendig die Heiligung der Familienbande sein, und so würde der Segen notwendig auf die nachfolgende Generation und den weiteren Familienkreis der Verwandten und des Hausgesindes übergehen" (Wichern, *Die wahre Gemeinde des Herrn* [1839], SW I, 70f.). Zugleich gilt, „dass das Weib in ihrem Berufe der Gehilfin des Mannes ist, eine Haupte für ihr häusliches Wirken gesetzt" (Wichern, *Der Dienst der Frauen in der evangelischen Kirche* [1856] [zit.: Dienst der Frauen], SW III, 1, 106). „Zu einem Familienleben gehört es, dass der Hausvater die einzelnen Familienglieder genau kennt, täglich mit ihnen umgeht, für sie sorgt, dass ihnen die Hausmutter die Speise verabreicht und sie in Ordnung und Reinlichkeit erhält" (Wichern, *Die Nachschrift des Johann Georg Theiss* [1845] [zu Wicherns Pädagogik-Vorlesung], SW VII, 104).

nehmlichen Funktionen der Familie sind der Erwerb, die Bewahrung und Tradierung von Eigentum sowie die Erziehung der Kinder. Die Aufgabe der Familie – und hier besonders der Mutter – in der Erziehung ist, die Kinder in die überkommene Sitte einzuführen und sie so auf das Leben in Staat, Kirche und geselligem Verkehr vorzubereiten. *„Die Familie ist der natürliche, sittliche Kreis, in welchem das Gute und das menschliche Gemüt hineingelegt, in welchem es gepflegt und geschützt werden soll."* [33] – In diesem Sinne ist die Familie der Grundorganismus des nach Ständen gegliederten Volkskörpers und dient zu dessen Reproduktion. Sie ist die Voraussetzung der göttlichen Ordnungen von Arbeit und Eigentum, ist die Bedingung von Autorität und gesellschaftlicher Herrschaft.[34] *Um-*

„Der Hausvater muss in seiner Familie, unter Gesellen, Lehrburschen, Dienstboten wieder zum Hauspriester [...] herangebildet werden" (WICHERN, Kommunismus, SW I, 148). Im Sinne der rettenden Tätigkeit sollen der „Hausvater und die Hausmutter in ihrer Hausgemeinde unter Kindern und Gesinde, Verwandtschaft und Freundschaft" arbeiten (WICHERN, Denkschrift, SW I, 188). – „Wir meinen alle diejenigen, die zur Dienerschaft eines Hauses, zum Gesinde, und bei den Handwerkern zum Gesellen- und Lehrburschenstande gehörten" (ebd.); sodann: Zu den Aufgaben der Frau gegenüber den Dienstboten und Armen: WICHERN, *Dienst der Frauen*, SW III, 1, 110. Wichern schlägt zudem vor, die wandernden Gesellen wieder – statt in den Herbergen – in den Meisterhäusern unterzubringen. In: Innere Mission, SW II, 105; ebenso: *Zweite Nachricht des Vereins der Inneren Mission* (1851), SW II, 191.

33 WICHERN, *Die öffentliche Begründung des Rauhen Hauses* (1833) (zit.: Öffentliche Begründung), SW IV, 1, 102. Das heiligste Werk der Familie ist die Erziehung: Die Begießung der jungen Pflanzungen, „die hernach in Staat und Kirche, Schule und Gesellschaft, in Wissenschaft, Kunst und Gewerbe oder sonst wie im Leben zu weitschattenden, fruchttragenden Bäumen erwachsen" (WICHERN, *Die Ursachen der so vielfach erfolglosen Bemühungen in der heutigen Kindererziehung* [1863] [zit.: Die Ursachen], SW VII, 329). Aus dem Wissen um die „Zusammengehörigkeit mit der ersten fundamentalen Gottesordnung, der Familie" erwächst „organisch die Liebe zum Vaterlande und zu der Gemeinde Gottes" (Die Ursachen, SW VII, 337). Der Kommunismus richtet sich gegen die Ehe und die „Gerechtsame, die sich alle mehr oder weniger um die Familie und das geistige und materielle Privateigentum sammeln" (Kommunismus, SW I, 133). Er ist damit „die umgekehrte Lehre des Rechts, des Glaubens, der göttlichen Ordnung, die bis dahin in der menschlichen Gesellschaft auf dem Gebiet der Ehe, der Familie, der Erziehung, des Erwerbs, des Besitzes etc." gegolten haben (ebd.). Aufgabe der Rettungshäuser als Familien ist es, „Handreichung nicht bloß zur Kindererziehung zu tun, sondern auch alle anderen bürgerlichen Tugenden der Ordnung, der Sparsamkeit, der Arbeitsamkeit und der häuslichen Sitte wieder in die Hütten des Volkes zu verpflanzen" (Denkschrift, SW I, 266). Die Familie ist der Ort, in der die Verbindung von Christentum und Kultur ihren Platz findet. Die Familie ist so die „unterste, erste, nie aufhörende, sich stets erneuernde elementarste Kulturform allen sozialen Menschenlebens" (WICHERN, *Stockungen im christlichen Leben des evangelischen Volkes und deren Überwindung* [1868], SW V, 242).

34 „Die göttliche Stiftung der Familie" ist der Ausgangspunkt der Arbeit der Inneren Mission. Deren Aufgabe ist die „Wiederherstellung der Familien und Hausstände in jeder Beziehung und die Erneuerung und Wiedergeburt aller damit unmittelbar

gekehrt formuliert: „Die Aufhebung des Unterschieds der göttlichen Ordnungen von oben und unten, von Regierenden und Regierten, Eltern und Kindern, Herren und Knechten, Obrigkeiten und Untertanen folgt aus der Auflösung der Familie von selbst [...]." [35]
– Die vornehmliche Aufgabe der Frau als Mutter ist es nun, in diese *natürliche Familie* das Bild der „Gottesfamilie" einzubilden. Die Familie wird dann nicht durch äußere Regelungen zusammengehalten, sondern von innen heraus, aus der gegenseitigen Liebe ihrer Glieder gestaltet. Sie ist ein intimer Schutzbereich, in dem sich die Menschen gegenseitig kennen, sich vertrauen und in ihrer jeweiligen Eigentümlichkeit bilden können; damit wird die Familie selbst zu einem Individuum, das sich seiner Geschichte vergewissern kann. Die Familie wird als privater, intimer Bereich aus einem damit zugleich konstituierten Bereich der Öffentlichkeit ausgegrenzt. Die Familie ist der Ort der Frau, ihre Arbeit wird als liebende Fürsorge beschrieben. Damit ist sie Voraussetzung für den Ort des Mannes in der Öffentlichkeit, der ‚Welt'. [36] *„Die berufsmäßige Stellung des Weibes in der Kirche ist in der Familie zu suchen, wo die Frau als Mutter wirkt und in der geheiligten Mutterliebe keine geringere Aufgabe hat als die, in die Naturgestalt des Familienlebens das Leben und Wesen der ewigen Gottesfamilie hineinzubauen".* [37] Dagegen: *„Der Beruf des Mannes ragt über das Haus hinaus"*, ihm ist *„in gewissem Sinne die Welt das Haus [...]"* gegenüber der Frau, *„der das Haus die Welt sein soll."* [38] Und: Die Familie ist eine *„Reinigungsstätte für den Mann und überhaupt die Erwachsenen."* [39]

---

35 zu verknüpfenden Verhältnisse der Erziehung, des Eigentums, der Arbeit und der durch sie bedingten Stände" (WICHERN, Innere Mission, SW I, 182).

35 WICHERN, Denkschrift, SW I, 256. Das Familienleben ist „die Grundform allen menschlichen Gemeinschaftslebens" (WICHERN, *Einleitende Bemerkungen zu und Gutachten über Diakonie und Diakonat* [1856], SW III, 1, 142). Die Familie ist so die „unterste, erste, nie aufhörende, sich stets erneuernde elementarste Kulturform allen sozialen Menschenlebens" (WICHERN, Stockungen, SW V, 242).

36 „Den tatsächlichen Anfang des neuen Familienlebens machte Gott selbst, als er dort in Bethlehem Maria Jesu Mutter werden ließ und mit dieser Mutterliebe zugleich die Wiedergeburt der Familie vollzog, in der das erlöste Weib seine eigentümliche Stellung und seinen eigentümlichen Beruf in der christlichen Gemeinde [...] empfing" (WICHERN, Dienst der Frauen, SW III, 1, 101).

37 WICHERN, Dienst der Frauen, SW III, 103. Das heilige Band, das die Herzen der Hausgenossen in Gottes Liebe verbindet, „kann so sehr allein in der stillen Zurückgezogenheit und in den kleinen Geschäften der mütterlichen Liebe gedeihen, dass es profaniert wird, wenn es diese stille Heimat verlässt."

38 Ebd., 110.

39 WICHERN, Die Ursachen, SW VII, 338. „Das Eigentümliche der Familie ist der Herd der trauliche[n] Liebe an einem Tische [...] In einem Familienleben lebt alles zusammen, alles schließt sich ab, das Leben nimmt die eigentümlichsten Gestalten an" (WICHERN, Nachschrift, SW VII, 42). Der Mann kann nur als gläubiger Christ „den

– Die Familie ist Ort der Reproduktion. Ihre wesentlichen Kennzeichen sind: Tisch und Bett, Essen und Schlafen.[40] Gegenüber der regelhaft festgelegten Kommunikation und Tätigkeit im öffentlichen Bereich (als Arbeit, Schule und kirchlich-politischem Parteienkampf) ist die Familie zugleich Ort der freien geselligen Kommunikation. Die Familie ist

---

wahren Wert und die wahre Bedeutung des eigentümlichen häuslichen Berufskreises der Frau recht würdigen, deren Tagewerk nach göttlicher Ordnung sich außer der eigentlichen geistlichen Fürsorge für ihre Kinder und Hausgenossen, zumeist um lauter Dinge bewegt, die dem Mann nur klein, unbedeutend, unerheblich erscheinen und doch gerade als solche vor Gott – vor dem es nichts Großes und nichts Kleines gibt – die Ordnungen sind, in denen sich die Treue, der Gehorsam, die Opferwilligkeit, die stille Einfalt der weiblichen Seele [...] bewähren soll" (WICHERN, Dienst der Frauen, SW III, 1, 103f.). Auch die Bruderschaft des Rauhen Hauses beschreibt Wichern nach Maßgabe dieser Familienvorstellung: „Je mehr die Bruderschaft als eine Familie sich weiß [...], desto freier und wahrer werden sich ihre Mitglieder von solchen Ordnungen [scil. der Hausordnung, HMG] nicht äußerlich gebunden, sondern innerlich getragen wissen" (WICHERN, *Die Ordnungen der Brüderschaft des Rauhen Hauses von 1858 und Wicherns Vorwort zur revidierten Fassung derselben von 1873*, SW IV, 2, 219). Jeder Bruder hat die Angelegenheiten der Bruderschaft als „Familienangelegenheiten" anzusehen und unterliegt deshalb der „durch das Wesen einer Familie bedingte[n] Verschwiegenheit über Ereignisse, die in Geduld und Liebe stille zu tragen sind" (ebd., 227). – Leistet es die Familie nicht, ihren Intimbereich von äußeren Einflüssen – besonders der Presse als Ausdruck der öffentlichen Meinung – abzuschirmen, dann ist das Resultat „die Lockerung des Gehorsams, die Missachtung der elterlichen Autorität, die Macht der Hab- und Genußsucht, die Verachtung der göttlichen Offenbarung, die Frevelei gegen das eigene und fremde Eigentum" (ebd., 334). Der Geschlechtscharakter von Mann und Frau sowie die Herrschaft des Mannes sind zum einen biologisch-natürlich begründet und machen das „Wesen" der Geschlechter aus. Sogar die anthropologischen Bestimmungen, z.B. das Verhältnis von Geist und Seele, werden nach Maßgabe der Geschlechtscharaktere formuliert. Zum anderen gelten die Geschlechtscharaktere als durch Erziehung reproduziert. „Wie in der ganzen Pflanzen- und Tierwelt, so gibt es auch unter den Menschen ein männliches und ein weibliches Geschlecht. Das Eigentümliche des männlichen Geschlechts ist vornehmlich das Selbsttätige, Selbstwirkende, während es bei dem weiblichen Geschlecht das Empfangende, Aufnehmende ist. Es ist deshalb bei der Erziehung etwas sehr Verschiedenes, ob man einen Knaben oder ein Mädchen zu erziehen hat" (WICHERN, Die Nachschrift von Johann Georg Theiss, SW VII, 147). Schließlich, pädagogisch gewendet: Der Geist der Anstalt des Rauhen Hauses „bildet die Gemüter der Mädchen wieder sittsam und keusch, sanft und stille, er schafft die Herzen und Gedanken der Knaben wieder nüchtern und bieder, männlich und wahrheitsliebend" (WICHERN, Öffentliche Begründung, SW IV, 1, 108).

40 WICHERN, Nachschrift, SW VII, 46. Ökonomischer Mittelpunkt des Hauses, wo für die täglichen Lebensbedürfnisse gesorgt wird (Essen und Trinken, Kleider und Schuhe, Haus und Hof), wo die „Sorge und Mühe, die stete, leitende und aushelfende, nichts versäumende Fürsorge für alle und für jedes Hausglied waltet, ist die Hausmutter" (*Rettungsanstalten als Erziehungshäuser* [1868], SW VII, 443; Herv. v. JHW).

Ort der Freizeit als der „idealen" Seite des Lebens, ist Ort von Gespräch, Spiel und Fest.[41]

– Als Gegentypen werden der Familie besonders solche Gruppierungen entgegengesetzt, die sich durch fehlende rechtliche Fixierung, durch Nichtachtung des Eigentums und durch geringe Kontrolle von Aggression und Sexualität auszeichnen.[42] *Unkontrollierte Gruppierungen von Jugendlichen sind in Wicherns Augen „heillose Kameradschaften", die auch die „Unschuldigsten" an sich ziehen; „in ihnen lebt etwas von der Schlangenart, die unter dem Grase züngelt [...]", ein „im finstern schleichendes Gift, das die Keuschheit vernichtet."*[43] Die Auflösung der Familie ist Grund für die materielle Not und die sittliche Verwahrlosung im Proletariat. *„Denken Sie*

---

41   WICHERN, Die Ursachen, SW VII, 337. „In der Familie löst sich [...] das während der Arbeits- und Schuldisziplin unerlässliche regelrecht, spezifische Verhalten auf, um dem, was das Herz unmittelbar erfreut und bildet, und um der freien Bildung des gemütlichen Verkehrs Platz zu machen" (WICHERN, *Rettungsanstalten als Erziehungshäuser*, SW VII, 480). Die Familie zeichnet sich durch „die gemütliche Wohnungs-, Tisch- und zugleich Arbeitsgemeinschaft (Herv. JHW) mit all der Freude und der Erholung, dem Feier- und Festleben des kleinen abgeschlossenen häuslichen Kreises." Als „gegliederte Gemeinschaft" bewirkt sie eine „Befriedigung, welche in dem Sich-heimisch-Fühlen seinen [sic!] Ausdruck findet." Ihre Gemeinschaft findet sich „im Haus, worin alles Menschliche und Dingliche einander bedingend ineinander gefügt ist; in diesem Organismus weiß der einzelne sich nicht mehr allein" (WICHERN, Rettungsanstalten als Erziehungshäuser, SW VII, 434).

42   Wenn straffällig Gewordene entlassen werden, stoßen sie wieder zu den Banden von „Dieben und Taugenichtsen [...] und an ihrer Seite und in ihrem Gefolge das Heer der liederlichen Dirnen, die mit jenen zusammenhaltend und agierend, mit ihnen gemeinsam lockend und fangend, dem aus der Gesellschaft Gestoßenen, dem Arbeitslosen, dem zum Hunger Prädestinierten, Müßiggang, Überfluß und Lust bieten, wenn er sich in ihre Hände gibt" (WICHERN, *Die praktische Arbeit der Brüder des Johannesstifts* [1860], SW IV, 2, 317).

43   Hier gehen die Jugendlichen verbotene Wege, „auf denen diese Jugend sich unedle Genüsse aller Art für alle Sinne, für Auge, Ohr und Gaumen, und die Befriedigung ihrer Unfugsgelüste, gewöhnlich durch Eigentumsverletzung, zu verschaffen weiß" (WICHERN, Die Ursachen, SW VII, 332). Zur Zerschlagung von Bordellen empfiehlt Wichern den Einsatz der Polizei: „Der Obrigkeit aber rate ich, dass sie das Schwert nicht umsonst tragen soll (WICHERN, *Ein Votum über das heutige Sodom und Gomorrha* [1851], SW II, 223). Als Gruppierungen, die einen schädlichen Einfluss auf die Zöglinge haben können, nennt Wichern die Ammen, dann die „tief verderblichen Einwirkungen eines männlichen und weiblichen Gesindes." Eine Gefahr sieht er auch „in dem so schwer zu überwachenden Umgang mit gleichaltrigen Schul- und Spielgenossen." Zwar kann die Freundschaft von „gutgearteten" Kindern zur Quelle sittlicher Bildung werden, aber „nichts wirkt mächtiger als die Gemeinschaft des Bösen" (WICHERN, Die Ursachen, SW VII, 331).

sich ein Elternpaar, das Gott mit 18 Kindern gesegnet und das darnach durch Branntwein und Spiel zugrundegerichtet wird."[44]

Nun entspricht Wicherns Familienkonzeption in der ersten Hälfte des 19. Jahrhunderts durchaus nicht den faktischen Lebensbedingungen einer Mehrheit der Menschen. Das Aussagesystem der nicht mehr als „Stände", sondern „als Natur" oder „Wesen" von Mann und Frau verstandenen „Geschlechtscharaktere" – der Mann steht seinen Mann in öffentlichem Beruf, in Wirtschaft und Politik, die Frau ist auf den Bereich der Haus- und Beziehungsarbeit eingegrenzt, auf „Arbeit aus Liebe" für den Mann und die Kinder – ist typisch für die bürgerliche Lebenswelt in der Zeit der Romantik, findet sich aber auch schon in Texten Luthers und Calvins. Was können wir dagegen über die realen Lebensbedingungen von Unterschichtsfamilien zur Zeit Wicherns wissen? Zumindest dies: Mit der umfassenden Durchsetzung des Industriekapitalismus seit den 30er Jahren des 19. Jahrhunderts werden die bis dahin vielfältigen familialen Lebensformen (das Bauernhaus/Handwerkerhaus als Integration von Arbeitsbereich und Wohnbereich; das Adelshaus als um das Moment der Herrschaftssicherung zentrierte Gesellungsform mit Gesindehaltung; die Heimarbeiterfamilie mit Integration von Betrieb und Wohnung als Übergang zur modernen Familie) zugunsten zweier Formen zurückgedrängt:[45] nämlich der „proletarischen" und der „bürgerlichen" Familie. Beide sind zwar durch eine Trennung von Betrieb/Arbeit und Wohnen/Freizeit/Hausarbeit, aber allein die bürgerliche Familie durch die Möglichkeit von Intimität und Bildung gekennzeichnet.

Was die Unterschichtsfamilien angeht, ist es verhältnismäßig schwierig, zu präzisen Informationen zu gelangen. Einen Hinweis können von Wolfgang Emmerich herausgegebene autobiographische Texte von Handwerkern, Industriearbeitern und arbeitslosen Armen aus diesem Zeitraum[46] über ihr familiales Zusammenleben geben.

Strukturelle Merkmale der Unterschichtsfamilien sind insbesondere: die Mitarbeit aller Familienangehörigen zur Sicherung des Lebensunterhaltes; das beengte Zusammenleben vieler Menschen auf kleinem Raum und deshalb das Fehlen von Intimität; das Leben „von der Hand in den

---

44 Wichern, *Sechste Nachricht des Kreises für Innere Mission in Hamburg* (1855), SW II, 378. Vgl. auch Denkschrift, SW I, 186 und *Zweite Nachricht des Vereins für Innere Mission* (1851), SW II, 190f. sowie Rettungsanstalten, SW IV, 101. Zugleich gibt es aber auch Textbeispiele dafür, dass Wichern die materielle Not als Ursache für die Zerstörung familialen Zusammenlebens begreift. Denkschrift, SW I, 186.

45 Heidi Rosenbaum, *Familie und Gesellschaftsstruktur. Materialien zu den sozioökonomischen Bedingungen von Familienformen*, Frankfurt a.M. ²1982.

46 Wolfgang Emmerich (Hg.), *Proletarische Lebensläufe. Autobiographische Dokumente zur Entstehung der zweiten Kultur in Deutschland*. Bd. 1: Anfänge bis 1914, Reinbek 1974.

Mund". Die typische Struktur der hier beschriebenen Familien, soweit sie vollständig sind, ist die einer Kleinfamilie: Vater, Mutter und die zumeist zahlreichen Kinder leben in einem Haushalt zusammen. In der neueren Familienforschung kann überhaupt das „Clichée" als widerlegt gelten, die Familie der Vergangenheit sei in der Regel das „ganze Haus", die „große Haushaltsfamilie" gewesen;[47] vielmehr ist dies lediglich in den ländlichen, teilweise auch den städtischen Oberschichtsfamilien die vorherrschende Familienform gewesen.

Ein großer Teil der Ehen in den Unterschichten ist nicht kirchlich getraut, gilt also als „wilde Ehe". Dies findet seinen Grund zum einen in Heiratsbeschränkungen, die in der Ständegesellschaft wegen der herrschenden Nahrungsmittelknappheit gang und gäbe sind: Ein untertäniger Landbewohner bzw. Handwerksgeselle darf nur mit der Erlaubnis seines Grund- bzw. Zunftherren heiraten.[48] Bis zur Mitte des 19. Jahrhunderts erlassen darüber hinaus Gemeinden Heiratsbeschränkungen, um die Zahl der Armen, die sie zu versorgen haben, möglichst gering zu halten.[49] Zum anderen ist die Eheschließung oft mit hohen Kosten verbunden, die gerade von den armen Familien nicht aufgebracht werden können. So ist in Hamburg im 19. Jahrhundert das Bürgerrecht Voraussetzung für die Eheschließung;[50] der Erwerb des Bürgerrechts ist kostspielig und entspricht beispielsweise in Hamburg noch 1848 dem 15-fachen dessen, was eine Arbeiterfamilie wöchentlich zum Leben braucht.[51]

– Die Lebensformen in der Unterschichtsfamilie werden vor allem durch ihre Funktion bestimmt, das alltägliche Überleben ihrer Glieder zu gewährleisten. Die Mitarbeit der Frau wie der Kinder ist hierfür konstitutiv. In manchen Textbeispielen wird deutlich, dass die Mitarbeit der Frau zu einem Abbau männlicher Vorherrschaft in der Familie, zu einer Aufweichung geschlechtsspezifischer Rollenfixierungen und zu einem solidarischen Zusammenleben von Mann und Frau führen kann.[52] In anderen Textbeispielen wiederum – besonders in solchen Fällen, in denen auch

---

47 UTE GERHARD, *Verhältnisse und Verhinderungen. Frauenarbeit, Familie und Rechte der Frauen im 19. Jahrhundert*, Frankfurt a.M. 1978, 101.

48 Ebd., 114.

49 Ebd., 118.

50 ANTJE KRAUS, „Die Unterschichten Hamburgs in der 1. Hälfte des 19. Jahrhunderts. Entstehung, Struktur und Lebensverhältnisse. Eine historisch-statistische Untersuchung", in: *Sozialwissenschaftliche Studien* 9 (1965), 78.

51 Der Erwerb des Großbürgerrechtes für Fremde kostet 1845 Crt. 158 Mk 8 Sh, das Kleinbürgerrecht für Fremde, wenn der Antragsteller verheiratet ist und Familie hat, 86 Mk 8 Sh. In: ebd., 43. 1848 braucht eine Arbeiterfamilie in Hamburg demgegenüber mindestens 10 Mk wöchentlich zum Leben. Ebd., 60.

52 Vgl. EDWARD SHORTER, *Die Geburt der modernen Familie*, Reinbek 1978, 85. 235. 289ff.

bei Mitarbeit aller Familienangehörigen das Existenzminimum nicht gesichert werden kann – führt die Mitarbeit der Frau dazu, dass diese an ihrer Arbeitsstelle und in der Familie unter zwei sich ergänzende und verstärkende Kreise der Unterdrückung gerät.[53]

Entweder sind die Bereiche von Arbeiten und Wohnen getrennt und die Familienmitglieder verdingen sich als LohnarbeiterInnen; oder sie sind, wie im Falle der verlagsabhängigen Heimarbeit, unter einem Dach und oft in einer Stube vereinigt. Charakteristisch für beide Fälle sind die extrem langen Arbeitstage: sie betragen bis zu 16 Stunden, auch bei Kindern.[54] Für den Fall, dass – wie bei den verlagsabhängig produzierenden Heimarbeiterfamilien – der Bereich der Produktion noch nicht aus dem Haus und der Familie ausgegliedert ist, lassen sich in den autobiographischen Texten Beispiele einer gegenstandsbezoge-

---

53   Vgl. Emmerich (Anm. 46), 100. 131. 168. 183. 195.

54   Vgl. Emmerich (Anm. 46), 55. 57. 96. 99f. 106f. 168. 180. 193. – Diese Beobachtungen widersprechen der Sicht, die Shorter (Anm. 52) von den Unterschichtsfamilien in diesem Zeitraum entwirft. Shorter hat ländliche wie städtische Unterschichtsfamilien im Blick, und er will Aussagen über Veränderungen des Familienlebens im 19. Jahrhundert machen. Seine Quellen sind beispielsweise „medizinische Topographien", in denen Ärzte nicht nur die Krankheiten, sondern auch die soziale Situation ihrer Patienten beschreiben (24); sodann Behördenberichte aus den Federn von kleinen Beamten, die die Lebensbedingungen im Volk zum Teil sehr genau kannten (25); und schließlich von Volkskundlern aufbereitetes Material (26).
Shorter vertritt die These, die Frau habe im Übergang von der traditionellen zur modernen Familie eine Aufwertung ihres Status und ihrer Rolle erfahren, wobei aber festgestellt werden muss, dass für Shorter die „traditionelle Familie" nicht die Familienformation des Mittelalters, sondern die der Epoche zwischen dem 16. und dem 18. Jahrhundert als einer Epoche des wirtschaftlich-sozial-politischen Niederganges in Europa ist (35). Shorter bezeichnet es als seine „Hauptthese", „daß die Geschichte der Familie gleichbedeutend mit der Geschichte einer Veränderung der Beziehungen zwischen der Kleinfamilie und der sie umgebenden Gemeinschaft ist" (61), und diese beschreibt er als Tendenz zur Ausgrenzung der intimen Familiengruppe aus der allumfassenden Nähe und sozialen Kontrolle der traditionellen Gesellschaft, z.B. einer Dorfgemeinschaft (62ff., 268ff.). Die Intensivierung der Kinderpflege innerhalb der Familie entsteht genau wie die „Häuslichkeit" im Zusammenhang der Entwicklung von Kapitalismus und Marktwirtschaft, und zwar zunächst im Mittelstand: „Die Berührung mit der freien Marktwirtschaft vermittelte den einheimischen Menschen ein neues Gefühl individueller Befriedigung und eine entsprechende Abneigung, sich den traditionellen Werten des Verzichts und der Selbstverleugnung, die die Gemeinschaft hochhielt, anzupassen" (301). „Der Mittelstand war [...] der erste, der sich jenes privilegierte Gefühl für die Solidarität der Kernfamilie aneignete, das ich ‚Häuslichkeit' nannte" (302). Die „romantische Liebe" als die Größe, die – entgegen der Motivierung durch materielle Vorteile und durch die Kontrolle der Gemeinschaft in der traditionellen Gesellschaft – für die Paarbildung ausschlaggebend ist, entsteht nach Shorter zunächst in der unteren Gesellschaftsschicht. „Die neuen Proletarier des 18. Jahrhunderts waren die Vorhut der sexuellen Revolution, weil sie die ersten waren, die von der Marktwirtschaft integriert wurden" (296).

nen, solidarischen Lebensform in der Familie finden.[55] Dagegen führt
die fehlende Trennung von Arbeits- und Wohnbereich, insbesondere
wenn eine vielköpfige Familie in ein und derselben Stube arbeiten und
wohnen muss, besonders bei dem nahezu unbegrenzten Arbeitstag zur
völligen Vernichtung der Familien als möglichen Ort einer physischen
und psychischen Reproduktion ihrer Glieder.[56] Die Wohnbedingungen
sind zudem dadurch charakterisiert, dass zahlreiche Menschen oft in
nur einem Raum zusammenleben, der oft nicht ausreichenden Schutz
vor Witterungseinflüssen bietet, oft nicht genügend beheizt und oft un-
hygienisch ist. Oft schlafen sämtliche Familienmitglieder in nur einer
Bettstatt, nur notdürftig oder unzureichend mit Stroh bedeckt. Dennoch
machen die Mieten für solche Räume oft einen großen Teil des Famili-
enbudgets aus.[57]
– Da der Arbeitslohn auch bei Mitarbeit aller zu gering ist, um zu sparen
und tradierbares Eigentum zu erwerben, muss in einer Unterschichtsfamilie der Verdienst sofort in die Bestreitung der Kosten für die lebens-
notwendigen Bedürfnisse (Essen und Wohnen) umgesetzt werden; eine
Unterschichtsfamilie lebt „von der Hand in den Mund". Dabei ist bei den
Familien der Armen der Anteil am Familienbudget für Essen und Wohnen gegenüber den Familien aus anderen sozialen Schichten überdurch-
schnittlich hoch.[58] Da die Unterschichtsfamilien sich auf diese Weise nur
in kleinen Mengen bei Einzelhändlern versorgen können, müssen sie
zudem für die gleichen Waren viel höhere Preise zahlen als begüterte
Familien, die sich im Großhandel versorgen können. Die einseitige Er-
nährung – die Armen in diesem Zeitraum essen vorwiegend „Kartof-
feln in alle Ewigkeit" – führt zu Mangelerscheinungen; Missernten und
Konjunkturschwankungen auf der einen, Arbeitslosigkeit auf der anderen Seite können sehr schnell zur Folge haben, dass das Überleben nicht
mehr gesichert werden kann.[59]

---

55   Ebd., 108.
56   Vgl. dazu Textbeispiele in: Bettina von Arnim (Hg.), *Dies Buch gehört dem König*, Ber-
      lin 1848, 2 Bde., hier Bd. 2, 537ff.; Emmerich (Anm. 46), 54ff.
57   Emmerich (Anm. 46), 54f. 57. 73ff. 75.
58   Rolf Engelsing, *Zur Sozialgeschichte deutscher Mittel- und Unterschichten*, Göttingen
      ²1978, nennt für die hanseatischen Städte, besonders Bremen, für den behandelten
      Zeitraum folgendes Verhältnis: In den jeweiligen Haushalten verbraucht der Arme
      etwa drei Viertel, der Arbeiter zwei Drittel, der Kleinbürger die Hälfte und der Bür-
      ger ein Drittel seines Einkommens für Ernährungskosten; für Miete/Wohnungsko-
      sten braucht der Arme ein Siebtel, der Arbeiter ein Achtel, der Kleinbürger ein Zehn-
      tel und der Bürger wieder ein Achtel seines Einkommens.
59   Vgl. Emmerich (Anm. 46), 56. 73ff. 79. 156f. Vgl. auch *Deutsche Vierteljahrsschrift* 1
      (1847), 60ff. 70.

Wicherns religiös-theologisch begründete und lebensweltlich geprägte Wahrnehmungsmuster von „Familie", vor allem mit Blick auf die
Familien der Unterschichten, unterscheidet sich signifikant von ihrer
rekonstruierbaren Lebenswirklichkeit, aber auch von Selbstthematisierungen durch ihre Mitglieder. Wir finden in Wicherns Aufzeichnungen
eine Reihe von Hinweisen, die in der Konsequenz auf strukturell ver-
zerrte Wahrnehmung und scheiternde Begegnungen hindeuten.

IV. Scheiternde Begegnungen

Wichern tritt 1832, nachdem er sein theologisches Examen bestanden
hat und Kandidat des „Hamburger Geistlichen Ministeriums" geworden ist, als „Oberlehrer" in die von Johann Gerhard Oncken zusammen
mit Pastor Johann Wilhelm Rautenberg 1825 begründete Sonntagsschule
im Hamburger Vorort St. Georg ein.[60] In dieser Schule, die nach engli-
schem Vorbild eingerichtet ist, wird hauptsächlich Religionsunterricht
erteilt, aber auch Unterricht in den Elementarfächern Lesen, Schreiben
und Rechnen. Zielgruppe der Sonntagsschularbeit sind solche Kinder,
die während der Woche arbeiten müssen und die aus den ärmsten Familien der Stadt stammen. Die Lehrkräfte sind freiwillige Helfer; Träger
der Sonntagsschule in St. Georg wie auch der 1830 begründeten Zweig-
schule in der Stadt Hamburg sind freie Assoziationen, der sog. „erste"
und „zweite" Sonntagsschulverein.

Zum Aufgabenbereich der Sonntagsschullehrer und damit auch Wicherns gehört es, Hausbesuche in den Familien der Schulzöglinge zu
machen. Von solchen Hausbesuchen hat Wichern „Notizen", nämlich
Gedächtnisprotokolle verfertigt.[61] Diese Notizen zeigen eine Doppelge-
sichtigkeit: Es sind zum einen geradezu minutiöse Beschreibungen von
Armut, Schmutz und Krankheit, von Lebensbedingungen, die das bloße
Überleben der Menschen nahezu unmöglich machen. Für viele andere
kann der Bericht über die Familie Gerhard als Beispiel stehen:[62]

> Familie Gerhard (genannt Doktor), Steinstraße. Ibenhof letzte Bude. Emp-
> fohlen durch Herrn Pfleger Eberstein. Den 10. Oktober ging ich zu der Fa-
> milie. Die Bude enthielt ein Stübchen und eine Diele. Im Zimmer eine höl-
> zerne Kommode, ein Stuhl, ein Ding, das wie ein Tisch sein sollte, ein zer-
> lumpter Lehnstuhl. In der Ecke ein Haufe Stroh, darüber ein Strohsack und

---

60   Vgl. Anmerkungsteil zu Wichern (Anm. 1), SW IV, 1 und 2, in: SW IV, 2, 350ff.

61   Wichern, *Notizen über gemachte Besuche, besonders in Beziehung auf die Sonntagsschule*
      (1832/33), SW IV, 1, 19ff. und Wichern, *Hamburgs wahres und geheimes Volksleben*
      (1832/33) (zit. Hamburgs Volksleben), SW IV, 1, 32ff.

62   Wichern, Hamburgs Volksleben, SW IV, 1, 42.

Lumpen, unter den Lumpen ein 73-jähriger Mann, an der Brustkrankheit entsetzlich krank, dass er kaum sprechen konnte, ohne Wäsche, ohne Kopfkissen – ein Bild des Entsetzens und herzzerschneidenden Jammers. Die Frau (39 Jahre alt), nur mit einem Katun-Leibchen und Katun-Rock bekleidet, und schier nichts weiter auf ihrem Leibe – ohne Wäsche und alle Unterkleider und jene katunene Bedeckung, zum Teil noch zerlumpt, so dass das bloße Fleisch heraussah. Ebenso ein großgewachsenes Mädchen Marie (13 Jahre) und ein großer Bengel (Louis, 23 Jahre) und zwei Knaben, Heinrich 8 Jahre und August 10 Jahre, und Naucke 5 Jahre. Alle ohne Wäsche, blasse Gestalten, klappernd vor Hunger und Frost. Die Lippen strömten über von Klagen über ihren Jammer, alle sprachen zugleich. Die 13-jährige Marie saß auf dem Boden und schabte einen rasengrünen Apfel auf einer Scherbe und setzte das dem kranken Vater vors Bette. Feuer hatten sie nicht mehr auf dem Herd gehabt seit langer Zeit.

Auf der anderen Seite sind diese Texte Wicherns aber auch Zeugnisse vom Zusammenprall zwischen der Lebenswelt Wicherns und der der Unterschichtsfamilien.[63] So kann Wichern Stichworte wie diese notieren: „Mutter Bode, taub, *wild* mit einem Nachtwächter, von einem anderen verstorbenen Mann ein *uneheliches* Kind. Sehr arm."[64] Oder: „Ludwigs, Witwe, *besoffen*, schielt, fand ein Lotterielos."[65] Oder: „Burmeister, Nachtwächter, soll samt seiner Frau *nicht konfirmiert* sein."[66] Oder: „[...] Kindermann, (ca. 25 Jahre), [...] Wollarbeiter u. dgl., lebt mit einer Person *unehelich.*"[67] An einer anderen Stelle bemerkt Wichern: „Der Unfriede und Heillosigkeit spricht aus den Augen dieser Menschen und ist die größte Vorsicht nötig, ehe man auf ihr *ehebrecherisches Verhältnis* zueinander eingeht."[68] – Wilde Ehen, Ehebruch, fehlende Konfirmation, Trunkenheit usw.: Dies sind die Schablonen, nach denen Wichern die Lebenswelt der Unterschichtsfamilien wahrnimmt. Diese Wahrnehmung ver-

---

63 Ich gebrauche den Begriff der „Lebenswelt" in dem Sinne, wie ihn Jürgen Habermas im Anschluss an den hermeneutischen Ansatz der verstehenden Soziologie entwickelt hat. Vgl. ders., *Theorie des kommunikativen Handelns*, Frankfurt a.M. 1981, Bd. 2, 182ff. Lebenswelten werden strukturiert durch sozial sanktionierte Merkmale der alltäglichen Verständigung, durch Hintergrunderwartungen. Solche Regeln, nach denen der einzelne Ereignisse wahrnimmt und die Wahrnehmung interpretiert, enthalten die Unterstellung, dass andere in der gleichen Weise wahrnehmen und interpretieren; die Grenzen einer Lebenswelt werden durch den Kreis abgesteckt, für den diese Vermutung tatsächlich zutrifft.

64 Wichern, Hamburgs Volksleben, SW IV, 1, 22.

65 Ebd.

66 Ebd., 24.

67 Ebd., 28, Herv. JHW; alle übrigen HMG.

68 Wichern, Hamburgs Volksleben, SW IV, 1, 33. Grammatische Unstimmigkeiten im Original.

dichtet sich zu dem Urteil, dass die Lebensweise dieser Familien durch „Sittenlosigkeit" und „Unsittlichkeit" geprägt sei.[69] Wichern verknüpft nun beide Aspekte seiner Wahrnehmung, die konkrete Beschreibung der Phänomene des Elends und das an den Maßstäben seiner spezifischen Lebenswelt orientierte normative Raster der Beurteilung auf eine solche Weise, dass ein Begründungsgefälle hergestellt wird: Elend und Not sind Folgen einer Sittenlosigkeit, die in der Zerstörung der Familien – oder zumindest der Familienvorstellung Wicherns – ihren Ausdruck findet. Hinter der Sittenlosigkeit sieht er jedoch eine tiefer liegende Verursachung: „Die Hauptursache der Armut in unserer Stadt ist das immer zunehmende Sittenverderben des Volkes, das einzig und allein aus der herrschenden Irreligiosität, der Verachtung und Verspottung des wahren Christentums und dem gottlosen Unglauben entsteht."[70]

Wichern selbst liefert Textbeispiele dafür, dass diese Kausalverknüpfung von Betroffenen bestritten wird: „Als Ursache der Armut wird Arbeitslosigkeit angegeben, infolgedessen die Miete nicht habe bezahlt werden können, worauf der Vermieter alles behalten habe. Dass Branntwein getrunken werde und sich hieraus alles übrige mit erklären lasse, wurde geleugnet […]."[71] – Eine Argumentation, die die Armut in Arbeitslosigkeit begründet sieht und damit auch an den Vorstellungskanon einer Lebenswelt gebunden scheint, gemäß dem die Familie die Aufgabe hat, durch Mitarbeit aller Familienmitglieder deren Lebensunterhalt zu sichern, eine solche Argumentation kann Wichern nur als Ausdruck von Unwahrhaftigkeit verstehen.

Aus Wicherns Gedächtnisprotokollen über seine Hausbesuche lässt sich bisweilen die Erfolglosigkeit der pädagogischen Bemühung in der Sonntagsschularbeit erschließen. Wichern gibt für diese Schwierigkeiten an späterer Stelle selbst eine Andeutung; er charakterisiert den Erfolg der Hausbesuche mit dem Satz: „Allein dies ist […] wie ein Tropfen Öl im stürmenden Meer."[72] Er berichtet, dass bei 1239 Hausbesuchen im ersten Halbjahr 1849, bei denen vor allem eine allgemeine Klage über die Arbeitslosigkeit zu hören gewesen sei, nur elf Personen eine andauernde Arbeit habe vermittelt werden können.[73]

---

69   Vgl. unten Wicherns Begriff der „sittlichen Verwahrlosung".
70   WICHERN, *Die Armenanstalt in Hamburg* (1832), SW IV, 1, 17.
71   WICHERN, *Der Verein für innere Mission in Hamburg* (1849) (zit.: Der Verein, SW II, 59). Ein späterer Text, der aber ähnlich wie die Texte von 1832/33 Protokolle von Hausbesuchen enthält.
72   WICHERN, Der Verein, SW II, 52.
73   Ebd., 53.

Die Interaktion zwischen Wichern und den Angehörigen der Unterschichtsfamilien scheitert. Nicht nur in dem Sinne, dass die Situationsdefinition der Sonntagsschullehrer von den Armen zurückgewiesen werden. Sondern es kann umgekehrt auch zu einer rigiden Durchsetzung der eigenen Wahrnehmungsmuster von Seiten der diakonischen Helfer kommen. Hierüber gibt eine weitere Tagebuchnotiz Wicherns Aufschluss:[74]

Krüdener. Springeltwiete, Lackenhof, 1 und 2 Treppen hoch. Nicht kopuliert leben miteinander: Betti Hühn mit dem (Quartiersmann) Köster und Heinrich Hühn mit der Krüdener (deren Eltern eine Treppe niedriger wohnen). Die Schwester der Hühn ist Konfirmandin und wohnt in dieser Gesellschaft, was mich zu diesem Besuche berechtigte.

Ich traf die Gesellschaft am Abend bei Licht, 7 1/2 Uhr, beim Abendessen in vollem Schmausen. ,Gottes Segen müsse wohl da sein, wo man tüchtig darum arbeite', meinte der H(einrich) Hühn. ,Aber man müsse das Brot von Gott erbitten, von dem Menschen mit seinem Schweiß erarbeitet', meine Antwort. Die innere Wut des Menschen stieg. Er legte Messer und Gabel mit Herzklopfen und festem Erröten bei Seite. – ,Wat wölt Se den egentlich von mi?' – Ich sage ihm, möglichst markiert, dass sie Übertreter des 6ten Gebotes seien. Das sei nicht wahr – er habe die Ehe nicht gebrochen, denn er lebe mit Kr(üdener) verehelicht, usw. Antwort – nach manchem: Er kenne Gottes Wort nicht! – Er kenne es sehr wohl. David habe es auch so getan und sei doch ein König und heiliger Mann gewesen. – Dies gab mir ein Schwert Gottes in die Hände, und ich wandte auf der Stelle diese ganze Geschichte mit der von Bathseba auf sie an – wie David auch, nachdem er so viel Essen wie sie vor sich gehabt, ohne Arbeit (wie die Krüdener, die aus dem Dienste gelaufen und während des Faulenzerlebens mit dem Hühn sich zusammengetan) müssig aus dem Fenster auf die Straße gegafft – dem Fleische nachgegeben und so sich habe zur Sünde verführen lassen, – wie einer im Namen Gottes zu ihm gekommen – ich erzählte einfach das schöne Gleichnis vom Schäflein des Armen – und machte die stärkste Anwendung von dem: Der Mann bist Du! Wie der David seine Sünden bekannt und sie ihm vergeben sei(en), die Strafe sei aber nachgefolgt: das Kindlein starb, auf das er gehofft – wo die Anwendung nahelag, da die Krüdener hoch schwanger ging [...] Das schwangere Mädchen lief davon – entsetzlich bis in die Erde (sich) hineinschämend. Hühn sprang in voller Wut auf – sich so etwas gefallen lassen zu müssen! [...] Die Hühn, seine Schwester, machte ihm Vorwürfe [...] [es entspinnt sich ein Streit zwischen den BewohnerIn-

---

74 Aus: WICHERN, SW IV, 1, 38f. – Die Interpretationsmöglichkeit dieses Textes ist begrenzt, weil hier vorwiegend verbale und nur spärlich nonverbale (gestische und mimetische) Symbole mitgeteilt werden. Zudem ist der Text nicht das Protokoll eines unabhängigen Beobachters, sondern das Gedächtnisprotokoll eines in die kommentierte Interaktion verwobenen Akteurs, der zudem die Situation als „Sieger" verlässt. Dennoch gibt der Text beredten Aufschluss über die herrschaftliche Deformation dieser gestörten Interaktion.

nen der „Bude", HMG] […] Die Szene wurde schrecklich. Der Hühn nahm die Pfeife von der Wand, zerschmetterte sie auf dem Boden, zerbrach anderes, stampfte fürchterlich – ich blieb ruhig auf dem Stuhl sitzen und sagte ihm nur, dass er nicht mich, sondern den Herrn lästere. Nach einer Weile, worin er sich ganz erschöpft im Toben, stand ich auf und nahm ihn bei der Hand und stellte ihm die Liebe des Heilands vor Augen und reckte [!] ihm das Kreuz an die Seele – und siehe, das Kreuz überwand das schäumende Herz. Hühn wurde ruhig. Er setzte sich nieder, holte die schwangere Dirne, die er gegen mich kehrte, sie solle mich doch ansehen – ich täte ihnen ja kein Leide – das Mädchen wollte vor Scham vergehen. Er aber kam unaufgefordert zu dem Bekenntnis, er habe sich an Gott in seinem Wandel vergangen. Was wollen wir mehr, wenn solches das Kreuz vermag! Wahrlich die Huren und Ehebrecher werden eher in das Himmelreich kommen, usw., Mt. 21.

In der herrschaftlich verzerrten Interaktion vermischen sich verschiedene Ebenen bis zur Unkenntlichkeit: Der durch einen höheren zivilisatorischen Standard an Selbstbeherrschung gekennzeichnete Mann[75] (Wichern: er bleibt „ruhig" sitzen) unterwirft durch überlegene Kommunikationsstrategien die Menschen aus der Unterschichtsfamilie, deren Verhalten durch eine ungezügelte, „wilde", durch innere psychische Instanzen wenig kontrollierte Äußerungsform (der Hühn zertümmert das Mobiliar) bestimmt wird. Dieser Sieg wird von Wichern zugleich als Sieg des Evangeliums über den Unglauben verstanden.

V. Handlungsperspektiven

Die Arbeit des Rauhen Hauses beinhaltet den Versuch, die „sittlich verwahrlosten" Kinder von ihrer Lebenswelt zu *trennen* und unter quasi laborhaften Bedingungen, möglichst vollständig separiert von ihren bisherigen sozialen Bezügen, in die idealen Interaktionsformen einer „Gottesfamilie" einzuweisen. „Hier, wo man alle Bedingungen unter Kontrolle hat, in diesem experimentell gereinigten und beherrschten Raum lassen sich die zentrifugalen Kräfte, die draußen die Familien zerstören, bändigen […] Die Sozialarbeit, die in der Wirklichkeit der proletarischen Vorstädte nichts ausrichtet, weicht auf den Bau eines Modells zurück: Im Rauhen Haus werden artifiziell ‚Familien', ‚familienartige' Kleingruppen aufgebaut – Familien aus der Retorte gleichsam."[76] Wie diese Handlungsperspektiven gewertet werden müssen, soll gleich diskutiert werden; zunächst geht es um ihre Wahrnehmung.

---

75   Vgl. Norbert Elias, *Über den Prozeß der Zivilisation*, 2 Bde., Frankfurt a.M. ⁶1978.

76   Ernst Köhler, *Arme und Irre. Die liberale Fürsorgepolitik des Bürgertums*, Berlin 1977, 119.

– *Initiation*: Schon vor der Aufnahme der Zöglinge in die Rettungsanstalt nehmen die „Brüder" in Hausbesuchen Kontakt zu ihren Familien auf. Sie sollen auf diese Weise einen Eindruck von der Umgebung gewinnen, in der die Kinder aufgewachsen sind; dies soll es ihnen ermöglichen, ihre „Persönlichkeit" kennenzulernen und Antwort auf die Frage zu bekommen, „wie sie in dieser Familie also entarten konnten."[77] Durch die Aufnahme in die Anstalt sollen die Zöglinge von ihrer Familie und von ihrer sonstigen Umgebung getrennt werden; dies scheint allein durch die Erfahrung der Sonntagsschularbeit geboten, da deren Erfolge durch die Umwelt der Kinder immer wieder zunichte gemacht wurden.[78]

Die Eltern sollen ihre Kinder möglichst selbst in der Anstalt abliefern und sie ihr vertraglich überlassen.[79] Nachdem die Kinder gewaschen worden sind, werden sie zunächst dem Hausvater vorgestellt. Dieser ersten Begegnung misst Wichern die allergrößte Bedeutung bei.[80] Die meisten Zöglinge treten mit „Furcht" und „Besorgnis" in die Anstalt ein. Wichern nimmt an, dass der Zögling aus diesem ersten Zusammentreffen „sich ein Urteil über die Persönlichkeit bildet, welche ihm von da an die [...] Eltern ersetzen soll." Der Hausvater soll ihm so begegnen, dass ihm deutlich wird, dass dieser sein gesamtes Vorleben, seine „Antezedentien" genau kennt. Und der Hausvater soll ihm ein Doppeltes mitteilen: erstens, dass alles, was er sich bisher hat zuschulden kommen lassen, *„alles ohne Ausnahme vollständig und für immer* vergeben sein" soll;[81] und zum zweiten das durch Strafandrohung bekräftigte Verbot, je selbst mit den Kameraden in der Anstalt über sein Vorleben zu sprechen. Der einzige Ort, an dem der Zögling über frühere Erfahrungen sprechen darf, sind Einzelgespräche mit dem Hausvater.

– Jeder Tag im Rauhen Haus beginnt mit einem gemeinsamen *Gottesdienst*, einer Morgenandacht unter Leitung Wicherns oder einer der „Brüder". Die Liturgie ist dreistufig. Erster Teil: Anrufung. Lied; Lesung je eines Spruches „der Lehre, der Verheißung und des Gebots" durch einen Jugendlichen, ein anderer spricht eines der drei ersten Hauptstücke des Kleinen Katechismus „als ein rechtes Bekenntnisgebet". Zweiter Teil: Verkündigung. Ein Bibeltext wird durch den Hausvater oder einen der Brüder ausgelegt. Dritter Teil: Fürbitten (vor allem für die Zöglinge selber und ihren Lebenszusammenhang), Vater Unser und Dankliturgie. Der Jahresablauf ist durch Feste strukturiert, teilweise zusätzlich

---

77 WICHERN, Nachschrift, SW VII, 50.
78 Vgl. auch *Wicherns Ansprache auf der Gründungsversammlung des Rauhen Hauses, vom 12. September 1833 in Hamburg,* SW IV, 1, 109.
79 WICHERN, Rettungsanstalten, SW IV, 1, 119
80 WICHERN, Rettungsanstalten als Erziehungshäuser, SW VII, 430f.
81 Hervorhebung JHW.

zu den kirchlichen Festen: so im Frühsommer ein „Kirschenfest", im
Herbst ein „Arbeitsfest". Das Reformationsfest wurde jeweils acht Tage
lang gefeiert.[82]

– *Die Ambivalenz der Liebe*: Die zwei Schritte des Initiationsrituals, Vergebung und Sprechverbot, finden ihre Begründung im Programm der
„Rettung". Im Gegensatz zu staatlichen Zuchthäusern und Gefäng-
nissen sollen in den Rettungshäusern die Vergehen der Kinder nicht
durch Rache oder Strafe gesühnt, sondern es soll durch Vergebung der
Anfang eines neuen Lebens ermöglicht werden. Diese Intention wird
auch durch die architektonische Gestaltung des Rauhen Hauses unter-
strichen: Es gibt keine Ummauerung, die die Zöglinge am Weglaufen
hindern würde.[83] „[...] Nur mit einer schweren Kette binden wir Dich
hier, Du magst wollen oder nicht, Du magst sie zerreißen, wenn Du
kannst; diese Kette heißt *Liebe*, und ihr Maß ist Geduld."[84] Im Rauhen
Haus werden ideale Bedingungen eines Familienlebens insofern inszeniert, als die Zöglinge zwei familialen Kreisen zugeordnet werden: Die
einzelnen Häuser, die von den „Brüdern" geleitet werden, werden als
intime Familienkonstellationen vorgestellt. In ihnen sollen nicht rigide
Regeln, sondern allein die zwingende Herrschaft der Liebe das individuelle Leben wie das Zusammenleben bestimmen. Das Rauhe Haus als
gesamter Lebenszusammenhang dagegen wird nach dem Modell der
„großen Haushaltsfamilie" vorgestellt: Unter der Leitung des Hausvaters und Hauspriesters Wichern und der Hausmutter leben die Zöglinge,
die Brüder, Arbeitsgehilfen bisweilen auch Besucher in einem „ganzen
Haus" zusammen. Wichern selber hat zudem in der besonders um familiale Intimität zentrierten Advents- und Weihnachtszeit mit dem *Ad-
ventskranz* im Rauhen Haus nicht nur das Weihnachtsfest selbst, sondern
auch die vorbereitenden Wochen unter die Macht eines Symbols gestellt,
in dem sich die Bedeutungsfülle des Lebens mit der Abschließung gegen den dunklen Bereich einer gefährdend-gefährlichen Außenwelt
zusammenschließt.

– Der als intimer Binnenraum gestaltete Lebenszusammenhang des
Rauhen Hauses hat eine *Kehrseite, einen „Schatten"*: „Rettung" meint die
radikale Trennung der Zöglinge von ihrer Lebenswelt und von solchen
Kontakten, durch die sich die sie konstituierenden Normen und Verhal-
tensweisen auch in der Anstalt erhalten könnten. Nach diesem Prinzip
wird das Zusammenleben der Zöglinge geregelt: „Christlich gehört das

---

82 WILHELM NELLE, „Bericht aus eigenem Erleben 1872–74", in: *Zum hundertjährigen Ge-
    burtstag Wicherns* (1908). Zit. nach: WALTER BIRNBAUM, *Das Kultusproblem und die litur-
    gischen Bewegungen des 20. Jahrhunderts*, Bd. 2, Tübingen 1970, 136f.
83 WICHERN, Rettungsanstalten als Erziehungshäuser, SW VII, 461.
84 WICHERN, Öffentliche Begründung, SW IV, 1, 108. Herv. v. JHW.

zusammen, das durch die Gemeinschaft die Rettung möglich macht, und das also auseinander, das durch die Gemeinschaft die Rettung hindert."[85] Alle spontanen, nicht kontrollierten Kontakte der Zöglinge untereinander sollen unterbunden werden.[86] Dies wird mit der Erfahrung begründet, „dass diese Art Subjekte einen gewissen Geruch für das gleichartige Sündliche haben",[87] dass die Neueingetretenen einen „Trieb und die Liebe zu ihrer Sünde" in sich haben und sich von sich aus solche Gemeinschaften suchen, in denen sie diesen Trieb ausleben können.

Der Verhinderung von nicht kontrollierten Beziehungen soll zum einen die architektonische Struktur der Anstalt dienen: Die Zöglinge verbringen ihre Freizeit in ihren jeweiligen Häusern, zu denen jeweils ein eigener Spielplatz und Garten gehört.[88] Zudem sollen sämtliche Lebensäußerungen in Familie, Schule und Arbeit von den „Brüdern" beaufsichtigt und kontrolliert werden. Das Ziel ist, „dass in der Anstalt keine noch so geringe Lebensbewegung unter den Kindern vorkommen soll, die nicht unter der Hut der Liebe und des Geistes stünde. Ohne Zwang bewegt sich alles in der aus der innern Freiheit gebornen, lebendigen Ordnung, die das Leben der Familie, der Arbeitsgruppe, des Unterrichts, der gemeinsamen Andacht mit einer allgemeinen und speziellen Aufsicht durchdringt; alle Tätigkeit der Erwachsenen gehört den Kindern mit dem Zweck, in diesen das neue Leben zu hüten, zu wekken, zu üben, zu fördern [...]" und das alte Leben „auszurotten."[89] Durch die Verhinderung von spontanen Beziehungen soll sich in den Kindern zugleich das Bedürfnis nach den neuen Gemeinschaften in der Liebe entwickeln.[90]

– Geschlechtsspezifische Arbeitserziehung: Die Arbeiten in der Anstalt sind streng geschlechtsspezifisch aufgeteilt; die Jungen arbeiten in Werkstätten, also in Schreinerei, Spinnerei, Schusterei, Pantoffelmacherei, Tischlerei, Schlosserei und Maurerarbeit, in der Glaserei, bei Tapezierarbeiten und in der Brotbäckerei; darüber hinaus arbeiten sie dreimal in der Woche auf dem zur Anstalt gehörenden 50 Morgen großen Felde.[91]

Zu den Aufgaben der Mädchen gehört dagegen die Besorgung der Anstaltswäsche, der Näh- und Strickarbeiten und der Küchenarbeiten.

---

85 *Die Aufzeichnungen Wicherns* (1841), SW VII, 21.

86 Vgl. in diesem Zusammenhang auch: MICHEL FOUCAULT, *Überwachen und Strafen. Die Geburt des Gefängnisses*, Frankfurt a.M. ⁴1981 (¹1975).

87 *Eine von Wichern überarbeitete Nachschrift* (1841/42), SW VII, 49.

88 WICHERN, Rettungsanstalten als Erziehungshäuser, SW VII, 440ff. 480ff.

89 WICHERN, *Notstände der protestantischen Kirche* (1844), SW IV, 1, 280.

90 WICHERN, Rettungsanstalten als Erziehungshäuser, SW VII, 427.

91 WICHERN, *Die Erziehung zur Arbeit* (1867), SW VII, 364ff.

„Aus dem bisherigen ist ohne weiteres zu ersehen, wie sehr die täglichen Beschäftigungen der Mädchen dieselben in die Arbeiten eines
einfachen bürgerlichen Hausstandes einführen und für ihre künftige
dienende Berufsstellung vorbereiten."[92]

Wichern nennt insgesamt folgende Ziele für die Erziehung im Rauhen Haus:

– die Zöglinge sollen „die Arbeit (der Anstalt, HMG) fortsetzen und zuletzt selbst christliche Familien gründen,"[93]

– die Jungen sollen die Anstalt als christliche Handwerker, die Mädchen
als christliche Dienstboten und Gesinde verlassen. Lehrherren und
Herrschaften sollen der Anstalt Wohlwollen entgegenbringen, da sie
„wissen, was für ein hoher Schatz es ist, ein treues, folgsames, fleißiges,
für seinen Stand allein nur vorbereitetes und zugleich geübtes, gottesfürchtiges Gesinde in seinem Haus zu haben,"[94]

– die Zöglinge sollen sich nach dem Anstaltsaufenthalt von ihrer Hände
Arbeit ernähren und nicht mit dem Gesetz in Konflikt geraten.[95]

Während noch die von Caspar Voght inspirierte Hamburger Armenordnung von 1788 die Familien intakt ließ und nur durch äußere
Anreize und Restriktionen ihre Reintegration in die Ständegesellschaft
betrieb, greift das Konzept Wicherns in das Leben der Familien und sogar in den psychischen Habitus der Zöglinge selbst ein.

VI. Abschluss-Überlegung

Die rekonstruierten Wahrnehmungs- und Handlungsmuster Wicherns
sind durch tiefe Ambivalenzen charakterisiert.

– Eine erste Ambivalenz liegt in der Zweigesichtigkeit von präziser Beschreibung der Oberfläche des Elends der pauperisierten Familien auf
der einen und einer strukturellen Wahrnehmungsverzerrung auf der
anderen Seite: Lebensweltlich geprägte Erwartungen Wicherns legen
sich als ein rigides Raster über seine Wahrnehmungen und verhindern,
das Andere der Lebensführung von Unterschichtsfamilien in seiner Ei

---

92 Ebd., 370.
93 *Eine von Wichern überarbeitete Nachschrift* (1841–42), SW VII, 58. Zitat in *Die Aufzeich-*
    nungen Wicherns (1841), SW VII, 23.
94 Wichern, Öffentliche Begründung, SW IV, 1, 110. Vgl. auch *Eine von Wichern über-*
    arbeitete Nachschrift, SW VII, 54 und Die Nachschrift des Johann Georg Theiss, SW
    VII, 112.
95 Wichern, Rettungsanstalten als Erziehungshäuser, SW VII, 525f. Vgl. die Kriterien,
    die für „gutes" bzw. „schlechtes" Verhalten in der Statistik über den Lebenswandel
    der Entlassenen angelegt werden.

gensinnigkeit, seinen Zwängen und vielleicht möglichen Chancen zu realisieren, vor allem aber auch die lebensweltlich geprägten normativen Regeln und Selbstthematisierungen der Armen in ihrer Eigensinnigkeit anzuerkennen.

– Eine zweite Ambivalenz liegt in der unreflektierten Vermischung theologischer Urteile vor allem in Aufnahme lutherischer Tradition (Ständelehre, Zwei-Regimenten-Lehre, aber auch die Liebespredigt des johanneischen Kreises) auf der einen und politischen Orientierungen sowie sozialpolitischer Perspektiven auf der anderen Seite, die das zeitgenössische Urteil provoziert haben und rechtfertigen können, hier handele es sich um eine „reactionäre" Antwort auf die gesellschaftliche Krise. Besonders frappierend erscheint hier die Ungebrochenheit, mit der Wichern die Polarisierung und Hierarchie von Geschlechtscharakteren in seinen Wahrnehmungen, aber auch in seinen pädagogischen Handlungsperspektiven inszeniert.

Diese Ambivalenzen machen es fast unmöglich, die Chancen und positiven Perspektiven in Wicherns Arbeit zu würdigen, die sie dennoch beinhalten, teilweise weit über den Tag hinaus. Folgendes möchte ich dennoch unterstreichen:

– Die Hinwendung zu den sozialen Lebensproblemen der Armen, die Wichern von seiner Kirche fordert („die Liebe gehört mir wie der Glaube"), sie angesichts des Versagens der institutionell verfassten kirchlichen Ämter als eigene Aufgabe übernimmt und als Handlungsperspektive für „Assoziationen", für freiwillige Zusammenschlüsse von engagierten Menschen einfordert, beinhaltet eine ernstzunehmende Perspektive: die ganze Gemeinde, alle Christenmenschen, perspektivisch: alle, die es sich angehen lassen, als Subjekte von sozialer Verantwortung und Engagement anzusprechen und anzuerkennen. In der gegenwärtigen Krise der sozialen Sicherungssysteme muss an diese evangelische Tradition angeknüpft werden.

– Die Trennung der Kinder und Jugendlichen von einer Lebensumwelt, die sie selber und ihre Lebensperspektiven zerstört, und der Aufbau einer intimen, idealtypisch gelingenden Kommunikationsform in einem überschaubaren Lebenszusammenhang ist trotz aller Deformationen und problematischen Aspekte, auf die ich hingewiesen habe, auf der anderen Seite sinnvoll und nötig, und zwar in mehrfacher Hinsicht. Im Sinne einer sozialgeschichtlich interessierten Rückfrage ist zu bedenken, ob Wicherns radikale Abwehr und Abwertung der Lebensweise der Unterschichtsfamilien nicht darin einen Schuss Realismus beinhaltet, als die gesellschaftliche Krise zu massiv geworden ist, als dass diese Lebensformen in der Eigensinnigkeit ihrer lebensweltlichen Normen noch funktionstüchtig hätten bleiben können. Nur ein Hinweis dazu: Als in

Preußen am 9. Oktober 1807 mit dem Edikt zur Landreform die „Bauernbefreiung" verkündet wird, bedeutet dies für die Masse der ländlichen Unterschichten, für die Kötter, Brinksitzer, Neubauer, Einlieger und Heuerlinge vor allem die Trennung vom Land, von ihren Arbeitsmitteln und damit von der Möglichkeit der Existenzsicherung.[96] Die Landreform bewirkt eine Besitzumverteilung ungeheuren Ausmaßes: Der preußische Bauernstand verliert im Zuge der Regulierungen und Ablösungen etwa eine Million Hektar an den Großgrundbesitz. In der Folge kommt es zu einer Landflucht großen Ausmaßes, die in den Städten mit einem ebenfalls destabilisierenden Prozess zusammentrifft. Die Einführung der Gewerbefreiheit in Preußen 1806 lässt zwar formal die Zünfte und Innungen bestehen, hebt aber jedes Vorrecht für zünftige Meister und Gesellen auf. Dies wirkt auf die Lebensbedingungen der städtischen Unterschichten im Sinne einer Destrukturierung: Die Freiheit für einen jeden, einem Gewerbe seiner Wahl nachzugehen, führt zu einer starken Vermehrung von Meistern und Gesellen. In Verbindung mit dem ungehinderten Zuzug vom Land in die Städte und einer Vermehrung der Gesamtbevölkerung von 10 Millionen im Jahre 1816 auf 16 Millionen im Jahre 1846[97] hat die Gewerbefreiheit für die „handarbeitenden Classen" Arbeitslosigkeit und Massenarmut zur Folge. Neu gegenüber den traditionellen Formen von Armut[98] ist die Armut derer, die *Arbeit haben*: Obwohl tendenziell alle Familienmitglieder mitarbeiten, kann der Lebensunterhalt bei einem erheblichen Anteil der Bevölkerung nicht mehr gesichert werden. Damit ist die Lebenswelt der Armen in einem Ausmaße dereguliert und destabilisiert, dass die Trennung von dieser Lebenswelt als realitätstüchtige Handlungsperspektive angesehen werden muss.

– Und schließlich: Auch im Sinne einer praktisch-theologischen Perspektive, in der energetische Dimensionen von religiösen Handlungen wahrgenommen werden, ist die Trennung von zerstörerischen Lebensbedingungen nötig: Die Möglichkeit eines Neubeginns schließt immer notwendige Klärung ein. Vom Bösen muss man sich trennen, um in den heilenden und heilsamen Raum hineinzugelangen, in dem die „Segenskräfte" des Heiligen und das Herz, die Sinne und den Leib erfüllen können.

---

96 REINHART KOSELLECK, „Staat und Gesellschaft in Preußen, 1815–1848", in: HANS-ULRICH WEHLER (Hg.), *Moderne deutsche Sozialgeschichte*, Köln/Berlin ²1968, 55ff.

97 WERNER CONZE, „Vom ‚Pöbel' zum ‚Proletariat'. Sozialgeschichtliche Voraussetzungen für den Sozialismus in Deutschland", in: *Vierteljahresschrift für Sozial- und Wirtschaftsgeschichte* 41 (1954), hier in: WEHLER (Anm. 96), 121.

98 Vgl. z.B. WOLFRAM FISCHER, *Armut in der Geschichte*, Göttingen 1982.

Weibliche Theologie im Horizont der Hamburger Erweckung

Amalie Sieveking (1794–1859) und Elise Averdieck (1808–1907)*

von

INGE MAGER

für Maria Jepsen
zum 60. Geburtstag

I. Einleitung

Kirche und Theologie waren bis weit ins 19. Jahrhundert hinein überwiegend eine Männerdomäne. Frauen besaßen im Laufe der Christentumsgeschichte vereinzelt nur dann die Chance, eine mehr oder weniger aktive Rolle in Kirche und Theologie zu spielen, wenn sie sich durch strenge Askese oder durch Inspiration und mystische Eingebungen legitimieren konnten. Freilich war auch das nur durch männliche Assistenz, Akzeptanz und Aufsicht möglich. Vor allem die theologische Schriftstellerei von Frauen stand grundsätzlich unter dem Verdacht der Heterodoxie. Deshalb gelang es nur wenigen starken und risikobereiten Frauen, sich als Laientheologinnen zu behaupten. Das war in nachreformatorischer Zeit nicht weniger schwer und selten als in der Alten Kirche oder im Mittelalter.

Die in dieser Ringvorlesung bisher vorgestellte „Theologie in Hamburg" ist dementsprechend ausschließlich von Männern getrieben worden. Frauen kamen darin nicht einmal am Rande vor. Heute aber sollen zwei weibliche laientheologische Schriftstellerinnen zu Gesicht und zu Gehör kommen, denen es in den gesellschaftlichen Umbrüchen und unter dem Einfluß der Erweckung des 19. Jahrhunderts gelang, sich am theologischen Diskurs ihrer Zeit zu beteiligen. Dadurch brachen sie das maskuline Monopol in der Theologie auf und leisteten gleichzeitig einen nicht unwesentlichen Beitrag zu dem damals freilich noch in wei-

---

* In diesem Beitrag werden auch außerhalb der Zitate heute weitgehend unübliche Begriffe vorkommen. Es erschien mir nicht angemessen, sie durch eine moderne, meist abschwächende Diktion zu ersetzen und damit zu verfälschen.

Abb. 10: Amalie Sieveking

ter Ferne liegenden Beruf der Theologin. Insofern können sie trotz noch
weitgehender Akzeptanz der alten Stände- und Geschlechterordnung
doch schon als noch ganz unkämpferische „Vorkämpferin[nen] der
christlichen Frauenbewegung"[1] gelten.

Die Erinnerung an diese beiden Frauen ist in Hamburg noch durchaus lebendig. Je ein Straßenname erinnert an sie;[2] im Rathaus an der
linken Wand und Säule vor der Senatstreppe befinden sich Porträtme-
daillons von beiden; und ihre Gräber auf dem Hammer Friehof werden
noch immer gepflegt.[3]

Wie die beiden Abbildungen unschwer erkennen lassen, gehörten
beide Frauen dem gehobenen Hamburger Bürgertum an. Amalie Sieveking hat fast aristokratische Züge, während Elise Averdieck, die der
Senatorentochter stets mit Ehrfurcht begegnete,[4] schlichter wirkt. Beide
arbeiteten auf den Feldern der religiösen Kindererziehung – heute würden wir sagen: der Religionspädagogik – und der Diakonie. Beide traten
schriftstellerisch an die Öffentlichkeit. Beide waren mit Rücksicht auf
ihre Berufstätigkeit unverheiratet. Und, das ist nach ihrem Selbstverständnis das Wichtigste: beide verstanden ihr jeweiliges Lebenswerk als
Antwort auf eine göttliche Beauftragung, ja als Ausfluß ihres existenz-
bestimmenden Glaubens schlechthin.

II. Amalie Sieveking

Ein Rezensent der Evangelischen Kirchenzeitung sprach ihr als Frau
jegliche Berechtigung zu theologischen Veröffentlichungen ab.[5] Claus
Harms bekannte, sie sei das erste Frauenzimmer, welchem er einen Beruf zur Schriftstellerei einräumen könne.[6] Sie selbst reflektierte über sich
und ihre theologischen Versuche einmal folgendermaßen:

---

1   So lautet der Untertitel der Biographie von Richard Remé, *Amalie Sieveking. Eine Vor-
     kämpferin der christlichen Frauenbewegung*, Hamburg 1911.

2   Amalie-Sieveking-Weg in Volksdorf; Elise-Averdieck-Straße in Borgfelde. Es gibt
     auch noch zwei Amalie-Sieveking-Krankenhäuser und mehrere Amalie-Sieveking-
     Stiftungen in Hamburg.

3   Michael Reiter, *Der Hammer Friedhof*, Ahrensbök o.J., 14f. 22–24.

4   Elise Averdieck, Tagebuchaufzeichnung vom 8.1.1841 (abgedr. bei Hannah Gleiss,
     Elise Averdieck. Lebenserinnerungen. Aus ihren eigenen Aufzeichnungen zusammengestellt
     [Teil I], Hamburg 1908, 223: „Amalie Sieveking behandelt mich mit einer Freundlich-
     keit, mit einer Achtung, als wäre ich ihresgleichen".

5   *Ev. Kirchenzeitung* 1 (1827), 147–151.

6   Amalie Sieveking an Wilhelmine [Mine] Hösch vom 26.11.1826 (mitgeteilt in: *Denk-
     würdigkeiten aus dem Leben von Amalie Sieveking in deren Auftrage von einer Freundin
     verfaßt*, Hamburg 1860, 389).

‚Wer einen Thurm bauen will, der sitze zuvor, und überschlage die Kosten, ob er es habe hinauszuführen' (Luc. 14,28). Dies Wort, denke ich, sollte insbesondere Jedem zugerufen werden, der im Begriff steht, einen ungewöhnlichen Weg zu gehen. Der Ueberschlag aber, der hier vor allem zu machen, ist vornämlich auf die Frage zu beziehen, ob man Kraft und Muth habe, die allerverschiedensten Urtheile über sich ergehen zu lassen. Wer dazu sich nicht stark genug fühlt, der kehre, wenn es in seine Wahl gestellt und noch Zeit ist, von jenem Wege ja zurück in den ausgetretenen Pfad des Gewohnten und Hergebrachten: er wird sich dadurch viel peinliche Unruhe und Verwirrung ersparen.[7]

Amalie Sieveking, Pädagogin, Impulsgeberin der weiblichen Diakonie und theologische Schriftstellerin, beschritt solche für ihre Zeit höchst ungewöhnlichen Wege und brachte auch das dafür erforderliche Durchhaltevermögen auf. Wie und weshalb ihr „Turmbau" oder, wie sie gleichfalls sagen könnte, ihr Beitrag zur Verwirklichung des Reiches Gottes auf theologisch-schriftstellerischem Gebiet, gelang, davon soll im folgenden die Rede sein.

Ihr Lebensweg, der 1794 in Hamburg begann und 1859 auch in der Hansestadt endete, war nicht eigentlich spektakulär, aber doch durch einige Besonderheiten ausgezeichnet. Bei ihrer Konfirmation (1810) war die Kaufmanns- und Senatorentochter[8] bereits Vollwaise. Und als in der Napoleonischen Besatzungszeit (1812–14) das Familenvermögen verloren ging, mußte die bei Verwandten Untergekommene ihren Unterhalt mit einer kleinen vom Senat gezahlten Rente bestreiten. Seit 1811 lebte sie bei Anna Ilsabe Brunnemann, einer verwitweten, wohlhabenden Cousine ihrer Mutter, die Amalie wie eine Tochter behandelte und die diese als „Pflegemutter" bis zu deren Tod im Jahre 1839 ebenso wie eine Tochter pflegte. Eine gleichfalls enge Verbindung unterhielt Amalie zu ihrer verwitweten Tante Johanna Margaretha Sieveking, geb. Reimarus (1760–1832),[9] auf deren Landsitz in Neumühlen sich Repräsentanten der hansestädtischen aufgeklärten Elite trafen. Von ungleich größerer Bedeutung für Amalies religiöse Entwicklung wurde der Hammer Landsitz ihres Vetters Karl Sieveking, wo sich Vertreter der kirchlichen Erweckung ein Stelldichein gaben. Hier begegneten der jungen Frau sowohl die lutherischen Theologen Johann Wilhelm Rautenberg, Johann Hinrich Wichern und der reformierte Jean-Henri Merle d'Aubigné als

---

7 Denkwürdigkeiten (Anm. 6), 166 (Reaktion auf Ev. Kirchenzeitung Nr. 103f.).

8 Ihr Vater Heinrich Christian Sieveking war Kaufmann und später Senator (1752–1809), ihre Mutter Karoline Louise Volkmann (1767–1799) entstammte einer Hamburger Juristenfamilie.

9 Ehefrau von Georg Heinrich Sieveking (1751–1799), welche die erweckliche Frömmigkeit ihrer Nichte nicht teilte, sie aber geachtet hat. Vgl. Denkwürdigkeiten (Anm. 6), 212–214.

auch der Buchhändler und Verleger Friedrich Perthes, der Jurist Martin
Hieronymus Hudtwalcker, der Sekretär der Oberalten Ferdinand Be-
neke und der Schriftsteller Matthias Claudius.[10] Die dabei gewonnenen
Eindrücke und empfangenen Leseempfehlungen setzte die fleißige Autodidaktin sogleich in einen intensiven Fortbildungsprozeß um. Da sie
an Hand- und Hausarbeit wenig Freude hatte und sich für den ehelosen
Stand bestimmt fühlte,[11] entdeckte sie die Weitergabe des Gelernten an
Kinder früh als eine ihrer künftigen Lebensaufgaben. Zunächst begann
sie 1814 damit, sechs Mädchen aus dem Bekanntenkreis in ihrer Wohnung zu unterrichten. Drei Jahre später kam die Beteiligung an Organisation und Unterricht einer Freischule für arme Mädchen[12] hinzu. Und
1820 eröffnete sie im Stadthaus der Pflegemutter ihren zweiten privaten
Schul-Cursus für zehn 6–8jährige Mädchen, die acht Jahre lang dreimal
wöchentlich jeweils von 12–15 Uhr in allen Fächern von ihr unterrichtet
wurden. Die Schulzeit endete mit der Konfirmation. Zu einigen ihrer
Schülerinnen unterhielt Amalie Sieveking darüber hinaus jahrelangen
Kontakt.[13] Schulgeld wurde nicht erhoben.[14] Neben den allgemeinbil-
denden Fächern, zu denen u.a. auch Englisch und Physik gehörten,[15]

---

10 Vgl. Ingrid Lahrsen, *Zwischen Erweckung und Rationalismus. Hudtwalcker und sein
    Kreis* (AKGH 3), Hamburg 1959; Theodor Kuessner, *Die Erweckungsbewegung in Ham-
    burg* (AKGH 16), Hamburg 1986, 28–48.

11 Vgl. Denkwürdigkeiten (Anm. 6), 90f. (in einer Tagebuchnotiz 1820); dazu auch Inke
    Wegener, *Zwischen Mut und Demut. Die weibliche Diakonie am Beispiel Elise Averdiecks*
    (SKGNS 39), Göttingen 2004, 227.

12 In der großen Vielfalt der Schultypen in Hamburg vor Einführung der Schulpflicht
    (1870) gab es kirchliche Freischulen ohne Schulgeld und Stiftungs-Freischulen, die
    ein mäßiges Schulgeld erhoben. Welchem Typ die Freischule angehörte, in der A.
    Sieveking einige Jahre mitarbeitete, ist mir nicht bekannt. Vgl. Theodor Blinckmann,
    Die öffentliche Volksschule in Hamburg in ihrer geschichtlichen Entwicklung, Hamburg
    1930, 22f.

13 Äußerte sie doch in einem Brief an ihre Freundin Mine Hösch im Jahre 1817, daß
    ihr Unterricht auch darauf gerichtet sei, „aus jenen Kindern mir Freundinnen für's
    ganze Leben zu bilden" (Denkwürdigkeiten, 42).

14 Unter einem Schulcurs ist ein einklassiger, nur wenigen Schülern oder Schülerin-
    nen von Hauslehrern oder Hauslehrerinnen in Privaträumen erteilter Unterricht zu
    verstehen. Er bedurfte keiner Konzession durch den Senat und unterlag auch keiner
    Aufsicht. Sein Erfolg hing von der Güte des oder der Lehrenden ab. Längst nicht alle
    Schulcurse waren registriert. Vgl. Blinckmann, Volksschule (Anm. 12), 22. Vgl. auch
    Franz R. Bertheau, *Chronologie zur Geschichte der geistigen Bildung und des Unterrichts-
    wesens in Hamburg 831 bis 1921*, Hamburg 1921, 166, wo es ganz ungenau heißt: „Etwa
    1825–1835 Amalie Sieveking hält einen Lehrkursus".

15 Wie gründlich sie sich z.B. auf das Fach Physik vorbereitete, zeigt die Konsultation
    eines Experten über die Brechung von Lichtstrahlen. Vgl. Amalie Sieveking, *Unter-
    haltungen über einzelne Abschnitte der heiligen Schrift*, Leipzig ²1856, 281.

lag ihr der Religionsunterricht am meisten am Herzen. Bibel,[16] Katechismus[17] und Gesangbuch[18] dienten als primärer Unterrichtsstoff. Er wurde jeweils so aufbereitet, daß die Mädchen nicht nur belehrt wurden, sondern sich persönlich angesprochen und am Ende zu einer Glaubensentscheidung herausgefordert fühlten. Gelegentlich gab es allerdings auch kritische Einsprüche. Anfangs folgte Amalie Sieveking im Religionsunterricht noch der rationalistischen Methode. Als zu Beginn der 20er Jahre in Hamburg die ersten heftigen Richtungskämpfe zwischen Vertretern der Aufklärung und der Erweckung wüteten,[19] sah sich Amalie Sieveking als aufmerksame Zeitgenossin genötigt, selbst Position zu beziehen. Nach einem längeren inneren Entwicklungsprozeß, an dessen Ende ihre Bekehrung stand, trat sie auf die Seite der Erweckung. „Wie tod doch die bloße Vernunft–Religion ist", heißt es schon 1816 in einem Brief an den Theologie studierenden Bruder Gustav, „wie ungenießbar für die Meisten, und wie kalt sie die Herzen läßt!"[20] Da Jugendbildung nach ihrem Verständnis nicht nur durch guten Unterricht, sondern ebenso durch gute Beispiele erfolge,[21] blieb sie als Lehrende stets Lernende und gab nur das weiter, was sie verstanden, persönlich erfahren oder in ihrer Frömmigkeit erprobt hatte.[22] Insgesamt führte Amalie Sieveking von 1814 bis zu ihrem Tode sechs jeweils 8 Jahre lang dauernde Schulcurse durch und dürfte auf diese Weise etwa 60 Mädchen mit an-

---

16   Vgl. dazu später die Angaben unter den Hilfsmitteln für Amalie Sievekings exegetische Veröffentlichungen.

17   Amalie Sieveking selbst dürfte nach dem orthodoxen Katechismus Luthers von 1753 unterrichtet worden sein. Vermutlich hat sie ihn als Lehrerin im eigenen Unterricht weiter benutzt. 1818 wurden per Senatsverfügung das rationalistische „Lehrbuch der christlichen Religion" und der „Kurze Inbegriff der christlichen Lehre" zur Benutzung im Religionsunterricht herausgegeben. Beide Bücher sind von ihr mit Sicherheit nicht verwandt worden. Vgl. DIETER KLEMENZ, Der Religionsunterricht in Hamburg (Beiträge zur Geschichte Hamburgs 5), Hamburg 1971, 157–159.

18   Noch immer war das Aufklärungsgesangbuch von 1787 in Gebrauch. Ein neues, unter Federführung von Johann Jakob Rambach ausgearbeitetes Gesangbuch kam erst 1843 zur Einführung. In der Zwischenzeit könnte Amalie Sieveking eine Ausgabe des Freylinghausenschen Gesangbuches (1704ff.) benutzt haben. Zum ganzen vgl. HERWARTH VON SCHADE, Zu Gottes Lob in Hamburgs Kirchen. Eine Hamburgische Gesangbuchgeschichte (AKGH 20), Herzberg 1995, 251–292.

19   LAHRSEN, Zwischen Erweckung und Rationalismus (Anm. 10), 53ff.

20   Denkwürdigkeiten (Anm. 6), 34 (ca. 1816).

21   Ebd., S. 25.

22   Deshalb reduzierte sie z.B. anfangs den biblischen Unterricht, weil ihr selbst in der Bibel noch zu vieles ungereimt erschien (Unterhaltungen [Anm. 15], 332).

spruchsvoller Allgemeinbildung versorgt und frömmigkeitlich geprägt haben.[23]

Während 1831 die Cholera in Hamburg wütete, veröffentlichte Amalie Sieveking, die bereits knapp zehn Jahre zuvor die Idee zur Gründung einer evangelischen barmherzigen Schwesternschaft entwickelt hatte, einen Aufruf an ihre „christlichen Mitschwestern" zur unentgeltlichen, christlich motivierten Krankenpflege. Eine Resonanz blieb so gut wie ganz aus. Da entschloß sich die 35jährige allen Warnungen und allem Mißtrauen zum Trotz dazu, selbst ins Ericus–Hospital zu gehen und sich unter Anleitung von Ärzten und Wärterinnen an der Pflege kranker Frauen zu beteiligen. Das Experiment gelang, und ihr Beispiel steckte an. Nach dem Abklingen der Seuche gründete Amalie Sieveking im Frühjahr 1832 den Weiblichen Verein für Armen- und Krankenpflege. Ihm gehörten bald eine ganze Reihe engagierter Frauen und Mädchen an. Sie besuchten, pflegten und unterstützten Arme und Kranke in sozial schwachen Familien. Anfangs ging Amalie auch hier mit gutem Beispiel voran. Nach ihren Empfindungen angesichts der Konfrontation mit Not und Elend befragt, antwortete sie in einem Brief an den Bruder Eduard aus dem Jahre 1837. Dieser Text ist so bezeichnend für Amalie Sievekings von ihrem Glauben her letztlich gebrochene Einstellung zu den gesellschaftlichen Verhältnissen, daß ich ihn ganz zitiere: „Ich kann weinen mit den Weinenden; aber nie werde ich ihretwegen ein murrendes Warum? zum Himmel aufsteigen lassen. Sehe ich doch in allem Leiden nicht die Zuchtruthe allein, sondern auch die Vaterhand, die sie führt, nicht allein den bittern Schmerzenskelch, sondern auch den liebenden, sorgsamen Arzt, der ihn darreicht". Sodann auf die überwiegend positiven Reaktionen derer, denen geholfen wird, eingehend, entfaltet sie ihre „religiöse" Lösung der sozialen Frage:

> Ich glaube nämlich fest an ein Göttliches im Menschen, auch in seinem versunkensten Zustande, und eben so fest vertraue ich der Macht der göttlichen Gnade, die, vielleicht erst in ferner Ewigkeit, aber irgend einmal doch gewiß, jenes Fünklein, das jetzt tief versteckt unter der Asche glimmt, zur hellen Flamme anfachen wird; und dürfte es dann auch offenbar werden, daß jedes an solcher Seele geübte, nun ganz verloren scheinende Werk der Liebe mitwirken mußte zu ihrer endlichen Errettung.[24]

---

23 Die 6 Schulcurse lassen sich in den „Denkwürdigkeiten" anhand von Tagebucheintragungen und Briefen nachvollziehen. Sie waren ihr ebenso wichtig wie die Arbeit im Besuchsverein. Deshalb entspricht es ihrem Selbstverständnis nicht, wenn BERTHEAU, Chronologie (Anm. 14), 194, schreibt: „In ihren Mußestunden widmete sie sich der Erziehung und dem Unterricht".

24 Denkwürdigkeiten (Anm. 6), 235.

Mit ihrem pflegerischen Einsatz und mit der Vereinsgründung wurde
Amalie Sieveking trotz des geistlichen Vorbehalts zur Begründerin der
weiblichen Diakonie. Das Besondere ihres Ansatzes bestand darin, daß
die Arbeit ganz in weiblicher Hand lag, aber noch ohne emanzipatorische
Zielsetzung geleistet wurde. Wegen des Unabhängigkeitspostulates ver-
sagte sie Theodor Fliedners Diakonissenwerk in Kaiserswerth zweimal
die Mitarbeit; sie wollte frei von männlicher Bevormundung bleiben.[25]
Das alles ist in der neueren diakoniegeschichtlichen Literatur gewürdigt
worden. Deshalb soll hier die Aufmerksamkeit auf Amalie Sievekings
theologische Schriftstellerei gelenkt werden. Den Ausgangspunkt dafür
bildete die Behandlung biblischer Texte im Religionsunterricht, und als
Druckvorlagen dienten die eigenen Stundenausarbeitungen.

III. Amalie Sievekings Bibelauslegung

Als erstes veröffentlichte Amalie Sieveking 1823 anonym ihre „Betrachtungen über einzelne Abschnitte der heiligen Schrift".[26] Vier Jahre später,
1827, trat sie mit den „Beschäftigungen mit der heiligen Schrift"[27] an die
Hamburger Öffentlichkeit. Und 1855 schließlich kamen in Leipzig unter
ihrem vollen Namen die „Unterhaltungen über einzelne Abschnitte der
heiligen Schrift" heraus. Dieses Buch, das wohl am authentischsten die
dialogische, adressatenbezogene schulische Entstehungssituation wider-
spiegelt, erlebte bereits 1856 eine erweiterte zweite Auflage.[28] Die in allen
drei Fällen getroffene Textauswahl aus dem Alten und Neuen Testament
ist ganz eigenständig und von der Perikopenordnung unabhängig.

---

25 Vgl. WEGENER, Zwischen Mut (Anm. 11), 237–249.

26 Hamburg 1823. Textauswahl: Apg 9,1–22 (Bekehrung des Paulus); Joh 11,1–46 (Auf-
    erweckung des Lazarus); Bruchstücke aus den Abschiedsreden des Mose (5Mose
    4,1–40; 6,4–25; 9,1–29; 10,12–22; 32,1–43); Apg 8,26–40 (Kämmerer der Königin Can-
    daze); Die erste Epistel Petri, Kap. 1–5. Anhang: Ein Wort an meine Lieben über den
    Versöhnungstod Christi. Die Konzentration auf den 1. Petrusbrief könnte mit der
    Wertschätzung Luthers zusammenhängen. Vgl. MARTIN LUTHER, Welches die Rech-
    ten und Edelsten Bücher des Neuen Testamentes sind, 1522 (WA.DB 6,10).

27 Hamburg 1827. Textauswahl: 1Mose 22 (Isaaks Opferung); Ps 27; Off 2–3
    (7 Sendschreiben).

28 Textauswahl dieser 2. Aufl.: 4Mose 11,24–29 (Mose und die 72 weissagenden Äl-
    testen); Lk 3,2–6 (Bußpredigt Johannes des Täufers); 1Sam 2,1–10 (Lobgesang der
    Hanna); Mt 14,22–33 (Jesus wandelt auf dem Meer; sinkender Petrus); Ps 73,23–28
    (Dennoch bleibe ich stets an dir); Mt 28,5–10 (Die Frauen am österlichen Grab); Ps
    24 (Macht die Tore weit und die Türen in der Welt hoch); Apg 14,8–18 (Paulus und
    Barnabas in Lystra); Vermächtniß für meine jungen Freundinnen, zunächst für Die-
    jenigen, welche mich von Angesicht kennen (327–372).

Über die Legitimation der sich theologisch zu Wort meldenden Frau äußert sich Amalie Sieveking 1823 erstaunlicherweise nur sehr knapp. Sie ist sich der Bedenklichkeit ihres Schrittes in die Öffentlichkeit durchaus bewußt und beruft sich auf die bescheidene Wirkung des „in vertrautem Kreise" Vorgetragenen ebenso wie auf die eigene Gebetsgewißheit. Am meisten innere Sicherheit aber scheint ihr der dem kurzen Vorwort vorangesetzte „Einfältige Unterricht, wie man die H. Schrift zu seiner wahren Erbauung lesen sollte", von August Hermann Francke, einer für viele unumstrittenen Autorität, vermittelt zu haben.[29]

Den „Beschäftigungen" von 1827 setzt Amalie Sieveking anstelle einer erneuten Autorisierung die Skizze ihrer theologischen Biographie voran.[30] Als deren Höhepunkt beschreibt sie die allein durch den Heiligen Geist bewirkte Bekehrung vom rationalistischen zum persönlichen Heilsglauben. Diese hat sich in einem mehrjährigen Prozeß vollzogen, unterstützt durch die Lektüre bestimmter Schriften sowie durch seelsorgerliche Gespräche mit bereits erweckten Theologen. Der entscheidende Durchbruch zu völliger Glaubensgewißheit aber geschah durch das als persönliche Anrede erfahrene biblische Wort. Die wichtigsten dadurch gewonnenen neuen Einsichten verdichten sich für sie in der geschenkten Sündenvergebung und Gerechtigkeit und in der auf die Liebe Gottes antwortenden Hinwendung zu anderen Menschen. Weil die Bekehrung Gottes Werk an ihr ist, fühlt sich die „Verfasserin der Beschäftigungen" nun als Dank dafür zur Rechenschaft über ihren Glauben auch und gerade in der Öffentlichkeit verpflichtet und berechtigt.[31] Die göttliche Bekehrung dient der theologischen Schriftstellerin als höhere Erlaubnis. Ohne das bei anderen oft anzutreffende fromme Pathos der „Sprache Canaan"[32] bringt Amalie Sieveking den persönlichen Wechsel von den „rationalistischen Ansichten" zur „einfältige[n] evangelische[n] Wahrheit" kurz und bündig auf die Formel: „ich fand ihn, meinen Heiland".[33] Vor Schwärmerei sah sie sich lebenslang „durch das Kaltvernünftige" ihres Wesens geschützt.[34] Entsprechend charakterisierte sie sich selbst

---

29 Abgedr. in: AUGUST HERMANN FRANCKE, *Werke in Auswahl*, hg. v. ERHARD PESCHKE, Berlin 1969, 216–220. Zur Interpretation vgl. später.

30 Beschäftigungen, III–XXVI, ausschnittweise abgedruckt bei REMÉ, Amalie Sieveking (Anm. 1), 136–141.

31 Unterhaltungen (Anm. 15), V (unter Verweis auf 1Kor 14,20; 1Petr 3,15).

32 Vgl. HANS-JÜRGEN SCHRADER, „Die Sprache Canaan. Pietistische Sonderterminologie und Spezialsemantik als Auftrag der Forschung", in: *Geschichte des Pietismus*, hg. v. MARTIN BRECHT u.a., Bd. 4, Göttingen 2004, 404–427.

33 Mitgeteilt bei REMÉ, Amalie Sieveking (Anm. 1), 137. 140.

34 Denkwürdigkeiten (Anm. 6), 83.

einmal passend als „rationalistische Mystikerin".[35] Dennoch betonte sie
mit Nachdruck: Der göttliche „Geist aber muß auf uns ruhen [...] seine
Einwirkungen müssen bleibend sein; er will in uns wohnen, und so unser Inneres zu seinem Tempel weihen, worin er mit seiner Kraft und
mit seiner Gnade sich offenbaren könne".[36] Der Glaube erfaßt nicht nur
das Gefühl, sondern erleuchtet ebenso den Verstand. Deshalb könnte
man Amalie Sieveking – anders als Elise Averdieck – mit Recht als eine
erweckte Intellektuelle[37] bezeichnen. Um nun aber nicht den falschen
Eindruck zu erwecken, Amalie Sieveking habe ihre laientheologische
Position nur pneumatologisch begründet, sei daran erinnert, daß sie
gerade vor der Veröffentlichung der „Beschäftigungen", deren größten
Teil ja die nicht einfache Behandlung der sieben apokalyptischen Send-
schreiben (Off 2–3) ausmachen, Schützenhilfe erbat von den erweckten
Theologen Gottfried Menken in Bremen (1768–1831), Johann Friedrich
Meyer in Frankfurt (1772–1849), Claus Harms in Kiel (1778–1855) und
Johannes Geibel in Lübeck (1776–1853).[38] Solche gegenseitige Unterstüt-
zung ist für die in Netzwerken verbundenen Erweckten überhaupt charakteristisch.

Im Vorwort zu den „Unterhaltungen über einzelne Abschnitte der
heiligen Schrift", dem letzten exegetischen Erbauungsbuch, das vornehmlich als „Vermächtniß" und „Denkmal" für ihre Schülerinnen[39]
gedacht ist, verzichtet die Sechzigjährige auf jegliche exponierte Selbstrechtfertigung. Unbeeindruckt von den Einsprüchen früherer Rezen-
senten begründet sie jetzt nur die lange Publikationspause seit 1827 mit
Arbeitsüberlastung[40] und weist den Vorwurf schriftstellerischen Ehrgei-
zes ebenso wie den Verdacht von Gewinnsucht von sich. Der durch den
Verkauf des Buches gewonnene Erlös solle gänzlich den 260 vom Weiblichen Verein für Armen- und Krankenpflege betreuten Familien zugute
kommen. Amalie Sieveking steht im Vergleich mit der Ängstlichkeit ihrer schriftstellerischen Anfänge bei ihrem letzten theologischen Werk
gleichsam über den Dingen. Sie weiß, daß sie trotz der „Legion" von
Erbauungsbüchern auf dem Markt etwas unverwechselbar eigenes zu
sagen hat. Bezeichnend für ihr Selbstverständnis als Laientheologin ist

---

35   Unterhaltungen (Anm. 15), V.

36   Unterhaltungen (Anm. 15), 13 (über Num 11,25: „und der Geist ruhete auf ihnen").

37   Vgl. Unterhaltungen (Anm. 15), 166 (Auslegung von Mt 14,33).

38   Vgl. Kuessner, Erweckungsbewegung (Anm. 10), 96f. Erwähnenswert ist auch die
     Tatsache, daß z.B. Ferdinand Beneke für eine Buchanzeige in einer Hamburger Zei-
     tung sorgte (ebd., 97).

39   Unterhaltungen (Anm. 15), VI.

40   Immerhin veröffentlichte Amalie Sieveking zwischen 1833 und 1858 26 Berichte
     über die Leistungen des Weiblichen Vereins für Armen- und Krankenpflege.

z.B. das, was sie zu Mt 28,7 ganz unkämpferisch und unpolemisch über die Beauftragung der Frauen am österlichen Grabe sagt: „In der Verkündigung des Engels war jenen Weibern die Erstlingsfreude des christlichen Osterfestes bereitet; aber jene große Verkündigung ging ja nicht sie allein an, sondern vielmehr die ganze weite Welt, und sie sollten nun zuvörderst sie ausbreiten helfen. Gute Botschaft soll nicht verschwiegen werden [...] Im Reiche Gottes giebt es kein Monopol, keine ausschließliche Berechtigung".[41] In einem Brief aus jener Zeit heißt es selbstbewußt: „Meine Unterhaltungen über Abschnitte der heil. Schrift sind von vielen mit Interesse gelesen und eine vermehrte Auflage verläßt jetzt die Presse".[42]

In der Vorrede zu den „Unterhaltungen" erteilt Amalie Sieveking auch Auskunft über ihr exegetisches Vorgehen: Zunächst will sie den vorliegenden deutschen Text durch grammatische, historische, geographische oder sonstige Hinweise erläutern. Ganz selten verweist sie – vermutlich nach den benutzten Kommentaren – auf den Urtext bzw. die „Ursprache".[43] Sodann zieht sie andere ähnliche Schriftstellen zum Vergleich heran, bedient sich natürlicher oder alltäglicher Bilder, um Geistiges durch Leibliches zu verdeutlichen, d.h., sie allegorisiert. Anstelle eines Resümees zitiert sie gern geistliche Lieder. Am wichtigsten ist es ihr schließlich, „der erkannten Wahrheit die rechte Anwendung zu geben aufs innere und äußere Leben". Dazu führt sie viele „Beispiele [an], die bald die allgemeine Weltgeschichte, öfter noch die Geschichte des Reiches Gottes, manchmal auch die Erfahrungen des eigenen Lebens [...] darbieten".[44] In diesem letzten Interpretationsschritt geht es, wie sie an anderer Stelle sagt, darum, „alles Gelesene in Gebet und Anwendung auf sich selber [zu] verwandeln".[45] Dieser Grundsatz stammt aus August Hermann Franckes „Einfältigem Unterricht, wie man die H. Schrift zu seiner wahren Erbauung lesen solle". Amalie Sieveking muß ihn zwischen 1817 und 1820 kennen gelernt haben. Er gab ihr sowohl für ihren Umgang mit der Bibel als auch für ihre Bekehrung entscheidende Anstöße. Francke entfaltet in ihm die von Luther für das Theologietreiben empfohlenen drei Schritte: oratio, meditatio, tentatio und überträgt sie auf den Prozeß, sich Bibelworte persönlich anzueignen. Wie bereits erwähnt, ließ Amalie Sieveking diesen „Einfältigen Unterricht" Frankkes vor ihren biblischen „Betrachtungen" von 1823 abdrucken[46] und un-

---

41 Unterhaltungen (Anm. 15), 214.
42 Denkwürdigkeiten (Anm. 6), 350.
43 Z.B. Unterhaltungen (Anm. 15), 105. 200.
44 Unterhaltungen (Anm. 15), VIIf.
45 Denkwürdigkeiten (Anm. 6), 80.
46 Betrachtungen (Anm. 26), III–X.

terstrich dadurch ihren programmatischen Charakter für die Bibelauslegung der Erweckung.

Wie wir aus Zitaten und brieflichen Bemerkungen wissen, benutzte
die lernbegierige Frau für ihre Exegese auch den mehrbändigen Bibel-
kommentar des Francke-Schülers Joachim Lange[n] (1670–1744)[47] sowie
die Ausgabe der revidierten und kommentierten Lutherbibel von dem
Frankfurter Laientheologen und Übersetzer Johann Friedrich Meyer
(1772–1849),[48] die als sog. „Frankfurter Bibel" gegenüber der aufgeklärten sog. „Altonaer Bibel" von Nicolaus Funk deutlich andere Akzente
setzte.[49] Für das Johannes-Evangelium und für den Römerbrief griff
Amalie Sieveking zusätzlich auf August Tholucks Kommentare zurück und ließ sich die darin zitierten Kirchenväterstellen von Johann
Hinrich Wichern übersetzen.[50] Zur Erhellung des zeitgeschichtlichen
Kontextes informierte sie sich ferner gern im kommentierten Bibelwerk
des erweckten Berliner Theologen Otto von Gerlach.[51] Als Eklektikerin
scheute sie sich auch nicht, passende biographische Beispiele aus dem
reichhaltigen Werk Gotthilf Heinrich Schuberts (1780–1860) „Altes und
Neues aus dem Gebiete der innren Seelenkunde" zu entlehnen.[52] Daneben schöpfte sie aus zahlreichen frommen Biographien.[53] Es würde
zu weit führen, alle Gewährsleute und Vorlagen zu nennen, die Amalie
Sievekings Theologie und Schriftauslegung beeinflußten und förderten.
Nicht vergessen werden aber dürfen wegen ihres besonders nachhalti-
gen Einflusses auf ihr Denken die beiden „Klassiker": Thomas von Kempen mit seiner „Nachfolge Christi"[54] und Christian Gotthilf Salzmann
mit dem aus seiner Schnepfenthaler philanthropischen Erziehungsarbeit
herausgewachsenen Werk „Der Himmel auf Erden".[55] Der erste formte
ihre mystische Frömmigkeit, der zweite – wiewohl der Aufklärung ver-

---

47 *Licht und Recht Oder Erklärung der Hl. Schrift Alten und Neuen Testaments*, Leipzig
    1732–1738.

48 *Die heilige Schrift in berichtigter Übersetzung*, Frankfurt a.M. 1819.

49 *Die Bibel oder die ganze Heilige Schrift Alten und Neuen Testaments […]*, Altona 1815.

50 Mitgeteilt und belegt bei Kuessner, Erweckungsbewegung (Anm. 10), 81f.

51 *Die Heilige Schrift nach Dr. Martin Luthers Uebersetzung mit Einleitungen und erklärenden
    Anmerkungen*, Bd. 5, Stettin 1835.

52 7 Bde., Leipzig 1817–1859.

53 Z.B. Johannes Evangelista Gossner, *Leben heiliger Seelen, München 1814* (mitgeteilt
    in: Unterhaltungen [Anm. 15], 8) oder *Lebensabriß der Sara Martin*, Hamburg 1849
    (mitgeteilt in: Unterhaltungen [Anm. 15], 84).

54 Buch von der Nachfolge Christi, Autograph von 1441, seitdem viel gelesenes und
    häufig veröffentlichtes mystisches Andachtsbuch.

55 Schnepfenthal 1797. Es ist anzunehmen, daß A. Sieveking die Bücher, aus welchen
    sie zitierte oder auf welche sie sich berief, in ihrer eigenen Bibliothek besaß. Auffal-
    lenderweise fehlt Johann Arndt in der Reihe ihrer Inspiratoren!

pflichtet – spornte sie zu ihrem sozialen Engagement an. Sie verwob diesen Impuls mit ihrer Reich-Gottes-Vorstellung[56] und mit der Idee von einem großen, schließlich zur Allversöhnung[57] führenden göttlichen Erziehungsplan (1Tim 2,4). Daraus entstand ihr Lebens-Motto, „daß wir nämlich von unserer künftigen Seligkeit im Himmel schon hier einen Vorschmack bekommen könnten".[58] Dieser „Vorschmack" besteht für sie vor allem im „rechten Geschmack" des göttlichen Wortes.[59] Und genau dazu wollen all ihre exegetischen Bemühungen einladen, von denen ich jetzt zwei aus den „Unterhaltungen" etwas näher in den Blick nehmen möchte.

Amalie Sieveking hat für ihre letzte theologische Veröffentlichung aus dem Fundus ihrer Unterrichts-Vorbereitungen vier alttestamtentliche und vier neutestamentliche Schriftpassagen im Wechsel ausgewählt.[60] Im Ganzen wird nur Ps 24 ausgelegt, d.h. die eigentliche Interpretationseinheit ist auch hier jeder einzelne Vers. Die Gesamtaussage eines Textes tritt hinter dem Reichtum der Informationen, biblischen Parallelen, Assoziationen und persönlichen Identifikationen zu jedem einzelnen Vers völlig zurück. Wohl deshalb empfiehlt sie den Lesern ausdrücklich zunächst die Lektüre des vorangestellten Textes im Zusammenhang. Zusätzliche Zerstückelung wird auch verursacht durch die zur Veranschaulichung oder Vergegenwärtigung eingeflochtenen erzählerischen Exkurse und Episoden aus der Kirchengeschichte, aus frommen Biographien – nicht selten auch aus dem Leben der Lehrerin selbst. Gebete und Liedstrophen von Paul Gerhardt über Gerhard Tersteegen und Christian Fürchtegott Gellert bis hin zu Philipp Spitta dienen am Ende meist der besinnlichen Abrundung. Sowohl die lebensgeschichtlichen Beispiele als auch die eingestreuten Lieder haben ein Eigengewicht und können ohne ihren Kontext gelesen werden. Deshalb hat Amalie Sieveking sie auch in je eigenen Registern erschlossen.

Über die Kriterien der Textauswahl gibt die Verfasserin keine Auskunft. Trotzdem erscheint sie mir nicht zufällig. Der Einstieg mit Num 11,24–29, der Episode über die zweiundsiebzig weissagenden Ältesten im Lager der durch die Wüste wandernden Israeliten,[61] wirkt zunächst

---

56 Möglicherweise wurde A. Sieveking hinsichtlich der Reich-Gottes-Vorstellung von Gottfried Menken beeinflußt, der in ihr „die Hauptsache der ganzen Bibel" sah (KUESSNER, Erweckungsbewegung [Anm. 10], 167).
57 Vgl. dazu im einzelnen mit Belegen KUESSNER, Erweckungsbewegung (Anm. 10), 155–169.
58 Denkwürdigkeiten (Anm. 6), 24.
59 Unterhaltungen (Anm. 15), VIII.
60 Vgl. Anm. 28.
61 Unterhaltungen (Anm. 15), 1–23.

befremdlich. Amalie Sieveking reflektiert in ihrer Interpretation besonders ausführlich über den Geistbesitz der Ältesten und über Moses Bitte,
daß Gott seinen Geist über das ganze Volk ausgießen möge, damit alle
weissagen können. Hier dürfte ihr unausgesprochen das Priestertum
aller Glaubenden und Bekehrten in den Sinn gekommen sein. Sicher
auch nicht zufällig erörtert sie an dieser Stelle das Für und Wider von
theologischen Universitätsstudien[62] und verweist auf Tersteegen als Beispiel dafür, „welche Summe von geistlichem Segen auch ohne eigentliche gelehrte Bildung gestiftet werden könne".[63] Entscheidend für den
Dienst in Kirche und Theologie sei allein, „daß der Mensch ausgerüstet
werde mit den Gaben des heiligen Geistes".[64] So gesehen könnte dieser
Text am Anfang der „Unterhaltungen" doch wieder die Funktion einer
Empfehlung der Autorin als durch den Geist Bekehrte und Begabte haben. Denn auch wenn sie sich selbst ihrer Sache ganz sicher war, wußte
sie doch um die immer noch bei anderen bestehenden Bedenken der
theologisierenden Frau gegenüber. Daß Frauen normalerweise in ihren
Familien „durch ihr Leben ohne Worte" am Bau des Reiches Gottes mit-
wirkten, war für sie unstrittig. Doch wenn Gott einzelne Frauen in die
Öffentlichkeit rufe, dann müsse dem Folge geleistet werden.[65] Diesen
Fall beanspruchte Amalie Sieveking zweifellos für sich. Von der göttlichen Lebenslenkung ohnehin fest überzeugt, wußte sie sich beauftragt
und trachtete in allen zu fällenden Entscheidungen danach, nur ja Gottes Willen zu erfüllen. Hier schlägt Thomas von Kempen durch, dessen
Demutstheologie sie ganz verinnerlicht hatte. Davon zeugt nichts besser
als der zitierte Zweizeiler eines mittelalterlichen Mystikers schon in den
„Betrachtungen" von 1823: „Gott, mein Vater, nimm mich mir, / Gieb
mich ganz zu eigen dir!"[66] In der Sprache Philipp Spittas klingt das in
den „Unterhaltungen" am Ende der Auslegung von Ps 24,9 so: „Ich will
nicht, was mein Wille will, / Nur deinen Willen fromm und still / Mir
stets zur Richtschnur ausersehen, / Niemals auf eignen Wegen gehen, /
Ich will, geführt von deinen Händen, / Beginnen, fortgehn und vollen-
den".[67] Bei der Ermittlung des göttlichen Willens im Alltag half ihr übrigens neben dem Gebet zuweilen auch das „Däumeln" in der Bibel.

---

62 Unterhaltungen (Anm. 15), 5f.
63 Unterhaltungen (Anm. 15), 8.
64 Ebd., S. 4.
65 Betrachtungen (Anm. 26), 274f.
66 Betrachtungen (Anm. 26), 300 (zu 1Petr 3,15a). Ähnlich THOMAS VON KEMPEN, *Von der Nachfolge Christi* (Ausg. Stuttgart 1960, 170): „Verlaß dich, so findest du mich".
67 Unterhaltungen (Anm. 15), 105 (PHILIPP SPITTA, „Dein bin ich" [Str. 2], in: *Psalter und Harfe, Erste Sammlung*, 1833; nach der 31. Aufl. neu hg. v. HANS-CHRISTIAN DRÖMANN (Niedersächsische Bibliothek Geistlicher Texte 1), Hannover 1991, 58.

Nach diesen Abschweifungen zu Num 11,24–29 und zur Frage nach möglichen Gründen für die Auswahl dieser Perikope zurückkehrend, sehe ich mich bestärkt in der Annahme, Amalie Sieveking könnte diesen Text bewußt an den Anfang ihrer „Unterhaltungen" gesetzt haben, weil sie in ihm Anhaltspunkte für die Ausweitung des amtstheologischen männlichen Monopols fand.[68]

Sehr viel schwieriger indessen erscheint mir die Suche nach Gründen für die Auswahl des letzten Textes der „Unterhaltungen". Doch auch sie ist sicher nicht zufällig getroffen worden. Es handelt sich um Apg 14,8–18, wo von der Heilung eines Gelähmten durch den Apostel Paulus auf seiner ersten Missionsreise in Lystra berichtet wird. Nach dem Wunder sollen die überwältigten Stadtbewohner Anstalten gemacht haben, ihn samt seinem Begleiter Barnabas göttergleich zu verehren.[69] Um diesen Akt abzuwehren, so wird weiter erzählt, habe Paulus in seiner Predigt die Lycaonier zum Glauben an den allmächtigen Gott und zu dessen Verehrung aufgerufen. Denn nicht er, sondern Gott habe das Wunder durch ihn bewirkt. Am Ende soll die Begeisterung der Menschen dann aber doch umgeschlagen sein, so daß Paulus ihren tödlichen Steinwürfen durch die Flucht nur knapp entkam.

Amalie Sieveking ist an der Episode in Lystra an sich nur bedingt interessiert, obgleich sie erstaunlich viele Informationen über den Ort und den heidnischen Götterkult zusammengetragen hat. Wichtiger ist für sie die möglichst schnelle Aufhebung des historischen Abstandes, die es ihr ermöglicht, über Behinderung, Krankheit und Armut in der eigenen Gesellschaft zu reflektieren, über den angemessensten Umgang damit, über das Theodizeeproblem und allegorisierend auch über geistliche Lähmung, die sie in Gestalt von Unglauben und Zweifel für verhängnisvoller hält als körperliches Leiden. Hier wird wieder der religiöse Deutehorizont der gesellschaftlichen Verhältnisse sichtbar: Gott mißt einem jeden sein Geschick zu. Die Rechtfertigung sozialer und wirtschaftlicher Prosperität besteht im sozialen Handeln. Gäbe es keine Reichen, könnte den Armen nicht geholfen werden. All diese aktualisierenden Ausführungen haben mit dem biblischen Text nichts zu tun, erteilen aber Auskunft über das uns heute zu Fragen Anlaß gebende Denken der Verfasserin.

Die Erwähnung des im voraus an seine Rettung glaubenden Kranken wird sodann zum Anknüpfungspunkt für eine sehr weitläufige, z.T. rührselige Geschichte über eine Wunderheilung, die sich in der Schweiz

---

68 Zur Auslegung der Stelle vgl. auch Kuessner, Erweckungsbewegung (Anm. 10), 105f.

69 Unterhaltungen (Anm. 15), 274–326.

durch den Glauben und das Gebet eines Kindes zugetragen haben soll.
Nach diesem erneuten Einschub kehrt Amalie Sieveking wieder zum
Wunder in Lystra zurück und erinnert an entsprechende messianische
Verheißungen im Alten und Neuen Testament (Jes 35,5f.; Mt 11,2–6). Von
der Faktizität der Heilung ist sie fest überzeugt. Wunder sind für sie
deshalb möglich, weil Gott selbst in ihnen nach den die Naturgesetze
überbietenden Gesetzen seines himmlischen Reiches wirkt.[70] Folglich ist
es für sie töricht zu leugnen, „was nicht im Kreise unserer Erfahrung
liegt".[71] Gleichwohl lehnt sie naive Wundergläubigkeit ab und empfiehlt
eine jeweils strenge Prüfung der konkreten Umstände. Die Wunderkritik des Reimarus scheint in dieser supranaturalistischen Wunderapolo-
gie völlig in Vergessenheit geraten zu sein.

Im Fortgang der Interpretation gibt die versuchte Menschenvergöt-
terung der Lykaonier Amalie Sieveking Gelegenheit, über falsche und
angemessene Ehrung von Menschen nachzudenken. Ihr Fazit lautet:
„Nicht vergöttern dürfen wir, nicht uns vergötzen lassen, aber vergött-
licht sollen wir werden [...] das Bild Christi soll in uns sich verklären",
nämlich in der Bekehrung und im Glauben.[72] Als Beispiel eines vorbild-
lichen „Heiligen" nach protestantischem Verständnis kommt nun die
Persönlichkeit des Barons von Kottwitz in den Blick, wie August Tho-
luck ihn in seiner vielgelesenen Schrift „Die Lehre von der Sünde und
von dem Versöhner" (1823) porträtiert hat.[73] Sein bescheidenes Verhalten
entspricht dem von Amalie Sieveking häufig zitierten Psalmwort: „Nicht
uns, sondern deinem Namen gib Ehre" (Ps 115,1).[74] Dazu paßt in der
Fassung des 19. Jahrhunderts auch ein zur Abrundung zitiertes Braut-
Christi-Lied aus der Feder des Francke-Schülers Karl Heinrich Bogatzky
(1690–1774).[75] Geistlichen Hochmut, Einbildung und Eitelkeit hat die seit
ihrer Bekehrung um gewissenhafte Nachfolge selbstkritisch Bemühte
immer wieder als Versuchung gerade frommer Menschen erfahren und
thematisiert.[76] Deshalb könnte für die Auswahl des Textes vornehmlich
dieser Aspekt den Ausschlag gegeben haben.

---

70 Zur Verteidigung der Wunder und zur Abwehr der aufgeklärten Wunderkritik vgl.
    Unterhaltungen (Anm. 15), 132ff. (innerhalb der Auslegung von Mt 14,22–33: Jesus
    wandelt auf dem Wasser und der sinkende Petrus).
71 Ebd., 135.
72 Unterhaltungen (Anm. 15), 290.
73 Vgl. Unterhaltungen (Anm. 15), 291–293.
74 Unterhaltungen (Anm. 15), 84.
75 Ebd., 304.
76 Vgl. noch Denkwürdigkeiten (Anm. 6), 164f. bei einer Veröffentlichung über ihre
    Schule in der Ev. Kirchenzeitung, Nr. 103f.

Anhand der Predigt des Paulus in Lystra äußert sich Amalie Sieveking ferner über die göttliche Heilsökonomie mit Juden und Heiden und aktualisiert den Bekehrungsappell des Apostels durch die Erörterung der unterschiedlichen Begegnungformen mit dem Wort Gottes sowie durch zwei längere zeitgenössische Bekehrungsgeschichten. Die dann im Text weiter referierte Absicht der Lystraner, Paulus und Barnabas zu opfern, veranlaßt Amalie Sieveking zu Reflexionen über Aberglauben, einen Begriff, der bekanntlich in den Christenverfolgungen als Anklagepunkt eine Rolle spielte. Und wie die Christen damals als Antwort auf den Vorwurf des Aberglaubens ihr christliches Bekenntnis ablegten, so ergeht jetzt an die Leser der „Unterhaltungen" der Ruf, jederzeit zur Rechenschaft über den Grund ihrer Hoffnung bereit zu sein. Diese mit 1Petr 3,15 belegte Aufforderung am Ende der Textauslegung und am Ende des ganzen Werkes mündet in eine Art Wahrheitsbeweis für das Christentum. Amalie Sieveking liefert dafür drei Argumente. Sie beziehen sich alle auf die Bibel und unterstreichen die Schriftzentriertheit ihrer Theologie. Das Christentum ist für sie deshalb über alle anderen Religionen erhaben, weil es auf dem inspirierten göttlichen Wort fußt, weil dieses göttliche Wort sich mit Hilfe des Heiligen Geistes immer mehr erschließt und weil das aus der Bibel als wahr Erkannte dann im Leben einzelner Menschen erkennbare Gestalt gewinnt. Alle drei Wahrheitsbeweise fußen anders als mathematische Ergebnisse auf geistlicher Erfahrung, sind für sie aber ebenso unumstößlich wie jene. Ganz am Schluß ihrer Textentfaltung zieht Amalie Sieveking aus dem Stimmungsumschwung der Menschen in Lystra die nüchterne Bilanz: „Wer auf den Beifall der Menge sich verläßt, ist ein betrogener Thor".[77] Diesem Duktus folgt auch das Schlußlied von Frederik Münter.

Diese knappe Inhaltsangabe mag einen exemplarischen Eindruck von Amalie Sievekings homilieartiger,[78] zwischen Vergangenheit und Gegenwart ständig hin und her pendelnder, manchmal sogar sprunghafter Textumkreisung geben. Eine Gesamtaussage kommt so gut wie nie zustande. Dafür sind die einzelnen Auslegungsabschnitte so reich an Informationen, theologischen Reflexionen und frommem Erzählgut, daß man sie jeweils als Einheit für sich nehmen kann. Doch immer noch steht die Frage im Raum, warum Amalie Sieveking ihre „Unterhaltun-

---

77 Unterhaltungen (Anm. 15), 326. Ganz nebenbei äußert Amalie Sieveking in ihrem Fazit Skepsis gegenüber den nach der Französischen Revolution auch in Deutschland geforderten „demokratischen" Herrschaftsformen.

78 Da A. Sieveking häufiger aus Gottfried Menkens „Homilien" zu verschiedenen biblischen Texten zitiert, könnte diese Art des Umganges mit der Hl. Schrift durch den ihr geistesverwandten Bremer Theologen mit beeinflußt worden sein. Vgl. GOTTFRIED MENKEN, Schriften. 7 Bde., Bremen 1858.

gen" gerade mit diesem Bibelabschnitt beschloß. Zunächst reizten sie vermutlich die vielen Anknüpfungspunkte für aktualisierende Brückenschläge. Vielleicht aber sah sie den Skopos dieser frühchristlichen Episode doch vorrangig in einer Warnung vor „geistlichem Stolz" und allzugroßer Abhängigkeit von positiven Publikumsurteilen. Das bereitete ihr selbst nämlich schon vor ihrer ersten Veröffentlichung im Jahre 1823 größte Probleme. Durch Kritik und Ablehnung sah sie sich in der Einübung von Demut bestärkt; doch bei Lob und Anerkennung fürchtete sie, „von der eigenen Bahn der Heiligung" und Selbstverleugnung abgebracht zu werden.[79] Die öffentliche Resonanz nicht nur auf ihre literarische Tätigkeit, sondern bald auch auf ihre diakonische Vereinsarbeit bis hin zum dänischen und preußischen Königshaus scheint diese „Gefahr" noch erhöht zu haben. Allein wie Paulus in Lystra immun gegen Menschenlob war und sich auf seine unbestreitbaren Verdienste um das Reich Gottes nichts einbildete, so hat auch Amalie Sieveking trotz grosser Wertschätzung in der Öffentlichkeit als Person betont selbstkritisch und uneitel zu bleiben getrachtet. Die ausdrückliche Verfügung, in einem Armensarg bestattet zu werden,[80] war deshalb wohl keine fromme Inszenierung, sondern Ausdruck von echter Bescheidenheit und versuchter Solidarität mit denen, welchen ihre Zuwendung stets aus einer erheblichen sozialen Distanz galt. Sollten meine Vermutungen zutreffen, dann hätte die Wahl sowohl des ersten als auch des letzten Textes in den „Unterhaltungen" primär etwas mit Amalie Sieveking und der theologischen Verarbeitung ihres eigenen Lebenswerkes zu tun. Und was ihr persönlich wichtig war, das gab sie als „Vermächtniß" auch an ihre Schülerinnen weiter.

Leider muß ich es bei diesen wenigen Auslegungs-Proben bewenden lassen. Ich hoffe jedoch, etwas von der Eigenart dieses existentialen, eher kommentierenden als auslegenden Umganges mit der Bibel eingefangen zu haben. Bei allem Befremden über einzelne dieser Interpretamente sind der Autorin erstaunliche theologische Kenntnisse keineswegs abzusprechen. Zwar lehnt sie die dogmatische Exegese ab,[81] dennoch sind ihr die zeitgenössischen Diskussionen etwa um Gesetz

---

79 Denkwürdigkeiten (Anm. 6), 110 (in einem Brief an den Bruder Eduard aus dem Jahre 1822). Vgl. auch die Überlegungen zur „Selbstverleugnung" in der Auslegung von Ps 73,24 (Unterhaltungen [Anm. 15], 173).

80 Denkwürdigkeiten (Anm. 6), 385, wo davon die Rede ist, daß sie das Vorurteil gegenüber Armenbegräbnissen abzubauen helfen wolle.

81 Vgl. Unterhaltungen (Anm. 15), VII, wo sie Auskunft über ihr Verhältnis zur christlichen Dogmatik gibt.

und Evangelium,[82] Rechtfertigung und Heiligung,[83] „vorlaufende, berufende" und „vergeltende Gnade"[84] durchaus geläufig. Um die lutherische Versöhnungslehre hat sie vor ihrer Bekehrung sogar jahrelang gerungen,[85] bis sie nach Gesprächen mit Rautenberg[86] auch hier zu einem eigenen Standpunkt gelangte und ihren „Betrachtungen" von 1823 dann sogar „Ein Wort an meine Lieben über den Versöhnungstod Christi" anhängen konnte.[87]

Wenn ich nun das Wichtigste von Amalie Sievekings Laientheologie zusammenfassen müßte, so würde ich an erster Stelle den fundamentalen, noch gänzlich unkritischen Biblizismus nennen. Dieser wiederum ist eng verbunden mit der Überzeugung vom Wirken des Heiligen Geistes im inspirierten Wort Gottes, in dessen Verkündigung wie auch im Leben bekehrter Menschen. Von schlechthinniger Bedeutung für sie ist die Bekehrung als Akt oder Prozeß völligen Ergriffenseins von und für Gott. Alles zusammen formt sich zu einer Reich-Gottes-Vorstellung, die den Himmel nicht erst im Jenseits erwartet, sondern schon hier Zeichen seiner Nähe setzt durch Verkündigung des Evangeliums und durch ein dem Glauben entsprechendes und vom Geist Gottes zu tätiger Liebe beflügeltes Leben. Man könnte diesen für Pietismus und Erweckung charakteristischen Drang zur praxis pietatis auch als „Existentialisierung des Glaubens" bezeichnen.[88]

Zuguterletzt hat diese von einer Autodidaktin getriebene Theologie noch einen unübersehbar weiblichen Akzent. Sie ist ja ursprünglich für den Unterricht mit Mädchen und jungen Frauen entstanden, richtet sich primär an diese und reflektiert mehrfach deren Lebensbedingungen – allerdings immer aus dem Blickwinkel des mittleren und gehobenen Bürgertums. Dabei baut sie den Mythos von der alleinigen oder doch bevorzugten Bestimmung von Frauen zur Ehe ab[89] und versteht ihr Engagement „für die Veredlung [ihres] Geschlechts"[90] gerade im Aufweis

---

82 Unterhaltungen (Anm. 15), 61.

83 Ebd., 60.

84 Unterhaltungen (Anm. 15), 33f.

85 Denkwürdigkeiten (Anm. 6), 52f.

86 Denkwürdigkeiten (Anm. 6), 81.

87 Betrachtungen (Anm. 26), 383–406.

88 Vgl. UTE GAUSE, „Frauen und Frömmigkeit im 19. Jahrhundert. Der Aufbruch in die Öffentlichkeit", in: *PuN* 30 (2003), 309–327, hier 326.

89 Vgl. die eindrücklichen Ausführungen mit Bezug auf Isaaks Segen für Esau (Gen 27,38: „Hast du denn nur einen Segen?") in den „Unterhaltungen", S. 338f. („Vermächtniß für meine jungen Freundinnen").

90 Unterhaltungen (Anm. 15), 372.

von Lebensentwürfen auch jenseits der Ehe.[91] Weil ihr selbst die Rolle
der höheren Tochter, deren Lebensinhalt in Hausarbeit, Sticken und Teilnahme an gesellschaftlichen Vergnügungen bestand, niemals genügte
und weil sie auch bei mancher verheirateten Frau lähmende Langeweile
wahrnahm, strebte sie selbst früh nach einem sie ganz ausfüllenden „Lebensberuf".[92] Gleichzeitig versuchte sie, auch andere Frauen für alternative Lebensformen zu begeistern. Dabei hatte sie besonders die ledige
Frau Blick. So gern sie selbst in ganz jungen Jahren einen ebenbürtigen
Partner gefunden hätte und Mutter geworden wäre,[93] so unsentimen-
tal tröstete die „glückliche alte Jungfer"[94] sich und andere doch damit,
daß „auch die Unvermählte [...] die geistliche Mutter Vieler werden"
könne.[95] Indem sie als Lehrerin, als karitativ Tätige und als theologische
Schriftstellerin selbst voranging, ohne dadurch die geltende Ständeord-
nung infrage zu stellen noch die fehlende Geschlechtersymmetrie anzu-
mahnen, hat sie spätere Frauen – allerdings zunächst nur ihres Standes
– dazu ermutigt, ebenfalls gegen den Strom zu schwimmen. Frauen aus
der Unterschicht hat sie außer als Adressatinnen ihrer missionarischen
Verkündigung, ihrer Kranken- und Sozialfürsorge nicht erreicht. Auch
ihre Schülerinnen entstammten dem eigenen Stand. Ihre wohl prominenteste Schülerin war übrigens Caroline Bertheau (1811–1892), die spätere zweite Ehefrau Theodor Fliedners.[96]

In diesem Zusammenhang mag daran erinnert werden, daß auch
die Mitte des 19. Jahrhunderts ihre Arbeit aufnehmende bürgerliche
Frauenbewegung und die Ende des Jahrhunderts beginnende kirchliche Frauenbewegung zunächst ausschließlich von gebildeten und wirt-
schaftlich unabhängigen Frauen des gehobenen Bürgertums getragen
wurden. Erst als strukturelle Veränderung in Gang kamen, konnten im
Zusammenwirken mit weiteren gesellschaftlichen Entwicklungen auch
die Lebensbedingungen von Frauen des unteren Milieus verbessert und
diese aus Objekten zu Subjekten werden.

---

91 Vgl. Denkwürdigkeiten (Anm. 6), 349f.
92 Denkwürdigkeiten (Anm. 6), 333.
93 Vgl. Unterhaltungen (Anm. 15), 338f. („Vermächtniß für meine jungen Freun-
    dinnen").
94 Ihren Schülerinnen gegenüber äußerte sie, sollte sie ihre Lebensgeschichte einmal
    schreiben, könnte diese den Titel tragen: „Memoiren einer glücklichen alten Jung-
    fer" (Denkwürdigkeiten [Anm. 6], 28).
95 Unterhaltungen (Anm. 15), 82 (in der Auslegung von 1Sam 2,5: Lobgesang der
    Hanna). Schon die Auswahl dieses Textes in den „Unterhaltungen" könnte ein spe-
    zifisch weibliches Interesse signalisieren!
96 Über sie vgl. WEGENER, Zwischen Mut (Anm. 11), 82–85.

Amalie Sieveking ahnte nicht, was aus dem Senfkorn ihres eigenen Lebens einmal emporwachsen würde. Ihren Appell zur „Emancipation des Weibes" im christlichen Sinne,[97] d.h. bei Fortgeltung der Dominanz des Mannes über die Frau (Gen 3,16),[98] und ihr Eintreten für weibliche Bildung und Berufsarbeit mit den Forderungen der späteren Frauenbewegung oder etwa des Feminismus zu vergleichen, wäre unbillig. Ihr Verdienst um die in ihrer Zeit erst langsam aufkeimende Frauenfrage in Gesellschaft, Kirche und Theologie bleibt m.E. trotz aller Zeitbefangenheit unbestritten. Vor allem hat sie, unbeeindruckt von Lob und Tadel, durch ihre erbaulichen laientheologischen Veröffentlichungen gezeigt, daß auch Frauen in der Kirche etwas zu sagen haben und ihnen deshalb ganz selbstverständlich auch eine Stimme in der Theologie gebührt.

IV. Zum Hamburger Schulwesen im 19. Jahrhundert

Entgegen der Bedeutung, die Johannes Bugenhagen bei Einführung der Reformation in der Hansestadt dem Schulwesen zumaß, stand die Kinder- und Jugendbildung bis weit über die Mitte des 19. Jahrhunderts hinaus auf der Prioritätenliste der Stadt ziemlich weit unten. Neben dem Johanneum und dem Akademischen Gymnasium gab es eine fast unübersehbare Fülle von privaten Kleinstschulen, Bürgerschulen, Kirchenschulen, Stiftungsschulen und staatlichen Armenschulen.[99] Eine geregelte Lehrerbildung war noch unbekannt. Verbindliche Lehrpläne fehlten gänzlich. Für die Erteilung von Schulkonzessionen war ein städtischer Senator zuständig. Oberaufsicht und Visitationsrecht über alle Schulen gebührten eigentlich dem Stadtmagistrat, wurden aber mehr oder weniger sorgfältig seit langem von den Hauptpastoren wahrgenommen, d.h. das Schulwesen befand sich in einer nicht geklärten Mittellage zwischen Staat und Kirche. Und beide waren der Meinung, die Ausbildung von Kindern falle letztenendes in die elterliche Verantwortung. Die Wahrnehmung dieser Verantwortung hing aber ganz wesentlich von der sozialen und wirtschaftlichen Lage der Familien ab. Während

---

97   „Aufruf an die christlichen Frauen und Jungfrauen Deutschlands". Abgedruckt im achtzehnten Bericht über die Leistungen des weiblichen Vereins für Armen- und Krankenpflege, Hamburg 1850, 1. Vgl. auch Denkwürdigkeiten (Anm. 6), 310.

98   Aufruf (Anm. 97), 2f.

99   Zur Schul- und Lehrplanvielfalt vor Einführung der allgemeinen Schulpflicht in Hamburg vgl. KLEMENZ, Religionsunterricht (Anm. 17), 164f. Vgl. auch MATHIAS TRAUTMANN, Die Hamburger Armenschulen 1814 bis 1848 – Organisation und Zielsetzung. Wiss. Hausarbeit zur Erlangung des akad. Grades eines Mag. Artium, Hamburg 1988.

Abb. 11: Elise Averdieck

der französischen Besetzung brach neben vielem anderen insbesondere das städtische Schulwesen, wenn man davon überhaupt sprechen kann, fast gänzlich zusammen. Sein allmählicher Wiederaufbau nach 1814 restaurierte aber nur die früheren reformbedürftigen Zustände. Die Sanierung der Wirtschaft war wichtiger als eine längst überfällige neue Schulgesetzgebung. Folglich bildete Hamburg bei Einführung der allgemeinen Schulpflicht im Jahre 1870 das absolute Schlußlicht in ganz Deutschland.[100] Wenn man diese allgemeinen Verhältnisse im Blick hat, kann man den Einsatz der beiden Privatlehrerinnen Amalie Sieveking und Elise Averdieck erst richtig würdigen. Fast möchte ich fortfahren: Wenn man um diese traurige Tradition weiß, kann man auch die gegenwärtige Misere auf dem Hamburger Bildungssektor besser verstehen!

V. Elise Averdieck

Ihre Lebens-Bilanz klingt aus in dem Bekenntnis: „Der Herr hat mich unendlich gnädig geführt".[101] Dahinter verbirgt sich eine fast 100jährige Biographie, die von grenzenlosem Vertrauen und gelassener Ergebung in das göttliche Weggeleit ebenso gekennzeichnet ist wie von mutigen Entscheidungen und ungewöhnlichen Initiativen, die weit über ihren Lebensraum und ihre Lebenszeit hinauswirkten. Elise Averdieck (1808–1907), zweite Tochter des mit englischen Waren handelnden Kaufmanns Georg Friedrich Averdieck (1774–1839),[102] hat abgesehen von zwei Berliner Jahren (1813–15) in der frühen Kindheit ihr Leben ausschließlich in Hamburg zugebracht. Ihre Erziehung und geistige Entwicklung verdankt sie dem Elternhaus, zwei kleinen Privatschulen sowie der Höheren Töchterschule, auf der Kandidat Johann Wilhelm Rautenberg den Religionsunterricht erteilte. Besondere Spuren hinterließ diese Begegnung mit dem erweckten Theologen in der Frömmigkeit der 15jährigen Konfirmandin zunächst nicht. Dennoch blieb Rautenberg Elise Averdieck als Seelsorger verbunden, trug durch Gespräche entscheidend zu ihrer Bekehrung im Jahre 1835 bei, regte sie 1838 zur Eröffnung einer privaten Knaben-Elementarschule im Stadtteil St. Georg[103] an und gewann

---

100 Louis Lackemann, *Die Geschichte des hamburgischen Armenschulwesens von 1815 bis 1871*, Hamburg 1910.

101 Zit. bei Hannah Gleiss, *Elise Averdieck*, Hamburg 1926 (Ausg. 1953, 7).

102 Zur Genealogie und Familiengeschichte vgl. Wegener, Zwischen Mut (Anm. 11), 251ff.

103 Vgl. dazu die eigenen Angaben bei Gleiss, Elise Averdieck (Anm. 4), 73ff. Die Kriterien für die Erlaubnis von Privatschulen scheinen nicht genau festgelegt gewesen zu sein. Denn als Elise Averdieck 1837 eine private Mädchenschule eröffnen wollte,

sie 1846 auch zur Mitarbeit in der von ihm schon 1825 gegründeten St. Georger Sonntagsschule. Ihre Hauptaufgabe aber blieb bis 1856 die eigene Erziehungsarbeit. Ihre vom Hamburger Senat konzessionierte, in gemieteten Räumen untergebrachte, schulgeldpflichtige Bildungsanstalt vermittelte während eines vierklassigen Curriculums Grundkenntnisse im Lesen, Schreiben und Rechnen. Die begabten unter ihren Schülern traten anschließend in die Quinta oder in die Quarta von weiterführenden Schulen ein. Einige der 275 Schüler, welche die St. Georger Schule unter Elise Averdiecks Leitung besuchten, blieben ihr ein Leben lang dankbar verbunden.[104]

Die Gründerin unterrichtete selbst die Fächer Englisch und Religion. Am liebsten arbeitete die geborene Pädagogin, die sich wie Amalie Sieveking allen Stoff und alle Methodik selbst aneignen mußte, mit den Jüngsten. In Ermangelung einer brauchbaren Leselernhilfe verfaßte sie selbst eine Fibel für Schulanfänger.[105] Die darin enthaltenen einfachen Texte sind alle klein geschrieben. Am Anfang wird die Schöpfung in der Wahrnehmung der Kinder thematisiert, gefolgt von einer Beschreibung des menschlichen Lebens aus kindlicher Perspektive mit einem Ausblick auf das ewige Leben. Zum Thema „Lesen" kommt die Bibel als das Buch der Bücher und Ziel allen Lernens in den Blick. An die spielerische Einübung der Zahlen, Farben, Jahreszeiten und Monate schließen sich am Ende die Zehn Gebote, das Apostolikum und das Vaterunser an, so daß „Mein erstes Lesebuch" zugleich alle für den Glauben zentralen Texte enthält.

Religiöse Kindererziehung und Kinderbildung lagen Elise Averdieck im Blut. Im übrigen aber vertrat auch sie die Meinung lebenslangen Lernens für alle: „Ein jeder Mensch, er sei Mann oder Weib, lerne soviel und solange er kann. Zuviel lernt man nie".[106] Am wichtigsten war ihr allerdings seit der eigenen Bekehrung die Weitergabe religiöser Erfahrungen. Deshalb bestand das Ziel des Religionsunterrichtes für sie darin, „ihre Kinder dem großen, guten Hirten zuzuführen".[107] Mit der Sonntagsschule verfolgte sie eine ähnliche Unterrichtsabsicht, nämlich wie „aus Menschenkindern selige Gotteskinder" werden können.[108]

---

erhielt sie von dem zuständigen Senator eine Absage. Erst als die Kirche und Rautenberg sich dahinter stellten, gelang die Konzession für eine private Knabenschule im Viertel St. Georg.

104 Vgl. GLEISS, Elise Averdieck (Anm. 4), 263. 311.

105 ELISE AVERDIECK, *Mein erstes Lesebuch*, Hamburg 1846.

106 GLEISS, Elise Averdieck (Anm. 4), 22.

107 Ebd., 40.

108 Brief der betagten Sonntagsschulfreundin an ihre Sonntagsschulkinder vom 2.9.1903; abgedr. in: ELISE AVERDIECK, *Wie unser Kirchlein entstanden ist, für die Kinder*

Elise Averdieck weiß zwar, daß der Durchbruch zur Einsicht in die eigene Unzulänglichkeit und dann zur Gewißheit der Annahme durch den Erlöser Jesus Christus kein eigener Denkakt ist, sondern sich der göttlichen Gnade verdankt. Trotzdem hat sie selbst erfahren, wie wichtig die Bibel für diesen Prozeß ist. Denn dabei wandelt sich das gleichsam neutrale „Geschichtsbuch" plötzlich zu einer Offenbarung des Erlösers. Und Worte wie Jes 43,1: „Fürchte dich nicht, denn ich habe dich erlöst; ich habe dich bei deinem Namen gerufen; du bist mein" werden zu einem ganz persönlichen Zuspruch.[109] Elise Averdieck hat den genau datierten Umschwung in ihrer Frömmigkeit (3.11.1835) einmal so charakterisiert: „da hatte ich den Herrn! Oder nein, – er hatte mich, und ich schlief selig in seinem Arm".[110] So befremdlich uns heute diese fromme Diktion anmutet, so unbestritten ist doch, daß sie den Erweckten im 19. Jahrhundert erstaunliche Kraft zu ungewöhnlichem Tun, Bereitschaft zu Wagnissen und bewundernswerte Führungsstärke verliehen hat. Das gilt für Elise Averdiecks diakonische Unternehmungen noch weitaus mehr als für ihren pädagogischen Einsatz. Obgleich von ersteren hier nicht die Rede sein kann, soll doch nicht unerwähnt bleiben, daß die Ausweitung der 1856 mit nur einem Patienten begonnenen Pflegearbeit zu der schnell wachsenden Diakonissen- und Heilanstalt Bethesda bereits im Jahre 1859[111] ohne die genannten frömmigkeitlichen Voraussetzungen und ohne eine im Glauben fest verankerte Vision von dem schon jetzt Gestalt annehmenden Gottesreich nicht möglich gewesen wäre.

---

der Sonntagsschule erzählt, zum 9. Jan. 1925 aufs Neue herausgegeben, Hamburg o.J. [1925], 20.

109 GLEISS, Elise Averdieck (Anm. 4), 31–33.

110 GLEISS, Elise Averdieck (Anm. 4), 33.

111 Vgl. dazu im einzelnen HANNAH GLEISS, Elise Averdieck als Diakonissenmutter. Der Lebenserinnerungen zweiter Teil, Hamburg ²1912; DIES., Elise Averdieck (Anm. 4), 85ff.; WEGENER, Zwischen Mut (Anm. 11), 370ff. Demnächst wird noch ein Porträt von ihr in einem von ADELHEID VON HAUFF hg. Band erscheinen, verfaßt von RUTH ALBRECHT.

VI. Elise Averdiecks Laientheologie
nach ihren Veröffentlichungen

Außer viel und gern gelesenen Kinderbüchern,[112] einem sehr lebendigen
Bericht über den Hamburger Brand 1842[113] und den seit 1858 verfaßten
Jahres-Berichten der Kranken-Anstalt bzw. ab 1859 der Diaconissen- und
Heilanstalt Bethesda hat Elise Averdieck zu Lebzeiten unter dem Titel
„Lasset die Kindlein zu mir kommen" 29 religiöse Erzählungen und
Kinderpredigten veröffentlicht.[114] 1894 folgte noch eine „Anleitung zu
Kinderandachten" für Mütter und Lehrerinnen. Alle weiteren Texte und
Gedichte theologischen Inhalts aus ihren Tagebüchern und Briefen sind
erst nach ihrem Tod von Hannah Gleiss publiziert worden.[115] Deshalb
brauchte Elise Averdieck sich – im Unterschied zu Amalie Sieveking –
als Frau nicht eigens zu rechtfertigen. Außerdem hatte die Öffentlichkeit
sich gegen Ende des 19. Jahrhunderts bereits daran gewöhnt, daß auch
Frauen sich am theologischen Gespräch beteiligten.

Ganz konzentriert begegnen die wichtigsten Gedanken der Theologie Elise Averdiecks, wie sie sich im Laufe der Jahre durch eigene Lektüre,[116] durch Schul-, Sonntagschul-, Seelsorge-[117] und Andachtstätig-
keit[118] sowie durch Gespräche mit erweckten Theologen wie Rautenberg,
Wichern, Carl Wilhelm Gleiss (1818–1889) und Louis Harms (1808–1865)

---

112 Zu Elise Averdiecks literarischer Tätigkeit vgl. WEGENER, Zwischen Mut (Anm. 11),
     S. 282–290.

113 ELISE AVERDIECK, *Der Hamburger Brand.* 1842. Neu hg. mit einem Vorwort von ECKART
     KLESSMANN, Hamburg 1993.

114 Untertitel: *Erzählungen und Kinderpredigten*, Hamburg 1885f.

115 Vgl. die Bibliographie bei WEGENER, Zwischen Mut (Anm. 11), 598–602. Die Hambur-
     ger Staats- und Universitätsbibliothek Carl von Ossietzky führt unter dem Namen
     der Autorin rund 60 Titel auf.

116 Leider lassen sich, da E. Averdieck in ihrer „Kindertheologie" nie zitiert und auf jeg-
     liches kommentierende Beiwerk verzichtet, im Unterschied zu Amalie Sieveking die
     Autoren und Bücher, denen sie ihre theologische Bildung verdankte, im einzelnen
     nicht benennen. Jedoch von 1849 an, dem ersten Besuch in Hermannsburg, dürfte
     Louis Harms' Bibelauslegung sie maßgeblich beeinflußt haben.

117 Angeregt durch einen Besuch Florence Nightingales in Hamburg, begann Elise
     Averdieck um 1841 damit, inhaftierte sog. „gefallene" Mädchen im Spinnhaus zu
     besuchen. Vgl. WEGENER, Zwischen Mut (Anm. 11), 312.

118 Bald nach dem Bezug des 1840 eingeweihten, von Amalie Sieveking gegründe-
     ten „Amalienstiftes" (Armenwohnungen) hielt Elise Averdieck dort Morgen- und
     Abendandachten. Vgl. WEGENER, Zwischen Mut (Anm. 11), 311f. Bei der Gestaltung
     und Ausarbeitung der Andachten bediente sie sich vornehmlich des sehr oft nach-
     gedruckten Erbauungsbuches von JOHANN FRIEDRICH STARCK, *Tägliches Handbuch in
     guten und bösen Tagen*, Frankfurt a.M. 1727 u.ö.

herausgebildet hatte, in ihren geistlichen Gedichten, von denen ich hier
nur eines aus dem Jahre 1837 zitieren möchte:

> Mußt nicht immer sorgen, immer denken,
> Wie du deine Seligkeit erringst,
> Christ, dein Gott, will sie umsonst dir schenken,
> Nicht weil du im Eifer danach ringst.
>
> Er hat uns aus Liebe auserkoren,
> Nicht weil dieses wir und das getan.
> Er ward Mensch, er ist für uns geboren
> Und gestorben, und fuhr himmelan.
>
> Er will alle, alle zu sich ziehen,
> Die er hier auf Erden auserwählt;
> Und sie können ihm nicht ganz entfliehen,
> Weil er sie so liebend an sich hält.
>
> Kannst du seine Liebe nicht verstehen,
> Fühlst du kalt dein Herz, und voll von Schuld,–
> Sorge nicht, er will für alles stehen,
> Gibt sich ganz dir hin in Lieb und Huld.
>
> Wohl erbebt das Herz vor solcher Liebe,
> Die es nimmermehr erwidern kann;–
> Es fühlt unwert sich der heilgen Liebe–
> Schad't nicht, Jesus bittet: ,Nimm sie an!
>
> Tu von dem, was Gott dir aufgetragen,
> Wie ein gutes Kind, so viel du kannst.–
> Für den Rest will ich schon Sorge tragen,
> Wenn du gläubig mir vertrauen kannst'.
>
> O, ich weiß wohl, daß in Christenherzen
> Unverstand'ne Lieb' und Sünde ist;
> Das zermalmt es; doch in süßen Schmerzen
> Ruft es: ,Heil mir, Heil, ich bin ein Christ!'[119]

In diesen Versen drückt sich eine zwischen Schuldbewußtsein und
Heilsgewißheit ausgespannte intensive Gottesbeziehung aus, die sich
selbst bemüht, „soviel sie kann" und den Rest des zum Heil Nötigen
von der Liebe und Erwählung des menschgewordenen Erlösers erwartet. Diese Wahrheiten hat sie auch den ihr in Schule, Sonntagsschule und
Kindergottesdienst anvertrauten Kindern in einer ihnen angemessenen
Sprache und im Horizont ihrer Vorstellungswelt nahegebracht.

Mag das in „Lasset die Kindlein zu mir kommen" zum Druck Gegebene auch gegenüber der mündlichen Fassung etwas überarbeitet sein,
im Kern spiegelt es Elise Averdiecks religiöse Kinderverkündigung
doch recht authentisch wider. Gemeinsam ist allen Texten ein schlichter Erzählstil, der nicht selten durch unmittelbare Anreden oder Fra-

---

119 Zitiert in: Gleiss, Elise Averdieck (Anm. 4), 85.

gen an die Kinder aufgelockert wird. Thematisch wechseln historische
Stoffe (Ansgar, Heinrich der Vogler, Die Belagerung Hamburgs 1813),
Alltagserlebnisse (Bethesdas Hühnerhof, Die Ferienreise, Das Rittergut)
und biblische Interpretationen einander ab. In Heft 5 wird die titelgebende Geschichte von der Kindersegnung Jesu ausgelegt (Mt 19,13–15).
Vor der Verlesung des Bibeltextes holt Elise Averdieck die Kinder zur
Einstimmung erst einmal ab. Sie schildert sehr realistisch einen sonn-
täglichen Familienausflug etwa zu einem Jahrmarkt, der oft einer miß-
lungenen Inszenierung gleicht und nicht selten enttäuschend ausgeht.
Im Unterschied dazu kann jede Begegnung mit Jesus etwa in der Taufe,
im Gottesdienst oder in der Sonntagsschule ungetrübte Freude und Be-
reicherung mit sich bringen, die dauerhafter sind als augenblickliche
Vergnügungen. Denn, so führt Elise Averdieck weiter aus, Christus lege
gleichsam den Arm um jedes Kind, segne es, halte Fürbitte und ver-
heiße ihm das Himmelreich. Was das bedeutet, wird den zumeist aus
kümmerlichen Verhältnissen stammenden und oft ohne Wärme und
Liebe aufwachsenden Kindern in leuchtenden Farben geschildert. Als
wichtigsten Unterschied zwischen dieser und jener Welt arbeitet Elise
Averdieck stets die auf Sündenvergebung beruhende künftige Sündlosigkeit heraus. Und sie wiederum stellt die Voraussetzung für ein „seliges Sterben" dar. Gerade dieses Letzte wird den täglich mit Krankheit
und Tod konfrontierten Kindern zum Trost auffällig oft vor Augen gemalt. Die Bewußtmachung von Schuld nimmt bei Elise Averdieck, die
von der zerstörerischen Gewalt der Erbsünde fest überzeugt ist, in allen
Texten außerordentlichen Raum ein. So führt sie z.B. die Furcht der Jünger in der Sturmstillungsgeschichte (Mt 8,23–27) auf ihr Sündersein zurück, während Jesu angstfreier Schlaf ihr nur durch seine Sündlosigkeit
und durch sein grenzenloses Vertrauen auf Gottes allmächtigen Schutz
erklärbar ist.[120] Die Bemerkung am Ende des Kinderevangeliums, daß
Jesus mit seinen Jüngern weiterzog, veranlaßt Elise Averdieck ihrerseits
am Schluß zu der gereimten Einladung an ihre Kinder, ebenfalls mit
Jesus zu ziehen, d.h. den Alltag ganz mit ihm zu teilen.

   Der Tod von Kindern infolge von Unfällen oder von Krankheit erscheint in den Kinderpredigten erstaunlich häufig.[121] Dadurch soll vermutlich einerseits die Angst vor dem eigenen Sterben gemindert werden,
andererseits dient die Aussicht auf einen seligen Tod als Ansporn für
ein belohnungswürdiges Leben. Die Vorstellung, daß Gott Menschen
– wenn nicht in diesem, so im ewigen Leben – belohnt, beherrscht Elise
Averdiecks Denken trotz des Vertrauens auf die umsonst geschenkte

---

120 *Lasset die Kindlein zu mir kommen*, Heft 7.
121 *Lasset die Kindlein zu mir kommen*, Hefte 2. 3. 17 (Jesus unser Arzt und Heiland).

Rechtfertigungsgnade in hohem Maße. Deshalb bietet ihre Verkündigung an Kinder auch nicht nur zahlreiche Identifikationsangebote, sondern gewinnt darüber hinaus eine unübersehbare Disziplinierungsfunktion. Das kommt besonders bei der Einschärfung des Elterngehorsams im 4. Gebot zum Tragen. An die Erfüllung des Gebotes ist ganz selbstverständlich die Verheißung hiesigen Wohlergehens – dafür wird sogar Martin Luther als Beispiel angeführt –, ebenso wie himmlischen Lohnes geknüpft. Das bekräftigt wieder eine Liedstrophe: „Vater, o wie freu' ich mich, / Auf das liebe Sterben! / Weil ich dann ja sicherlich / Soll den Himmel erben".[122] Im Originalton der Sonntagsschullehrerin klingt der Imperativ noch etwas mehr durch: „Nun schreibt es euch tief in's Herz, liebe Kinder: Soll's euch wohl gehen, und möchtet ihr gern lange leben und selig sterben, dann haltet das vierte Gebot mit ganzem Herzen".[123]

Gleichfalls sehr konkrete Handlungsanweisungen folgert Elise Averdieck z.B. aus der biblischen Erzählung vom Speisungswunder (Joh 6,5–13). Aus der Tatsache, daß die Jünger am Ende die Reste einsammeln, leitet sie den allgemeinen Appell zu Sorgsamkeit und Sparsamkeit ab: „Der Herr geht neben dir her und sagt: ‚Laß nichts umkommen' […] ‚Verbrauche [auch] kein Schwefelhölzchen mehr als not thut'".[124]

Unter die schon genannten Charakteristica mischen sich sehr oft noch brautmystische Elemente, meist in Form von eingängigen Liedstrophen wie der folgenden am Ende der Auslegung von 4Mose 21,14–9. Die Reflexion über diese Stelle steht unter dem Motto: „Wie wir selig werden". Elise Averdieck parallelisiert hier die von Mose aufgerichtete eherne Schlange als Rettungssymbol der Israeliten mit dem Kreuz Jesu Christi, an das zu glauben, Heil bedeutet. Die resümierenden brautmystischen Verse lauten:

Ich bin dein! Sprich du darauf dein Amen!
Liebster [Treuster] Jesu, du bist mein
Schreibe deinen süßen Jesusnamen
Brennend in mein Herz hinein!
Mit dir alles thun und alles lassen,
In dir leben und in dir verblassen –
Das sei bis zur letzten Stund'
Unser Wandel, unser Bund! Amen.[125]

---

122 *Lasset die Kindlein zu mir kommen*, Heft 20.

123 Aufkommende Tendenzen eines partnerschaftlichen Verhältnisses zwischen Eltern und Kindern lehnte E. Averdieck als verfehlt ab (GLEISS, Elise Averdieck [Anm. 4], 316f.).

124 *Lasset die Kindlein zu mir kommen*, Heft 6.

125 Ebd., Heft 8 (Str. 4 von Albert Knapps Lied „Eines wünsch ich mir vor allem andern").

Elise Averdieck fand ihre Bibelpräsentation damals unbedingt kindge-
recht. Wir halten sie heute für bedenklich. Immerhin ist wohl nicht in
Abrede zu stellen, daß viele Kinder sich in Elise Averdiecks Nähe wohl
und ernst genommen fühlten. Vor allem beobachteten sie an ihr eine
überzeugende Kongruenz von Lehre und Leben. Die durch ihre alltags-
nahe, existentiale Bibelauslegung geprägte Frömmigkeit hat vermutlich
einige Kinder ein Leben lang begleitet.

Die Bibelstunden für die aus erwachsenen Frauen bestehende Mitt-
wochsrunde in der auf Elise Averdiecks Initiative hin gebauten Stifts-
kirche[126] waren anders geartet als Amalie Sievekings Andachten, weil
sie so gut wie ganz von Beigaben und Abschweifungen absah und sich
ausschließlich auf den biblischen Text mit seiner Botschaft für die Gegenwart konzentrierte. Louis Harms hatte ihr nämlich geraten, ganz auf
den Heiligen Geist als den besten „Lehrmeister" zu vertrauen und auf
„gelehrte Kommentare" zu verzichten.[127] So verbindet sie z.B. den Bericht von der Unaufrichtigkeit des frühchristlichen Paares Ananias und
Saphira (Apg 5) mit einer eindringlichen Warnung davor, die Entscheidung für die christliche Nachfolge zu leicht zu nehmen.[128] Gleichzeitig
erinnert sie an das Bildwort vom Turmbau, dessen Kosten im voraus genau bedacht werden müssen. Hatte Amalie Sieveking diese Stelle in Verbindung mit den Risiken für eine sich in Kirche und Theologie einmi-
schende Frau gebracht, so stellt Elise Averdieck sie sehr viel allgemeiner
in den Horizont des Christseins: „Darum wer einen Turm bauen will,
der überschlage zuvor die Kosten".[129] Zwar bleibt die Rechtfertigung des
Sünders nach wie vor allein Gottes Werk am Menschen. Aber sie setzt
einen Prozeß der Heiligung in Gang, die menschlicher Mittätigkeit bedarf, die wächst und die das „Gott gleich werden" (1Joh 3,9) zum bereits
hier beginnenden Ziel hat.[130] Mit solchen Gedanken spornte sie später
auch ihre Bethesda-Diakonissen zu ihrem pflegerischen und seelsorger-
lichen Dienst an.

---

126 1853 konnte die wesentlich auf Initiative Elise Averdiecks hin gebaute „Kinderkir-
che" im St. Georgs-Viertel eingeweiht werden. Dort fanden am Mittwoch bald auch
Bibelstunden für Erwachsene statt. Aus dem Kreise der zum Mittwochskreis gehörenden jungen Frauen entschieden sich später einige für den Pflegedienst und das
Diakonissenamt im Krankenhaus Bethesda. Vgl. WEGENER, Zwischen Mut (Anm. 11),
349f.
127 GLEISS, Elise Averdieck als Diakonissenmutter (Anm. 111), 62. Vgl. die Auslegung
des Philemonbriefes nach dieser Anweisung, ebd., 63–70.
128 HANNAH GLEISS (Hg.), *Fröhlich, frisch und voll Frieden. Briefe und Blätter aus dem Nachlaß
von Elise Averdieck*, Hamburg 1910, 98–104.
129 Lk 14,28; vgl. Anm. 7.
130 GLEISS, Fröhlich (Anm. 128), 123–125.

Nachdem Elise Averdieck 1881 die Leitung des Krankenhauses und der Schwesternschaft in jüngere Hänge gelegt und ihren Lebensabend im Oberaltenstift angetreten hatte, wirkte sie vom Schreibtisch aus, für den sie sich die Zeit während ihrer aktiven Berufstätigkeit immer „stehlen" mußte, durch Briefe und kleinere Abhandlungen unermüdlich weiter. U.a. gab sie 1894 die schon erwähnte „Anleitung zu Kinderandachten" heraus. Darin verdichten sich ihre in jahrzehntelanger Praxis gewonnenen Einsichten in die religiöse Kleinkinderziehung. Oberste Gebote stellen für sie Einfachheit, Kürze und unbedingte Nähe zur kindlichen Erfahrungswelt dar. Außerdem sollen die Kinder auf keinen Fall gelangweilt, vielmehr „gefesselt" werden. Dazu sind freies Sprechen, unmittelbarer Blickkontakt und gelegentliches Fragen unerläßlich. Der Ablauf solcher Kinderandachten ist denkbar einfach. Sie beginnen mit einem Lied. Dann folgt ein Gebet – bei Morgenandachten Luthers Morgensegen. Der jeweilige Bibelspruch wird um willen der Einprägung gemeinsam gesprochen. Die anschließende Erörterung soll „kurz, frisch und lebendig" sein.[131] Die Andacht wird beschlossen durch das Vaterunser, ein Lied und den Segen. Eine ganze Reihe von beispielhaften Textauslegungen illustriert das Gemeinte. Allein schon die Auswahl unterstreicht den missionarischen, disziplinierenden Grundzug dieser Kinder-Verkündigung. Meist sind es knappe Appelle und Imperative: „Seid allezeit fröhlich" (1Thess 5,16). In der Auslegungen unterstreicht Elise Averdieck vor allem das Wort „allezeit", um die Unabhängigkeit von der jeweiligen Gefühlslage oder Lebenssituation hervorzuheben.[132] An anderer Stelle vergleicht sie die ihr vorschwebende gleichbleibende Glaubensheiterkeit mit einem immerwährenden Geburtstag.[133] Einem ähnlichen Duktus entsprechen die Texte : „Gib mir, mein Sohn, dein Herz" (Prv 23,26) oder: „Du sollst lieben Gott, deinen Herrn, von ganzem Herzen, von ganzer Seele und von ganzem Gemüte" (Mt 22,37). In den Kurzauslegungen solcher appellativen Texte spricht sich eine Religiosität aus, die der Gottesbeziehung und Glaubensbelangen eine absolute Kategorie im Leben zubilligt. Elise Averdieck kommentiert dies so: „Alles Denken, Trachten, Arbeiten der Seele soll nur darauf zielen, Gott zu lieben, Ihm zu dienen in allem, was sie unternimmt. In der kleinsten Beschäftigung, wie Schreiben, Rechnen, Lesen, Stricken, Nähen, hat sie Gott vor Augen und macht es gut, damit es Ihm gefalle [...] Deine Freude und Lust soll Gott selbst sein".[134] Und ganz selbstverständlich findet al-

---

131 ELISE AVERDIECK, *Anleitung zu Kinderandachten. Ein Büchlein für Mütter und Lehrerinnen*, Hamburg 1894, 5.

132 Ebd., 6.

133 Ebd., 43.

134 Ebd., 12.

les Lernen darin seine Bestimmung, die Bibel immer besser zu verstehen.[135] Elise Averdieck, für deren Frömmigkeit der Ruf Jesu „Wer das Reich Gottes nicht empfängt wie ein Kind" (Mk 10,15) ein Leben lang wegweisend blieb, lud auch die ihr in Unterricht und Gottesdienst anvertrauten Kinder zu einem Glauben ein, der solche Geborgenheit vermittelt, wie man sie empfindet, „wenn man sich verirrt hat" und wieder nach Hause gebracht wird.[136] Und wenn sie am Ende ihrer „Anleitung" mit Bezug auf Tobias 4,6 schreibt: „Habt allezeit Gott vor Augen und im Herzen, und hütet euch, daß ihr in keine Sünde willigt, noch thut wider Gottes Gebote. Amen",[137] so klingen darin Gesetz und Evangelium zusammen.[138]

Da seit ihrer Hinwendung zur Krankenpflege im Jahre 1856 Erwachsene – Kranke und Schwestern – die Hauptadressaten von Elise Averdiecks Seelsorge und Verkündigung waren, soll auch dazu einiges zusammengetragen werden, um die Konturen ihrer Laientheologie zu vervollständigen. Schon der Wechsel von einem Arbeitsfeld zum anderen erfolgte nicht allein auf eigenen Wunsch, sondern stellt das Ergebnis einer längeren, in Gebeten und in Gesprächen mit Louis Harms gewonnenen Klärung dar. Als die Schülerzahl zurückging und die in Neuendettelsau gewonnene Einsicht, daß ein Lehrender beizeiten aufhören können müsse, bevor er zu „verknöchern" drohe,[139] sah Elise Averdieck sich zu einem neuen Arbeitsfeld gerufen. Kindliches Vertrauen und geduldiges Warten auf Antworten auf ungelöste Fragen, auf Regieanweisungen in Konflikten oder Umbrüchen und auf ganz konkrete Hilfen in akuten Notsituationen wurde zur Dauersignatur der gesamten Wirksamkeit Elise Averdiecks als Mutterhausgründerin und Leiterin des Bethesda-Krankenhauses. Die Erfahrung des Anfangs „Der Herr half aus jeder Verlegenheit und über alle Hindernisse hinweg"[140] war keine fromme Floskel, sondern Alltagsrealität, die sich in Bauplatzschenkungen, großen Stiftungen, Spenden aller Art und vor allem in der Entscheidung junger Mädchen für den Diakonissenberuf manifestierte. Letzteres war nicht selbstverständlich. Bethesda litt trotz vieler einladender Aufrufe zur Mitarbeit an alle, „die nichts Rechtes zu tun haben",[141] beständig an

---

135 Ebd., 15f. (in der Auslegung von 2Tim 3,15).
136 Ebd., 17.
137 Ebd., 48.
138 Zur Unterscheidung von Gesetz und Evangelium vgl. GLEISS, Fröhlich (Anm. 128), 87.
139 GLEISS, Elise Averdieck (Anm. 4), 313.
140 Vgl. GLEISS, Elise Averdieck als Diakonissenmutter (Anm. 111), 72.
141 Ebd., 97 (Aufruf vom Nov. 1858).

Schwesternmangel.[142] Der Christus in den Mund gelegte Appell „Das tat ich für Dich, was tust du für mich?"[143] fand nur mäßige Resonanz. Die Gründe dafür bestanden zum einen in den hohen körperlichen und psychischen Anforderungen des Schwesternalltags, zum andern in den geistlichen Voraussetzungen, die Elise Averdieck Interessentinnen gegenüber keineswegs verschwieg. Die wichtigsten dieser Bedingungen waren für sie Selbstverleugnung, Demut, Gehorsam und liebende Hingabe, d.h. im Klartext: „kein Eigenwille, kein eigner Kopf, kein eignes Wollen und Wünschen, kein Eigensinn, keine Empfindlichkeit und Reizbarkeit",[144] vielmehr täglich neu aufgenommener „Kampf wider den alten Adam".[145] Was Elise Averdieck sich selbst abverlangte, erwartete sie auch von ihren Mitarbeiterinnen. Louis Harms Maxime „Nur ganzes Christentum ist wahres Christentum"[146] hatte sich ihr unauslöschlich eingeprägt. Trotz des Angst machenden Imperativs wußte sie um den Trost des Indikativs. Und so klang die gelübdeähnliche Schwestern-Einsegnung in Bethesda stets aus mit der ermutigenden Zusage „Ich will dich nicht verlassen noch versäumen" (Hebr 13,5).[147] Als täglichen Kraftspender empfand und empfahl Elise Averdieck deshalb die Bibellektüre. „Vergeßt eure eigne Seele nicht",[148] rief sie besonders den außerhalb des Mutterhauses tätigen Gemeindepflegerinnen zu und meinte damit die persönliche Andacht mit Bibelwort und Gebet. Schon in jungen Jahren vertraute sie ihrem Tagebuch an: „Ich habe es mir zum strengen Gesetz gemacht, abends und morgens ein Kapitel in der Bibel zu lesen; nicht um etwas Gutes zu tun; nicht einmal um etwas Gutes zu lernen; nur um einen Prüfstein zu haben, der mir zeige, wie es um meine Seele steht. Lese ich ungern und ich freue mich, wenn das zu lesende Kapitel kurz ist – dann steht es nicht, wie es soll, und dann muß ich wachen und beten, daß es anders werde".[149] Anders werden kann es nach Elise Averdiecks Meinung aber nur mit Hilfe des Heiligen Geistes. Er ist der eigentliche Interpret der Bibel. Dabei betont sie unermüdlich, es komme weniger

---

142 In ihrem Rückblick auf die Entwicklung Bethesdas 1887 teilt E. Averdieck mit, daß insgesamt 90 Schwestern eingetreten seien. Im Einsatz hätten sich jedoch nie mehr als 30 befunden (*Bethesda, auch ein Senfkorn*, 30). Zum Diakonissenwesen allgemein vgl. Ute Gause / Cordula Lissner (Hgg.), *Kosmos Diakonissenmutterhaus. Geschichte und Gedächtnis einer protestantischen Frauengemeinschaft*, Leipzig 2005.

143 Gleiss, Elise Averdieck als Diakonissenmutter (Anm. 111), 127.

144 Ebd., 130.

145 Ebd., 358.

146 Ebd., 133 (so Harms in seiner Pfingstpredigt 1863, die E. Averdieck in Hermannsburg hörte).

147 Ebd., 150.

148 Ebd., 227 (Instruktion für Gemeindepflegerinnen 1869).

149 Gleiss, Elise Averdieck (Anm. 4), 81.

auf das Verstehen als auf das Annehmen und Glauben des biblischen Wortes an.[150]

Als die fast 80jährige Elise Averdieck 1887 auf 30 Jahre christliche Kranken- und Altenpflege in Hamburg zurückblickte und das wunderbare Wachstum des einst nur mit Glaubensmut und Gottvertrauen in die Erde gesteckten Senfkorns Bethesda nachzeichnete, stellte sie am Ende mit dem Psalmisten dankbar fest: „Der Herr hat Großes an uns getan; des sind wir fröhlich" [Ps 126,3].[151] Sie war noch immer fest davon überzeugt: „ein Glaubenswerk läßt sich eher führen mit Schulden als aus Zinsen",[152] weil man sich dann allein auf Gott geworfen weiß.

Elise Averdieck hat mit ihrer Lebenszeit fast ein Jahrhundert durchmessen. Zuletzt nannte sie sich selbst „die Alte von 1808"[153] mit einem von allen äußeren Veränderungen unberührt fröhlichen Herzen.[154] Ähnlich hat auch Amalie Sieveking sich geäußert: „In gewissem Sinne kann ich wohl sagen, daß ich niemals jung gewesen bin; aber jetzt, da ich das eigentliche Element meines Lebens gefunden, fühle ich eine solche Frische und Schwungkraft in mir, daß ich fast rühmen möchte, ich werde auch niemals alt werden".[155]

Hiermit sollen die Wiederbelebung und die in der gebotenen Kürze zugegebenermaßen unzureichende Würdigung zweier Hamburger Laientheologinnen des 19. Jahrhunderts ihr vorläufiges Ende finden. Amalie Sieveking und Elise Averdieck haben sich in Kirche und Theologie eingemischt. Sie begnügten sich nicht mit dem bis dahin für weibliche Aktivitäten üblichen familiär-privaten Raum. Vielmehr vertraten sie ihre religiösen Überzeugungen öffentlich, setzten sie in pädagogisches und soziales Handeln um und verbreiteten sie auch literarisch.[156] Dadurch verliehen sie Frauen in Kirche und Theologie eine Stimme und trugen mit dazu bei, das Leben in der Stadt Hamburg zu verändern. Insbesondere weckten beide das Interesse alleinstehender Frauen an einem „Lebensberuf" als Alternative zur Ehe. Obgleich emanzipato-

---

150 Gleiss, Fröhlich (Anm. 128), 93.

151 Elise Averdieck, *Bethesda, auch ein Senfkorn, das durch Gottes Gnade zum Baum geworden*, Hamburg 1887.

152 Gleiss, Elise Averdieck als Diakonissenmutter (Anm. 111), 154.

153 Gleiss, Fröhlich (Anm. 128), 176.

154 Ebd., 83 (aus einem Brief von 1899).

155 Amalie Sieveking in einem Brief an den Bruder Eduard vom März 1837 (Denkwürdigkeiten [Anm. 6], 234).

156 Das Missionarische und das Diakonische bilden bei beiden Frauen eine unlösliche Einheit. Leider konnte die diakonische Arbeit hier nur am Rande anklingen. Vgl. zur Sache auch Ruth Albrecht, „„Daß wir andere zu Jesus rufen'. Frauen in der Erweckungsbewegung Norddeutschlands", in: *PuN* 30 (2003), 115–139, hier bes. 117.

rische Absichten beiden noch fremd waren,[157] gaben sie doch Impulse in diese Richtung weit über die eigene Zeit hinaus. Ihre auf autodidaktischem Wege erlernte, durch die Praxis und durch den Umgang mit Gleichgesonnenen geformte Frömmigkeits-Theologie erhebt keinen akademischen Anspruch, verkriecht sich aber auch nicht. Die akademische Theologie ist durch sie eine Zeitlang durchaus bereichert, belebt und beglaubigt worden.

Die heute weithin selbstverständliche Gleichberechtigung von Frauen in Kirche und Theologie, Verkündigung und Lehre verdankt sich nicht zuletzt auch dem mutigen „Turmbau" von Frauen wie Amalie Sieveking und Elise Averdieck.

---

157 Vgl. auch GAUSE, Frauen und Frömmigkeit (Anm. 88), 320ff.

Abb. 12: Alsterglacis 1. Hier war die Theologische Fakultät von ihren Anfängen bis 1962 untergebracht.

Die späte erste Fakultät

Vom Allgemeinen Vorlesungswesen zum Fachbereich Evangelische Theologie

von

RAINER HERING

I. Früh- oder Spätdatierung?

Der Fachbereich Evangelische Theologie der Universität Hamburg ist im Bezug auf seine eigene Geschichte Anhänger der Spätdatierung. Datierungsfragen spielen in der Theologie ja eine gewisse Rolle, darum sollen sie auch hier am Anfang stehen. Nach dieser Einleitung folgt ein chronologischer Abriss der langen Gründungsgeschichte dieser Fakultät in Hamburg, an den sich eine systematische Darstellung der Faktoren anschließt, die zu ihrer Etablierung führten bzw. sie lange Zeit verhinderten. Abschließend wird ein kurzer Ausblick auf ihre weitere Entwicklung gegeben.

Der Fachbereich Evangelische Theologie begeht im Wintersemester 2004/2005 sein fünfzigjähriges Bestehen. Ausgangspunkt dieser Deutung ist die offizielle Eröffnung mit einem Staatsakt im Festsaal des Rathauses mit anschließendem Essen am 12. November 1954. Verbunden damit war das Ende der Kirchlichen Hochschule Hamburg, die als eine direkte Vorgängereinrichtung gelten kann. Tatsächlich ist die Fakultät jedoch schon älter, im Herbst 1952 wurde ihre Gründung per Gesetz beschlossen, und seit dem Sommersemester 1953 steht sie mit den ersten berufenen Professoren im Vorlesungsverzeichnis der Universität. Es gibt also Argumente für eine Frühdatierung. Vollständig war die Fakultät aber auch bei ihrer festlichen Eröffnung vor fünfzig Jahren nicht, weil der Lehrstuhl für Praktische Theologie erst 1955 besetzt worden war. Auch die Spätdatierung kann also noch später angesetzt werden.

II. Der lange Weg zur „Volluniversität" –
die Gründungsgeschichte der Theologischen
Fakultät in Hamburg

Zunächst zurück zum Anfang wissenschaftlicher Theologie in Hamburg: Bereits vor der Reformation hielt der Lektor am Dom theologische und philosophische Vorlesungen für die wissenschaftliche und theologische Aus- und Fortbildung der Domherren, junger Kleriker und gebildeter Laien. Johannes Bugenhagen (1485–1558), der Reformator der Stadt, hatte in seiner Schulordnung von 1529 ein Lectorium zur Erwachsenenbildung vorgesehen, an dem neben Geistlichen und Lehrern auch Juristen und Mediziner Vorlesungen halten sollten. Das mit Bugenhagens Kirchenordnung eingeführte kirchliche Oberamt des Superintendenten, das nur von 1532 bis 1593 besetzt worden war, umfasste auch die Aufgabe wissenschaftlicher, insbesondere theologischer Vorlesungen.[1] Der Gedanke des Lectoriums wurde in Hamburg zu Beginn des 17. Jahrhunderts staatlicherseits wieder aufgegriffen. Am 7. November 1611 beschlossen Rat und Bürgerschaft die Gründung des 1613 eingeweihten *Akademischen Gymnasiums* – einer Artistenfakultät – als Verbindungsstufe zwischen der Gelehrtenschule des Johanneums und der Universität. Die dort lehrenden Professoren hatten zugleich auch die Aufgabe, öffentliche Vorlesungen abzuhalten; 1764 wurde das dann 1837 reorganisierte Allgemeine Vorlesungswesen etabliert. Im Mai 1883 wurde das Akademische Gymnasium endgültig aufgelöst. Die Leitung des Vorlesungswesens ging an die Sektion für wissenschaftliche Anstalten der Oberschulbehörde über, die Direktoren der wissenschaftlichen Anstalten wurden zu wissenschaftlichen Vorträgen verpflichtet; die Themenwahl wurde aber weder vorgegeben noch besonders von der Oberschulbehörde koordiniert.[2]

---

1   Hierzu und zum folgenden: Jürgen Bolland, „Die Gründung der ‚Hamburgischen Universität‘", in: *Universität Hamburg 1919–1969*, Hamburg o.J. [1970], 17–105. 22f.; Jürgen Rathje, „Gelehrtenschulen. Gelehrte, Gelehrtenzirkel und Hamburgs geistiges Leben im frühen 18. Jahrhundert", in: Inge Stephan/Hans-Gerd Winter (Hgg.), *Hamburg im Zeitalter der Aufklärung* (Hamburger Beiträge zur öffentlichen Wissenschaft 6), Berlin/Hamburg 1989, 93–123. 98ff.; Franz Rudolf Bertheau, *Chronologie zur Geschichte der geistigen Bildung und des Unterrichtswesens in Hamburg von 831 bis 1912*, Hamburg 1912, 87f.

2   Revidiertes Gesetz für das Akademische Gymnasium vom 21.6.1837, vgl. Bertheau, Chronologie (Anm. 1), 121. Nach § 10 dieses Gesetzes sollte der Professor für biblische Philologie auch „über Geschichte der christlichen Kirche und der Reformation insbesondere" öffentliche Vorlesungen halten, doch ist dem nicht regelmäßig nachgekommen worden; siehe H[einrich] Klussmann, *Die Entwickelung des Hamburgischen Vorlesungswesens. Dargestellt im Auftrage der Vorlesungs-Kommission der Oberschulbe-*

Eine grundlegende Veränderung brachte das Jahr 1895 mit sich, in dem eine neue Vorlesungskommission unter der Leitung des Senatssyndicus Werner von Melle (1853–1937) eingesetzt wurde. Er widmete dem Allgemeinen Vorlesungswesen besondere Aufmerksamkeit, um es zur langfristigen Vorbereitung einer Universitätsgründung einzusetzen.[3] Im Wintersemester 1895/96 begann die neuorganisierte Vorlesungstätigkeit. Die Kommission wählte nun die Dozenten aus, wobei verstärkt auch auswärtige Gelehrte herangezogen wurden, und koordinierte die Themen der Vorlesungen miteinander. Gleichzeitig wurde die Theologie in das Vorlesungsangebot aufgenommen.[4] Die theologischen Veranstaltungen im Allgemeinen Vorlesungswesen umfassten in jedem Winterhalbjahr – mit der Eröffnung des Kolonialinstituts 1908 verstärkte sich ihre Zahl und Häufigkeit – eine öffentliche Vorlesung, daneben gab es nicht-öffentliche Vorlesungen und Übungen für Kandidaten der Theologie und des Predigtamtes im Auftrag der Theologischen Prüfungskommission, die ganzjährig durchgeführt wurden. Dozenten waren fast ausschließlich die fünf Hamburger Hauptpastoren, die sich bei der öffentlichen Vorlesung ablösten, die Kurse für Kandidaten aber nebeneinander hielten.[5]

Im Wintersemester 1908/09 nahm das Hamburger Kolonialinstitut seine Vorlesungstätigkeit auf. Es bereitete Beamte des Reichskolonialamtes, Kaufleute, Landwirte, Juristen, Lehrer, Ingenieure und Missionare mit abgeschlossener Berufsausbildung auf die Tätigkeit in den Kolonien vor. Damit wurde das theologische Lehrangebot in Hamburg durch die Aufnahme der Missionswissenschaft erweitert. Auf Initiative von Missionsgesellschaften wurde nach längerer Diskussion 1909 im Sommer-

---

hörde, Hamburg 1901, 3–11, bes. 5f.; Gesetz betreffend Auflösung des Gymnasiums und Veränderungen in der Organisation der wissenschaftlichen Anstalten vom 21.5.1883 (*Hamburgische Gesetzsammlung* 1883, 1. Abtheilung, Nr. 21), bes. § 1 und § 5; Werner von Melle, *Dreißig Jahre Hamburger Wissenschaft. Rückblicke und persönliche Erinnerungen*, hg. auf Anregung der Hamburgischen Wissenschaftlichen Stiftung, Bd. 1, Hamburg 1923, 145–153.

3   Hierzu und zum Folgenden: Klussmann, Entwickelung (Anm. 2), 11–31; Bolland, Gründung (Anm. 1), 29–31; Melle, Dreißig Jahre (Anm. 2), Bd. 1, 153. Die allgemeinen öffentlichen Vorlesungen waren (und sind bis heute) gebührenfrei aufgrund des Gesetzes vom 21.6.1837.

4   Oberschulbehörde Hamburg. *Verzeichnis der Vorlesungen im Winterhalbjahr 1896/97 bis Sommerhalbjahr 1908*, Hamburg 1896–1908 (halbjährlich); Hamburgisches Kolonialinstitut und Allgemeines Vorlesungswesen. *Verzeichnis der Vorlesungen im Winterhalbjahr 1908/09 bis Sommerhalbjahr 1918*, Hamburg 1908–1918 (halbjährlich); Klussmann, Entwickelung (Anm. 2), 11–13.

5   Rainer Hering, *Theologie im Spannungsfeld von Kirche und Staat. Die Entstehung der Evangelisch-Theologischen Fakultät an der Universität Hamburg 1895 bis 1955* (Hamburger Beiträge zur Wissenschaftsgeschichte 12), Berlin/Hamburg 1992, 24–28.

semester die erste Vortragsreihe durch den Marburger Professor Carl
Mirbt (1860–1929) gehalten, und seit dem Sommerhalbjahr 1914 fanden
in jedem Semester ein bis zwei öffentliche Vorlesungen über die Mission
statt. Im Wintersemester 1913/14 wurde ein ständiger Lehrauftrag an
den Hamburger Missionsinspektor Martin Schlunk (1874–1958) erteilt,
der später an der Universität im Rahmen der Philosophischen Fakultät
fortgeführt wurde. Nach der Berufung Schlunks auf einen Lehrstuhl in
Tübingen setzte mit dem Sommersemester 1929 Missionsdirektor Walter
Freytag (1899–1959) diese Tätigkeit bis zur Gründung der Theologischen
Fakultät fort.[6]

Nach dem Ende des Ersten Weltkrieges wurde die Gründung einer
seit Jahrzehnten geforderten Universität von der ersten nach demokrati-
schem Wahlrecht gewählten Bürgerschaft beschlossen. Die Hamburgische Universität bestand allerdings nur aus vier Fakultäten – die Theologie war nicht vorgesehen. In der Hamburger Universitätsgründungs-
diskussion hatte diese Fakultät keine Rolle gespielt. Die Hamburger
Bevölkerung war trotz des formalen Bekenntnisses ihrer großen Mehrheit zur evangelischen Kirche eher kirchenfern eingestellt. Im Zuge der
angestrebten völligen Trennung von Kirche und Staat erfolgte im Dezember 1918 die Abschaffung des Religionsunterrichts an den Schulen
durch den Arbeiter- und Soldatenrat, die von der sozialdemokratisch
beeinflussten Regierung übernommen und erst 1920 durch ein Reichs-
gerichtsurteil aufgehoben wurde.[7] Grundsätzlich wurde zu Beginn des
20. Jahrhunderts, insbesondere im zweiten Jahrzehnt, reichsweit der
öffentliche Status der Theologischen Fakultäten an staatlichen Universitäten infrage gestellt. Auch bei der (Neu-)Gründung der Großstadt-
universitäten Frankfurt am Main (1914) und Köln (1919) hatte sich eine
„moderne" Konzeption von Universität durchgesetzt, die sich von der

---

6   Ebd., 28f.; DERS., „Die Missionswissenschaft in Hamburg 1909–1959", in: DERS., Theo-
    logische Wissenschaft und „Drittes Reich". Studien zur Hamburger Wissenschafts- und
    Kirchengeschichte im 20. Jahrhundert (Reihe Geschichtswissenschaft 20), Pfaffenweiler
    1990, 35–85, bes. 37–79; WERNER USTORF, Sailing on the Next Tide. Missions, Missiology,
    and the Third Reich (Studien zur interkulturellen Geschichte des Christentums 125),
    Frankfurt a.M. u.a. 2000.
7   RAINER HERING, „Sozialdemokratisch beeinflußter Staat und lutherische Kirche in
    Hamburg. Die Auseinandersetzungen um den Religionsunterricht 1918 bis 1921",
    in: Zeitschrift des Vereins für Hamburgische Geschichte 78 (1992), 183–207; zum Hinter-
    grund DERS., „Säkularisierung, Entkirchlichung, Dechristianisierung und Formen
    der Rechristianisierung bzw. Resakralisierung in Deutschland", in: STEFANIE VON
    SCHNURBEIN/JUSTUS H. ULBRICHT (Hgg.), Völkische Religion und Krisen der Moderne.
    Entwürfe „arteigener" Glaubenssysteme seit der Jahrhundertwende, Würzburg 2001,
    120–164.

traditionellen Vorstellung der „universitas litterarum" gelöst hatte und auf die Theologie verzichtete. Auch in den folgenden Jahren gelang es in Hamburg nicht, die fehlende Fakultät nachträglich der Universität anzugliedern, obwohl vor allem seit der Verlagerung der Lehrerbildung an die Universität 1926/27 die Religionslehrerausbildung ein wichtiges Argument für die Fakultätsgründung darstellte und die Aktivitäten in dieser Frage nachhaltig verstärkte. Immerhin: Von 1931 bis 1937 gab es Kurse für die „Studierenden der evangelischen Religionslehre" an der Universität.[8] Selbst eine weitgehende inhaltliche Anpassung ihrer Aufgabenbeschreibung und der Besetzungsvorschläge an nationalsozialistische Vorstellungen 1933/34 reichte nicht aus, die Einrichtung einer theologischen Fakultät zu ermöglichen. Abgesehen von diesen Bemühungen zu Beginn des „Dritten Reiches" spielte diese Frage bis zum Ende des Zweiten Weltkrieges keine Rolle mehr. Der nationalsozialistische Staat wollte den Einfluss von Kirche und Theologie zurückdrängen und langfristig ganz zerschlagen. In diesem Zusammenhang wurden auch ab 1938/39 die schon bestehenden Theologischen Fakultäten institutionell wie personell erheblich eingeschränkt.[9]

Nach 1945 wurde die Idee, eine theologische Fakultät zu gründen, sehr schnell wiederbelebt, aber die sozialdemokratische Regierung der Hansestadt setzte zunächst andere Prioritäten beim Ausbau des Hochschulwesens. Dahinter standen Überlegungen, aufgrund der bisherigen Erfahrung mit der Hamburger Universität den Hochschulbereich zu reformieren, u.a. durch die Gründung der „Akademie für Gemeinwirtschaft" bzw. den Ausbau der Wissenschaften Soziologie und Politologie im Rahmen der Universität. Die Frage der Theologischen Fakultät war zwar Bestandteil der Diskussion einer strukturellen Modernisierung des Hochschulbereichs, dennoch kam es auch jetzt noch nicht zur Einrichtung dieser Fakultät. Die Gründungsbemühungen seit dem Sommer 1945 könnte man eher als einen Teil der Rückbesinnung auf die traditionellen Werte der abendländischen Kultur auffassen und damit als einen Versuch der geistigen Bewältigung der nationalsozialistischen Herrschaft. Die Einbeziehung der Theologie in den Diskurs vollzog sich

---

8 Rainer Hering, *Vom Seminar zur Universität. Die Religionslehrerausbildung in Hamburg zwischen Kaiserreich und Bundesrepublik*, Hamburg 1997, bes. 30–76.

9 Hering, Theologie (Anm. 5), 42–100; ders., Zur Geschichte der Evangelisch-Theologischen Fakultäten im „Dritten Reich", in: Ders., Theologische Wissenschaft (Anm. 6), 9–34; *Theologische Fakultäten im Nationalsozialismus*, hg. v. Leonore Siegele-Wenschkewitz und Carsten Nicolaisen (Arbeiten zur kirchlichen Zeitgeschichte B 18), Göttingen 1993; Kurt Meier, *Die Theologischen Fakultäten im Dritten Reich*, Berlin/New York 1996.

im Rahmen einer Konzentration auf die „klassische" humanistische Bildungstradition, zu der eben die Theologie als zugehörig angesehen wurde. So ist die Forderung nach einer theologischen Fakultät als ein Ausdruck der konservativen Grundhaltung der fünfziger Jahre in der Bundesrepublik Deutschland anzusehen. Die „Aufarbeitung" des „Dritten Reiches" erfolgte durch eine Rückwendung.[10]

Die Hamburgische Landeskirche nahm das Scheitern der Bemühungen zur Fakultätsgründung zum Anlass, eine schon länger avisierte eigene Ausbildungsstätte einzurichten, nachdem sie zuvor ein provisorisches Vorlesungsangebot geschaffen hatte. Noch im November 1945 richtete sie eigene Ausbildungskurse ein, aus denen ein recht umfangreiches Kirchliches Vorlesungswerk entstand. Organisator und Studieninspektor war der erste hauptamtliche Studentenpastor Dr. Heinz Mülbe (1912–2001).[11] Durchschnittlich 65 Studierende pro Semester zwischen 18 und 41 Jahren – darunter fünfzehn Prozent Frauen – besuchten diese von Hauptpastoren und Pastoren angebotenen Veranstaltungen. Einzige Frau unter den Lehrenden war die Leiterin des Kirchlichen Kunstdienstes, Gertrud Schiller (1905–1994). Das Lehrangebot wuchs von Semester zu Semester, doch waren nicht immer alle theologischen Disziplinen ausreichend vertreten, vor allem das Alte Testament fehlte zeitweilig ganz. Zu den Teilnehmenden zählte auch der spätere Theologieprofessor Jürgen Moltmann (geb. 1926).[12]

Noch während die Verhandlungen über die Gründung einer theologischen Fakultät liefen, baute die Landeskirche ihr Vorlesungswerk zu einer eigenen Kirchlichen Hochschule aus: Am 27. Mai 1948 beschloss der Kirchenrat die Gründung der „Kirchlichen Hochschule Hamburg", stellte die notwendigen Finanzmittel bereit und verabschiedete fünf Monate später die Hochschulordnung. Diese kircheneigene Ausbildungsstätte wurde nicht als Übergangslösung, sondern als dauerhafte Einrichtung auf dem Gelände der Alsterdorfer Anstalten konzipiert. Diese Lage sollte eine besondere Verbindung zur Diakonie ermöglichen. Theologisches Ziel war es, die Studierenden im lutherischen Sinne zu prägen und eine Abgrenzung zum Programm der Entmythologisierung Rudolf Bultmanns (1884–1976) vorzunehmen.

---

10 Hering, Theologie (Anm. 5), bes. 101–165.
11 Gespräch mit Dr. Heinz Mülbe am 2.10.1986 in Hamburg. Zu Universitätsgottesdiensten und zur Studierendenseelsorge an der Hamburger Universität vgl. Rainer Hering, „Kirche und Universität. Die Anfänge der evangelischen Studierendenseelsorge und akademischer Gottesdienste an der Hamburger Universität in der Weimarer Republik und im ‚Dritten Reich'", in: Zeitschrift des Vereins für Hamburgische Geschichte 86 (2000), 275–306.
12 Freundliche Mitteilung von Professor Jürgen Moltmann vom 1.12.1988.

Rektor der Hochschule wurde der Katharinen-Hauptpastor und spätere Landesbischof Volkmar Herntrich (1908–1958). Als hauptamtliche Dozenten wurden für Kirchengeschichte Kurt Dietrich Schmidt (1896–1964), für Systematik Hans Engelland (1903–1970) und für Neues Testament Leonhard Goppelt (1911–1973) berufen; des weiteren fungierten die Hauptpastoren Herntrich (Altes Testament), Theodor Knolle (1885–1955, Praktische Theologie), Paul Schütz (1891–1985, Philosophie und Systematik) sowie Landesbischof Simon Schöffel (1880–1959, Systematik) als hauptamtliche Dozenten. Im Jahr 1950 verlieh der Kirchenrat, dem auch Hauptpastoren angehörten, eigenmächtig allen hauptamtlichen Dozenten den Titel „Professor der Theologie an der Kirchlichen Hochschule Hamburg", der staatlicherseits nicht akzeptiert wurde, sich langfristig aber durchsetzte.

Die Nachfrage nach Theologie-Studienplätzen in Hamburg war zunächst sehr groß, 1949 waren 166 Studierende eingeschrieben, später sank ihre Zahl auf etwa 90. Die Altersstruktur war heterogen: Neben Abiturienten im Alter von zwanzig Jahren studierten viele zehn Jahre ältere Kommilitonen, die teilweise als Offiziere im Zweiten Weltkrieg gedient hatten. Die meisten Studierenden kamen aus Hamburg und Schleswig-Holstein.[13]

Dieser markante Einschnitt der Hochschulgründung wirkte auf die bis dahin ablehnende Haltung der SPD zusammen mit einer grundsätzlichen Annäherung von Sozialdemokratie und Christentum nach dem Ende des Zweiten Weltkrieges. Innerhalb der SPD setzte sich eine schärfere Trennung von Religion, Theologie und Kirche durch. Die Kritik an der Institution Kirche wurde getrennt von der Bewertung von Religion und Theologie. Daraus resultierte auch der Wunsch, den Einfluss der Kirche auf die Theologie als Wissenschaft möglichst gering zu halten und staatlicherseits auf die Ausbildung von Geistlichen als zukünftige Multiplikatoren von politisch und gesellschaftlich relevanten Anschauungen einwirken zu können. Möglicherweise kam die Sorge vor einer „Katholisierung" durch die CDU bzw. Bundeskanzler Konrad Adenauer (1876–1967) noch hinzu. Zudem schuf die wirtschaftliche Situation („Wirtschaftswunder") der Stadt die finanziellen Voraussetzungen für den Ausbau der Universität. Diese Entwicklungen führten dann dazu, dass das „Gesetz über die Errichtung einer Evangelisch-Theologischen Fakultät an der Universität Hamburg", dreiunddreißig Jahre nach Gründung der Hamburger Universität, am 22. Oktober 1952 ohne

---

13 WOLFGANG HUBER, *Kirche und Öffentlichkeit* (Forschungen und Berichte der Evangelischen Studiengemeinschaft 28), Stuttgart 1973, bes. 316–334; HERING, Theologie (Anm. 5), bes. 167–249.

Gegenstimme von der Bürgerschaft verabschiedet und zwei Tage später ausgefertigt werden konnte.[14]

Die Berufung des Lehrkörpers gestaltete sich jedoch schwierig. Im Dezember 1952 wurde ein Ausschuss für die Erstberufungen eingesetzt, dem neben dem Rektor der Universität, dem Altphilologen Bruno Snell (1896–1986), und zwei Vertretern der Philosophischen Fakultät, dem Erziehungswissenschaftler Wilhelm Flitner (1889–1990) und dem Indologen Walther Schubring (1881–1969), der Rektor der Kirchlichen Hochschule Volkmar Herntrich und zwei auswärtige Theologen, der Kirchenhistoriker Hans von Campenhausen (1903–1989, Heidelberg) und der Systematiker Helmut Thielicke (1908–1986, Tübingen), angehörten – die beiden zuletzt genannten erhielten auch einen Ruf nach Hamburg, den jedoch nur Thielicke annahm.

Bis zum Sommersemester 1953 wurden die Lehrstühle für Kirchengeschichte und Missionswissenschaft mit den in Hamburg lehrenden Theologen Kurt Dietrich Schmidt und Walter Freytag besetzt. Die Theologische Fakultät bestand nun und war auch im Vorlesungsverzeichnis eingetragen. Aufgrund zahlreicher Absagen konnten die Lehrstühle für Systematik, Altes und Neues Testament erst im Frühjahr 1954 mit Helmut Thielicke, Hans-Joachim Kraus (1918–2000) und Leonhard Goppelt besetzt werden. Mit den Berufungen von Hans-Rudolf Müller-Schwefe (1910–1986) und Georg Kretschmar (geb. 1925) auf die neugeschaffenen Lehrstühle für Praktische Theologie (1955) sowie Neues Testament und Kirchengeschichte (1956) konnte die „Grundausstattung" der Fakultät abgeschlossen werden.

Mit der Aufnahme des vollen Lehrbetriebes der Fakultät zum Wintersemester 1954/55 stellte die Kirchliche Hochschule ihren Betrieb ein. Die Landeskirche konnte ihr Ziel, die Überführung der kompletten Hochschule in die Theologische Fakultät zwar nicht realisieren, dennoch wurden drei Dozenten zu ordentlichen, drei weitere zu Honorarprofessoren und sechs zu Lehrbeauftragten ernannt, so dass ein kirchlicher Einfluss weiterhin gegeben blieb. Ein formales Mitspracherecht bei den Berufungen konnte die Kirche nicht erlangen, allein der Lehrstuhl für Praktische Theologie, mit dem das Amt des Universitätspredigers verbunden ist, erfolgte in enger Fühlungnahme mit der Kirchenleitung. Die vom zuständigen Senator Heinrich Landahl (1895–1971) gewünschte religiös-soziale Prägung der Fakultät konnte aufgrund zahlreicher Absagen, vor allem Paul Tillichs (1886–1965), nicht realisiert werden. Den-

---

14   18. Sitzung der Bürgerschaft zu Hamburg am 22.10.1952. Stenographische Berichte 991–995; Gesetz über die Errichtung einer Evangelisch-Theologischen Fakultät an der Universität Hamburg vom 24.10.1952 (*Hamburgisches Gesetz- und Verordnungsblatt* 1952, 231); HERING, Theologie (Anm. 5), bes. 251–280.

noch wurde die junge Fakultät u.a. durch seine regelmäßigen Gastpro-
fessuren für Studierende schnell attraktiv.[15]

III. Theologie im Spannungsfeld
von Kirche und Staat

Die Auseinandersetzungen um die Gründung einer theologischen Fakultät in Hamburg vollzogen sich in einem „Spannungsfeld". Die beiden
wesentlichen Pole dieses Spannungsfeldes bildeten auf der einen Seite
die Evangelisch-lutherische Kirche im Hamburgischen Staate und auf
der anderen Seite der sozialdemokratisch geprägte Stadtstaat Hamburg,
d.h. seine politischen Gremien – Bürgerschaft und Senat – und die mit
dem Thema befassten Behörden. Die Spannungen zwischen diesen beiden Polen erreichten ihre Höhepunkte 1918/19 zur Zeit der Universitätsgründung und der Aufhebung des Religionsunterrichts sowie 1945/48,
als konkrete parlamentarische Initiativen zur Gründung einer theologischen Fakultät im Sande verliefen und die Kirche ihre eigene Ausbildungsstätte etablierte.[16]

Dennoch sind die hier deutlich werdenden Faktoren und Interessen-
konstellation weitaus vielfältiger und zeitlichen Veränderungen unterworfen, als dass sie allein durch den skizzierten Dualismus angemessen
beschrieben werden könnten. Zunächst einmal hat sich der Wandel der
Theologie in ihrem Selbst- und Fremdverständnis ausgewirkt. Seit dem
Ende des 19. Jahrhunderts ist ihr verstärkt von Nicht-Theologen, insbesondere von Philosophen, die Wissenschaftlichkeit abgesprochen worden. Auch als Reaktion darauf gab es um die Jahrhundertwende und erneut in den zwanziger Jahren von theologischer Seite das Bemühen, einen empirisch-wissenschaftlichen, vom Glauben unabhängigen Teil der
Theologie abzutrennen und als Religionswissenschaft zu konstituieren.
Für die Gründung der Hamburger Fakultät hat die Frage der Wissenschaftlichkeit der Theologie zwar keine direkte Rolle gespielt, aber die
Religionswissenschaft nahm in diesem Zusammenhang eine besondere
Stellung ein. Wie in der überregionalen Debatte verlor auch in Hamburg
in späteren Jahren, vor allem nach dem Ende des Zweiten Weltkrieges,
diese Frage an Gewicht.

Innerhalb der Evangelisch-lutherischen *Kirche* im Hamburgischen
Staate bestand im Hinblick auf die Theologische Fakultät keinesfalls
eine einhellige Auffassung. Der Hauptgegensatz bestand hier zwischen

---

15 Ebd., 281–310.
16 Hierzu und zum Folgenden ebd., bes. 329–342.

den Vertretern der liberalen und denen der orthodoxen „positiv"-theolo-
gischen Fraktion. Die geplante Fakultät war auch Teil dieser grundsätzlichen Kontroverse, weil sie als ein Instrument zur Machtbehauptung
bzw. -erweiterung durch Prestigegewinn und Einflussnahme auf die
Ausbildung des geistlichen Nachwuchses für Kirche und Schule angesehen wurde. Je mehr Anhänger eine der beiden Richtungen hatte,
desto gewichtiger war ihre Stellung innerhalb der Landeskirche und
desto intensiver konnten in Kirche und Schule ihre Ansichten in der
Bevölkerung verbreitet werden. Gerade viele sehr auf die Betonung des
lutherischen Bekenntnisses bedachte „positive" Theologen fürchteten,
dass eine staatliche Fakultät, auf deren Zusammensetzung die Kirche
keinen Einfluss haben würde, den Liberalismus in Hamburg stärken
könnte. Die jeweils vertretene theologische Richtung war aber nicht die
allein ausschlaggebende Motivation für das Verhalten der Kirchenver-
treter, vielmehr musste ihre Theologie manchmal einer pragmatischen
Einstellung weichen, insbesondere wenn es um die Erlangung von Ämtern ging.

Auf der Seite des *Staates* konkurrierten ebenfalls unterschiedliche,
z.T. gegensätzliche Interessen miteinander. Dahinter standen verschiedene Auffassungen von Theologie, der Rolle der Religion bzw. der Kirchen im gesellschaftlichen Leben und der Funktion der Theologischen
Fakultäten sowie unterschiedliche Konzeptionen von Universität.

Die Hamburger Regierung war – mit der Ausnahme der Zeit von
1933 bis 1945 – von 1919 bis zur Fakultätsgründung 1952 wesentlich von
der SPD getragen und somit die Politik des Stadtstaates von ihr mitge-
prägt. Weite Teile der *Sozialdemokratie* in Hamburg wie im Deutschen
Reich bzw. in der Bundesrepublik verstanden über viele Jahrzehnte und
historische Brüche hinweg Religion und Theologie ausschließlich als
Privatsache, die im staatlichen Rahmen, d.h. vor allem in Schulen und
an der Universität, keinen Platz habe. Der Einfluss der Kirchen auf den
Staat und das öffentliche Leben sollte möglichst zurückgedrängt werden. Daher sollte auch die Ausbildung des theologischen Nachwuchses ausschließlich Sache der jeweiligen Religionsgemeinschaften bzw.
Kirchen sein. Die von der Mehrheit der Sozialdemokraten vertretene
„moderne" Konzeption von Universität hatte vom Gedanken der „universitas litterarum" Abstand genommen und zählte die Theologie nicht
mehr zu den Wissenschaften, die zum festen Bestandteil der Universitäten gehören. Für weitaus wichtiger wurde das Interesse gesellschaftlich
relevanter Gruppen eingeschätzt, wie beispielsweise der *Gewerkschaften*,
auch Personen ohne Abitur eine Hochschulausbildung zu ermöglichen
und die für den Arbeitsalltag sowie die politische Auseinandersetzung
für wichtig erachteten Wissenschaften Soziologie und Politologie stär-

ker zu fördern. Aus Enttäuschung über die Entwicklung der Hamburger Universität, die ihre Gründung 1919 maßgeblich der Unterstützung der Sozialdemokraten verdankte, sollte die 1948 gegründete Akademie für Gemeinwirtschaft von den traditionellen Universitäten vernachlässigte Aufgaben übernehmen und neue Zugangschancen eröffnen.[17]

Ein wesentlicher Faktor für das Verhältnis der Sozialdemokraten bzw. der Arbeiterbewegung zum Christentum waren ihre negativen Erfahrungen mit der sie bekämpfenden, mit dem monarchischen Staat vielfach identisch erscheinenden Kirche im Kaiserreich (Bündnis von „Thron und Altar") und der antidemokratischen Haltung weiter Teile der Kirche in der Weimarer Republik und im „Dritten Reich", die sie zu einem weltanschaulichen und politischen Gegner werden ließ. Für die meisten Sozialdemokraten gab es daher keinen Grund, eine theologische Fakultät einzurichten. Erst nach 1950 war der nach dem Ende des Zweiten Weltkrieges verstärkt einsetzende Wandlungsprozess im Verhältnis von Sozialdemokratie und Kirche in Hamburg so weit fortgeschritten, dass die Mehrheit der sozialdemokratischen Bürgerschaftsfraktion eine theologische Fakultät nicht mehr ablehnte. Dahinter standen auch wahltaktische Überlegungen. Das Verhältnis der SPD zur Kirche musste bundesweit bereinigt werden, um überregional die Chance zu bekommen, die politische Mehrheit erzielen zu können. Ein Aspekt war in diesem Zusammenhang in Hamburg die Zustimmung zu der Gründung einer theologischen Fakultät. Bereits seit 1945 hatten sich einzelne führende Sozialdemokraten, vor allem Schulsenator Heinrich Landahl, daneben aber auch Bürgermeister Max Brauer (1887–1973), für die Fakultätsgründung eingesetzt. Als Konsequenz aus der differenzierten Betrachtung von Religion, Theologie und Kirche resultierte das Bestreben der Sozialdemokraten, den kirchlichen Einfluss gering zu halten. Daher erfolgte die Gründung der Hamburger Fakultät als rein staatlicher Vorgang, ohne dass die Landeskirche offiziell daran beteiligt worden ist bzw. es eine Vereinbarung über ein kirchliches Mitwirkungsrecht bei der Besetzung der Professuren gegeben hat. Dennoch konnte die Kirche inoffiziell über persönlichen Einfluss auf Mitglieder des Berufungsausschusses bzw. durch das Entgegenkommen des Ausschusses und der zuständigen Schulsenatoren ihre Ziele, vor allem bei der Berufung des Lehrkörpers, weitgehend durchsetzen. Durch die zahlreichen Absagen renommierter Wissenschaftler war es nicht möglich, wie Heinrich Landahl es versucht hatte, der Fakultät eine besondere religiös-soziale Prägung zu geben.

---

17 Bärbel von Borries-Pusback, *Keine Hochschule für den Sozialismus. Die Gründung der Akademie für Gemeinwirtschaft in Hamburg 1945–1955* (Schriftenreihe der HWP – Hamburger Universität für Wirtschaft und Politik 9), Opladen 2002; Rainer Hering, Art. „Hamburg. II. Universität", in: *RGG*⁴ 3 (2000), 1402.

Eine strukturell andere, „moderne" Fakultät, z.B. durch Lehrstühle für Religionssoziologie, -wissenschaft und -geschichte, war überhaupt nicht vorgesehen worden. So entstand in Hamburg eine traditionelle theologische Fakultät.

Die im Parlament vertretenen *bürgerlichen Parteien* befürworteten die Gründung einer theologischen Fakultät. So setzte sich die *CDU* bereits 1946 in der Bürgerschaft für eine theologische Fakultät ein. Sie schätzte die öffentliche Funktion der Kirche und ihren Beitrag zur Vermittlung von gesellschaftlichen (und politischen) Wertvorstellungen, die ihren eigenen vielfach nahe kamen, sehr hoch ein. Die von den bürgerlichen Parteien vertretene Universitätskonzeption war von dem traditionellen Gedanken der „universitas litterarum" geprägt, der eine theologische Fakultät als notwendigen Bestandteil der Universität ansah.

Die Hamburger *Universität* machte sich sehr für eine theologische Fakultät stark. Ihre Vertreter orientierten sich am Bild der traditionellen Universitäten und versuchten sich dem anzupassen. Daher hielten sie auch an der Theologie als Wissenschaft fest und sahen die mögliche Alternative Religionswissenschaft nur als einen Teilbereich an, wenngleich dieser für Hamburg aufgrund der Schwerpunktsetzung im Bereich der Auslandswissenschaft besonders wichtig war. In ihrem Selbstverständnis war die Hamburger Gründung ohne Theologische Fakultät unvollständig. Dies mag unter anderem dazu beigetragen haben, dass sich gewisse „Minderwertigkeitskomplexe" bildeten, weil ihr Wirkungsfeld nicht über eine lange Geschichte verfügte und vor allem eine Gründung aus der Zeit der Weimarer Republik war, die von der Mehrzahl der Professoren damals abgelehnt oder sogar bekämpft wurde. Auf diesem Hintergrund wurde die Philosophische Fakultät zu einem wesentlichen Motor zur Gründung der Theologischen Fakultät. Ihr Engagement war weitaus engagierter und bedeutender als das der Hamburger Landeskirche, die in erster Linie an der bekenntnismäßigen Ausbildung des theologischen Nachwuchses interessiert war. Dieser Aspekt spielte jedoch für die Universitätsvertreter eine eher untergeordnete Rolle, weil sie besonders an dem Bereich der Forschung interessiert waren, vor allem an der interdisziplinären Zusammenarbeit im Bereich der Religionswissenschaft, der Kirchengeschichte oder des Kirchenrechts. In ihren Konzeptionen wird eine deutliche Distanz gegenüber der (Landes-)Kirche deutlich, die als dogmatisch und als Gefahr für die Wissenschaftsfreiheit geschildert wird. Aus diesen Gründen sollte ihr keinerlei Mitspracherecht an der Ausgestaltung der Fakultät und vor allem bei den Berufungen gegeben werden. Die Autonomie der Universität sollte unter allen Umständen gewahrt bleiben.

In der Öffentlichkeit wurde die Forderung nach einer theologischen Fakultät vor allem von direkt Betroffenen, wie der Kirche und Verbänden von Religionslehrern sowie am Theologiestudium interessierten Studierenden, unterstützt. Das Hamburger *Bürgertum* stand zur Kirche auf Distanz; für den Wunsch nach Gründung einer theologischen Fakultät fehlte ihm jegliche inhaltliche Motivation.

Vergleicht man die Hamburger Gründung mit anderen deutschen Universitäten, so zeigt sich, dass die hier dominierende „moderne" Auffassung von Universität ohne Theologische Fakultät sich auch an den im gleichen Jahrzehnt gegründeten Universitäten Frankfurt am Main und Köln durchgesetzt hat. In Köln kamen jedoch – in Abweichung von Hamburg – das Desinteresse der dortigen (katholischen) Kirche und die geographische Nähe zur Bonner Universität mit zwei Theologischen Fakultäten als Ablehnungsgründe hinzu.

Der Blick auf die drei anderen nach 1945 in der Bundesrepublik Deutschland eingerichteten Evangelisch-Theologischen Fakultäten verdeutlicht, dass die jeweiligen Motive und Ausgangssituationen unterschiedlich waren: Die 1946 in *Mainz* gegründete Universität sollte das bischöfliche Priesterseminar als Katholisch-theologische Fakultät aufnehmen; aus Gründen der konfessionellen Parität, die auch von der französischen Militärregierung herausgestellt wurden, und weil durch die Aufhebung der Gießener die ehemalige protestantische Landesfakultät im südlichen Hessen verlorengegangen war, wurde auch eine evangelisch-theologische Fakultät eingerichtet. Die Errichtung der *Bochum*er Universität wurde 1961 beschlossen, um durch die gestiegenen Studierendenzahlen die Ausbildung in „Massenfächern" zu ermöglichen und die Universitäten in Köln, Bonn und Münster zu entlasten. Wie in Bremen und Konstanz sollte zunächst auch bei dieser Neugründung auf die Einrichtung von theologischen Fakultäten verzichtet werden. Die interdisziplinäre Zusammenarbeit, der Gedanke der „Volluniversität" und die Notwendigkeit der Ausbildung von Religionslehrern führten dann aber doch zu einem Einstellungswandel. Wolfgang Huber (geb. 1942) vermutet, dass hier die beiden Theologischen Fakultäten geschaffen wurden, um eine Statusminderung der Kirchen als relevanter gesellschaftlicher Gruppen zu verhindern. Die Angliederung der Evangelisch-theologischen Fakultät an die Universität in *München* wurde 1964 vor allem vom Universitätssenat und insbesondere von der bestehenden Katholisch-theologischen Fakultät beantragt, die im Geiste des von 1962 bis 1965 tagenden Zweiten Vatikanischen Konzils die interkonfessionelle Zusammenarbeit intensivieren wollte. Daneben wurden die Religionslehrerausbildung, die gestiegenen Studierendenzahlen und besondere Forschungsaufgaben für diese Fakultät angeführt.[18]

Während in Mainz und Bochum Theologische Fakultäten im Rahmen einer Universitäts(neu)gründung geschaffen wurden, erhielten die in Hamburg und München bereits bestehenden Hochschulen nachträglich eine evangelisch-theologische Fakultät, wobei die Ausstattung der Münchner Fakultät erheblich großzügiger war als die der Hamburger. Beide Fakultäten wurden auch von bereits bestehenden Theologischen Fakultäten an Nachbaruniversitäten (Kiel und Erlangen) als Konkurrenz angesehen und in ihrer Gründungsphase scharf bekämpft. Betrachtet man die Einrichtung dieser Theologischen Fakultäten unter dem Gesichtspunkt des Universitätsverständnisses, kann man die Zeit nach dem Ende des Zweiten Weltkrieges bis zur Mitte der sechziger Jahre als „Rückkehr" bezeichnen. Es erfolgte eine Wende von der „modernen" Auffassung von Universität ohne Theologie, die in den ersten drei Jahrzehnten dieses Jahrhunderts dominierte, zurück zum traditionellen Gedanken der „universitas litterarum".

---

18   Die Bremer Universität wurde ohne Theologische Fakultät gegründet, obwohl in Plänen zu Beginn der sechziger Jahre diese noch vorgesehen war, vgl. Hans Werner Rothe, *Über die Gründung einer Universität zu Bremen. Denkschrift vorgelegt der Universitätskommission des Senats der Freien Hansestadt Bremen*, Bremen 1961, 211–226. 237f. 321. 344f. Rothe bezieht sich in seiner Argumentation für die Schaffung einer evangelisch-theologischen Fakultät sehr stark auf Hamburg, indem er herausstellt, dass die zunächst nicht für notwendig erachtete Fakultät 1952 doch noch eingerichtet worden ist. Zu Mainz vgl. Wilhelm Jannasch, „Die Anfänge der Evangelisch-theologischen Fakultät der Johannes-Gutenberg-Universität", in: *Jahrbuch der Vereinigung „Freunde der Universität Mainz"* 1954, 16–23; Karl Dienst, *Die Anfänge der Evangelisch-Theologischen Fakultät in Mainz. „… auch mit Evangelisch-Theologischer Fakultät"* (Quellen und Studien zur hessischen Kirchengeschichte 7), Darmstadt/Kassel 2002, sowie Huber (Anm. 13), 334f. Zu Bochum siehe Erich Brühmann, „‚Konfessionshader' oder ‚Der Westfälische Hammer'. Warum die evangelische Kirche in Bochum sich zu Wort meldet", in: *Materialien zur Geschichte der Ruhr-Universität Bochum. 1. Die Entscheidung für Bochum*, hg. im Auftrag des Vorstands der Gesellschaft der Freunde der Ruhr-Universität Bochum von Tilmann Grimm, Günter Engler und Rudolf Krüsmann, o.O., o.J. [Bochum 1971], 67–73; S[iegfried] Herrmann/L[udwig] Hödl, „Für und wider die ‚Ruhr-Theologie'. Zur Geschichte der Errichtung der beiden theologischen Fakultäten an der Ruhr-Universität Bochum", in: Ebd., 74–80; Rudolf Krüsmann, *Die Gründungszeit der Ruhr-Universität Bochum. Vom Hader zum Freundeskreis, und dann die Theologie*, hg. im Auftrage des Vorstandes der Ev. Akademie Westfalen, Bochum 1971; Johannes Wallmann, Art. „Bochum, Universität", in: *TRE* 6 (1980), 742–744; Huber (Anm. 13), 358f. Siehe zu München: *Süddeutsche Zeitung* vom 23.2.1965 und 26.3.1966, *Frankfurter Allgemeine Zeitung* vom 25.3.1966 sowie Huber (Anm. 13), 359–366; Leonhard Goppelt, „Die Anfänge der Evangelisch-Theologischen Fakultät", in: *Ludwig-Maximilians-Universität Jahres-Chronik 1967/68*, München 1970, 199–206. Zur Gesamteinschätzung der Neugründungen Huber (Anm. 13), 366–379.

Abb. 13: Der heute sog. Philturm der Universität Hamburg. Von 1962 an befand sich die Theologische Fakultät im 13. Stock (unter den Meteorologen). Das Gebäude wurde damals als „Theologische und Philosophische Fakultät" tituliert.

IV. Von der Evangelisch-Theologischen Fakultät zum Fachbereich Evangelische Theologie

Die Hamburger Fakultät, die mit 89 Studierenden begann, fand rasch Anklang. 1961 studierten bereits über 300 angehende Geistliche dort, 1988 waren es mehr als tausend. Innerhalb der Universität wirkte die Fakultät durch die von ihr initiierten „Interfakultativen Treffen", die vom Sommersemester 1955 bis zum Sommersemester 1968 einmal im Semester stattfanden und zu einem Thema Lehrende aller Fakultäten zum Gespräch zusammenführten. Neben den individuellen Forschungsleistungen erlangte die Fakultät internationales Ansehen durch die Gründung der Missionsakademie an der Universität Hamburg, die 1957 als Stiftung bürgerlichen Rechts juristische Gestalt annahm. Sie ist insbesondere als Ausbildungsstätte von Theologinnen und Theologen aus Ländern der „Dritten Welt" von großer Bedeutung. Die Erwartungen an die neue Fakultät wurden voll erfüllt.

Vermutlich der gravierendste Einschnitt in der nunmehr ein halbes Jahrhundert umfassenden Geschichte der Theologischen Fakultät waren die Jahre 1967/68. Im Zusammenhang der Studentenbewegung und der strukturellen Veränderungen der Universität wurde aus der Fakultät formal der „Fachbereich 01: Evangelische Theologie". Drei Lehrstuhlinhaber (Kraus, Goppelt, Kretschmar) nahmen auswärtige Rufe an, ihre Nachfolger und die Professoren auf den zu Beginn der sechziger Jahre neu geschaffenen Lehrstühlen gehörten altersmäßig einer anderen Generation an; die ersten Schüler rückten an die Stelle ihrer Lehrer. Aber auch innerlich löste sich die „alte" Fakultät auf. Bis 1967 wurden Entscheidungen in den Fakultätssitzungen einmütig getroffen, es gab keine Abstimmungen. Dieser Konsens zerbrach mit den personellen Veränderungen und Unterschieden zwischen der „jüngeren" und der „älteren" Generation. Die siebziger Jahre standen im Zeichen der Studienreform, mit dem Wintersemester 1971/72 wurde ein zweisemestriges „Propädeutikum" als Studieneingangsphase eingeführt. Die enorm steigenden Studierendenzahlen bestimmten in den siebziger und achtziger Jahren die Arbeit des Fachbereichs nachhaltig.[19]

---

19 HERING, Theologie (Anm. 5), 320–327; DERS., Missionswissenschaft, bes. 80–85. Zum noch heute bestehenden Propädeutikum siehe Uni-hh 4/1999, 46. Vgl. auch die Selbstdarstellungen: LEONHARD GOPPELT, „Zehn Jahre Evangelisch-Theologische Fakultät Hamburg", in: Hamburger Kirchenkalender 1964, 33–41; DERS., Zehn Jahre Evangelisch-Theologische Fakultät, Hamburg 1964 (revidierter Sonderdruck aus dem Hamburger Kirchenkalender 1964, hg. v. der Evangelisch-theologischen Fakultät); HELMUT THIE-LICKE, „Die Theologische Fakultät", in: Universität Hamburg 1919–1969, Hamburg o.J. [1970], 109–114 (Lehrstuhlübersicht 117–120); TRAUGOTT KOCH, „Die Theologie an der Universität wurde 25. Von 89 Studenten einst zu über 1000 heute", in: Uni-hh 10/

Doch seit den neunziger Jahren ist dieser in seiner Existenz gefährdet. Deutschlandweit sanken die Zahlen der Pfarramtsstudierenden drastisch von 13.500 in den achtziger Jahren auf 3.500 im Jahr 2004. Diese Abkehr vom Theologiestudium, die mit einem Rückgang des gesellschaftlichen Interesses an Glaube und Religion sowie den schlechten Berufsaussichten für Pastorinnen und Pastoren erklärt wird, schlug sich auch in Hamburg nieder und reduzierte die Studierendenzahl im Jahr 2003 auf 352 „Volltheologen" und 426 Lehramtsstudierende.[20] Schon 1996 gab es Überlegungen, die universitäre Theologie massiv zu reduzieren und im Fachbereich Geschichtswissenschaft aufgehen zu lassen, die aber nicht realisiert wurden.[21] Weitere Einsparungen, die aktuellen Veränderungen der Fachbereichsstruktur zugunsten großer Fakultäten[22] sowie die Ankündigung des Senates, den Studiengang Evangelische Theologie für das Pfarramt abzuschaffen, bedrohten den Fachbereich Evangelische Theologie gerade in seinem Jubiläumssemester existentiell. Obwohl Hamburg die drittgrößte Ausbildungsstätte in Deutschland ist, sollte die universitäre Ausbildung von Pastorinnen und Pastoren in Nordelbien ab dem Wintersemester 2005/2006 ausschließlich in Kiel konzentriert werden.[23] Der Protest dagegen lief auf breiter Front: Bischöfin Maria Jepsen (geb. 1945) und Universitätspräsident Jürgen Lüthje (geb. 1941) kritisierten die Senatsentscheidung.[24] Der Tübinger Philologe und Rhetoriker Walter Jens (geb. 1923) schrieb einen offenen Brief an den

---

Nr. 8 (Dezember 1979), 2–4; *Universität Hamburg Fachbereich Evangelische Theologie*, Hamburg o.J. [1994]; *Universität Hamburg Fachbereich Evangelische Theologie. Festakt anläßlich des 50-jährigen Bestehens des Fachbereichs Evangelische Theologie der Universität Hamburg. Programm*, Hamburg 2004.

20 *Universität Hamburg. Personal- und Vorlesungsverzeichnis Sommersemester 2004*, Hamburg 2004, 460; *Hamburger Abendblatt* vom 14.01.2005, 27; *Die Nordelbische* Nr. 2 vom 16.1.2005, 5.

21 *Hamburger Abendblatt* Nr. 263 vom 9./10.11.1996, 1 und 2; *Hamburger Abendblatt* Nr. 267 vom 14. 11.1996, 13; *Nordelbische Kirchenzeitung* Nr. 47 vom 22.11.1996, 9; *Nordelbische Kirchenzeitung* Nr. 6 vom 7.2.1997, 11.

22 In der Satzung der Universität Hamburg über die Bildung von Fakultäten (Teil-Grundordnung) vom 26.8.2004 (*Amtlicher Anzeiger* Nr. 127 vom 29.10.2004, 2054f.) wird der Fachbereich Evangelische Theologie nicht erwähnt.

23 Presseerklärung des Fachbereichs Evangelische Theologie zum Beschluss der Landesregierungen von Kiel und Hamburg vom 28.9.2004 zur Abschaffung der „Pastorenausbildung" in Hamburg; vgl. beispielsweise JOSEF NYARY, „Uni ohne Theologie?", in: *Hamburger Abendblatt* vom 14.9.2004, Beilage 19; HEIKE SCHMOLL, „Ohne Geist", in: *Frankfurter Allgemeine Zeitung* Nr. 217 vom 17.9.2004, 14; EVA WEIKERT, „Sparbeschluss bringt Theologen in Rage", in: *Die Tageszeitung* vom 25.10.2004, 21; JÜRGEN WERNER, „Und leider auch Theologie. Dräger amputiert die Geisteswissenschaften", in: *Süddeutsche Zeitung* vom 14.10.2004, 17.

24 *Hamburger Abendblatt* vom 30.9.2004, 12; *Die Welt* vom 15.10.2004, 40.

Dekan, um seinen Protest auszudrücken.[25] SPD-Abgeordnete stellten im November in der Bürgerschaft den Antrag, die Fächervielfalt an der Universität Hamburg zu erhalten und forderten den Senat der Freien und Hansestadt Hamburg u.a. auf, „den Studiengang Evangelische Theologie auch bei einer Kooperation mit der Universität Kiel am Fachbereich Evangelische Theologie der Universität Hamburg zu belassen".[26] Die Studierenden sammelten in nur sechs Wochen über 4.500 Unterschriften und übergaben sie im Dezember 2004 dem Staatsrat der Wissenschaftsbehörde.[27] Dies zeigte Wirkung – durch das Modell einer Kooperation zwischen Hamburg und Kiel konnte die vollständige Verlagerung des Pfarramtsstudienganges verhindert werden.[28] Organisatorisch soll der Fachbereich Evangelische Theologie in der Geistes- und Kulturwissenschaftlichen Fakultät aufgehen, wie der Akademische Senat in seiner Sitzung am 10. März 2005 entschied.[29]

Heute sind also die Argumente für die Theologie an der Universität Hamburg, die im jahrzehntelangen Gründungsprozess vorgetragen wurden, wieder aktuell, finden aber nicht mehr einen einstimmigen Konsens wie 1952. Es wäre wünschenswert, wenn der Blick in die Geschichte heute helfen könnte, um die Zukunft von Forschung und Lehre in der Evangelischen Theologie in Hamburg zu sichern.

---

25 Prof. Dr. Dr. h.c. mult. Walter Jens an den Dekan des Fachbereichs Evangelische Theologie der Universität Hamburg 15.9.2004; der Brief wurde u.a. auf dem Festakt am 28.10.2004 verteilt.

26 Bürgerschaft der Freien und Hansestadt Hamburg Drucksache 18/1200 vom 10.11.2004, Antrag der Abgeordneten Dr. Barbara Brüning, Ingo Egloff, Britta Ernst, Gerhard Lein, Wolfgang Marx, Jan Peter Riecken (SPD) und Fraktion.

27 Flugblatt des Fachschaftsrates Evangelische Theologie „Noch ist es Zeit ..." (verteilt am 28. Oktober 2004); *Hamburger Abendblatt* vom 15.12.2004, 23; *Die Nordelbische*, Nr. 52/53 vom 26.12.2004, 19.

28 *Hamburger Abendblatt* vom 14.1.2005, 27, vom 12.3.2005, 14, und vom 18.3.2005, 29.

29 Freundliche Mitteilung von Prodekan Prof. Dr. Jörg Dierken am 5.4.2005.

Abb. 14: Carl Mirbt

Missionswissenschaft als Zeitansage

Carl Mirbt – Walter Freytag – Hans Jochen Margull in Hamburg

von

Theodor Ahrens

I. Missionswissenschaft in ökumenischer Absicht

Die Geschichte missionstheologischen Denkens in der Freien und Hansestadt Hamburg reicht hinter die Geschichte des Fachbereichs Evangelische Theologie, der seit 1954 besteht, in die Vorgeschichte der 1919 gegründeten Hamburger Universität zurück.

Philipp Nicolai (1556–1608), Dichter der schönen Choräle „Wie schön leuchtet der Morgenstern" und „Wachet auf, ruft uns die Stimme", seit 1601 Hauptpastor an St. Katharinen in Hamburg, legte mit seinem Text *De Regno Christi* (1597) in Verbindung mit einer – bezogen auf seine Zeit – erstaunlich gut informierten ökumenischen Kirchenkunde eine erste missionstheologische Reflexion lutherischer Orthodoxie vor.[1] Das aus der damals bekannten christlichen Ökumene gesammelte *Tatsachen*material zeigt ihm die gegenwärtige Größe und das gegenwärtige Wachstum des Reiches Christi.[2] Bis hin in den Fernen Osten geschieht christliche Mission.[3] Diese, meint Nicolai, vollzieht sich weder als Propaganda noch als Proselytismus noch gar als eigens organisierte Missionsunternehmung, sondern wo, wann und wie das Wort Gottes, die Heilige Schrift, der Dekalog, das Vaterunser, die Sakramente Achtung finden und zum Tragen

---

1 Walter Holsten und Willi Heß haben das Verdienst, mit der in der Warneck-Schule lange Zeit ungeprüft tradierten *opinio communis* aufgeräumt zu haben, die lutherische Orthodoxie des späten 16. und des 17. Jahrhunderts habe für die Entwicklung eines evangelischen Missionsgedankens keine Bedeutung gehabt. Vgl. Walter Holsten, „Die Bedeutung altprotestantischer Dogmatik für die Mission", in: Ders., *Das Evangelium und die Völker. Beiträge zur Geschichte und Theorie der Mission*, Berlin 1939, 148–166; und Willi Heß, *Das Missionsdenken bei Philipp Nicolai*, Hamburg 1962.

2 Holsten, Bedeutung (Anm. 1), 155 (Hervorhebung T.A.).

3 Details bei Holsten, Bedeutung (Anm. 1), 150ff., und Heß, Missionsdenken (Anm. 1), 97ff.

kommen, kurz, wo und wann die Gaben Gottes zu Menschen kommen. Das, stellt Nicolai ausdrücklich fest, geschieht durchaus auch in den orientalischen, den orthodoxen und römischen Kirchen. In der Ferne sieht er die Kirche in Bewegung, und diese Beobachtung vermittelt ihm neue Zuversicht in den von ihm als bedrückend empfundenen kirchlichen Verhältnissen zu Hause. Nicolai arbeitet vier leitende Gesichtspunkte eines evangelischen Missionsverständnisses heraus.

- Das Christentum ist eine globale Religion geworden, die alle Erdteile erreicht hat. Es gilt, eine ökumenische Bestandsaufnahme zu erstellen.
- Die Tatsachen sind in einem theologischen Zusammenhang – dem *Regnum Christi* – zu interpretieren.
- Christliche Mission ist fest im Kirchengedanken zu verankern und zugleich von proselytistischen Ambitionen freizuhalten.
- Ökumenische Absicht und reformatorische Wahrheitserkenntnis gehören zusammen.

Innerhalb einer so abgesteckten Perspektive kann die während des 20. Jahrhunderts in Hamburg betriebene Missionswissenschaft gut untergebracht werden, ohne die Verschiebungen und Brüche, die sich im Übergang der Generationen vollziehen, zu vernachlässigen. Philipp Nicolai, dieser streitbare und doch ökumenisch gesinnte Vordenker der Missionswissenschaft in Hamburg, wollte die Tatsachen der Christentumsgeschichte zur Kenntnis nehmen und diese im Lichte des *Regnum Christi* interpretieren. Die Verknüpfung beider Motive führt zu meiner These:

Missionstheologische Reflexion hat ihre Zeit und ihren Ort dort, wo die Wahrnehmung der Tatsachen und christliches Auftragsbewusstsein sich kreuzen. Missionswissenschaft begleitet den Weg aktueller und geschehener Mission durch die wirkliche Welt.

Wie werden die Gegebenheiten einer Situation im Lichte des eigenen (kirchlichen) Auftragsbewusstseins gedeutet und umgekehrt? Es hat jedes Verständnis christlicher Mission seinen Zeit- und seinen Situationsbezug. Wie hat sich Missionswissenschaft im 20. Jahrhundert gewandelt? Diese Frage wird in einem exemplarischen Ausschnitt erörtert. Im Folgenden stelle ich drei Vertreter der Hamburger Missionswissenschaft – nämlich Carl Mirbt,[4] Walter Freytag[5] und Hans Jochen Margull[6] – vor.[7] Die drei haben auf je eigene, vielleicht auch generationenspezifische Weise versucht, Missionswissenschaft als globale Zeitansage zu betreiben – so wie dies heute vielleicht nicht mehr möglich ist. Teilweise fällt es schwer, deren Texte heute zu lesen. Gleichwohl ragt jeder auf eigene Weise in unsere Zeit. Wofür standen sie? Einige Schlaglichter: Carl Mirbt hat die Implikationen einer faktisch erst in der Neuzeit vollzogenen Globalisierung des Christentums für die evangelische Theologie bearbeitet und das freiheitlich geprägte, selbstbestimmte Individuum, die christlich geprägte Persönlichkeit als evangelischen Beitrag in den Umbrüchen seiner Zeit in den Mittelpunkt der Reflexion gestellt. Walter Freytag rückte das werdende Christentum in der nichtwestlichen Welt in den Mittelpunkt seiner Überlegungen und erschloss für Hamburg den Zusammenhang von Missions- und Ökumenewissenschaft. Im Fokus seiner Aufmerksamkeit lag das Selbstverständnis derer, die zwischen den Möglichkeiten einer Anpassung an vergangene Religion oder an zeitgenössische Ideologien ihren eigenen, selbst verantworteten Weg suchten. Es lag im Gefälle dieser Arbeitsrichtung, dass die Beschäftigung mit fremden Religionen als eigene, nicht ausschließlich unter das Vorzeichen der Missionswissenschaft zu stellende Aufgabe erkannt wurde. Diese Weichenstellung hat Hans Jochen Margull (1967–1982) für das Hamburger Institut vollzogen. Auch sein Denken bewegte sich zwischen zwei Polen – dem Eintreten für die eigene Wahrheitserkenntnis einerseits und dem Ernstnehmen der Absolutheitsansprüche der anderen.

Einige institutionengeschichtliche Hinweise vorweg: Als das Hamburger Kolonialinstitut seine Arbeit im Jahre 1908 aufnahm, wurden

---

4   Carl Mirbt, 21.8.1860, Gnadenfrei, Schlesien – 27.9.1929, Göttingen, seit 1889 Prof. für Kirchengeschichte in Marburg, seit 1911 in Göttingen, Gründer der Deutschen Gesellschaft für Missionswissenschaft (1918), in Hamburg seit 1909 missionswissenschaftliche Vorlesungen im Rahmen der Veranstaltungen des Kolonialinstituts.

5   Walter Freytag, 28.5.1989, Neudietendorf – 24.10.1959, Heidelberg, seit 1929 Lehraufträge in Kiel und Hamburg, seit 1953 Prof. für Missionswissenschaft und ökumenische Beziehungen der Kirchen in Hamburg, Gründer der Missionsakademie an der Universität Hamburg (1954).

6   Hans Jochen Margull, 25.9.1925, Tiegendorf/Danzig – 26.1.1982, Hamburg, seit 1967 Prof. für Missionswissenschaft und ökumenische Beziehungen der Kirchen in Hamburg.

7   Stephen Charles Neill lehrte nach dem Tode W. Freytags von 1962 bis zum WS 1967/68 vertretungsweise Missionswissenschaft in Hamburg, Heinrich Meyer, zunächst Hanseatischer Missionsdirektor, dann Bischof in Lübeck, hatte gleichzeitig eine Honorarprofessur (1953–1972) für Missionswissenschaft am Hamburger Fachbereich. Vgl. Theodor Ahrens, Art. „Meyer, Heinrich", in: *NDB* 17 (1994), 349f.

bald auch missionswissenschaftliche Lehrveranstaltungen angeboten.[8]
Der damalige Marburger, später Göttinger evangelische Kirchenhistoriker Carl Mirbt (1860–1929) hat 1909 am Hamburger Kolonialinstitut
die erste missionswissenschaftliche Vorlesung „Allgemeine Missions-
kunde"[9] gehalten, später im Wechsel mit dem römisch-katholischen
Missionswissenschaftler Josef Schmidlin. Seit 1914 hat Martin Schlunk,[10]
Direktor der Norddeutschen Mission, dauerhaft einen missionswissenschaftlichen Lehrauftrag versehen.

Im Jahre 1919 wurde die Hamburger Universität zwar ohne theologische Fakultät gegründet; doch zusammen mit dem Erbe der Kolo-
nialinstitute (Institut für indonesische und Südseesprachen, Institut für
afrikanische Sprachen und Kulturen, Institut für Tropenmedizin u.a.)
wurde der Lehrauftrag für Missionswissenschaft fortgeführt. Nach
dem Weggang Martin Schlunks war er in der Philosophischen Fakultät
angesiedelt und wurde seit 1929 durch Walter Freytag wahrgenommen.

Als die evangelisch-theologische Fakultät 1954 ihre Arbeit aufnahm,[11]
wurde dann ein Lehrstuhl für Missionswissenschaft und Ökumenische
Beziehungen der Kirchen mit einem eigenen Seminar eingerichtet. Aus
der Bearbeitung einer kolonial- und missionsgeschichtlich vermittelten
zusätzlichen und weithin als optional betrachteten Perspektive in der
Theologie ist in Hamburg durch die von W. Freytag geleistete Verknüpfung mit der ökumenischen Beziehungsproblematik und H. J. Margulls
Erschließung der interreligiösen Thematik eine eigenständige Arbeitsrichtung der Theologie mit einem eigenen Institut geworden. Die Arbeit

---

8 Details bei: Ernst Dammann, „Hamburger Missionswissenschaft", in: *Mitteilungen
   der Geographischen Gesellschaft in Hamburg* 56 (1965), 182–198; Stephen Charles Neill,
   „Aspekte der Hamburger Missionswissenschaft", in: *Hamburger Ansgar Jahrbuch*
   1965/66, 115–125; Günter Volz, *Missionsakademie an der Universität Hamburg. Die Geschichte ihrer Entstehung*, Hamburg 1961; Hans Jochen Margull, „Das Fach ,Religio-
   nen, Mission, Ökumene' an der Universität Hamburg", in: *Fides Pro Mundi Vita*. FS
   H.-W. Gensichen, Gütersloh 1980, 312–321. Die Vorgeschichte des Instituts für Mis-
   sions-, Ökumene- und Religionswissenschaften des Fachbereichs Ev. Theologie der
   Universität Hamburg ist unter institutionenpolitischem Gesichtspunkt bei Rainer
   Hering, „Die Missionswissenschaft in Hamburg 1909–1959", in: Ders., *Theologische
   Wissenschaft und ,Drittes Reich'*, Pfaffenweiler 1990, 35–85, dargestellt worden.
9 Hering, Missionswissenschaft (Anm. 8), 44.
10 Martin Schlunk (1874–1958), Warneck-Schüler, seit 1908 Inspektor der Norddeut-
   schen Mission in Bremen, übernahm 1928 ein Ordinariat in Tübingen. Vgl. Hans-
   Werner Gensichen, in: *Biographical Dictionary of Christian Missions*, hg. v. Gerald H.
   Anderson, New York 1998, 598; Hering, Missionswissenschaft (Anm. 8), 47ff.
11 Zur Geschichte und Vorgeschichte der Hamburger theologischen Fakultät Rainer
   Hering, *Theologie und Kirche im Spannungsfeld von Kirche und Staat. Die Entstehung der
   Evangelisch-Theologischen Fakultät an der Universität Hamburg 1895 bis 1955*, Berlin/
   Hamburg 1992.

dieses Instituts hat zur Profilierung der Hamburger Theologischen Fakultät und ihrer internationalen Ausstrahlung erheblich beigetragen.[12]

II. Carl Mirbt: Die autonome Person als Beitrag evangelischer Mission in den globalen Umbrüchen der Zeit

Seinen früheren Göttinger Kollegenkreis im Rückblick durchmusternd, hat sich Karl Barth über S. Maj. Geheimrat Professor für „Kirchengeschichte, Kirchenrecht u. dgl. Scherze", Carl Mirbt nämlich, mokiert.[13] Zu ‚dergleichen Scherzen' gehörte Mirbts Beschäftigung mit missionswissenschaftlichen Themen. Gelegentlich ist Mirbt als Apologet eines in der Camouflage bürgerlich-christlicher Fortschrittsrhetorik auftretenden Kolonialimperialismus abgetan worden.[14] Er verdient einen zweiten Blick.

1. Achtung vor den Tatsachen fördert und fordert Missionswissenschaft

Die Relevanz der Missionsthematik erhärtet Mirbt, anders als Warneck und Kähler, nicht von einer bibeltheologischen Grundlegung her oder aus einem dogmatischen Zusammenhang heraus. Carl Mirbt ging es um ‚nackte' *Tatsachen* und die „Achtung vor den Tatsachen".[15] Er war zuerst Historiker, dann Kirchengeschichtler und zuletzt Missionswissenschaftler. „Das die Tatsachen wahrnehmende Auge des Historikers ließ Mirbt zum Missionswissenschaftler werden."[16] Er stellt die evangelische Mission hinein in die allgemeine Zeitgeschichte.

---

12 Hering urteilt, die „Missionswissenschaft stellt für die wissenschaftliche protestantische Theologie in Hamburg im 20. Jahrhundert *die* zentrale Traditionslinie dar und ist von besonderer Bedeutung für die Gründung der Theologischen Fakultät gewesen". Sie habe „die Hamburger Fakultät […] nachhaltig geprägt und ihr einen internationalen Ruf, nicht zuletzt auch durch die Missionsakademie, verschafft". HERING, Missionswissenschaft (Anm. 8), 85.

13 EBERHARD BUSCH, *Karl Barths Lebenslauf. Nach seinen Briefen und autobiographischen Texten*, München 1975, 146. Zu Barths missionstheologischem Denken vgl. KARL BARTH, „Die Theologie und die Mission der Gegenwart", in: DERS., *Theologische Fragen und Antworten. Gesammelte Vorträge*, Zollikon 1957, 100–126; und *Kirchliche Dogmatik* IV, 3, § 72, Zollikon 1959.

14 WERNER USTORF/ERHARD KAMPHAUSEN, „Deutsche Missionsgeschichtsschreibung. Anamnese einer Fehlentwicklung", in: *VuF* 22 (2/1977), 2–57, hier 12ff.

15 ERNST STRASSER, „Carl Mirbt als Missionswissenschaftler", in: *LMJ* 43 (1930), 24–46, hier 27. 31. CARL MIRBT, *Die evangelische Mission in ihrer Geschichte und Eigenart*, Leipzig 1917, 76ff.

16 STRASSER, Carl Mirbt (Anm. 15), 31.

Mirbt urteilt, in der Universalgeschichte der Gegenwart werde das Christentum „eine führende Rolle" spielen. Vor allem interessiert ihn die Wendung und Wandlung des Protestantismus zur „Weltkirche im vollen Sinne des Wortes"[17] – freilich immer mit einem kundigen Seitenblick auf Parallelentwicklungen im römischen Katholizismus.

> Wir sind auf dem Wege dazu, daß alle Teile der Welt zueinander in Beziehung treten, und eine gemeinsame Geschichte der Menschheit sich anbahnt. In diesem großen Prozeß, der alle denkbaren Beziehungen und den Austausch aller materiellen, geistigen und sittlichen Güter umfaßt, greift das Christentum durch seine Mission ein und kämpft für den Gedanken einer christlichen Menschheit, der alle Nationalitäten überragt und keine erdrückt. Wir hegen die Zuversicht, daß der Protestantismus der Größe dieser Aufgabe gewachsen ist.[18]

Während G. Warneck gemeint hatte, die Wege der neuzeitlichen Mission des Christentums enthielten Hinweise auf göttliche Fügung und Führung und dass die Tatsachen der Geschichte den Wahrheitsbeweisen der Bibel ergänzend zur Seite träten,[19] lag Mirbt eine derartig erbaulich-heilsgeschichtliche Lesart der Missionsgeschichte fern. Er stellt naiv fest, dass Menschen in ihrem religiösen Suchen immer wieder bereit sind, sich dem Weg anzuvertrauen, den das Christentum zu Gott zeigt. Mirbt sieht, dass die Mundialisierung des Christentums in der Neuzeit im synchronischen Querschnitt Blicke auf Transformationen des Christlichen eröffnet, wie sie ansonsten nur im historischen Längsschnitt rekonstruiert werden können. Er markiert zwei Transformationen: In der Zeit der Alten Kirche führte der Statuswandel des Christentums von einer Minderheitenreligion zu einer kultur- und staatstragenden Macht zu einer Veränderung „in ihrem Innern [...], die Besorgnisse

---

17 MIRBT, Eigenart (Anm. 15), 5ff.; vgl. CARL MIRBT, „Mission und Reformation", in: *Flugschriften der Deutschen Evangelischen Missionshilfe* 7 (1917), 5.

18 MIRBT, Eigenart (Anm. 15), 117.

19 GUSTAV WARNECK, *Der Betrieb der Sendung, Evangelische Missionslehre. Ein theoretischer Versuch*, Bd. III, 1, Gotha ²1902, 258: In einem Zusammenhang, in dem er zunächst biblisch-theologische Gründe für seine Favorisierung der Volkschristianisierung gegenüber der Einzelbekehrung anführt, meint Warneck, es werde, was der biblisch-theologischen Untersuchung „an Beweiskraft vielleicht noch mangelt [...] die geschichtliche Beweisführung ergänzen", und er fährt fort: „Die Tathsachen der Geschichte sind auch eine Exegese der Bibel, und zuletzt reden sie das entscheidende Wort, wenn die theologische Auslegung strittig bleibt." Martin Kähler hat dies übrigens ähnlich gesehen, vgl. MARTIN KÄHLER, „Die Mission – ist sie ein unentbehrlicher Zug am Christentum?", in: DERS., *Schriften zu Christologie und Mission*, hg. v. HEINZGÜNTER FROHNES, München 1971, 105–255, hier 193. Zur Diskussion vgl. HANS-WERNER GENSICHEN, „Missionswissenschaft als theologische Disziplin", in: *Missionstheologie. Eine Einführung*, hg. v. KARL MÜLLER, Berlin 1985, 1–20, hier 10. THEODOR AHRENS, „Missionswissenschaft I.", in: *ThR* 65 (2000), 38–77, hier 44.

wachrief". Die zeitgenössische Weltmissionsbewegung „umschließt ein großes Stück Zukunft der Geschichte des Christentums, sie vermittelt uns den Einblick in religionsgeschichtliche Auseinandersetzungen und Probleme auf den verschiedensten Stufen religiösen Denkens und unter den mannigfaltigsten Kulturbedingungen, sie stellt uns auch durch die von ihr angeregten und hervorgerufenen Entwicklungen ein Material zur Verfügung, das ebenso für die Beantwortung der Frage nach dem Wesen des Christentums wie für das Verständnis vieler Vorgänge in der Vergangenheit der Kirche von großer Bedeutung ist".[20]

So betrachtet stellt die neue Lage, in der die Christenheit sich findet, vor „Aufgaben von so ungeheuren Dimensionen, daß sie sich gar nicht abgrenzen lassen".[21] Daher beginnen Mission und Theologie, „jetzt die beiden notwendige Fühlung miteinander zu gewinnen".[22] Die Veränderung in der Weltlage und die Globalisierung des Christentums in der Neuzeit erfordern und fördern eine streng wissenschaftliche Bearbeitung, Missionswissenschaft.[23]

Mirbt formuliert drei missionswissenschaftliche Aufgaben: zunächst die Beschreibung der Entwicklung der Missionen, die Gesamtheit der sie bedingenden Faktoren, sowie der Ergebnisse ihrer Arbeit. Mirbt lässt keinen Zweifel daran, dass die Zuständigkeit für die wissenschaftliche Bearbeitung der Materialien, die im Zusammenhang der interkulturellen Auffächerung des europäischen Christentums anfallen, zunächst bei der Kirchengeschichte liegt. Kirchengeschichtler haben die interkulturelle Geschichte des Christentums zu schreiben,[24] in Anerkennung der Bedeutung der Missionen für die theologische Wissenschaft sachbezogen,[25] ohne Schönfärberei[26] und frei von jeder Apologetik.[27] Na-

---

20   CARL MIRBT, „Ansprüche der Mission an die alte Christenheit", in: EMM NF 53 (1909), 101–116, hier 112.

21   MIRBT, Eigenart (Anm. 15), 115.

22   MIRBT, Ansprüche (Anm. 20), 110.

23   MIRBT, Mission und Reformation (Anm. 17), 5. 7; MIRBT, Ansprüche (Anm. 20), 112f.

24   MIRBT, Ansprüche (Anm. 20), 111; vgl. STRASSER, Carl Mirbt (Anm. 15), 31.

25   Mirbt in seinem Vortrag auf der Weltmissionskonferenz in Edinburgh: „Lectures are not sermons. We are convinced that missions can stand scientific enquiry, and that they will profit by it." CARL MIRBT, „The Extent and Characteristics of German Missions", in: World Missionary Conference (to consider Missionary Problems in Relation to the non-Christian). The History and Records of the Conference, vol. 9, New York u.a. o.J., 206–217, hier 213.

26   Im Hintergrund steht die im 19. Jahrhundert viel diskutierte Kritik von ERNST FRIEDRICH LANGHANS an aufgeblasenen, phraseologischen und z.T. lügenhaften ‚Tatsachen'-berichten der Mission, in: DERS., Pietismus und Christenthum im Spiegel der äußeren Mission, Leipzig 1864, besprochen von FRITZ BLANKE, „Evangelische Missionskritik im 19. Jahrhundert. Die Auseinandersetzung zwischen Ernst Friedrich Langhans und Hermann Gundert (1864–65)", in: ZKG 72 (1961), 87–105; und KLAUSPETER BLASER,

türlich treibt auch Mirbt auf seine Weise Apologetik, wenn er meint, der Eindruck der Geschichte des Christentums sei umso überwältigender, „je weniger der Leser unter dem Eindruck steht, daß der Historiker zugleich ein Anwalt sein will".[28]

Auf der Basis einer so erarbeiteten Rekonstruktion der neuesten Christentumsgeschichte in der nichtwestlichen Welt wäre, zweitens, eine Theorie der Mission zu erarbeiten. Sie bezieht sich auf in der missionarischen Praxis nicht ohne weiteres lösbare Probleme, die daher theoretische Klärungen erfordern. Diese Aufgaben verweist Mirbt an die Praktische und an die Systematische Theologie.[29]

Drittens markiert Mirbt vergleichende Religionswissenschaft als Aufgabe akademischer Missionswissenschaft. Sie erforscht die Beziehungen zwischen dem Christentum und den Religionen, mit denen es in Kontakt kommt.[30] Wohlgemerkt, Mirbt – immerhin Begründer der Deutschen Gesellschaft für Missionswissenschaft[31] – spricht der Missionswissenschaft nicht den Status einer eigenständigen Disziplin im Fächerkanon akademischer Theologie zu, wohl aber den einer eigenständigen Arbeitsrichtung in Kirchengeschichte, Systematischer und Praktischer Theologie.[32]

Die wissenschaftliche Theologie, meint Mirbt, habe mit der Entwicklung der evangelischen Mission in der Neuzeit zwar nicht Schritt gehalten, doch werde sie – Mirbt ist da zuversichtlich – die große Tragweite der in der neuen Missionsgeschichte anfallenden Materialien erkennen und ernst nehmen. Ergänzend merkt er an, die neue Weltlage der Christenheit erfordere eine akademische Ausbildung evangelischer

„Ansätze zu einer Theorie der Mission bei Ernst Friedrich Langhans (1829–1880)", in: *Humanität und Glaube. Gedenkschrift für Kurt Guggisberg*, hg. v. ULRICH NEUENSCHWANDER u.a., Bern 1973, 195–215; vgl. auch HEINZGÜNTER FROHNES, *Kirchengeschichte als Missionsgeschichte*, Bd. 1, München 1974, LVIIIff.

27 In dieser Hinsicht setzt sich Mirbt ebenso von Warneck wie von Kähler ab.

28 Mirbt, zitiert bei STRASSER, Carl Mirbt (Anm. 15), 31, vgl. 30; vgl. MIRBT, Ansprüche (Anm. 20), 109; sowie sein Referat auf der Weltmissionskonferenz in Edinburgh 1910, 213.

29 MIRBT, Ansprüche (Anm. 20), 111.

30 Die Errichtung von Professuren lediglich für Mission als notwendige Ergänzung aller theologischen Fakultäten bleibt „abzuwarten"; zunächst gehe es darum, „die einzelnen Zweige" der wissenschaftlichen Bearbeitung der neuen Tatsachen „sorgfältig auszubauen". MIRBT, Ansprüche (Anm. 20), 111. Vgl. MIRBT, Extent (Anm. 25), 206–217, hier 213.

31 Dazu HANS-WERNER GENSICHEN, *Invitatio Ad Fraternitatem. 75 Jahre Deutsche Gesellschaft für Missionswissenschaft 1918–1993*, Hamburg 1993, 45ff.

32 Vgl. CARL MIRBTS Ansprache auf der Gründungsversammlung am 26.9.1918, in: *EMM* 45 (1918), 256–261. Vgl. auch MIRBT, Ansprüche (Anm. 20), 101–116, bes. 110f. Vgl. dazu auch FROHNES (Anm. 26), LIII.

Missionare, zumindest eine über das Seminaristische hinausgehende zusätzliche „Ausrüstung für das spezielle [scil. künftige Arbeits-] Gebiet".[33] Damit ist der von W. Freytag später verwirklichte Gedanke der Einrichtung einer Missionsakademie im Prinzip vorgedacht.

2. Carl Mirbt und die koloniale Mission

Wie ging Mirbt mit den kolonialgeschichtlichen Tatsachen um? Das Ineinander von Mission und Kolonialpolitik hat historische Tiefe. Es reicht zurück bis in die Zeit der Alten Kirche. „Missionsgeschichte und Kolonialgeschichte stehen in einem so engen Zusammenhang, daß es für manche Zeiten schwer ist festzustellen, ob in ihnen der Missionsgedanke die führende Stellung einnahm oder ob die kolonisatorischen Pläne das eigentlich treibende Motiv waren."[34] Das Problem der Zuordnung und Unterscheidung ist „sehr kompliziert",[35] einseitige Urteile ebenso leicht möglich wie zu vermeiden. Das Problem lässt sich, meint er 1909, auf dem Wege der theoretischen Erörterung nicht lösen; das Verhältnis von Mission und Kolonialpolitik ist in Mirbts Sicht „ein Problem von eminent praktischer Bedeutung".[36]

Da es in den Kolonien immer wieder „zu Reibereien und Spannungen" zwischen Missions- und Kolonialkreisen kommt, gelte es, „ein positives Verhältnis zwischen Mission und Kolonisation herbeizuführen, ein bewußtes und planmäßiges Hand in Hand Gehen und Zusammenarbeiten".[37] Ausgehend von den 1909 in den deutschen Kolonien gegebenen „tatsächlichen und realen Verhältnissen",[38] also nach der 1906

---

33 MIRBT, Ansprüche (Anm. 20), 113. Auf diesem Gebiet sei noch manches von der röm.-kath. Kirche zu lernen. Ebd.

34 CARL MIRBT, *Mission und Kolonialpolitik in den deutschen Schutzgebieten*, Tübingen 1910, 1.

35 CARL MIRBT, „Missionsgeschichte und Kolonialgeschichte", in: *NAMZ* 4 (1927), 68–80, hier 68f.

36 MIRBT, Mission und Kolonialpolitik (Anm. 34), 4f.

37 Ebd., 5.

38 Ebd. Zur Reorientierung deutscher Kolonialpolitik nach den Aufständen des Jahres 1904 im damaligen Deutsch-Süd-Westafrika, Deutsch-Ostafrika und Kaiser-Wilhelmsland (Neuguinea) vgl. DAVID K. FIELDHOUSE, *Die Kolonialreiche seit dem 18. Jahrhundert*, Frankfurt a.M. 1985, 322ff.; KLAUS J. BADE, „Einführung, Imperialismus und deutsche Kolonialmission: das kaiserliche Deutschland und sein koloniales Imperium", in: DERS. (Hg.), *Imperialismus und Kolonialmission. Kaiserliches Deutschland und koloniales Imperium*, Wiesbaden 1982, 1–28; HORST GRÜNDER, *Christliche Mission und deutscher Imperialismus*, Paderborn 1982, 19ff. 321ff.; DERS., *Geschichte der deutschen Kolonien*, Paderborn u.a. 1985.

vollzogenen Reorientierung deutscher Kolonialpolitik[39], sieht Mirbt die *in Wirklichkeit* vertretene Kolonialpolitik und die *jetzt* betriebene Missionsarbeit in „wichtigen Stücken zusammenfallen", so dass die beiderseitige Interessenlage „eine Arbeitsgemeinschaft" ermöglichen sollte.[40] So Mirbt vor 1914.

Mirbt machte sich allerdings keine Illusionen über die Interessen europäischer Kolonialpolitik. „Jede Annexion ist ein Gewaltakt, auch wenn sie sich durch Verträge vollzieht."[41] Alle Annexionen sind *pacta leonina*[42], und die Frage der moralischen Berechtigung kolonialer Erwerbungen ist „ernst und schwerwiegend".[43] Auch wenn es in Europa „als selbstverständlich" angesehen wird, dass diese Entwicklung einen Fortschritt darstellt, betont Mirbt, „daß diese Beurteilung der Sachlage, mag sie auch objektiv berechtigt sein, vom Standpunkt des herrschenden Volkes aus erfolgt". Aus dem Blickwinkel eines Einheimischen „stellt sich dieser Prozeß anders dar". Er bedeutet nämlich „nichts geringeres als den Zusammenbruch der Welt, in der er lebt". Es gerät „der Boden ins Wanken, in dem sein ganzes Dasein verankert ist".[44] Infolgedessen entstehen „Haß und Verbitterung gegen den Fremden" und zugleich wächst für ihn eine „neue Welt empor", die Staunen auslöst und Anziehungskraft hat. Die Ausbreitung der europäischen Zivilisation unterminiert alte Lebensordnungen und verführt gelegentlich zu „verzweifelten Gewaltakten", die „ernsteste Aufmerksamkeit" verdienen.[45] Mirbt bezeichnet es als eine „große Tragödie", dass die europäische Zivilisation, die sich über die ganze Welt ausbreitet, „alle Völker, deren Grenzen sie

---

39 Während der dritten Phase deutscher Kolonialpolitik, der sog. ‚Ära Dernburg' von 1906–1916, setzen sich im neu geschaffenen Kolonialamt Gesichtspunkte kompetenter und rechtlich geordneter Verwaltung durch. Seit etwa 1906 werden auch humanitäre und menschenrechtliche Fragen öffentlich wirksam. Die einheimische Bevölkerung der deutschen Kolonien hat allerdings keine deutsche Staatsbürgerschaft. FIELDHOUSE, Kolonialreiche (Anm. 38), 325.

40 MIRBT, Mission und Kolonialpolitik (Anm. 34), 5.

41 Ebd.

42 Ebd., 233.

43 Ebd., 234.

44 CARL MIRBT, *Die Bedeutung der Mission für die kulturelle Erschliessung unserer Kolonien. Verhandlungen des Deutschen Kolonialkongresses 1910*, Berlin 1910, 684–694, hier 684f. Vgl. auch MIRBT, Eigenart (Anm. 15), 18: „In der Geschichte der europäischen Kultur bildet die Behandlung der Eingeborenen durch die kolonisierenden Völker Europas ein dunkles Kapitel. Das Verlangen nach möglichst großen Gewinnen in möglichst kurzer Zeit hat zu einem System brutalster und durch keinerlei Rücksichten gehemmter Vergewaltigung der Eingeborenen geführt, das bis in den Anfang des 19. Jahrhunderts die praktische Kolonialpolitik beherrschte."

45 Mit Bezug auf den Herero-Aufstand 1904 in Südwestafrika, in: MIRBT, Bedeutung (Anm. 44), 685.

überschreitet, in schwere innere Krisen hineintreibt".[46] Doch gibt es auf dem einmal betretenen Weg „kein Halten und Zögern, die Logik und Konsequenz des ersten Schrittes ist unerbittlich".[47]

Während die Kolonialpolitik der iberischen Mächte im 16. und 17. Jahrhundert unter dem Vorzeichen eines brutalen Egoismus stand, der den indigenen Bevölkerungen „keinen oder wenigstens keinen ausreichenden Rechtsschutz gegenüber den Gewalttätigkeiten und der Willkür des Europäers" gewährte,[48] markiert der Eintritt der nordwesteuropäischen Mächte England und Frankreich in dieser Hinsicht eine Zäsur.[49] Den „großen Umschwung" im Kolonialismus des 19. Jahrhunderts[50] sieht Mirbt darin, dass sich bei der deutschen Kolonialmacht langsam, und zwar zunächst durchaus auch „im Interesse der Erhaltung ihres Kolonialbesitzes" Rechtsnormen herausschälen, um die einheimische Bevölkerung gegen Übergriffe zu schützen.

> Die europäischen Völker hatten nicht mehr das robuste Gewissen ihrer Vorfahren [...]. Sie begannen einzusehen, daß eine Außerkraftsetzung der für die Regulierung des heimatlichen Lebens maßgebenden Grundsätze außerhalb unseres Erdteils einer tatsächlichen Preisgebung des unbedingt verbindlichen Charakters dieser Grundsätze gleichkommt.[51]

Infolgedessen hat sich in den europäischen Kolonien „eine große Umwälzung vollzogen".[52] Vor diesem Hintergrund ergeben sich für ihn die zivilisatorischen wie missionarischen Aufgaben ungemischt und ungetrennt.[53]

Kolonialpolitik und christliche Mission arbeiten in gegenseitiger Anerkennung ihrer je eigenen Zwecke.[54] Die Kolonialregierung hat einen sicheren Rechtsrahmen, nicht zuletzt Religionsfreiheit zu garantieren.[55] Für das deutsche Volk, das lange „außerhalb der universalgeschichtlichen Entwicklung" gestanden hat, ergibt sich mit dessen kolonialen Erwerbungen, deren moralische Berechtigung durchaus fragwürdig ist, die Aufgabe, diesen „Wechsel für die Eingeborenen günstig zu gestal-

---

46   Mɪʀʙᴛ, Eigenart (Anm. 15), 108ff.
47   Ebd., 109.
48   Mɪʀʙᴛ, Mission und Kolonialpolitik (Anm. 34), 221.
49   Mɪʀʙᴛ, Eigenart (Anm. 15), 9ff.; Mɪʀʙᴛ, Mission und Reformation (Anm. 17), 5. 11.
50   Mɪʀʙᴛ, Mission und Kolonialpolitik (Anm. 34), 221.
51   Ebd., 224.
52   Ebd.
53   Die evangelische Mission verfolgt ein religiöses Ziel, auf das „ihre ganze Tätigkeit [...] einzustellen" ist, zugleich hat sie in diesem Ziel das Kriterium für die Beurteilung aller missionarischen Unternehmungen. Mɪʀʙᴛ, Eigenart (Anm. 15), 80.
54   Mɪʀʙᴛ, Mission und Kolonialpolitik (Anm. 34), 251.
55   Ebd., 243.

ten".[56] Die christliche Mission habe zwar ihren im Christentum Grund gelegten eigenen Zweck,[57] wird aber durch die kolonialgeschichtlich veränderte Situation in einen „Umbildungsprozeß"[58] hineingezogen. Es gelte, da der koloniale Prozess nicht zum Stillstand zu bringen sei, „den Eingeborenen in dieser Übergangszeit helfend und ratend" zur Seite zu stehen und es ihnen zu erleichtern, „zwischen einst und jetzt Brücken zu schlagen".[59] Sie habe für das, was den Indigenen verloren ging, „einen höherwertigen Ersatz zu bringen".[60] Die Situation umschließt „durch die überaus aussichtsreichen Perspektiven, die sie eröffnet, Pflichten besonderer Art",[61] die Durchdringung des ganzen Lebens mit dem Geist des Christentums. Mirbt sieht sich, seine Zeit, die christliche Mission „vor einem Sieg idealer, humaner und christlicher Lebensanschauungen, durch die das gesamte Kolonialwesen auf eine höhere Basis emporgehoben worden ist".[62]

Der kulturelle Beitrag des Protestantismus zur Wertebildung wird vermittelt über den Erziehungsgedanken, das Erziehungswesen, in der Form von Bildungsarbeit, auch in Erziehung zur Arbeit, also zu den Idealen des christlichen Bürgertums im 19. Jahrhundert.[63] Im Kern geht es Mirbt beim Erziehungsgedanken um die Heranbildung und Herausbildung der Einzelpersönlichkeit, eine Vorstellung, die „den meisten Völkern fremd" sei, weil der Einzelne nur als „Glied seiner Familie, seines Stammes, seines Volkes" in Sicht komme und „keine freie Verfügung über sich selbst" habe, während das Christentum jedem Menschen das Recht zuspreche, „nach eigenem Ermessen den christlichen Glauben anzunehmen".[64]

---

56   Ebd., 235.

57   „Die Mission ist […] der Ausdruck der auf Bestätigung hindrängenden Lebenskraft des Christentums und der in Aktivität umgesetzte Glaube an seine Zukunft und an seine universale Bestimmung." Ebd., 7, dort gesperrt. Vgl. Mirbt, Geschichte (Anm. 35), 72.

58   Mirbt, Ansprüche (Anm. 20), 102. Vgl. dazu das Referat des Barmer Missionsinspektors August Schreiber, „Die Menschenrechte der Eingeborenen in den Kolonien", 13–30; sowie die folgenden ‚Leitsätze', 30–33, der Verhandlungen der zehnten Kontinentalen Missions-Konferenz zu Bremen 14.–17. Mai 1901, Berlin 1901.

59   Mirbt, Bedeutung (Anm. 44), 686.

60   Ebd.

61   Mirbt, Ansprüche (Anm. 20), 102.

62   Mirbt, Mission und Kolonialpolitik (Anm. 34), 226.

63   Ebd., 101ff.; Mirbt, Bedeutung (Anm. 44), 686f.

64   Mirbt, Eigenart (Anm. 15), 104. Was den Erziehungsgedanken angeht und die Herausbildung der christlichen Persönlichkeit, vgl. Klaus A. Baier, Ökumenisches Lernen als Projekt. Eine Studie zum Lernbegriff in Dokumenten der Ökumenischen Weltkonferenz (1910–1998), Hamburg 2000, 21ff. 53ff. (mit Bezug auf die Weltkonferenz für Praktisches Christentum in Stockholm 1925).

Das vorletzte Ziel evangelischer Mission sieht Mirbt in deren Beitrag zur Wertebildung in der Gesellschaft, das letzte Ziel sei der durch sein Gottesverhältnis im Gewissen befreite Mensch.

Im Jahre 1927 bearbeitet Mirbt das Thema Mission und Kolonialismus erneut. Im Rahmen seiner vor dem Ersten Weltkrieg abgesteckten Grundhaltung setzt er einige Akzente. Für das „Verständnis der tatsächlichen Beziehung zwischen Mission und Kolonialismus" sei nach wie vor „die Erfassung des grundsätzlichen Unterschiedes zwischen den beiden Größen die unerlässliche Vorbedingung".[65] Auch wenn Mission und Kolonialpolitik „grundverschiedene Ziele" verfolgen, könnten sie einander doch nicht ignorieren, müssten vielmehr miteinander in Beziehung treten.[66]

Mirbt erkennt, dass der Erste Weltkrieg den Anfang vom Ende der europäischen Kolonialherrschaft zur Folge haben dürfte. Die christliche Mission werde aber die Zeit, in der das Thema Mission und Kolonialismus aktuelle Bedeutung hatte, überdauern. In den kolonisierten Gesellschaften bahne sich eine „selbstbewusste und planmäßige Abkehr von dem Europäertum" an.[67]

Im Blick auf den Weg der einheimischen Bevölkerung aus der Welt, in der sie vor ihrer Unterwerfung stand, in eine neue Welt, in die sie aufgrund ihrer Konfrontation mit europäischem Kolonialismus und der Berührung mit dem europäischen Kulturkreis hineingerissen wurde, markiert er als zentrale Aufgabe vorausschauender Kolonialpolitik die allmähliche Durchsetzung des Rechtsgedankens. Allmählich verbinden sich in der öffentlichen Meinung die Entdeckung eines Allgemeinen Menschenrechts und das Erwachen des Gewissens der christlichen Völker und verleihen der Forderung, „mit den verkehrten und verabscheuungswürdigen Methoden in der Zeit der Anfänge der Kolonialgeschichte radikal zu brechen", Rückhalt.[68] Der christlichen Mission traut Mirbt zu, den zersetzenden Wirkungen europäischer Kultur durch Vermittlung religiöser und sittlicher Vorstellungen in Verkündigung und Bildungsarbeit positive Impulse entgegenzusetzen. Den entscheidenden Beitrag des Christentums zur Erneuerung kolonisierter Gesellschaften und zur Formung einer neuen Weltbürgergesellschaft verortet er im Bereich der Wertebildung, der Normenbildung und der ‚Produktion' von Wahrheit.[69]

---

65 Mirbt, Geschichte (Anm. 35), 72, dort teilweise kursiv.

66 Vgl. zum Folgenden ebd., 74.

67 Ebd., 68–80. 79f.

68 Ebd., 74.

69 Zur Aktualität dieser Perspektive vgl. Ralf Dahrendorf, „Das Zerbrechen der Ligaturen und die Utopie der Weltbürgergesellschaft", in: Riskante Freiheiten, hg. v.

3. Ökumenizität und reformatorische Wahrheitserkenntnis

Mirbt ist optimistisch, was die Globalisierung eines mit der Aufklärung
und dem Fortschrittsgedanken verbündeten Protestantismus angeht. In
der neuen Periode der Universalgeschichte gewinnt die geschichtliche
Wirkung der Reformation globale Dimensionen.[70] Der Protestantismus
erarbeitet einen eigenen Anteil an der Begegnung des Christentums mit
den nichtchristlichen Religionen,[71] ist „auf dem Wege zur Weltreligion"[72]
zu werden. Wie geschieht das?

Entscheidend dadurch, dass evangelische Mission „die Verbindung
mit den geistigen Kräften der Reformation vermittelt".[73] Dem Missions-
konfessionalismus lutherischer Prägung wie dem Dogmenexport früherer Missionen steht Mirbt ablehnend gegenüber.[74] Der Protestantismus
weist „alle denkbaren Standpunkte" auf, verzichtet auf Gleichförmig-
keit in kirchlichen Dingen, vermittelt nach außen den Eindruck einer
„zusammenhanglosen Masse von großen und kleinen Organisatio-
nen"[75] mit je eigenen Wegen und Sonderzielen, gesteht dem Einzelnen
eine große Freiheit zu, wie sie auf religiösem Gebiet bis zur Reformation
„versagt war", verzichtet auf eine Instanz, die dogmatische oder kir-
chenstrukturelle Fragen reguliert,[76] und doch konstatiert Mirbt eine Ge-
samtwirkung evangelischen Glaubens. Er hebt zwei Momente hervor,
formal das Schriftprinzip: Der Protestantismus hat im Rückgang auf
die Heilige Schrift für eine Reihe wichtiger religiöser Grundfragen neue
Antworten gefunden. Der Weg *ad fontes* ist immer gut für Überraschun-
gen! Sodann stellt er die Begründung des Freiheitsgedankens aus einem
neuen Gottesverhältnis[77] zentral. In der „Proklamation der Freiheit zu
individueller Erfassung des Christentums", die gerade in der Zentralstellung der Einzelnen „dem Ganzen nutzbar wird",[78] sieht er einen
wichtigen gesellschaftlichen Beitrag des Protestantismus zum Tragen

---

ULRICH BECK/ELISABETH BECK-GERNSHEIM, Frankfurt a.M. 1994, 421–436. Dahrendorf
unterstreicht die Bedeutung der Religion angesichts der Zersetzung lokaler Identi-
täten und sieht ihren wichtigen Beitrag in der kulturellen und wissenschaftlichen
Sphäre der Wertebildung und Arbeit am Wahrheitsbegriff.

70   MIRBT, Eigenart (Anm. 15), 13.
71   MIRBT, Mission und Reformation (Anm. 17), 13.
72   MIRBT, Eigenart (Anm. 15), 115.
73   MIRBT, Mission und Reformation (Anm. 17), 13.
74   Ebd., 14f.; MIRBT, Eigenart (Anm. 15), 86f.
75   MIRBT, Mission und Reformation (Anm. 17), 15.
76   Ebd., 14f.
77   MIRBT, Eigenart (Anm. 15), 79ff.
78   MIRBT, Mission und Reformation (Anm. 17), 16; MIRBT, Eigenart (Anm. 15), 31ff. 76ff.
     – Wo es zu Volkschristianisierungen gekommen ist (die Mirbt an anderer Stelle

kommen. Auch in dieser Frage weiß er sich von der Empirie bestätigt: Überall auf der Welt antworten Menschen auf die protestantische Option. Zu den geschichtlichen Tatsachen gehört für Mirbt die „geschichtliche Erfahrung", dass der Protestantismus „der ganzen Menschheit etwas zu bringen vermag, was sie entbehrt [...] aber in keiner anderen Religion finden kann".[79] Wie rätselhaft das Innere dieser Vorgänge auch sein mag, in der universalen Wiederholbarkeit des religiösen Erlebnisses des Reformators wird der Sachzusammenhang mit dem Geist der Reformation immer wieder hergestellt und gewinnt evangelische Mission immer neu ihre Zielbestimmung.[80] Die evangelische Mission stellt die Einzelnen in den Mittelpunkt. Darin liegt trotz unterschiedlicher Ausformungen der gemeinsame Grundcharakter evangelischen Glaubens,[81] dessen ausschlaggebendes Merkmal sein Freiheitsbewusstsein ist.[82] Als Religion der Liebe wird der polyphone Protestantismus zur „Weltkirche im vollen Sinne des Wortes",[83] bildet eine Art ökumenisches Konzil.[84]

Mirbt vertritt ein liberales Verständnis des Christentums, das in vieler Hinsicht dem Erbe der Aufklärung verpflichtet ist. Gleichwohl sieht er „im Verhältnis von Aufklärung und Mission" durchaus „eine Spannung grundsätzlicher Art", und zwar, weil „das Urteil der Aufklärung über das Christentum und sein Verhältnis zu anderen Religionen die Voraussetzungen erschüttert, von denen aus allein eine christliche Mission möglich ist".[85]

---

durchaus auch befürwortet hat), habe der Protestantismus darauf im Grunde noch keine Lösungsangebote gefunden.

79 Mirbt, Eigenart (Anm. 15), 116.
80 Mirbt, Mission und Reformation (Anm. 17), 18 (bei Mirbt kursiv).
81 Mirbt, Eigenart (Anm. 15), 116.
82 Ebd., 78ff.
83 Ebd., 5.
84 Mirbt, Extent (Anm. 25), 206ff.
85 Mirbt, Eigenart (Anm. 15), 27.

Abb. 15: Walter Freytag

III. Walter Freytag: Mission und Wirklichkeit: Eschatologie als Zeitkritik

1. Wirklichkeitsverlust der Mission?

Der Lehrauftrag für Missionswissenschaft, den Walter Freytag, Missionsdirektor der Hanseatischen Kirchen (bis 1.5.1953) und Sekretär des Deutschen Evangelischen Missionsrates (seit 1946 dessen Vorsitzender), nebenamtlich an der Universität Hamburg wahrgenommen hat, wurde ihm nach mehrjährigem Hin und Her[86] 1944 entzogen[87] und 1947 im Status einer Honorarprofessur wiederhergestellt. Seit 1953 war Freytag an der Kirchlichen Hochschule und später als Ordinarius für *Missionswissenschaft und Ökumenische Beziehungen der Kirchen* an der Universität Hamburg tätig.

Die Festschrift *Basileia*[88] zu Freytags 60. Geburtstag vermittelt das Bild eines einfühlsamen, noblen, ebenso gelehrten Missionswissenschaftlers wie besonnenen theologischen Publizisten und diplomatischen Missionspolitikers, der auch in der Nazizeit seine Integrität nicht verloren hatte.

Eben dieses Bild ist zur Diskussion, ja, in Abrede gestellt worden von Rainer Hering[89] und Werner Ustorf.[90] Hering und Ustorf zeichnen das Bild eines Anpassungspragmatikers, der vorrangig darauf bedacht gewesen sei, die Beziehungen der deutschen Missionen zu ihren überseeischen Arbeitsgebieten und den Zusammenhalt der deutschen evangelischen Missionen untereinander zu bewahren und, teils aus anpassungspragmatischen Gründen,[91] teils, weil er die ideologischen Voraus-

---

86 In diesen Zusammenhang gehört die gutachterliche Äußerung von Prof. Meinhof, „wie notwendig die Dozentur über Mission für Hamburg" und zwar schon seit 1910 für sprachwissenschaftliche Arbeit der Hamburger Institute für Afrikanische und Südseesprachen sei (vermutlich Juni 1941), EMW Archiv, DEMH 289, Wissenschaftliche Zusammenarbeit Freytag – Meinhof.

87 WERNER USTORF moniert, dass der Entzug des Lehrauftrags „not in 1933, but 1944" erfolgte. DERS., *Sailing on the Next Tide. Missions, Missiology, and the Third Reich*, Frankfurt a.M. u.a. 2000, 147.

88 JAN HERMELINK/HANS JOCHEN MARGULL (Hgg.), *Basileia*, Stuttgart ²1961, 19ff.

89 HERING, Missionswissenschaft (Anm. 8), bes. 74ff.

90 WERNER USTORF, „The Documents that Reappeared. The Minute-Books of Council and Federation of German Protestant Missions 1924–1949", in: LYNNE PRICE u.a. (Hgg.), *Mission Matters*, Frankfurt a.M. u.a. 1997, 63–82; USTORF, Next Tide (Anm. 87), 138ff.

91 Zur Materialgrundlage dieser Urteile ist Folgendes festzustellen: Hering und Ustorf berufen sich auf Quellenstudien. Hering führt im Fußnotenapparat darüber hinaus

setzungen des Nationalismus geteilt oder diesen doch nahe gestanden
habe, zu den entscheidenden Vorgängen während des ‚Dritten Reiches'
geschwiegen habe.

• Exkurs: Rainer Hering, Theologische Wissenschaft und ‚Drittes Reich',
behauptet, W. Freytags Stellungnahme zum Thema Rasse sei der seines Vor-
gängers Martin Schlunk „ähnlich" (74) gewesen. Schlunks Stellungnahme
zum Thema Rasse schien ihm „nicht nur aus (pseudo-)wissenschaftlichen
Gründen, sondern vermutlich auch aus einer ideologisch-politischen Nähe
zum völkisch-nationalistischen Spektrum heraus erfolgt zu sein" (54, vgl.
75, Anm. 145). Hering verweist zur Begründung auf die von der deutschen
Delegation auf der Weltmissionskonferenz in Tambaram vorgelegte Son-
dererklärung, an der Schlunk und Freytag beteiligt gewesen sind. Diese
Erklärung sagt tatsächlich unter Ziff. 1., für die Zeit des Übergangs zwischen Christi Auferstehung und Wiederkunft gäbe es „bestimmte Ordnungen, die Gott gegeben hat, und die von dauernder Gültigkeit sind". Dafür
werden aufgezählt die Spannung der Geschlechter, der Aufbau von Familie und Sippe, Unterschiede der Völker mit verschiedenen Regierungsfor-
men sowie „die der Rassen mit ihren verschiedenen natürlichen Gaben".
Wiewohl Gottes Liebe allen Menschen ohne Ansehen der Person gelte und
trotz der Einheit derer, die an Christus glauben, sei „die weitere Gültigkeit
dieser Ordnungen mit der Verschiedenheit ihrer Gaben und Aufgaben zu
achten". Es sei daher „nicht erlaubt, diese Ordnungen der Geschlechter und
Familien, der Nationen und Rassen aufzulösen".[92] Diese Erklärung bewegte

---

Interviews mit W. Ustorf, Tobias Eiselen und mit dem Sohn Justus Freytag an. Die
Quellen, die sie heranziehen, betreffen, was W. Freytag angeht, im Wesentlichen die
Aktenordner DEMH-Nachlass Walter Freytag, Walter Freytags Lehrauftrag, Zusammenarbeit mit Prof. Meinhof u.a. Bei den herangezogenen Archivalien aus dem im
EMW gelagerten Freytag-Nachlass handelt es sich vor allem um Material aus institutionellen Zusammenhängen (Universität, Kolonialinstitut, Philosophische Fakultät),
also Institutionen, die in besonderer Weise dem direkten Eingriff des Parteistaates
ausgesetzt waren. Hering urteilt *ex posteriori*, als hätte damals jeder wissen können,
dass die Naziherrschaft 1945 zu ihrem Ende kommen würde. Hering urteilt auf der
schmalen Basis offiziöser institutionalisierter Zusammenhänge und vermittelt den
Eindruck, als wäre Freytags akademisches Wirken damals seine Haupttätigkeit gewesen. Das war es nicht. Schließlich zu der Bemerkung, Freytag habe, da sein Büro
im Hamburger Grindelviertel lag, die Abtransporte der Hamburger Juden in die
Vernichtungslager mit eigenen Augen beobachten können und dazu geschwiegen.
Hering wusste nicht und Ustorf wusste, bis ich (T.A.) über Th. Sundermeier ihm
davon Mitteilung machte, nicht, dass 1944 im Hause Walter Freytags ein ‚halbjüdi-
sches' Kind Unterschlupf gefunden hatte. Dies zu seiner Entlastung anzuführen,
wäre W. Freytag ebenso abwegig vorgekommen wie seinen Söhnen, die mir diese Information auf meine Nachfrage hin bestätigten (8.9.1993, Gespräch mit Justus Freytag). Ustorf ordnet diese Information nunmehr als „a very recent oral tradition" ein.
Ustorf, Documents (Anm. 90), 79, Anm. 30.

92   Zitiert nach Hans Jochen Margull (Hg.), *Zur Sendung der Kirche. Material der Ökumenischen Bewegung*, München 1963, 62–64, hier 62f.

sich im Spektrum einer damals gewiss nicht unumstrittenen und durchaus auch nicht unproblematischen lutherischen Theologie der Schöpfungsordnungen und wurde in Madras vermutlich aus apologetischen Gründen formuliert. W. Freytag hat sich schriftlich zur „Rassenfrage in der Mission" geäußert.[93] Freytags Äußerungen passen m.E. nicht zu der von Hering behaupteten Übereinstimmung mit nationalsozialistischer Ideologie. Hering erscheint in diesem Text „vor allem das hier gebrauchte Vokabular [...] und die Anerkennung einer ‚Rassenfrage'" als solcher problematisch; Freytag plädiere für einen Rassenbegriff, der die „untrennbar volkliche und nationale geschichtliche Gewordenheit mit sieht" (83). Beweiskraft für den Freytagschen Rassismus sieht er schließlich darin, dass dieser vor einer sexuellen Rassenmischung gewarnt habe. Hering zitiert korrekt und scheint mir doch den Gesamtduktus des Textes, den Freytag vorgetragen hat, zu verschieben. Entsprechendes gilt für den Text von Schlunk. Was haben Schlunk und Freytag geschrieben?

Ich beginne mit *Schlunk*: Dessen Text enthält ein Referat des seinerzeit beachteten Buches aus der Feder des angesehenen Ökumenikers John H. Oldham, damals Sekretär des Internationalen Missionsrates in London.[94] Schlunk empfiehlt diesen Text als ein, was das Rassenproblem angeht, für alle Missionare und Kirchenführer nützliches, ständig zu konsultierendes Handbuch (305). Schlunk definiert die Rassenfrage als „Anwachsen eines überheblichen Rassenbewußtseins", als einen „Kampf, der verhängnisvoll werden muß, wenn es nicht gelingt, das Rassenproblem auf friedlichem Weg zu lösen" (292). Die Liebe Gottes gelte jedem Menschen, Rassenhass sei nicht angeboren, sondern habe seine Ursachen „in der Wirtschaft, in der Politik, im Temperament, in der Kulturhöhe, in der Abneigung gegen Zwischenehen" (293). Das Wort Rasse sei „ein so vager Begriff, daß ihm in der Wirklichkeit nichts bestimmtes entspricht" (293). Es gäbe selbstverständlich „Ungleichheit in der natürlichen Veranlagung der Einzelnen und dementsprechend vermutlich unter den Rassen", aber es fehle an Möglichkeiten, einen Rassebegriff wissenschaftlich zu erhärten. Ebenso fest wie die Verschiedenheit der Rassen stehe die grundsätzliche Gleichheit der menschlichen Natur (294). Es habe „jeder Mensch den Anspruch darauf [...], als Mensch behandelt und geachtet zu werden" und in dieser Perspektive rücke die Rassenfrage „in das Licht des Kampfes ums Recht", insbesondere auf Gleichbehandlung vor dem Gesetz. Dies gelte es kolonialpolitisch und sozialrechtlich durchzusetzen (296. 298), nicht zuletzt mit der Verwirklichung politischer Freiheit in Südafrika (302). Die Frage der „Rassenmischehe" führe zu der Erkenntnis, dass Rassenkreuzung sowohl zur Erhöhung

---

93 Vgl. Walter Freytag, „Die Rassenfrage in der Mission", in: *Die Weltreligionen und das Christentum. Vom gegenwärtigen Stand ihrer Auseinandersetzung*, hg. v. Paul Althaus u.a., München 1928, 77–98. Martin Schlunk, „Das Christentum und die Rassenfrage", in: *NAMZ* 1 (1924), 291–305.

94 John Oldham, *Das Christentum und das Rassenproblem. Christianity and the Race Problem*, London 1924.

als auch zu einer Minderung wertvoller Charaktereigenschaften führen könne. Nachkommen aus Mischehen gehörten weder der einen noch der anderen Rasse an, und dies stelle deren Leben „von Anfang an unter einen unglücklichen Stern" (300). So viel zu Schlunk.

Walter Freytag beginnt mit einer „prinzipiellen Bemerkung", nämlich dass man sich auf einem „gefährlichen Boden" bewege, wenn man sich zur Rassenfrage äußere (77f.), und zwar „nicht deswegen, weil weite Kreise unseres Volkes in dem Ausschnitt der Rassenfrage, der uns beschäftigt, der Judenfrage, hineingezogen sind in eine Auseinandersetzung, wo nur zu oft eine leichtfertig propagierte Halbwissenschaft eine Gefolgschaft findet, die leichtgläubig in ihrer kritiklosen Selbstverherrlichung und fanatisch in einer merkwürdigen Blickverengung nicht mehr die Fähigkeit hat zu ruhigem Denken und willigem Hören. Auch nicht deswegen, weil das Rassenproblem der Welt in seiner unlöslichen Verwicklung und der immer wachsenden Intensität, mit der die Menschheit seiner bewußt wird, in sich hat die Möglichkeit zu einer ungeheueren für uns Weißen vernichtenden Weltkatastrophe". Das „sollte uns ja die Augen öffnen lassen und das Denken bewegen, ob wir dieser Katastrophe auf irgendeinem Wege entgehen können". Gleichwohl, dies alles sei nicht das Gefährliche. Das Gefährliche in allen Auseinandersetzungen über die Rassenfrage sei gerade, dass der Begriff Rasse „weder in unserem Sprachgebrauch eindeutig festliegt, noch es eine wissenschaftlich allseitig anerkannte Begriffsbestimmung der Rasse und der Rassenmerkmale gibt" (78). Der Begriff der Rasse, stellt Freytag mit Oldham und Schlunk fest, ist ungeklärt, im Grunde wissenschaftlich unbrauchbar. Freilich würde eben diese Feststellung „die breite Öffentlichkeit nicht bewegen", weil „der Rassenbegriff über den Rahmen einer rein somatischen Anthropologie hinausgewachsen" sei. Im Zuge dieser Entwicklung verbänden sich Vorstellungen und Unterscheidungen verschiedener körperlicher Merkmale mit der Vorstellung von verschiedenen seelischen Grundhaltungen, und dies öffne „der blinden Willkür Tor und Tür" (79). Die Vorstellung einer Unveränderlichkeit und Unaufhebbarkeit psychischer Rasseneigenschaft sei unbeweisbar, ja, ein Irrtum, leugne von vornherein jegliche Möglichkeit der Überwindung des Rassengegensatzes und stelle eine Beeinflussung psychischer Faktoren „durch soziale und wirtschaftliche Gegebenheiten" in Abrede (79).

Demgegenüber verortet Freytag die Entstehung von „Rassenbewußtsein" in sozialen, politischen und ökonomischen Konfliktfeldern. Rassenbewusstsein entstehe „immer als Differenzgefühl aus irgendwelchen unangenehmen Erfahrungen" (80), und zwar meistens dort, „wo eine Mehrheit und eine Minderheit verschiedener Rassen in politischer und sozialer Abhängigkeit zueinander stehen und man den Gegner fürchten muß" (81). Also, Rassenbewusstsein sei „immer ein sekundäres, aus irgendeinem anderen Gegensatz erwachendes Gefühl". Damit sei jeder Versuch einer Wertung der Rassen „von vornherein in ein fragliches Licht gestellt" (81). Das leichtsinnige Reden von Rassenvorzug und Rassenüberlegenheit steigere den Rassengegensatz und vereitele die fruchtbare Zusammenarbeit, zu der die Menschheitsgruppen in der weltweiten Verflechtung der Gesellschaften beitragen sollten (82). Gleichwohl sei als Tatsache zur Kenntnis zu nehmen, dass die Gegensätze zwischen menschlichen Gruppen oft gerade darin ihre Kraft und Schärfe gewönnen, dass sie „nicht als wirtschaftliche oder politische, sondern als Rassengegensätze empfunden werden" (82).

Wenn man also den Begriff der Rasse in die Diskussion einführe, dann könne man nur mit einem Rassenbegriff arbeiten, „der sich nicht beschränkt auf das naturhaft Gegebene an körperlichen und seelischen Eigenschaften, sondern untrennbar volkliche und nationale geschichtliche Gewordenheiten mitsieht" (83). Es gelte, den Rassengegensatz zu sehen „mit dem Blick auf die gegenwärtige Lage, wie sie sich nun einmal geschichtlich gegeben hat, und mit der klaren Erkenntnis, daß wir im Rassengegensatz es auch mit seelischen, also irgendwie erziehbaren Faktoren zu tun haben". M.a.W., eine biologistische Rassentheorie lehnt er ab.

Zum Thema Rassenfrage in der Mission verweist er auf Schlunks Beitrag und stellt seinerseits fest, Missionsarbeit habe „keine politischen Ziele". Die einzige Aufgabe der Mission sei und bleibe, „das Evangelium zu verkündigen, die Botschaft von der Liebe des heiligen Gottes zum verlorenen sündigen Menschen, die Botschaft von der Berufung des Menschen in Gottes Königreich" (83). Diese Aufgabe lasse sich jedoch nur dadurch „erfüllen […], daß die Träger dieser Aufgabe öffentlich Zeugen dafür sind, wie Gott Menschen, die seiner Botschaft folgen, hineinstellt in die natürliche Gemeinschaft und wie die Gemeinschaft, die er den Bürgern seines Reiches gibt, sich abhebt von aller menschlichen Gemeinschaft" (84). Er exemplifiziert seine Position zur Zuordnung und Unterscheidung von Mission und Politik am Beispiel des Sklavenhandels, der imperialistischen Erniedrigung Chinas durch die im 19. Jahrhundert von den Westmächten erzwungenen „knechtenden Verträge" und an der Kolonialarbeiterfrage (84f.), weiter an der rechtlosen Enteignung des Kongo „mit einem Federstrich […] mit allen Werten, Land und Erzeugnissen, Bodenschätzen" (85). Angesichts solcher Ungerechtigkeiten kolonialer Fremdherrschaft könne der Missionar „nicht dabei stehen und seinen Mund halten. Das hieße, an einem entscheidenden Punkt versagen" (86). In Südafrika sei, weil dort zwei sehr unterschiedliche Gruppen durch geschichtliche Entwicklungen nebeneinander lebten, „zunächst" die soziale Trennung bei Gleichheit der Handels- und Bildungsmöglichkeiten der einzig mögliche Weg zum friedlichen Zusammenleben. Aber eben dies gehe auf Dauer nicht (88). Vor diesem Hintergrund betont Freytag die Verpflichtung der Missionare, „Anwalt der Eingeborenen" zu sein und um der Solidarität willen auf der anderen Seite zu stehen.

Zum Schluss geht Freytag kurz auf die Frage der „sexuellen Rassenmischung, unter der die Mission schwer leidet", ein. Er meint, „die Geringwertigkeit der Nachkommenschaft" dieser Ehen lasse sich „auch ohne Zuhilfenahme der biologischen Erklärung deuten", weil „diese Ehen doch nicht auf einer geistigen Gemeinschaft beruhten" (90 – von Hering, 74, Anm. 148, angeprangert). Das eigentliche Problem sei „das zwischenrassige Konkubinat mit seiner Zuchtlosigkeit". Für jeden Kenner kolonialer Verhältnisse bezieht sich Freytag auf die weit verbreitete Praxis allein stehender europäischer Kolonialbeamter, Geschäftsleute, *beachcomber* etc., die sich je nach Bedarf Frauen holten und nach Belieben auch wieder entließen, und auf weiße Prostituierte unter den schwarzen Arbeitern in Südafrika.

In der Schularbeit der Missionen sieht Freytag eines der aussichtsreichsten Instrumente zur Eindämmung des Rassismus. Die Mission müsse sich gerade im Schulwesen „einsetzen für das Recht der Eingeborenen", die eben diese Wertvorstellungen „nicht fassen können, wenn sie ihnen nicht mit den lebendigen Tönen ihrer Muttersprache gebracht werden" (97).

Auch im Ausland, z.B. während der Weltmissionskonferenz in Madras 1938 habe er sich, als er öffentlich zu reden Gelegenheit gehabt habe, jeder Kritik enthalten.[95] Nach dem Krieg habe Freytag dann unter Ausnutzung des Imagebonus', im ‚Dritten Reich' seines Lehramtes an der Universität Hamburg enthoben worden zu sein, also unter Ausnutzung einer wenn nicht angemaßten, dann doch ihm zugeschriebenen Opferrolle[96] die Restauration evangelischer Mission betrieben, statt bußfertig deren fällige Neubesinnung einzuleiten. Im Zuge dessen habe sich der Wirklichkeitsverlust deutscher Missionen, der ihm ansatzweise schon in den 30er Jahren unterlaufen sei, fortgesetzt und durch die Eschatologisierung seines Missionsbegriffs noch verstärkt. Unter Vermeidung einer *öffentlichen* Identifikation mit dem Stuttgarter Schuldbekenntnis habe er für sich und für die sich selbst bemitleidenden deutschen evangelischen Missionen die Rückkehr in die Ökumene inszeniert. Indem er das Thema Kirchwerdung in der nichtwestlichen Welt in einem ökumenischen Kontext in den Vordergrund seiner missionstheologischen Reflexion schob, habe er die Aufarbeitung der eigenen, mit dem Nationalsozialismus verquickten Vergangenheit verhindert.[97] Die Eschatologisierung seines

---

95　Zur Geschichte und Vorgeschichte der Beteiligung evangelischer Missionen an der Weltmissionskonferenz in Tambaram (1938) vgl. Frieder Ludwig, *Zwischen Kolonialismuskritik und Kirchenkampf. Interaktionen afrikanischer, indischer und europäischer Christen während der Weltmissionskonferenz in Tambaram 1938*, Göttingen 2000, 196–305.

96　Freytag selbst stellt den Entzug des Lehrauftrags *nicht* als eine gegen ihn persönlich gerichtete Verfolgungsmaßnahme, sondern als eine gegen das Fach Missionswissenschaft gerichtete Aktion des zuständigen Ministeriums in Berlin dar, in deren Hintergrund eine Initiative der NSDAP stand. EMW Nachlass Freytag Akte 499, Freytag an Dr. Merck 8.11.1951. Dies notiert auch Hering, Missionswissenschaft (Anm. 8), 35–85, hier 74.

97　Ustorf, Documents (Anm. 90), 63–82, hier 79ff.; ders., Next Tide (Anm. 87), 145ff. Hering folgt Ustorf, vgl. ders., Missionswissenschaft (Anm. 8), 53, Anm. 63, sowie 76. Schon zuvor hatten zuerst Manfred Linz, später Erhard Kamphausen und Werner Ustorf Walter Freytags Theologie einer – auf politischen Gewissheiten der 68er beruhenden – Fundamentalkritik unterzogen. Manfred Linz, *Anwalt der Welt. Zur Theologie der Mission*, Berlin 1964, 134ff. 186ff. 191. 196.

Missionsbegriffs habe zu einer missionarischen Entwertung der Welt[98] geführt. Schon während der 30er Jahre, als die internationale, ökumenisch engagierte Missionsbewegung unter Führung von John Oldham sich der Frage stellte, welchen Platz das Christentum in der modernen, säkularisierten Gesellschaft ausfüllen könne, und damit vor dem Hintergrund der zeitgenössischen totalitären Herrschaftssysteme Profil gewann, hätten evangelisches Missionsdenken und Missionspolitik in Deutschland unter Führung von W. Freytag mit einem ideologisch rückwärts gewandten, antimodernistischen Anpassungspragmatismus ihre theologische Relevanz verspielt.[99] Freytag habe sich mit seinem kontinuierlichen Bezug auf den Volkstumsgedanken die Kenntnisnahme der für die fällige Ortsbestimmung der Mission relevanten Tatsachen, den Einbruch der Säkularität, den Blick auf die theologische Herausforderung gesellschaftlicher Verwerfungen geradezu verstellt.[100] Ustorfs aus den von W. Freytag geführten Protokollen und Mitschriften der Sitzungen des Deutschen Evangelischen Missionsrates und verwandten Archivalien gewonnenes Bild berücksichtigt nicht die Publikationen W. Freytags, und zwar weder, was er während des ‚Dritten Reiches' veröffentlichte, noch jene Texte aus den Jahren 1950–1959, in denen er wirklich frei sprechen und schreiben konnte. Im Folgenden gehe ich daher vor allem auf die Veröffentlichungen Freytags ein. War seine Theologie eine theologisch camouflierte Wirklichkeitsverweigerung?

Mit der Herausforderung, die Weltwirklichkeit theologisch ernst zu nehmen, ist Freytag bei dem Thema angesprochen, bei dem er angesprochen sein wollte, einer missionstheologischen Klärung der gegebenen missionarischen Situation.

Freytags erste Monographie, ein Reisebericht, „will nichts anderes, als schlicht Tatsachen berichten und ihren inneren Zusammenhängen nachgehen".[101] Der letzte veröffentlichte Text spricht den „Wirklichkeitsverlust" an, den „wir mehr oder weniger in allem wittern, was in der Kirche Gestalt geworden ist oder Gestalt werden will".[102] Gerade in

---

98 KAMPHAUSEN/USTORF, Anamnese (Anm. 14), 2–57, hier 24f. 26ff.

99 USTORF, Next Tide (Anm. 87), 113ff. 146. 169 u.ö.

100 Erstaunlicherweise setzt sich Ustorf nicht mit dem Urteil J. Hoekendijks auseinander, der den Veröffentlichungen W. Freytags aus den 30er Jahren attestiert, diese ideologische Anpassung gerade nicht mitvollzogen zu haben. Hoekendijk fällt auf, „wie entkrampft die Überlegungen von Freytag sind, und wie scharf sie sich [...] unterscheiden" von einem „großen Teil" damaliger deutscher missionstheologischer Literatur. JOHANNES C. HOEKENDIJK, Kirche und Volk in der deutschen Missionswissenschaft, München 1967, 205.

101 WALTER FREYTAG, Die junge Christenheit im Umbruch des Ostens, Berlin 1938, 9.

102 WALTER FREYTAG, Reden und Aufsätze II, hg. v. JAN HERMELINK, München 1961, 224–232, hier 231. 227.

verweltlichter Kirchlichkeit wird die Welt aus dem Blick verloren.[103] Die Frage, wie Wirklichkeitsverlust und Wirklichkeitsgewinn missionstheologisch zu denken sind, hält sich in Freytags Werk von Anfang bis Ende durch.

Ich orte einige Anstöße, die Freytag diese Fragestellung vermittelt haben könnten: Dazu dürfte ein in den 30er Jahren erschienener, in Missionskreisen heiß und kontrovers diskutierter[104] Bericht aus der Feder von Paul Schütz, dem ehemaligen Direktor der Dr. Lepsius-Orient-Mission und späteren Hamburger Hauptpastor an St. Nikolai,[105] über eine ausgedehnte Reise in den Nahen und Mittleren Osten gehören. W. Freytag hat diesem Buch eine ausführliche Besprechung gewidmet.[106]

Der Reisebericht von Schütz ist häufig so verstanden worden, als habe der Verfasser christlicher Mission prinzipiell ihre Unmöglichkeit attestiert. Das ist nicht der Fall. Allerdings trägt Schütz eine radikale Kritik zeitgenössischer Missionspraxis vor, wie sie von europäischer Kirchlichkeit betrieben wurde und teilweise nach wie vor betrieben wird. Innerhalb der Machtzonen des Westens, meinte Schütz, mag die organisierte Mission – noch – ein wichtiger Faktor in den zivilisatorischen und kulturellen Umbrüchen sein. Das Christentum pralle allerdings ab an den Mauern des Islam, weil es sich schon zu Hause *intra muros* der Säkularität, dem Fortschrittsgedanken, der Idee der Kolonisierung ergeben habe und darauf setze, über die Attraktion von Schulen und Einrichtungen ärztlicher Mission, kurz, über die Macht des Geldes Glauben zu gewinnen.[107] Es scheitere am Tigris, weil ihm seine innere Mitte, das Wort, das Kirche wurde, Gemeinde als Mission existierend, schon in Europa verloren gegangen sei.[108] Solange Missionen auf Bildungsarbeit und

---

103 FREYTAG, RuAII (Anm. 102), 228.

104 Vgl. HEINRICH BALZ, „Berliner Missionstheologie und Karl Barth: Aneignung und Widerspruch", in: *450 Jahre Evangelische Theologie in Berlin*, hg. v. GERHARD BESIER/ CHRISTOF GESTRICH, Göttingen 1997, 419–437, hier 421.

105 Paul Schütz, 23.1.1891, Berlin – 26.7.1985, Söcking bei Starnberg, unternahm 1928 eine längere Reise nach Ägypten, Palästina, Syrien, Irak und Iran bis an die russische Grenze im Kaukasus und veröffentlichte 1930 dazu seinen „Reisebericht zur religionspolitischen Lage im Orient" unter dem Titel *„Zwischen Nil und Kaukasus"*, München 1930. „Die darin vorgetragene Kritik der Mission machte ihn bekannt und bestimmte die Diskussion in Missionskreisen." Schütz trat vom Direktorat der Orient Mission 1928 zurück, „weil es ihm nicht gelang, das Missionswerk und seine Zeitschrift ‚Der Orient. Die religiösen und profanen Lebensmächte des Ostens' entsprechend umzugestalten". RAINER HERING, Art. „Schütz, Paul Wilhelm Lukas", in: *BBKL* 9 (1995), 1080–1098.

106 FREYTAG, RuAII (Anm. 102), 140–147.

107 SCHÜTZ, Nil und Kaukasus (Anm. 105), 73ff.

108 Ebd., 43f. 46. 55. 119ff. 173ff.

Projekte im Gesundheitswesen setzten, gleichzeitig auf ihrem religiösen Charakter bestünden, seien sie unfähig, ihren Willen zur Macht, ihre Eroberungslust und ihr Sicherheitsdenken hinter sich zu lassen,[109] kurz, die babylonische Gefangenschaft westlich-imperialer, säkularer Sendungsideen zu durchbrechen. In dieser Verfasstheit blieben Religionen und eben auch die Mission eine „politische Marionette".[110]

W. Freytag stimmt Schütz sowohl hinsichtlich der Befunde als auch hinsichtlich der Problembestimmung zu. Auch Freytag konstatiert einen tiefen Schaden in der „Verkündigung der Kirche" und im „gesamten Missionsbetrieb". Allerdings grenzt er sich von Schütz' Missionsverständnis mit der Bemerkung ab, mit apokalyptisch motivierten Bußrufen lasse sich „die Botschaft der Kirche nicht beschreiben". Was Schütz „unter diesem Wort versteht", bleibe undeutlich.[111] Für Freytag steht einerseits fest, was die Kirche zu sagen hat. Es handelt sich „um das Zeugnis der Tatsache von der Erlösung der gefallenen Welt durch Jesus Christus mit der Aufforderung: ‚Lasset Euch versöhnen mit Gott.'" Andererseits bleibe aber die Frage, „ob wir uns diese Botschaft schon haben sagen lassen bis in die letzte Wirklichkeit unserer gegenwärtigen Lage", offen.[112] Er fragt mit Schütz: „Hat die Kirche, hat die Mission das Wort zur gegenwärtigen Lage?"[113]

Ein zweiter Anstoß, die Frage, wo sich christliches Auftragsbewusstsein und die Wahrnehmung der Tatsachen kreuzen, zu bearbeiten, wurde W. Freytag in der Nachgeschichte zur Weltmissionskonferenz in Jerusa-

---

109 Ebd., 195f. 199. 201.

110 Ebd., 220ff. 227.

111 FREYTAG, RuAII (Anm. 102), 145.

112 Vielleicht wird Freytag Schütz in dieser Hinsicht nicht ganz gerecht. Für Schütz war das fällige, notwendige Wort der Kirche „das prophetische Wort" (241ff.), das schöpferische Wort, das die Geister zu unterscheiden weiß und das im Martyrium der Prophetie Glaubwürdigkeit gewinnt (245), eben ein Wort, das wieder genuin religiös wird und sich einer politischen Funktionalisierung entzieht. Der „Weg durch die wirkliche Welt" verläuft nicht in den „selbstaufgestellten Kulissen" ideologisierten Christentums (243), sondern in der Pilgerschaft, in der Passion der Mission (245), erwächst aus einer Haltung und Handlung der Verantwortung, die „Leid auf sich lädt" (245). Mission ist Passion, „Teilnahme an Gottes Existieren in der Welt" (245), ist „Überwindung der Natur" (246), „Durchbruch zur zweiten Schöpfung" (246), weg von den Konstruktionen der Weltanschauungen zur wirklichen Welt. In dieser Perspektive erscheint die Bestimmung der Kirche im Chaos der Zeit Schütz als „durch und durch politisch" (246) und dies scheint Schütz „der einzige Weg" zu sein (246).

113 FREYTAG, RuAII (Anm. 102), 145; bei SCHÜTZ, Nil und Kaukasus, 150, vgl. SCHÜTZ, Nil und Kaukasus (Anm. 105), 241ff. Schütz hat sich später weder der Bekennenden Kirche noch den Deutschen Christen angeschlossen. Vgl. HERING, Missionswissenschaft (Anm. 8), Anm. 109.

lem (1928) vermittelt. Auf Initiative von Joseph H. Oldham (1874–1969) wurde eine europäische Arbeitsgruppe[114] gebildet, in der es um eben diese Frage ging. An ihr war W. Freytag von der Seite deutscher Missionen federführend beteiligt.[115] Die Entstehung dieser Arbeitsgruppe verdankte sich der Überlegung Oldhams, dass die Zukunft christlicher Mission in der Begegnung des Glaubens mit der Säkularität der modernen Welt entschieden werde.[116] Oldham hatte zwei Leitfragen für die Arbeit formuliert: „In what respects is present-day Christianity lacking in reality?" Sowie: „In what respects is the world today un-Christian?"[117]

Emil Brunner (1889–1966) hat in dieser Studiengruppe, die vom 18.–21. Januar 1932 in Basel tagte, referiert[118] und ausgeführt, es sei Aufgabe dieser Arbeitsgruppe, sich darüber zu verständigen, „in welchem Sinne denn die Verkündigung der Kirche ‚unwirklich', und dadurch mit schuld, ja „hauptschuld an dieser heutigen Situation" sei.[119] Brunner vertrat die Auffassung, die Verkündigung der Kirche sei weitgehend gekennzeichnet entweder durch „eine falsche Gegenwärtigkeit", eine Anpassung an den Modernismus oder in einem „Wechselverhältnis, in dem eins dem anderen ruft" durch „eine falsche Vergangenheitsgebundenheit, die Orthodoxie".[120] Durch einen „Verrat an den Zeitgeist" sei die Verkündigung „unwirklich geworden", indem sie Menschenweisheit statt Gottesweisheit, Weisheit der Welt anstelle der Torheit des Kreuzes, Anpassung an den Modernismus und dessen ideologische oder philosophische Voraussetzungen biete, während umgekehrt die Flucht in einen orthodoxen Intellektualismus, der in Spannung mit durchaus ernst zu nehmenden Veränderungen im Weltbild führe, den Schein erwecke, als könnte das Wort Gottes dem Menschen verfügbar gemacht werden, „als Wissen, nicht als Leidenschaft". Dazu W. Freytags handschriftliche Marginalie: *„sic, sic, sic".*[121]

---

114 Gegen Julius Richter, der eine deutsche Arbeitsgruppe befürwortet, favorisiert W. Freytag die Konstituierung einer kontinentalen Arbeitsgruppe mit dem Arbeitstitel „Die Stellung des Christentums zur modernen Welt". Die Federführung lag bei J. Oldham, mit dem Freytag enge Tuchfühlung hält. EMW Archiv, DEMH 155.

115 EMW Nachlass W. Freytag, DEMH 155, „Studiengruppe des IMC für Säkularismus 1929–1933".

116 Dazu WERNER USTORF, „The West – A ‚Mission Field'?", in: DERS., *Christianized Africa – De-Christianized Europe? Missionary Enquiries into the Polycentric Epoch of Christian History*, Hamburg 1992, 67–79, hier 76ff.

117 EMW Archiv, DEMH 155, Rundschreiben Oldham 6.1.1932.

118 EMIL BRUNNER, „Christentum und Wirklichkeit", EMW Archiv, DEMH 155, „Studiengruppe des IMC für Säkularismus 1929–1933".

119 BRUNNER, Wirklichkeit (Anm. 118), 1.

120 Ebd., 2.

121 Ebd., 9.

Freytag hatte schon während der vorlaufenden Korrespondenz zum Zustandekommen dieser Arbeitsgruppe seinem Kollegen Martin Schlunk brieflich geraten, doch die „fatale apologetische Haltung" aufzugeben, die immer nur „in einer gewissen Repristination zu wahren sucht, was man hat", und stattdessen mit „missionarischer Frische" dem Lebensgefühl der Zeitgenossen entgegenzutreten, um einen Weg zu weisen „nicht zum gewesenen, sondern zum kommenden Christentum".[122] Das entsprach Brunners in Basel vertretener Auffassung, dass die Orthodoxie eine Situation repräsentiere, die „nicht mehr die unsere ist"; sie vermöge „nicht wirklich, oder doch nicht fruchtbar ins heutige Leben einzugreifen".[123] In der Aussprache meint Freytag zu Brunners These, derzufolge ein strikter Säkularismus, wie er heute zum Normalfall zu werden drohe, „für alle kirchliche Wirksamkeit schlechtweg Verschlossenheit" bedeute,[124] die entscheidende Frage scheine ihm die zu sein, „ob im Säkularismus ein Neues herausspricht in der Geistesgeschichte der Menschheit, das als neuer Anspruch Gottes verstanden werden muß".[125] Die Antwort darauf könne man nicht an der Situation des einzelnen Menschen ablesen. Eine rein negative Beurteilung sei unmöglich. Der positive Zug zeige sich „am stärksten in Asien, wo in der nationalen Bewegung ein starkes soziales Moment auftritt".[126]

2. Die Situation verstehen – Deutung der Wirklichkeit

Die 1938 erschienene Monographie *Die junge Christenheit im Umbruch des Ostens. Vom Gehorsam des Glaubens unter den Völkern* nimmt die angesponnenen Fragestellungen auf. Die „Dinge wie sie sind" sollen in ihrem inneren Zusammenhang erörtert werden. Welche Tatsachen fasst Freytag also ins Auge und in welchen Zusammenhang stellt er diese?[127] Als Bildausschnitt sei W. Freytags Befasstheit mit China gewählt;[128] denn China scheint ihm von exemplarischer Bedeutung für die Klärung seiner Leitfrage zu sein, unter welchen Bedingungen das werdende Christentum ‚im Osten' seinen eigenen Weg finden kann. Während die

---

122 EMW Archiv, DEMH 155, Freytag an M. Schlunk, 6.11.1929.
123 Brunner, Wirklichkeit (Anm. 118), 10.
124 Im von mir eingesehenen Exemplar des Brunner-Referates im EMW Archiv, DEMH 155, 24.
125 Protokoll der Besprechungen Arbeitsgemeinschaft Christentum und Wirklichkeit, EMW Archiv, DEMH 155, 2.
126 Protokoll EMW Archiv, DEMH 155.
127 Freytag, Umbruch (Anm. 101), 9f.
128 Ebd., 110ff.

mit einer überlegenen Zivilisation verbundene Mission in einfacher organisierten Gesellschaften Akzeptanz gewonnen haben mag, weil sie Anschlussfähigkeit an die Moderne zu gewährleisten schien, war eine derartig naive Erwartung in China aufgrund exogener wie endogener Faktoren unmöglich.

Zunächst referiert W. Freytag den Eindruck, das ungeheuer große Land habe trotz scharfer und unvermittelt nebeneinander liegender Gegensätze noch eine „in sich ruhende Einheit" bewahrt.[129] Es sei allerdings nicht zu übersehen, dass der Erste Weltkrieg die Lage auch in Ostasien grundlegend veränderte. Europäische Politik und Weltpolitik fallen nicht mehr in eins. Der Imperialismus des Westens habe China in eine an Ausdehnung und Tiefe beispiellose Krise gestürzt, beispiellos, so scheint es Freytag, insofern, als vorkoloniale, religiös motivierte Reform- und Anpassungsbewegungen des Konfuzianismus, Daoismus und Buddhismus die in China grundlegende Vorstellung, dass die soziale in der kosmischen Ordnung ruhe, nie grundsätzlich in Frage gestellt hätten. Die politische Demütigung durch den Westen zusammen mit der Erfahrung, dass die Flut westlicher Gedanken vor keiner Grenzlinie Halt macht, zerstört das alte Bewusstsein kultureller Einheit.[130]

Die „Begegnung zwischen Ost und West" stelle sich allerdings nicht nur als Frage politischer Macht, sondern – in Freytags Sicht sogar ausschlaggebend – als die Frage, „welche Ideen den Osten beherrschen und welche Züge sein geistiges Antlitz prägen". Dies, erwartet er, werde „für die künftige Weltgestaltung entscheidend" sein,[131] sei daher „Thema der Stunde" – eine kairologische Bestimmung der Situation.

Freytag urteilt: „Die alte religiöse Grundlage trägt in der neuen Zeit nicht mehr."[132] Versuche, die Ideale der eigenen Tradition, auch der ererbten Religionen unter Einbeziehung neuer Ideen umzudeuten,[133] vollziehen sich im Spannungsfeld zwischen pragmatisch ausgerichteter Volksreligion und der Hochreligion, die gerade in ihren intellektuellen Schichten getroffen worden ist.

Im Widerstand gegen den Westen, in den Bemühungen, den Zersetzungserscheinungen etwas entgegenzusetzen, im Ringen um neue geistige Grundlagen eigener Art werden Völker.[134] Individuen und Be-

---

129 Ebd., 111, vgl. 110ff.

130 Ebd., 113ff.

131 Ebd., 14, vgl. 9ff.

132 Ebd., 172.

133 So auch BRYCE RYAN, „Die Bedeutung der Revitalisierungsbewegungen für den sozialen Wandel in den Entwicklungsländern. Aspekte der Entwicklungssoziologie", in: *Kölner Zeitschrift für Soziologie und Entwicklungssoziologie*, Sonderheft 13 (1969), 37–65.

134 FREYTAG, Umbruch (Anm. 101), 168ff. 177f. 181.

wegungen gewinnen „Blick und Herz [...] für das ganze Volk, aus dem und in dem sie leben", sammeln Kräfte der Selbstbehauptung, damit sich – emanzipiert von den alten geistigen Abhängigkeiten von Europa – etwas Neues gestalten kann. Es geht um das kulturelle Überleben des Volkes.

Doch Verfahren der Anpassung durch Kooptierung, Ergänzung und Umdeutung können die *offene Frage* nach dem, was werden soll, nicht mit einer *tragfähigen* Antwort versehen. Die Verschiedenheit der Ideen und Ideologien, die im Schwange sind, bringt die Wahrheitsfrage ins Spiel. Die revitalisierte Volksreligion kann nicht zum Ziele führen, denn „sie ruht nicht auf echter Entscheidung und geht an der Wahrheitsfrage vorüber. Sie lebt aus einer romantischen Selbstverherrlichung des eigenen Volkes".[135] Damit ist der Rahmen für W. Freytags *Begriff der missionarischen Situation* skizziert.

In diesem gesellschaftlichen Zusammenhang, in dem es darum geht, zwischen Ost und West einen „eigenen Weg" schöpferischer Neugestaltung als Volk[136] und als Personen zu finden, gewinnt die werdende Christenheit ihren Wirkungsbereich und ihre Bedeutung – indem sie sich der Wahrheitsfrage stellt.[137] Die chinesische Christenheit gewinnt ihren Standort, ihre Identität in einer doppelten Antwort: Sie antwortet auf die missionarische Botschaft, auf das Wort und *gleichzeitig* auf die Situation, konkret auf die kulturellen bzw. religiösen Traditionen und auf die nationalistischen Erneuerungsbewegungen vor Ort. Die so vollzogene Selbstverortung der chinesischen Christenheit ist für Außenseiter nicht ohne die geschichtliche Erinnerung zu verstehen, dass die Missionare aus dem Westen die koloniale Schwächung Chinas für ihre Absichten genutzt haben und sich von den kolonialgeschichtlich geschaffenen Möglichkeiten haben mitnehmen lasse. Die werdende Kirche wiederum kann sich selbst nicht recht verstehen, ohne zu erinnern, dass sie sich in ihren Entstehungsbedingungen der kolonialen Demütigung Chinas verdankt.

Die Christenheit antwortet auf eine Mission, die mit der westlichen Zivilisation ambivalent verbunden ist. Das missionarisch gewordene Christentum der Neuzeit kommt nach China aus einer Zivilisation, die einerseits tief vom biblischen Denken geprägt wurde und die andererseits ihre gegenwärtige Gestalt durch eine weitgehende Abkehr vom Christlichen und vom Religiösen gefunden hat. Das missionarische Christentum Europas spricht in die gesellschaftliche und kulturelle

---

135 Ebd., 188, vgl. 182ff.
136 Freytag benutzte den Begriff ‚Volk' etwa in dem Sinne, in dem wir vom gesellschaftlichen Zusammenhang sprechen.
137 Ebd., 15. 125.

Krise Chinas aus einer Zerfallenheit mit der eigenen Kultur heraus. Für die westlichen Vertreter dieses Christentums wie für die Chinesen ist es zunächst durchaus unmöglich, das Christliche aus dieser westlichen Umklammerung herauszulösen.[138] Das ist die eine Seite. Auf der anderen Seite der sog. Rezipienten zeigt sich, dass deren Antwort auf das Christliche oder was sie dafür halten *von vornherein* in chinesische Wert- und Weltvorstellungen, seien diese nun daoistisch oder konfuzianisch geprägt, hineingezogen wird.

Die doppelte Überfremdung der Botschaft birgt die Gefahr, dass es bei einer synkretistischen Einbeziehung neuer Ideen in das Alte bleibt[139] und die eigentlichen Lebensfragen gar nicht beantwortet werden.[140] Die Andersartigkeit des Christlichen wird „nur schwer erfaßt",[141] wenn das Christentum „im Rahmen früherer Lebensformen"[142] in Kontinuität zum Konfuzianismus als Tugendlehre gelebt oder daoistisch als Glücksreligion missverstanden wird.

Doch langsam entsteht in diesen Rezeptionsprozessen Neues. In der Begegnung mit der Bibel, nicht zuletzt mit dem Alten Testament werden Ansatzpunkte einer „eigenen Wegfindung gefunden", Ansatzpunkte für ein „echtes Verständnis des Evangeliums in eigener Entscheidung"[143] freigelegt, die Anstöße für einen selbst verantworteten Weg im Konflikt der Kulturen vermitteln.[144] Dies geschieht merkwürdigerweise unter Umständen, unter denen durch Christ-werden und Christ-bleiben für das eigene Fortkommen nichts zu gewinnen ist. Das Werden und innere Wachstum des Christentums hat entscheidend mit der Qualität der Entscheidung zu tun,[145] die eine „Antwort auf die missionarische Verkündigung ist" und zugleich eine Antwort auf die eigene Situation darstellt.[146]

Die Situation ist nicht nur religiös, sondern auch politisch gerahmt. Das Ringen um einen eigenen Weg vollzieht sich nicht nur in der Interaktion mit traditioneller Religiosität, sondern auch in Auseinandersetzung mit den nationalistischen Bewegungen eines Sun Yat-sen und

---

138 Ebd., 213ff.
139 Ebd., 183.
140 Ebd., 226.
141 Ebd., 129.
142 Ebd., 128, dort kursiv.
143 Ebd., 131, dort kursiv.
144 Ebd., 125.
145 Ebd., 194f.
146 FREYTAG, Umbruch (Anm. 101), 196.

eines Chiang Kai-shek.[147] Niemand kann absehen, ob diese Kraft haben,
China in die neue Zeit zu führen.[148] Aus ihrer Mitte heraus wird gefragt:
„Ist das Volk nicht größer als seine religiöse Geschichte?"[149] Freytag sieht
eine „neue, säkulare Religion", einen politisch-religiösen Messianismus
durch die östliche Welt gehen, „in der das Volk Gott ist und Glaubender
zugleich".[150] Die Schwäche dieser neuen Religion erblickt Freytag darin,
dass deren Kraft von ihrem politischen Erfolg abhängt. Er stellt fest: Sie
„ruht nicht auf echter Entscheidung und geht an der Wahrheitsfrage
vorüber. Sie lebt aus einer romantischen Verherrlichung des eigenen
Volkes".[151] Sie ist „letzten Endes aus dem politischen Zweck geboren".[152]

Vor diesem Hintergrund formt sich die werdende Kirche. Sie wird
vom Volksgedanken angezogen und bezieht sich doch kritisch auf
diesen. Sie ist Christenheit und sie wird es erst in dem größeren gesellschaftlichen Lebenszusammenhang, den Freytag als Lebenszusammenhang des Volkes bezeichnet, und doch lebt die Christenheit
im Osten „nicht aus den Kräften des Blutzusammenhangs und der
Bodenverbundenheit".[153]

Das Ringen um einen eigenen Weg findet seine Antwort schließlich
in der Entscheidung zur Taufe in eine Gemeinschaft, die Gemeinschaft
von Gott her ist.[154] Sie lässt sich auf einen Weg ein, dessen Ausgerich-
tetheit auf eine von Gott her gefüllte Zukunft im Abendmahl immer
neu erinnert wird.[155] In solcher Ausrichtung der Gemeinde auf *das Ende*
„liegt der tiefste Grund für die Grundverschiedenheit von Gemeinde auf
der einen und jeglicher volklichen und kirchlichen Gestaltung auf der
anderen Seite".[156] Im „Innewerden des Gegensatzes zwischen Sitte und
Geist" wird die Christenheit sich ihres „Sonderseins gegenüber dem
Volk bewußt".[157] Sie „ist einer Wahrheit begegnet"[158] und hat dieser so
geantwortet, dass sie den Weg eines eigen verantworteten, freien Gehorsams einschlägt, auf dem sie die Wege einer Integration des Christlichen

---

147 Dazu JOHN K. FAIRBANK, *Geschichte des modernen China*, München 1989, 173ff.; OSKAR
WEGGEL, *Geschichte Chinas im 20. Jahrhundert*, Stuttgart 1989, 32ff. 69ff.
148 FREYTAG, Umbruch (Anm. 101), 121.
149 Ebd., 185.
150 Ebd., dort teilweise gesperrt.
151 Ebd., 188.
152 Ebd., 189.
153 Ebd., 205.
154 Ebd., 198ff.
155 Ebd., 201ff.
156 Ebd., 266.
157 Ebd., 265.
158 Ebd., 206.

in den Verstehensrahmen der alten Religion oder einer „kritiklosen Hei-
ligsprechung der eigenen Art und Geschichte", wie sie nationalistische
Bewegungen für ihren geistigen Rückhalt suchen, „nicht mitgehen"
kann.[159] In Antwort auf das Wort und auf die Situation wächst „echter
Gehorsam", der „an den konkreten Fragen der Umwelt und des Lebens
und im Maße der eigenen Erkenntnis" durchaus Kultur erneuernde
Wirkung gewinnt.[160]

Zur Wirkung des Wortes gehört, schreibt Freytag ein Jahr vor
Tambaram,dass die Kirchen „Träger einer Unruhe" werden,[161] die den
Versuchen, „die Kirche der Volksgemeinschaft einzuverleiben" und sich
„der Kirche zu bemächtigen, indem man sie als soziale Organisation begreift und in den Dienst der Volksgemeinschaft stellt",[162] entgegenwir-
ken. Alle Versuche, „Volk und Kirche in eins zu setzen",[163] kommen letzten Endes nicht zum Ziel, weil die eschatologische Perspektive nötigt,
Differenz und Konflikt zwischen vorfindlichem und biblischem Wirklichkeitsverständnis herauszuarbeiten. „Diese eschatologische Sicht
allein läßt die Kirche in keiner Staats- und Kulturgestaltung aufgehen
und bewahrt sie zugleich vor der Angst vor den Mächten dieser Welt",[164]
schreibt Freytag im Jahr 1942 in einer Zusammenfassung der Ergebnisse
seiner Ostasienreise nach der Weltmissionskonferenz in Tambaram.[165]

In der freien Antwort des Glaubens werden Raum und Zeit, die gängigen Vorstellungen von Mission zufolge im missionarischen Handeln
überhaupt erst zu erschließen wären, dem Geist unterworfen, der wirkt,
wo und wann er will. Mission ist „nicht etwa ein Ausbreitungswille,
ein Wille zur Erweiterung des Einflußbereiches der Kirche",[166] sondern
kommt aus einer tiefen Liebe zum eigenen Volk. Das „Wachstum in die
Tiefe" vollzieht sich in der geistgewirkten, gleichwohl freiheitlichen
Antwort des Glaubens, in der Einzelne und Gruppen sich der Führung

---

159   Ebd.
160   Ebd., 256f. 259f.
161   Ebd., 262, dort gesperrt.
162   Ebd., 263.
163   Ebd.
164   WALTER FREYTAG, Reden und Aufsätze I, hg. v. JAN HERMELINK, München 1961, 47–52,
      hier 52.
165   Vier Jahre später, 1942, hat er dies in einem häufig als Beleg für ein die Welt nicht
      ernst nehmendes, weltflüchtiges Missionsverständnis zitierten Text Mission im Blick
      aufs Ende erneut kommentiert. Die Erklärung der deutschen Delegation in Tamba-
      ram wäre „nur aus der Lage der Kirche heraus zu verstehen, wie sie sich der deut-
      schen Abordnung bei dieser letzten Gesamtschau über Mission darbot". FREYTAG,
      RuAII (Anm. 102), 186–190, hier 186.
166   FREYTAG, Umbruch (Anm. 101), 264, vgl. 258ff.

des Geistes anvertrauen.[167] Freytags ‚quietistischer' Missionsgedanke ruht auf dem Vertrauen, dass die an konkretem Ort gelebte Antwort des Glaubens durch die Zeiten hindurch geführt wird und ihre Rechtfertigung vom Ende her in der Offenbarung der Gerechtigkeit Gottes erfährt. So kommt es zur „echten Wirkung des Wortes".[168]

In dem spannungsvollen Ringen seiner Gesprächspartner um einen eigenen Weg erkennt Freytag die Sehnsucht von Gemeinden und Pfarrern, „in der Kirche, die sie lieben wirklich ihre Heimat zu finden",[169] ein Wort, in dem er vielleicht eine Deutung der eigenen Sehnsucht gefunden hat.

So weit zu dem, was Freytag während des ‚Dritten Reiches' geschrieben hat. Was hat W. Freytag nach Ende des Zweiten Weltkriegs geschrieben? Dazu drei Beobachtungen:

3. Die Zeit des ökumenischen Wirkens – Eschatologie als Kirchenkritik

1. Ende der 50er Jahre reist Freytag noch einmal nach China – aus einer Gesellschaft, in der er frei reden und schreiben konnte, in ein Land, wo dies nicht mehr der Fall war.[170] Zur zeitgeschichtlichen Verortung des Besuchs Folgendes: Als Mao Tse-tung Mitte der 50er Jahre eine neue Phase der Revolution einläutete, die Abkehr vom stalinistischen Modell und den Versuch einer Sinisierung des kommunistischen Projektes einleitete, hatte er um die Mitarbeit der chinesischen Intelligenz für diese Initiative geworben und deswegen die Kampagne *Lasst hundert Blumen blühen* ausgerufen (1956).[171] Nachdem manche Intellektuelle ihre Gedanken allzu üppig hatten blühen lassen, wurde dieser Frühling abrupt beendet und in eine Kampagne gegen ‚Rechtsabweichler' überführt. Im Rahmen der folgenden Repression wurden auch Kirchen massenweise geschlossen. Innerhalb der christlichen Gemeinden war es sogar zu Denunzierungskampagnen gekommen. Für Außenseiter waren die Vorgänge in China schwer einzuschätzen.

---

167 Hier liegt eine Querverbindung zum Missionsgedanken bei Johannes Tobias Beck. Vgl. PAUL SCHÜTZ, „Die kritische Bedeutung der Eschatologie für die moderne Missionsidee bei Johann Tobias Beck", in: *ZSTh* 9 (1932), 3–24, hier 18.

168 FREYTAG, Umbruch (Anm. 101), 212, dort gesperrt.

169 Ebd., 228.

170 Zur Religionspolitik in der Volksrepublik China vgl. jetzt MONIKA GÄNSSBAUER, *Parteistaat und protestantische Kirche. Religionspolitik im nachmaoistischen China*, Frankfurt a.M. 2004.

171 Vgl. FAIRBANK, China (Anm. 147), 290ff.

Während der kurzen Reise, die ihn nur an wenige ausgewählte Orte führt, sieht Freytag eben den Ausschnitt der Wirklichkeit, den seine Gastgeber ihm zeigen wollen. Der äußere Eindruck: Vielen Leuten geht es besser. Eine Tendenz zur Vereinfachung der Selbstdarstellung zeichnet sich ab. Die ‚echte Situation' kann nur im persönlichen Gespräch erschlossen werden. Freytag notierte: Viele sahen im Kommunismus den einzig möglichen Weg, um China aus einer absoluten Frustration der vorhergehenden Jahre herauszuführen. Eine gewisse apologetische Haltung, die das Alte und das Neue in China scharf kontrastiert, war durchgängig spürbar.[172]

Seine Gesprächspartner anerkannten die moralische Erneuerung, die die kommunistische Bewegung zum Tragen zu bringen beanspruchte. Solche Erfahrung verunsichert ein Christentum, „soweit es sich selbst [...] als eine Summe ethischer Maximen verstanden hatte".[173] Christen bemühten sich, den im Ausland entstandenen Eindruck zu verwischen, in China lebe eine Kirche des Martyriums. Den Gastgebern lag daran zu betonen: „‚Sie können von uns denken, was Sie wollen. Sie können uns für naiv und blind halten. Nur eins dürfen Sie nicht sagen, nämlich, daß wir unseren Herrn verraten haben.' "[174]

Und schließlich wurde auch etwas *nicht* gesagt. Es gab keine Andeutung einer fundamentalen Kritik des gegenwärtigen Systems, keine Andeutung, dass in China Menschen ihres Glaubens wegen inhaftiert sein könnten. Vielleicht „ein unbewußtes Übergehen dessen, was nicht wahr sein darf".[175] Dennoch bestehen Freytags Gesprächspartner auf ihrer Integrität. Sie wissen sich im Rahmen des Spielraums, den sie für sich sehen, „gerufen [...], das Evangelium zu bezeugen".[176] Das Examen ihres Lebens ist das Examen ihres Glaubens.

Wer wollte sich von außen als Richter aufwerfen?[177] Wir sollten uns, schließt Freytag seinen Bericht, dessen enthalten, „von außen her an die chinesische Christenheit Erwartungen heranzutragen oder gar Vorschriften zu machen, wie sie in ihrer Lage das Evangelium zu bezeugen habe". Statt diese Kirchen zu isolieren, gelte es, Verbindung zu halten.[178] Er fuhr fort:

> Ich erinnere mich noch sehr deutlich daran, wie mir in der Zeit des Dritten Reiches im Ausland das Urteil begegnete: ‚Wer heute in Deutschland nicht

---

172 FREYTAG, RuAI (Anm. 164), 58.
173 Ebd., 59.
174 Ebd.
175 Ebd., 60.
176 Ebd., 61.
177 Ebd., 61. 63.
178 Ebd., 63.

im Konzentrationslager sitzt und noch am Leben ist, kann kein Christ sein',
und wie ich damals darüber erschrocken war. Wer nur ein wenig Gemerk
hat für die chinesische Wirklichkeit, weiß, daß uns ein solches Urteil verboten ist.[179]

2. Im Jahr 1946 war W. Freytag, der anstelle von Martin Schlunk den
Deutschen Evangelischen Missionsrat nach außen zu vertreten begann,
im *International Review of Mission*, dem Organ des Internationalen Missionsrates, ein ökumenisches Forum für einen kurzen Bericht über missionstheologisches Denken während des ‚Dritten Reiches'[180] geöffnet worden. Freytag berichtet, etwa in der Linie eines Schreibens, das er zuvor
schon (am 28. Juli 1945) an den damaligen Sekretär des Internationalen
Missionsrates, Norman Goodall, gerichtet hatte,[181] und nachdem er im
Namen des Deutschen Evangelischen Missionsrates (DEMR) am 14. November 1945, also wenige Wochen nach der Begegnung von Vertretern
der evangelischen Kirchen (EKiD) mit der Ökumene vom 17.–19. Oktober 1945 und der Stuttgarter Schulderklärung vom 19. Oktober 1945,[182]
seinerseits eine nicht zur Veröffentlichung gedachte Erklärung des
Deutschen Evangelischen Missionsrates für den Internationalen Missionsrat (IMC) abgegeben hatte,[183] Folgendes: Es habe während des ‚Drit-

---

179 Ebd., 63–65.

180 WALTER FREYTAG, „Missionary Thinking in Germany in Recent Years", in: *IRM* 35
(1946), 391–397, hier zitiert nach der Übersetzung: „Theologische Überlegungen zur
Mission" (1946), in: RuAII (Anm. 102), 198–207.

181 W. Freytag an Norman Goodall 28. Juli, 1945, an Hendrik Kraemer 3.8.1946, EMW
Archiv, DEMR 0386.

182 Zu Text und Kontext der Erklärung vgl. GERHARD BESIER/GERHARD SAUTER, *Wie Christen ihre Schuld bekennen. Die Stuttgarter Erklärung*, Göttingen 1985, 62ff. 63ff. Ferner:
DIETER KOCH, „Umgang mit der eigenen Schuld in Westdeutschland", in: *EvTh* 3 (2002),
188–201; DIETER SCHELLONG, „Schuld und [...] Erwägungen zum Problem politischer
Schuld", in: *EvTh* 3 (2002), 236–251; zur Sache vgl. JULIA KRISTEVA, „Forgiveness. An
Interview", in: *Publications of the Modern Language Association of America*, März 2002,
278–287; und RUTH KLUGER, „Forgiving and Remembering", in: Ebd., 311–313.

183 Ustorf sieht in diesem Text den Beleg für die Behauptung Freytags namens des Missionsrates, die deutschen Missionen (*German missions*) hätten keine besondere Veranlassung zu einem Schuldbekenntnis gesehen, zugleich einen Ausdruck dafür, die
Ideologie einer „quasi-sacred nationhood" fortzusetzen. USTORF, Documents (Anm.
90), 81. Dazu Folgendes: Während der ersten Sitzung des DEMR nach dem Kriege
vom 14.–16.11.1945 in Hermannsburg, auf der es zu einer Begegnung mit einige
Vertretern des IMC gekommen war, erklärte der DEMR gegenüber dem IMC: „Im
Rückblick der letzten Jahre sehen wir, dass die Glieder der Gemeinde Jesu so fest
in das Schicksal ihrer Völker verflochten sind, dass sie sich daraus nicht zu lösen
vermögen. Sie können sich nicht über das Leid stellen, das ihre Völker durchlei-
den, und sie können sich nicht freihalten von der Schuld, in die ihre Völker ver-
strickt sind. Deshalb möchten wir unseren Brüdern in den anderen Missionen sagen, dass wir schwer an der Schuld unseres Volkes tragen, *die auch unsere Schuld ist*,

ten Reiches' keine Möglichkeit gegeben, mit den Problemen der Jungen
Kirchen in Berührung zu bleiben. Wohl aber sei über Mission intensiv
nachgedacht worden.

Der Gegensatz zwischen dem, was ,gottlos', und dem, was ,heilig'
ist, sei während der Herrschaft des Nationalsozialismus deutlicher zu
Bewusstsein gekommen und eine Sehnsucht gewachsen, „durch all die

---

und wissen, dass neues Leben und neue Gemeinschaft nur möglich […] ist aus der
Vergebung der Sünden." (DEMR 14.–16.11.1945, EMW Archiv, DEMR 0386, kursiv
= W. Freytags handschriftliche Einfügung in den Textentwurf). Vgl. auch FREYTAG,
RuAI (Anm. 164), 213, (1947): „Die Anbetung der Macht und die daraus folgende
Vergöttlichung des Staates ist die Versuchung, in der nicht nur das Abendland, sondern auch Asien steht […]. Wenn ich von der Erfahrung der deutschen Christenheit
im totalen Staat rede, dann kann ich das nur tun mit dem Bekenntnis: Wir haben
uns nicht bewährt, aber Gott hat sich bewährt." Im Umfeld der Gespräche zwischen
dem IMC und Vertretern des DEMR erklärt Freytag brieflich an Hendrik Kraemer
in Leiden, die deutschen evangelischen Missionen hätten die Richtungsvorgabe der
Ersten These der Barmer Theologischen Erklärung in Verkündigung und Dienst zu
verwirklichen gesucht, räumt zugleich ein, dass es unter den konkreten Verhältnissen des ,Dritten Reiches' „daheim und draussen mehr als einmal zu […] falschen
Entscheidungen" gekommen wäre, was eine schwere Belastung ökumenischer Verbundenheit zur Folge gehabt habe und die evangelischen Missionen in Deutschland
nötige, sich „von Grund auf neu zu besinnen" und aus der Bindung an Christus
die „Verpflichtung zu Volk und Staat zu verstehen und zu ordnen, damit wir und
unsere Mitarbeiter in den Versuchungen, die auch die nächste Zukunft uns bringen
wird, den Willen Gottes klarer erkennen" (Freytag an H. Kraemer, 26.9.1946, DEMR
0387). So verhalten derartige Erklärungen uns heute anmuten mögen, man sollte
auf der Basis solcher Formulierungen – weitere finden sich in den Archiven – W.
Freytag nicht die Fortsetzung einer „ideology of quasi-sacred nationhood" unterstellen (USTORF, Documents [Anm. 90], 81). Vgl. auch den Entwurf eines Schreibens
des DEMR an den Rat der EKD nach Rückkehr der drei deutschen Delegierten von
der Weltmissionskonferenz in Whitby, Kanada 1947, in dem der DEMR den Rat der
EKD bestärkt, den mit der Stuttgarter Schulderklärung begonnenen Weg fortzusetzen in einer „entschlossenen Umkehr von falschen Wegen" hin zu einer geistlichen
Erneuerung „an Haupt und Gliedern" (DEMR an Rat der EKD 1947, EMW Archiv,
DEMR 0331). Im Feld der protestantischen Kontroversen über das ,Volk' hat Freytag
sich zu keiner Zeit zu einer quasi-religiös-antidemokratischen Umbestimmung von
Volk und Volksherrschaft als einer angeblich besseren Herrschaftsform verstanden.
Zur zeitgeschichtlichen Verortung vgl. KURT NOWAK, Kirchliche Zeitgeschichte interdis-
ziplinär, Stuttgart 2002, 369ff. 379ff. DAVID CAIRNS, „The German Reaction to Defeat.
An Address given to the Seventh Day Meeting of the British Council of Churches on
Wednesday, October 3rd 1945", in: Die evangelische Kirche nach dem Zusammenbruch.
Berichte ausländischer Beobachter aus dem Jahre 1945, bearbeitet v. CLEMENS VOLLNHALS,
Göttingen 1988, 164–171. Das Interesse an der Zukunft evangelischer Auslandsmis-
sion befasste 1945 übrigens keineswegs nur W. Freytag, sondern war „very much on
the minds of Church leaders" (290, vgl. 109. 223. 276. 288). Initiativen zur Wiederauf-
nahme ökumenischer Kontakte mit den evangelischen Missionen in Deutschland
gingen durchaus auch vom WCC/IMR in Genf und London aus, und W. Freytag war
ein in diesem Zusammenhang bevorzugter Gesprächspartner, DEMR 0386.

Verkrustung und Versteinerung, in die das kirchliche Leben geraten war, durchzubrechen zu einem neuen Verständnis dessen, was Kirche wirklich ist".[184] Im „Gegenüber zu nichtchristlicher Religion" habe man die Erfahrung gemacht, dass christliche Predigt „an Klarheit und Präzision gewinnt, wenn sie die Missionserfahrung einbezieht".[185] Die Erinnerung an die Bedeutung der Sakramente in den Jungen Kirchen half zu erkennen, dass in den Sakramenten wirklich etwas geschieht. Die Sakramente enthielten die Sprengkräfte gegen die kirchliche Verkrustung, „die immer dann eintritt, wenn sie sich nur als Gemeinschaft menschlicher Ordnung versteht".[186] Für die still gewordene Gemeinde mit ihren unsicheren Zukunftsaussichten schob sich der Blick aufs Ende „in besonderer Weise in den Vordergrund [...]. Wir sahen in aller Klarheit, wie durch die Mission inmitten und trotz aller dämonischen Kräfte dieser Welt Gottes Plan mit der Menschheit, die Sammlung der christlichen Gemeinde erfüllt wird".[187] „[D]iese Tatsachen sind nicht offenkundig, sondern eine heimliche Wirklichkeit, die nur im Glauben zu erfassen ist."[188]

---

184 Freytag, RuAII (Anm. 102), 203.

185 Ebd., 202, vgl. 199ff.

186 Ebd., 204. Freytag bezieht sich auf die während des ‚Dritten Reiches' veröffentlichten Arbeiten: „Die Sakramente auf dem Missionsfeld" (1940), RuAI (Anm. 164), 219–228; „Die Taufe in der Missionserfahrung" (1941), RuAI (Anm. 164), 229–235; „Verleiblichung des Lebens aus Christus", RuAI (Anm. 164), 236–244.

187 Freytag, RuAII (Anm. 102), 205f. Das Motiv vom ‚Plan Gottes' im Missionsgeschehen ist ein Motiv Herrnhuter Tradition und bei Freytag vom Gedanken des Reiches Gottes her zu deuten. Vgl. dazu Erich Beyreuther, „Mission und Kirche in der Theologie Zinzendorfs", in: EMZ 4 (1960), 97–109. Vgl. Freytag, RuAII (Anm. 102), 96. 135f. 186. 213. 219f.; auch: Freytag, RuAI (Anm. 164), 46–52, hier 51f.; ders., RuAII (Anm. 102), 198–202.

188 Freytag, RuAII (Anm. 102), 207–217, hier 213; vgl. RuAII, 206. In seinem Bericht über eine Deutschlandreise im Sommer 1945 zeigt sich Karl Barth „überrascht [...] in welchem Maß sich die deutsche evangelische Kirche" in den vorhergehenden zehn Jahren „in der Richtung des Interesses an der Liturgie und am Sakrament entwickelt hat". Barth notiert, er sei angesichts dieser „theologisch echten Rarität" unsicher, ob er dies als Reflex einer Fluchtbewegung deuten sollte oder nicht. Im gleichen Zusammenhang notiert er, dass man der Geistesgeschichte und Verfassung Deutschlands eingedenk „nicht erwarten" könne, „dass die Christen und Theologen auch nur der ‚Bekennenden Kirche' heute samt und sonders ohne weiteres zu der politischen Aufgeschlossenheit und im besonderen zu dem positiven Verständnis von Demokratie und Sozialismus vorgedrungen sind, die man ihnen und dem ganzen deutschen Volke, von außen urteilend, in der heutigen Situation so dringend wünschen möchte". Immerhin seien seine Gedanken „in dieser Richtung in Bewegung gekommen". Karl Barth, „Bericht über eine Deutschlandreise, 19. August bis 4. September (1945), erstattet an die Organisation I der amerikanischen Armee in Deutschland", in: Die evangelische Kirche nach dem Zusammenbruch. Berichte ausländischer Beobachter aus dem Jahre 1945, hg. v. Clemens Vollnhals, Göttingen 1988, 112–120, hier 115. 113.

In der Ausrichtung auf das Ende gewinnt die Gemeinde eine drei-
fache Klarheit: Sie steht in einer „letzten Freiheit von allen Fragen völ-
kischer und politischer Gestaltung". Sie bleibt „verantwortlich für diese
Welt", nämlich, „die Predigt des Evangeliums tief in das Leben der Völker hineinzutragen", und – in der Bezogenheit dieser Einsichten liegt
das kirchenkritische Moment in Freytags Ansatz – sie hat verstanden,
dass die Kirche „verdorren", sterben könnte.[189]
3. Die Verschärfung dieser eschatologischen Ausrichtung seines Missionsverständnisses in der Zeit nach dem Zweiten Weltkrieg war ohne
Zweifel zunächst eine Reaktion auf die im ‚Dritten Reich' gemachten
Erfahrungen.[190] Das eschatologische Moment im Begriff der Mission
wird jedoch bald strittig. Während der Jahrestagung des DEMT im Jahr
1950 spannte Karl Hartenstein, Freytags Weggefährte, sein Missionsverständnis in einen heilsgeschichtlich-periodisierenden, im Grunde adventistischen Rahmen ein, während Norman Goodall, damals Sekretär
des Internationalen Missionsrates, als Vertreter angelsächsischen Missionsdenkens für ein Verständnis von Mission vor dem Hintergrund einer ‚erfüllten Eschatologie' (realized eschatology) plädiert hatte.[191]
Auf diese Polaritäten antwortet im Jahr darauf der Tübinger Missionswissenschaftler Gerhard Rosenkranz. Sein Anliegen: Er will die
Diskussionen der Missionskreise anschlussfähig für die damaligen exegetischen Diskurse halten. Er kritisiert sowohl K. Hartenstein als auch
N. Goodall[192] und meint mit seiner Kritik vermutlich auch Freytag. Der
hatte jedenfalls im Vorjahr in einem ebenso beachteten wie später viel
kritisierten kleinen Text Vom Sinn der Weltmission der christlichen Weltmission wohl eine eschatologische Funktion zugeschrieben („in ihr geschieht zur Zeit und zur Unzeit das Entscheidende, das was sich auf
das Ende bezieht"), eine heilsgeschichtlich-adventistische Funktionszu-
schreibung gestreift, aber nicht vollzogen.[193]

---

189 Freytag, RuAII (Anm. 102), 206.
190 Vgl. Freytag, Umbruch (Anm. 101), 266; ders., RuAI (Anm. 164), 46–52, 51f. (1940);
     ders., RuAII (Anm. 102), 198–202 (1946); sowie IRM (Okt. 1957), 410–415. 1967 wür-
     digen Kamphausen/Ustorf das nach vorne Schieben des eschatologischen Momen-
     tes in Freytags Missionsverständnis als „zweifellos" und „zu einem gewichtigen
     Teil […] berechtigte[n] Reflex auf die abgründigen Erfahrungen im ‚Dritten Reich'".
     Kamphausen/Ustorf, Anamnese (Anm. 14), 29.
191 Karl Hartenstein, „Zur Neubesinnung über das Wesen der Mission", in: Deutsche
     Evangelische Weltmission, Jahrbuch 1951, hg. v. Walter Freytag, Hamburg 1951, 5–24;
     Norman Goodall, „Rückkehr zur Eschatologie", ebd., 25–31, Zitat 26.
192 Gerhard Rosenkranz, Weltmission und Weltende, Gütersloh 1951.
193 Freytag, RuAII (Anm. 102), 207–218, hier 214. Anders als Hartenstein nimmt Freytag
     keine Periodisierung der Heilsgeschichte vor. So auch Ludwig Wiedenmann, Mission

Auch Rosenkranz hielt das eschatologische Moment im Verständnis christlicher Mission für unverzichtbar. Zwischen der Scylla einer adventistischen und der Charybdis einer ‚verwirklichten' Eschatologie plädiert er für eine existentiale Interpretation des Eschatologischen.[194] Seine These: Mit dem Gekommensein Jesu sei das Zwei-Äonen-Schema jüdischer Apokalyptik aufgehoben; das Futurum verliere jegliche chronologische Bestimmbarkeit, fordere die Gläubigen vielmehr in jeder Stunde ihres Lebens zur Entscheidung, nötige sie so, „die an Raum und Zeit gebundenen Kategorien ihres Denkens preiszugeben".[195] In der Zumutung des Glaubens, um die es in der neutestamentlichen Eschatologie eigentlich ginge, würden Inkarnation und Parusie gleichunmittelbar und so das Metazentrum jeder christlichen Mission in ebenso zeitgemäßer wie evangeliumsgemäßer Weise festgehalten.[196] Im Übrigen sei eine Begründung christlicher Mission von einer futurischen, gar adventistisch periodisierenden Eschatologie her nicht mehr möglich, weil die Mission selbst aufgehört habe, „sich als eschatologisches Faktum zu verstehen".[197]

In einem kleinen, mit Karl Hartenstein im Jahr darauf (1952) herausgegebenen Heft *Die neue Stunde der Weltmission* geht Freytag auf diese Kritik ein. Dass „Mission heute etwas Anderes ist als die Mission von gestern", sei jedem klar. Doch „was dieses Andere ist", sei eben „schwer

---

und Eschatologie. Eine Analyse der neueren deutschen evangelischen Missionstheologie, Paderborn 1963, 152.

194 ROSENKRANZ, Weltmission (Anm. 192), 5. 54.

195 Ebd., 5. Rosenkranz würdigt, dass eine eschatologisch bestimmte und gestimmte Mission historisch gesehen nicht nur immer wieder zu einem Antrieb missionarischen Handelns geworden ist, sondern auch, dass in der eschatologischen Begründung der Mission immer ein Stück Herrschaftskritik lag, die Möglichkeit zumindest der inneren Distanzierung von den herrschenden Gewalten eröffnete – dies gelte z.B. für das japanische Christentum während des Zweiten Weltkriegs. Die an einer futurischen Eschatologie ausgerichtete Sicht der Mission versteht Rosenkranz als „Gegenstoß gegen die optimistische Geschichtsbetrachtung des 18. Jahrhunderts" – allerdings um den Preis eines dualistischen Missverständnisses. Das adventistische Missverständnis der Eschatologie gehe immer von der Vorstellung aus, das Böse sei „drauf und dran, zu siegen. Aber der wiederkehrende Herr wird seinen Sieg verhindern und sein Reich errichten" (ebd., 53).

196 Ebd., 5.

197 Ebd., 54ff. Eben dies sah wenige Jahre später Jürgen Moltmann schon wieder anders. Er verstand christliche Mission als eschatologisches Geschehen. Die Zukünftigkeit des Letzten muss betont werden. Es entspricht dem Klima der 60er Jahre, wenn Moltmann damals betont, dass das Letzte nicht nur erhofft werden kann, sondern durch Handeln auch auf den Weg gebracht werden soll. Vgl. JÜRGEN MOLTMANN, „Das Ziel der Mission", in: *EMZ* 22 (1965), 1–14.

zu sagen".[198] Begriffe wie Person, Frieden, Freiheit, Gerechtigkeit, die
„ihren klaren Sinn hatten", greifen nicht mehr, wie die Erfahrung der
Auseinandersetzung mit totalitärem Staatsdenken an den Tag bringt.[199]
„Genau so ist es mit der Mission." Ein Zeitalter sei zu Ende gegangen.
Die großen alten Worte „fassen die heutige Wirklichkeit nicht mehr".[200]
Ein angemessenes Verständnis von Mission lasse sich allerdings nicht
bewahren, „wenn man von Raum und Zeit absieht".[201] Das Letzte ereignet sich nicht jederzeit. Das Geglaubte muss erwartet werden. Er grenzt
sich ab von einer existentialen Interpretation der Eschatologie. Es gehe
um mehr als um christliche Existenz, nämlich um ein Leben im Blick
auf Gottes Ziel, die Verwirklichung des Planes Gottes mit der Schöpfung. Das Motiv vom Plan Gottes und dem Gehorsam des Glaubens benutzt Freytag, um Raum und Zeit, zuvor zurückgedrängte Kategorien,
ökumenisch wie kirchenkritisch zu erschließen.[202]

Einer der letzten Beiträge aus W. Freytags Feder, ein Vortrag während des Hamburger Kirchentagkongresses, überschrieben *Kirchliche
Wirklichkeit heute* (1958), benennt zwei Wirklichkeiten, die Wirklichkeit,
in der Kirche lebt, und die Wirklichkeit der Kirche.[203] Was die Wirklichkeit der Kirche selbst angeht, zerfließen Grenzen, die noch vor einer
Generation klar erkennbar schienen, wie Grenzen zu anderen Kirchen,
Grenzen zwischen Kerngemeinden, Grenzen zwischen innerlich und

---

198 WALTER FREYTAG, „Die neue Stunde der Weltmission", im gleich betitelten, mit HAR-
TENSTEIN hg. Heft, 3.

199 Ähnliche Feststellungen hatte Josef. L. Hromadka in seinem Hauptvortrag während
der konstituierenden Vollversammlung des Ökumenischen Rates der Kirchen 1948
in Amsterdam getroffen. Vgl. JOSEF L. HROMADKA, „Unsere Verantwortung in der
Nachkriegswelt", in: *Die Kirche und die Internationale Unordnung*, Bd. IV der Dokumentation der Vollversammlung, hg. v. der STUDIENABTEILUNG DES ÖRK, Zürich/Genf
1948, 135–167, hier 135ff.

200 FREYTAG, Die neue Stunde (Anm. 198), 3. Zum Realitätsverlust, den die moderne
Gesellschaft der Bundesrepublik bei ihren Bürgern auslöste, vgl. die Analysen von
HELMUTH SCHELSKY, *Auf der Suche nach Wirklichkeit. Gesammelte Aufsätze zur Soziologie
der Bundesrepublik*, München 1979.

201 FREYTAG, Die neue Stunde (Anm. 198), 20.

202 Vgl. die Dokumente der Vollversammlung des Ökumenischen Rates der Kirchen
1948 in Amsterdam. *Die Kirche in Gottes Heilsplan. Die Unordnung der Welt und Gottes
Heilsplan*, Bd. 2. Die Kirche bezeugt Gottes Heilsplan. Studienabteilung des Ökumenischen Rates der Kirchen 1948. Vgl. aber auch Bd. 1, und dort: „Das Zeugnis
der deutschen Kirche im Kampf", mit Beiträgen von EDMUND SCHLINK, 102ff., und
ergänzende Bemerkungen von REINHOLD VON THADDEN, 112ff. Der ganze Band enthält in seiner Struktur den Ansatz für eine Neubestimmung missionstheologischen
Denkens in den Umbrüchen der damaligen Zeit und zeigt Walter Freytag im Konsens mit dem ökumenischen Missionsdenken, als einen Vermittler ökumenischen
Missionsdenkens in die deutsche Missionslandschaft hinein.

203 FREYTAG, RuAII (Anm. 102), 224–232, hier 225.

äußerlich Ausgetretenen, Hauptamtlichen und Laien. Daher bilden sich in der Auseinandersetzung über diese und andere Themen „immer wieder Fronten, die wir als unwirklich empfinden". Es ist „derselbe Mangel an Wirklichkeit, den wir mehr oder weniger in allem wittern, was in der Kirche Gestalt geworden ist oder Gestalt werden will". So sicher der Glaube nach neuer Gestaltung ruft, so deutlich ist, dass keine kirchliche Gestalt endgültig sein kann in Relation zu der „anderen Wirklichkeit, aus der sie lebt"[204] und von der her sie Gestalt gewinnt. Mission kann sich nicht vollziehen, ohne sich auf dieses Geschehen einzulassen und diese Prozesse zu interpretieren.[205] Es liegt in der Tendenz dieser Beobachtungen, dass sich künftige Missionswissenschaft stärker auf kulturwissenschaftliche Fragestellungen einlassen wird.

Von Mission lässt sich nicht mehr als „Hoffnung auf die Christianisierung der Welt" reden, so wie es vorigen Generationen noch selbstverständlich schien. Die Kirche „ist Minderheit und wird es immer deutlicher [...]. Zugleich aber ist die Nicht-Kirche ‚christlich' geworden in einem nie gekannten Maße".[206] Worte aus dem Fundus christlicher Tradition gehen in den alltagsweltlichen Sprachgebrauch, nicht zuletzt den der politischen Propaganda ein und gewinnen dort eigenständige Bedeutung.

Das christliche Glaubenszeugnis scheint dem modernen Menschen unwirklich, weil es sein Weltverständnis an einem zentralen Punkte durchschlägt, oder aber es ist unwirklich, weil es „eine zentrale Tatsache der Offenbarung unterschlägt".[207] Das Gleichnis vom Sämann, sagt er in einer Semesterschlusspredigt, stellt Menschen in einen Zusammenhang, der „tiefer greift als das, was wir unsere Wirklichkeit zu nennen pflegen", spricht eine Tiefendimension an, „in der wir allein das Maß finden können für das, was war, und die Ruhe, die wir suchen".[208] Das „wirkende Wort hat [...] neu-schaffende Kraft".[209] Die Linearität der heilsgeschichtlichen Vorstellung wird durchbrochen in der Polarität von Verhüllung und Eröffnung durch das Wort.[210]

Wenn der Glaube von einer anderen Wirklichkeit als der auf ihren soziologischen Begriff gebrachten Situation her lebt, kann der Anschein

---

204 Ebd., 227f.

205 Ebd., 225.

206 Ebd., 224–232, hier 225.

207 Freytag unterstreicht dies Diskussionsvotum von Max Huber in der Studiengruppe des IMC für den Säkularismus, 1929–1933, EMW Archiv, DEMH 155, 6.

208 Freytag, RuAII (Anm. 102), 136, vgl. 135.

209 Freytag, RuAI (Anm. 164), 19–39, hier 39; mit Dieter Manecke, *Mission als Zeugendienst*, Wuppertal 1972, 71. 90.

210 Manecke, Zeugendienst (Anm. 209), 71.

Abb. 16: Hans Jochen Margull

entstehen, als ob die Wirklichkeitsbewältigung des Glaubens auf dessen Wirklichkeitsverlust hinausliefe, während umgekehrt der ‚Wirklichkeitsverlust' des Glaubens zur Wirklichkeitsbewältigung befähigt.[211] Einerseits ist die Mission nach ihrem Verhältnis zur Wirklichkeit gefragt. Andererseits erschließt Mission in dem, was sie eigentlich ist, die Welt als eine immer schon durch die Wirklichkeit des Auferstandenen bestimmte. „Das Gebrochene ist sein Leib." Der Inkarnationsgedanke recht bedacht lässt „falsche Barrieren" (im herkömmlichen Missionsdenken) über „Drinnen und Draußen" fallen. Im Hintergrund schwingt Luthers Lehre von der *communicatio idiomatum* mit.[212] Vor diesem Hintergrund ist deutlich, dass das, was früher richtig und ein echter Gehorsam war, heute falsch sein kann.[213]

Als Freytag nach dem Zweiten Weltkrieg die Verbindung zur Ökumene wieder aufnehmen kann, gibt ihm die Beteiligung an der ökumenischen Diskussion Distanz zum Lokalen. Die eschatologische Sicht der Mission gibt ihm Rückendeckung für seine Kirchenkritik und verortet zugleich sein Verständnis von Mission in den ökumenischen Beziehungen der Heimatkirche. Die Benennung des Lehrstuhls für Missionswissenschaft und Ökumenische Beziehungen der Kirchen, den Freytag von 1954 an innehatte, brachte seinen Begriff von Mission auf den Punkt.

IV. Hans Jochen Margull: Verwundbarkeit – Zeugnis im Dialog

Während einer Seminarsitzung Ende der 60er Jahre meinte Hans Jochen Margull, in der Missionswissenschaft gelte es, *Gottes Werk in der Welt zu interpretieren*. In der gleichen Sitzung machte er sich die Bemerkung von Gerhard Rosenkranz zu Eigen, Mission sei „der verwegenste und folgenschwerste Vorstoß der christlichen Verkündigung in die Welt […], der, wenn er nicht seine Legitimation durch das Wort Gottes, mithin aus der Bibel, nachweisen kann, als intolerant, ja, unmoralisch erscheinen muß […]".[214] ‚Riskant',[215] das ging Margull nicht erst spät auf, war Mission immer schon. Allerdings lag die Lösung für ihn nicht in der

---

211 Freytag, RuAII (Anm. 102), 231.

212 Ebd.

213 Freytag, RuAI (Anm. 164), 62. 109. 117.

214 Gerhard Rosenkranz, „Missionswissenschaft als Wissenschaft", in: *Aufsätze zur evangelischen Religionskunde*, München 1964, 48–70, hier 54.

215 Hans Jochen Margull, *Zeugnis und Dialog. Ausgewählte Schriften*, hg. v. Theodor Ahrens/Werner Ustorf u.a., Hamburg 1992, 177–186.

Demission der Mission. Die Lösung der Krise des Missionsgedankens konnte nicht durch dessen Verdrängung, sondern „nur über die Mission selbst" erfolgen.[216]

Christliche Mission aus dem Wust von Missverständnissen auch innerhalb der eigenen Reihen zu befreien, war und blieb ihm eine wichtige, ja, eine notwendige Arbeit. Die Frage, was Mission denn nun eigentlich ist, sah er nicht nur auf Berufsmissionare oder Missionswerke zukommen; der Kreis der Ratlosen und Ratsuchenden erweiterte sich in dem Maße, in dem Westeuropa zu einem Missionsfeld wurde. Die Christen in Europa werden sich, meinte er damals, in wachsender Zahl ‚als Missionare begreifen müssen', werden Antwort geben müssen auf die Frage nach dem Recht des Christentums, der Kirche und des Evangeliums. ‚Welche Antwort wollen wir geben?', fragte er. Die Ergebnisse seines Nachdenkens über Mission lassen sich unter drei Stichworte fassen, ‚Hoffnung in Aktion', ‚Interpretation der *Missio Dei* in der Situation' und ‚Meditationen über das Wagnis des Dialogs'.

1. Hoffnung in Aktion

In seiner Dissertation[217] arbeitete Margull die bei W. Freytag angelegte Verknüpfung eines eschatologischen Missionsbegriffs mit der ökumenischen Diskussion[218] seit 1948 akribisch aus. In der Arbeit setzte er drei Akzente, die den Weg seines weiteren Denkens begleiten. Von Hendrik Kraemer, vor allen Dingen aber von Johannes Christiaan Hoekendijk ließ er sich das Stichwort *Apostolizität* der Kirche mitgeben.[219] Sodann wurde ihm der Begriff der *missionarischen Situation* wichtig. Drittens verknüpfte er die Bonhoeffersche Richtungsangabe *Kirche für Andere* mit dem damals virulenten Ruf nach einer Reform der Kirche von ihrem Sendungsauftrag her.

Von Hoekendijk rezipiert er die Frage, ob eine Kirche sich auf ihren apostolischen Lehrgrund berufen kann, wenn sie dessen Korrelat, nämlich ihre apostolische Funktion, verloren oder vergessen hat. Sollte das der Fall sein, fragt Margull im Umkehrschluss, welches Zutrauen dann dem Anspruch einer Kirche, die apostolische Lehre zu vertreten, entge-

---

216 Margull, Zeugnis (Anm. 215), 31.

217 Hans Jochen Margull, *Theologie der missionarischen Verkündigung. Evangelisation als oekumenisches Problem*, Stuttgart 1959.

218 Zum Stichwort ‚Ökumenische Diskussion' vgl. Hans Jochen Margull, „Oekumenische Diskussion", in: *Basileia. FS W. Freytag*, Stuttgart ²1961, 409–419, vgl. Margull, Missionarische Verkündigung (Anm. 217), 235ff. 247ff. 255ff.

219 Margull, Missionarische Verkündigung (Anm. 217), 130ff.

gengebracht werden kann. Gott ist ein nicht ansässiger, universal wirkender Gott, der seine Schöpfung zu seinem Ziel führt. Darauf setzen, was immer andere hoffen mögen, Christen ihr Leben. Das ist die Leitperspektive seines Missionsbegriffs. Wenn Christen eine Antwort auf die Frage hätten, was sie für sich und für andere in dieser Welt und für diese Welt meinen erhoffen zu dürfen, wäre ein ebenso evangeliumsgemäßes wie zeitgerechtes Verständnis von Mission, jenseits aller Missionsapologetik, gewonnen.[220] Welche Ziele Missionare und Missionen in der 2000-jährigen Geschichte des Christentums auch verfolgt haben mögen, immer war die Hoffnung auf das Reich, welches Gott zugesagt hat, und also auch die Hoffnung auf die Umkehr der Menschen, ihre Bekehrung von sich selbst weg und ihre Zuwendung zur neuen Welt Gottes ein wesentlicher Motivationsgrund des Reisens, das die Missionare bis nach Japan und Ozeanien führte.

Margull ging es um eine Art Theologie zu treiben, in der die Weltbezogenheit des Evangeliums und der Kirche ernst genommen wird.[221] Verkündigung erfolgt immer in einer konkreten Situation. Fällig ist eine nicht primär soziologische, sondern vor allem *missionstheologische Erarbeitung der Situation.*[222] Näherhin ging es Margull damals „um die Bestimmung des Gegenübers der christlichen Botschaft".[223] Er sah die Situation bestimmt durch die Polarität unterschiedlicher Milieus. Unter Bezugnahme auf die Erfahrungen der französischen Arbeiterpriester kontrastierte er ein paganisiertes Arbeitermilieu den Pfarrgemeindemilieus, deren einzige Sorge darin liege, sich selbst zu erhalten und nach außen zu schützen. Mit Henri Godin urteilte er: Es stehen sich „zwei Welten gegenüber", zwischen denen eine Kommunikation ‚nicht möglich' sei.[224]

Wie also wäre diese Situation missionarisch zu bearbeiten? Margull stellte sich vor, dass es angesichts dieser scheinbar neuen Paganisierung

---

220 MARGULL, Zeugnis (Anm. 215), 44. „Wir können uns kurz fassen […]. Mission ist nichts anderes als die gehorsame Teilhabe an der Mission Gottes auf das Ende hin."

221 Im Niederländischen war das herkömmliche Wort für Mission „Zending". Die Einführung des Apostolatsbegriffs zielte auf einen weiteren und tieferen Bedeutungszusammenhang als das traditionelle „Zending" und leuchtete zugleich die biblische Bedeutung der Apostolizität der Kirche an. Die apostolische Sukzession besteht in dem Auftrag, das Evangelium in der Welt zu verkünden. Margull wusste sich hier in Kontinuität zu Karl Barth, der Apostolizität als Prädikat der Kirche verstand. „Sie [scil. die Kirche] existiert durch das fortgehende Werk und Wort der Apostel – und andererseits: Sie existiert, indem sie selber tut, was die Apostel taten und vermöge der Natur ihres Werkes und Wortes immer noch tun" (K.D. 2, 2, 477).

222 MARGULL, Missionarische Verkündigung (Anm. 217), 162ff.

223 Ebd., 162.

224 Ebd., 166.

weiter Bevölkerungsschichten in Deutschland und Frankreich einer
kleinen Zahl von Auserwählten bedürfte, die – wie seinerzeit die französischen Arbeiterpriester – „ihren eigenen Lebenskreis verlassen, um
den Glauben in ein heidnisches Land zu bringen" und ihren Aufbruch
als eine *mission sans retour* verstehen.[225] Damals hoffte Margull noch auf
solche „Pioniere einer neuen Zeit der Mission".[226]

Margull meinte, das scheint mir das Vermächtnis seiner *Theologie der
missionarischen Verkündigung* und seiner frühen missionstheologischen
Aufsätze zu sein, dass Christen in ihrer Beschäftigung mit dem nichtre-
sidenten Gott Motivationsressourcen eröffnet werden, die sie veranlas-
sen könnten, sich auf konkrete Situationen in dem beschriebenen Sinne
missionarisch einzulassen und *so* die Vorgänge in der Welt zu verstehen
beginnen.

In seinem Artikel für die RGG (3. Aufl.) *Christliche Mission*[227] systema-
tisiert Margull sein Verständnis von Mission. Zunächst stellt er dies ausdrücklich in den Zusammenhang des seit der Weltmissionskonferenz
von Willingen 1952 jedenfalls in manchen Milieus offizialisierten Theo-
logumenons der *Missio Dei*. Mission, schreibt Margull, „kann nur unter
dem grundlegenden Aspekt der (trinitarisch zu verstehenden) M[ission]
Gottes gesehen werden"[228] und begründet dies kreuzestheologisch. „Im
Kreuz Jesu Christi [...] geschieht Gottes Gericht an Israel und den Völkern, im Karfreitags- und Ostergeschehen ereignet sich die eschatologische Gottesherrschaft [...], und zwar in ihrer ganzen Konsequenz
für die Ökumene [...]. Dieser Glaube hat für die M[ission] ausschlaggebende Bedeutung: Er ermöglicht sie (wenn man nach ihrem Recht fragt),
wichtiger aber und richtig ist, daß er sie wesenhaft *fordert*."[229] Das *Kreuz*,
schreibt Margull, „ist die Begründung der M[ission] [...], das Gericht ‚für
viele' [...], in dem Gott mit der ganzen Welt handelt". Er folgert: „Die eschatologische Bedeutung des Kreuzes impliziert nicht nur die M[ission]

---

225 Ebd., 167.
226 MARGULL, Zeugnis (Anm. 215), 81.
227 HANS JOCHEN MARGULL, „Christliche Mission", in: *RGG*³ 4 (1960), 973–984, vgl.
     980–984.
228 Ebd., 974. Zur *Missio Dei* vgl. jetzt: JACQUES MATTHEY, „Gottes Mission heute"; und
     WILHELM RICHEBÄCHER, „‚Missio Dei' – Grundlage oder Irrwege der Missionstheo-
     logie?", beides in: *Missio Dei heute. Zur Aktualität eines missionstheologischen Schlüs-
     selbegriffs*, hg. v. EMW Hamburg, Hamburg 2003, 172–183 bzw. 184–207; sowie mei-
     nen Beitrag, „Mission unter Missionen", in: THEODOR AHRENS, *Zwischen Regionalität
     und Globalisierung. Studien zu Mission, Ökumene und Religion*, Hamburg 1997, 15–51,
     hier 25ff. Zur Rezeption des *Missio-Dei*-Motivs bei MARGULL vgl. auch dessen Essay,
     „Sammlung und Sendung. Zur Frage von Kirche und Mission", in: Zeugnis (Anm.
     215), 35–47, hier 36ff.
229 MARGULL (Anm. 227), 975.

als solche, sondern [...] sie selbst als eschatologisches Geschehen."[230] Was die Zielbestimmung betrifft, geht es in der Mission nicht um die Etablierung von Kirchen, sondern um die Beteiligung der Kirche an der Mission Gottes, die ihr Ziel „im Offenkundigwerden der Herrschaft bzw. des Reiches Gottes" hat. So gesehen ist eine missionarische Kirche eine kontextuelle Interpretation der *Missio Dei*.

2. Missionarische Kirche als kontextuelle Interpretation der *Missio Dei*

Der Gedanke der *Kirche als Interpretation der Missio Dei* wird bei Margull in zwei Richtungen entwickelt. Einerseits verfolgt er die Transformationen des Christlichen in der außereuropäischen Welt. Dafür prägt er das Wort von der *Tertiaterranität des Christentums*. Sodann wird der Gedanke auf die Kirchenreformdiskussion der 60er Jahre – *Kirche für andere* – bezogen.[231] Beide Blickrichtungen, die Transformation des Christlichen in der nichtwestlichen Welt und die Transformation der westlichen Kirchen zu apostolischen Nachfolgegemeinden, werden innerhalb des kreuzestheologisch fundierten eschatologischen Sinnhorizontes reflektiert, den er in seinem RGG-Artikel aufgespannt hat.

Zunächst zum Kirchenreformgedanken: Margull hat seinen Studierenden die Sicht nahe zu bringen versucht, dass die Kirche nicht hinter der Frontlinie zwischen Evangelium und der evangeliumslosen Welt liegt, sondern dass sich das gesamte normale Leben der Kirche in der ganzen Welt in einer Missionssituation abspielt. Die Erneuerung der Kirche vollzieht sich, wo immer diese sich in die Mission Gottes in der Welt hineinziehen lässt. Das ist die Form, in der die Kirche die fällige

---

230 Ebd., 976. 979.

231 Zwei ökumenische Anstöße hat Margull aus seiner Zeit als Exekutivsekretär im Referat für Fragen der Verkündigung im ÖRK 1961–1965 aufgenommen: In der Ökumenischen Bewegung war die Integration des Internationalen Missionsrates und des Ökumenischen Rates der Kirchen vorausgegangen. Damit war ökumenepolitisch vorgegeben, dass Mission nicht die Außenpolitik der Kirche ist. Die Frage nach kirchlicher Erneuerung richtet sich zunächst nicht so sehr auf die Erneuerung traditioneller Mission, sondern auf den Auftrag der Kirche, ,am Werk Gottes in der Welt teilzunehmen', die Transformation der Welt, wie Margull gelegentlich sagte, zur neuen Welt Gottes. Nur so war der Auftragsungewissheit der Kirchen beizukommen. – Ein zweiter Anstoß aus der ökumenischen Arbeit: Während der Vollversammlung des ÖRK 1961 in Neu-Delhi hatte dessen *Arbeitsausschuss für Fragen der Verkündigung* eine Studienarbeit zum Thema ,Strukturen missionarischer Gemeinden' sowie eine weitere Studie zur ,Bibel in der Verkündigung' in Auftrag gegeben.

Umkehr und Buße vollzieht. Die Stoßrichtung ‚aus Auftragsgewissheit Zeitansage wagen' ist in seiner Anfangszeit deutlich ausgeprägt. Margull stellt sich der neuen Lage eines zerfallenden protestantischen Milieus in Westeuropa. Seine Leitfrage lautete: *Welche Strukturen hindern oder fördern eine missionarische Erneuerung der Kirche*? Wie muss eine Gemeinde strukturiert sein, um die Verkündigung des Evangeliums nicht zu behindern oder zu verhindern, sondern um diese zu fördern?[232] Es ging ihm nicht etwa darum, Gemeinden über Gottesdienstreformen ‚attraktiver' zu machen. Ihm ging es darum, dass Gemeinden selbst wieder Trägerin christlichen Zeugnisses würden. Seine Kirchenkritik erfolgt über sein Missionsverständnis. Vom Gedanken der Apostolizität her lässt sich deutlich zeigen und sagen, was heute missionarisch gesehen geboten und notwendig wäre. Er war nicht der Auffassung, es solle so weiter gemacht werden wie bisher.[233] Missionarische Präsenz[234] beschrieb er später einmal als das Wagnis, anwesend zu sein im Namen Jesu Christi, häufig anonym, schweigend, zuhörend, an den Orten der Entmenschlichung und Demütigung ausharrend, eine Form christlicher Koexistenz und Proexistenz erprobend, im Wagnis eines Lebens für andere.[235]

Mission sei *als Strukturprinzip* der Kirche zu verstehen, zu verwirklichen und durchzuhalten. Die *andere* Kirche entsteht, wo Kirchen ihren Apostolat begreifen und zu neuer Präsenz erwachen.[236] Ein vom Reich-Gottes-Motiv her erneuertes Christentum sollte Ausdruck einer erneuerten, zeitgemäßen Praxis von Mission sein. Reich Gottes, hatte Margull gemeint, ereigne sich nicht eben nur im Glauben der Einzelnen, sondern konkretisiere sich durchaus auch in der Reform kirchli-

---

232 MARGULL, Zeugnis (Anm. 215), 105–124. Der ökumenische Diskurs wird greifbar in dem von HANS JOCHEN MARGULL hg. Arbeitsbuch *Mission als Strukturprinzip*, ÖRK, Genf ³1968; sowie dem vom WALTER HOLLENWEGER hg. Schlussbericht der westeuropäischen und der nordamerikanischen Arbeitsgruppe des Referats für Fragen der Verkündigung im ÖRK unter dem Titel *Die Kirche für andere und die Kirche für die Welt im Ringen um Strukturen missionarischer Gemeinde*, ÖRK, Genf 1967.

233 MARGULL, Zeugnis (Anm. 215), 86. Margull notiert, „daß Missionare in ihrer Präsenz wie jeder Christ im Versuch seines Zeugnisses, ständig und bis zur Erschöpfung gezwungen sind, zunächst darüber zu informieren, was das Christentum nicht ist". Mission befreit sich von den Phantasien der Eroberung der anderen, von jedem Besitzstands- und Eroberungsdenken. Nur so kann es inmitten des heidnischen Milieus zu einer neuen Inkarnation der christlichen Wahrheit kommen, zu einem Aussprechen der göttlichen Wahrheit, dass sich „die Welt darunter verändert" (Zeugnis, 86, mit Bezug auf John V. Taylor).

234 Vgl. MARGULL, Zeugnis (Anm. 215), 75–88.

235 MARGULL konstatiert ausdrücklich den Einfluss Bonhoeffers, Zeugnis (Anm. 215), 84.

236 MARGULL, Zeugnis (Anm. 215), 107ff. 130.

cher Strukturen. Die schon in der Dissertation angelegte Dualisierung der missionarischen Situation wird verschärft. Kirchlich ging es, meint er, um eine Umpolung von etablierten Komm-Strukturen hin zu den Geh-Strukturen einer missionarisch erneuerten Kirche. Gibt es häretische Strukturen?[237] Margull bejahte diese Frage mit der Auskunft: „Häretisch sind die Strukturen der Gemeinde, die das Evangelium daran hindern, sein Ziel zu finden."[238] Präsenz, *Anwesenheit ist die kirchliche Selbstinterpretation dessen, was die Kirche zu sagen hat.* Mit ihrer Existenz interpretiert die Kirche, wie sie am Werk Gottes teilnimmt. So gesehen blieb Margulls Interesse trotz seines *Missio-Dei*-Ansatzes im Grunde kirchenzentriert.[239]

Im Laufe der Jahre (1961–1965), in denen Margull die ökumenische Studienarbeit zu Kirchenreformfragen als Exekutivsekretär im Referat für Fragen der Verkündigung des ÖRK in Genf begleitet hat, kam er schließlich zu der „schmerzlichen Beobachtung", dass die Hoffnungen auf die andere Kirche bei den Mitgliedskirchen des ÖRK selbst nicht den erhofften Respons fanden. Die Gemeinden standen sich selbst im Wege.[240] Margull hielt die Kirchen in Europa für nicht mehr reformfähig oder reformwillig und wandte sich vom Thema der Kirchenreform ab.

---

237 Ebd., 114.

238 Ebd.

239 Justus Freytag hat Margulls Frage aufgegriffen und differenzierend festgestellt, dass eine Reduktion des Strukturproblems auf die Alternative *Komm-Struktur oder Geh-Struktur* zu einfach ist, weil die Beziehungsfelder zwischen Kirchengemeinden unterschiedlichen Typs und ihrer jeweiligen Umwelt komplexer sind, als sich im Rahmen einer solchen Alternativformulierung erfassen lässt. Im Gesamtzusammenhang einer Großkirche lässt sich eine Vielfalt rivalisierender Strukturmomente und -modelle ausmachen. Im Blick auf die unterschiedlichen, durchaus milieuspezifisch geprägten Gemeindetypen muss jeweils gefragt werden: Wie kommt Gemeinde als Wohngemeinde (Parochie) zustande, wie als Freiwilligkeitsgemeinde, wie als Programmkirche in der Innenstadt? Strukturen werden nicht gebaut. Sie sind in der Sicht J. Freytags vielmehr die Abschattung einer schon gegebenen Beziehung, einer schon bestehenden Übereinkunft zwischen Gemeinde und ihrer Umwelt. Die Mission der jeweiligen Gemeinde erfolgt entlang diesen Verbundenheiten. Wenn Gemeinden bereit sind, sich ihre Themen aus diesen Beziehungsfeldern vorgeben zu lassen, könnten sie ihre Mission finden. Wirksam ist nur jene Gemeinde, deren institutionelle Form auf der Übereinkunft beruht, die die jeweilige Gemeinde mit ihrer Umwelt verbindet. Was den Gedanken christlicher Mission angeht, wäre es hinderlich, alles zugleich sein zu wollen, Freiwilligkeitsgemeinde, Programmkirche und volkskirchliche Parochialgemeinde. Es käme vielmehr darauf an, nicht alles gleichzeitig zu wollen und nicht zu viele Forderungen auf eine Struktur zu laden. Justus Freytag, „Welche Strukturen hindern oder fördern die missionarische Existenz der Gemeinde?", in: *EMZ* 21, NF, H. 3 (1964), 97–105.

240 Die Kirche steht sich selbst im Wege, Margulls Referat beim Deutschen Evangelischen Kirchentag, Köln 1965, in: Zeugnis (Anm. 215), 135–148. Ähnlich berichtet

Nun zur anderen Blickrichtung, in der Margull den Gedanken
der Kirche als Interpretation der *Missio Dei* ausleuchtet. Margull spitzt
W. Freytags These,[241] unter der Verkündigung entstehe ‚immer etwas
Neues', zu, indem er diese mit dem damals gängigen Begriff der Dritten Welt[242] verknüpft und für die Transformation des Christlichen in der
nichtwestlichen Welt den spektakulären Begriff der *Tertiaterranität* des
Christentums prägt.[243]

Der Begriff Tertiaterranität, gewiss nicht durchsetzungsfähig, zog
seine Attraktion aus dem bildhaften Gegensatz zur Mediterranität, der
an das *mare nostrum* gebundenen Form des lateinischen Christentums
sowie der orthodoxen Ausprägung des Christlichen in den Ostkirchen.
Margull berichtet von seiner Erkenntnis „einer sich seit längerem ab-

---

er 1963 in die Ökumene: „Without radical changes of structure and organisation
our existing churches will never become missionary churches", in: Zeugnis, 63–74,
hier 69.

241 Freytag, RuAI (Anm. 164), 54f.

242 Zum Kontext des Margullschen Begriffs der Tertiaterranität gehört natürlich einmal
die damalige Diskussion zum Begriff der Dritten Welt, der nicht einfach mehr geo-
graphisch zu fassen war, keine bestimmte Gruppe von Ländern bezeichnete, sondern ein Geflecht wirtschaftlicher, kultureller, sozialer und ideologisch-religiöser
Wirklichkeiten und Beziehungen, deren gemeinsamer Nenner in ihrem politischen,
sozialen und religiösen Dauerkonflikt mit dem Westen, Europa und den USA lag,
wobei die Beziehung zu Osteuropa und Russland damals meist ausgeklammert
blieb, übrigens zu Unrecht. Ulrich Menzel/Dieter Senghaas, *Europas Entwicklung
und die Dritte Welt*, Frankfurt a.M. 1991. Ulrich Menzel, *Das Ende der Dritten Welt*,
Frankfurt a.M. 1992, verabschiedet den Begriff.

243 Für ähnliche Ansätze in der katholischen Missionswissenschaft vgl. Walbert
Bühlmann, *The Coming of the Third Church. An Analysis of the Present and Future of
the Church*, New York 1977; Joseph Amstutz u.a., *Kirche und Dritte Welt im Jahr 2000*,
Zürich 1974. – Die Selbständigkeit der sogenannten jungen Kirchen wurde in der
ökumenischen Diskussion schon vor W. Freytag und vor H. J. Margull breit verhandelt. Vgl. Merle Davies, *New Buildings on Old Foundations. A Handbook On Stabilizing
the Younger Churches in Their Environment*, New York/London 1945. Stephen Mackay
(Hg.), *Die Entdeckung der jüngeren Kirchen*, (Engl.: *Can Churches be compared?*), Genf
1969, Deutsch: *Die Entdeckung der jüngeren Kirchen*, Stuttgart 1970; John V. Taylor,
The Growth of the Church in Buganda. An Attempt at Understanding, London 1958, war
grundlegend. Schon seit den 30er Jahren wurde das Werden der so genannten jungen Kirchen nicht prioritär in Relation zu den europäischen und amerikanischen
Mutterkirchen, sondern in ihrer Beziehung zu den sich herausbildenden nationalen
Unabhängigkeitsbewegungen und jungen Nationalstaaten diskutiert. Die Leitfrage
war: Wie verhält sich das Missionschristentum zu den antikolonialen Emanzipati-
onsbestrebungen, zu Nationalismen der kolonisierten Völker? Lässt sich ein sozial-
ethischer Beitrag zur Religionsfreiheit und Gerechtigkeit ausmachen, der nicht nur
sekundär abfällt, sondern die jungen Kirchen vom Verständnis der eigenen Sache
her an die Seite der kolonisierten und um Selbstbestimmung ringenden Menschen
und Völker bringt? Vgl. Karl-Heinz Dejung, *Die Ökumenische Bewegung im Entwick-
lungskonflikt*, Stuttgart 1973, 103.

zeichnenden, besonderen Gestalt oder doch wenigstens einer neuen Orientierung gerade der überseeischen Christenheit auf ein Christentum der Dritten Welt hin".[244] Die *tertia terra* wird zu einer eigenen Größe gegenüber der westlich-mediterranen Christenheit. *Tertiaterran* heißt für Margull *in der Situation der Dritten Welt:*

> Die sozialgeschichtliche Interpretation von Dritter Welt muß [...] ihrer geographischen Definition vorgezogen werden. Eine Tertiaterranität des Christentums erkennt man folglich überall dort, wo authentisch (und deshalb vor allem in der überseeischen Christenheit) der Christus Jesus auf der Seite der Unterdrückten stehend geglaubt und christlicher Glaube authentisch als Akt umfassender geschichtlicher Befreiung verstanden wird.[245]

Ein tertiaterranes Christentum, das Heil befreiungstheologisch versteht, war in der mediterranen Theologie und Missionswissenschaft bislang „nicht vorgesehen".[246] Das Postulat der Einheit der Christenheit wird abgelehnt.[247] Konfliktökumene tritt an die Stelle der Konsensökumene. Die Missionswissenschaft habe die in den Kirchen der Dritten Welt erfolgte Verlagerung tradierter Heilsvorstellungen in Begriffe wie Gerechtigkeit, Freiheit, Solidarität, Menschenwürde, Hoffnung zur Kenntnis zu nehmen und in einer „sozialen Hermeneutik des Heils" zu bearbeiten.[248] Der befreiungstheologische Impuls wird in die hiesige Situation hineingenommen. *Soziale Hermeneutik des Heils* konkretisiert sich als Anwaltschaft für Gerechtigkeit, Anwaltschaft für die Korrektur von Macht und Wirtschaftsstrukturen, Unterstützung revolutionärer Freiheitsbewegungen, Mission als Leben für andere, als Anwaltschaft gegen jede Form geraubter, geschmälerter oder vorgegaukelter Freiheit.[249]

Wie kann in ökumenischem Horizont von Heil geredet werden, wenn Konfliktökumene an die Stelle einer Konsensökumene getreten ist? Nur so, dass Einsprüchen der anderen Raum gegeben wird. Vom Heil ist nicht geschichts- und situationslos zu predigen, sondern situations- und geschichtsbezogen zu *erzählen*.[250] „Wer will vom Heil als Heil reden, wenn er nicht erzählt?"[251] Margull modifiziert sein zwischenzeitliches

---

244 MARGULL, Zeugnis (Anm. 215), 208–217, hier 211.

245 Ebd., 211f.

246 Ebd., 212, nimmt Margull die Diskussion der Weltmissionskonferenz in Bangkok 1972/73 auf.

247 Ebd.

248 Ebd., 206. Vgl. auch ebd., 181.

249 Ebd., 181.

250 Ebd., 198.

251 Vielleicht ein Widerhall auch der Anliegen seines theologischen Freundes WALTER J. HOLLENWEGER. Vgl. DERS., *Interkulturelle Theologie* 2, München 1982, 63f.

Plädoyer für eine schweigende missionarische Präsenz in die Richtung eines befreiungspraktisch ausgerichteten Handelns und Erzählens.

Vor diesem Hintergrund wird die Frage akut, wie Christentums-geschichte in der nichtwestlichen Welt zu schreiben wäre: wenn nicht mehr als Geschichte der Ausdehnung europäischen Christentums in die nichtwestliche Welt, dann vielleicht als Geschichte einer Emanzipa-tion der Kirchen der unteren Klassen von den Hegemonialbestrebungen des europäischen Christentums oder – dritte Möglichkeit – als Teil der Religionsgeschichte und Gesellschaftsgeschichte Afrikas, Ozeaniens, Südasiens?[252] Während Margulls Schüler sich in dem Sonderforschungs-bereich ‚Überseeische Christenheit' mit diesen Fragen auseinander setz-ten,[253] hatte sich Margull von derartigen Problemen innerlich schon verabschiedet und dem Thema des interreligiösen Dialogs zugewandt. Dafür gab es, wenn ich recht sehe, mehrere Veranlassungen:

Die Vollversammlung des ÖRK in Uppsala 1968, an deren Vorberei-tung Margull mitgearbeitet hatte und mit deren Ergebnissen, jedenfalls was den dort verabschiedeten Missionstext anging, er sich auch iden-tifizierte, verknüpfte das Missionsmotiv[254] (erneut) mit der Vorstellung einer Humanisierung und dem Gedanken der Einheit der Menschheit, freilich nicht mehr, wie bei Mirbt, in der Rhetorik bürgerlichen Fort-schrittsbewusstseins, sondern befreiungstheologisch verstanden. Wenn Jesus Christus in der Ökumene nicht nur als der Neue Mensch bekannt wird, sondern als der Neue Mensch auch das Ziel der Mission antizi-piert,[255] verschärft sich die Frage, wie dies mit dem Erzählen und den Einreden der anderen auszutarieren wäre. Im Begriff der Tertiaterrani-tät liegt eine Rückfrage an den Universalanspruch christlichen Redens vom Heil.

Die ökumenische Gesprächslage hatte sich verändert. Die schon Mitte der 50er Jahre langfristig angelegte ökumenische Studie *Das Wort*

---

252 Vgl. dazu Carl F. Hallencreutz, „Third World Church History – an Integral Part of Theological Education", in: *StTh* 47 (1993), 29–47.

253 Die Schüler Margulls haben den Wechsel der ihn interessierenden Fragestellungen registriert und sich deswegen z.T. auch allein gelassen gefühlt (mdl. Kommunikation mit Dr. Jochen Wietzke, 17.4.04). – Auf zwei aus diesem Sonderforschungsbereich hervorgegangene Arbeiten sei besonders verwiesen: Erhard Kamphausen, *Anfänge der kirchlichen Unabhängigkeitsbewegung in Südafrika. Geschichte und Theologie der Äthio-pischen Bewegung, 1872–1912*, Frankfurt a.M. 1976; Werner Ustorf, *Afrikanische Initia-tive. Das aktive Leiden des Propheten Simon Kimbangu*, Frankfurt a.M. 1975.

254 Sektion II zum Stichwort Erneuerung in der Mission.

255 *Bericht aus Uppsala 1968, Offizieller Bericht über die 4. Vollversammlung des Ökume-nischen Rates der Kirchen Uppsala*, hg. v. Norman Goodall, Ökumenischer Rat der Kirchen, Genf 1968; Sektion II zum Stichwort Erneuerung in der Mission, 26–36, hier 26.

Gottes und der moderne nichtchristliche Glaube[256] war von dem Zerfall des kerygmatischen Grundkonsenses, in dem sie begonnen worden war, eingeholt worden.[257] Die Kraft der Theologie des Wortes war erlahmt und das Nächstliegende, so schien es Margull, der über eine intime Kenntnis dieser Studienprozesse verfügte, war es, „nun einfach die Begegnung und die theologische Reflexion inmitten der Begegnung" zu suchen.[258]

3. Meditationen über das Wagnis des Dialogs

Im Jahr 1970 hatte Margull Gelegenheit, in Ajaltoun/Beirut (Libanon) an einer vom ÖRK veranstalteten Konsultation zwischen Hindus, Buddhisten, Christen und Muslimen teilzunehmen. Er habe gehofft, berichtet er von diesem ihn sehr bewegenden Ereignis, der geschützte Raum interreligiöser Begegnung werde erlauben, „in das Innerste eines anderen religiösen Lebens einzutreten".[259] Doch muss er während dieser Begegnung, an der die anderen Religionen wirklich ‚aus ihrer Mitte heraus‘ vertreten‘ waren, die Erfahrung machen, dass er die anderen gar nicht erreicht – und diese ihn auch nicht. Diese Grenzerfahrung benennt er als die „praktische Absolutheit" der anderen Seite. Sodann wird ihm deutlich, dass die mitgebrachte Leitvorstellung, etwa die der Religionsbezogenheit Gottes oder die jedenfalls implizit immer irgendwie mitlaufende Vorstellung einer Gottbezogenheit aller Religionen, Christen zwar motivieren mag, sich in einer Art Vorgriff auf andere Religionen dialogisch beziehen zu wollen, derartige Vorgriffe im Dialog selbst von den Gesprächspartnern allerdings ebenso leicht als Facetten einer vereinnahmenden Strategie registriert werden. Grenzen brechen auf, wo

---

256 Vgl. dazu Paul Gerhardt Buttler, „Das Wort Gottes und der moderne nichtchristliche Glaube", in: *EMZ* 24 (1967), 62–82; ders., „Erwägungen zu einer ökumenischen Theologie nach Neu-Delhi", in: *EMZ* 26 (1966), 190–212.

257 Vgl. dazu den Beitrag von Gérard Vallé, in: Hans Jochen Margull/Stanley Samartha, *Dialog mit anderen Religionen. Material der ökumenischen Bewegung*, Frankfurt a.M. 1972, 165–178.

258 Margull, Zeugnis (Anm. 215), 258. Seit 1971 saß er der begleitenden Ausschussarbeit der Unterabteilung für Dialogfragen vor und hat zusammen mit Stanley Samartha die Dialogthematik in der Ökumenischen Bewegung vorangetrieben und profiliert. Die Leitlinien für den Dialog, den der Ökumenische Rat der Kirchen Ende der 70er Jahre herausgab, sind durch seine Einsichten und Dialogerfahrungen mit geprägt worden. Leitlinien zum Dialog mit Menschen verschiedener Religionen und Ideologien ÖRK, Engl.: *Guidelines on Dialogue with People of Living Faiths and Ideologies*, WCC, Genf (1979).

259 Margull, Zeugnis (Anm. 215), 255–272, hier 264. Vgl. zur Dokumentation der Tagung im Zusammenhang der damaligen ökumenischen Diskussion, Margull/Samartha, Dialog (Anm. 257), 17ff. 32ff. und passim.

diese gerade überwunden oder unterlaufen werden sollten.[260] Eine dritte
Erfahrung bei Gelegenheit dieser ersten intensiven interreligiösen Begegnung war die einer Verlegenheit, als Menschen anderer religiöser
Zugehörigkeit ihm in voller Ernsthaftigkeit mitteilten, dass sie Christus
sowohl kennen als auch schätzen, freilich vom Zentrum des eigenen religiösen Systems herkommend und in den Formen der eigenen Religion.[261]
Margulls der Ajaltoun-Erfahrung folgendes Engagement im interreligiösen Dialog lässt sich im Prisma folgender Stichworte erschließen, nämlich *Absolutheit, Demission der Mission, Verwundbarkeit, Neubestimmung der
missionarischen Situation.*

Zunächst zur *Absolutheit.* Margull reflektiert auf jenen ernsthaften
Dialog, in dem sich Menschen, die „in einer der Traditionen einer Religion stehen, sich dieser verpflichtet wissen und diese in Theorie und
Praxis repräsentieren",[262] aufeinander einlassen, Dialog also weder als
Flucht noch als religiöse Ersatzhandlung betreiben: In Begegnungen
mit Menschen, die selbst in religiösen Verbindlichkeiten verwurzelt
sind, kommt zur Erfahrung, dass keineswegs nur das Christentum einen Absolutheitsanspruch formuliert hat, sondern dass in jeder Religion
– lässt man sich nur auf das Selbstverständnis der Gesprächspartner
ein – ein Anspruch auf Einzigartigkeit, Endgültigkeit und Unteilbar-
keit der jeweiligen Wahrheitserkenntnis entgegentritt. Es steckt also „in
jeder Religion ein Urteil über andere Religionen".[263] Die jeweils anderen erscheinen gegenüber der eigenen theologischen Erkenntnis und
geistlichen Praxis als „vorstufig".[264] Es gilt, die subjektive Gewissheit zu
achten und zugleich die Versuche einer rationalisierenden Absicherung
religiöser Gewissheit in theoretischen Systemen nicht zum Instrument
werden zu lassen, mit dem man sich der anderen religiösen Traditionen
bemächtigt, sozusagen vom christlichen Theoriegebäude aus als das zu
erobernde Terrain kartographisch vermisst. Vielmehr gilt es sich einzu-
gestehen, dass christliche Mission mit dem Versuch, den Absolutheitsanspruch des Christentums geschichtlich „zu verifizieren, in und an
der Geschichte gescheitert"[265] ist. Die anderen Religionen „stehen uns

---

260 Margull, Zeugnis (Anm. 215), 268.
261 Ebd.
262 Ebd., 288–296, hier 288.
263 Ebd., 299.
264 Ebd., 301.
265 Ebd., 304. Vgl. Ernst Troeltsch, *Die Absolutheit des Christentums und die Religionsge-*
     schichte, Tübingen ²1912, 92: Anerkenntnis historischer Relativität verbindet sich mit
     absoluter Entscheidung. ‚Absolutheit' ist „dann nichts anderes, als die Höchstgel-
     tung und die Gewissheit, in die Richtung auf die vollkommene Wahrheit sich ein-
     gestellt zu haben". Mehr als innere Gewissheit ist nicht möglich. Vgl. auch Wilfried

nicht zur Verfügung und können christlicher Wahrheit nicht dienstbar gemacht werden. Ihnen theologisch den Garaus machen zu wollen, ist eine würdelose Spiegelfechterei".[266] In der interreligiösen Begegnung erweist sich jeder Absolutheitsanspruch als partikular. Das Christentum ist eine partikulare Religion. Gleichwohl notiert Margull, „daß man eine Absolutheitsantwort geben muß, wenn man als Theologe eine Absolutheitsfrage stellt" – es sei denn, man wolle von vornherein oder im Ergebnis auf die Wahrheitsfrage verzichten, eine Tendenz, die er in manchen zeitgenössischen Dialogunternehmungen beobachtet. Er rät, was derartige Taktiken des Einklammerns angeht, zur Vorsicht und bezweifelt deren Effektivität.[267]

Wie kann Dialog möglich sein, wenn das Ausweichen in einen Als-ob-Dialog nicht möglich ist, wenn die Wahrheitsfrage sich nicht suspendieren lässt und wenn die Anderen, auch die anderen Religionen uns nicht zur Verfügung stehen? Die entscheidende Frage, meint Margull, ist, „ob eine verbindliche christliche Theologie des Dialogs ‚die anderen' so zu ‚meinen' in der Lage ist, daß diese sich tatsächlich um ihrer selbst willen gemeint wissen können".[268] Er unterbreitet die sehr persönliche Vermutung, dass die Stunden, in denen jemand „um seiner selbst willen gemeint wird oder in denen jeweilige ‚Meinheit' in der Mitte des Kreises verstehender Menschen niedergelegt werden kann, [...] sehr kurz"[269] sein dürften. Margull war ebenso wagnisbereit wie verletzlich.

Die interreligiöse Begegnung ist und bleibt eine Geschichte fundamentaler Verschiedenheiten. Vorlaufende Gemeinsamkeiten liegen nicht auf der Hand. Auch wenn die Verschiedenheiten schließlich auf *einen* Punkt hin transzendiert werden, wird dieser von den Beteiligten wiederum verschieden benannt. Es fehlt ein Grundkonsens in der Sprache. Da ist wieder die Mauer. Das Problem ist der „in der subjektiven Gewißheit notwendig angesetzte Übergang von subjektiver Vergewisserung innerhalb einer Tradition zu einer universal anspruchsvollen Aussage über andere Traditionen. Das Problem ist die *Grenzüberschreitung*".[270] Diese ist ebenso erforderlich wie sich andererseits im Dialog im-

---

Härle, „Wahrheitsgewissheit des christlichen Glaubens und die Wahrheitsansprüche anderer Religionen", in: *ZMiss* 3 (1998), 176–189, hier 183: „Die eigene Wahrheitsgewissheit besitzt unbedingte Geltung; fremde Wahrheitsansprüche verdienen unbedingte Achtung."

266 Margull, Zeugnis (Anm. 215), 304.
267 Ebd., 306, vgl. 306ff.
268 Ebd., 310.
269 Ebd., 320.
270 Ebd., 322 (Hervorhebung T.A.). Vgl. dazu Eric J. Sharpe, „The Limits of Interreligious Dialogue", in: *Mission Studies* 18 IX-2, 18 (1992), 228–235.

mer wieder die Erfahrung, geradezu wie eine Heimsuchung, einstellt,
dass sie misslingt.

Demission der Mission? Allen am Dialog Beteiligten war klar, dass
vieles aus der christlichen Missionsgeschichte unter das Verdikt der
Nichtwiederholung und die Einsicht der Nichtwiederholbarkeit fällt.
Anders als man erwarten könnte, forderten Margulls Gesprächspartner
nicht das Ende jeglicher Mission – „im Gegenteil" – gerade im Begreifen
lebendigen Glaubens wird auch Mission begriffen.[271] Damit stellt sich
die Frage: „Mission in welcher Weise?"[272] Margull antwortet: Mission ist
„nicht nur in ihrem Entwurf, sondern je auch in ihrem Wagnis gerade
im Dialog mit Menschen anderen Glaubens zu verantworten". Der Dialog ist der Modus der Mission. Die Offenheit wie der Öffentlichkeitsan-
spruch eines jeden Glaubens haben sich im Dialog zu bewähren. Diese
Feststellung registriert er als eine „neue Frage an alle christlichen Mis-
sionsunternehmungen und *wahrhaftig auch an den gesamten Komplex der
zwischenkirchlichen Hilfe*".[273]

Ist der Dialog auch das Projekt der anderen oder im Grunde nur eine
Angelegenheit des abendländischen Christentums? Die Frage drängte
sich Margull vor dem Hintergrund der schon damals virulenten Spannungen in Südostasien auf.[274] Die antikolonialen und antiwestlichen
Bewusstseinslagen in den großen asiatischen Gesellschaften spielten in
die Problematik hinein. Margull konstatiert beunruhigt, dass vor dem
Hintergrund politischer und sozialer Spannungen, sei es in Indonesien,
sei es im Dialog über eine multireligiöse Staatsform in Palästina, „alle"
in diesen Debatten „die eine oder die andere gängige politische Position" aufgreifen.[275] Wird sich interreligiöser Dialog in derartigen Situationen durchhalten lassen?

Margull fand es „[b]ewegend, phasenweise erschütternd und be-
sorgniserregend, im Ganzen aber erhellend und herausfordernd", eine
„fundamentale Unbeugsamkeit" registrieren zu müssen, die sich bei
ihm „zu der Frage verdichtete, ob es am Ende im Glauben eines Muslim
keine Möglichkeit für *Annahme und Bewältigung einer Niederlage* gibt".[276]

---

271 MARGULL, Zeugnis (Anm. 215), 269.
272 Ebd.
273 Ebd. (Hervorhebung T.A.).
274 Ebd., 289. Die für 1975 in Jakarta (Indonesien) vorgesehene 5. Vollversammlung des
     Ökumenischen Rates der Kirchen musste nach Nairobi, Afrika, verlegt werden, weil
     eine ökumenische Konferenz in der indonesischen Öffentlichkeit als religiöse Pro-
     vokation registriert wurde.
275 Ebd., 293.
276 Ebd. Auf diese Frage ist Margull durch KENNETH CRAGG, *The Call of the Minaret*, New
     York 1956, aufmerksam geworden.

Er räumte ein, dass die Frage, ob Muslime „mit ihrer Geschichte nicht fertig werden, weil es ihnen bisher nicht möglich geworden sei, Widerfahrnisse des Leidens in der dem Leiden angemessenen Tiefe positiv aufzunehmen [...] natürlich die Frage eines Christen" ist.[277]

Die Frage hat die Qualität einer zweischneidigen Klinge. Margull wird in diesem Zusammenhang von einem muslimischen Gesprächspartner auf die säkularisierenden Tendenzen im gegenwärtigen (abendländischen) Christentum angesprochen, denen zufolge das Kreuz „faktisch anderen Symbolen gleichgesetzt würde, wie denen der Tragödie und der Entfremdung". Angesichts derartiger Relativierungen erinnert sich sein Gesprächspartner des muslimischen Zentralsatzes, „daß kein Gott ist außer Gott", und er erinnert damit seinen christlichen Bruder daran, „dass es kein Kreuz gibt außer dem Kreuz Jesu".[278] Margull wird von seinem Gesprächspartner her die Erfahrung zugespielt, dass in einem, wie er es nennt, echten Dialog, in dem die Beteiligten für die eigenen Verbindlichkeiten eintreten, „die Möglichkeit für allgemeingültige Entdeckungen des Christus Jesus über den Horizont" kommt, die ihm so zuvor noch nicht gekommen oder vielleicht schon wieder entglitten waren. Im Aushalten der erfahrenen Verständnisbarrieren kann es gelegentlich zu einem „plötzlich bemerkbaren Schwund" an apologetischem Interesse kommen und „Buddhisten werden bereit den Versuch eines christlichen Verständnisses von ‚Nichts' in der Kategorie der Rede von Gott zu verstehen", während Muslime der Möglichkeit einer formalen Korrespondenz zwischen dem Koran und dem Wort vom gekreuzigten und auferstandenen Jesus näher treten".[279]

Das Stichwort *Verwundbarkeit* bezeichnet das Prisma, in dem sich Margulls Dialogerfahrung wie Dialogerkenntnis erschließt.[280] Verwundet wird im Dialog zunächst „der universale Anspruch und vorerst auch die universale Intention" christlicher Theologie. Sie erweist sich zunächst einmal als Theologie der oder auch nur einer christlichen Überlieferung.[281] Sodann fördert der Dialog die Wunden zutage, die

---

277 Margull, Zeugnis (Anm. 215), 293. 295.

278 Ebd., 296.

279 Ebd., 337. 326.

280 Verwundbarkeit, Bemerkungen zum Dialog, ebd., 330–342.

281 Ebd., 330. Auch an dieser Stelle bleibt eine Verbindung in der Sache zu W. Freytag. W. Freytag spricht davon, dass uns die Begegnung mit „Tatsachen und Zeugnissen fremder Religionen [...] zur Glaubensfrage werden kann. Das Gemeinsame zwischen Christentum und Religionen liegt nämlich in dem Doppelten, daß sie auf Gott bezogen sind und daß sie durch die gleiche Versuchung bedroht sind, von der wir nicht reden können, ohne zu wissen, daß sie nicht nur Möglichkeit, sondern Wirklichkeit in unserem Leben ist". Der Freytag oft zugeschriebene Satz, wir hätten andere Religionen nicht verstanden, es sei denn, sie wären uns zuvor zur Versuchung

die christliche Mission in ihrer Geschichte geschlagen hat. Schließlich
bringt der Dialog die Verwundbarkeit des eigenen Glaubens zur Erfahrung. Kann Verwundbarkeit ausgehalten werden? Dies hängt entscheidend von der Gotteserkenntnis der Dialogpartner ab.[282] Nur über die
eigene Gotteserkenntnis kann der Erfahrung der Verwundbarkeit ein
Sinn abgerungen werden. Margull meint nicht, dass Verwundbarkeit
das immer obenauf liegende Thema interreligiösen Dialogs wäre, eher
– aus christlicher Perspektive gesehen – dessen letzten Sinn und tragen-
den Grund ansprechen dürfte.

Die Erfahrung der Verwundbarkeit geht beide Dialogpartner an. Es
mag sein, dass Christen sich selbst die Verwundbarkeit des christlichen
Glaubens durch die moderne, säkulare Welt „noch nicht gesagt haben";
gleichzeitig dürfen sie als Christen ihren muslimischen Gesprächspartnern ebenso wie Vertretern anderer theistischer Religionen „nicht ge-
statten […] die Verwundbarkeit des Glaubens zu vermeiden, zu vermin-
dern, zu übersehen",[283] weil derartige Verdrängungen auf eine Verkennung Gottes hinausliefen.[284]

Verwundbarkeit des Christentums findet ihre Konsequenz im Ende
des westlich-christlichen Missionsprojektes, freilich, wie Margull fest-
hält, „nicht der Mission überhaupt",[285] wohl aber dem Ende der christlichen Missionen, die ihre Unternehmungen durch ein Bündnis mit der
Aufklärung und dem Fortschrittsbewusstsein der westlichen Zivilisation kulturell und politisch abzustützen versucht haben. Damit sind sie
an der Geschichte gescheitert, ein Urteil, das, auch wenn es von einer
sich sammelnden Zahl von Christen „nicht akzeptiert" wird, „angenommen werden muß".[286] Das ist die eine Seite. Andererseits notiert Margull

---

geworden, hat hier vermutlich seine Wurzel. Zitate aus: WALTER FREYTAG, *Das Rätsel
der Religionen*, Wuppertal 1956, 6 bzw. 31.

282 MARGULL, Zeugnis (Anm. 215), 334.

283 Ebd.

284 Christof Gestrich bringt Margulls Erfahrung auf den systematischen Begriff: Vgl.
dazu CHRISTOF GESTRICH, „Der ‚Absolutheitsanspruch' des Christentums im Zeitalter
des Dialogs", in: *ZThK* 77 (1980), 106–128, hier 110: „Der dreieinige Gott selbst offenbart sich im gekreuzigten und auferstandenen Christus *so* als die Wahrheit, dass er
sein eigenes allmächtiges Sein als einen Gang in die Verwundbarkeit sichtbar macht.
Die Doxa des Dreieinigen liegt – jedenfalls für das Wahrnehmungsvermögen der
Glaubenden – in seiner Kraft zur Selbstentäußerung. Gott ist Liebe. Entsprechend
bedarf menschliches Leben in seiner Bewegung von dieser Liebe her und zu ihr
hin der Entäußerung, um seine eigene Doxa zu finden. Diese Entäußerung ist kein
Willensakt, sondern das Hineingenommenwerden in Christus und das Einwohnen
Christi in unserer Person. Sie ist eine Gabe […]. Diese Gabe ermöglicht es dem Chri-
sten, sich selbst verwunden, infragestellen zu lassen."

285 MARGULL, Zeugnis (Anm. 215), 337.

286 Ebd., 336.

die Beobachtung, dass sich in der Renaissance einiger nichtchristlicher Religionen, die ohne den Anstoß christlicher Religion nicht zustande gekommen wäre und die den alten christlichen Anspruch, die Religionsgeschichte abzuschließen, widerlegt, eine Frage anmeldet, der sich vor allem Christen „in den Missionsgebieten" zu stellen haben, nämlich, wie sie in den sozialen und politischen Zusammenhängen, in denen sie stehen, die Erfahrung solcher Verwundbarkeit meinen „sinngebend ertragen" zu können und wie sie die neue Phase der Religionsgeschichte „auf die eben nicht verfügbare Zukunft hin offen halten" wollen.[287] Margull schlussfolgert: Insofern „ist der gegenwärtige Dialog ihre gegenwärtige christliche Mission". Am Ende seines literarischen Wirkens fragt er, wie er am Anfang gefragt hat: „Wie kann diese Mission aussehen?"[288]

Die aus der teilnehmenden Beobachtung erwachsene und für das Feld der interreligiösen Begegnung gern popularisierte Maxime, die anderen möglichst so zu verstehen, wie diese sich selbst verstehen, setzt bestimmte Gemeinsamkeiten, aus denen ein Einverständnis erwachsen könnte, voraus – Theismus, Spiritualität, gemeinsame Zukunftsverantwortung o.Ä. Im „tatsächlichen Dialog",[289] notiert Margull, werden derartige Postulate brutal widerlegt. Eine „universal akzeptierbare" Grundlage auf einer Ebene etwa gemeinsamer Spiritualität ist „nicht erarbeitbar".[290] Der Dialog findet „im gemeinsamen Schweigen gegenüber getrenntem Reden seinen Sinn".[291] Das ist die Grenze, auf die Kenneth Craggs „kühne Frage, ob Gottes (Allahs) Größe am Ende nicht auch Verwundbarkeit und somit dann die Kreuzigung seines Propheten Jesus einschließen könne" stößt, eine Frage, die durchaus dem Bemühen, die Plausibilität einer anderen Religion so gut es eben ging, ein Stück weit von innen her nachzuvollziehen, entsprungen war.[292]

Auch der Glaube an die Verwundbarkeit Gottes stammt noch aus einer monologischen Tradition. Die Bedeutung der Kreuzestheologie für den Dialog muss noch erst eingeübt werden. Es müssen die Implikationen des Glaubens an den Gott, der sich in der Knechtsgestalt dialogisch kundtut, also in der Knechtsgestalt verwundbar ist und sein wollte, ermessen, ausgelotet werden, eben die Bewegung von der verwundbaren Liebe her und auf sie zu. „Das Christentum ist enorm verwundbar. Real bleibt das Kreuz, bleiben die Wunden. Was darüber ist, ist für Hindus, Buddhisten, Juden, Muslime, Marxisten etc. nur ein Zitat, oft ein einzi-

---

287 Ebd., 337.
288 Ebd.
289 Ebd., 339.
290 Ebd., 340.
291 Ebd.
292 Ebd., 338.

ges großes Zitat. Auch das Kreuz kann mißverstanden werden, absolutistisch bei uns, relativistisch bei anderen." Wäre ein Unverwundbarer „am Ende ein Götze"[293]?

Situation und Zeitdiagnose: In der realen politischen und in der geistesgeschichtlichen Lage steht das Christentum *nolens volens* noch einmal vor der Frage, was aus dem urchristlichen Bekenntnis außerhalb der christlichen Gemeinde „trächtig werden und sich als universal auch erweisen kann".[294] Margull kommt zurück zur Bestimmung der missionarischen Situation. Die Situation wird entgrenzt. Das Christentum steht an einer Epochenschwelle. Die globale Interaktion aller Menschen und aller Traditionen miteinander konfrontiert mit der Notwendigkeit des Dialogs, wie sie dessen Möglichkeiten und schmerzlich dessen Grenzen zur Erfahrung bringt. Die Partikularität des Christentums wird ebenso neu ins christliche Bewusstsein eingebrannt wie die christliche Wahrheitserkenntnis ohne jeden Herrschaftsanspruch *modo narrativo* zur Diskussion gestellt wird. Die christliche Mission hat nicht zu einer Christianisierung der Welt geführt, allerdings auch nicht zu einer Vermischung der Religionen oder Unifizierung der Religionsgeschichte.[295] Daher ist der Dialog auch nicht die Fortsetzung der Mission mit anderen Mitteln. Vielmehr ist der Dialog „im tiefsten Sinne eine religionsgeschichtliche Notwendigkeit und Chance",[296] eine Chance, weil christliche Verkündigung nunmehr die Unabgeschlossenheit der eigenen religiösen Entwicklung ebenso eingestehen kann wie sie hoffen darf, dass die anderen sich aus ihrer Petrifizierung werden lösen können, so dass sich im Aufbruch aus bislang fest bezogenen Lagern ein gemeinsamer Weg auftut.[297] Alle Religionen sind unfertig und aufeinander angewiesen. Doch worin aufeinander angewiesen?[298] Durch Einhilfe schiitischer Gesprächspartner ging Margull auf, dass dieses Aufeinanderangewiesensein an der Erfahrung des Leids aufbrechen könnte. Wo die Erfahrung des Leids zum Thema wird, liegt es immer nahe, das eigene Fluchtbedürfnis zu bedienen und in einen unechten Dialog zu fliehen.[299] Stattdessen gilt es, der Frage standzuhalten, worin denn nun „weiterhin und neu die universale Substanz der christlichen und aller religiöser Traditionen zur Sprache kommen könne".[300]

---

293 Ebd., 341.
294 Ebd., 324.
295 Ebd., 271.
296 Ebd., 272.
297 Ebd.
298 Ebd., 270.
299 Ebd., 289.
300 Ebd., 305.

V. Missionswissenschaft als globale Zeitansage?

Carl Mirbt, Walter Freytag, Hans Jochen Margull, auch der Vorläufer Philipp Nicolai haben Missionswissenschaft als globale Zeitansage betrieben. Sie wollten Tatsachen zur Kenntnis nehmen und diese ,in ihrem Zusammenhang' deuten. Alle waren empirisch und ökumenisch interessiert. Doch die Rahmungen, innerhalb deren C. Mirbt, W. Freytag und H. J. Margull die von ihnen wahrgenommenen Gegebenheiten verorteten und so christliches Auftragsbewusstsein diskutierten, haben sich von Generation zu Generation verschoben. Darum fällt es teilweise schwer, diese Texte der Vergangenheit zu lesen. Und doch ragen sie in mancher Hinsicht noch in unsere Zeit. Einige Punkte seien benannt.

Zunächst zu *Carl Mirbt*: Kurz nach dessen Tod im Jahre 1930 urteilte Wilhelm Oehler, der Beitrag des Begründers der Deutschen Gesellschaft für Missionswissenschaft komme „noch allzu sehr unter dem innerweltlichen Entwicklungsgedanken zu stehen" und reflektiere einen Kulturoptimismus, der „grundsätzlich durch den [scil. Ersten] Weltkrieg abgeschlossen" sei.[301] Ähnlich sehen E. Kamphausen und W. Ustorf in Mirbt den Vertreter eines am Gedanken der Eroberung fremder religiöser und politischer Terrains orientierten, also kolonialistischen Missionsmissverständnisses, den Befürworter der Globalisierung einer (vergangenen) christlich-bürgerlichen Gesellschaftsordnung.[302] Diese Urteile sind ebenso begreiflich wie materialiter fundiert; und doch finden sich bei Mirbt zeitdiagnostische Überlegungen, die über seine Zeit in unsere Zeit weisen.

Mirbt erinnert uns daran, dass der Prozess der Globalisierung nicht so jung wie das Schlagwort neu ist. Die Globalisierung des Christentums wurde ebenso durch den europäischen Kolonialismus ermöglicht wie das Christentum ein Faktor in der Dynamisierung der neuzeitlichen Mundialisierungsprozesse gewesen ist. Erst in der Neuzeit ist das Christentum zu einer wirklich globalen Religion geworden. Mirbt nimmt die krisenhaften Erschütterungen der kolonisierten Gesellschaften scharf wahr und urteilt, das Christentum habe im Umbruch kolonisierter Gesellschaften Positives beizutragen.

Im vorgegebenen kolonialen Rahmen hat evangelische Mission – so sieht es Mirbt – die Chance, das Erbe der Reformation zu globaler Wir-

---

301 WILHELM OEHLER, „In Memoriam D. Carl Mirbt", in: *EMF*, NF 74 (1930), 27f., hier 28. E. Strasser würdigt Mirbt als einen seinen pietistischen wie lutherischen Wurzeln nur aus gehöriger Distanz verbundenen Repräsentanten eines „christlichen Kulturoptimismus", der noch gut in das Gesamtbild einer historisierenden und psychologisierenden Vorkriegstheologie passe. STRASSER, Carl Mirbt (Anm. 15), 24–46, hier 44. 31.

302 KAMPHAUSEN/USTORF, Anamnese (Anm. 14), 13. 15.

kung zu bringen. Denn obgleich der Protestantismus in eine Vielzahl unterschiedlicher Dialekte zerfällt, gibt es doch übergreifende Gemeinsamkeiten der in der nichtwestlichen Welt entstehenden evangelischen Kirchen. Frömmigkeitsgeschichtlich und religionspsychologisch sieht Mirbt den Missionsprotestantismus einmal vom religiösen Erlebnis Luthers her geprägt, sodann von seinem durchaus ambivalenten Bündnis mit der Aufklärung, dem Fortschritts- und dem Bildungsgedanken. In seiner Rationalisierung des Verhältnisses der europäischen zur außereuropäischen Welt schreibt Mirbt dem Bildungsgedanken und der Bildungsarbeit der Missionen hohe Bedeutung zu.

Der Beitrag evangelischer Missionen, der sich schließlich als Beitrag zur Herausbildung der Einheit der Menschheit profilieren wird, hat seinen Fokus in der Förderung einer autonomen Persönlichkeit, die ihr Gottesverhältnis individuell erfasst. Das Ideal autonomer Individualität als Ergebnis einer intensiven Prägung durch christlich geprägte Schulen, im Grunde als Ergebnis einer langen gesellschaftlichen Entwicklung steht im Rahmen eines anderen Kulturbegriffs als wir ihn heute für gewöhnlich haben. Kultur bezeichnet einen einheitlichen, einzigartigen Prozess mit globaler Reichweite. Doch hält Mirbt die kontinuierliche Evolution der Weltzivilisation für tiefgreifend gefährdet durch die Brüche, die sich auf der Ebene wirtschaftlicher und politischer Entwicklung vollziehen. In diesem spannungsvollen Feld findet protestantische Mission ihre Identität. Sie findet ihren Ort in dem Sektor der Gesellschaft, in dem die Wertebildung entscheidend geprägt wird. Für diese Auffassung lässt sich auch heute noch manches geltend machen. Gehört nicht zu den inneren Voraussetzungen einer Demokratisierung gesellschaftlicher Verhältnisse auch in der außereuropäischen Welt die Mündigkeit der Bürger?

Mirbt vertritt eine liberale Version des ökumenisch-missionarischen Common Sense seiner Zeit[303] mit Themen, die die Weltmissionsbewegung und die Ökumenische Bewegung von ihren Anfängen bis in die 20er Jahre bestimmt haben, als die gigantischen Vernichtungsmaschinen des Nationalsozialismus und des Stalinismus den ökumenisch-missionarischen Kulturoptimismus zermalmten. Die Erfahrungen der Weltkriege des 20. Jahrhunderts verändern die Perspektive, aus der geurteilt wird. Das Bündnis mit dem Fortschrittsbewusstsein des 19. Jahrhunderts dürfte damals ebenso unvermeidlich gewesen sein wie es uns heute fragwürdig vorkommt. Im Grundsatz war es richtig. Das gilt für die Zentralstellung des Freiheitsgedankens, den Stellenwert des Bil-

---

303 Vgl. BAIER, Ökumenisches Lernen (Anm. 64), 21ff. 53ff.

dungs- und die Vermittlung des Menschenrechtsgedankens, zwar nicht in dessen revolutionären, wohl aber in einer bürgerlichen Verarbeitung. Auch Mirbt war, scheint mir, ein ‚Herrenhuter höherer Ordnung‘, dessen Grundverständnis der Haltung von Ernst Troeltsch zur Mission nahe stand. Wie Troeltsch meint er, dass die Mission nicht den ungebildeten und konservativen Kreisen überlassen werden sollte. Beide stehen sich nahe in der Meinung, dass die christliche Religion über Ressourcen verfügt, die die Missionskirchen instand setzen sollten, in den Umbrüchen der kolonisierten Gesellschaften Erhebliches zur Bearbeitung anstehender Wertebildung und Wertediskussion beizutragen, nicht zuletzt mit dem Ideal einer autonomen, christlich geprägten Individualität. Beide meinen, dass das Christentum den Gedanken einer Kulturmenschheit zu fördern besonders ausgestattet ist, ein Leitmotiv, das sich bis in die Vollversammlungen des ÖRK in Uppsala 1968 und Nairobi 1975 durchhält.[304] Beide erwarten, dass eine am Gedanken der Humanität orientierte überseeische Mission in die Krise des europäischen Christentums hineinsprechen könnte.[305]

Bei W. *Freytag* stehen die Menschen im Mittelpunkt der Reflexion, die an konkretem Ort, in konkreter Zeit, eben in ihrer Situation zwischen nostalgischer Anpassung an die vergangene Religion und den zeitgenössischen Hochideologien mit denen einen gemeinsamen Weg zu gehen suchen, die sich der Wahrheitsfrage stellen. Mission wird als eine vom Geist angestoßene, im Gewissen errungene Antwort auf das Wort und auf die Situation gedacht. Die Situation wird als eine immer schon apriorisch vom Wort her, also eschatologisch qualifiziert verstanden. Der eschatologische Sinnhorizont unterläuft das expansionistische Verständnis der Mission als einer Bewegung ‚von-nach‘, in dem sich Warneck und seine Schüler, verführt von dem allgemeinen Expansionsdenken ihrer Zeit, haben fangen lassen.[306] Zugleich werden Lokalität und Globalität über das Scharnier der Eschatologie verknüpft. Freytag

---

304 ERNST TROELTSCH, „Die Mission in der modernen Welt", in: DERS., *Gesammelte Schriften*, Bd. 2, Tübingen 1913, 779–804: „Die heutige Mission ist die Ausbreitung der religiösen Ideenwelt Europas und Amerikas im engen Zusammenhang mit der Ausbreitung der europäischen Einflußsphäre" (796f.). Die Missionspflicht ist freilich keine unbedingte, sondern eine bedingte und gilt nur da, „wo Anlaß und Bedürfnis dazu vorhanden ist, wo die inneren Zustände von selbst die Mission herbeirufen" (798). In dieser Hinsicht differiert Mirbt von Troeltsch.

305 Wo wäre Mirbt missionstheologisch einzuordnen? Vielleicht bei der Missionswissenschaft eines Hans W. Schomerus – heute ebenfalls nahezu vergessen – ein liberaler Kulturprotestant. Vgl. HANS W. SCHOMERUS, *Missionswissenschaft*, Leipzig 1935, 22ff. 35ff.

306 Schon bei Johann Tobias Beck unterwirft das eschatologische Verständnis der Mission Raum und Zeit dem Geist, der überall ist und wirkt. Beck setzt entschlossen auf

gewinnt einen freien und entspannten Blick auf die Prozesse der Kirchwerdung in der nichtwestlichen Welt, kann sich auf Besonderheiten
unterschiedlicher Situationen einlassen und doch eine Gesamtdeutung
von Mission aufrecht halten.

Was in der Mission eigentlich vor sich geht, ist zu klären. Freytag
sieht – wie vor ihm schon Mirbt – die Krise der traditionellen, Sinn ge-
benden Rahmungen, die der Situation bislang vorgegeben waren, eine
kolonialgeschichtlich verursachte Krise, aber auch eine durch das Wort
wach gehaltene Krise. Es gilt, und das scheint mir, was die missionstheologische Erarbeitung einer Situation angeht, eine nach wie vor be-
herzigenswerte methodologische Vorgabe zu sein, zu verstehen, woraufhin die lokalen Akteure schließlich handeln, wie sie auf die Situation
und wie sie auf die vor Ort gegebenen Repräsentanzen des Christlichen
eingehen. Die lokalen Akteure müssen sich selbst darüber verständigen,
was der Fall ist und woraufhin sie leben wollen, eine eigene ggf. christliche Deutung ihrer Situation vor dem Hintergrund der kulturellen
und religiösen Überlieferung vor Ort erarbeiten. Traditionsverlust zieht
Wirklichkeitsverlust nach sich. Erarbeitung einer eigenen Antwort in
der kritischen Situation zielt auf Wirklichkeitsgewinn. Mission ist kein
zeitloser Begriff. Das Christentum sagt immer etwas Neues an. Die ant-
wortende Kirche ist ,anders', weil Menschen an ihrem Ort und in ihrer
Zeit, in der Krise der Situation eben, auf das Wort so antworten, dass
sie mit denen, die sich der Wahrheitsfragen zu stellen bereit sind, einen
eigenen Weg gehen. So gesehen steht das Christliche immer für die ,Un-
terbrechung' im Kreislauf der Gegebenheiten. Die bei Freytag implizit
angelegte Verknüpfung von Eschatologie und modernem Freiheitsver-
ständnis wird vom ihm allerdings nicht ausgearbeitet.

Es bleibt das alte hermeneutische Problem, dass der aufgespannte
christliche Sinnhorizont in seiner Partikularität mit dem Anspruch
reflektiert wird, auch für jene Welten Deutungskompetenz zu bergen.
Vielleicht rührt – soziologisch oder kulturanthropologisch gesehen –
aus der spannungsvollen Polarität Situation-Eschatologie eine gewisse
Unschärfe in der Wahrnehmung der Anderen, der Kirche, der fernen,
fremden Situation. Andererseits lässt der eschatologische Sinnhorizont
nicht nur die andere Situation als eine a priori vom Wort her qualifizierte
sehen und so theologisch ernst nehmen; er impliziert auch eine kritische
Reflexivität hinsichtlich des je eigenen Wissens in dieser Situation und
damit der Standortgebundenheit des Beobachters.

---

den Geist, der ohne Zielstrebigkeit ,von nach' „Geheimnis des Vaters, überall" ist.
Vgl. SCHÜTZ, Kritische Bedeutung (Anm. 167), 3–24, hier 16, vgl. 13ff.

Aus Freytags Begriff der missionarischen Situation folgt zweierlei: Zunächst, dass die viel beschworene Identität der werdenden Kirchen in der nichtwestlichen Welt weder über deren Außenbeziehungen noch mit Hilfe des in der angelsächsischen Missionswissenschaft ausgebildeten ‚Drei-Selbst-Prinzips' finanzieller, Kirchen leitender und personeller Autonomie hinreichend erfasst ist, sondern nur so, dass die Wege der werdenden Kirchen als an ihrem Ort und in ihrer Zeit gegangene Wege verstanden und gewürdigt werden. Damit hat Freytag die alte Fassung der Inkulturationsproblematik zu den Akten gelegt.diese kann nicht mehr als Subtraktions- oder Additionsverfahren im Rahmen eines Grundbestandes christlicher Lehre verhandelt werden, sondern nur so, dass die in einer Situation erarbeiteten eigenen Antworten als auf das Evangelium gegebene Antworten auch für Andere erkennbar werden und so ökumenische Legitimität gewinnen.

W. Freytag und sein Freund Karl Hartenstein werden oft ‚in einem Boot' gesehen. Missionspolitisch haben die beiden eng zusammengearbeitet. Theologisch gesehen nahm Freytag einen Standpunkt von den Problemen her ein, Hartenstein von einem Missionsverständnis her, das von K. Barths Offenbarungsbegriff und von einer adventistisch gestimmten Eschatologie geprägt war. Der resultierende Unterschied scheint mir beträchtlich. Jedenfalls ist Freytag dem Irrweg einer adventistischen Kolorierung des Missionsgedankens nicht gefolgt. Die eschatologische Bestimmung der Mission, die Freytag in den 30er Jahren ansetzt, hat breiten Rückhalt nicht nur in der Tradition des Missionsprotestantismus; sie führt an die Wurzel des Christlichen. Die eschatologische Ausrichtung des Christentums vermittelt diesem sein weltweites Sendungsbewusstsein und seine Geschichtsoffenheit. Die Frage der Kritiker, wie sich dieses Reich-Gottes-Verständnis in der Lebenswirklichkeit vermittelt, findet bei Freytag die Antwort, dass das Reich Gottes als in den gegebenen Lebensumständen und Herrschaftsverhältnissen Wirksames nur *geglaubt* werden kann. Das Stichwort von der Mission als Gehorsam des Glaubens unter den Völkern (Röm 1,5; 16,26) ist die Form, in der bei Freytag Kirchenkritik und Missionskritik laut werden. So wie die Eschatologie der Schlüssel für Freytags Kirchen- und Missionskritik ist,[307] wird Mission für Freytag der Schlüssel zum Verstehen der Ökumenischen Bewegung.[308]

Als Freytag sich – während des ersten Hamburger Kirchentagkongresses Ende der 50er Jahre – zu der Gefahr des Wirklichkeitsverlustes

---

307 Dieter Manecke, *Mission als Zeugendienst. Karl Barths theologische Begründung der Mission im Gegenüber zu den Entwürfen von Walter Holsten, Walter Freytag und Joh. Christiaan Hoekendijk*, Wuppertal 1972.

308 Freytag, Die neue Stunde (Anm. 198), 11ff. 15ff.

verweltlichter Kirchlichkeit äußerte, sprach er in eine doppelte Front: Er sprach in eine gesellschaftliche Lage hinein, in der weite Kreise der Bevölkerung der Bundesrepublik Deutschland – nachdem ihnen in den Katastrophen des Nationalsozialismus und der Kriegsfolgen ihre Rahmen- und Wertvorstellungen zerbrochen waren – sich „auf der Suche nach Wirklichkeit"[309] dem Privaten, Intimen und Überschaubaren als Stabilitätsresten zugewandt und dabei erhebliche Wirklichkeitsverluste erlitten hatten. Seiner Kirche sagte er, dass ihr Wirklichkeitsbezug und die Deutungskompetenz ihrer Sprache an das Wissen gebunden sind, dass die Kirche nicht aus sich selbst heraus lebt, handelt und redet. M.a.W, gesellschaftlich relevant wird eine Kirche nicht schlichtweg dadurch, dass sie gesellschaftlich relevant zu sein sich bemüht, sondern indem sie sich in der Widersprüchlichkeit kirchlicher Wirklichkeit immer wieder auf das ‚So hat Gott die Welt geliebt' (Joh 3,16) besinnt, in dem herkömmliches Denken über Drinnen und Draußen durchbrochen wird.[310]

Hans Jochen Margull blieb dem Ansatz seines Lehrers W. Freytag zunächst ebenso verbunden wie es ihm später wichtig war, sich von Freytag abzusetzen. Sein Denken bewegt sich zwischen den Polen ‚für die eigenen Verbindlichkeiten nachhaltig eintreten' und ‚Verwundbarkeit des Eigenen, auch des eigenen Glaubens annehmen'.

Margull sah die Kontinuitäten zu den alten Problemen, die wir immer schon gehabt haben, wie die Vermischung von Zivilisieren und Verkündigen oder wie die Frage nach der Relevanz von Erfolg bzw. Erfolglosigkeit christlicher Mission und den von ihr angestoßenen Protest- und Anpassungsbewegungen.[311] Er hatte zugleich eine Sensibilität für bevorstehende Fragen, für Brüche und Sollbruchstellen der ökumenischen Diskussion, ließ sich in bisherigen Sichtweisen beunruhigen, war keiner der Lehrer, die auf alles immer gleich eine Antwort haben, konnte seine theologische Ratlosigkeit eingestehen, war neugierig auf andere, auch die Meinung seiner Studierenden und blieb doch zugleich distanziert.

Margull blieb W. Freytag in folgender Weise verpflichtet. Er machte Freytags eschatologischen Ansatz zur Leitperspektive seiner Dissertation und verknüpfte sie mit der ökumenischen Diskussion der 50er Jahre. Die Modernität transformiert die eschatologische Tradition, indem sie diese unter den Einfluss einer Philosophie der Geschichte bringt und

---

309 Vgl. H. Schelskys These vom Realitätsverlust, in den die moderne Gesellschaft Menschen hineinzieht.

310 Freytag RuAII (Anm. 102), 231.

311 Seine Habilitationsschrift: Hans Jochen Margull, *Aufbruch zur Zukunft. Chiliastisch-messianische Bewegungen in Afrika und Südostasien*, Gütersloh 1962.

den menschlichen Freiheitsgedanken ebenso wie sozialethische Fragestellungen berücksichtigt, ein Gesichtspunkt, der bei Margull stärker zum Tragen kommt als bei seinem Lehrer Freytag.[312] Auch das Fragen nach der ‚anderen Kirche‘, die unter der Wirkung des Wortes ‚immer‘ anders wird, und in diesem Zusammenhang, drittens, Margulls Interesse am Begriff der ‚Situation‘, der Margull bis zum Ende seines Wirkens befasst hat, wurzeln in der Kontinuität dieser Verpflichtung.

Was Margull in seiner Dissertation zur missionstheologischen Erarbeitung einer Situation zu sagen hatte, eröffnete und begrenzte ihm den Zugang zur damaligen Kirchenreformdebatte und zu Fragen missionarischer Erneuerung der Gemeinden. Er blieb in dieser frühen Phase befangen in dem Dualismus ‚christliches Auftragsbewusstsein hier – Paganität (des Arbeitermilieus) dort‘, ohne dass die Paganität auf ihren Begriff gebracht und so in ihrer Ubiquität benennbar geworden wäre. Margull stärkt zunächst wieder die Vorstellung von Mission als einer Bewegung ‚von hier nach dort‘, und zwar sowohl in der Kirchenreformdebatte als auch in dem über das Stichwort Tertiaterranität gepolten Hineinnehmen des befreiungstheologischen Impulses in das seiner Meinung nach kirchenreformunfähige bundesrepublikanische Milieu. Später lässt er diese Perspektive ganz fallen.

Das Stichwort Tertiaterranität hilft Margull, die Transformationen des Christlichen, die bei Freytag und anderen schon ins Auge gefasst worden waren, schärfer zuzuspitzen und auf ihren befreiungstheologischen Begriff zu bringen. Aus dem Abstand einer diffus gewordenen Kontextualisierungsdebatte sehen wir, dass dies Deutungsraster damals ebenso begreiflich war wie es heute als zu grob erscheint, ‚die Situation‘ über einen befreiungstheologischen Kamm zu scheren. Wichtig bleibt die Erkenntnis, dass das Christentum in der nichtwestlichen Welt sich den theologischen und ideologischen Voraussetzungen der Entstehung der modernen Ökumenischen Bewegung entwindet und gleichzeitig deren Foren benutzt, um in Auseinandersetzung mit den Kirchen des Nordens eigene Themen durchzusetzen. Die Realitäten einer ‚Konfliktökumene‘ überlagen die einer ‚Konsensökumene‘, eine in die Zukunft der Ökumenischen Bewegung weisende Deutung.

Margulls in seiner Dissertation unterbreitete Vorstellung zur Erarbeitung der missionstheologisch relevanten Facetten einer Situation eröffnet eine insofern beschränkte Perspektive, als es, das wäre von Freytag her im Sinn zu behalten, zunächst einmal darauf ankommt, die

---

312 BERT HOEDEMAKER, „Naming the World in the Name of the Coming One: Changing relations between mission, modernity and eschatology", in: *Exchange* 27/3, (1998), 194–207; CHRISTIAN WALTHER, *Eschatologie als Theorie der Freiheit – eine Einführung in neuzeitliche Gestalten eschatologischen Denkens*, Berlin/New York 1991.

Situation unter Einbeziehung der Perspektiven der an einer Situation Beteiligten zu erarbeiten. Situation verstehe ich als das Miteinander und Gegeneinander von Individuen und Kleingruppen, die Themen aufgreifen, benutzen, besetzen oder auch liegen lassen, um sich selbst zu inszenieren und ihre Kommentierung eines oder mehrerer im Milieu strittiger Themen durchzusetzen. Die Frage ‚Wer besetzt welche Themen und setzt sich in einer Situation X mit seinen Themen wie in Szene?' erschließt eine Situation tiefer in ihrer Komplexität. Dabei ist zu berücksichtigen, dass eine Situation durch Rahmenvereinbarungen zusammengehalten wird, die Menschen und Gruppen in einem bestimmten Milieu als stillschweigend vorausgesetzten Common Sense hinnehmen, durch ihre Handlungen tagtäglich bekräftigen oder eben auch, wenn dieser Rahmen brüchig geworden scheint, modifizieren oder demontieren. Die Frage, was in einer Situation geschieht, in der Menschen mit unterschiedlichen Rahmenvorgaben miteinander und gegeneinander agieren, bearbeitet der späte Margull im Rahmen der Dialogproblematik.

Im Übergang zu seinem anderen großen Thema, dem interreligiösen Dialog, erfährt Margull deutlich und schmerzlich, dass wir es in der heutigen Situation, lokal und global, nicht mehr mit geschlossenen Sinnzusammenhängen zu tun haben. Partikulare Situationen werden von unterschiedlichen Systemen der Deutung überlagert. Innerhalb einer Situation begegnen sich Menschen, die unterschiedliches Rahmungswissen mitbringen. Die kognitiven und die handlungspraktischen Konsequenzen einer so veränderten Wahrnehmung der Situation werden in unserer Zeit gern auf den Begriff ‚Dialog statt Mission' gebracht, und Margull wird häufig untergeschoben, dies auf seinem akademischen Wege getan zu haben. Das wäre ein Missverständnis. Gegenüber derartigen Vergröberungen ist ebenso darauf zu bestehen wie zu würdigen, dass er seinen zuerst im Missionstext der RGG (3. Aufl.) auf den Begriff gebrachten kreuzestheologischen Ansatz unter der Voraussetzung dieser neuen Rahmenbedingungen konsequent weiter bedacht hat. Allerdings hat Margull gesprächsweise gelegentlich geäußert, ihm wäre ‚das Thema Mission zwischen den Fingern zerronnen'. Sollte er dies nicht ironisch, sondern ernst gemeint haben, dann hat er sich über sich selbst getäuscht. Er hat das Thema konsequent kreuzestheologisch durchgeklärt. Das Kreuz streicht andere Religionen nicht durch, aber es kann in allen Religionen, auch in der eigenen, überraschend eine andere Perspektive stiften.

In seiner Reflexion auf die Erfahrung der Verwundbarkeit des eigenen Glaubens, des Christentums, ja, Gottes gelingt es ihm, die heute leicht auseinander laufenden Diskursfelder des interreligiösen Dialogs und der Mission, also der Frage nach einer ebenso evangeliumsgemäßen wie der Situation entsprechenden Repräsentanz des Christlichen, auf ihren gemeinsamen Grund hin zusammenzuführen. Wenn Gott Liebe ist und eben darum sich selber schwächend seinen Ort beim Menschen sucht, dann müssen Absolutheit und Mission gleichzeitig gelten können – als Bewegung menschlichen Lebens, das „von dieser Liebe her und zu ihr hin[,] der Entäußerung, um seine eigene Doxa zu finden".[313]

Die Selbstentäußerung des dreieinigen Gottes in die Verwundbarkeit konkretisiert sich in den Glaubenden als die Gabe, sich selbst zurücknehmen zu können und dem fremden Wahrheitsbewusstsein, wenn nicht bei sich selbst Raum zu geben, so doch mit Achtung und Hörbereitschaft zu begegnen. Der Dialog bringt die Mission auf das ‚Nullterritorium' des Kreuzes[314] und so zu sich selbst – als Praxis des Glaubens an das unerschöpfliche Vermögen der Liebe (Caritas). Es wäre ungenügend, im Dialog aus einem Muslim einen ‚besseren' Muslim, aus einem Hindu einen besseren Hindu machen zu wollen, weil „der Maßstab" des „Besser-werdens", die kenotische Praxis des Glaubens auf Liebe hin „verschwiegen" wird.[315] Diese wird vom Johannesevangelium als die göttliche Fülle des Lebens, die sich im Menschen Jesus ihren Ort gewählt hat, bezeichnet. In *diesem* Gelobten Land hebt sich das Christliche als territoriale Macht selbst auf.[316] Das Kreuz weist der kenotischen Praxis der Glaubenden und damit auch der Kirchen ihre Zeit und ihren Ort auf der Grenze, in der nur die Liebe das Paradies findet. Das ist Margulls missionstheologisches Vermächtnis.

In dieser kreuzestheologischen Fokussierung liegt eine Möglichkeit, den Missionsgedanken in einer vertretbaren Weise festzuhalten. Eine Gesamtdeutung des Missionsgeschehens als Missionsgeschichte, wie Mirbt sie vortrug, ist uns irgendwie entglitten. Der grobe Raster ökumenischer Zeitansage für alle und alles, wie Freytag und Margull sie versucht haben, greift nicht mehr. Wir müssen genauer hinsehen in das Teilgeschehen der Situationen, um das kommunikative Handeln in der Situation besser zu verstehen. Wir nehmen den vom späten Freytag angelegten Faden einer kulturwissenschaftlichen Betrachtung auf und achten auf das, was zur Erscheinung kommt in den Worten, Symbolen und Erzählungen, und auf die kommunikativen Vorgänge wie Geben, Nehmen und Erwidern. Die zunächst erfahrene Totalität der Erscheinungen wird durch Bezeichnungen und Unterscheidungen gegliedert, Verknüpfungen werden hergestellt, der eigene Körper und die Indivi-

---

313 Gestrich, Absolutheitsanspruch (Anm. 284), 110; vgl. Anm. 284.
314 Den Begriff verdanke ich Thomas Mooren, *Auf der Grenze. Die Andersheit Gottes und die Vielfalt der Religionen*, Frankfurt a.M. u.a. 1990, 115.
315 Ebd., 113.
316 Vgl. ebd., 117.

dualität werden entdeckt. Mit diesen Prozessen verbindet sich die Klä-
rung der Gottesvorstellung und des Glaubens an den im Menschen
Jesus und in der Geschichte lebendigen Gott. Im Angeben, Zugeben,
Weggeben, Vorgeben, Hergeben und Hinnehmen, im Hingeben und
Zurückgeben regiert oft eine Entsprechung oder sollte doch regieren.
Nur das Vergeben fällt anscheinend aus der Ordnung alltagsweltlicher
Beziehungen heraus. Wie wirkt der Geschenkcharakter christlicher
Glaubenserfahrung auf die religiöse Praxis, auf das Private, Soziale, Politische? Wie passt die Zusage aus der Abendmahlstradition „für dich
gegeben" hinein in die kulturellen und sozialen Beziehungen der Gesellschaft? Ist die Gabe als zentrale Vorstellung des christlichen Glaubens
eine Bestätigung, eine Unterbrechung oder gar eine Aufhebung einer
allumgreifenden menschlichen Erfahrung im Kreislauf von Geben und
Nehmen? In der Reflexion auf die Unterbrechung durch die Verheißung
eines nicht gemachten, sondern gegebenen Symbols nimmt eine episo-
dische, kulturwissenschaftlich interessierte Missionswissenschaft den
ökumenischen Horizont auf, den eben diese Verheißung eröffnet und
zu bedenken aufgibt.

Abb. 17: Helmut Thielicke

Menschsein zwischen Natur und Interpretation

Eine Erinnerung an die Anthropologie
Helmut Thielickes (1908–1986)

von

Michael Moxter

I.

Helmut Thielicke, der Gründungsdekan der Evangelisch-Theologischen Fakultät und erster Inhaber einer Professur für Systematische Theologie an der Universität Hamburg, wurde am 4. Dezember 1908 in Barmen geboren und dort auch geprägt – vom Bildungssinn bürgerlichen Protestantismus, vom Milieu der reformierten Gemeinde und ihres auf das Wort der Bibel ausgerichteten Pietismus und zwar in der Gemeinde, in der 1934 die Barmer Theologische Erklärung samt wichtigen anderen Klarstellungen für die Bekennende Kirche angenommen wurden. Das Studium in Greifswald, Marburg, Erlangen und Bonn wurde von der lebenslang sich durchhaltenden Lust an wissenschaftlicher Erkenntnis und an akademischer Lehre angetrieben, bald aber auch von schwerer Krankheit beeinträchtigt und schließlich vom Nationalsozialismus um seine Zukunft gebracht. So folgte zwar auf die Promotion zum Dr. phil. mit einer Arbeit über Lessing 1931, auf die Promotion zum Dr. theol. 1934 (bei Paul Althaus in Erlangen) und die Habilitation für Systematische Theologie 1936 schließlich eine Lehrstuhl-Vertretung in Heidelberg. Aber sie erwies sich trotz studentischen Zulaufs als Sackgasse. Der von den Nationalsozialisten zwangsbeurlaubte Fachvertreter kehrte nach einigen Jahren schließlich doch auf seine Professur zurück, Thielicke wurde mit Versprechungen erst hingehalten, dann von den Dekanen in Erlangen und Heidelberg um eine Weiterbeschäftigung gebracht.[1] Sofern es sich dabei auch um eine politisch motivierte Intrige handelte, richtete sie sich gegen einen jungen Dozenten, der sich nicht nur theo-

---

1 Wichtige Informationen verdanke ich dem Gespräch mit Arnulf von Scheliha, vgl. ders., Art. „Thielicke, Helmut", in: *RGG*⁴ 8 (2005), 363f.

logisch, sondern auch mit Widerspruch gegen die nationalsozialistische
Macht an der Universität zu Wort meldete. Die bedrohliche Lage, in die
die Thielickes damals gerieten (ich benutze den Plural, weil in die Heidelberger Zeit auch die Hochzeit fiel), wurde vom Bischof der Württembergischen Kirche Theophil Wurm aufgefangen, der Thielicke zuerst ins
Pfarramt und dann als Leiter des ad hoc und ad personam gegründeten
Theologischen Amtes der Württembergischen Landeskirche berief. Aus
jener Zeit stammt der frühe Ruhm des Predigers und Redners, der die
Sache des christlichen Glaubens in der überfüllten Stuttgarter Stiftskir-
che in Abendvorträgen vertrat und trotz häufiger Überprüfungen und
Vorladungen bei der Gestapo schließlich zum Freiburger Widerstands-
kreis stieß und dort Carl Friedrich Goerdeler in Sachen Universität,
Bildung und Wissenschaft zuarbeitete. Als einer, der dem Zugriff der
Nazis entkommen war, begann der neue wissenschaftliche Weg gleich
nach Kriegsende mit einem Ruf auf das Ordinariat für Systematische
Theologie der Universität Tübingen, und dieser setzte sich 1954 mit
dem Wechsel als Gründungsdekan nach Hamburg fort, nachdem die
Berufung Paul Tillichs nicht zustande kam. Der Wechsel nach Hamburg
führte übrigens dazu, daß Gerhard Ebeling, sein ehemaliger Mitarbeiter, in Tübingen das Fach wechselte, also als Kirchenhistoriker und Lu-
therforscher in der Nachfolge Thielickes die Systematische Theologie
übernahm. Auch dies eine folgenreiche Entscheidung.

Thielicke wurde von Hamburg aus zu einer öffentlichen Stimme der
Kirche und der Theologie bis in den Bundestag hinein, mit vielfachen
Ehrungen im In- und Ausland, später aber auch zu einer Reizfigur für
alle, die zur Personalisierung politischer Konflikte neigten. Wer die Autobiographie Thielickes „Zu Gast auf einem schönen Stern"[2] liest, kann
von den ersten Seiten an studieren, welche Spur die mit der Jahreszahl
1968 bezeichnete studentische Bewegung und Neuausrichtung der Gesellschaft im Bewußtsein nicht nur Thielickes, sondern einer ganze Pro-
fessorengeneration hinterließ. Äußerste Irritation, Ohnmacht, ja Zorn
über das, was anderen Kollegen an der Universität Hamburg widerfuhr,
sprechen aus jedem Satz, den Thielicke zu dieser Zeit findet. Das schöne
Wetter, von dem im Motto des Buches, der schöne Stern, von dem in
seinem Titel die Rede ist, werden dann gleichsam von Blitzeis abgelöst
bzw. überzogen. Solche atmosphärischen Veränderungen gehören zur
Geschichte der Fakultät wie die Krisen und Niederlagen zum menschlichen Leben. Thielicke, der oft betonte, daß zum Haus des Menschen
nicht nur die „bel etage", sondern auch der Keller gehört, in dem die

---

2   HELMUT THIELICKE, *Zu Gast auf einem schönen Stern. Erinnerungen*, Hamburg ³1984.

Wölfe heulen,[3] hatte solche Ambivalenzen immer im Blick. Nicht zuletzt dieses Bewußtsein für die Widersprüche des Menschen zeichnet das Werk Thielickes, der im März 1986 starb, aus.

Vor seinen Werken zur Dogmatik und zur Religionsphilosophie ist deshalb an erster Stelle die vierbändige Theologische Ethik zu nennen. Ihr zentrales Anliegen ist es, die Ethik als eine wesentliche Artikulationsgestalt christlichen Glaubens zu bearbeiten und dabei „so etwas wie eine christliche *Interpretation der Wirklichkeit* zu bringen, das heißt: den Menschen in seinem In-der-Welt-sein [...] zu zeigen".[4] Es geht in der theologischen Ethik also nicht einfach um Handlungsprobleme der Christen, sondern um eine Rekonstruktion der allen Subjekten gleichermaßen erschlossenen menschlichen Angelegenheiten. Der Mensch in seinem In-der-Welt-Sein, die conditio humana in ihrem Weltbezug sind das Thema. Diese Wirklichkeit soll in einer spezifischen Weise interpretiert werden, nämlich christlich, ja genuin evangelisch. Der Reiz dieses Ansatzes besteht in der keineswegs vorab entschiedenen Frage, ob solche Interpretation im Lichte der reformatorischen Theologie die gemeinsame Wirklichkeit angemessen oder vielleicht sogar prägnanter deutet, als das anderen Bildern des Menschen möglich ist. Diese Arbeit beginnt allerdings nicht bei der gleichsam als nackte Existenz vorgegebenen Natur des Menschen, vielmehr ist es ihre Aufgabe, „den Menschen in seinem In-der-Welt-Sein" überhaupt erst „zu zeigen". Das bloße Hinsehen macht es also nicht, die Wirklichkeit des Menschlichen muß allererst gezeigt werden – so daß wir die Perspektiven und perspektivisch gebrochenen Interpretationen zu keinem Zeitpunkt loswerden.

Konstitutiv ist für Thielickes Ethik dabei auch, daß sie sich herauswagt aus der Festung der Dogmatik und intensiven Kontakt zu den Humanwissenschaften ihrer Gegenwart sucht. Die Theologische Ethik appliziert nicht die Dogmatik, sondern sie entfaltet eine selbständige „Auslegung der glaubenden Existenz"[5], die man gerade deshalb Seite um Seite auch als Dogmatik lesen könnte. An der Transformation des Ordnungsgedankens von einer Schöpfungs- zu einer Notverordnung der gefallenen Welt, an Thielickes Würdigung des Kompromisses als eines Zeichens menschlicher Begrenztheit und an der Ausrichtung der ethischen Analyse auf die Grenzsituationen des Lebens kann man das deutlich erkennen. Freilich: dieser umfassende Ansatz, aber auch die Detailstudien, forderten vom Autor viel Lebenszeit. Im Abschluß seiner Ethik blickt Thielicke auf insgesamt 21 Jahre der „Arbeit an diesem

---

3   Vgl. HELMUT THIELICKE, *Mensch sein – Mensch werden. Entwurf einer christlichen Anthropologie*, München/Zürich 1976, 46. 73. 149.
4   HELMUT THIELICKE, *Theologische Ethik*, Bd. III, Tübingen 1964, VIIIf.
5   HELMUT THIELICKE, *Theologische Ethik*, Bd. I, Tübingen 1958, 64, Nr. 176.

Unternehmen"[6] zurück. Von ihr kann an dieser Stelle nicht gründlich berichtet werden. Deshalb konzentriere ich mich auf ein anderes Werk Thielickes: auf seine Anthropologie, die nach verschiedenen frühen Fassungen in dem Buch „Mensch sein – Mensch werden. Entwurf einer christlichen Anthropologie"[7] ihren prägnanten Ausdruck fand.

Diese Konzentration scheint mir legitim, weil Thielickes Ethik nach dem Urteil ihres Verfassers „gewissermaßen *auch* schon als Anthropologie angelegt"[8] war. Die Anthropologie aber operiert ihrerseits nicht in distanzierter theoretischer Beobachtung des homo sapiens sapiens, sondern hält sich an die Frage des Menschen nach sich selbst. Deshalb steht auch in ihr zur Entscheidung, „wie [...] *der unbedingte, der selbstzweckliche und sakrosankte Wert menschlichen Daseins zu begründen sei"*[9]. Wie die Ethik als Anthropologie angelegt war, so ist Thielickes „Entwurf einer christlichen Anthropologie" das Buch eines Ethikers. Das gilt für die genannte Leitfrage, für die Grundstruktur des Werkes und schließlich für die in ihm erörterten Phänomene. Die „Achse" des Buches dreht sich um eine „Schicksalsfrage ersten Ranges": die Frage, ob und wie die „Unbedingtheit und Selbstzwecklichkeit menschlichen Daseins"[10] begründet werden könne. Diese Frage läßt sich in den Traditionspolstern eines christlichen Abendlandes nicht aussitzen. Sie bedarf der systematischen Klärung. Thielickes Einschätzung hat auch nach fast dreißig Jahren nichts von ihrer Aktualität verloren. Doch wie läßt sich das finden, wonach hier gesucht wird?

II.

Thielickes Anthropologie setzt mit der Bemerkung ein, daß die objektiv erkennbaren Merkmale „nicht das *Eigentliche* des Menschen"[11] treffen. Schon Platon trieb seinen Spott mit der empirischen Klassifikation des Menschen als eines federlosen Zweifüßlers, indem er ein gerupftes Huhn durch die Diskussionsrunde jagte, und Thielicke schickt zur Verstärkung noch ein Känguruh hinterher. Federlos auf zwei Füßen unterwegs ist der Mensch gewiß, und noch anderes derselben Art ließe sich beobachten, doch klafft auf der Basis empirischer Beobachtung der Natur eine Bestimmtheitslücke, die man auch „durch Addition aller ver-

---

6 THIELICKE, Theologische Ethik III (Anm. 4), VII.
7 Vgl. Anm. 3.
8 THIELICKE, Mensch sein (Anm. 3), 21.
9 Ebd., 25.
10 Ebd.
11 Ebd., 27.

fügbaren empirischen Aspekte"[12] nicht auffüllen könne. Denn gerade diejenigen Eigenschaften, die den Menschen wesentlich charakterisieren, sind nach Thielicke solche, die sich jeder objektiven Verfügbarkeit entziehen.[13] Was den Menschen zum Menschen macht, läßt sich deshalb im Horizont des empirisch Gegebenen nicht ermitteln.

Diese Unzulänglichkeit des Naturalismus weist Thielicke nun allerdings nicht auf, um sie mit einer Metaphysik der übersinnlichen Welt zu kompensieren. Kein Schritt führt von den veränderlichen empirischen Merkmalen zu einem überempirischen, zeitüberlegenen Wesen, von der Natur zur Übernatur. Thielicke argumentiert eher aristotelisch als platonisch. Es geht ihm nicht um ein hinter der bloßen Erscheinung liegendes An-sich-Sein, seine Wesensfrage zielt stattdessen darauf, den Menschen als solchen zu bestimmen und zwar im Zusammenhang seiner charakteristischen Vollzüge und Tätigkeiten. Der Mensch lernt sich selbst nicht durch Introspektion oder theoretische Betrachtung, sondern durch seine Tätigkeit kennen.[14] Und entsprechend läßt sich auch Menschsein nur im Horizont des Menschwerdens entdecken. Die empirisch verfügbaren Prädikate sind zu knapp geschnitten, werden wir doch des eigentlich Menschlichen erst ansichtig, wenn wir uns an die Freiheit des Menschen und das, was aus ihr wird, halten. Paradox formuliert: Gerade weil wir beim Menschen *mit dem Gegebensein* von „Freiheit und Verantwortung"[15] rechnen, läßt sich seine Seinsart nicht aus dem *Gegebenen* ablesen. Oder ohne Schnörkel: Weil zum Menschsein das Gegebensein von Freiheit gehört, bleibt die Orientierung an dem, was im Sinne der Naturwissenschaften als empirisch gegeben gelten kann, unzureichend.

Die methodische Folgerung, die Thielicke als „erste[n] Hauptsatz jeder Anthropologie" aus diesem Sachverhalt ableitet, lautet: „Der Mensch kann nicht erklärt", „das menschliche Wesen kann nicht ‚begriffen', sondern nur verstanden werden".[16] Odo Marquard hat den Stand der Anthropologie in der Moderne mit der doppelperspektivischen Frage erläutert: Wie soll das Sein des Menschen bestimmt werden, wenn nicht mehr metaphysisch und noch nicht empirisch?[17] Thielickes implizite Antwort auf diese Frage lautet: Der Mensch muß freiheitstheoretisch bestimmt werden und also in dem Zusammenhang dessen, was aus ihm werden kann. Insofern mündet der erste Abschnitt seiner Anthropologie, sozusagen die Grundlagenreflexion des Buches, in eine neuzeitliche

---

12 Ebd., 28.
13 Vgl. ebd., 27.
14 Vgl. ebd., 34.
15 Ebd., 27.
16 Ebd., 33 (vgl. 32).
17 Odo Marquard, Art. „Anthropologie", in: *HWP* 1 (1971), 362–374, hier 363.

Bestimmung. Dem Satz, mit dem Immanuel Kant seine ‚Grundlegung zur Metaphysik der Sitten' schließt, ist deshalb der Satz nachgebildet, mit dem Thielicke seine Anthropologie eröffnet. Zog Kant im Blick auf die Freiheit des Menschen das Fazit: wir begreifen zwar nicht die unbedingte Notwendigkeit des moralischen Imperativs, aber doch zumindest seine Unbegreiflichkeit,[18] so gilt nach Thielicke „in erkenntnistheoretischer Strenge": zwar läßt sich das Menschliche nicht erklären, aber: *„Wir begreifen die Unbegreiflichkeit des menschlichen Wesens"*[19] – und müssen eben dies verstehen.

Mit diesen Leitsätzen stellt Thielicke Pointen Kants und Wilhelm Diltheys in die Grundlegung seiner eigenen Anthropologie ein. Zwar findet sich bei ihm auch manche Kritik an der Neuzeit – wie bei vielen anderen Autoren des 20. Jahrhunderts, auch meint dies vor allem: Kritik an Descartes –, aber das darf nicht darüber hinwegtäuschen, daß es ihm programmatisch um eine „neuzeitlich *moderne* Theologie" geht, eine Theologie, „die im dialogischen Austausch mit der sich verändernden Welt steht, sie ernst nimmt und nicht nur steril und restaurativ das alte Korn immer neu drischt, ohne zu merken, daß alle Scheunen [...] um sie herum umgebaut werden".[20] Solche Polemik gegen eine Orthodoxie und einen Dogmatismus, der die reformatorische Sache mit scholastischen Denkmethoden erörtert und damit in eine Sackgasse führt,[21] gründet also in einer systematischen Würdigung des Autonomiegedankens, jedenfalls in seiner kantischen Fassung. Wo Autonomie sich von ethischen Ansprüchen entlastet und in die abstrakte Freiheit beliebigen Tun-und-Lassen-Könnens umschlägt, wird sie von Thielicke hart attackiert – aber als Fehlform, die das Niveau der neuzeitlich-kantischen Tradition nicht hält. Den christlichen Glauben unter den Bedingungen der Moderne zu entfalten, ist also eine Hamburger Programmformel, unter der bereits Helmut Thielicke operiert hat.

Daß der Freiheitsbegriff im Zentrum steht, hebt die Selbsterfahrung des Menschen von aller gegenständlichen Erfahrung ab.[22] Erfahrung läßt sich nicht auf Empirie reduzieren. Insofern ist der Sinn für die Freiheit zugleich Sinn für die Grenzen menschlicher Erkenntnis. Neben diese erkenntnistheoretische Pointe tritt eine praktische. Das Sein des Menschen ist nicht zu objektivieren, weil er seine Freiheit gerade darin zum Zuge bringen kann, daß er sich jeder festlegenden Identität entzieht und

---

18 IMMANUEL KANT, *Grundlegung zur Metaphysik der Sitten*, Riga 1785 (= Werke in sechs Bänden, hg. v. WILHELM WEISCHEDEL, Bd. VI, Darmstadt 1975, 102 [BA 128]).

19 THIELICKE, Mensch sein (Anm. 3), 37, (vgl. 38).

20 Ebd., 196.

21 Vgl. THIELICKE, Theologische Ethik I (Anm. 5), 345, Nr. 1031.

22 Vgl. THIELICKE, Mensch sein (Anm. 3), 29.

alle fixierenden Beschreibungen abwehrt. Weil sich das Sein des Menschen nach Thielicke dadurch auszeichnet, daß es sich in unmittelbarer Selbstbeziehung seiner Freiheit bewußt ist, hat der Mensch nicht nur eine Natur, sondern auch eine Geschichte.[23] Diesen Sachverhalt bringt der Titel der Anthropologie Thielickes zur Geltung: Menschsein gibt es nur als Menschwerden und das heißt nun allerdings auch: Der Mensch ist ein Wesen, das unfertig ist, auf dem Wege bleibt oder – um mit Luther zu sprechen – „im Bau"[24], darin aber auch der Gefährdung ausgesetzt ist, sich zu verfehlen. Kurz: „Wir müssen das werden, was wir sind".[25]

Wir könnten es bei dieser Wendung gewiß belassen, wenn die Frage nach einer belastbaren Auskunft über das Sein des Menschen nicht in unserer eigenen Gegenwart so bedrängend wäre. Deshalb lohnt es sich, noch ein weiteres Argument aufzugreifen, mit dem Thielicke den Naturalismus verabschiedet. Das „Wesen des Menschen", so lautet es, ergibt sich nicht aus den empirischen Daten, sondern kann „erst zur Sprache kommen, indem ich [...] Daten interpretiere".[26] Wie wir uns selbst nur auf dem Umweg unserer Erfahrungen finden, so läßt sich das Sein des Menschen nur im Zusammenhang der Sinn- und Bedeutsamkeitsunterstellungen, der Erzählungen und Riten, der Weltanschauungen und Religionen erkennen. Wer Menschsein verstehen will, kann von diesen Deutungen und den mit ihnen verbundenen Bildern gelingenden Lebens nicht absehen. Er bringt sich sonst um seinen Gegenstand. In diesem Sinne ist die Anthropologie für Thielicke immer auch Hermeneutik.[27]

Zusammenfassend kann man sagen: Alles dreht sich um die Unverfügbarkeit des Menschseins, die zugleich die Grenze einer empirischen Anthropologie darstellt. Diese Unverfügbarkeit wird freiheitstheoretisch begründet, durch Überlegungen zum Selbstverhältnis und zur Geschichte entfaltet und mit einer hermeneutischen These verbunden. Aus jedem dieser drei Gründe, aber erst recht aus ihrem Verbund, wird erkennbar, wie aussichtslos es ist, Aufklärung über das Menschsein von den empirischen Wissenschaften zu erwarten. Was freilich nicht besagt, daß man nicht in anderer Hinsicht die weitestreichenden Veränderungen der menschlichen Situation von ihnen erhoffen dürfte.

---

23 Vgl. ROBERT B. BRANDOM, „Selbstbewußtsein und Selbst-Konstitution", in: *Hegels Erbe*, hg. v. CHRISTOPH HALBIG u.a., Frankfurt a.M., 2004, 46–77, hier 47.

24 MARTIN LUTHER, „Promotionsdisputation von Palladius und Tilemann [1537]", in: *WA* 39/I, 252, 15. Vgl. EBERHARD JÜNGEL, *Zur Freiheit eines Christenmenschen. Eine Erinnerung an Luthers Schrift*, München 1978, 50–53.

25 THIELICKE, Mensch sein (Anm. 3), 32.

26 Ebd., 196.

27 Vgl. ebd., 32ff. mit 196.

Thielicke hat seine Anthropologie als eine bewußt zeitgebundene und darum perspektivische Angelegenheit begriffen: „Ich schreibe weder für das Jahr 1890 noch für das Jahr 2010".[28] Die Jahreszahl, die ihm so fern erschien wie 1890, ist uns zu einem Symbol heutiger Leitfragen geworden. Daran zeigen sich die Zeitgebundenheit Thielickes und unser Zeitabstand. Gewiß nimmt Thielicke die für viele erst in den Neunziger Jahren ins Bewußtsein tretende gentechnologische und biomedizinische Revolution in ihren Anfängen war: Die berühmt-berüchtigte Londoner Tagung der Ciba-Foundation, die heute als Auftakt der öffentlichen Wahrnehmung des Themas genannt wird, stand dem Ethiker deutlich vor Augen. Aber sie hat ihn als „Träumerei prominenter Biologen" bei weitem nicht so sehr beeindruckt wie es der spekulative Evolutionismus Teilhard de Chardins tat, auf den er immer wieder und schließlich in einem großangelegten Abschlußkapitel der Anthropologie zurückkommt. Man kann dies als Indiz dafür lesen, wieviel sich seit Thielickes Tagen verändert hat. Aber dennoch ist seine anthropologische Ethik in der aktuellen Debatte präsent. Vielleicht weniger in der theologischen Wissenschaft – wie Lutz Mohaupt einmal bedauernd feststellt[29] – aber sehr wohl innerhalb der juristischen Dogmatik, in der Thielicke als theologischer Kronzeuge oft auftritt. Exemplarisch könnte man das an der 1997 in Tübingen erschienenen, bei Ernst-Wolfgang Böckenförde entstandenen Habilitationsschrift von Christoph Enders zeigen, deren Titel: „Die Menschenwürde in der Verfassungsordnung"[30] zugleich den Sachzusammenhang identifiziert, aus dem diese Thielickerezeption resultiert. Wo nämlich betont wird, daß die Würde wie die Freiheit des Menschen „keine anthropologisch zu erhebende und zu zergliedernde Eigenschaft darstellen"[31] kann, ist Thielickes Anthropologie zur Stelle. Die Würde des Menschen bleibt dem Würdenträger insofern *fremd*, als sie aller empirischen Beschreibung und Erklärung in kategorialer Differenz entgegentritt. Was immer sie sein mag, sie ist jedenfalls keine Eigenschaft des Menschen, kein intrinsisches Prädikat empirischer Anthropologie. Nun müssen wir uns klarmachen, was sie denn dann ist.

28　Ebd., 19.
29　Vgl. Lutz Mohaupt, Art. „Thielicke, Helmut", in: *TRE* 33 (2002), 421–425, hier 424.
30　Christoph Enders, *Die Menschenwürde in der Verfassungsordnung*, Tübingen 1997.
31　Ebd., 192.

III.

Auch der Theologie geht es nicht anders als den empirischen Wissenschaften. Auch sie kann die Würde des Menschen nicht aus bestimmten objektiven Eigenschaften ableiten. Ihr Grundbegriff der Gottebenbildlichkeit begründet und rechtfertigt sich weder aus dem aufrechten Gang des Menschen, noch aus der Sprache oder der Vernunft, noch aus der Lebendigkeit, die Gott dem Menschen nach der zweiten Schöpfungsgeschichte einbläst. Niemand verfügt über eine Tabelle, aus der man die Seinsentsprechungen zwischen göttlichen und menschlichen Eigenschaften ablesen könnte. Die Gottebenbildlichkeit besteht vielmehr in einer Beauftragung zu einem bestimmten Tun, in der Eröffnung einer Geschichte des Menschen, zu dem sich Gott in besonderer Weise verhält. Nicht der aktuelle Bestand, sondern die Finalität dessen, was zwischen Gott und Mensch und zwischen Mensch und Mensch geschehen kann und soll, bestimmt den Begriff. Der Mensch ist also imago Dei, insofern er – aus den Händen des Schöpfers entlassen – zugleich in besonderer Weise auf diesen bezogen bleibt. Mit Ernst Cassirer könnte man sagen: Die Auslegung der Gottebenbildlichkeit wird vom Substanzbegriff auf den Funktionsbegriff, von Sein auf Relation umgestellt. Thielicke beschreibt diese Transformation in eigener Terminologie: Die Würde des Menschen bestehe nicht in Eigenschaften, *„sondern, wenn man so will, in seinen ,Außenschaften'*: nämlich in jenem Bezuge zu dem, der den Menschen erschafft, anspricht, beruft und ihm Ziele gibt, die er erreichen oder verfehlen kann".[32] Die Würde der Gottebenbildlichkeit kommt dem Menschen nur extern zu, aufgrund der Tätigkeit eines anderen. Um es im Anschluß an eine umstrittene Formel Hubert Markls zu formulieren: Würde ist für Thielicke kein Natur-, sondern ein Zuschreibungsbegriff. Freilich: Subjekt dieser Zuschreibung ist Gott, indem er den Menschen anspricht und beruft – übrigens ohne dabei eine Fremdbestimmung über den Menschen zu verhängen, entläßt er ihn doch in die ihm eigene Freiheit als Inbegriff aller Ziele. Der Begriff der Gottebenbildlichkeit des Menschen markiert damit zugleich, daß und wie die menschliche Person als Relation zu denken ist, daß ihre Identität nicht in einem substantiellen Wesenskern, sondern in der verläßlichen Kontinuität des Gottes gründet, der sich zu ihr ins Verhältnis setzt.

Dieses für Thielicke zentrale Thema erscheint uns heute wohl nicht als Neuigkeit, sondern als Grundfigur evangelischer Theologie und Ethik. Konzentrieren wir uns deshalb nicht auf die These selbst, son-

---

32 THIELICKE, Mensch sein (Anm. 3), 102.

dern gleich auf die charakteristischen Dimensionen, in denen Thielicke diesen protestantischen Grundkonsens zur Geltung bringt.

Da fällt zunächst auf, daß er die *Frage* nach der Personalität des Menschen bzw. seiner Würde in einer Krise und zwar in ihrer Verdunkelungsgefahr verortet: Nach dem Sein und Recht des Menschen werde erst aufgrund konkreter Gefährdungen und erfahrener Gewalt gesucht.[33] Von solchem Erfahrungsbezug geprägt, schreitet die Anthropologie nicht als zeitlose oder transhistorische Betrachtung voran. Sie bleibt eine schmutzige, in ihre Zeit verwickelte Wissenschaft. Deshalb sieht Thielicke den theologischen Konsens in der Literatur des 20. Jahrhunderts bestätigt: die bei Sartre und Frisch, bei Anouilh und Jünger beschriebenen Krisen der Identität entstünden in je eigenen Varianten daraus, daß eine die Existenz gründende Beziehung aus den Fugen gerate.[34] Umgekehrt werde der Westernheld im Kino und der Artist in der Zirkuskuppel zum Identifikationsangebot, weil die menschliche Person sich auf ein Außerhalb beziehen muß. Thielicke liebt es, seine Leser mit solcher Anschaulichkeit zu verwöhnen.[35]

Im Blick auf die strengere Frage nach dem Aufbau der Wissenschaft ergibt sich aus der These, Person sei Relation, daß die Anthropologie das Gefüge der Situationen beschreiben und verstehen muß, in denen der Mensch sich vorfindet und dem anderen begegnet. Die Leiblichkeit und Weltlichkeit des Menschen könnte nur um den Preis des Doketismus von ihm selbst separiert werden – deshalb entfaltet Thielicke seine Anthropologie als Beschreibung konkreter Relationen:[36] Die Spannung von Geschichtlichkeit und Selbsterfahrung, von Norm und Freiheit, von Individuum und Gesellschaft, das Verhältnis zur Technik oder zur Zeit – das sind die Beziehungen, um die es im materialen Teil dieser Anthropologie geht. Der Grundbegriff der Anthropologie liefert also auch ihre Architektur. Fundierend ist dabei die Relation zum Anderen, das Verhältnis von Ich und Du. Daran kann man ablesen, wie stark Thielicke der Personalismus Friedrich Gogartens und Martin Bubers geprägt hat.[37]

Die Gottesbeziehung ist keine weitere Relation im allgemeinen Gefüge von Verhältnissen, sondern sie ist der Grund des Gesamtgefüges. Folglich löst sich, was bei Thielicke Person heißt, nicht in der Vielfalt möglicher Beziehungen gleichsam auf. Ihrem Begriff nach hängt sie an einer kategorial unterschiedenen, sozusagen stabilen und unhintergeh-

---

33 Vgl. ebd., 40 und 47.
34 Vgl. ebd., 62.
35 Vgl. ebd., 72.
36 Vgl. ebd., 130ff.
37 Vgl. z.B. Thielicke, Theologische Ethik I (Anm. 5), 250f., Nr. 706–11.

baren Beziehung. Mit Thielickes Worten: „Gegenstand der Anthropologie ist das In-der-Welt-Sein des Menschen. Das Wesen des Menschen so [...] zu bestimmen, bedeutet, es als Schnittpunkt zahlreicher Relationen zu verstehen. [...] [Davon] schließen wir [...] die Beziehung zu Gott aus; sie ist keine Beziehung ‚neben' anderen, sondern sie ist die alle *tragende* Beziehung".[38] Der Übergang von der Substanz zur Relation ist sozusagen von einer substantiellen Relation gemäßigt. Luthers trinitätstheologischer Satz „Relatio est res"[39] kann im Blick auf die das Sein des Menschen tragende Gottesbeziehung wiederholt werden. Folglich sind die vielen Verhältnisse, in denen der Mensch steht, *exemplarisch* für sein Sein, diese eine Relation aber ist für es *konstitutiv*.

Darin besteht die theologische Fundierung der Würde. Sie zieht Thielicke zufolge eine Unschärferelation nach sich: „Versucht man den Menschen unter dem Aspekt seiner Relation zu Gott zu sehen, so werden seine ontischen Eigenschaften unscharf; und umgekehrt: Versucht man seine ontischen Eigenschaften zu sehen, so wird sein Wesen, nämlich seine Existenz in der Relation, unscharf".[40] Beide Aspekte lassen sich nicht kombinieren oder ergänzen, sondern verbleiben in Komplementarität zueinander. Darauf ist noch zurückzukommen.

Diese Unschärferelation begründet, warum sich die Würde nicht empirisch fundieren läßt, sie schließt aber auch einen Sachverhalt ein, den Thielicke wiederholt in aller Deutlichkeit ausspricht und der nun zu bedenken ist, weil er einen neuen Akzent setzt: Die Würde des Menschen ist bei Thielicke eine Glaubenssache – wie es um Personalität bestellt ist, wird allein im Glauben erkannt.

Dieser Glaubensstandpunkt ist auch an dem Begründungsweg erkennbar, auf dem Thielicke seine Ausführungen gewinnt. Vor allem seine Grund- und Leitkategorie der ‚fremden Würde' ist dafür signifikant. Dieser Terminus ergibt sich aus dem reformatorischen Zentralbegriff der iustitia aliena, der fremden, Gott selbst eigenen Gerechtigkeit, die dem Menschen aus Gnade, um Christi willen, auf Glauben hin angerechnet und zugeschrieben wird. In Thielickes Ethik kann man unter der Überschrift: „Die Konstituierung der Person durch das Wort (das ‚alienum')" die für den Aufbau seiner Anthropologie zentrale Bemerkung finden: „Auf das ‚alienum' müssen wir in immer neuen Beziehungen zurückkommen, da es ein Grundbegriff der reformatorischen, besonders der lutherischen Anthropologie ist".[41] Die Unterscheidung

38 Thielicke, Mensch sein (Anm. 3), 138.
39 Martin Luther, „Die Promotionsdisputation von Petrus Hegemon [1545]", in: *WA 39/II*, Weimar 1932, 340.
40 Thielicke, Theologische Ethik I (Anm. 5), 356, Nr. 1070.
41 Thielicke, Mensch sein (Anm. 3), 112.

zwischen den empirischen Eigenschaften des Menschen und den sein Wesen konstituierenden Außenschaften entspringt also aus Luthers Rechtfertigungslehre: Gerade die dem Menschen fremde Gerechtigkeit Gottes wird zu seiner eigensten Bestimmung, handelt es sich doch bei der Gerechtigkeit um eine mitteilbare Eigenschaft Gottes: Gott ist gerecht, indem er den Gottlosen gerecht macht.[42]

Daraus resultiert eine Spannung zwischen Eigenem und Fremden, Innerem und Äußerem, die bei Luther der Anlaß ist, die paulinische These („wir halten dafür, daß der Mensch gerecht werde ohne des Gesetzes Werke allein durch den Glauben"; Röm 3,28) als eine Definition des Menschen und nicht nur als ein Specialissimum der Soteriologie zu begreifen.[43]

Indem Thielicke das aufnimmt, begründet er die Würde nicht schöpfungs-, sondern rechtfertigungstheologisch. Oder sagen wir genauer: Für ihn besteht die Schöpfung nicht in einer anfänglichen Grundausstattung des Menschen, sondern im kreativen Akt der gerecht machenden Gnade, die ihren Gegenstand nicht vorfindet, sondern konstituiert.[44] Soviel einmal zum Verständnis der Würde als einer fremden; nun noch eine Bemerkung zur Herleitung der Würdekategorie selbst.

Thielicke gewinnt sie nicht aus der Auslegung des Grundgesetzes und der in es eingegangenen Traditionen. Er bestimmt sie insbesondere nicht aus der rechtlichen Funktion einer Beschränkung der gesetzgebenden Gewalt, der etwas entzogen wird, das sie nicht antasten darf. Thielicke knüpft vielmehr an den älteren dignitas-Begriff an, der der römischen Antike eigentümlich ist und der uns umgangssprachlich noch in Wendungen wie „in Amt und Würden" begegnet. Würde erscheint hier als ein Phänomen des Ansehens, das mit der Tauglichkeit im und für das Amt verbunden ist. Dieser ältere Würdebegriff orientiert sich nicht am Recht, sondern am Sozialprestige des Amtsinhabers. Er rechnet folglich auch mit Gewinn und Verlust der Würde, vor allem auch mit Ungleichheit.

Luther operiert mit diesem älteren dignitas-Begriff, wenn er im Großen Katechismus seine Tauflehre bzw. seinen Sakramentsbegriff einführt. Denn Luther plausibilisiert das, was er sakramentstheologisch über den Unterschied von bloßem Wasser und dem im Wort gefaßten Wasser der Taufe zu sagen hat, mit der folgenden Nebenbemerkung:

---

42 Vgl. Eberhard Jüngel, *Das Evangelium von der Rechtfertigung des Gottlosen als Zentrum des christlichen Glaubens*, Tübingen ³1999.

43 Vgl. Martin Luther, „Die Disputation De Homine, These 32 [1536]", in: *WA 39/1*, Weimar 1926, 176.

44 Vgl. Thielicke, Theologische Ethik I (Anm. 5), 286f., Nr. 821. Unter Verweis auf die Heidelberger Disputation, These 28.

[...] also reden wir auch von Vater- und Mutter-Stand und weltlicher Oberkeit; wenn man die will ansehen, wie sie Nasen, Augen, Haut und Haar, Fleisch und Bein haben, so sehen sie Türken und Heiden gleich, und möcht auch imand zufahren und sprechen: ‚Warümb sollt ich mehr von diesen halten denn von andern?' Weil aber das Gepot dazu kömmpt: ‚Du sollst Vater und Mutter ehren', so sehe ich einen andern Mann, geschmückt und angezogen mit der Majestät und Herrligkeit Gottes. Das Gepot (sage ich) ist die gülden Ketten, so er am Hals trägt, ja die Krone auf seinem Häupt, die mir anzeigt, wie und warümb man dies Fleisch und Blut ehren soll.[45]

Sowenig man es den Elementen Wasser, Brot und Wein ansieht, welche Wirklichkeit sie präsentieren, sowenig kann man an der empirischen Schilderung von elterlichen Nasen und Ohren ihre besondere Verantwortung ablesen. Zugespitzt formuliert: gerade das Ansehen kann man niemandem ansehen. Deshalb bedarf es des einsetzenden Wortes, das extern hinzutritt und so die Sache in ihr Wesen bringt. Die Unschärferelation – um auf sie zurückzukommen – besteht also darin, daß wir dasselbe sehen, dies aber doch ganz anders sehen, sobald wir das Gegebene im Horizont des Wortes Gottes wahrnehmen. Luthers Herleitung der besonderen Würde des Elternamtes aus dem Gebot übernimmt Thielicke als Herleitung der allgemeinen Menschenwürde aus dem Evangelium – so könnte die kürzeste Formel lauten. Die dignitas hominis stammt so allein aus der dignatio dei. Des Menschen Würde besteht darin, daß er von Gott gewürdigt wird.

Um diesen Sachverhalt zu erläutern, greift Thielicke auch in der Anthropologie immer wieder auf ethische Fragestellungen zurück. So beschäftigt ihn die Überzeugung, der Mensch sei durch Selbstbewußtsein und Selbstbestimmung so wesentlich charakterisiert, daß „der völlige und irreparable Ausfall des Selbstbewußtseins" als „Kriterium dafür [zu nehmen ist] [...], daß menschliches Dasein aufgehört hat zu existieren".[46] Der Gedanke ist für Thielicke folgerichtig, und er stimmt ihm explizit zu. Aber er stellt diese Zustimmung zum medizinischen Urteil wieder infrage, „sobald man sich dem konkreten Einzelfall zuwendet"[47]. Der Gedanke der extern fundierten Würde des Menschen wird gegen die empirischen Daten mobilisiert. Ansprechbarkeit ist keine diagnostisch ausweisbare Eigenschaft, keine empirisch überprüfbare Disposition, sondern bleibt extern, gleichsam im Können Gottes, fundiert. Was nicht heißen soll, daß hier ein Wunder erwartet würde, wohl aber: daß die Wahrheit Gottes gegen die Fakten gehalten wird. Ganz offensichtlich

---

45 Martin Luther, „Großer Katechismus", in: BSLK, Göttingen ⁵1963, 694f.
46 Thielicke, Mensch sein (Anm. 3), 105f.
47 Ebd., 106.

wird auch in diesen zentralen Fragen die Würde nicht rechtlich, sondern auschließlich als Glaubenssache begriffen.

Es geht, wie beim Glauben immer, nicht um die Unsichtbarkeit des Geistigen, sondern um ein präzises Nichtsehen*können* dessen, was gegen den Augenschein geglaubt sein will.

Thielicke verleugnet nicht, daß solche Sicht des Glaubens nicht jedermann zur Verfügung steht. Aus der Außenperspektive stelle sich alles anders dar und unter Verweis auf seine Gespräche mit Ärzten gesteht er sich und uns ein, daß sein rechtfertigungstheologisches Plädoyer „offen gestanden etwas hilflos – als ‚fromme Scheu‘" charakterisiert werden müsse. Zwar versichert er, es handele sich nach einigen tausend Paragraphen und mehreren Ethikbänden hier um das erste Mal, daß er „ein irrationales Moment" in Anspruch nehme – sozusagen sehenden Auges. Aber er beläßt es bei der nicht weiter begründbaren „Hemmung der Scheu", die uns „überfällt": „was menschliches Antlitz trägt oder vom Menschen erzeugt ist, scheint an der Sakrosanktheit der imago teilzunehmen, selbst wenn es [...] ontologisch schon nicht mehr als menschliches Sein qualifiziert werden kann".[48] Dieses Festhalten am Menschen auch gegen den medizinischen Befund bleibt so begründungslos, daß es als „der bloße Ausdruck einer psychoanalytisch zu deutenden Hemmung" verstanden werden könne. Gewiß: Thielicke erweist sich in solchen Formulierungen als der Rhetoriker, der er ist, – und darum wendet er die Not alsbald in die Tugend, die fromme Scheu „nicht gering [zu] schätzen, sondern sie gelten [zu] lassen".[49] Aber seine Vorsicht, wie der Einsatz des Rhetorischen, werden seine Leser dennoch nachdenklich machen. Was theologisch mit dem höchsten Gewicht möglicher Begründungen versehen ist, erscheint im allgemeinen ethischen Diskurs nur noch als Bitte, im Kern als petitio principii. Es erscheint Thielicke offenbar nicht klug, hier mehr sagen zu wollen.

IV.

Fragen wir abschließend, was wir im Übergang von der Darstellung zur Kritik aufnehmen können, aber auch wo sich andere Wege nahelegen. Bemerkenswert dürfte zunächst der Sachverhalt sein, daß Thielickes Interpretation der Würde die neuprotestantische Zentralkategorie des unendlichen Wertes der Menschenseele mit dem ältesten Lehrstück des Protestantismus verknüpft: mit dem Artikel von der Rechtfertigung des

---

48   Vgl. THIELICKE, Theologische Ethik III (Anm. 4), 443, Nr. 1546.
49   Ebd.

Gottlosen als des organisierenden Maßstabs aller Lehrbildung. Luther *und* Harnack also, aber auch: christliche Freiheit *und* kantische Autonomie. Daß eine naturalistische Ableitung der Würde, ein Schluß vom empirischen Sein aufs Sollen, von der Anschauung auf die Norm, nicht möglich ist, wird mit der Feststellung verbunden, daß der Mensch nichts vorzuweisen hat, was seine Würde vor Gott rechtfertigen oder begründen könnte.

Die Würde des Menschen fundiert sich also in einem Menschenbild, das keine Abbildung dessen ist, was man sehen kann. Es handelt sich vielmehr um den merkwürdigen Fall eines Bildes, *mit dem* man sieht. Die Kompetenz dieses Bildes besteht darin, etwas überhaupt erst sichtbar zu machen. Eine entfernte Analogie kann man sich an dem kunsthistorischen Sachverhalt klarmachen, daß die Natur erst als Landschaft wahrgenommen wurde, nachdem man Landschaftsbilder gesehen hatte.[50] Die Bilder, die gemalt werden, verändern also die Wahrnehmung und ahmen die Gegenstände nicht etwa nach. Einer solchen Strategie des Sichtbarmachens folgt auch die von Thielicke formulierte Aufgabe: „den Menschen in seinem In-der-Welt-Sein *zu zeigen*".[51] Bei diesem Zeigen handelt es sich nicht um deiktische Identifikation, mit der wir aus der Summe der Welt etwas, aus vielen einen bestimmten Gegenstand herausgreifen. Gezeigt wird hier vielmehr, indem gedeutet wird – und zwar im Lichte des Rechtfertigungsglaubens gedeutet wird.

Diesem Hinweis auf die unhintergehbare Interpretation entspricht die Feststellung Thielickes, daß die Würde des Menschen geglaubt wird und auch nur geglaubt werden kann – und zwar in einem spezifischen und in einem allgemeinen Sinne. Vom spezifischen, dem reformatorischen Glauben, haben wir bereits gehört. Aber es gilt auch im allgemeinen, ist also „kein christlicher Satz", sondern das Problem aller Anthropologien, daß der Mensch „hinsichtlich seines Wesens ein Gegenstand des Glaubens"[52] bleibt.

Wie der Grundbegriff der fremden Würde einer externen Zuschreibung entspringt, so ist auch die Methode der theologischen Anthropologie Thielickes ganz auf den Interpretationsbegriff abgestellt. Sie gewinnt nämlich ihre Aussagen nicht – wie Karl Barth das wollte – durch Ableitung aus dogmatischen Sätzen, etwa aus solchen der Christologie,[53] sondern dadurch, daß sie „im Lichte des Glaubens an den Ursprung und die Bestimmung des Menschen [...] empirische Phänomene [...] *interpre*-

---

50 Ich verdanke diesen Hinweis einem Gespräch mit Gottfried Boehm.
51 Vgl. oben Anm. 4.
52 Thielicke, Mensch sein (Anm. 3), 212.
53 Karl Barth, *Kirchliche Dogmatik III/2*, Zürich [1948], ⁴1979, 50. 54.

tiert".[54] Die theologische Interpretation arbeitet an den Phänomenen, die sie aus dem lebensweltlichen Selbstverständnis und von den „empirisch arbeitenden Humanwissenschaftlern [...] zur Kenntnis"[55] nimmt und die sie eigenständig und auf genuine Weise interpretiert. Solche Interpretation ist jedoch keine x-beliebige Stellungnahme zu den Phänomenen, sondern im Glauben an Gott selbst fundiert. Daß dem so ist, kann sich als Nichtbeliebigkeit aber nur im Verhältnis zu den Phänomenen zeigen, nämlich darin, daß die Interpretation produktiv bleibt, nämlich zu Entdeckungen des Menschlichen anleitet, die ohne diese „Perspektive vielleicht nicht hervorgetreten wären".[56] Ganz unverkennbar wußte der Gründungsdekan der Evangelisch-Theologischen Fakultät in Hamburg darum, daß Theologie Interpretationsarbeit ist und also ohne den Deutungsbegriff nicht auskommt. Aber diese zentrale methodologische Einsicht konnte er zur Geltung bringen, ohne die Theologie der Kulturwissenschaft zuzuschlagen. Die Humanwissenschaften und die Philosophie sind die ersten und wichtigsten Gesprächspartner der Theologie, aber das Zusammenspiel lebt davon, daß sie um ihre eigene Aufgabe und ihre eigenen ‚essentials' weiß.

So viel zum grundsätzlichen Ansatz, nun zur Diskussion des Würdegedankens selbst. Das prägnanteste Merkmal der fremden Würde, die Externität des Eigensten, besteht darin, daß die Unantastbarkeitsverpflichtung auch für das Subjekt selbst gilt. Die Unverfügbarkeit der Würde schließt es aus, daß das Individuum wirksam auf sie verzichten kann, selbst wenn das freiwillig geschähe. Thielicke erläutert dies im Horizont der Unterscheidung von Gesetz und Evangelium, nämlich so, daß die dem Menschen gratis zuerkannte fremde Würde zugleich auch eine Forderung ist, die zum Gesetz werden kann. Die Achtung der Würde hat der Träger der Würde nicht nur gegen andere, sondern auch gegenüber sich selbst zu erfüllen.

Dieser Gedanke ist konsequent, er bildet die Rückseite eines starken Würdebegriffs, aber er zieht auch Probleme nach sich. Während in der klassisch liberalen Menschenrechtstradition das Eingriffsverbot in die Selbstbestimmung des einzelnen als oberster Grundsatz zählt, stellt sich unter den Voraussetzungen Thielickes schnell ein Gefälle zum Paternalismus ein. Wem sollen wir das Wächteramt für das, was dem Einzelnen in seinem Selbstverhältnis maßgeblich sein muß, anvertrauen und zumuten? Dient die Kategorie der Würde nur dem Staat als Grenze oder schließt sie eine inhaltliche Bestimmung würdevoller individueller

---

54 THIELICKE, Mensch sein (Anm. 3), 222.

55 Ebd.

56 Ebd.

Handlungen ein? Wie man auch immer zu dieser Frage stehen mag, es sollte deutlich sein, daß Thielicke zu ihr eine eindeutige Überzeugung hatte. Seine in den sechziger Jahren deutlich konservative Einstellung in Sachen Emanzipation, Hochschulpolitik oder Sexualmoral gründet gewiß auch in dem Freiheitsbegriff, den er zugrundelegt.

Damit verbindet sich eine weitere Eigentümlichkeit. Obwohl der Begriff der fremden Würde Thielickes Werk wie ein Leitmotiv durchzieht, ist mir keine Stelle begegnet, an der er seine theologische Grundthese in ein direktes Verhältnis zum ersten Hauptsatz des Grundgesetzes bringt. Zwar nimmt er den Begriff der Unantastbarkeit auf, aber gewährleistet sieht er sie letztlich „nur" – und dieses *nur* muß hier hervorgehoben werden – „in jener *Relation*: darin also, daß der Mensch ‚Kind' und ‚Augapfel' Gottes ist".[57] Auf die Bedeutung einer verfassungsrechtlichen Garantie wird nicht positiv Bezug genommen. Und genauso auch umgekehrt: An den Stellen der Ethik, an denen Thielicke das Grundgesetz kommentiert, geht es meist um Artikel 3 (Gleichheit von Mann und Frau)[58] oder um generelle Kennzeichnungen der Freiheitsrechte,[59] gewiß um Explikation der Menschenrechte,[60] aber es finden sich nur zwei Stellen, an denen er auf den rechtsförmigen Begriff der Würde *en passant* Bezug nimmt.[61] Ist also allein der christliche Glaube, nicht aber das Grundgesetz der Repräsentant und Garant des Würdegedankens? In dem Maße, in dem Thielicke den Würdebegriff theologisch aufnimmt, ihn als reformatorischen Grundbegriff auszeichnet, scheint er ihn zugleich als juristischen Begriff zu unterhöhlen: „die Christen [dürfen] die in ihrer Allgemeinheit oft verblasenen ‚Menschenrechte' nicht verachten, gerade weil sie oft genug besser als andere wissen, was mit ihnen gemeint ist".[62] Man wird fragen müssen, ob sich nicht eine unfreundliche Übernahme in der Behauptung vollzieht: „Die einzig gültige Relation, die menschliche Personwürde zu begründen vermag, ist die zu Gott"?[63]

Die Würde ist im selben Maße Grundbegriff einer protestantischen Anthropologie, wie sie im säkularen Rechtsstaat gleichsam bodenlos bleibt.[64] Kritiker könnten darin eine Reserve gegenüber der liberalen und mitunter ja auch antiklerikalen Menschenrechtstradition erkennen. Doch vielleicht handelt es sich gerade nicht um eine Vereinnahmungs-

---

57 Ebd., 431.
58 Thielicke, Theologische Ethik III (Anm. 4), 334, Nr. 1131 und 660, Nr. 2362ff.
59 Ebd., 637, Nr. 2266.
60 Ebd., 28. 45. 389; vgl. II/2, 399–413, Nrr. 1520–1545. 1433. 1735.
61 Ebd., 434, Nr. 1516 und 64, Nr. 198.
62 Ebd., 65, Nr. 202.
63 Thielicke, Theologische Ethik I (Anm. 5), 153, Nr. 462.
64 Vgl. Helmut Thielicke, *Theologische Ethik*, Bd. II, 2, Tübingen 1958.

strategie, sondern um den Ausdruck eines Realismus in Sachen Recht. Thielicke mutet dem Recht und dem Selbstbewußtsein der bürgerlichen Gesellschaft nur eine minimalistische Anthropologie zu. Sowenig das Recht bei der Deklaration der Religionsfreiheit wissen muß, worin das Wesen der Religion besteht, sowenig muß es seinen obersten Begriff definieren, also präzise bestimmen. Alle Spezifikation fällt in die Gesetzgebung und die Verfassungsgerichtsbarkeit. Diese deduzieren aber nicht Ausführungsbestimmungen aus dem Grundbegriff, sondern sie konkretisieren politische Ziele bzw. beurteilen sie im Blick auf den Verfassungstext. Wenn Thielicke davon spricht, daß der Rechtsstaat sich der Würde des Menschen nur so annehmen könne, daß er sie ‚verdünnt'[65], so ist diese rechtliche Funktion im Blick. Vielleicht darf man sagen, daß die geordnete, funktionstüchtige Rechtsstaatlichkeit die Menschenwürde und die ihnen korrespondierenden Menschenrechte in den Hintergrund drängt und sie rechtstechnisch unsichtbar macht. Gehaltvoll, lebendig und einflußreich für die handelnden Individuen können sie nur werden, indem sie ihren außerrechtlichen Gegenhalt finden. Solche Gegenläufigkeit zwischen der spezifischen Operationsweise des Rechts und dem christlichen Glauben würde auch die Distanz Thielickes gegenüber dem Versuch der Kirche erklärlich machen, sich dem Rechtsstaat als Mutterboden der Menschenwürde anzuempfehlen. Eine durch ihre soziale Funktion oder politisch-rechtliche Zweckmäßigkeit sich legitimieren wollende Kirche bringt nach Thielicke alles durcheinander.[66] Die Kirche soll das sagen und glaubwürdig sagen, was ihr zu sagen aufgetragen ist, und sich dabei nicht wundern, daß der Rechtsstaat um seiner eigenen Grenze willen auf das Zentrum ihrer Botschaft nur mit einem „Kannitverstan" antwortet. In Johann Peter Hebels Kalendergeschichte unterschätzt der Reisende die Differenz der Sprachen und nimmt die Auskunft „Kannitverstan" als Antwort auf seine Frage, also als eine positive, ihn sachlich befriedigende Auskunft. Einen ähnlichen Fehlschluß vollzieht, wer im Artikel 1 die Christlichkeit der Rechtsordnung verankert sieht. Es ist nicht das geringste Verdienst der Ethik und Anthropologie Helmut Thielickes, daß sie – mehrsprachig angelegt – um die Notwendigkeit der Übersetzung, aber auch um deren Unbestimmtheit gewußt hat.

65 Vgl. ebd., 285, Nr. 1531.
66 Vgl. ebd., 85, Nr. 412.

Postlapsarische Schöpfungslehre und Ethik

Zur Systematisierung des Kompromisses in der theologischen Ethik Helmut Thielickes (1908–1986)

von

Christian Herrmann

Helmut Thielicke hat als Prediger, akademischer Lehrer, Autor populärer wie fachwissenschaftlich ausgerichteter theologischer Literatur die Generation der in den 1950er und 1960er Jahren ausgebildeten Pfarrer wesentlich mit geprägt. Nicht zuletzt in seinem dialogischen Bemühen um eine Modifizierung des lutherischen Ansatzes von außertheologischen Bezugspunkten und Gesprächspartnern her liegt die Faszination, aber auch die Problematik begründet, die von seinem Denken ausgeht. Im Bereich der Ethik manifestiert sich die Verknüpfung von Tradition und dialogischer Modifizierung in der Systematisierung des Kompromisses. In drei Schritten soll der Begründung, Struktur und Problematik der Definition des Kompromisses bei Helmut Thielicke nachgegangen werden. In der kritischen Analyse seiner Gedanken, v.a. im Hinblick auf mittlerweile veränderte kirchliche und gesellschaftliche Bedingungen, soll überlegt werden, inwieweit Kompromisse verantwortbar sind, angesichts eingetretener und voraussehbarer Entwicklungen sich jedoch deren Systematisierung verbietet.

I. Heilsgeschichtliche Begründung und Begrenzung des Kompromisses

Helmut Thielicke wehrt sich gegen jede Form eines Monismus. Entsprechend der reformatorischen Tradition möchte er die Welt nicht an und in sich abgesehen von Gott betrachten.[1] Einen Naturalismus sieht er je-

---

1   Vgl. Helmut Thielicke, *Theologische Ethik*, Bd. 2/1, Tübingen ⁴1973, 224: „Denn der ontologische Charakter unseres Daseins ist durch den *Bezug*, d.h. er ist nicht durch das in me ipso, sondern durch das coram Deo bestimmt"; ebd., 61: gegen Kants Annahme

doch auch dort am Werk, wo eine unmittelbare seinshafte Verbindung
zwischen Natur und Gnade angenommen wird. Mit der thomistischen
Vorstellung einer analogia entis geht eine Quantifizierung der Folgen
des Sündenfalles einher. Kennzeichnend für diese Sicht ist die An-
knüpfung des Handelns Gottes an Schöpfungsreste, die nicht oder nur
graduell, aber nicht konstitutiv in ihren Möglichkeiten durch den Fall
korrumpiert wurden.[2] Dem entspricht in der Ethik eine gegenüber dem
Handlungsvollzug apriorische Differenzierung in der Planung und Beurteilung des Tuns. Die Kasuistik sucht in der Einschätzung Thielickes
durch die Vorausberechnung aller denkbaren Einzelsituationen und die
korrespondierende Angabe exakter Handlungsvorgaben eine Sicherheit
(securitas) im christlichen Leben zu vermitteln.[3] Die Unterscheidung
moralisch einwandfreier und bedenklicher Einzeltaten beschränkt das
Gesetz Gottes auf eine positive, mit dem Anspruch des Schöpfers an
sein Geschöpf gegebene Funktion. Sie macht den Menschen aber unabhängig von dem vergebenden, freisprechenden Tun Gottes. Der entspre-

---

beliebig vieler Handlungsoptionen bzw. -konkretionen: „die *Struktur der Welt* [...]
jene Struktur, die bestimmten Verwirklichungszielen eine nur begrenzte Auswahl
von Mitteln zuordnet und damit die Bewegungsfreiheit des Handelns einschränkt"
(Hervorheb. im Orig.); ebd., 243: „Der prima-causa-Gedanke steht häufig auch hinter
der Theodizeefrage" als Ursache, d.h. die Annahme einer direkten Kontinuität zwischen dem Wirken Gottes und dem Weltgeschehen; ebd., 223: gegen Betrachtung des
Bösen als Tragik oder Schicksal (vgl. ebd., 84).

2   Vgl. HELMUT THIELICKE, *Theologische Ethik*, Bd. 3: Entfaltung; 3. Teil: Ethik der Gesell-
      schaft, des Rechtes, der Sexualität und der Kunst, Tübingen 1964, 758: „Wir müssen
      darauf gefaßt sein, daß auch hier die Frage entsteht, ob unter den Bedingungen der
      gefallenen, der nicht mehr ‚heilen' Welt die unmittelbare Übertragung der Schöp-
      fungsordnung in ihren Raum nicht ‚schwärmerisch' und darum destruktiv sein
      könnte"; ebd., 615: „Daß die Natur [...] einfach offen für die Übernatur sei, daß eine
      Analogie zwischen beiden bestehe, entspricht [...] nicht der Linie des neutestament-
      lichen Denkens"; DERS., Ethik 2/1 (Anm. 1), 82: Begründung des Naturrechts durch
      Annahme eines unangefochtenen Bezirks der Natur.

3   Gegen Kasuistik: THIELICKE, Ethik 2/1 (Anm. 1), 229 (hier „über- und vorgeordnete[n]
      Schemata"); ebd., 82: „das *quantitativ* bestmögliche Handeln" als Ergebnis des Abwä-
      gens; ebd.: Unterscheidung in verbotene und u.U. erlaubte Mittel; ebd., 84: „die Lehre
      von der nur teilweise verletzten Natur notwendig zu Erwägungen darüber" füh-
      rend, „in welchem Ausmaße sich noch ontisch sündenfreie Möglichkeiten aus der
      konkreten Wirklichkeit herauszwingen lassen"; ebd., 85: in der Kasuistik geschieht
      eine „*komplizierte Abrede mit dem Feinde, eine Art Stillehalten-Abkommen*", statt auf den
      „Christus victor" zu sehen (Hervorheb. im Orig.); ebd., 72: gegen Berechenbarkeit,
      „securitas", bei der der Kompromiss als rational einzig mögliche und einsehbare
      Lösung legitimiert wird.

chend kasuistischer Planung handelnde Mensch ist sich seiner Sache sicher statt des Trostes bei Gott gewiss.[4]

Demgegenüber betont Thielicke die völlige Andersartigkeit der Schöpfung aufgrund der Tatsache ihres Gefallenseins. *Der Fall wirkt sich nicht nur partiell, sondern total im Sinne einer Neuqualifizierung aus.*[5] Auch die Gebote Gottes werden in ihrer Wirkweise alteriert. Sie können nicht in unmittelbarer Kontinuität auf die Bedingungen dieser Welt, die Thielicke gerne mit dem neutestamentlichen Terminus „Äon" bezeichnet, übertragen bzw. angewandt werden. Kennzeichnend für die Wahrnehmung der Schöpfung ist ihre Gebrochenheit, für die schöpfungstheologische Begründung der Ethik entsprechend ihre Indirektheit.[6] An die

---

4   Charakteristisch für Thielickes Anliegen ist seine Formulierung in Ethik 2/1 (Anm. 1), 319: „Gewißheit, daß die unter dem Beistand des Geistes vollzogene Tat trotz ihrer ‚krummen' Gestalt im Namen Gottes als *seine* Sache getan werden darf und daß sie dennoch im Zeichen der Vergebungsbedürftigkeit und im Zeichen der *geschenkten* Vergebung geschieht, beruht so auf einer tieferen Einheit des Gottesbildes"; vgl. ebd., 318: nicht *„ein ‚gutes' Gewissen",* sondern *„ein ‚getröstetes' Gewissen"* ist das Ziel (alle Hervorheb. im Orig.).

5   Thielicke, Ethik 3 (Anm. 2), 605f.: „Er [Jesus; C.H.] exemplifiziert diesen Anspruch [der Schöpfungsordnung; C.H.] gerade an seinem Anders-sein gegenüber den reduzierten Ansprüchen der irdischen Rechtsordnung. Diese können [sic!] nicht so etwas wie ein naturrechtlicher Spiegel [...] der Schöpfungsordnung sein, weil sie um der Herzenshärtigkeit des Menschen, auf die sie Rücksicht nehmen müssen, prinzipiell gebrochen sind"; ebd., 684: „Es gehört zur Signatur der Welt post lapsum, daß die Ordnungen nicht selbstverständlich, nicht absolut und nicht unangefochten gelten"; ebd., 736: „Deshalb muß die Möglichkeit gesehen werden, daß die heile Schöpfungsordnung durch die nicht heile Welt jene Wunde empfängt, die auch der mosaische Scheidebrief bezeugt: daß ihre Elemente im Medium dieses Äons in Konflikt sind. Eine schwärmerische Verleugnung dieses Konfliktes in dem Sinne, daß die Einheit von Gattenschaft und Elternschaft vorbehaltlos in diesem Äon festgehalten wird, führt nicht in den Gehorsam gegenüber der *Schöpfungs*ordnung [...], sondern in die Hörigkeit gegenüber der *Natur*ordnung, die man dann eben [...] ‚religiös verklären muß'" (Hervorheb. im Orig.); ebd., 762: gegen direkte Applikation der Schöpfungsordnung: „nur, wenn man den Zwischenfall der Sünde nicht so *radikal* sähe, wie die Reformatoren ihn sehen, wenn man ihn also nicht als Störung der Kontinuität zwischen Urstand und gefallener Welt interpretierte" (Hervorheb. von mir); ebd., 759: „Demgegenüber steht die reformatorische Lehre unter dem Eindruck der *elementaren* Veränderungen, wie sie die Sünde innerhalb der Weltstruktur bewirkt"; ders., Ethik 2/1 (Anm. 1), 206f: „den Urstands-ordo mit seinem Naturrecht als richtunggebend" abgelehnt, „weil uns die ‚Transformationsformel' fehlt, um die Gesetze des ungefallenen Urzustandes auf die *totaliter aliter* gewordene Welt post lapsum anzuwenden" (Hervorheb. von mir); vgl. auch Ethik 2/1 (Anm. 1), S. 261.

6   Thielicke, Ethik 3 (Anm. 2), 762: „Aber wir können nicht im gleichen Stil des Argumentierens fortfahren und jenen Konflikt ‚lösen'. Denn um so fortfahren zu können, müßte die Schöpfungsordnung ein *unmittelbar* verfügbarer Maßstab sein. Das aber ist sie nicht"; ebd., 761: bzgl. medizinischer Indikation: „Die Schöpfungsordnung ist keine Planskizze für das, was in diesem Krankheitsgeschick und im Konflikt zweier

Stelle einer seinshaften, wenn auch partiellen Kontinuität zwischen
Schöpfung und Erlösung bzw. einer Schöpfungsontologie tritt bei Thielicke eine Ontologie des Sündenfalles. *Der Zugriff zur Schöpfung erfolgt
über den zweiten Artikel.* Dies gilt allerdings nicht im Sinne einer positiven
Analogie der Schöpfung zur Erlösung im Sinne einer ethischen Konkretion bzw. eines ethischen Nachvollzuges der Erlösung im geschöpflichen
Raum wie in der Tendenz bei Karl Barth. Vielmehr geschieht der Zugriff
exklusiv über den Sündenfall, über die Unheilsgeschichte, negativ. Das
Gesetz Gottes hat vorrangig die Funktion eines Korrektivs, nicht einer
unmittelbar positiven Handlungsanweisung.[7]

Der Kompromiss in der Ethik ist für Thielicke Ausdruck der un-
revidierbaren Tatsache, dass ein naturalistischer, von dem Abfall und
Aufstand gegenüber Gott und dessen Folgen absehender Zugriff auf
die Schöpfung und die ihr mitgegebenen Ordnungen und Gebote nicht
möglich ist. Zielt die Kasuistik auf die individuelle Applikation verblie-
bener geschöpflicher Möglichkeiten ab, so ist der *Kompromiss die individuelle Manifestation der universalen Struktur des Gefallenseins.* Der Kompromiss ist unausweichlich mit Schuld und Vergebungsbedürftigkeit verbunden. Er wird zur Struktur, zur Existenzweise des christlichen bzw.
des menschlichen Lebens allgemein.[8]

Leben vorliegt. Ich kann es nicht ,*direkt*' in diese Planskizze einzeichnen"; ebd., 697:
„*Brechung* des ursprünglichen Gotteswillens durch das Medium dieses Äons"; DERS.,
Ethik 2/1 (Anm. 1), 59: Frage, „ob es im Hinblick auf Gesetz und Evangelium eine
Legitimation dieser *Gebrochenheit* alles ethischen Handelns geben könne und wie
jene Gebrochenheit theologisch zu verstehen ist"; ebd., 80: „weltbedingte Alterie-
rung der göttlichen Gebote"; ebd., 88: „unser Gehorsam in den Weltgeschäften ein
gebrochener Gehorsam, eine Art *oboedientia aliena*"; ebd., 312f.: „Unmöglichkeit eines
geraden Auswegs" (alle Hervorheb. von mir); ebd., 57: „Wir leben jedenfalls in einer
Welt, in der man niemals auf irgendein Telos *direkt* zugehen kann, sondern in der
immer nur bestimmte *Wege* zu bestimmten Zielen führen" (erste Hervorheb. von
mir, zweite im Orig.); ebd., 58: „Vorfeld der Mittel". Im Bezug auf die erkenntnis-
theoretischen Hemmnisse begegnet, über die bei Thielicke angelegten Tendenzen
hinausführend, in der neueren Diskussion die Auffassung, dass Glaubenswahrheiten sich „stets einem ausschöpfenden Zugriff menschlicher Erkenntnis" entziehen
und daher nur in der Weise eines Kompromisses formuliert werden können, wofür
das Chalcedonense als Beispiel herangezogen wird (so: GÜNTER KOCH, „Wahrheitsfindung im Kompromiss? Anmerkungen zu einem weiter bedenkenswerten theologischen Thema", in: BERTRAM STUBENRAUCH [Hg.], *Dem Ursprung Zukunft geben. Glau-
benserkenntnis in ökumenischer Verantwortung. Für Wolfgang Beinert*, Freiburg i. Br. u.a.
1998, 81–95, hier 91, vgl. 85. 87).

7   THIELICKE, Ethik 2/1 (Anm. 1), 207: „dann die normativen Weisungen in der verge-
    bungsbedürftigen Welt nur als *negative* Imperative zu interpretieren" (Hervorheb.
    im Orig.)

8   THIELICKE, Ethik 3 (Anm. 2), 764: „wir wissen, daß es keine ,glatte Lösung' gibt [...]
    Wir wissen, daß wir so oder so Schuld auf uns nehmen"; DERS., Ethik 2/1 (Anm. 1),

Ohne Gott ist der Kompromiss nach Thielicke weder möglich noch erträglich. Möglich ist er nur, weil Gott sich als Erhalter, aber auch in der Inkarnation auf die sündige Welt einlässt, sich herabbeugt und fortgesetzt an ihr handelt. Er benutzt fragwürdige Mittel zur Erreichung seiner Ziele, handelt in gebrochener, negativ vermittelter Weise, kooperiert mit dem sündigen Menschen in der Erhaltung der Welt inmitten ihrer Gerichtsverfallenheit. Erträglich ist der Kompromiss, weil er als ethische Kehrseite des Zusammenhanges der Sünde des Menschen und des diese aufdeckenden Gesetzes Gottes teilhat am Gefälle auf das Evangelium hin, am Rechtfertigungsgeschehen.[9] *Der Kompromiss wird mit*

315: Luthers Rechtfertigungslehre „drängt auf ein Verständnis der Welt, das sie als zwielichtige Größe post lapsum erscheinen läßt: Sie ist verfaßt in den göttlichen Geduldsordnungen des noachitischen Bundes; und sie ist zugleich und eben damit auch *Objektivierung der menschlichen Aufstandskräfte* in der postlapsarischen Welt"; ebd., 80: „Der Kompromiß ist keine Entschuldigung, sondern *Teilhabe an der überpersönlichen Schuld dieses Äons*"; ebd., 63: „Er [der Christ; C.H.] muß wissen, was es coram Dei [sic!] heißt und bedeutet, daß er in diesem Äon das Stadium des Kompromisses nicht überwindet, und zwar *prinzipiell* nicht" (Hervorheb. von mir); ebd., 234: *„die Grenzsituation ist ein Modell ‚dieser Welt' in äußerster Verdichtung*"; ebd., 190: „Der Kompromiß ist ein Tribut, der an die *gefallene* Welt zu entrichten ist" (alle Hervorheb. im Orig.); ebd.: Welt als „Institutionalisierung meiner Rebellion gegen den Schöpfungsentwurf"; ebd.: der Kompromiß verlangt „implizit die Vergebungsbedürftigkeit dieser Welt und meines Handelns in ihr".

9   THIELICKE, Ethik 2/1 (Anm. 1), 191: Kompromiß „ein Nachvollzug dessen […], was Gott seinerseits in tragender Geduld getan hat, wenn er sich durch seine Herablassung dem Wesen der Welt ‚akkommodiert' und sie im Rahmen der ihr verbliebenen Möglichkeiten bis an den Jüngsten Tag erhält"; ebd., 192: *„Das Gesetz stellt sich also auf den Boden der durch den menschlichen Fall geschaffenen Tatsachen*"; ebd., 192f.: „Diese Akkommodation der Gnade sprengt aber zugleich die Analogie zum menschlichen Kompromiß dadurch, daß sie in Freiheit, in der Freiheit der *Gnade* vollzogen wird. Der *Mensch* kann ohne Kompromiß nicht leben; *Gott* könnte es, weil er […] eben ohne den Menschen zu leben vermöchte […] das Wunder, das *Nicht*-Notwendige und sogar Unpostulierbare der göttlichen Gnadentat, die den Menschen nicht fallen läßt"; ebd., 196: „das ‚Nicht-mehr' der Schöpfungswelt und das ‚Noch-nicht' des kommenden Reiches […] die Fragwürdigkeit und Vergebungsbedürftigkeit des Kompromisses […] Wir lernen den Kompromiß von hier aus als einen bedingten und begrenzten, als einen nicht in sich gerechtfertigten, sondern als einen von der göttlichen Geduld lebenden und darum ‚in re' gerade fragwürdigen, aber ‚in spe' möglichen Kompromiß verstehen"; ebd., 317: „Mit dem Willen Gottes einig zu sein, heißt also […] mit der Absicht und dem Ziele einig zu sein, die Gott bewegen, sich zum Notstande der Welt herabzulassen und sich unseren Dienst in diesem fragwürdigen Metier und Schema gefallen zu lassen"; DERS., Ethik 3 (Anm. 2), 803: „Gott aber stellt sich nun in der Art, wie er die gefallene Welt ‚behandelt', auf den *Boden* der also gestörten Welt" (alle Hervorheb. im Orig.). Zur analogia fidei in Thielickes Kompromißethik vgl. KOTARO OKAYAMA, *Zur Grundlegung christlicher Ethik. Theologische Konzeptionen der Gegenwart im Lichte des Analogie-Problems* (Theologische Bibliothek Töpelmann 30), Berlin u.a. 1976, 156f.

seiner strukturhaften Dimension bei Thielicke fast so etwas wie ein ethischer Gottesbeweis: dass und weil der Mensch in reflektierter und verantwortlicher Weise nie anders als im Kompromiss handeln kann, weil nie von seiner „Herzenshärtigkeit"[10] abgesehen werden kann, ist die Existenz und das Handeln Gottes notwendig. Der Kompromiss wird nicht nur durch die Kondeszendenz Gottes als Erhalter begründet, sondern auch durch das Vergebungswort Gottes als des Richters und Retters begrenzt und erträglich gemacht. Gott ist nicht wie bei Kant als Garant der Zielerfüllung des kategorischen Imperativs ein notwendiges Implikat der praktischen Vernunft. Die Existenz Gottes ist nicht direkt und positiv aus der Ethik, aus der inneren Logik des menschlichen Tuns abzuleiten. Vielmehr besteht, so wird man Thielickes Grundlegung der Ethik zuspitzen können, ein reziproker Zusammenhang der Unheilsgeschichte des Menschen und der Heilsgeschichte Gottes mit ihm. Die Entstehung dieses Zusammenhanges, die Begründung der Heilsgeschichte in der Kondeszendenz Gottes ist a priori zufällig. A posteriori kann aber, wenn von Kompromiss, Schuld, Gebrochenheit, Grenze gesprochen und diese Wirklichkeit vom Menschen erfahren wird, nicht mehr von dem Anspruch und dem Handeln, damit aber auch von der Existenz Gottes abgesehen werden.

---

10 Bei THIELICKE wird dieser Begriff aus Mt 19,8 häufig verwendet, um das Ineinander der individuellen und universalen Struktur des Gefallenseins anzudeuten. Z.B. DERS., Ethik 3 (Anm. 2), 698: „Die Ausnahme der Ehescheidung wird im Neuen Testament mit der ‚Herzenshärtigkeit', also dem de-facto-Zustand des Menschen zwischen Sündenfall und Jüngstem Gericht, begründet. Sie beruht somit auf einer Notordnung, in der Gott [...] Rücksicht auf den *realen Zustand des Menschen und seiner Weltwirklichkeit* nimmt" (Hervorheb. von mir); ebd., 729: „hinter jenen konkreten Situationen wie Krankheit und sozialer Misere letzten Endes eben jene Herzenshärtigkeit des Menschen"; zum Kompromiß als Existenzweise außerdem: ebd.: „daß es jeweils die konkrete Situation des Menschen ist, die ein ungebrochenes Geltendmachen der Schöpfungsordnung erschwert und die es mit sich bringt, daß der Mensch in diesem Äon nicht ‚im Namen' der Schöpfungsordnung, sondern angesichts ihres Anspruchs nur ‚im Namen' und unter der vergebenden *Geduld Gottes* zu leben vermag"; ebd., 765: „Aufgabe, die Strukturformen dieses Überpersönlichen – wir meinen die ‚Ordnungen' – in ihrem Zwielicht zwischen Schöpfung und Fall zu zeigen und sie nicht nur als Objektivierungen des Willens Gottes, sondern zugleich auch als *Selbst-Objektivierungen des Menschen* (als des Repräsentanten der nicht mehr heilen Welt) zu interpretieren"; DERS., Ethik 2/1 (Anm. 1), 63: „Da diese Kompromisse aber nicht mit einer [...] überwindbaren Schwäche zusammenhängen, sondern da sie aus der Struktur der Welt in einer aufweisbaren und objektiven Gesetzmäßigkeit sich ergeben, ist er genötigt, sich auf diese Tatsache *einzurichten*"; vgl. ebd., 222; ebd., 223: „deutlich, daß ich in jener äonischen Situation nur unter der *Vergebung* leben kann" (alle Hervorheb. im Orig.).

II. Asymmetrische Zweipoligkeit als Wesen des Kompromisses

a) Ablehnung der Extreme

Die Kritik an jeglicher Form eines Monismus bzw. Naturalismus geht einher mit einer Ablehnung ethischer Ansätze, die das komplexe Gefüge der eine Handlung bestimmenden Faktoren auf eine bestimmte Seite hin reduzieren wollen und damit einem der möglichen Extreme verfallen. Thielicke wehrt sich gegen einen schwärmerischen Radikalismus, der die Begrenzung der geschöpflichen Möglichkeiten durch den Sündenfall übergeht. In der Behauptung einer allenfalls partiell beeinträchtigten Kontinuität der protologischen Strukturen und Optionen sieht er eine Parallele zwischen dem Radikalismus des spiritualistischen Flügels der Reformation bzw. seiner geistigen Nachfolger einerseits und dem Rigorismus der katholischen Moraltheologie andererseits.[11] Thielicke möchte aber auch nicht einem „Kompromißgeist" verfallen, der nicht nur eine Eigengesetzlichkeit der Welt behauptet,[12] sondern deren gegenwärtige Gegebenheiten unhinterfragt prolongiert. Vielmehr gehe es in einem „christlichen Realismus" darum, die tatsächlichen Gegebenheiten zwar zur Kenntnis zu nehmen, diese aber nun ihrerseits nicht in ein Kontinuitätsdenken zu überführen, sondern in ihrem interimistischen, heilsgeschichtlich begrenzten Charakter zu erkennen. Die Kompromisse, die eine gefallene Welt abfordert, sollen nicht zur selbstverständlichen Normalität werden, sondern bleiben dem Anliegen Thie-

---

11 Thielicke, Ethik 2/1 (Anm. 1), 190: gegen „schwärmerischen Radikalismus [...], der die Gestalt [...] dieser Welt ignoriert und sie darum zerbricht [...] das Chaos heraufbeschwört"; ebd., 200f.: Radikalismus als „vorweggenommene Eschatologie, die sich über die gegebenen Weltzustände und das in ihnen gegebene heilsgeschichtliche Interim hinwegsetzt"; ebd., 66: gegen den „blinden Doktrinarismus" in der englischen Rechtsphilosophie, die als Korrektiv allerdings den königlichen Gnadenakt kenne; in der Art der Argumentation gegen die Auffassung einer weitgehenden Kontinuität der Schöpfungsstrukturen (in der katholischen Theologie) liegen Parallelen zur Ablehnung des spiritualistischen Radikalismus (vgl. v.a. ebd., 80f.); vgl. ders., Ethik 3 (Anm. 2), 736 (gegen schwärmerische Verleugnung des Konflikts zwischen Natur- und Schöpfungsordnung).

12 Thielicke, Ethik 2/1 (Anm. 1), beruft sich auf eine Eigengesetzlichkeit der gefallenen Welt, z.B. 60. 62. 80. Allerdings wird die Eigengesetzlichkeit durch die soteriologische Verständnisbrille und den damit indirekt gegebenen Gottesbezug etwas relativiert. Vgl. dazu: Nag-Heoung Lim, *Ethische Relevanz neutestamentlicher Grundaussagen bei Werner Elert, Helmut Thielicke und Trutz Rendtorff* (Theorie und Forschung 430), Regensburg 1996, 114f.

lickes entsprechend auf Vergebung angewiesen.[13] *Nicht der monistische Ausgleich, sondern der Konflikt, der Unterschied ist das Charakteristikum des ethischen Denkens Thielickes.*

So stellt er als problematischen Versuch, den Konflikt zu umgehen, eine Verabsolutierung eines der beiden Bezugspole des Handelns heraus. Wird nach der Begründungsseite (*causa efficiens*) hin die ethische Situation vereindeutigt, kommt es nach Thielicke ebenso zu einer Naturalisierung wie bei einer Reduktion auf die Zielsetzung hin (*causa finalis*); bei letzterer werde von einem grundsätzlich guten Ende alles Geschehens ausgegangen.[14] Thielicke möchte z.b. nicht den institutionellen, ontischen Charakter der Ehe, ihre Einsetzung in der Schöpfung zum alleinigen Bezugspunkt machen. Wenn er in einer solchen Argumentation eine „Vergesetzlichung" vermutet, so bedeutet das auf der anderen Seite nicht, dass er nur die teleologische Bezugsinstanz akzentuieren würde. Die Reduktion der Ehe auf die Dimension eines zwischenmenschlichen Vertrages und die Zurückdrängung des Schuld- zugunsten des Zerrüttungsprinzips in der Ehe führe zu einer Entproblematisierung der Ehescheidung und damit zu der abgelehnten Prolongierung der Strukturen dieses Äons.[15] In ähnlicher Weise beklagt Thielicke die lange währende Ausklammerung des menschlichen Eros aus der christlichen Ehetheologie wie andererseits seine Vergötzung. Letztere führe zu einer starken Individualisierung der Lebensführung der Ehepartner und erhöhten Labilität der Ehe.[16] Thielicke lehnt Ideologisierungen im Sinne einer Universalisierung und Schematisierung partikularer Gesichtspunkte ab.

Der individuelle und geschöpfliche Unterschied muss bei allem Trachten nach berechtigtem Ausgleich gewahrt bleiben. Dies wird deutlich in der Antwort Thielickes auf Forderungen nach einer stärkeren

---

13   THIELICKE, Ethik 2/1 (Anm. 1), 200f.: „Kompromissgeist eine illegitime Prolongierung der Welt"; Selbstrechtfertigung, „daß es eben ein naturbedingtes Weltgesetz sei, nach dem Gesetz des geringsten Widerstandes zu verfahren [...] und in Richtung der Resultante im Parallelogramm der Kräfte zu leben"; christlicher Realismus gegenüber der „Notordnung des Kompromisses [...], der um die Fragwürdigkeit, die Vergebungsbedürftigkeit und den Interimscharakter der Kompromißwelt weiß"; ebd., 234: Problem der „Eigengesetzlichkeit der Konsequenzen" (vgl. ebd., 246f.); ebd., 259: „Der Blick auf das Weltregiment Gottes enthebt mich folglich nicht der eigenen Entscheidung, ermöglicht mir nicht das laissez-faire und erspart mir somit auch nicht die Konfliktsituation".

14   THIELICKE, Ethik 2/1 (Anm. 1), 251.

15   THIELICKE, Ethik 3 (Anm. 2), 705f.; vgl. ebd., 708: da die Ehescheidung eines Pfarrers unkontrollierbaren Deutungsmöglichkeiten ausgesetzt ist, sollte dieser zwar nicht zur Weiterführung einer zerrütteten Ehe gezwungen werden, andererseits aber auch nicht in derselben Gemeinde den Dienst fortsetzen, sondern versetzt werden.

16   THIELICKE, Ethik 3 (Anm. 2), 643. 649. 698f.

Gleichberechtigung der Geschlechter. Zwar gelte in der vertikalen Dimension – im Rückbezug auf das Dass des Geschaffenseins durch Gott – die Solidarität; in der horizontalen Dimension – im Gegenüber von Mann und Frau – blieben jedoch charakteristische und unaufhebbare Verschiedenheiten. Ein arithmetisches Gleichheitsdenken richte sich letztlich gegen die Frauen, weil dann auch die in ihrer geschöpflichen Besonderheit begründeten Privilegien wie etwa der Mutterschutz aufgegeben werden müssten.[17] Kennzeichnend für Thielickes Argumentationsweise ist die Empfehlung, in der Regel von der Frauenordination abzusehen, um einem falsch verstandenen Gleichheitsdenken vorzubeugen, sie aber in besonders exponierten Fällen zeichenhaft zu unterstützen, um den Solidaritätsforderungen zu entsprechen.[18]

Die Ablehnung der Extreme bedeutet nicht, dass Thielicke eine Äquidistanz zu den möglichen Bezugspolen propagieren würde. Viel-

---

17 THIELICKE, Ethik 3 (Anm. 2), 664f.: „Dabei stellt sich nun heraus, daß die Sozialgesetzgebung das Gleichheitsprinzip an verschiedenen Punkten in einem für die Frau *positiven* Sinne durchbrochen und ihr Privilegien gegenüber dem Manne verschafft hat. Wird jenes Prinzip nun mechanisch gehandhabt, so könnten seine Konsequenzen sich gerade *gegen* die Frau kehren und ihre jene Privilegien wieder absprechen. So wird das mechanische Prinzip nur so lange vertreten, wie es um die Einschränkung der Rechte des Mannes geht" (Hervorheb. im Orig.); ebd., 666: organisches Gleichheits- bzw. geometrisches Gerechtigkeitsverständnis Thielickes: „Bei diesem ‚organischen' Verständnis der Gleichheit wird es möglich, bestimmte Aufgaben, Verantwortungen und Rechte innerhalb von Ehe und Familie je nach der besonderen Disposition zu verteilen, die der Mann oder die Frau für deren Wahrnehmung mit sich bringt. In diesem Rahmen wäre es dann auch konsequent [...], der Frau Sicherungen und Schonungen zuteil werden zu lassen, auf die sie um ihrer biologischen Besonderheiten willen angewiesen ist [...]. Ihrem gemeinsamen Gerichtetsein (Gen 3,16f.) und ihrer Gleichbegnadung (1Petr 3,7), ihrer Solidarität also in der vertikalen Dimension, entspricht in der horizontalen ihre Verschiedenheit".

18 THIELICKE, Ethik 3 (Anm. 2), 695, Anm. 1: „Es ist kein theologischer und wahrscheinlich auch kein sonstiger sachlicher Grund einzusehen, warum man einer Frau, die nun einmal in das volle geistliche Amt berufen ist, verwehren dürfte, Superintendent oder gar Bischof zu werden. Im Gegenteil: *Zeichenhafte* Berufungen dieser Art könnten es deutlich machen, daß gewisse Vorbehalte gegenüber einem weiblichen Träger des Gemeindepfarramts keinen *prinzipiellen* Charakter tragen" (erste Hervorheb. von mir, zweite im Orig.); ebd., 694: „Angesichts dieser zwar außertheologischen, aber nicht unerheblichen Bedenken könnte es von *zeichenhafter* Bedeutung sein, wenn die Kirche das Pfarramt im wesentlichen dem Manne vorbehält: ein Zeichen nämlich dafür, daß die schöpfungsmäßige Verschiedenheit der Geschlechter [...] nicht mechanisch nivelliert werden darf, sondern im Sinne des ‚organisch' verstandenen Gleichberechtigungsprinzips respektiert werden muß. Sich dem Gefälle dieser Nivellierung zu widersetzen, statt dem Geist der Zeiten allzu offen zu sein, wäre der Kirche wohl würdig. Und wenn nicht alles trügt, würde die unterschiedliche Bewertung der männlichen und der weiblichen Eignung zum Pfarramt von *zeichenhafter* Bedeutung sein" (Hervorheb. von mir).

mehr macht er stets deutlich, welche Seite in dem dynamischen Gefälle der bedingenden Faktoren einer Handlung er akzentuiert sehen möchte. Die andere Seite bleibt aber stets berücksichtigt. So steht er Mischehen grundsätzlich reserviert gegenüber, bestreitet aber nicht deren Gültigkeit.[19] Er akzentuiert den Aspekt der Gemeinschaft zwischen den Ehepartnern, wehrt sich aber gegen dessen Isolierung vom Nebenzweck des Elternamtes, der Fortpflanzung.[20] Die Individualität des Menschen als Person wird – in einer dem Rechtfertigungsgeschehen entlehnten Terminologie – als mit einer *„dignitas aliena"* begabt gesehen.[21] Dies bedeutet aber nicht, dass daraus ein Anspruchsdenken des Menschen und eine Beliebigkeit seiner Handlungsweisen abgeleitet werden dürften. Thielicke wehrt sich gegen einen Totalitarismus staatlicher Regelungen, durch den z.B. Ehekonflikte durch Klagen vor weltlichen Gerichten gelöst werden sollen, tatsächlich aber verschärft werden.[22] Gerade die Personalität der wechselseitigen Bindung von Mann und Frau stelle die Legitimität und den Nutzen vor- und außerehelicher Sexualität in Frage.[23]

b) Distanzierende Funktion

Die Schöpfung begegnet bei Thielicke in der Weise eines Gegenübers zur Gegenwart. Die Schöpfungsordnung drückt das eigentlich von Gott Gewollte aus, das den tatsächlichen Zuständen in der gefallenen Welt spiegelverkehrt entgegensteht. *Der Rückbezug auf die Schöpfung geschieht*

---

19 Thielicke, Ethik 3 (Anm. 2), 723.

20 Thielicke, Ethik 3 (Anm. 2), 730: „Hauptzweck der ehelichen Gemeinschaft ohne die conditio sine qua non der Bereitschaft zum Kinde" nicht zu erfüllen; ebd., 733: gegen zwei Möglichkeiten einer „partiell verwirklichten Schöpfungsordnung": Isolierung des Vater- oder Mutterseins von der Ehe und umgekehrt (soweit explizit beabsichtigt).

21 Thielicke, Ethik 3 (Anm. 2), 712: mit Bezug auf die Mission, in der man mit dem Problem der Polygamie aufgrund des fehlenden Wissens um personale Individualität zu tun haben kann: „Sicher kann das Wissen um Individualität auch außerhalb des Christentums entstehen. Ganz gewiß aber entsteht es unter der Norm der Agape als Wissen um die dignitas aliena des Menschen, um den ‚unendlichen Wert der Menschenseele'".

22 Thielicke, Ethik 3 (Anm. 2), 671.

23 Thielicke, Ethik 3 (Anm. 2), 727: „Insofern liegt hier [im vor- und außerehelichen Geschlechtsverkehr; C.H.] die Leugnung eines wesentlichen Sinnes der Geschlechtlichkeit vor: nämlich der auf Dauer angelegten und deshalb unlöslichen Persongemeinschaft und der Bereitschaft zum Elternamt. Diese Bereitschaft entfällt in dem Maße, wie man die Vereinigung nur als vorübergehend, also als Augenblicksgenuß versteht, und wie man infolgedessen die Sphäre der Verantwortung und damit des Personhaften ausklammert".

so, dass deren bleibender Anspruch mit dem Hier und Jetzt stets in der Weise eines Bußrufes konfrontiert wird.[24] Die Antithesen der Bergpredigt wollen nach Thielicke nicht zu einem verstärkten Bemühen des Menschen führen und eine graduelle Steigerung der vorhandenen Forderungen und Möglichkeiten bewirken. Sie sollen vielmehr das qualitativ Andersartige des von Gott Gewollten gegenüber dem faktisch Begegnenden herausstellen.[25] Die Negation hat bei Thielicke nicht nur der Profilierung der Position zu dienen; sie wird geradezu zur Wirkweise der Position, d.h. hier: der Schöpfung. Sie dient als Korrektiv, das die grundlegende Schuldverfallenheit und Vergebungsbedürftigkeit alles menschlichen Tuns aufdeckt.[26]

---

24 THIELICKE, Ethik 3 (Anm. 2), 607: bzgl. Wiederverheiratungsverbot: „Hier geht es nicht um das einzuhaltende ‚Prinzip‘ des Verboten-seins, sondern darum, daß ein Verstoß gegen die Schöpfungsordnung nicht sanktioniert werden darf"; ebd., 603: „Wenn du also schon die Schöpfungsordnung durch deine Scheidung verwundest, so muß diese Wunde durch den Verzicht auf Wiederverheiratung wenigstens offengehalten werden"; ebd., 730: „Indem wir es so sagen, respektieren wir den Anspruch der Schöpfungsordnung und lassen ihn einen Damm gegenüber jenem unabsehbaren Gefälle sein, das sich sofort ergeben muß, wenn die angebliche Wirklichkeit zum Maßstab gemacht wird, statt selber gemessen zu werden"; ebd., 761: zur medizinischen Indikation: „Aber verzichten wir dann wirklich darauf, in die *Schöpfungsordnung* einzugreifen? Ist sie denn überhaupt im Spiel, wenn sich alles dies vollzieht? Verzichten wir nicht vielmehr darauf, in die *Gerichts*ordnung einzugreifen, wenn wir das Verhängnis seinen Weg gehen lassen? Und ehren wir damit die Schöpfungsordnung nicht höchstens insofern, als wir sie als richtendes Gesetz verstehen, das mit seinem Urstandsmaß diese gefallene und verfallene Welt in Frage stellt?"; ebd., 760: „Signatur eines Seinszustandes, der sich angesichts des *eigentlichen* Willens Gottes verklagen muß" (alle Hervorheb. im Orig.); ebd., 735: „Der Anspruch der Schöpfungsordnung transzendiert also die Naturordnung und erlaubt darum nicht die Annahme einer Identität beider"; ebd., 697: „Nicht die Eliminierung, sondern die Relativierung der Rechtsstruktur dieses Äons ist der Sinn des Bußrufes und der Zitation der Schöpfungsordnung".

25 THIELICKE, Ethik 2/1 (Anm. 1), 62: „Die Bergpredigt *übersieht* eben nicht die Realität der Welt, aber sie *protestiert* gegen sie" (Hervorheb. im Orig.); DERS., Ethik 3 (Anm. 2), 605: „Ebenso kann nur dieser protestierende Rückbezug auf den Nomos deutlich machen, daß das ‚jetzt‘ Gesagte nicht bloß eine quantitative Verschärfung des bestehenden Gesetzes, sondern etwas qualitativ anderes ist, daß hier also eine völlig neue Ebene betreten wird".

26 THIELICKE, Ethik 3 (Anm. 2), 725: „Insofern soll der Zerrgürtel der Grenzsituationen – indem er uns nach dem Wieso und Warum der Verzerrungen fragen läßt – unsere Fragerichtungen auf die Normativität *selbst* hin leiten und damit vom Rande her in das Zentrum des jeweiligen Sachgebietes deuten"; DERS., Ethik 2/1 (Anm. 1), 81: „dennoch muß inmitten dieser Leidenschaften stets ein Quäntchen jenes Wissens anwesend sein, daß diese Welt so nicht in Ordnung ist [...] die schöpferischen Leidenschaften des Wirkens an der Welt bleiben nur gesund, indem sie um die Fragwürdigkeit jener Kompromisse wissen, die uns die Gestalt dieser Welt abringt und die nicht dem ‚eigentlichen‘ Willen Gottes (voluntas propria) gemäß sind"; ebd., 160:

Der Kompromiss wird von diesem Ausgangspunkt her verstanden. Gäbe es nicht die rekursive Dimension, die zurückruft von einer Identifizierung des Faktischen mit dem Inhalt des Sollens, dann käme ein Kompromiss gar nicht zustande. Thielicke versteht den Kompromiss nicht als Relativierung des Willens Gottes, sondern als Infragestellung, Selbstdistanzierung des menschlichen und – im Hinblick auf die Vorläufigkeit auch des – göttlichen Tuns. Der Kompromiss ist zwar die Existenzweise des Menschen und die Handlungsweise des sich zum Menschen herabbeugenden Gottes. Aber diese Charakterisierung enthält in sich die Aussage der Vorläufigkeit, der interimistischen Struktur. Die Schöpfungsordnung lässt den Menschen nie zur Ruhe kommen, stellt Ansprüche an ihn, geht seinem Tun stets voraus, gibt stets neu den Impuls, die Initialzündung für das Handeln des Menschen, das verantwortlich nur in der Weise des Kompromisses geschehen kann. Dem in der Schöpfung Gesetzten, Gewollten, Gebotenen, dem Eigentlichen entspricht der inhaltliche Pol des Kompromisses. Dieser kann nicht in Frage gestellt werden, ist nicht disponibel und veränderbar, kann nicht angepasst werden an vorhandene Bedürfnisse und Situationen. Thielicke möchte den Ansatz bei einem Gegenüber von Gott und Mensch, bei einem Gefälle von Gesetz bzw. Gericht und Sünde nicht aufheben. *Die Bewegungsrichtung verläuft auf der inhaltlichen, sozusagen grundsätzlichen Ebene von Gott zum Menschen und nicht umgekehrt.* Das Gebot soll in seinem Aussagegehalt nicht verfügbar gemacht werden, sondern erhebt umgekehrt einen Verfügungsanspruch auf den Menschen. Die Theologie bleibt auf der inhaltlichen Ebene, in der Grundausrichtung für Thielicke eine Konfliktwissenschaft.[27]

„Wenn der Politiker Christ ist, wird er deshalb um die Vergebungsbedürftigkeit und um die Fragwürdigkeit auch seines politischen Handelns wissen und vor der Gefahr bewahrt sein, aus der Not eine Tugend zu machen […] *Der ethische Imperativ läßt sich nicht auf den Endzweck reduzieren.* Seine Abdrängung aus dem Bezirk der Mittel klappt nicht" (alle Hervorheb. im Orig.); ebd., 229: „Nicht nur unser Tun, sondern auch die Situation, innerhalb dessen [sic!] sich das Tun vollzieht, ist vergebungsbedürftig".

27 Thielicke, Ethik 2/1 (Anm. 1), 75: „große Störung jener berechnenden Konzeption, in der die Botschaft der Kirche auf die Schwächen, Erbärmlichkeiten, Sehnsüchte, Begierden und Ängste der menschlichen Kreatur eingespielt ist. Die Ewigkeit meldet sich in Christus nicht als Überhöhung, sondern als *Widerspruch* zu dieser Natur und inmitten dieses Widerspruchs als überwindende, opfernde, tragende – aber eben nicht als synthetisch ausgleichende! – Liebe" (Hervorheb. von mir); ebd., 64: Gottes Forderung bleibt „radikal über dem untauglichen Stoff dieser Welt stehen"; ebd., 144: „Der Konflikt der Pflichten, der *Widerstreit der Werte ist das Zeichen einer Wunde am Leibe unserer Welt* […]. Entsprechend deutet auch der Kompromiß, zu dem uns dieser Widerstreit nötigt, auf jene Wunde […] Diese Wunde aber darf nicht zuheilen" (Hervorheb. im Orig.); vgl. ders., Ethik 3 (Anm. 2), 729: „Diese […] Frage bedeutet, daß die Rücksichtnahme auf jene Situationen nicht die Wirklichkeit zum Maßstab machen

Thielicke lehnt einen Kompromiss auf der inhaltlichen Ebene ab, weil damit einer Normativität des Faktischen das Wort geredet würde.[28] Zugleich stellt die Asymmetrie der in der Weise der Negation begegnenden Schöpfungsordnung und ihres Inhaltes gegenüber den Zuständen dieser Welt den Ausgangspunkt und Rahmen des Kompromisses dar. Ohne die Distanzierung von der Welt und dem eigenen Tun wäre der Kompromiss nicht ein Kompromiss in Thielickes Sinne, sondern eher Ausdruck von Indifferenz oder Resignation.

Die Asymmetrie der Schöpfungsordnung als Korrektiv entspricht der Ablehnung einer monistischen bzw. naturalistischen Weltsicht, die absieht von der Begründung, Begrenzung und Beanspruchung durch den Schöpfer. Gerade weil die Welt nicht abgesehen von Gott bestehen und in ihrem Wesen erkannt werden kann, ist der Kompromiss möglich und notwendig. Der Kompromiss wird bei Thielicke vom zweiten Artikel her verstanden. Er ist Mittel und Manifestation des Heilswillens Gottes. Gott will die gefallene Welt nicht sofort vernichten, sondern erhalten, damit noch möglichst vielen Menschen die Möglichkeit zur Rettung aus dem Gericht gegeben werden kann. Die Schöpfungsordnung begegnet in der gefallenen Welt als negativer, distanzierender Inhalt, als Rahmen und unruhiger Pol des Kompromisses. Der Kompromiss weist mit seinem interimistischen, dynamischen Charakter über sich hinaus auf die Position, die von Gott gewollte Wirklichkeit; diese ist aber nicht geschöpflich greifbar, verfügbar, wahrnehmbar, sondern wird eschatologisch umgesetzt.[29]

---

und darum die Schöpfungsordnung pragmatisch verunstalten soll, sondern daß sie nur unter dem *Anspruch* und unter dem *Gericht* der Schöpfungsordnung geübt werden kann" (Hervorheb. von mir). Ad van Bentum betrachtet Thielicke zusammen mit Karl Barth als Vertreter eines dualistischen Verhältnisses zwischen dem Gebot Gottes und der Weltwirklichkeit (ders., *Helmut Thielickes Theologie der Grenzsituationen* (Konfessionskundliche und kontroverstheologische Studien 12), Paderborn 1965, 156.

28   Zur Ablehnung eines inhaltlichen Kompromisses vgl. z.B. Thielicke, Ethik 2/1 (Anm. 1), 78. 97. 108f. 115; ders., Ethik 3 (Anm. 2), 806.

29   Thielicke, Ethik 2/1 (Anm. 1), 243: Wunder Jesu: „ein einziger Protest gegen diese Entstellung der Schöpfungswelt; sie sind ein eschatologischer Hinweis auf das, was der göttliche Weltentwurf *eigentlich* gewollt hat und was im Reiche Gottes wieder da sein wird"; vgl. ebd., 250. 305; ders., Ethik 3 (Anm. 2), 627: „Sie [Ehe und Staat; C.H.] *vermitteln* selber nicht das Heil; aber sie *bewahren* zum Heil. Wir bleiben erhalten, weil wir berufen werden sollen" (alle Hervorheb. im Orig.); ebd., 628: „Der Glaube weiß um die causa efficiens und die causa finalis des Ehestandes, um seinen Ursprung in der Schöpfungsordnung und sein Ziel als Bewahrungsinstitution für die Erlösungsordnung"; vgl. ebd., 685. Van Bentum, Grenzsituationen (Anm. 27), 152, analysiert: „Es erhellt, daß eine solche Ethik völlig eschatologisch ausgerichtet ist".

In der distanzierenden Funktion des Kompromisses mit seinem
Rückbezug auf die Schöpfungsordnung und seinem Vorausbezug auf
das Eschaton lässt sich das Gefälle der überführenden Funktion des
Gesetzes (usus elenchticus legis) zum Evangelium hin erkennen. Dieser
traditionelle, lutherische Rahmen erfährt allerdings durch die vermitt-
lungstheologische Modifikation in der formal-methodischen Dimension
des Kompromisses eine teilweise problematische Füllung.

c) Moderierende Funktion

Thielicke begründet den Kompromiss zwar soteriologisch mit der Gebrochenheit der Schöpfung infolge des Sündenfalles. Sein eigentliches
Anliegen ist aber ein hermeneutisches. So behauptet er, die Gleichset-
zung des Inhalts und der Form der christlichen Botschaft habe wesentlich zu deren Ablehnung beigetragen.[30] *Dagegen müsse zwischen bleiben-
dem Inhalt und variabler Form differenziert werden.* Die Methode, die Art
und Weise, den Inhalt zu verwirklichen, müsse den tatsächlichen Verhältnissen angepasst werden.[31] Dadurch dass der Inhalt als verlorener
Heilszustand in der Diskontinuität zur Gegenwart verstanden wird
und auf die Zukunft verweist, erhält die methodische Umsetzung eine
teleologische Akzentuierung.[32] Z.B. müsse man bei der Verkündigung
die Menschen bei ihren Voraussetzungen behaften, „abholen" und die
zuvor nur implizit angedeuteten Inhalte in einem verträglichen Maße
zu explizieren versuchen.[33]

---

30 THIELICKE, Ethik 2/1 (Anm. 1), 119; vgl. DERS., Ethik 3 (Anm. 2), 649 (Säkularisierungs-
    schub wegen Marginalisierung des Eros).
31 THIELICKE, Ethik 2/1 (Anm. 1), 78. 108f.; ebd., 115: bzgl. „der *Form* seiner Aussagemit-
    tel einen Kompromiß mit den für den Menschen zugänglichen Bildern, Vorstellun-
    gen und Symbolen bzw. einen Kompromiß zwischen dem die gegenständliche Welt
    transzendierenden Aussage-*Gegenstand* [...] und den auf innerweltlich Vorfindliches
    abgerichteten Aussage-*Mitteln*" (Hervorheb. im Orig.); ebd., 116: „daß die gleiche
    sinnhafte Wahrheit sich jeweils in verschiedenen Aussageformen niederschlägt,
    also eine Akkommodation (einen ‚Kompromiß') gegenüber dem jeweiligen Bewusst-
    seinszustand vollzieht"; ebd.: „*die Wahrheit ist immer geschichtlich, ist immer situations-
    gebunden und nie in zeitloser Unmittelbarkeit gegenwärtig*" (Hervorheb. im Orig.).
32 Dem entspricht die Redeweise von der jeweiligen „Lehrintention" bestimmter Aus-
    sagen, z.B. bei Aristoteles: THIELICKE, Ethik 3 (Anm. 2), 751.
33 THIELICKE, Ethik 2/1 (Anm. 1), 101: „das in expliziter Gestalt und also in seinem Ple-
    roma schuldig ist, was sie ihnen zunächst ‚implizit', d.h. im wahrsten Sinne des Wor-
    tes eingewickelt [...] bietet"; ebd., 98: „Wir glauben deshalb, daß die Kirche Vorhal-
    len vor ihre Gottesdienste bauen muß, [...] in denen der Massenmensch ‚abgeholt'
    wird".

Die formal-methodische Seite der Ordnungen Gottes und des menschlichen Handelns in ihnen muss sich Thielicke zufolge den Gegebenheiten der gefallenen Welt, der „Herzenshärtigkeit" des Menschen gegenüber akkommodieren. Die Diskontinuität zwischen der Schöpfung und dem gegenwärtigen Äon bewirkt, dass die Schöpfungsordnungen Ehe und Staat nur in der Weise von *„Notordnungen"*, von Erhaltungsordnungen begegnen.[34] Sie benutzen Mittel, die den Bedingungen der gefallenen Welt angemessen sind. Nach dem Grundsatz *„similia similibus"* kann individuelle Gewalt nur mit staatlicher Gegengewalt, ein Angriff durch einen Staat nur mit Verteidigungsmaßnahmen des anderen Staates beantwortet werden.[35] Dabei dürfen sich die in dieser Weise angepassten Mittel nicht verselbständigen, sondern müssen sich an ihrer Effektivität messen lassen. Der Kompromiss hat eine prohibitive, eindämmende Funktion gegenüber dem Bösen. Das Ziel der von Gott zugestandenen Handlungsweisen ist die *Schadensbegrenzung*. In einer komplexen und negativ qualifizierten Situation soll Schlimmeres verhindert, das Bestmögliche erreicht werden.[36] So kann nach Thielicke das Zugeständnis der Ehescheidung und Wiederverheiratung die schädigenden Wirkungen einer zerrütteten Ehesituation auf ein relativ geringeres Maß reduzieren als das Festhalten an dieser Ehe.[37]

Im Bezug auf die formal-methodische Dimension ethischen Handelns legt sich ein Denken im Komparativ nahe. *Es kommt zu einer aposteriorischen Differenzierung bzw. Quantifizierung.* In einem Konflikt verschiedener Werte und situativer Handlungsfaktoren muss abgewogen

---

34 THIELICKE, Ethik 3 (Anm. 2), 759: „Notordnungen der gefallenen Welt, als ein nachträgliches, auf die gefallene Welt eingehendes Bewahren Gottes"; vgl. DERS., Ethik 2/1 (Anm. 1), 191: menschliche Ethik als *„eine Notstandsmaßnahme* gegenüber der gefallenen Welt" (Hervorheb. im Orig.).

35 THIELICKE, Ethik 2/1 (Anm. 1), 193: „Der Aufstand der Schöpfung muß in Schach gehalten werden […] Die in der Welt ausgebrochene Gewalt wird nicht bloß verneint, sondern mit den *Mitteln* eben dieser Gewalt – freilich einer im Gehorsam *gebändigten* Gewalt – niedergehalten" (Hervorheb. im Orig.) (hier auch Prinzip „similia similibus").

36 THIELICKE, Ethik 3 (Anm. 2), 760: bzgl. Krieg, Leid, Krankheit: „so sehr auch Gott *inmitten* der Entfremdung noch seines Willens mächtig bleibt und selbst die Formen der Entfremdung ‚zum Besten dienen lassen' kann"; DERS., Ethik 2/1 (Anm. 1), 265: *„Ich kann mich niemals im Namen eines noch so geboten erscheinenden Zweckes über die Mittel, die zu diesem Zweck führen, über die aufhaltenden Gebote und absperrenden Wächter, hinwegsetzen"* (Hervorheb. im Orig.); vgl. ebd., 82: „das quantitativ bestmögliche Handeln".

37 THIELICKE, Ethik 3 (Anm. 2), 698: „Die Ausnahme der Ehescheidung wird […] mit der ‚Herzenshärtigkeit' […] begründet. Sie beruht somit auf einer Notordnung, in der Gott […] Rücksicht auf den realen Zustand des Menschen und seiner Weltwirklichkeit nimmt".

werden. Die Betonung des Partikularen, Spezifischen der Situation und der Individualität des Menschen bzw. die Ablehnung universaler und monistisch-schematischer Lösungen führt Thielicke zu einem gewissen Subjektivismus. Es geht dann trotz aller Betonung der distanzierenden Wirkung des Kompromisses nicht um eine kritische Beurteilung und Umkehrung der jeweiligen Situation, sondern um die *Applikation und Modifikation der Gebote und der Ordnungen Gottes von den Bedingungen der Situation her.*[38] Die Bewegungsrichtung zwischen der objektiven und subjektiven Seite wird umgekehrt. Es zeichnet nach Thielicke die Person gerade ihre Fähigkeit zur Entscheidung aus.[39] Die Personalität wird weniger von dem äußerlich-objektiv begegnenden Anspruch Gottes her als von den Fähigkeiten zur Entfaltung des Selbst her begründet.[40] Die Schöpfung wird, da wegen ihrer negativen Wirkweise nicht positiv beanspruchend, von einer Gabe mehr zur Aufgabe.[41] So gilt Thielicke die Verwendung künstlicher Verhütungsmittel als Ausdruck der notwendigen Transzendierung des Natürlichen durch die schöpferischen Möglichkeiten des Menschen.[42]

---

38 THIELICKE, Ethik 3 (Anm. 2), 593: „Das bedeutet nicht eine Relativierung ihrer [der Bibel; C.H.] Zuständigkeit, sondern nur das Postulat […], die hermeneutische Aufgabe der Transposition ernst zu nehmen"; ebd., 613: „wie verhängnisvoll es im Sinne nomistischer Gefahren ist, wenn die illustrativ-variable Seite solcher Aussagen uninterpretiert und darum auch nicht transformiert auf andere Situationen übertragen wird. In solchen Überlegungen hat die theologische Ethik einen wesentlichen Beitrag zu hermeneutischen Fragen zu leisten".

39 THIELICKE, Ethik 2/1 (Anm. 1), 71: „Die Sach- und Personwerte, zwischen denen der Kompromiß zu vermitteln hat, können so heterogen sein, daß sachliche Kriterien überhaupt versagen und ausschließlich ein wagender Akt der Entscheidung hilft"; vgl. ebd., 79. 100. 205. 262. 266.

40 THIELICKE, Ethik 3 (Anm. 2), 658: „die *Verheißung* in dem Sinne, daß auch das Erwachen der Individualität unter sie subsumiert wird, daß dies Erwachen nämlich als Entfaltung der Schöpfungsfülle erscheint"; vgl. Betonung der individuellen Subjektivität gegenüber objektivem Eheverständnis der katholischen Moraltheologie: ebd., 617; ähnlich in bestimmten Grenzsituationen: ebd., 673. 709. 718. 771. 774.

41 THIELICKE, Ethik 3 (Anm. 2), 735: bzgl. Empfängnisverhütung: „dann muß der Anspruch der Schöpfungsordnung in *der* Weise gehört werden, daß er zur Verantwortung *gegenüber* der Naturordnung aufruft"; ebd., 737: „ich bin als ein die Natur Transzendierender auch zu *willentlichem* Transzendieren aufgerufen" (alle Hervorheb. im Orig.); ebd., 778: bzgl. Insemination: „Der Eingriff in die Natur und damit die Aufbietung eines Künstlichen ist nicht in sich selbst fragwürdig, sondern gehört paradoxerweise zur ‚Natur', nämlich zum Wesen des Menschen selbst"; ebd., 654: „Differenzierung aber auch eine Schöpfungs-,Aufgabe' […] dem Andern in seiner differenzierten Individualität gerecht zu werden".

42 Vgl. THIELICKE, Ethik 3 (Anm. 2), 735. 737. Andererseits wehrt er sich, ebd., 742, gegen eine unbegrenzte Geburtenkontrolle etwa durch den Hinweis auf die Überbevölkerung. Nicht die Überbevölkerung führe zum Hunger, sondern der Hunger zur Überbevölkerung.

Zum quantitativen Denken, das Ermessensurteile und nicht Prinzipien bevorzugt, gehört der Bezug auf empirische Gesichtspunkte. *Der Betonung der subjektiven Dimension korrespondiert die Frage nach der jeweiligen Motivation bestimmter Entscheidungen.* So hält Thielicke die Trennung der Ehe bzw. des Geschlechtsverkehrs und der Fortpflanzung dann für problematisch, wenn sie aus egoistischen Gründen, z.B. um eines kurzfristigen Lustgewinns oder der Wahrung der beruflichen Karrierechancen willen geschieht.[43] Wichtig ist Thielicke die Frage nach zu erwartenden oder anderweitig bereits feststellbaren Folgen ethischer Weichenstellungen. So könne die heterologe Insemination zu einer Zerrüttung der Ehe führen, weil das biologisch von einem fremden Mann abstammende Kind zum Symbol der Schwäche des Ehemannes werde und die Beziehung der Ehepartner psychischen Belastungen aussetze.[44] Die generelle Zulassung oder gar Forcierung der Frauenordination verstärke den vorhandenen Trend zu einer Feminisierung der Kirche und der erzieherischen Einwirkung auf die Jugend.[45] Entscheidungen mit empirischen oder graduellen Begründungen können nach Thielicke nicht den Anspruch auf universale Verbindlichkeit erheben. Sie fordern nicht Gehorsam, sondern haben eher die Funktion eines seelsorglichen Rates. So lehnt Thielicke eine einheitliche Lösung im Falle der medizinischen Indikation ab, etwa dadurch dass eine Mutter wegen ihrer größeren Machtposition gegenüber dem Kind grundsätzlich in höherer Weise verpflichtet sei und sich für ihr Kind aufzuopfern habe.[46]

Sicherlich steht hinter der Unterscheidung der absoluten, inhaltlichen Seite und der relativen, formalen Seite des menschlichen Handelns bzw. hinter der Zuordnung der distanzierenden und moderierenden Funktion des Kompromisses das *Gegenüber von Total- und Partialaspekt*

---

43   Thielicke, Ethik 2/1 (Anm. 1), 124, findet eine Lüge nur bei einer egoistischen Begründung problematisch, nicht jedoch wenn sie in einem totalitären Staat zur Rettung von Menschenleben geschieht; vgl. ders., Ethik 3 (Anm. 2), 603: Motivation der Ehescheidung (z.B. Flucht); vgl. ebd., 777: im Bezug auf die Insemination: „Jedenfalls ist es für reformatorisches Denken unmöglich, den Akt der Onanie für sich zu isolieren und aus dem Zusammenhang mit Situation und Intention herauszunehmen"; ebd., 631f.: Begründung der Zivilehe (wegen universaler Einsetzung durch Gott oder wegen Totalanspruch des Staates).

44   Thielicke, Ethik 3 (Anm. 2), 769f.

45   Thielicke, Ethik 3 (Anm. 2), 693f.; vgl. ebd., 660. 662. 664f.: Verlust an Autorität und Rechten der Frau durch konsequente Anwendung eines arithmetischen Gleichberechtigungsdenkens; ebd., 754: extremer Bevölkerungsrückgang durch Freigabe der Abtreibung in der Sowjetunion; ebd., 711: Bestehen auf Monogamie in polygamem Umfeld bei Mission kann kontraproduktiv wirken.

46   Thielicke, Ethik 3 (Anm. 2), 756–758 (Zusammenhang von Pflicht und Entscheidungsfreiheit).

des Rechtfertigungsgeschehens. Der rechtfertigungstheologische Zugriff auf die Schöpfung legt dies nahe. Allerdings bezieht sich im reformatorischen Denken der Partialaspekt auf das Wieviel bzw. Inwieweit der guten Werke und des neuen Lebens, nicht auf das Wie, die Methodik und Form.[47] Die Reformatoren fragen danach, wie der Mensch vor Gott bestehen und seines Heils gewiss werden kann. Thielicke fragt danach, wie die Gebote Gottes vor der Welt bestehen und in ihr Anwendung finden können.[48] Die hermeneutische Aufgabe des Menschen sprengt die traditionelle Rolle der Kooperation mit Gott in den Ordnungen und Ständen Gottes.

III. Abwege der Kompromissethik

a) Kriteriologisches Problem

Thielicke äußert selbst Zweifel daran, ob sich die Unterscheidung einer inhaltlichen und formalen Dimension der Handlung stets durchhalten lässt. Er nennt das Problem der schiefen Ebene, des nahezu unaufhaltsamen Gefälles, das entstehen kann, wenn an einer Stelle Zugeständnisse gemacht werden.[49] Das Handlungsziel wird durch die Mittel auf

---

47   In *CA* XVI, 5–6/BSLK 71,10–15, wird das Vorhandensein der Ordnungen nicht problematisiert: „sed maxime postulat conservare tamquam ordinationes Dei et in talibus ordinationibus exercere caritatem. Itaque necessario debent christiani oboedire magistratibus suis et legibus"; vgl. *CA* VI, 1/BSLK 60, 2–7: dort wird nur auf die Notwendigkeit guter Werke im Sinne von Früchten („fructus parere") hingewiesen, zugleich aber deren mangelnde – unmittelbare – Relevanz für das Heilsgeschehen herausgestellt („non ut confidamus per ea opera iustificationem coram Deo mereri").

48   Bezeichnend ist diese Formulierung, in der die Akzentuierung in der inhaltlichen Füllung der teleologischen Dimension deutlich wird: THIELICKE, Ethik 2/1 (Anm. 1), 120: „Die Wahrheit erschöpft sich nicht in der Kongruenz zwischen Aussage und gegenständlicher Wirklichkeit, sondern sie umfaßt das Telos, sie umfaßt den Horizont jener gegenständlichen Wirklichkeit mit […]. *Die Wahrheit ist damit immer auf den Endzweck bezogen"*; das Gericht wird v.a. in dem gegenwärtigen Unrechts- und Gebrochenheitszustand manifest: ebd., 230: „*Das Unrecht provoziert nicht nur das Gericht, sondern das Gericht intensiviert auch das Unrecht"* (alle Hervorheb. im Orig.).

49   Treffend fasst aus der Perspektive der thomistischen Moraltheologie ARTHUR F. UTZ, „Die Ethik der Schadensbegrenzung und die Politik", in: *Die Neue Ordnung* 54 (2000), 44–49, hier 48, seine Kritik an der Argumentation der Schadensbegrenzung zusammen: „Es bleibt dem katholischen Politiker nichts anderes, als hinsichtlich jeder Textvorlage, die ein ‚malum in se' zuläßt, mit nein zu stimmen. Sonst kommt einmal der Augenblick, in dem kein ‚minus malum' mehr möglich ist, nämlich dann, wenn kein einschränkendes, d.h. den Schaden begrenzendes Gesetz mehr denkbar ist, sondern jedes Gesetz nichts anderes bedeutet als eine Regelung von in sich moralisch verwerflichen Verbrechen".

den Weg dorthin verändert; Gebote werden u.U. nicht nur modifiziert, sondern übergangen. Die Gefahr eines Opportunismus liegt nahe. Thielicke versucht, der Tendenz zur inhaltlichen Aufweichung der Gebote Gottes, die mit deren Kollision und Abwägen verbunden sein kann, ein „kasuistisches Minimum" entgegenzusetzen: Es gebe eine Grenze im ersten Gebot. Man dürfe nicht den Glauben verleugnen, um dann in der Folge noch weiter für Gott wirken zu können. Die formale Anpassung an herrschende Gegebenheiten dürfe nicht zu einem inhaltlichen Substanzverlust führen.[50] Allerdings fehlen Thielicke die eindeutigen Kriterien, mit deren Hilfe über die Tatsache eines inhaltlichen Substanzverlustes entschieden werden könnte.[51]

Die absolute, qualitative, universale Seite der Handlung ist bei Thielicke nur in der Weise der Negation bzw. der Teleologie gegenwärtig. Es geht ihm um den Aufweis der Gebrochenheit, des Gefallenseins. *Dies führt zu einer tendenziellen Entkonkretisierung der materialen Ethik.*[52] Die einzelnen Taten werden zu beliebigen Illustrationen der allgemeinen Schuldhaftigkeit; sie werden austauschbar und entziehen sich einer

---

50 Thielicke, Ethik 2/1 (Anm. 1), 271: mit Bezug auf das Verhalten der Kirchen in Diktaturen: „Indem man also das Mittel-Gebot übersprang, das ein ganz bestimmtes *Wie* der Verkündigung gebot, verlor man auch die gerade *durch* jenes Überspringen erstrebte Möglichkeit, das Telos-Gebot noch halten zu können, nämlich die Ausrichtung der Botschaft an die Jugend überhaupt"; ebd., 304: *„Diese Verleugnung kann niemals als Möglichkeit in irgendeiner Alternative auftauchen und darum auch niemals der denkbare Ausweg aus einem Konflikte sein"*; vgl. ebd., 134f. 140. 147. 279. Frage nach Grenzen des Kompromisses: ebd., 96. (emotionalisierte Verkündigung bei Heilsarmee); vgl. ders., Ethik 3 (Anm. 2), 747 (Empfängnisverhütung). 778f. (Insemination). Gegen Indifferenz: Ders., Ethik 2/1 (Anm. 1), 85: Gefahr: „im Namen der Vergebung, die angeblich alles zudeckt und damit nivelliert, gleichgültig werden gegenüber den verschiedenen *Graden* des Bösen oder Fragwürdigen"; vgl. ebd., 86 (gegen „billige Gnade"). 88 (*„Freiheit des sola fide das genaue Gegenteil der Indifferenz"* [alle Hervorheb. im Orig.]). 160f. (nicht „aus ihrer [der Welt; C.H.] Aporie die rechtfertigende Norm seines Handelns zu machen"). 224. 228 (Gesetz der schiefen Ebene). 298 („,kasuistisches Minimum'").

51 Der Bedarf nach ethischer Orientierung für das Alltagsleben zumal im politischen Bereich durch die Kirche ist vorhanden. So stellt Hanna-Renate Laurien fest, „dass es keinen Lebensbereich gibt, der ohne Schuld bestanden werden kann", um dann zu klagen: „In den Fragen des Abwägens vermisse ich die helfende Begleitung in meiner Kirche. Es ginge um Maßstäbe fürs Abwägen, auch um eine Information der Gemeinden, sie für solch Abwägen empfindlich zu machen" (dies., „Politik in Verantwortung vor Gott und den Menschen", in: Albert Raffelt [Hg.], *Weg und Weite. Festschrift für Karl Lehmann*, Freiburg i. Br. u.a. 2001, 763–773, hier 764. 767).

52 In eine ähnliche Richtung zielt die Kritik durch Wolfgang Trillhaas, der moniert, bei Thielicke sei undeutlich, ob im konkreten Einzelfall ein Kompromiss zu schließen sei oder nicht, weil alles menschliche Handeln als Kompromiss gedeutet werde (ders., „Zum Problem des Kompromisses", in: *Zeitschrift für evangelische Ethik* 4 (1960), 355–364, hier 359).

Unterscheidung hinsichtlich ihrer ethischen Legitimität. Die Einzeltaten sind grundsätzlich Einzelsünden. Die Einzelsünden werden nicht nur in ihrem Dass, sondern auch in ihrem Was universalisiert und dienen so als Nachweis der Universalität des Sünderseins. Geht es dann vordringlich um eine Schadensbegrenzung, so ist es konsequent, wenn Thielicke die Beurteilungskriterien für die Einzelhandlungen nicht als vorgegeben, sondern als aufgegeben, als erst noch zu suchende bezeichnet.[53]

Am Beispiel der Einschätzung der Homosexualität kann die Problematik dieses Argumentationsweges aufgezeigt werden. Thielicke wendet auf die Homosexualität die Unterscheidung von Inhalt und Form in zweifacher Weise an. Erstens wird sie entkonkretisiert: sie ist nicht der eigentliche Gegenstand des ethischen Interesses, sondern dient als Illustration der alle Menschen treffenden Schuld- und Gerichtsverfallenheit. Nur in dieser Weise gilt sie als problematisch: sie ist Teil der allgemeinen Störung und Perversion der Schöpfung.[54] Damit wird die Irreversibilität des Sünderseins auf die Einzeltat übertragen und diese als individuelle Handlung entproblematisiert. Zweitens stellt Thielicke die Homosexualität auf eine Ebene mit der Heterosexualität, nicht im Sinne einer Schöpfungsvariante – das verbietet der Ansatz bei der Gebrochenheit der Schöpfung –, wohl aber darin, dass zwischen legitimen und schädlichen bzw. verwerflichen Formen der Ausübung unterschie-

---

53 THIELICKE, Ethik 3 (Anm. 2), 793: zustimmend mit Bezug auf Gutachten zur Homosexualität: „die sich außerdem über die medizinische Fachliteratur orientiert haben und zugleich den normativen Beurteilungskriterien der Theologie nichts abbrechen wollen – diese allerdings auch nicht als doktrinär *gegeben* verstehen, sondern nach ihnen *suchen*! –, die ausschließliche Kompetenz von Arzt und Seelsorger anerkennen und die Zuständigkeit des Strafrichters verwerfen"; vgl. ebd., 768: „Weg in die Freiheit der Gebundenen, die im Gehorsam den Weg zu *suchen* heißt" (alle Hervorheb. im Orig.)

54 THIELICKE, Ethik 3 (Anm. 2), 800f.: „Und doch gibt auch die Tatsache, daß die Homosexualität hier innerhalb der symbolisierenden und illustrativen Aussagen auftaucht, daß sie also Aussage-*Mittel* und nicht selbstzwecklicher Gegenstand der Aussage-*Intention* ist, eine gewisse Freiheit zu einer Neubesinnung [...] berechtigt [...], angesichts der Homosexualität von einer ‚Perversion' zu sprechen [...] in dem Sinn [...], daß Homosexualität der Schöpfungsordnung jedenfalls *nicht* gemäß ist [...] auf eine Ebene mit abnormer Persönlichkeitsstruktur [...], mit Krankheit, Leid und Schmerz, die biblisch ebenfalls durchgängig als Schöpfungsstörung [...] verstanden werden [...] Man darf [...] eine in der Anlage vorhandene Homosexualität, die eine Art symptomatischer Teilhabe an jenem Geschick der gefallenen Welt ist, nicht mit konkreten libido-Exzessen auf eine Stufe stellen [...] Die Veranlagung als solche [...] darf nicht stärker abgewertet werden als unser aller Existenzstatus, der uns Menschen der gestörten Schöpfung eignet und uns der Solidarität *Aller* post lapsum einbeschließt" (Hervorheb. im Orig.). THIELICKE, ebd., 791, wendet auch die Ablehnung der Extreme auf die Homosexualität an: man dürfe sie weder diffamieren noch idealisieren.

den wird. Thielicke möchte im Sinne einer Schadensbegrenzung auf eine verantwortliche homosexuelle Partnerschaft hinwirken.[55] Er empfiehlt als Folgerung aus empirischen Beobachtungen und Ermessensurteil, dass ostentative und werbende Formen sowie der Missbrauch Minderjähriger verboten werden sollten. In der Seelsorge solle auf eine Sublimierung des homosexuellen Triebes hingewirkt werden. Eine strafrechtliche Sanktion lehnt er mit dem Hinweis auf die – subjektivistisch verstandene – Personalität der Beteiligten ab, die eine eigenverantwortliche Gestaltung des Sexuallebens nahe lege. Die natürliche Aversion der Gesellschaft gegenüber homosexuellen Praktiken wirke abschreckend genug.[56]

Dem ist entgegenzuhalten: Homosexualität wird in der Bibel nirgendwo mit der Heterosexualität als solcher verglichen, sondern nur mit abweichenden Ausformungen derselben. Man müsste konsequenterweise sonst auch zwischen legitimen Formen des heterosexuellen Ehebruches bzw. der Unzucht und weniger empfehlenswerten Formen unterscheiden. *Die Unterscheidung zwischen inhaltlicher Zieldimension und formaler Mitteldimension lässt sich nicht in gleicher Weise auf positive und negative Sachverhalte anwenden.* Es ist etwas anderes, ob man ein gutes Ziel (z.B. Frieden) mit fragwürdigen, da schuldbehafteten Mitteln (z.B. militärische Verteidigung) zu erreichen versucht oder eine negative Angelegenheit (z.B. homosexuelle Praktiken) in ihrer Negativität abzumildern bestrebt ist (Eindämmung der Promiskuität). Thielicke überdehnt den Erbsündenbegriff, wenn er die Möglichkeit zur Differenzierung zwischen guten und fragwürdigen Handlungsgegenständen leugnet. Es wird dann nicht, wie es reformatorischen Einsichten entspräche, zwischen der Person des Sünders und seiner Tat unterschieden. Vielmehr wird die Verurteilung und der Freispruch unterschiedslos auf Person und Tat angewandt. *Es entsteht ein Gefälle zur Rechtfertigung der Sünde statt des Sünders.* Die Entkonkretisierung der Einzelsünde führt zu deren Bagatellisierung. Die empirischen Ermessensurteile, die eine gewisse Distanz zu homosexuellen Praktiken nahe legen, genügen nicht,

---

55 THIELICKE, Ethik 3 (Anm. 2), 803: Frage, „ob er [der vermeintlich homosexuell Veranlagte; C.H.] bereit ist, innerhalb des Koordinatensystems seiner Konstitution die mann-männliche Verbundenheit *ethisch verbindlich* zu gestalten [...] anzunehmen, daß der Homosexuelle *auf dem Boden* seiner irreversiblen Situation ethisch optimale Möglichkeiten zu realisieren hat" (Hervorheb. im Orig.); vgl. ebd., 806: „innerhalb der prinzipiellen Ordnungswidrigkeit [...] relative ethische Ordnung möglich".

56 THIELICKE, Ethik 3 (Anm. 2), 793. 795. 808. 810. Wenn Thielicke, ebd., 808, das Strafrecht nur im Falle einer Bedrohung der Gesellschaft angewandt sehen will, muss man fragen, ob eine Bedrohung nicht auch von einem Verfall der kulturellen Substanz und ethischen Orientierung ausgehen kann, nicht erst von einer Gefährdung der körperlichen Existenz.

um ein Unrechtsbewusstsein zu entwickeln. Auch in der Einschätzung einer sanktionierenden Wirkung der natürlichen Aversion der Gesellschaft gegenüber Homosexualität hat sich Thielicke geirrt. Die Bedeutung des Strafrechts für die ethische Orientierung wird von Thielicke unterschätzt, auch wenn sein Einwand zutrifft, dass man homosexuelle und lesbische Praktiken rechtlich analog behandeln muss.[57] Inzwischen hat sich die Stoßrichtung der Gesetzgebung umgekehrt und wendet sich nicht gegen homosexuelle Praktiken, sondern gegen deren Kritiker. Als Unrecht gilt nun, das Unrecht zu benennen.[58] Das hat Thielicke so sicherlich nicht gewollt und vorausgesehen. Trotzdem hat er mit der vermittlungstheologischen Akzentuierung seines in den Grundzügen und Rahmengebungen durchaus traditionellen Ansatzes den Weg zu diesen Entwicklungen mit vorbereitet.

Begegnet die universale Dimension der Bezugsinstanzen einer ethischen Entscheidung in negativer, deskriptiver, aufdeckender Weise als Feststellung des Gefallenseins der Welt, so wird die positive Dimension partikularisiert. Thielicke kritisiert zwar die apriorische Differenzierung der moraltheologischen Kasuistik, betreibt dann aber selbst eine solche an anderer Stelle. Statt *mit* der Heiligen Schrift zwischen berechtigten Inhalten und fragwürdigen Formen bzw. Traditionen zu unterscheiden, wird diese Unterscheidung in die Bibel selbst eingetragen. Thielicke wendet sich in aller Schärfe gegen einen positivistischen Schriftgebrauch und versucht, Beispiele zeitbedingter Aussagemittel aufzuzählen, von denen bleibende Aussageinhalte abzuheben seien.[59] Man muss

---

57 Vgl. THIELICKE, Ethik 3 (Anm. 2), 807.

58 So wurde in Schweden im Jahr 2002 ein sogenanntes Antidiskriminierungsgesetz beschlossen, dem gemäß die Kritik an Homosexualität mit Freiheitsstrafen bis zu vier Jahren geahndet wird (*Idea-Spektrum* 2002/23, 5.6.2002, 16). Im Jahr 2003 wurde der schwedische Pastor Åke Green wegen Kritik an homosexuellen Praktiken zu einer Haftstrafe verurteilt (*Idea-Spektrum* 2004/28, 7.7.2004, 12). Dazu ausführlicher: CHRISTIAN HERRMANN, „Homosexualität und Sozialismus. Ideologische Hintergründe der Segnung homosexueller Praktiken", in: *Lutherische Beiträge* 9 (2004), 162–168.

59 THIELICKE, Ethik 3 (Anm. 2), 642f.: „so kann sie [die heutige Theologie; C.H.] sich dabei zweifellos nicht eines positivistischen Gebrauchs von Bibelzitaten bedienen. Sie kann sich vielmehr nur so auf die Bibel [...] berufen, daß sie in der biblischen Theologie Räume entdeckt, in denen sich auch ein gewandeltes Wirklichkeitsverständnis unterbringen läßt [...] Man kann also hier nicht einfach zitieren, sondern man muß *interpretieren* und sieht sich insofern vor die schon wiederholt von uns präzisierte Aufgabe der Hermeneutik gestellt, den kerygmatischen Kern von seiner zeitgenössischen Schale abzuheben [...] Aufgabe [...], das Kerygma in *unsere* Ausdrucksmedien zu transponieren"; vgl. ebd., 618 (gegen „gesetzliches Mißverständnis" des NT); ebd., 678 (geistliche Motivation der Ehelosigkeit „zeit- und situationsgeschichtlich bedingt"); ebd., 691f.: bzgl. 1Tim 2,11ff.: „Hier wird von einem Verfasser, dem die

allerdings fragen, ob dadurch nicht im Gegenzug die zufälligen Gegebenheiten und Bedürfnisse der eigenen Zeitepoche bzw. des eigenen und begrenzten Kulturkreises in positivistischer Weise zum Ausgangspunkt erhoben werden. *Ein ekklesiologischer Provinzialismus erklärt die verengte individuelle Perspektive zum Beurteilungsmaßstab im Schriftgebrauch.* Es besteht die Tendenz, die Definition zeitbedingter und daher nicht weiter relevanter oder normativer Aussagemittel innerhalb der Heiligen Schrift von deren Kompatibilität mit den Bedingungen der jeweils die Schriftauslegung betreibenden Gesellschaft abhängig zu machen.[60] Der sonst von Thielicke zu Recht betonte Charakter der Theologie als Konfliktwissenschaft wird zugunsten einer vermittlungstheologisch begründeten Quantifizierung in Frage gestellt. Die Bibel wird dann selbst zur Manifestation eines Kompromisses, statt von ihr her die Legitimität von Kompromissen beurteilen zu können.[61] Die Systematisierung des Kompromisses führt zu einem Dilemma, weil die Beurteilungskriterien

---

Kategorie des Zeitgeschichtlichen noch unerschwinglich sein mußte (weil sie eben eine *moderne* Kategorie ist), in ätiologischer Weise ein gegebener – und für den heutigen Blick situationsbedingter! – Zustand begründet" (Hervorheb. im Orig.); ebd., 645 (Schrift selbst „ein Stück Tradition"); vgl. ebd., 800; vgl. DERS., Ethik 2/1 (Anm. 1), 109f. 116. Ein ähnliches Verfahren wendet Thielicke auf die lutherischen Bekenntnisschriften an: DERS., Ethik 2/1 (Anm. 1), 105f.

60 Zur *Axiomatisierung des Geschichtsverlaufs im Epochendenken* z.B. THIELICKE, Ethik 3 (Anm. 2), 691f.: „Eine *Zeit* [man beachte die Hypostasierung der Zeit!; C.H.] dagegen, die jene Unterordnung soziologisch so nicht mehr kennt, kann die Aufforderung des Verfassers [...] ernst nehmen: nämlich dort, wo sie *heute und hier* relevant ist" (Hervorheb. von mir); ebd., 713: „Daraus ergibt sich, daß das Verbot der Wiederverheiratung in seiner Verbindlichkeit davon abhängt, ob unter *zeitgeschichtlich völlig veränderten Konstellationen* [...] eine Wiederverheiratung unter dem gleichen Verdikt steht" (Hervorheb. von mir); ebd., 594: „Der einmal beschrittene geschichtliche Weg ist irreversibel"; vgl. ebd., 609. 646. 800. Problematisch ist die Ersetzung der – qualitativen – heilsgeschichtlichen Erfüllung und Überwindung (z.B. des Zeremonialgesetzes durch Christi einmaligen Sühnetod wie im Hebräerbrief beschrieben) durch den bloßen – quantitativen – Fortgang der Zeitgeschichte und die weltweit durchaus verschieden vorangehende kulturelle Veränderung.

61 ANSELM GÜNTHÖR beklagt nicht zu Unrecht aus katholischer Sicht (DERS., *Entscheidung gegen das Gesetz. Die Stellung der Kirche, Karl Barths und Helmut Thielickes zur Situationsethik* (Wort und Weisung 7), Freiburg i. Br. 1969, 92): „die Hervorhebung der Aktualität des Wortes Gottes im Augenblick führt zur Bestreitung der Allgemeingültigkeit der Schriftnormen [...] die Forderung nach Spontaneität und Unmittelbarkeit der persönlichen sittlichen Entscheidung führt zu starker Abschwächung, wenn nicht sogar Verdrängung der allgemeinen, in jeder Situation geltenden Normen". Man wird allerdings fragen müssen, ob sich in diesen Tendenzen Thielickes nicht eher eine Problematisierung des reformatorischen Schriftprinzips und der reformatorischen Identität als ein konfessioneller Gegensatz zwischen reformatorischer und katholischer Theologie offenbart.

und Beurteilungsgegenstände auf eine Ebene gestellt werden. Das Gefälle zur Normativität des Faktischen ist dann kaum aufzuhalten.[62]

b) Hamartiologische Zentrierung

Wahrscheinlich hat die biographische Erfahrung mit der Pervertierung der Politik in totalitären Systemen[63] Thielicke dazu bewogen, die Radikalität der Auswirkungen des Sündenfalles noch über das bei Luther zu findende Maß hinaus zu betonen. Thielicke nimmt die Kritik der Schule Karl Barths an Luther auf, nämlich dass dieser im Bereich der Ethik entsprechend der naturrechtlichen Tradition Räume postuliere, die weitgehend unabhängig und ungebrochen vom Sündenfall geblieben seien. Eine direkte Unbedenklichkeitserklärung für die staatliche Gewaltanwendung wie bei Luther lehnt Thielicke ab; man könne als Staatsdiener zwar Gewalt anwenden, aber nur im Bewusstsein der Schuld und in der Gewissheit der Vergebung.[64] Man muss allerdings fragen, ob die starke Fokussierung auf die Folgen des Sündenfalls bei Thielicke nicht über das Ziel hinausschießt. Besonders deutlich wird das, wenn er davon ausgeht, dass der göttliche Imperativ stets negativ formuliert sei.[65]

---

62   Am Beispiel Bonhoeffers kann man das Kriterienproblem eindrücklich veranschaulichen. Dazu: Notger Slenczka, „Die unvermeidbare Schuld. Der Normenkonflikt in der christlichen Ethik. Deutung einer Passage aus Bonhoeffers Ethik-Fragmenten", in: *Berliner Theologische Zeitschrift* 16 (1999), 97–119; bes. 108, Anm. 38: „Die Begrenzung dieser Wirklichkeitsgemäßheit gegen eine reine Legitimation des Faktischen allerdings erschöpft sich in Formeln"; ebd., 110: „die Antwort auf die Frage nach der Grenze der Heiligung der Mittel durch den Zweck, bleibt Bonhoeffer also schuldig"; vgl. ebd., 116. 118.

63   Andeutungen biographischer Erfahrungen sind zu finden z.B. bei Thielicke, Ethik 2/1 (Anm. 1), 220f., aber auch in den Ausführungen zur „Untergrundethik" ebd., 202ff.

64   Thielicke, Ethik 2/1 (Anm. 1), 314f.

65   Thielicke, Ethik 2/1 (Anm. 1), 207: „dann die normativen Weisungen in der vergebungsbedürftigen Welt nur als *negative* Imperative zu interpretieren" (Hervorheb. im Orig.). Andeutungen positiver Kontinuitäten begegnen in der Betonung der individuellen Personalität (z.B. ders., Ethik 3 [Anm. 2], 771. 780f.) und in Formulierungen wie dieser: Ders., Ethik 2/1 (Anm. 1), 249: „Die Arznei ist ein Zeichen, daß Gottes Schöpfung mit, in und unter der Zerstörung noch da und in Kraft ist". Dieser Aussagestrang tritt aber gegenüber der hamartiologischen Akzentuierung zurück. Van Bentum, Grenzsituationen (Anm. 27), 186. 190, gesteht Thielicke das Anliegen zu, die Radikalität und Exklusivität der Rechtfertigung des Menschen durch Gott betonen zu wollen, vermutet allerdings bei ihm Einflüsse der existentialistischen Philosophie. Seine Kritik, die auch ein Zurückdrängen der Heiligung gegenüber der Rechtfertigung durch Thielicke angreift (ebd., 157. 159), ist von der optimistischeren

Begegnet Schöpfung nicht auch positiv im schöpferischen Wort Gottes, im gewissmachenden und keineswegs verzerrten Zuspruch Gottes, der sich an das äußere Wort und Element bindet? Die Ordnungen Gottes, sein Wirken an der Schöpfung lassen sich nicht auf das Ziel der Schadensbegrenzung reduzieren. Die weite Füllung des täglichen Brotes, um das im Vaterunser gebetet wird, in Luthers „Kleinem Katechismus" legt eine *positive Würdigung der Welt und eine – auch – positive Weltgestaltung durch den Menschen* nahe.[66] Oswald Bayer verdeutlicht dies mit Hilfe des Zeitbegriffes. Die Zeit wird nicht zur Chiffre für Diskontinuität, nicht zu einer eigenständigen Größe mit schöpferischer Kraft, sondern begründet als Gabe Gottes den positiven Zusammenhang von Ehe und Familie. Weil die Ehe auf Dauer, Kontinuität angelegt, von Gott eingesetzt ist, verleiht sie der Beziehung der Ehepartner bzw. derjenigen von Eltern und Kindern Verlässlichkeit, entlastet sie von der Notwendigkeit einer ständig neuen Konstituierung durch Leistung.[67] Würde der Gabe- und Geschöpfcharakter der Zeit statt des schöpferischen Anspruches der beständig Veränderung mit sich bringenden Zeitgeschichte betont werden, blieben Thielicke viele Kompromisse und quantifizierende Überlegungen erspart.

Thielickes Kompromissbegriff ist zu weit gefasst. Er verwendet ihn deswegen in dieser Form, weil er die lutherische Dialektik von Geschöpf und Sünder bzw. Sündersein und Gerechtsein nicht vorbehaltlos übernehmen will. *Der jeweils positive Pol erscheint ihm als vom negativen überschattet und eher als eschatologische Realität.* Die Problematisierung dieser reformatorischen Grundunterscheidungen wirkt sich dann in der Konfusion der Beurteilungskriterien ethischer Handlungen aus.[68] Der Kompromiss als Existenzweise forciert den hamartiologischen Erkenntniszugriff auf die Schöpfung. Er erschwert jedoch die dankbare Einsicht, dass die Schöpfung als solche bereits eine Gabe ist und Gottes Heilswirken in schöpferischer Weise vollzieht.

---

und perfektionistischeren Schöpfungslehre bzw. Ethik der katholischen Theologie bestimmt.

66 Martin Luther, *Kleiner Katechismus*, BSLK 513,39–514,10: „Gott gibt täglich Brot auch wohl ohn unser Bitte allen bösen Menschen, aber wir bitten in diesem Gebet, daß er uns erkennen lasse und mit *Danksagung empfahen* unser täglich Brot [...] Alles, was zur Leibsnahrung und -notdurft gehört als Essen, Trinken, Kleider, Schuch, Haus, Hof, Acker, Viehe, Geld, Gut [...]" (Hervorheb. von mir). Vgl. dazu Oswald Bayer, *Freiheit als Antwort. Zur theologischen Ethik*, Tübingen 1995, 90f.

67 Bayer, Freiheit (Anm. 66), 203–205.

68 Slenczka, Schuld (Anm. 62), 100f., Anm. 13, erkennt bei Thielicke eine „Umgewichtung der grundsätzlich beibehaltenen Struktur einer Ordnungsethik so, daß die [...] Konfliktstruktur des Verhältnisses von Gebot und Ordnung ins Zentrum rückt". Hierin liegen Parallelen zu Bonhoeffer, dessen Probleme, eine Differenz von gut und böse, Recht und Unrecht aufrechtzuerhalten, Slenczka, ebd., 118, aufdeckt.

„… die Angelegenheit eignet sich nicht dazu, vor viele Ohren zu kommen."

Theologie am Rande der Kirche

von

RAINER HERING

I. Einleitung

Im November 1951 schrieb der Hamburger Landesbischof Simon Schöffel (1880–1959) an den Hauptpastor an St. Nikolai und Professor für Systematische Theologie an der Kirchlichen Hochschule Hamburg, Paul Schütz (1891–1985), über dessen Kritik an der kirchlichen Orientierung an den reformatorischen Bekenntnisschriften: „[…] die Angelegenheit eignet sich nicht dazu, vor viele Ohren zu kommen – und dann im Blick auf unsere Kirche, der es erspart bleiben muß, ausgerechnet an einem Hauptpastoren die Frage zu entscheiden, ob er im rechten Verhältnis zur Lehre und zum Bekenntnis unserer lutherischen Kirche steht; schließlich auch um des Ansehens des Hauptpastorenkollegiums willen."[1] Und in der Tat – die theologische Anfrage, die Schütz an seine Landeskirche gerichtet hatte, wurde im Stillen beantwortet: mit der Pensionierung des Hauptpastors, der ursprünglich gegen sich selbst ein Lehrzuchtverfahren einleiten wollte, um seinen inneren Konflikt öffentlich werden zu lassen.

Obwohl Schütz sehr viel publizierte, wurden er und sein theologisches Anliegen bis in die achtziger Jahre hinein von der akademischen Theologie kaum wahrgenommen – und in der Hamburger Kirchengeschichtsschreibung sogar gezielt verschwiegen.[2] In der einzigen überblicksartigen Darstellung der Hamburger Kirchengeschichte findet sich

---

1   STAATSARCHIV HAMBURG (StA HH), 622–1 Familie Schütz, 67, Schöffel an Schütz 12.11.1951. Zu Schöffel vgl. RAINER HERING, *Die Bischöfe Simon Schöffel, Franz Tügel* (Hamburgische Lebensbilder in Darstellungen und Selbstzeugnissen 10), Hamburg 1995, 9–47.

2   RAINER HERING, *Der Theologe Paul Schütz. Biographie und Bibliographie*, Heidelberg 1996, ²1996. Zum Folgenden RAINER HERING, „Von Hessen nach Hamburg: Der Theo-

kein Wort zu Schütz, obwohl er auch nach seiner Versetzung in den Ruhestand in Kontakt zum Verfasser dieses Buches stand und ihm seine
Werke schickte.[3] Es liegt daher die Vermutung nahe, dass der Pastor
und Oberkirchenrat Georg Daur (1900–1989) diesen Vorgang bewusst
verschweigen wollte. Ebenso erwähnt der Neutestamentler Leonhard
Goppelt (1911–1973) seinen Kollegen Schütz nicht in der Aufzählung der
hauptamtlichen Dozenten an der Kirchlichen Hochschule, die er seinem
Bericht über die ersten zehn Jahre der Theologischen Fakultät in Hamburg vorangestellt hat.[4] Der Nachfolger von Schütz als Hauptpastor und
spätere Bischof Hans-Otto Wölber (1913–1989) deutet in seiner Über-
blicksdarstellung zur Geschichte St. Nikolais den Dissensus zwar an,
nennt aber weder den Namen Schütz noch dessen Motive.[5]

Offensichtlich gab es also in der Hamburger Landeskirche theologische Positionen, die als so weit von der offiziellen Meinung abweichend
eingeschätzt wurden, dass sie nicht öffentlich erörtert und ihre Vertreter aus dem kirchlichen Gedächtnis getilgt werden sollten. Für sie soll
Schütz hier exemplarisch stehen. Doch was waren das für Auffassungen, die innerhalb der Evangelisch-lutherischen Kirche im Hamburgischen Staate als so bedrohlich galten? Wer waren ihre Urheber?

Die Hamburger Landeskirche war im 20. Jahrhundert – insbesondere in den hier im Mittelpunkt stehenden Jahren zwischen 1912 und
1952 – reich an nonkonformistischen theologischen Konzepten. Manche

---

loge Paul Schütz im ‚Dritten Reich‘", in: *Mitteilungen des Oberhessischen Geschichtsver-
eins* N.F. 84 (1999), 1–39.

3   GEORG DAUR, *Von Predigern und Bürgern. Eine hamburgische Kirchengeschichte von der
    Reformation bis zur Gegenwart*, Hamburg 1970. Zu Daur vgl. VICTORIA OVERLACK, *Zwi-
    schen Bekenntnis und Staatstreue. Die evangelische Kirche in Bergedorf in der Weimarer
    Republik und der nationalsozialistischen Zeit*, Magisterarbeit (Geschichtswissenschaft),
    ms, Hamburg 2003.

4   LEONHARD GOPPELT, *Zehn Jahre Evangelisch-Theologische Fakultät*, Sonderdruck aus
    dem Hamburger Kirchenkalender 1964, hg. v. der Evangelisch-theologischen Fakul-
    tät, Hamburg 1964, 3. Zu Goppelt vgl. RAINER HERING, „Goppelt, Leonhard", in: *BBKL*
    16 (1999), 598–608.

5   HANS-OTTO WÖLBER, *St. Nikolai. Wegzeichen Hamburgs*, Hamburg 1989, 68f. Zu Wölber
    vgl. RAINER HERING, „Wölber, Hans-Otto Emil", in: *BBKL* 13 (1998), 1464–1487. In der
    Festschrift der Hauptkirche St. Nikolai zum 800-jährigen Bestehen wird Schütz nun-
    mehr in einem Beitrag ausführlich erwähnt, der allerdings von der Redaktion ohne
    Rücksprache mit dem Verfasser massiv gekürzt worden ist (RAINER HERING, „Heinz
    Beckmann und Paul Schütz – die letzten Hauptpastoren an St. Nikolai am Hopfen-
    markt", in: *Festschrift 800 Jahre Hauptkirche St. Nikolai 1195–1995*, Redaktion Ivo von
    TROTHA und WOLFGANG WEISSBACH, Hamburg 1995, 47–60. Die Originalfassung ist
    abgedruckt in *Auskunft* 16 [1996], 27–47). Vgl. bereits vorab RAINER HERING, „Zum
    zehnten Todestag von Hauptpastor i.R. Paul Schütz", in: *St. Nikolai. Gemeindebrief der
    Hauptkirche St. Nikolai am Klosterstieg* 3/1995, 17.

erwuchsen aus der Mitte des gemeindlichen Alltags, andere befanden sich von Anfang an in einer Außenseiterposition. Beide wurden nicht integriert, sondern an den Rand der Kirche gedrängt. Die meisten kirchlichen Funktionsträger (Kirchenvorstand, Geistliches Ministerium, Hauptpastorenkollegium, Kirchenrat) hatten kein Interesse daran, abweichenden Meinungen ein öffentliches Forum zu bieten. Im Folgenden soll zunächst dargestellt werden, vor welchem theologischen und kirchenpolitischen Hintergrund sich diese Positionen entwickelten. Anschließend werden die fünf wichtigsten theologischen Renegaten und ihr Verständnis von Theologie und Kirche vorgestellt. Die abschließenden Thesen zeigen Gründe für die Art und Weise des Umgangs mit ihnen auf.

II. Theologische und kirchenpolitische Gruppierungen in der Hamburger Landeskirche

Die beiden führenden theologischen und kirchenpolitischen Richtungen innerhalb der evangelischen Kirche, so auch in der von 1860 bis 1976 bestehenden Evangelisch-lutherischen Kirche im Hamburgischen Staate, waren im 19. und frühen 20. Jahrhundert die in der Nachfolge der Aufklärung stehenden Liberalen, die für einen Pluralismus in der Kirche eintraten, und die „Positiven", die sich als Fortsetzung der lutherischen Orthodoxie sahen.[6] Diese Spaltung des Protestantismus stellte ein deutsches Grundfaktum dar, das nicht unterschätzt werden darf. Reichsweit und in Hamburg dominierten die „Positiven", sie bestimmten das innerkirchliche Klima und den Stil der Mehrheit. Insgesamt gehörten etwa vier Fünftel der Pastoren der nichtliberalen Seite an, wobei der theologische Konservatismus sich schon frühzeitig mit dem politischen verbunden hatte. Die Zugehörigkeit zu einer der beiden Gruppen war bei der Pastorenwahl entscheidend. Die vermittelnde dritte, „neukirchliche" Richtung, an deren Spitze Hermann Junge (1884–1953) und Ludwig Heitmann (1880–1953) standen, war demgegenüber in Hamburg relativ unbedeutend.[7] Die Hauptkirchen St. Nikolai und St. Katharinen

---

6   Hierzu und zum Folgenden RAINER HERING, „Auf dem Weg in die Moderne? Die Hamburgische Landeskirche in der Weimarer Republik", in: *Zeitschrift des Vereins für Hamburgische Geschichte* 82 (1996), 127–166, hier 145–149.

7   Hervorgegangen war sie in der frühen Nachkriegszeit aus Bestrebungen des Michaelis-Hauptpastors August Wilhelm Hunzinger (1871–1920), eine revolutionäre Erneuerung der Kirche einzuleiten. Er proklamierte eine Volkskirche im Gegensatz zur Pastorenkirche und wurde dabei u.a. von dem Erziehungswissenschaftler Peter Petersen (1884–1952) unterstützt. Allerdings blieb die zahlenmäßige Unterstützung dieser Bewegung gering. Ihre 1919/20 erscheinende Zeitschrift „Die Neue Kirche" musste bald wieder eingestellt werden. In der Synode erhielt diese kleine Gruppie-

galten als „liberal", St. Jacobi und St. Michaelis als „positiv", d.h. die jeweiligen Hauptpastoren vertraten die entsprechenden Richtungen. St.
Petri gehörte unter dem Hauptpastor Friedrich Rode (1855–1923) der liberalen, unter Theodor Knolle (1885–1955) der orthodoxen Richtung an.
Zwischen beiden Gruppierungen gab es heftige Richtungsstreitigkeiten,
führende Vertreter der „Positiven" waren die Hauptpastoren Simon
Schöffel (St. Michaelis) und Knolle, die Liberalen sammelten sich um
den Nikolai-Hauptpastor Heinz Beckmann (1877–1939).[8]

Diese Konstellation verschob sich im „Dritten Reich" zu einem Gegensatz zwischen Deutschen Christen und Bekenntnisbewegung.[9] Die
1932 reichsweit gegründeten Deutschen Christen waren durch völki-
sches Gedankengut geprägt und strebten eine Verbindung zwischen Nationalsozialismus und Kirche an. Die 1934 organisatorisch entstandene
Bekennende Kirche, in Hamburg „Bekenntnisgemeinschaft Hamburg",
wandte sich gegen die Übernahme des Arierparagraphen aus dem staatlichen in den kirchlichen Bereich. Es ging um die Unabhängigkeit der
Kirche gegenüber dem Staat. Eine politische Opposition oder gar Widerstand waren damit nicht verbunden. 1933 erfolgte in Hamburg eine
gravierende Umgestaltung der Kirche durch die Einführung eines hier-
archischen und mit einem Ermächtigungsgesetz ausgestatteten Amtes
eines Landesbischofs, durch den – unter maßgeblicher Beteiligung Simon Schöffels – alle demokratischen Elemente der Kirchenverfassung
aufgehoben wurden. 1934 wurde Schöffel als erster Landesbischof abgelöst vom engagierten Nationalsozialisten, Deutschen Christen und

---

rung Unterstützung von der Berneuchener Bewegung (s.u.), die eine kirchliche Erneuerung durch die Ausgestaltung liturgischer Formen für den Gottesdienst und
einer den Tagesablauf genau regelnden Lebensordnung (Stundengebet) anstrebte.
Auch sie befürworteten die Einführung des Bischofsamtes, vgl. Heinrich Wilhelmi,
Die Hamburger Kirche in der nationalsozialistischen Zeit 1933–1945 (Arbeiten zur Ge-
schichte des Kirchenkampfes, Ergänzungsreihe 5), Göttingen 1968, 11f.; Rainer
Hering, *Das Führerprinzip in der Hamburger Kirche. Vor 70 Jahren: Amtseinführung des
ersten Hamburger Landesbischofs am 11. Juni 1933* (Veröffentlichungen des Archivs des
Kirchenkreises Alt-Hamburg 18), Hamburg 2003, ²2004, 23–33. Zu Heitmann vgl.
Rainer Hering, „Heitmann, Ferdinand Carl Ludwig", in: *BBKL* 16 (1999), 649–667. Zu
Junge siehe Iris Groschek, *Gemeindechronik der Erlöserkirche Borgfelde. „Jesus Christus
gestern und heute und derselbe auch in Ewigkeit"* (Veröffentlichungen des Archivs des
Kirchenkreises Alt-Hamburg 8), Hamburg 2000, bes. 68–73.

8   Rainer Hering, „Rode, Friedrich Gottlieb Theodor", in: *BBKL* 8 (1994), 470–476; ders.,
„Beckmann, Heinrich Jakob Hartwig", in: *BBKL* 17 (2000), 60–94, ders., „Die Ham-
burger Bischöfe von 1933 bis 1992", in: *Hamburgische Kirchengeschichte in Aufsätzen*,
Teil 5, erscheint voraussichtlich Hamburg 2006.

9   Rainer Hering, „Nationalistisch und hierarchiebewusst. Evangelische und Katholische Kirche", in: *Hamburg im „Dritten Reich"*, hg. v. der Forschungsstelle für Zeitgeschichte in Hamburg, Göttingen 2005, 357–375, bes. 362–365.

Antisemiten Franz Tügel. Ab Sommer 1935 entmachtete er jedoch die radikalen Deutschen Christen, trat aus dieser Gruppierung aus und näherte sich der Bekenntnisgemeinschaft an, die schließlich zerfiel.[10]

Die theologische Situation in der Hamburger Landeskirche nach Kriegsende wurde als „konfessionelle Restauration" im Sinne des Luthertums beschrieben. Damit unterschied sie sich nicht sehr von anderen lutherischen Landeskirchen in Deutschland.[11] Insgesamt scheint es so gewesen zu sein, dass nicht die Bildung von Gruppierungen im Mittelpunkt stand, sondern die Auseinandersetzung um einzelne Theologen und ihre Positionen, von den sechziger Jahren an um (gesellschafts-)politische Anschauungen, dominierte.

Besonders bedroht fühlten sich viele Vertreter der kirchenleitenden Elite von der existentialen Theologie und dem Programm der Entmythologisierung des Marburger Neutestamentlers Rudolf Bultmann (1884–1976), gegen den entsprechende Anti-Schriften von der Kirche angekauft und an die Pastoren verteilt wurden. Kritisch betrachtet wurden auch die Anhänger Karl Barths (1886–1968), des führenden Vertreters der Dialektischen Theologie. In den siebziger und achtziger Jahren gelangte die insbesondere aus den USA kommende Feministische Theologie ins Zentrum der Auseinandersetzungen.[12]

Eine Minderheitenposition nahm die in Hamburg relativ starke Berneuchener Bewegung ein, die auf Tagungen eines von der Jugendbewegung beeinflussten theologischen Arbeitskreises von 1923 bis 1927 auf dem Rittergut Berneuchen im heutigen Polen zurückging. Die Di-

---

10   Vgl. dazu: Ebd.; WILHELMI (Anm. 7); RAINER HERING, „Bischofskirche zwischen Führerprinzip und Luthertum. Die Evangelisch-lutherische Kirche im Hamburgischen Staate und das ‚Dritte Reich'", in: EVANGELISCHE ARBEITSGEMEINSCHAFT FÜR KIRCHLICHE ZEITGESCHICHTE, *Mitteilungen* 23 (2005), 7–52. Zu Tügel vgl. HERING, Bischöfe (Anm. 1), 49–87. Den Charakter einer Nacherzählung der Lebenserinnerungen Tügels hat die Veröffentlichung von MANUEL RUOFF, *Landesbischof Franz Tügel* (Beiträge zur deutschen und europäischen Geschichte 22), Hamburg 2000.

11   HERING, Bischöfe (Anm. 1), bes. 38–42. 84–86. Zum Hintergrund vgl. MARTIN GRESCHAT, *Die evangelische Christenheit und die deutsche Geschichte nach 1945. Weichenstellungen in der Nachkriegszeit*, Stuttgart 2002. Paul Schütz schrieb über die theologische Situation in der Hamburger Kirche an den Marburger Theologen Ernst Benz (1907–1978): „Was die kirchliche Lage anbetrifft, so herrscht in dieser durch und durch bourgeoisen Kirche der Historismus in der Gestalt des lutherischen Konfessionalismus" (18.4.1946; Kopie im Besitz des Verfassers).

12   RAINER HERING, *Theologie im Spannungsfeld von Kirche und Staat. Die Entstehung der Evangelisch-Theologischen Fakultät an der Universität Hamburg 1895 bis 1955* (Hamburger Beiträge zur Wissenschaftsgeschichte 12), Berlin/Hamburg 1992, bes. 174–176. 189–191; DERS., „Kirchen und Religionsgemeinschaften in der Hamburger Gesellschaft nach dem Ende des Zweiten Weltkrieges", in: *Hamburgische Kirchengeschichte in Aufsätzen*, Teil 5, erscheint voraussichtlich Hamburg 2006.

Abb. 18: Wilhelm Heydorn

stanz der Kirche zu Jugend und Arbeiterbewegung sollte überwunden werden; zudem galt es, neue Formen der Frömmigkeit zu finden. Besonders betont wurden Gottesdienst, Gebet und Gemeinschaft. Diese Arbeit schlug sich 1926 im *Berneuchener Buch* nieder. 1931 wurde innerhalb des Berneuchener Kreises die Evangelische Michaelsbruderschaft gegründet, die den Gemeinschaftsgedanken und das tägliche Gebet sowie die Bibellektüre betont; das Abendmahl soll so oft wie möglich genommen werden. Von den Hamburger Geistlichen engagierten sich hier u.a. Ludwig Heitmann, Rudolf Spieker (1889–1981), Walter Uhsadel (1900–1985) und der Professor für Praktische Theologie an der Evangelisch-Theologischen Fakultät Hans-Rudolf Müller-Schwefe (1910–1986) sowie der für den Kirchenbau sehr bedeutende Architekt Gerhard Langmaack (1898–1986).[13]

III. Theologische Außenseiter

Trotz oder vielleicht gerade wegen der recht starken Position der Orthodoxen in der lutherischen Kirche Hamburgs hat im 20. Jahrhundert eine relativ große Zahl von „Dissidenten", von theologischen Außenseitern, ihr Anliegen publik gemacht, die hier vorgestellt werden sollen.

1. Wilhelm Heydorn

An erster Stelle ist hier Heinrich Wilhelm Karl Eduard Heydorn (1873–1958) zu nennen, der 1912 Pastor an St. Katharinen für den Arbeiterbezirk Hammerbrook (Stephan Kempe Saal) geworden war, wo er mit großer Resonanz wirkte.[14] Wilhelm Heydorn wurde am 4. September 1873

---

13 Peter C. Bloth, „Berneuchen", in: *RGG*[4] 3 (2000), 1326f.; Hans Carl von Haebler, *Geschichte der Evangelischen Michaelsbruderschaft von ihren Anfängen bis zum Gesamtkonvent 1967*, hg. im Auftrag der Evangelischen Michaelsbruderschaft, Marburg 1975; Peter Cornehl, „Gottesdienst VIII. Evangelischer Gottesdienst von der Reformation bis zur Gegenwart", in: *TRE* 14 (1985), 54–85, bes. 72; *Die Architekten Langmaack. Planen und Bauen in 75 Jahren*, hg. v. Olaf Bartels (Schriftenreihe des Hamburgischen Architekturarchivs), Hamburg 1998; Hering, Heitmann (Anm. 7); ders., „Uhsadel, Walter Franz", in: *BBKL* 12 (1997), 841–854; ders., „Langmaack, Gerhard Richard Wilhelm", in: *Hamburgische Biografie. Personenlexikon*, hg. v. Franklin Kopitzsch und Dirk Brietzke, Bd. 2, Hamburg 2003, 237f.; Wolfdietrich von Kloeden, „Müller-Schwefe, Hans-Rudolf", in: *BBKL* 19 (2001), 985–989.

14 Hierzu und zum Folgenden: Iris Groschek, Wilhelm Heydorn und die Anfänge der Bahá'í in Hamburg, in: *Zeitschrift des Vereins für Hamburgische Geschichte* 84 (1998), 101–127; Wilhelm Heydorn, „*Nur Mensch sein!". Lebenserinnerungen 1873 bis 1958*,

als Sohn des Kreisbaumeisters Wilhelm Peter Carl Heydorn (1839–1910) und dessen Frau Elise Maria Antoinette, geb. Feldmann (1848–1927), in Neustadt/Holstein geboren. Aufgewachsen in einer gemischt konfessionellen Ehe wurde er schon als Kind in die Auseinandersetzungen zwischen dem evangelischen Vater und der katholischen Mutter, beide waren tief gläubig, hineingezogen. Evangelisch getauft, trat er im Alter von 15 Jahren zum Katholizismus über, worauf ihn sein Vater 1890 vor Abschluss des Gymnasiums in die militärische Ausbildung gab. Während einer Rekonvaleszenz konnte er in Kiel das Abitur nachmachen. Von 1898 bis 1901 studierte er an der Berliner Kriegsakademie, schied aber 1902 aus dem Militär aus, weil ihm die Aufnahme in den Generalstab versagt worden war und er zudem gesundheitliche Probleme hatte. Bereits im Jahre 1900 war er wieder zum Protestantismus konvertiert und studierte von 1902 an evangelische Theologie. Nach Ablegung der beiden Examina wurde er 1905 Hilfsprediger in Kiel, 1908 Pastor in Breslau, 1910 Hauptpastor in Burg auf Fehmarn und 1912 Pastor in Hamburg-Hammerbrook.

Seine Wahl in der Hansestadt führte fast zu einer Kirchenspaltung, weil Heydorn bereits 1911 mit seiner in „100 Thesen" zusammengefassten Kirchenkritik in verschiedenen Punkten für Aufruhr gesorgt hatte. So sah er beispielsweise die Bibel als Menschenwerk an und glaubte an die Weiterentwicklung des Glaubens. Gottesglaube stecke in jedem Menschen als ein Empfinden von etwas Höherem und Geheimnisvollem. Gott sei aber kein menschenähnliches Wesen, er habe keine Regungen, keinen Willen und sei keine Persönlichkeit. Dagegen sei Jesus ein besonderer, persönlichkeitsstarker, reiner und gütiger Mensch, der tatsächlich gelebt habe. Auf ihn sei die Achtung der innerlichen Werte und der Gleichheit aller Menschen als höchstes Gut zurückzuführen. Die Sakramente lehnte Heydorn ab, weil Menschen oder Dinge nicht übernatürlich wirken könnten. Kulthandlungen seien keine unbedingten Elemente des Christentums. Die Pflege der Religion sei nicht nur eine Angelegenheit der Kirche, vielmehr solle sie in jeder Gemeinschaft erfolgen.[15]

Heydorn selbst schrieb rückblickend über seine Thesen:

---

hg. v. Iris Groschek und Rainer Hering, Hamburg/München 1999; Iris Groschek und Rainer Hering, „„Und dieser Krieg schien mir der einzige, der letzte Weg'. Vor 60 Jahren: Luftangriffe auf Hamburg. Erna Stahl schreibt an Wilhelm Heydorn", in: *Zeitschrift des Vereins für Hamburgische Geschichte* 89 (2003), 207–226; Rainer Hering, „Heydorn, Heinrich Wilhelm Karl Eduard", in: *BBKL* 16 (1999), 679–715. Knapp und einseitig ohne angemessene Darstellung der Position Heydorns: Daur (Anm. 3), 251.

15 Wilhelm Heydorn, *Die 100 Thesen*, hg. v. Freunden des Verfassers, Breslau 1911.

Natürlich konnte die Überlegung, daß diese Thesen für viele sehr ärgerlich und für das Kirchenregiment eine sehr schwere Belastung sein würden, nicht ausbleiben. Aber Jesus hatte auch mit seinem besseren Wissen nicht hinter dem Berge gehalten, obwohl es zu seiner Zeit viel anstößiger und scheinbar volksgefährlicher war. Es war je länger desto mehr geradezu Sünde, zu dulden, daß die falsche Lehre der Orthodoxie die Herrschaft beanspruchte. Von Jesus wie auch von Luther aus wurde gefordert, das Licht wieder auf den Leuchter zu stellen und zwar nicht so, als wenn es etwas Besonderes sei, sondern einfach als etwas, was sich gehört. Das Übrige lag in Gottes Hand. Es ist klar, daß der Inhalt der 100 Thesen für Altgläubige außerordentlich anstoßend und ärgerniserregend war. Dessen mußte ich mir bewußt sein. Auf der anderen Seite aber sagte ich mir, daß die Liebe nicht Ärgernisvermeidung um jeden Preis, sondern auch Bau des Reiches Christi, Wahrheit und Klarheit, fordert, ferner daß meine Art Lehre, im Prinzipe wenigstens, von sehr vielen Pastoren der evangelischen Kirchen geteilt und propagiert wurde. Es erschien mir als unwürdig, sie zu verbergen und nicht dieselbe Öffentlichkeit dafür in Anspruch zu nehmen wie für altgläubige Ansichten. Außerdem ging es weder an, daß die Kirchenbehörden nach katholischer und unreformatorischer Weise eine allen aufzuzwingende Regula fidei aufstellten, noch daß sie unmoralisch die betreffenden freier denkenden Pastoren dann duldeten, wenn sie nicht öffentlich wurden, und maßregelten, wenn sie öffentlich wurden. Die moderne Auffassung war lutherisch, solange sie sich zu Gott und Christus und zu reformatorischen Grundsätzen bekannte.[16]

Die konservativen Kreise in der Evangelisch-lutherischen Kirche im Hamburgischen Staate liefen aufgrund der Debatte um Heydorns hundert Thesen Sturm gegen seine mögliche Wahl. Fünfzig Geistliche unterzeichneten „im Interesse des Friedens" eine Eingabe gegen seine Aufstellung auf dem engeren Wahlaufsatz, wie damals die engere Auswahl genannt wurde. Doch die Mehrheit des Kirchenvorstandes wollte ihn – gegen die Stimmen seiner Amtsbrüder an St. Katharinen – für die Tätigkeit im Arbeiterviertel gewinnen, um Arbeiter wieder stärker an die Kirche heranzuführen; sie setzte sich schließlich gegen alle Proteste durch. Nach dreimaligen Beratungen erfolgte endlich auch die Bestätigung durch das Patronat – den lutherischen Mitgliedern des Senats stand nach der Kirchenverfassung von 1870 u.a. die Bestätigung kirchlicher Gesetze und der Pastorenwahlen zu. Umfangreiche Schriftwechsel und Debatten waren diesem Schritt im Falle Heydorns vorausgegangen, die Presse berichtete ausführlich darüber, so dass die Berufung in ganz Hamburg öffentlich diskutiert wurde. Wie einschneidend diese Wahl empfunden wurde, zeigt die Äußerung des Herausgebers des „Hamburger Kirchenblattes", Pastor Karl Reimers (1872–1934), dieser Fall sei

---

16 Heydorn, Mensch (Anm. 14), 146.

die „Todeswunde" der Hamburger Kirche.[17] Einige sahen sogar die
Gefahr einer Kirchenspaltung. Umfangreiche Erörterungen über Lehr-
fragen und den Bekenntnisstand schlossen sich an. Trotz der heftigen
Proteste wurde Heydorn gewählt und versah seine Tätigkeit mit sehr
großem Erfolg, wozu sicherlich auch seine charismatische Persönlichkeit beitrug. In seinen Predigten, die ihm eine große Anhängerschaft
bescherten, betonte er Sittlichkeit, Demut, Bildung und Freundschaft; er
selbst lebte sehr asketisch.

Schon zu Beginn des Ersten Weltkriegs wurde bei Heydorn eine
gravierende Wandlung offenbar, die sich auch auf seine Gemeindemitglieder prägend auswirkte. Der ehemalige Offizier ließ sich auf eigenen
Wunsch vom Kriegsdienst befreien und wurde zum Pazifisten. Heydorn
kritisierte das vermehrte Beten in Zeiten des Krieges. In einem Flugblatt
betonte er, dass dort, wo Liebe herrsche, kein Krieg sein könne, vor allem keine Begeisterung für den Krieg. Er lehnte es ab, für den Sieg zu
beten. Ein im November 1914 eröffnetes kirchliches Disziplinarverfahren endete am 23. Januar 1915 mit einem Verweis. Zwei Jahre später hatte
Wilhelm Heydorn durch seine öffentliche Wirksamkeit wieder einen
Konflikt mit dem zuständigen Stellvertretenden Generalkommando des
IX. Armeekorps Altona, das ihm verbot, Schriften herauszugeben, zu
verbreiten oder auszustellen, als Redner außerhalb der Kirche in Ver-
sammlungen aufzutreten und in seinen Reden politische Gegenstände
zu behandeln, insbesondere die Zivil- oder Militärbehörden zu kritisie-
ren. Ein weiterer Artikel führte 1918 zu einer Verurteilung durch das
Kriegszustandsgericht Hamburg zu einer Geldstrafe.

Wilhelm Heydorn beschränkte seine religiösen Aktivitäten nicht auf
sein Amt in der Hamburgischen Landeskirche. Er war Mitglied des Mo-
nistenbundes und begründete 1918 die Mitte des 19. Jahrhunderts entstandene, heute als eine der Weltreligionen anerkannte Bahá'í in Hamburg. Bahá'í sind Monotheisten, die sich zur „unfaßbaren Wirklichkeit
Gottes" bekennen, einem Gott, der allmächtig, allwissend und allbarm-
herzig ist, sich vor allem gegenüber den Menschen gerecht, gütig und
voller Liebe zeigt. Jesus Christus gilt als göttlicher Sendbote, der auf einer Stufe zwischen Gott und den Menschen angesiedelt ist und die göttliche Offenbarung zu den Menschen bringt. Sinn des Lebens ist für die
Bahá'í die Erkenntnis Gottes und die Unterordnung unter seinen Willen.
Teufel, Erbsünde, Priester oder Missionare gibt es nicht. Jeder Mensch
ist aufgerufen, den Weg zur Erlösung für sich in Demut, Liebe und
Glauben zu finden. Unter dem Pseudonym V. I. A. Frato veröffentlichte

---

17 KARL REIMERS, „Die kirchliche Not", in: *Hamburgisches Kirchenblatt* Nr. 7 vom 15. Fe-
    bruar 1914.

Heydorn über den Baha'ismus und gab schon seit 1917 die „Hamburger Bahai-Briefe" heraus, was aber vom Stuttgarter Hauptsitz der Bahá'í nicht befürwortet wurde. Schon nach kurzer Zeit wandte Heydorn sich wieder von den Bahá'í ab und trat zum Jahresende 1918 aus. Trotzdem – dieses Verhalten eines evangelischen Pastors war für seine Vorgesetzten eine Provokation.

Ziel Heydorns war es, seine Gemeinde zum „Jesusgeist" zu führen. Die Gottesdienstbesucher sollten nicht durch „das Ästhetische und durch die Gemüterergreifung erfaßt" werden, vielmehr ging es ihm darum, eine Änderung der Lebenspraxis und einen wahren Gesinnungswechsel zu erreichen. 1919 kam er nach reiflicher Überlegung zu dem Ergebnis, dass die Kirche sich selber im Wege stehe und verfasste eine entsprechende Schrift unter dem provokanten Titel „Fort mit der Kirche!"[18] Fortan teilte er die Sakramente nicht mehr aus, weil sie für die individuelle Frömmigkeit unwichtig seien. Er taufte nicht mehr und verzichtete auf das Abendmahl; selbst öffentliche Gebete lehnte er ab. Gegen die für einen Pastoren geltenden Ordnungen und Vorschriften stellte er die alleinige Gültigkeit der göttlichen Liebe und das individuelle Gewissen des Geistlichen. Da er kirchliche Dogmen und rituelle Amtshandlungen ablehnte, wurde Heydorn 1920 suspendiert und im folgenden Jahr seines Amtes enthoben. Nachdem er aus der Kirche ausgetreten war, wurde ihm 1922 die Anstellungsfähigkeit als Pastor aberkannt und sein befristetes Ruhegehalt gekürzt.

Von 1922 bis 1924 studierte Wilhelm Heydorn an der Hamburgischen Universität Medizin und Klassische Philologie, arbeitete als Heilpraktiker und hielt bis 1933 Vorträge und religiöse Predigten in Altonaer und Hamburger Schulen. Von 1926 bis 1928 studierte er erneut und legte die Prüfung für das Lehramt an Volksschulen ab; er wirkte an der Versuchsschule Telemannstraße und als Hauslehrer für körperbehinderte Kinder. 1930 gründete er die Menschheitspartei, die praktische und wirtschaftliche Ziele verfolgte. Sie betrieb einen nicht gewinnorientierten Lebensmittelladen und wollte die Menschen durch mehr Bildung und Wissen zu einer „wachsenden Versittlichung" erziehen; 1933 wurde sie verboten. 1935 wurde Heydorn von den Nationalsozialisten aus politischen Gründen aus dem Schuldienst entlassen, erteilte privat Nachhilfeunterricht und verfasste weiterhin zahlreiche Abhandlungen. 1939 wurde er von einem Sondergericht wegen der Abfassung und Verbreitung staatsfeindlicher Schriften zu einer Geldstrafe verurteilt. 1944 entwarf er Pläne für das politische Handeln nach der von ihm erwarte-

---

18 Wilhelm Heydorn, *Fort mit der Kirche! Ein religiöser Notschrei zu Gunsten einer Neuordnung*, Hamburg 1919.

ten Niederlage Deutschlands, 1946 gründete er den Menschheitsbund, der aber ebenfalls ohne Bedeutung blieb. Am 27. Dezember 1958 starb Heydorn in Hamburg. 1972 wurde in Blankenese gegenüber seinem Grundstück ein Weg nach ihm benannt.

Wilhelm Heydorn war ein nonkonformistischer Querdenker, der seinen Weg in verschiedenen Berufen und zwischen unterschiedlichen religiösen wie weltanschaulichen Gruppierungen ging und dabei eine kleine Gemeinde um sich versammelte. Waren seine sehr liberalen Ansichten als evangelischer Pastor für die Kirchenleitung nicht mehr tragbar, so hat er doch vor allem in der „einfachen" Bevölkerung (Arbeiter, Landarbeiter) mit sehr großem Erfolg gewirkt und viele kirchenferne Personen der Kirche, so wie er sie verstand, näher gebracht. Im Mittelpunkt seines Wirkens stand der Mensch, unabhängig von allen Dogmen und festen Grundsätzen.

Heydorns Wirken stand in einem größeren, überregional bedeutenden Kontext. Deutlich wurde hier der Konflikt der traditionsorientierten Kirche mit der Moderne: Die kirchenleitende Elite reagierte – nur einzelne Pastoren waren erheblich aufgeschlossener gegenüber den Problemen der Zeit und neuen Lösungsmodellen – eher mit dem Beharren auf der Tradition als mit Öffnung für die moderne Welt. Wurde gesellschaftliches Engagement von Geistlichen zumeist noch toleriert, so wurden Abweichungen von der kirchlichen Lehre und Veränderungen im Bereich der kirchlichen Praxis nicht akzeptiert und im Kaiserreich wie in der Weimarer Republik mit Ausgrenzung beantwortet. Einem Pluralismus der theologischen Positionen und in der gemeindlichen Arbeit wurde nur begrenzter Spielraum gewährt. Die Möglichkeit, diese Neuansätze aufzugreifen und zu integrieren, wurde nicht gesehen. Dennoch ist bemerkenswert, dass Heydorn, obwohl er schon während seiner Fehmarner Zeit umstritten war, überhaupt in Hamburg gewählt wurde und dort immerhin neun Jahre wirken konnte. Offenbar hatten zumindest die liberalen Geistlichen, die die neuen Herausforderungen für die Kirche erkannt hatten, sehr viel von ihm erwartet und seine konkrete Arbeit im Arbeiterviertel auch geschätzt. Erst als er sich unübersehbar weit von der Kirche entfernt hatte, war er nicht mehr zu halten.

Wie bedeutend Heydorn damals war, zeigt sich u.a. darin, dass im grundlegenden Lexikon des Protestantismus *Die Religion in Geschichte und Gegenwart* 1928 ein relativ langer Artikel über ihn veröffentlicht wurde.[19] Er war damals nicht der einzige öffentlich umstrittene Theologe. Von noch größerer Publizität war der ähnlich gelagerte „Fall Ja-

---

19   Heinz Beckmann, „Heydorn, Wilhelm", in: *RGG*[2] 2 (1928), 1874f.

tho", mit dem Heydorn oft verglichen wurde[20]: Dem Kölner Pastor Carl Jatho (1851–1913) wurde aufgrund eines Predigtbandes vorgeworfen, Pantheismus zu lehren und die kirchlichen Dogmen abzulehnen. Seine Christologie und seine Abendmahlslehre sowie seine Gottesvorstellung erregten Anstoß; sie galten nicht mehr als spezifisch christliche Theologie. Zudem verzichtete er auf die liturgische Verwendung des Apostolikums in Konfirmationsgottesdiensten. 1911 wurde er deswegen seines Amtes enthoben. Wie Wilhelm Heydorn hatte er durch seine Predigttätigkeit sehr regen Zulauf, auch er versuchte, mit einer undogmatischen Theologie auf die spezifische Situation des neuzeitlichen Menschen einzugehen.[21]

2. Hermann Strasosky

Ebenfalls in seiner Hamburger Gemeinde, der Gnadenkirche St. Pauli-Nord, sehr geschätzt war Pastor Hermann Theodor Strasosky (1866–1950). Er lehnte das Apostolische Glaubensbekenntnis ab und versuchte 1919 eine Neuformulierung. Vier Jahre später wurde er gegen seinen Willen in den Ruhestand versetzt.[22]

Strasosky wurde am 11. Juli 1866 in Brake (Herzogtum Oldenburg) als Sohn des Zollbeamten Heinrich Christian Conrad Strasosky und seiner Frau Sophie Wilhelmine Henriette, geb. Bauer, geboren; 1869 siedelte die Familie nach Hamburg über. Nach dem Abitur an der Gelehrtenschule des Johanneums 1885 studierte er in Greifswald, Berlin und Jena Theologie und Philosophie. 1889 legte er in Hamburg das Kandidatenexamen ab, 1890 wurde er Hilfsprediger an der St. Nikolai-Kirche in Moorfleet und einen Monat später in Jena zum Dr. phil. promoviert mit einer Arbeit über „Jacob Friedrich Fries als Kritiker der kantischen Erkenntnistheorie. Eine Antikritik". 1891 erfolgte Strasoskys Wahl zum dritten Pastor in St. Pauli (-Süd), 1907 wechselte der liberale Theologe an die neugegründete Gnadenkirche in St. Pauli-Nord. In der Gemeinde widmete er sich besonders der Fürsorge sowie der Kinder- und Jugendarbeit, für die er entsprechende Horte und Verbände mitbegründete. In

---

20 Z.B. Theodor Kaftan, *Wo stehen wir? Eine kirchliche Zeitbetrachtung verfaßt in Veranlassung des Falles Heydorn bzw. des Falles Jatho,* Schleswig 1911; „Ein zweiter Jatho", in: *Frankfurter Zeitung* Nr. 100 vom 10. April 1911 (Morgenblatt).

21 Matthias Wolfes, „Jatho, Karl Wilhelm", in: *RGG*[4] 4 (2001), 392; Manfred Jacobs, „Jatho, Carl Wilhelm", in: *TRE* 16 (1987), 545–548.

22 Hierzu und zum Folgenden: Rainer Hering, „Strasosky, Hermann Theodor", in: *BBKL* 11 (1996), 14–20; ders., „Orthodoxie versus Liberalismus in der Kirche: Der ‚Fall Strasosky'", in: *Zeitschrift des Vereins für Hamburgische Geschichte* 83/2 (1997), 175–192.

Abb. 19: Hermann Strasosky

zahlreichen philosophischen bzw. theologischen Vorträgen und Veranstaltungen wandte er sich an Konfirmierte und Familien.

Neben seiner Tätigkeit als Pastor war Hermann Strasosky auch politisch aktiv: Von 1902 bis 1904 gehörte er als Abgeordneter der Fraktion der Rechten der Hamburgischen Bürgerschaft an, wo er sich besonders Schulfragen zuwandte. Während des Ersten Weltkrieges war er Vorstandsmitglied der Kriegshilfe, begründete die Frauenkriegshilfe in Nord-St. Pauli, sammelte viel Geld und hielt patriotische Ansprachen.

Im Juli 1919 veröffentlichte Hermann Strasosky in der Tageszeitung „Hamburgischer Correspondent" einen Artikel „Zur ‚Volkskirche'", der mit dem Satz begann: „Unsere Kirche ist auf einen Tiefstand gekommen, wie er trauriger nicht gedacht werden kann." Er sah die Hauptursache für die weitverbreitete Kritik an der Kirche in der schwachen Stellung des Liberalismus in ihrem Innern; er entwickelte aber außerdem auch grundsätzliche persönliche Bedenken. Die Demokratisierung der Kirchenverfassung und die Volkskirchenbewegung, die die Kluft zwischen Kirche und Volk überwinden wollte, hielt er nur für äußere Korrekturen, die die „Schäden der Kirche nicht heilen" könnten. Wörtlich schrieb Strasosky:

> In der Behauptung, das apostolische Glaubensbekenntnis sei das Bekenntnis der christlichen Kirche, ist das ganze Elend der evangelisch-lutherischen Kirche zum Ausdruck gebracht. […] Gerade der zweite Artikel hat die Tür der Kirche manchem nach religiösem Leben Hungernden und Dürstenden verschlossen, viele Regsame in der Kirche müde und gleichgültig gemacht, das Vertrauen zur Kirche zerstört, religiöses Wesen gehemmt und erstickt und ertötet. […] Es ist das tragische Geschick der christlichen Kirche geworden, daß derselbe Apostel, der dem Christentum die Welt eroberte, dieser Kirche eine Theologie mitgegeben, die die Welt der Kirche verloren gehen ließ.

Er könne nicht mehr daran glauben, dass Jesus der übernatürlich geborene Sohn Gottes sei, und bezweifelte dessen Auferstehung. Das Apostolikum sei nicht mehr das Bekenntnis der Kirche, dieses müsse vielmehr neu bestimmt werden:

> Das Evangelium fordert eine Gesinnungs-Religion und -Moral. Ein guter Baum bringet gute Frucht und ein fauler Baum bringet arge Frucht – das ist für den Mensch gesagt. Der Kultus hat nur Wert als Ausdruck und Förderer dieser Gesinnung. Sozial ist der Geist derselben. Gott und Menschheit sollen zusammengeschlossen werden in Gottes Reich. Alles Trennende, das diese Gemeinschaft stören oder zerstören könnte, muß bekämpft werden.

Als ein alle Christen umfassendes neues Glaubensbekenntnis schlug er folgenden Text vor:

Ich glaube an Gott, unsern himmlischen Vater, und an seine Gnade. Ich glaube an die Kraft des heiligen Geistes, der Gottes Willen tut und mich erlösen will von der Sünde und mich machen zu einem rechten Kinde Gottes und Bürger seines Reichs. Ich glaube an das Reich Gottes, eine christliche Kirche, die Gemeinschaft derer, die guten Willens sind, und einander und allen Menschen dienen wollen, gebend und vergebend, bewahrend und rettend, kämpfend und leidend, opfernd und sich opfernd, treu bis in den Tod.

Daran wurde kritisiert, dass dieses Bekenntnis kaum noch etwas Christliches habe und auf den zweiten Artikel des Apostolischen Glaubensbekenntnisses verzichte.[23] Bei Strasosky wird eine ethisierende und rationalisierende Interpretation des Evangeliums deutlich, er lehnt alles Metaphysische ab und verzichtet auf die Rechtfertigungs- sowie die Zwei-Naturen-Lehre.

Schon der württembergische Pfarrer Christoph Schrempf (1860–1944) hatte sich mehr und mehr von der Christologie gelöst, was 1892 zu seiner Entlassung führte. Dieser Fall war überregional erörtert worden; unter dem Namen „Apostolikumsstreit" fand eine grundsätzliche Auseinandersetzung statt, an der führend der Berliner Theologe und Wissenschaftspolitiker Adolf (seit 1914: von) Harnack (1851–1930) beteiligt war. Der theologische Liberalismus wehrte sich gegen den ‚Symbolzwang', wohingegen Orthodoxe am Apostolischen Glaubensbekenntnis als „lebendigem Wort" festhielten. Harnack wandte sich gegen die Abschaffung des Apostolikums, hielt aber Kritik an Einzelaussagen für berechtigt. Eine Bestreitung des Apostolikums gab es bereits im 17. Jahrhundert. Die heftige Diskussion im 19. Jahrhundert, die eng mit der Agendenfrage – den Vorschriften für den Gottesdienst – verknüpft war, richtete sich gegen dessen nunmehr obligatorischen Gebrauch im Gottesdienst sowie seine Einbeziehung in das Konfirmations- und Ordinationsgelübde. Der Apostolikumsstreit war der Brennpunkt der Auseinandersetzung zwischen ‚liberaler' und ‚positiver' Theologie, der in seiner Heftigkeit vergleichbar ist mit der Kontroverse um die von Rudolf Bultmann aufgeworfene Frage der Entmythologisierung des Neuen Testaments in den fünfziger Jahren des 20. Jahrhunderts.[24]

---

23 Hermann Strasosky, „Zur Volkskirche", in: *Hamburgischer Correspondent* Nr. 350 vom 13. Juli 1919; vgl. die Entgegnung von Pastor Max Glage, „Um die Bekenntniskirche", in: *Hamburgisches Kirchenblatt* 16 (1919), 121f.

24 Christoph Schrempf, *Akten zu meiner Entlassung aus dem Kirchendienst*, Göttingen 1892; Hans-Martin Barth, „Apostolisches Glaubensbekenntnis II.", in: *TRE* 3 (1978), 554–566, bes. 560–562; Hans Martin Müller, „Persönliches Glaubenszeugnis und das Bekenntnis der Kirche. ‚Der Fall Schrempf'", in: *Der deutsche Protestantismus um 1900*, hg. v. Friedrich Wilhelm Graf und Hans Martin Müller (Veröffentlichungen der Wissenschaftlichen Gesellschaft für Theologie 9), Gütersloh 1996, 223–237; Hanna Kasparik, *Lehrgesetz oder Glaubenszeugnis? Der Kampf um das Apostolikum und*

Verbunden mit dem Apostolikumsstreit ist die Grundsatzfrage, wie sich eine an unaufgebbare geistige Grundlagen gebundene Kirche und Theologie Modernisierungskrisen stellt. Die evangelische Kirche hatte sich während des 19. Jahrhunderts von der Territorialkirche zur Volkskirche gewandelt, ohne dass jedoch die entsprechenden Konsequenzen im juristischen und sozialpsychologischen Bereich gezogen wurden. Der Kulturkampf hatte gezeigt, dass das landesherrliche Kirchenregiment kein brauchbares Modell mehr darstellte. Wo es darum ging, die Landeskirchen als volkskirchliche Bekenntnisgemeinschaften zu konstituieren, wollten die Konservativen zurück zur lehrgesetzlich verfestigten Glaubensgemeinschaft im Sinne der alten Territorialkirchen, wohingegen die Liberalen einen die protestantische Gewissensfreiheit proklamierenden Gemeindeverband erstrebten. Im preußischen „Irrlehregesetz" vom 16. März 1910 wurde zwischen Lehrbeanstandung und Disziplinarvergehen unterschieden, wodurch die Lehrabweichung den Charakter einer moralisch zu wertenden Verfehlung verlor. Dennoch setzte sich allgemein die Auffassung durch, dass der Schutz des Einzelgewissens des Pastors keinen Vorrang gegenüber dem Schutz der Gemeindeglieder vor ‚Verführung' in Glaubensfragen genießt. Am Ende des Verfahrens stand nunmehr nicht mehr die ‚Verurteilung', sondern die ‚Feststellung', was von einer gewachsenen Sensibilität der kirchlichen Öffentlichkeit für Gewissensfragen zeugt.[25]

Diese Ergebnisse wirkten sich auch auf den „Fall Strasosky" in Hamburg aus: Der Kirchenrat bedauerte die Publikation des Aufsatzes „Zur Volkskirche", doch wollte er auf Initiative des Seniors Eduard Grimm (1848–1932) die Bekenntnisfrage zu jenem Zeitpunkt nicht thematisieren und die Angelegenheit daher mit Stillschweigen übergehen. Proteste konservativer Kirchenkreise aus St. Pauli, des alles Liberale bekämpfenden Amtsbruders an der Gnadenkirche Franz Tügel und der „Freien Ev.-luth. Bekenntniskirche St. Anschar" um Pastor Max Glage (1866–1936) standen dem aber im Weg. In einem Schreiben an den Senior erklärte Strasosky, dass er mit seinem Beitrag an der Neugestaltung der Hamburger Kirche als Volkskirche mitwirken wolle: „Wohl weiß ich, daß viele meinen, die Zeit einer Bekenntniskirche sei vorüber. Aber werden wir wirklich ohne eine Formulierung des Prinzips der christlichen Religion und der christlichen Moral auskommen können?" Er sei der Meinung, „daß ein Bekenntnis notwendig ist, freilich nicht im Sinne eines unfehlbaren Dogmas. Und darum habe ich ein solches Bekenntnis zu formu-

---

seine Auswirkungen auf die Revision der Preußischen Agende (1892–1895) (Unio und Confessio 19), Bielefeld 1996.

25 Müller, Glaubenszeugnis (Anm. 24), bes. 228–230.

lieren gesucht, in der Hoffnung, daß dieser Versuch der Anlaß würde zu einer lebendigen Auseinandersetzung über diese ganze Angelegenheit, denn nur aus einer solchen Aussprache der verschiedenen Meinungen kann auch für diese Lebensfrage unserer Kirche etwas Ersprießliches hervorgehen." Im Folgenden bekannte der Kant-Anhänger, dass er, der früher ein „leidenschaftlicher Vertreter der Unsterblichkeitslehre gewesen" war, den Glauben an das ewige Leben verloren habe, und erläuterte das ausführlich.[26]

Das Geistliche Ministerium behandelte 1920 die Angelegenheit ausgiebig und riet Strasosky, von seinem Amte zurückzutreten, was er aber nicht tat. Zugleich regte das Ministerium an, ein Emeritierungsgesetz vorzulegen, das die Möglichkeit bot, Geistlichen, die wegen Lehrabweichungen freiwillig ihr Amt niederlegten, ein Ruhegehalt zu gewähren. Zwischenzeitlich verzichtete Strasosky auf das Beten des Vaterunser im Gottesdienst und machte das publik. Während der Kirchenvorstand dessen Verhalten deutlich missbilligte, unterzeichneten über 1.500 Gemeindemitglieder eine Eingabe an den Kirchenrat, in der für das Verbleiben Strasoskys in seinem Amt plädiert wurde.

Während die öffentliche Diskussion und die internen Auseinandersetzungen in der Gemeinde andauerten, wurde 1921 das Emeritierungsgesetz geändert, das nun die Möglichkeit der Versetzung eines Geistlichen in den Ruhestand regelte, u.a. wenn das Vertrauen der Gemeinde zu ihm nicht mehr gewährleistet sei oder eine das kirchliche Leben fördernde Tätigkeit von ihm nicht mehr erwartet werden könne. Der Kirchenvorstand oder das Kollegium der Geistlichen, dem der Betreffende angehörte, erhielten das Recht, beim Kirchenrat die Emeritierung zu beantragen. Das Ruhestandsgesetz wurde daher auch als „lex Strasosky" bezeichnet. In der Verfassung der Evangelisch-lutherischen Kirche im Hamburgischen Staate vom 30. Mai 1923 wurde in Paragraph 36 Absatz zwei ein entsprechender Passus aufgenommen und im Kirchlichen Ruhestandsgesetz vom 23. November 1923 (Paragraph 42), das rückwirkend zum 1. April 1921 in Kraft trat, näher ausgeführt.[27]

Der Kirchenvorstand von St. Pauli beschloss im September 1921 mit 24 von 25 Stimmen, Strasoskys Emeritierung beim Kirchenrat zu beantragen. Im November 1921 wurde ein Ermittlungsverfahren gegen Hermann Strasosky eröffnet, im Juni 1922 auf Beschluss der Disziplinarkammer das Hauptverfahren eingeleitet. Ein Gutachten der Hauptpastoren vom 10. Oktober 1922 sah ihn nicht mehr auf dem „gemeinsamen Grundbesitz aller christlichen Zeiten" stehen.

---

26 HERING, Orthodoxie (Anm. 22), 187f.
27 Ebd., 188f.

Die Vereinigten Geistlichen Kollegien entschieden sich am 1. Juni 1923 mit 65 gegen 21 Stimmen für seine Emeritierung. Daraufhin beschloss der Kirchenrat, Strasosky zum 15. Juli 1923 in den Ruhestand zu versetzen. In der Begründung hieß es, das Vertrauen der Gemeinde zu ihm sei zerstört. Dabei wurde allein auf die Aussagen des Kirchenvorstandes als der gesetzlichen Vertretung der Gemeinde zurückgegriffen und nicht auf die nunmehr gut 2.000 Gemeindemitglieder, die sich in einer Unterschriftenaktion für Strasoskys Verbleib im Amt ausgesprochen hatten. Im Mittelpunkt der Argumentation stand die Schlussfolgerung der Untersuchung, dass von ihm keine das religiöse und kirchliche Leben im evangelisch-lutherischen Sinne fördernde Tätigkeit mehr zu erwarten sei, da ein Zusammenhang seiner Verkündigung mit dem Evangelium nicht gesehen wurde: „Christliche Frömmigkeit lebt immer in persönlichem Verkehr des Menschen mit Gott; Strasosky leugnet die Möglichkeit eines solchen Verkehrs." Bemängelt wurde ferner sein fehlender Glaube an das ewige Leben und an die Schuld des Menschen vor Gott sowie der daraus resultierenden vergebenden Gnade Gottes:

> So untergräbt er das Grundgefühl aller christlichen Frömmigkeit: Verantwortung und Demut vor dem heiligen Gott. So kann er das Vaterunser nicht beten, nimmt der Beichte ihren Sinn und der Abendmahlsfeier ihren Vollgehalt. Wie die gesamte Verkündigung Dr. Strasoskys die Wirksamkeit der Kirche lähmen muss, so gefährdet diese Leugnung der menschlichen Schuld vor Gott ganz besonders den gewissenschärfenden Beruf der christlichen Kirche im Volksleben. So offenbart sich überall eine Weltanschauung reiner Diesseitigkeit, die die Lebenswerte des Christentums preisgibt.

Im Januar 1922 hatte Strasosky an den Kirchenrat geschrieben: „Ich will nicht, daß meine Beantwortung der genannten Fragen die Maßgebende sei, sondern nur, daß sie Heimatrecht in der Kirche habe." Dem war aber nicht so. Zahlreiche Einsprüche Strasoskys aus formalen Gründen blieben ebenso erfolglos wie Proteste von Freigeistigen in der Hansestadt gegen dessen Emeritierung.[28]

---

28 Ebd., 190–192. Strasosky starb am 8. April 1950 in Ahrensburg.

Abb. 20: Kurt Leese

3. Kurt Leese

Die Kirchenverfassung von 1923 bot Pastoren die Möglichkeit, sich in den Ruhestand versetzen zu lassen, „wenn sich der Geistliche aus Gewissensgründen nicht mehr imstande sieht, die mit dem Amtsgelübde übernommenen Verpflichtungen zu erfüllen".[29] Der erste, der davon von sich aus Gebrauch machte, war der Pastor an der Dreieinigkeitskirche in St. Georg, Kurt Leese (1887–1965), der später Philosophie an der Hamburger Universität lehrte.

Kurt Rudolf Hermann Anton Leese wurde am 6. Juli 1887 als Sohn eines Juristen in Gollnow in Pommern geboren.[30] Nach dem Abitur 1906 studierte er in Straßburg, in Rostock und in Berlin Evangelische Theologie und Philosophie. 1912 wurde er in Kiel zum Lizentiaten der Theologie promoviert mit einer Arbeit über „Die Prinzipienlehre der neueren systematischen Theologie im Lichte der Kritik Ludwig Feuerbachs" und legte das zweite theologische Examen ab. Bis 1921 war er Pastor in Preußen, zum 1. Oktober 1921 wurde er als Geistlicher nach Hamburg-St. Georg berufen, wo er bis zur Versetzung in den Ruhestand 1932 wirkte. Neben seiner kirchlichen Tätigkeit war er sehr bei den Pfadfindern aktiv, u.a. als Bundesführer des „Deutschen Späherbundes". Leese gehörte zum Freundeskreis von Paul Tillich und publizierte u.a. 1923 eine Arbeit über „Die Geschichtsphilosophie des religiösen Sozialismus".

Während seiner Hamburger Zeit widmete er sich verstärkt philosophischen Forschungen. 1922 erschien sein Buch über „Hegels Geschichtsphilosophie", und 1927 wurde er an der Hamburgischen Uni-

---

29 § 36, Absatz 2 der Verfassung vom 30. Mai 1923 (*Gesetze, Verordnungen und Mitteilungen der Evangelisch-lutherischen Kirche im Hamburgischen Staate* 1923, 427–442, hier 435); Kirchliches Ruhestandsgesetz vom 23.11.1923 (Nordelbisches Kirchenarchiv Kiel, 32.01 Landeskirchenrat Kanzlei, 475, Bl. 25a).

30 Hierzu und zum Folgenden: RAINER HERING, „Von der Theologie zur Religionsphilosophie. Vor 100 Jahren wurde Kurt Leese geboren", in: *Uni hh. Berichte, Meinungen aus der Universität Hamburg* 18. Jg. Nr. 4 (Juni 1987), 42–44; DERS., „Vom Umgang mit theologischen Außenseitern im 20. Jahrhundert", in: *Zeitschrift des Vereins für Hamburgische Geschichte* 77 (1991), 101–122, bes. 104–112; DERS., „Leese, Kurt Rudolf Hermann Anton", in: *BBKL* 17 (2000), 826–848; JOSEF MERAN, „Die Lehrer am Philosophischen Seminar der Hamburger Universität während der Zeit des Nationalsozialismus", in: ECKART KRAUSE/LUDWIG HUBER/HOLGER FISCHER (Hgg.), *Hochschulalltag im „Dritten Reich". Die Hamburger Universität 1933–1945* (Hamburger Beiträge zur Wissenschaftsgeschichte 3), Berlin/Hamburg 1991, 459–482; HANS-JOACHIM MÄHL (Hg.), „Erneuerung der Religion im Zeichen der Humanität. Unveröffentlichte Briefe Albert Schweitzers an Kurt Leese", in: *Zeitschrift für Neuere Theologiegeschichte* 4 (1997), 82–113; ANTON KNUTH, *Der Protestantismus als moderne Religion. Historisch-systematische Rekonstruktion der religionsphilosophischen Theologie Kurt Leeses (1887–1965)* (Beiträge zur rationalen Theologie 14), Frankfurt/M. u.a. 2005.

versität zum Doktor der Philosophie promoviert mit der von Ernst Cassirer (1874–1945) und William Stern (1871–1938) betreuten Studie „Von Jakob Böhme zu Schelling. Eine Untersuchung zur Metaphysik des Gottesproblems". Im folgenden Jahr habilitierte er sich mit einer Arbeit über das Thema „Philosophie und Theologie im Spätidealismus. Forschungen zur Auseinandersetzung zwischen Christentum und idealistischer Philosophie im 19. Jahrhundert" und lehrte fortan als Privatdozent an der Philosophischen Fakultät. 1935 wurde Leese zum nichtbeamteten außerordentlichen Professor ernannt. 1938 erschien sein systematisches Hauptwerk „Die Religion des protestantischen Menschen", das entgegen einer engen konfessionalistischen Strömung der zeitgenössischen Theologie die Idee Schleiermachers entwickelte, dass die „Reformation noch weiter geht". Im Mittelpunkt dieser Arbeit standen die überkonfessionellen, religionsphilosophischen „Grundelemente" des Protestantismus. 1940 lehnte der Reichserziehungsminister die Übernahme Leeses als beamteter außerplanmäßiger Professor ab und entzog ihm aus „politischen und weltanschaulichen Gründen" die Lehrbefugnis. 1945 wurde Leese als ein „Akt der Wiedergutmachung" zum Extraordinarius für Philosophie ernannt. In Hamburg lehrte er über seine Emeritierung hinaus bis zu seinem Tode am 6. Januar 1965. 1957 hatte ihn die Marburger Theologische Fakultät zu ihrem Ehrendoktor ernannt.

Im April 1932 entschied sich Leese, aus dem aktiven Dienst der Hamburger Landeskirche auszuscheiden. Sein Entschluss stand im Zusammenhang mit seinem im selben Jahr erschienenen Buch „Die Krisis und Wende des christlichen Geistes", in dem er seine Lebens- und Glaubensanschauung entwickelt hatte. Schon seit Jahren habe ihn der innere Konflikt zwischen „der einengenden kirchlichen Bindung eines amtierenden Pastors" und der „geistige[n] Freiheit der Forschung" belastet. Leese begründete seinen Schritt damit, dass er sich nicht mehr in der Lage sehe, sein Amtsgelübde „als treuer Diener der *evangelisch-lutherischen Kirche* zu *erfüllen,* im Sinne dieser Kirche ‚das Evangelium nach der göttlichen Offenbarung in der Heiligen Schrift' zu verkünden und ein ‚rechter Verwalter des Erbes der Reformation in Wort und Sakrament' zu sein. (Amtsgelübde, Agende der Hamburgischen Kirche, S. 207)." Für ihn standen folgende drei Punkte negativ fest:

> 1.) Ich spüre keine ausreichende Bindung mehr an die *Bekenntnisschriften* der evangel.-lutherischen Kirche. Sie sind mir persönlich mehr hinderlich als förderlich. Ihre religiöse Gegenwartsbedeutung ist mir unerkennbar. Insonderheit kann ich mir den II. Artikel des Glaubensbekenntnisses in keinem Sinn zu eigen machen. 2.) Ich habe kein ausreichendes inneres Verhältnis mehr zu den *Sakramenten*: Taufe und Abendmahl. Ich selber mache vom Abendmahlsgang keinen Gebrauch. 3.) Das *Evangelium* im Sinne einer Botschaft von dem ‚gekreuzigten und auferstandenen Herrn' zu verkündigen,

ist mir unmöglich. Kreuz und Auferstehung Jesu Christi tragen für mich rein mythischen bezw. kultlegendären Charakter. Auch kann ich Christus nicht meinen ‚Herrn' nennen.[31]

Ohne größere Erörterungen wurde Leese daraufhin in den Ruhestand versetzt, wobei ihm die Rechte des geistlichen Standes gelassen worden waren. Doch für die Hamburger Landeskirche war der „Fall Leese" damit nicht erledigt. Der als liberal geltende Leese war schon 1925 mit führenden Vertretern der Hamburgischen Landeskirche, wie z.B. dem theologisch „positiven" Hauptpastor Simon Schöffel in Konflikt geraten. In mehreren Veröffentlichungen hatte er sich scharf gegen die geplante, jedoch erst 1933 realisierte Einführung des Bischofsamtes ausgesprochen. Daher ist es nicht überraschend, dass die evangelisch-lutherische Landeskirche es schon vor seiner Versetzung in den Ruhestand missbilligte, dass gerade Leese mit der Ausbildung der angehenden Religionslehrer im theologisch so umstrittenen Gebiet Systematische Theologie beauftragt wurde. Nach seinem Antrag auf Pensionierung versuchte Senior Karl Horn, Leese mehrfach dazu zu bewegen, den Lehrauftrag zurückzugeben. Dieser lehnte das ab, weil ihm der Auftrag vom Hamburgischen Staat und nicht von der Kirche erteilt worden war; dabei dürften auch finanzielle Gründe eine Rolle gespielt haben. 1933 akzeptierte Leese aber einen Vermittlungsvorschlag, seinen Lehrauftrag auf die Theologiegeschichte zu begrenzen und nicht mehr Ethik und Dogmatik zu lesen. Dennoch bemühte sich zu Beginn des Jahres 1935 Landesbischof Franz Tügel vergeblich, die Ankündigung von Leeses Lehrveranstaltungen im Vorlesungsverzeichnis unter der Rubrik der „Kurse für die Studierenden der Evangelischen Religionslehre" zu verhindern.

Die Hamburgische Landeskirche hatte auch später noch Schwierigkeiten, Kurt Leese zu akzeptieren: 1946/47 ließ Landesbischof Simon Schöffel die Vorlesungen Leeses an der Universität von zwei Studentinnen bespitzeln, die ihm über Leeses theologische Äußerungen Bericht erstatteten, und 1951 versuchte der Landeskirchenrat, einen Vortrag von ihm über Jean-Paul Sartre in der Gemeinde Harvestehude zu verhindern. Eine inhaltliche Auseinandersetzung mit Kurt Leese ist von Seiten der Landeskirche nicht geführt worden, vielmehr wurde auf indirektem Wege versucht, seine öffentlichen Wirkungsmöglichkeiten einzuschränken.[32]

---

31 Zitiert bei Hering, Außenseiter (Anm. 30), 108f.
32 Rainer Hering, *Vom Seminar zur Universität. Die Religionslehrerausbildung in Hamburg zwischen Kaiserreich und Bundesrepublik*, Hamburg 1997, 58–61.

4. Franz Hennecke

Nahezu zeitgleich mit dem Ruhestand Kurt Leeses aus Gewissensgründen erfolgte das Disziplinarverfahren gegen Franz Otto Hennecke
(1877–1960), das mit dessen Ausscheiden aus seinem Pfarramt endete.[33]
Der in Dortmund geborene Sohn eines Mittelschullehrers studierte nach
dem Abitur 1896 Theologie in Göttingen, Marburg und Bonn, legte 1899
und 1902 die theologischen Examina ab und wurde im folgenden Jahr
Pastor in Mengede bei Dortmund. 1907 wechselte er nach Hamburg und
wirkte als Pastor an St. Katharinen, zuerst im Bezirk Stephan Kempe,
dann an St. Annen; Hennecke war also zeitweise Kollege Wilhelm
Heydorns.[34] Während des Ersten Weltkrieges war er freiwillig Feldgeist-
licher. 1921 wurde er Pastor an der Hauptkirche St. Nikolai und von dort
in die Synode entsandt. Der liberale Theologe engagierte sich seit 1912
im lokalen Vorstand des Protestantenvereins. Von Henneckes vier Kindern starb der Sohn 1918 an Diphterie, eine der drei Töchter war gesund-
heitlich beeinträchtigt und musste privat unterrichtet werden, was sehr
kostspielig war. Er selbst war seit Mitte der zwanziger Jahre oft krank.
Möglicherweise waren es diese Erfahrungen, die dazu führten, dass er
an der neugegründeten Hamburgischen Universität nebenbei Medizin
und Naturwissenschaften studierte.

Bereits als Pastor in Mengede hatte Franz Hennecke im Gottesdienst
die vorgeschriebene Liturgie verändert, was von seinen Vorgesetzten
missbilligt wurde; eine Bewerbung nach Windhuk wurde daher nicht
befürwortet. Zu weiteren Konflikten kam es aber nicht. In seiner Hamburger Zeit begann er zu publizieren, möglicherweise um seine ange-
spannte finanzielle Lage zu verbessern. Sein erstes Buch „Meister des
Lebens" (1927) führte bereits zu Konflikten.[35] Deutlich wird in diesen
„Imperativen für besinnliche Leute" – so der Untertitel – eine idealistische, naturverbundene, leicht schwärmerische Theologie – mit der

---

33 Hierzu und zum Folgenden: HERWARTH VON SCHADE, „„Tief in uns Menschen allen
    lebt etwas, das fliegen will'. Der ‚Fall Hennecke' 1932", in: *Zeitschrift des Vereins für
    Hamburgische Geschichte* 90 (2004), 97–133. Die Darstellung bei DAUR (Anm. 3), 269, ist
    knapp und nicht ganz korrekt, obwohl Daur mit Hennecke in brieflichem Kontakt
    stand (SCHADE, 133). Bei WÖLBER (Anm. 5) wird der Fall ebenso wenig erwähnt, wie
    bei FERDINAND AHUIS und ISABEL RANCK, „Die St. Nikolaikirche im Spiegel der Ham-
    burger Geschichte. Schlaglichter aus acht Jahrhunderten", in: *Festschrift 800 Jahre
    Hauptkirche St. Nikolai 1195–1995*, Redaktion Ivo VON TROTHA und WOLFGANG WEISS-
    BACH, Hamburg 1995, 13–39. Daher ist es sehr zu begrüßen, dass H. von Schade mei-
    ner Anregung gefolgt ist, diesen Fall darzustellen.
34 HEYDORN, Mensch (Anm. 14), 228. 378. 487.
35 FRANZ O. HENNECKE, *Meister des Lebens! Imperative für besinnliche Leute*, Hamburg 1927,
    2. erw. Aufl. 1928.

Theologie des Paulus und Luthers sowie der Lehre von der Sünde hat Hennecke Schwierigkeiten. Er zielt auf die Formulierung einer modernen Frömmigkeit, was aber von der Mehrheit des Geistlichen Ministeriums nicht gebilligt wurde. Sie sah in seiner Position einen Widerspruch zum Amtsgelübde.

Im Herbst 1931 erreichte die Auseinandersetzung ihren Höhepunkt durch Henneckes im „St. Nikolai-Boten" veröffentlichten Aufsatz „Von der Kirche und ihrer Barmherzigkeitsmission", der im folgenden Jahr auch in seinem zweiten Buch „Frömmigkeit, wage eigne Wege!" erschien.[36] Damit wollte er auf die Reformbedürftigkeit der Kirche hinweisen, an der er drei Punkte kritisierte: Die Kirche unternehme nicht genug, um die „soziale Frage" zu lösen, sie wende sich zu wenig den religiösen Bedürfnissen des modernen Menschen zu und sei in ihrer Sexualmoral ausschließlich auf die Ehe konzentriert. Während die hier zuerst genannten Punkte hingenommen wurden, entzündete sich der Konflikt an den Aussagen zur Sexualmoral. Wörtlich schrieb Hennecke:

> Du nun, Kirche, rationierst diese Freude der Geschlechter aneinander in deiner, garnicht selten trotz aller Sanktionierung recht unheiligen, Ehe. Jegliche Gemeinschaft sonst verfehmst du. Jungfrische, rüstige Gesundheit, die sich kindlichgläubig deiner Weisung fügt, verkrampft ihre besten Jahre oft, ja, vergällt sich in erzwungener Abstinenz das Leben. [...] Kirche, laß die Anmaßung, Priester und Levit zu sein und manchmal Pharisäer wohl auch, eifere dem barmherzigen Samariter nach; Menschen gehen in unsäglicher Not![37]

Einen Monat nach dem Erscheinen des Artikels wurde vom Kirchenrat ein Disziplinarverfahren gegen Franz Hennecke eingeleitet. Dabei wurden Formfehler begangen, z.B. wurde das Gutachten der Gemeinde nicht abgewartet. Zudem wurde die Disziplinarkammer personell verändert, zwei Mitglieder aus Henneckes Gemeinde, darunter der liberale Hauptpastor Heinz Beckmann, wurden ausgewechselt und durch die „positiven" Geistlichen Johannes Reinhard (1870–1964) und Theodor Knolle ersetzt.[38] Diese beiden plädierten für disziplinarische Maßnahmen gegen Hennecke. Während Reinhard einen Verweis empfahl, drängte Knolle auf Amtsenthebung. Am 21. März 1932 erfolgte die vorläufige Amtsent-

---

36 Franz O. Hennecke, *Frömmigkeit – wage eigne Wege! Weiterführung des Buches „Meister des Lebens!"*, Görlitz 1932, hier 86–92; ders., „Von der Kirche und ihrer Barmherzigkeitsmission", in: *St. Nikolai-Bote Hamburg* 11 (1931), Nr. 9 (September 1931), 3.

37 Ebd.

38 Zu Reinhard: Rainer Hering, „Reinhard, Johannes Richard", in: *BBKL* 7 (1994), 1537–1542; ders., „Der Universität Hamburg ein ‚warmherziger Freund'. 1870 geboren: Ehrensenator Johannes Reinhard", in: *Uni hh. Berichte, Meinungen aus der Universität Hamburg* 26. Jg. Nr. 4 (November 1995), 28–30.

hebung für die Dauer des Disziplinarverfahrens. Als Argument wurde
allein die im Artikel veröffentlichte Position Henneckes, „die Kirche
möge, wenn auch unter gewissen Beschränkungen, den außerehelichen
Geschlechtsverkehr insbesondere junger Menschen als berechtigt dulden".[39] Theologischer Beistand Henneckes war Kurt Leese, der diese
Aufgabe trotz seiner Versetzung in den Ruhestand ausübte. Öffentlich
traten der Kieler Theologieprofessor Hermann Mulert (1879–1950) und
der Hamburger Pädagoge Walter Classen (1874–1954) für ihn ein – in St.
Nikolai erbrachte eine Resolution für Hennecke und die von ihm vertretene „weitherzige und weltoffene Frömmigkeit" 3.000 Unterschriften.[40]
In einem Vergleich einigte man sich schließlich darauf, dass das Disziplinarverfahren eingestellt wurde und Hennecke auf sein Amt verzichtete. Die Verfahrenskosten übernahm die Kirche, die Aktivbezüge
wurden noch fünf Jahre weiter gezahlt. Offen blieb, ob Hennecke eines
Vergehens schuldig war; die Rechte des Geistlichen Standes behielt er.
Zum 1. Mai 1933 wurde er dann emeritiert, am 30. Mai 1960 starb er in
Hamburg.

Franz Hennecke war von biblischen und theologischen Positionen
seiner Kirche abgewichen. Seine Theologie ist durch eine rationalistisch-
idealistische Engführung gekennzeichnet. Sein Gottesbild zeigt einen
zumeist freundlichen Gott, die Christologie ist nur schwach ausgeprägt.
Die Sündhaftigkeit des Menschen ist für ihn etwas Natürliches. Deutlich wird seine besondere Sensibilität für die „soziale Frage" und die
Bedürfnisse des modernen Menschen. Diese Positionen waren damals
gerade für die orthodoxen Geistlichen nicht konsensfähig.[41]

---

39   Zitiert nach SCHADE (Anm. 33), 116.
40   Ebd., 122. Zu Mulert vgl. MATTHIAS WOLFES (Bearb.), *Hermann Mulert (1879–1950).*
     Lebensbild eines Kieler liberalen Theologen (Schriften des Vereins für Schleswig-Holstei-
     nische Kirchengeschichte 50), Neumünster 2000; zu Classen s.u.
41   SCHADE (Anm. 33), 126–130.

5. Paul Schütz

Der hochrangigste theologische Außenseiter in der Hamburger Landeskirche im 20. Jahrhundert war der eingangs erwähnte Nikolai-Hauptpastor Paul Wilhelm Lukas Schütz.[42] Der Sohn eines Methodistenpredigers
wurde am 23. Januar 1891 in Berlin geboren. Er studierte von 1910 an
evangelische Theologie und Philosophie in Berlin und Jena, arbeitete
1912 als Hauslehrer in Soldin und wurde 1914 in Jena zum Dr. phil. promoviert. Als Kriegsfreiwilliger nahm er am Ersten und später auch am
Zweiten Weltkrieg teil, seine Sprache war oft militärisch geprägt. 1918
legte er in Koblenz das erste und 1922 in Magdeburg das zweite theologische Examen ab, wo er 1924 ordiniert wurde. 1919 arbeitete er als Inspektor am Johannesstift in Berlin-Spandau und anschließend bis 1924
als Studienleiter am Theologenkonvikt der Domgemeinde in Halle. 1922
wurde er in Halle zum Lizentiaten der Theologie promoviert. 1924/25
war er Hilfsprediger in Magdeburg und in Neutz bei Halle an der Saale.
1925 erhielt er die Pfarrstelle in Schwabendorf bei Marburg an der Lahn.
Sein Dorfpfarramt nutzte er, um seine Theologie weiterzuentwickeln
und für seine umfangreiche schriftstellerische Tätigkeit. Von 1926 bis
1928 leitete er gleichzeitig die „Dr. Lepsius-Orient-Mission", war 1927/28
Mitglied des Exekutiv-Ausschusses des „International Near East Relief"
und reiste nach Genf und Paris. 1928 unternahm er für die „Dr. Lepsius-
Orient-Mission" eine längere Reise nach Ägypten, Palästina, Syrien, in
den Irak und Iran bis Täbris an die russische Grenze. Darüber publizierte er 1930 seinen „Reisebericht zur religionspolitischen Lage im Orient" unter dem Titel: „Zwischen Nil und Kaukasus". Die hier vorgetragene massive Kritik machte ihn mit einem Schlag bekannt, bestimmte
die Diskussion in Missionskreisen und führte zu seinem Rückzug aus
der Missionsarbeit. Von 1929 bis 1934 gab er die Zeitschrift „Orient und
Occident" mit heraus. 1930 habilitierte er sich in Gießen für praktische
Theologie, 1937 wurde seine Venia legendi für praktische Theologie in
eine solche für Systematik geändert, bevor er sie im Herbst des Jahres
aufgrund von Überlastung aufgab. Im „Kirchenkampf" wandte sich
Schütz weder der „Bekennenden Kirche" noch den „Deutschen Chri-

---

42 Hierzu und zum Folgenden: RAINER HERING, „„Christus weissagt das Judentum
als den Hauptfeind seiner künftigen Gemeinde'. Das Judentum bei Paul Schütz",
in: *Jahrbuch der Hessischen Kirchengeschichtlichen Vereinigung* 52 (2001), 143–165; DERS.,
Hessen (Anm. 2); DERS., Theologe (Anm. 2); HEINRICH OTT, „Konfessionelles oder uni-
verselles Christentum? Zur gegenwärtigen Aktualität von Paul Schütz' Kritik am
Luthertum", in: *ThZ* 54 (1998), 151–161; RUDOLF KREMERS, *Paul Schütz – Auf der Suche
nach der Wirklichkeit. Ein Lebens- und Erkenntnisweg*, Moers 1989. Diese Arbeit enthält
leider zahlreiche falsche biographische Daten und Angaben; auch manche Zitate
sind nicht wortgetreu wiedergegeben.

Abb. 21: Paul Schütz

sten" zu. 1935 interpretierte die Geheime Staatspolizei sein Buch „Der Anti-Christus" als Kritik am nationalsozialistischen Staat und ließ die zweite Auflage einstampfen.[43] 1940 wurde Paul Schütz Hauptpastor an der Hamburger St. Nikolai-Kirche, im folgenden Jahr zum Kriegsdienst einberufen; 1946 kehrte er nach Hamburg zurück. Seit diesem Jahr lehrte er im Allgemeinen Vorlesungswesen der Universität und im Rahmen des Kirchlichen Vorlesungswerks. An der 1948 gegründeten Kirchlichen Hochschule wurde er neben seinem Hauptpastorat hauptamtlicher Dozent für Systematische Theologie und Philosophie, 1950 wurde ihm vom Kirchenrat die Amtsbezeichnung „Professor der Theologie an der Kirchlichen Hochschule Hamburg" verliehen. Ihm war der Dialog mit der Kunst und der Naturwissenschaft wichtig. In der Theologenausbildung verstand er sich als „sokratischer Beunruhiger" und hatte ein Seminar für christliche Philosophie eingerichtet, in dem er mit einem kleinen Kreis von Studierenden intensiv aktuelle Themen diskutierte.

Paul Schütz war sein Dissens zum lutherischen Bekenntnis der Hamburger Landeskirche spätestens mit ihrer Eingliederung in die „Vereinigte Evangelisch-Lutherische Kirche Deutschlands" Ende 1948 deutlich geworden, doch wollte er nicht übereilt handeln und seine Position in den folgenden Jahren noch einmal gründlich prüfen. Nach einem Urlaub entschloss er sich im September 1951, Landesbischof Simon Schöffel seine Bedenken mitzuteilen: Er fühle sich nicht mehr an die christozentrisch ausgerichteten reformatorischen Bekenntnisschriften gebunden, sondern in erster Linie an die altkirchliche Trinitätslehre. Wörtlich schrieb Schütz:

> Aus der Stille des Urlaubs zurückgekehrt habe ich mich entschlossen, Ihnen vertrauensvoll einen Konflikt vorzutragen, der seit meiner Rückkehr aus dem Kriege meine physische und seelische Kraft mehr und mehr unterhöhlt und mich in meiner Arbeit lahmlegt. Es ist der Konflikt, in dem ich mich zum Bekenntnisstand unserer Hamburgischen Landeskirche befinde. Seit dem Zusammenbruch gewinnt unsere Hamburger Kirche immer entschiedener ihre Prägung im Sinn des konfessionellen Luthertums. Mein Dissensus zum Bekenntnisstand der Reformation kommt mir seitdem immer deutlicher zum Bewusstsein. […] Auf eine abkürzende Formel gebracht möchte ich es heute so aussprechen, dass es mir unmöglich ist, die christologische Bestimmtheit der Bekenntnisschriften der Reformation in Einklang zu bringen mit der Trinitätslehre. Ist die Entscheidung aber, wie bei mir, für die letztere gefallen, so verliert die Rechtfertigungslehre ihre zentrale Stellung, die sie kraft ihres christologischen Ausgangspunktes besitzt. Die tiefgreifenden Konsequenzen für die Gesamtkonzeption liegen

---

43 PAUL SCHÜTZ, *Der Anti-Christus. Eine Studie über die widergöttliche Macht und die deutsche Sendung* (Stimmen aus der deutschen christlichen Studentenbewegung 83), Berlin 1933, ²1935.

auf der Hand. [...] Nach langem Kampf habe ich mich zu der Erkenntnis durchgerungen, dass ich eine Entscheidung nicht länger hinauszögern darf im Blick auf mein Amt, wie auf mein Gewissen.[44]

In einem persönlichen Gespräch legte Bischof Schöffel Schütz schon im Oktober 1951 nahe, sich gemäß der Verfassung pensionieren zu lassen, wozu dieser sich aber nicht sofort entschließen konnte. Vielmehr dachte Schütz an ein Lehrzuchtverfahren, das er gegen sich selbst beantragen wollte, um seinen theologischen Konflikt öffentlich zur Diskussion zu stellen. Doch Schöffel begründete seinen Wunsch, dass Schütz sich ohne Aufsehen pensionieren lassen sollte, mit folgenden Worten:

> So bleibt es auch der Kirche erspart, die Reinheit Ihrer Erkenntnis wie Ihren Dissenz zur Kirchenlehre durch das grosse Gremium des Geistlichen Ministeriums bereden und beurteilen zu lassen. [...] Wir werden gerne dem Landeskirchenrate mitteilen, in welcher vornehmen Ehrlichkeit und theologischen Sauberkeit Sie selbst uns von Ihrer inneren Not Kenntnis gegeben haben, die doch nicht zur Not der Kirche werden darf, und werden dafür eintreten, daß Ihnen daraus kein Schade erwächst.[45]

Nunmehr erschien Schütz selbst seine Lage in der Praxis als Hauptpastor und theologischer Lehrer an der Kirchlichen Hochschule immer untragbarer. Eine Unterredung im Hauptpastorenkollegium Anfang Februar 1952 gab schließlich den Ausschlag, dass er auf ein öffentliches Verfahren verzichtete und sich zum 1. Mai pensionieren ließ. Zugleich bat er um seine Emeritierung als Professor der Hochschule, wobei er auf das Recht des Emeritus, weiter Vorlesungen zu halten, im Hinblick auf den Emeritierungsgrund verzichtete. In seiner Begründung führte Schütz aus:

> Mein Gewissenskonflikt ist von dem Gesamtgeschehen der kirchlichen Entwicklung her zu beurteilen, in das auch unsere Landeskirche in den Jahren nach 1945 miteinbezogen wurde. Es ist der Vorgang des Wiederaufbaus der konfessionellen Kirchen auf den Bekenntnissen der Reformation. Das seit 1940 folgende Jahrzehnt hat die kirchengeschichtliche Entwicklung in eine der meinen entgegengesetzte geführt. In tragischer Überkreuzung mit diesem Vorgang hat sich meine eigene Entwicklung auf die altkirchlichen grossen Symbole zu bewegt und mich in ihnen das gültige Zeichen für die Totalität der biblischen Offenbarung erkennen lassen, die ich in den Bekenntnisschriften nicht zu erkennen vermag. Genauer formuliert – es ist mir nicht gelungen, die christozentrische Theologie der Bekenntnisschriften der Reformation in Einklang zu bringen mit dem trinitarischen Dogma, wie es die älteste Kirche bekannt hat.[46]

---

44 HERING, Umgang (Anm. 30), 116.
45 Ebd.
46 Ebd., 117f.

Paul Schütz argumentierte gegen die besondere Konzentration des reformatorischen Bekenntnisses auf Jesus Christus im dreifachen „sola"[47]: Das „sola scriptura" – *allein* die Schrift – mache ausschließlich die Bibel zur Norm des Glaubens, d.h. losgelöst von Tradition und Kirche. Das „sola gratia" – *allein* aus Gnaden – ist begründet auf dem „solus Christus", der Grundformel der reformatorischen Theologie. Damit bekomme – so Schütz – ein Teil der christlichen Wahrheit, nämlich die Sünden- und Gnadenlehre, absoluten Vorrang und verdecke die ganze Wahrheit. Das „sola fides" – *allein* der Glaube – führe zur Lehre, dass der Mensch „allein aus Glauben" ohne Werke gerecht werde. Für Schütz ist diese Lehre aber reine Fiktion, weil der wirkliche Mensch auch immer ein „werkewirkendes Wesen" sei. Paul Schütz widersprach der Konzentration der Theologie auf diese drei Merkmale, weil „sie nicht den Vollgehalt der göttlichen Wahrheit enthalten, [...] vielmehr den Teil derselben für das Ganze setzen."[48] Wo es sich um das „Wort Gottes" handelt, sei aber Verkürzung Verlust. Er sah hier eine Reduzierung der Theologie zur Christologie; Herkunft und Zukunft der Welt gerieten aus dem Blickfeld einer Theologie, die sich ausschließlich auf die Rettung des einzelnen Sünders konzentriert. Paul Schütz dagegen sah das Reich Gottes nur durch die in der Alten Kirche besonders betonte Trinität, durch Gott-Vater, Sohn und Heiligen Geist, kommen und konzentrierte sich in seiner Theologie auf diese Dreieinigkeit.

Es muss offen bleiben, warum Schütz dem Druck seiner Kollegen nachgegeben und auf ein Lehrzuchtverfahren verzichtet hat. Eine gewisse fachöffentliche Erörterung von Schütz' Lehrdifferenzen fand statt, weil er ihre Motive im „Deutschen Pfarrerblatt" erläuterte.[49] Im offiziellen Mitteilungsblatt der Hamburgischen Landeskirche wurden aber die Gründe für Schütz' Entscheidung nicht genannt. Es hieß dort nur: „Hauptpastor Professor Lic. Dr. Schütz, Hauptkirche St. Nikolai,

---

47 Hierzu und zum folgenden PAUL SCHÜTZ, „Zur Kritik der reformatorischen Grundlagen", in: DERS., *Freiheit – Hoffnung – Prophetie. Von der Gegenwärtigkeit des Zukünftigen,* hg. v. HANS F. BÜRKI (Gesammelte Werke 3), Moers 1986, 11–24. Weiter ausführen konnte Schütz seinen Ansatz in seinem Hauptwerk „Parusia – Hoffnung und Prophetie", in: Ebd., 25–639 (zuerst Heidelberg 1960, Sonderausgabe Hamburg 1963). Zur Wirkung von Schütz vgl.: *Was heißt – „Wiederkunft Christi"? Analysen und Thesen: Paul Schütz,* Stellungnahmen: Magnus Löhrer, Hans Urs von Balthasar, Ervin Vályi Nagy, Heinrich Ott (Kirche im Gespräch o. Nr.), Freiburg/Basel/Wien 1972; HANS F. BÜRKI (Hg.), *Partisan der Hoffnung. Festschrift für Paul Schütz zu seinem 90. Geburtstag am 23. Januar 1981,* im Auftrag der Klopstock-Stiftung, Moers 1981.

48 SCHÜTZ, Kritik (Anm. 47), 13.

49 PAUL SCHÜTZ, „Zum Problem der Lehrnorm in den Kirchen der Reformation", in: *DtPfrBl* 52 (1952), 512f. (Nr. 17 vom 1.9.1952); vgl. dazu das „Nachwort" von Schütz zu seinem Artikel in: *DtPfrBl* 52 (1952), 669 (Nr. 23 vom 1.12.1952).

ist auf seinen Antrag mit Wirkung vom 1. Mai 1952 in den Ruhestand getreten."[50]

Wie auch in den anderen Fällen wachte die Hamburger Landeskirche bei Schütz genauestens über dessen Verhalten im (kirchlichen) Ruhestand. So kritisierte sie z.B. Schütz' Einladung zu einer Tagung des Lutherischen Weltbundes. Der Bayerische Landeskirchenrat verneinte nach Rücksprache mit der Hamburger Kirchenleitung sogar die Anfrage, ob Schütz in Bayern in einer Kirche predigen dürfe.

Die Hamburger Kirchenleitung hatte große Schwierigkeiten im Umgang mit der für Schütz eingerichteten „Klopstock-Stiftung". Gegründet wurde diese Stiftung von dem Hamburger Kaufmann Wolfgang Essen (1903–1965) – einem Gemeindemitglied von St. Nikolai –, der Schütz nach dessen Dissensus fördern wollte; dieser lehnte eine direkte Unterstützung ab und regte die Gründung einer Stiftung an. Der erste Forschungsauftrag ging an Paul Schütz und lautete: „Gibt es eine gemeinsame religiöse Überlieferung der Menschheit, und welche Folgerungen ergeben sich aus der Antwort für den christlichen Glauben?"

Der Hamburger Landeskirchenrat fühlte sich durch die Gründung der Stiftung und die Vergabe des ersten Forschungsauftrages an ihren ehemaligen Hauptpastor offenbar bedroht. Simon Schöffel hatte von Gerüchten gehört, „als ob sich diese Beauftragung gegen die Kirche wende." Zum Jahresanfang 1954 suchte der Präsident des Landeskirchenrates, Dr. Walther Tilo Brandis (1890–1957), Paul Schütz auf und teilte ihm mit, dass man ihm die Pension entziehen wolle, wenn er seinen Forschungsauftrag zu einem Angriff auf die Bekenntnisgrundlage der Hamburgischen Landeskirche benutzen sollte.[51]

Nach seiner Pensionierung zog Schütz nach Bayern um und hatte kaum noch Kontakte zur Hamburger Landeskirche. 1960 erschien als Ergebnis des Forschungsauftrages sein Hauptwerk „Parusia – Hoffnung und Prophetie". 1971 erhielt Schütz die theologische Ehrendoktorwürde der Basler Universität.

Schütz, der am 26. Juli 1985 in Starnberg verstarb, war ein sehr widersprüchlicher, in seinem Denken nicht leicht zu verstehender Außenseiter, der sich in dieser Rolle wohl auch gefiel. Von der akademi-

---

50 Gesetze (Anm. 29) 1952, 28 – diese Formulierung schloss beispielsweise auch gesundheitliche Gründe nicht aus. Schütz selbst hatte um folgende Formulierung gebeten: „Hauptpastor Prof. Lic. Dr. Paul Schütz ist von seinen kirchlichen Ämtern zurückgetreten, weil er seine Ordinationsverpflichtung nicht mehr für die reformatorischen Bekenntnisschriften, sondern nur für die drei grossen altkirchlichen Symbole glaubte aufrecht halten zu können." HERING, Umgang (Anm. 30), 119.
51 HERING, Umgang (Anm. 30), 119–121.

schen Theologie lange ignoriert, hatte er als Schriftsteller ein großes Publikum.

In der Hamburger Landeskirche gab es dann zwei Jahrzehnte ohne derartige theologische Konflikte. Der wohl prominenteste Fall eines Außenseiters im Hamburg der siebziger Jahre war der Konflikt um den Pastor an St. Jacobi Paul Schulz (geb. 1937), der am 20. März 1979 unter dem Verlust der Rechte aus der Ordination aus dem Amt schied – aber zu diesem Zeitpunkt war die Hamburger Landeskirche, um die es in diesem Beitrag geht, schon in der Nordelbischen Evangelisch-Lutherischen Kirche aufgegangen.[52]

IV. Der Umgang mit kirchlichen Außenseitern

1910 und modifiziert in der zweiten Auflage 1928 publizierte der Praktische Theologe und langjährige Vorsitzende des Evangelisch-sozialen Kongresses Otto Baumgarten (1858–1934) im Lexikon „Die Religion in Geschichte und Gegenwart" einen Artikel über „Engländerei im kirchlichen Leben".[53] Darin beklagte er den von ihm negativ bewerteten britischen und amerikanischen Einfluss auf das deutsche religiöse Leben in Form von hochkirchlichen Tendenzen und Bibelgesellschaften sowie Freikirchen. Baumgarten dachte hier an die Baptisten, Methodisten und Adventisten. Als „undeutsch" empfand er besonders das „Nachaußenkehren der innersten Bewegungen im Laiengebet und das breite Ausströmen derselben in sentimentalen Gesängen".[54] Ihn störte die „laienkirchliche, evangelikale, gegenseitige Erbauung auf Kosten

---

52 Paul Schulz, *Ist Gott eine mathematische Formel? Ein Pastor im Glaubensprozess seiner Kirche*, Reinbek 1977; ders., *Weltliche Predigten. Neun Texte des Hamburger Kirchenrebellen*, Reinbek 1978; Lutz Mohaupt, *Pastor ohne Gott? Dokumente und Erläuterungen zum „Fall Schulz"*, Gütersloh 1979; *Der Fall Paul Schulz. Die Dokumentation des Glaubensprozesses gegen den Hamburger Pastor*, hg. v. Haug von Kuenheim, Köln 1979. Zur Gründung der Nordelbischen Kirche vgl. *30 Jahre Staatskirchenvertrag – 10 Jahre Ev.-Luth. Nordelbische Kirche. Eine Dokumentation*, hg. v. Klaus Blaschke und Hans-Joachim Ramm (Schriften des Vereins für Schleswig-Holsteinische Kirchengeschichte Reihe I 38), Neumünster 1992.

53 Otto Baumgarten, „Engländerei im kirchlichen Leben", in: *RGG*[1] 2 (1910), 337–339; ders., „Englischer Einfluß auf das religiöse Leben Deutschlands", in: *RGG*[2] 2 (1928), 168f. Der Kieler Theologe Baumgarten war mit Familie Heydorn befreundet (Heydorn, Mensch [Anm. 14], bes. 84ff. und 480f.). Er engagierte sich für die Weimarer Republik und gegen Antisemitismus, vgl. Hasko von Bassi, „Baumgarten, Otto", in: *RGG*[4] 1 (1998), 1179f.

54 Baumgarten, Engländerei (Anm. 53), 338.

der Predigt".[55] Gerade in den atomisierten Großstädten, im Proletariat
der Hafen- und Industriestädte fänden diese Ansätze, z.B. durch die
Heilsarmee, Anklang. Ist also, so könnte man vermuten, der englische
Einfluss ausschlaggebend für die relativ hohe Zahl von theologischen
Außenseitern in der Hamburger Landeskirche? In der Tat hat die Hafen-
stadt Hamburg enge Verbindungen in den angelsächsischen Raum auf-
zuweisen. Doch die Darstellung dieser Theologie am Rande der Kirche
hat bereits deutlich werden lassen, dass die von Baumgarten angeführten angelsächsischen Einflüsse hier keine direkte Rolle gespielt haben.
Trotzdem ist hervorzuheben, dass sich diese Hamburger Positionen in
einer Millionenstadt entwickelten, die sehr anziehend war und gerade
durch den Hafen sich viel stärker äußeren Einflüssen öffnete als andere
Orte. Wilhelm Heydorn z.B. wäre vermutlich auf Fehmarn kaum mit
der Religion der Bahá'í in Verbindung gekommen. Die säkularisierte
Großstadt mit einem weitgehend kirchenfernen Bürgertum – Hamburg
galt schon um die Jahrhundertwende als „unkirchlichste Stadt des Reiches"[56] – stellte an die Geistlichen besondere Herausforderungen, und
etliche versuchten, mit neu formulierten Inhalten und anderen Methoden die Menschen in deren spezifischer Situation zu erreichen. Dabei
hielten sich vor allem die orthodoxen „positiven" Pastoren an die traditionellen Inhalte und Verkündigungsformen, die sich in erster Linie an
das Bürgertum richteten, wohingegen viele Liberale offen für Neues waren. Auffallend bei vielen dieser aufgezeigten Positionen sind Probleme
mit dem Glaubensbekenntnis, insbesondere mit seinem zweiten Artikel.
Hier wurden Alternativen formuliert, die allerdings nicht konsensfähig
waren.

Neben Lehrdifferenzen wurde in den ersten drei Jahrzehnten des
20. Jahrhunderts die engagierte Arbeit einzelner Pastoren in Arbeiter-
vierteln kritisch verfolgt: Im April 1901 gründete Walter Classen zusammen mit dem Richter und späteren Direktor der Jugendbehörde Dr.
Wilhelm Hertz (1873–1939) und dem Kaufmann und späteren Senator
Dr. Heinrich Traun (1838–1909) das durch Stiftungen und Spenden fi-
nanzierte „Hamburger Volksheim" im Arbeiterviertel Hammerbrook.

---

55 BAUMGARTEN, Einfluß (Anm. 53), 168. Baumgarten schloss seinen Artikel mit der Auf-
    forderung: „Hüten wir uns also, unsere zurückhaltende öffentliche Darstellung des
    religiösen Lebens zu beleben durch Engländerei!" (ebd., 169).

56 RAINER HERING, „Säkularisierung, Entkirchlichung, Dechristianisierung und For-
    men der Rechristianisierung bzw. Resakralisierung in Deutschland", in: STEFANIE
    VON SCHNURBEIN und JUSTUS H. ULBRICHT (Hgg.), *Völkische Religion und Krisen der
    Moderne. Entwürfe „arteigener" Glaubenssysteme seit der Jahrhundertwende*, Würzburg
    2001, 120–164; DERS., „Auf dem Weg in die Moderne? Die Hamburgische Landeskir-
    che in der Weimarer Republik", in: *Zeitschrift des Vereins für Hamburgische Geschichte*
    82 (1996), 127–166, bes. 136–142; DERS., Bischofskirche (Anm. 10), 10–16.

Dessen Mitarbeiter bemühten sich um die Arbeiterjugend und strebten als Gegengewicht zu den Sozialdemokraten eine „Verständigung" mit den Arbeitern an, um ihnen Bildung und bürgerliche Werte zu vermitteln. Inhaltlich ging es Classen um die Gewinnung der Arbeiterjugend für eine christlich geprägte bürgerliche Gesellschaft und ihre Normen, für die Akzeptanz traditioneller Leitbilder und hierarchischer Strukturen. Dies war seine Reaktion auf die tiefe Irritation der bürgerlichen Werte im gesellschaftlichen Umbruch des Kaiserreiches, auf die Anforderungen der Moderne. Der Vereinsamung des Individuums gerade in der zunehmend anonymer werdenden Großstadt versuchte er mit Lehrlingsvereinen und dem Volksheim ein Gemeinschaftsgefühl und Wertorientierung entgegenzustellen. Gegen das Anwachsen materialistischer, freireligiöser Anschauungen und Diesseitsreligionen, wie des Monismus, wollte er mit einem liberalen und für die Moderne offenen Christentumsverständnis gerade Arbeiter wieder der Kirche näher bringen. Walter Classen verzichtete 1904 auf das Pfarramt, zumal er durch seine liberale Position und seine neuen Ansätze in Konflikt mit der Kirchenleitung geraten war, und setzte die Volksheimarbeit hauptberuflich fort; später wirkte er als Lehrer.[57]

Ebenso negativ wurde das Wirken Pastor Ludwig Heitmanns eingeschätzt. Er hatte in der Volksheimarbeit die sozialen Probleme der Großstadt kennengelernt und dort einen Lehrlingsverein geleitet. Diese Erfahrungen prägten sein weiteres Leben und führten zu einer Konzentration auf die religiösen Aufgaben in der Großstadt, die er besonders in der Jugendarbeit umsetzen wollte. Er ging der Frage nach, ob und wo in der Großstadt noch Raum für Religion sei, und stellte fest, dass dieser Platz nur als Protest gegen die das Leben beherrschenden Mächte gegeben sei. Die Kirche habe sich nur an das Bürgertum angepasst. Zum Thema „Großstadt und Religion" hatte Heitmann ein dreibändiges Werk verfasst, das die Theologische Fakultät der Universität Gießen veranlasste, ihm die Ehrendoktorwürde zu verleihen.[58] Als er 1932 seine Erkenntnisse im Rahmen der Religionslehrerausbildung an zukünftige Multiplikatoren weitergeben wollte, wurde das von Ortho-

---

57 *Walter Classen. Ein Hamburger Pädagoge zwischen Tradition und Moderne. Lebenserinnerungen – Sechzehn Jahre im Arbeiterquartier. Mit einer Bibliographie Walter Classens*, hg. und eingeleitet v. RAINER HERING (bibliothemata 20), Herzberg 2001; RAINER HERING, „Classen, Walt(h)er Friedrich", in: *BBKL* 16 (1999), 276–320; ANDREW LEES, *Cities, Sin, and Social Reform in Imperial Germany*, Ann Arbor 2002, bes. 255–286.

58 LUDWIG HEITMANN, *Großstadt und Religion*. Bd. 1: *Die religiöse Situation in der Großstadt*, Hamburg 1913, 2., verb. Aufl. unter dem Titel: *Der Aufbau der modernen Großstadt*, Hamburg 1921, 3., verb. Aufl. Hamburg 1925; Bd. 2: *Der Kampf um die Religion in der Großstadt*, Hamburg 1919, 2. durchges. Aufl. Hamburg 1924; Bd. 3: *Die religiöse Wahrheit für die Großstadt*, Hamburg 1920.

doxen missbilligt, weil er – wie Classen – durch einseitige Beeinflussung
„eine starke Opposition heranzüchten würde". Heitmann war vor allem
an technischen und mathematischen Fragen interessiert, was zu seiner
Aufgeschlossenheit gegenüber den Problemen der Moderne beigetragen
hat. Sein Wirken in der Jugendarbeit, ist – wie zuvor schon bei Walter
Classen – von der Mehrheit der Kirchenleitung nicht anerkannt worden.
Gerade in der Tätigkeit dieser beiden Theologen nahm die Frage, ob und
wo Religion in der großstädtischen Lebensentwicklung überhaupt möglich sei, eine zentrale Rolle ein. Die Maßnahmen der kirchenleitenden
Elite gegen Heitmanns Mitwirkung in der Religionslehrerausbildung
erscheint als Versuch, die Vermittlung einer Theologie, die auf die Situation der Masse der Arbeiter bezogen war, „von oben" zu verhindern.
Diese Ansätze einer kirchlichen Sozialarbeit, deren Ziel es war, die
Entfremdung zwischen der Kirche und den Arbeitern zu überwinden,
galten weitgehend nicht als opportun. Theologie und Kirche sollten in
ihren tradierten Formen und Wertmaßstäben unverändert bleiben. Die
Führung der Kirche, diese soziale und gesellschaftliche Elite aus dem
Bildungsbürgertum, hielt überwiegend am kirchlichen Herkommen
als der unverändert wahren Form des Glaubens fest. Bemühungen, die
Verkündigung auf die andere soziale Realität der Arbeiter zuzuschnei-
den, wurden von der kirchenleitenden Elite als Schritte in eine falsche
Richtung abgelehnt. Die Situation der Arbeiter in der Großstadt wurde
in ihrer Bedeutung für die Kirche bis in die Mitte des 20. Jahrhunderts
vielfach nicht erkannt.[59]

V. Kirche in der Krise

In den Auseinandersetzungen mit theologischen Außenseitern in Hamburg werden verschiedene Konfliktebenen deutlich: Zum einen ging es
um die inhaltliche Bestimmung dessen, was als theologische Lehrmei-
nung und daraus resultierende kirchliche Praxis für eine evangelisch-
lutherische Kirche tolerabel war. Dabei ist auffällig, dass diese Theologie am Rande der Kirche von Pastoren, die im weitesten Sinne von
liberaler Theologie geprägt waren, formuliert wurde. Die einflussrei-
chen orthodoxen, „positiven" Theologen gingen nachdrücklich gegen
diese Ansätze vor und bestimmten aufgrund ihrer Mehrheitsposition
das kirchenamtliche Vorgehen. Damit ging es letztlich nicht nur um das

---

59 RAINER HERING, „Heitmann, Ferdinand Carl Ludwig", in: *BBKL* 16 (1999), 649–667;
     DERS., Seminar (Anm. 32), bes. 52–54 und 144, das Zitat 53.

Ringen in Glaubensfragen, sondern auch um Machtausübung, um die Frage, *wer* die Grenzen kirchenkonformer Theologie bestimmte.

Aus den Beispielen Heydorn, Strasosky und Hennecke wird zudem deutlich, dass es eine weitere Konfliktlinie gab, nämlich die zwischen der Ebene der Gemeindemitglieder und den Funktionsträgern, zu denen ja z.T. auch Laien zählten. Obwohl sich beeindruckende Zahlen von Gemeindemitgliedern durch Gottesdienstbesuch oder Unterschriftenaktionen mit ihren Geistlichen und deren Glaubensverständnis und -praxis solidarisierten, wurde dieses Votum von den Funktionsträgern übergangen und in den Entscheidungsprozess nicht einbezogen.

Wie andere Landeskirchen auch stand die Hamburger Kirche vor der Frage, wie sie auf die Veränderungen der Moderne reagieren sollte. Deutlich wurde vor allem in der ersten Hälfte des 20. Jahrhunderts eine sehr geringe Bereitschaft, sich auf die Herausforderungen der Moderne, sich auf neue Formulierungen und Formen sowie neue Zielgruppen außerhalb des Bürgertums einzulassen. Die Hamburger Kirchenleitung stand, um die Einheitlichkeit des Erscheinungsbildes nach außen und innere Kohärenz zu wahren, einer Übertragung des gesellschaftlich akzeptierten Pluralismus der Meinungen innerhalb der Kirche ablehnend gegenüber und ließ deutlich abweichende Positionen nicht zu. Damit wurde zugleich der Prozess der innerkirchlichen Diskussion eingeschränkt.

Die Krise der Moderne spiegelt sich in der Krise der Kirche. Krise kann positiv oder negativ gedeutet werden, je nach Einschätzung birgt sie Gefahr wie auch Gelegenheit. Die Hamburger Kirchenleitung sah, wie ihr Umgang mit Außenseitern belegt, in Herausforderungen durch neue theologische Ansätze einzig die Bedrohung und brachte sich so um die Chance produktiver Auseinandersetzungen.

Dennoch – ganz gleich, wie man zu den theologischen Ansätzen der Außenseiter stand und steht: Die Beschäftigung mit diesen Randpositionen kann weiterführende Handlungsbedarfe für die kirchliche Verkündigung aufzeigen und theologische Diskussionen anregen. Wenn Kirche ihren postulierten Ansprüchen entsprechen will, sollte sie sich zu diesem Bereich ihrer Geschichte bekennen und sich mit den Theologen, die aus intensiver Auseinandersetzung und aufgrund ihrer Erfahrungen als Geistliche zu abweichenden Auffassungen gelangt sind, beschäftigen. Auch sie sind ein Thema der Kirchen- und Theologiegeschichte.

Restauration – Säkularisierung – Pluralismus

Theologie als Universitätswissenschaft angesichts religionskultureller Veränderungen

von

Jörg Dierken

I. Lagebeschreibung und Problemanzeigen

Der Platz der Universitätstheologie ist zwischen den Stühlen. Zum einen muß sie sich als Teil der *universitas litterarum* im Haus der Wissenschaften verorten. Zum anderen steht sie aufgrund ihrer Ausbildungsaufgaben für Pfarrer und Religionslehrer in Verbindlichkeiten gegenüber kirchlichen Institutionen.[1] Zwischen beiden Bezugsgrößen walten unaufhebbare Spannungen. Die Wissenschaft lebt von methodischer Falsifikation, die Kirche von kontingenter, menschlich unerzwingbarer Wahrheitszustimmung. Während dort alle vermeinte Erkenntnis vorläufig, weil kritisier- und überholbar bleibt, wird hier der alten Wahrheit der unaufzehrbare Kredit bleibender Gültigkeit mit Ewigkeitsrelevanz eingeräumt. Ihr doppelter Bezug auf die Religionsinstitutionen einerseits und auf die Wissenschaftsstrukturen andererseits kann für die Theologie ein doppelt verankertes Tragwerk sein. Er kann aber auch zur Zwickmühle der Legitimitätsbestreitung werden – je nach Lage der Dinge.

So konnten vor gut 50 Jahren wissenschaftssystematische und kirchenpolitische Argumente bei der Gründung einer theologischen Fakultät an der Universität Hamburg zusammenwirken. Laut damaligem

---

1 Dies besagt im Blick auf die Ausbildung der Religionslehrer nicht, daß der Religionsunterricht eine kirchliche, vielleicht gar, wie vom Bundesverfassungsgericht inkriminiert: ‚missionarische' Veranstaltung sein soll. Die genannte Verbindlichkeit der Theologie bezieht sich auf die verschiedenen Formen der institutionellen Umsetzung des Gehalts von Art. 7.3 GG, wonach der Religionsunterricht „unbeschadet des staatlichen Aufsichtsrechts" „in Übereinstimmung mit den Grundsätzen der Religionsgemeinschaften" erteilt wird.

Senatsbeschluß[2] war diese Universität durch Errichtung einer Theologischen Fakultät zur „Volluniversität" auszubauen. Dies sei um des „lebendigen geistigen Austausches" willen unverzichtbar; das akademische „Gespräch" zwischen den Disziplinen erfordere „gerade auch die Einbeziehung der theologischen Fragestellung". Den klaren Aussagen zur klassischen Universitätsstruktur mit interfakultärem Diskurs korrespondieren Hinweise auf die Ausbildungserfordernisse des „theologischen Nachwuchs[es] der Landeskirche" und der „künftigen Religionslehrer". Nicht an einer in Kirchenobhut stehenden Hochschule, sondern eben nur an der staatlichen Universität werde der Nachwuchs mit den „Problemen der Zeit" und den „geistigen und sozialen Spannungen" vertraut gemacht. Insbesondere diese Wendungen zeigen, daß bei der Fakultätsgründung unterschiedliche Motive zusammenwirkten. Den Senatsbeschluß zur Stärkung der Theologie durch Verortung in der Universität trugen einerseits kirchliche und bürgerlich-konservative Milieus – wobei in kirchlichen Kreisen die interimistische Kirchliche Hochschule ob ihres klar konfessionellen Profils erhebliche Sympathien genoß. Andererseits konnten distanzierte oder gar kirchenkritische Kreise auf Evangelische Theologie als Universitätswissenschaft setzen – allerdings um allzu kirchlich-konservativem Einfluß auf die zukünftigen Pfarrer und Religionslehrer entgegenzusteuern.[3] Hierzu zählten Teile der Hamburger Sozialdemokratie, die auf Öffnung zur politischen Mitte hin bedacht waren. Der Wissenschaftsbezug der Theologie und ihre Ausbildungsfunktion für Kirche und Schule konnten zum Doppelscharnier für kulturpolitische Absichten werden. Auch daher fand das auf die klassische Universitätsorganisation mit der Theologischen als Erster Fakultät anspielende Stichwort „Volluniversität" eine solche Zustimmung, daß die auch in Hamburg seit der Universitätsgründung mehrfach angestoßene Debatte um Religionswissenschaft als konfessionsneutraler Alternative zur Theologie nicht wieder aufflammte.[4] Da-

---

2   Die Begründung des einstimmigen Senatsbeschlusses zur Errichtung einer Theologischen Fakultät, aus der die folgenden Zitate stammen, findet sich in: *Ausschußberichte der Hamburger Bürgerschaft. Aus dem Jahre 1952 – Verhandlungen zwischen Senat und Bürgerschaft Hamburg, Jahrgang 1952*, 624–626. Vgl. hierzu RAINER HERING, *Theologie im Spannungsfeld von Kirche und Staat. Die Entstehung der Evangelisch-Theologischen Fakultät an der Universität Hamburg 1895–1955* (Hamburger Beiträge zur Wissenschaftsgeschichte 12), Berlin/Hamburg 1992, 270ff.

3   Vgl. zu den geschichtlichen Hintergründen HERING, Theologie (Anm. 2), 252ff.; HELMUT THIELICKE, *Zu Gast auf einem schönen Stern*, Hamburg ⁴1984, 281ff.

4   Hiernach sollte die Theologie durch die vorgeblich neutrale Religionswissenschaft ersetzt werden, weil nur sie wissenschaftsmethodisch in Sachen ,Religion' tragbar schien. Diese Diskussionen reichen in das 19. Jahrhundert zurück. Sie wurden vielerorts im frühen 20. Jahrhundert forciert und erhielten nach dem Ende des landes-

neben wirkte die Würdigung des christlichen Beitrags zum Widerstand im Nationalsozialismus mit dem Bemühen um Kontrapunkte zur rheinisch-katholischen Färbung der restaurativen Kultur- und Religionspolitik der Adenauer-Zeit bei der Fakultätsgründung zusammen. Die bedeutende Hamburger Universität auf diese Weise aufzuwerten und mit anderen Standorten vergleichbar zu machen, vereinigte Interessen aus dem kirchlichen, bürgerlichen und akademischen Spektrum. In einem indirekten, gleichsam über mehrere Bande verlaufenden Zusammenspiel konnten der Wissenschafts- und der Kirchenbezug der Theologie die für die Fakultätsgründung notwendige Legitimation verschaffen.

Demgegenüber treten in den jüngsten Auseinandersetzungen um die Theologie in Hamburg kulturpolitische Absichten in den Hintergrund. Insbesondere die Wissenschaftspolitik huldigt einem ökonomistischen Nützlichkeitsglauben, der wenig Verständnis für den übernützlichen Nutzen von kultureller Selbstreflexion durch die Geisteswissenschaften oder von theologischer Erkundung religiöser Sinnhorizonte hat. Die durch die Politik forcierten Umschwünge in den Bildungsidealen von Gott und Geist zu Geld spiegeln grundlegende Mentalitätsveränderungen, die sich in den Säkularisierungsschüben der letzten 50 Jahre ereignet haben. Gott und Geist sind eben keine Gelddruckmaschinen, und im Kalkül der Macht, in dem die Politik rechnet, verfügt die Kirche nicht mehr über allzu starke Bataillone. Mehrwert ohne Geistesbildung, so lautet das neue Credo. Dabei rückt auch das klassische Paradigma der Wissenschaft, das Streben nach Erkenntnis um ihrer selbst willen durch permanente Kritik und Korrektur, aus dem Horizont der Wissenschaftspolitik. Dies ist eine Entwicklung von hoher wissenschaftskultureller Bedeutung. An die Stelle von voraussetzungsloser Wahrheitssuche und umfassender Bildung tritt der schnelle Nutzen, abzuzählen

---

herrlichen Kirchenregiments neue Nahrung. Auch diese Diskussionen gehören zu den Hintergründen dafür, daß die Universität Hamburg, ähnlich wie die zeitnahen Gründungen in Frankfurt a.M. und Köln, ohne theologische Fakultät gegründet wurde (in Frankfurt ging es darüber hinaus noch um die Frage einer dritten, nämlich jüdisch-theologischen Fakultät). Diskussionen um Religionswissenschaft anstelle von Theologie fanden in kirchenfernen Milieus auch noch bei den Debatten um die Reorganisation von Gesellschaft und Universitäten nach 1945 manchen Widerhall. – Vgl. als klassische Beiträge zu dieser Debatte aus theologischer Feder: ADOLF VON HARNACK, „Die Aufgabe der theologischen Fakultäten und die allgemeine Religionsgeschichte" (1901) in: *Adolf von Harnack als Zeitgenosse*, Teil 1, hg. v. KURT NOWAK, Berlin u.a. 1996, 797–815; ADOLF VON HARNACK, „Die Bedeutung der theologischen Fakultäten" (1919), in: Ebd., 856–874; ERNST TROELTSCH, *Die Trennung von Staat und Kirche, der staatliche Religionsunterricht und die theologischen Fakultäten*, Tübingen 1907 (Nachdruck aller genannten Texte bei HARTMUT KRESS [Hg.], *Theologische Fakultäten an staatlichen Universitäten* [Theologische Studien-Texte 16], Waltrop 2004, vgl. zum Thema auch die Einleitung des Herausgebers, 5–90).

an den Planzielvorgaben für den Wirtschaftsstandort Hamburg. Erwägungen über die Theologie als Universitätsdisziplin werden von den Konjunkturen der religionsinstitutionellen Arbeitsmärkte bestimmt, nicht aber von wissenschaftsmethodischen Argumenten. Dies ist der Preis für die Reduktion von Wissenschaft auf Nutzen und Bildung auf Ausbildung. Damit werden religionspolitische Fragen, wie sie aus dem wieder aufflammenden Kampf der Götter im Wertekosmos aufbrechen, im Kreis ernsthafter akademischer Themen marginalisiert. Theologische Reflexion führt auf die gedanklich anspruchsvollen Probleme der Dialektik von Normativität und Empirie, von Außenbeschreibung und Eigenperspektive, von erster und dritter Person. Anders als die geisteswissenschaftlich gebildete Nationalökonomie eines Max Weber hat das am shareholder-value-Paradigma ausgerichtete Denken der heutigen Beratungsindustrie kein Sensorium für die Dialektik des Subjektiven mit normativen Folgefragen von erheblicher kultureller Bedeutung.[5]

Es würde indes zu kurz greifen, zwischen ökonomischen und theologischen Paradigmen nur einen strikten Gegensatz zu sehen. Auch die wertlose Wahrheit der Theologie will in einem paradoxen Sinn in Marktwerte übersetzt sein. Selbst das Unveräußerliche muß an den Mann oder die Frau gebracht werden, sonst erleidet es als unverkäuflicher Ladenhüter schnellen Verfall. Religion existiert empirisch gesehen als Produktpalette auf Kommunikationsmärken. Seit der sowohl für Säkularisierungstheoreme als auch Kommunismusvisionen irritierenden ,Wiederkehr der Religion' in den 1970er Jahren zeigen die Religionsmärkte wiederholt Boomphasen. Allerdings gewinnen andere als klassisch kirchliche Religionsmarken an Marktstärke. Diese wächst exponentiell zur Aggressivität. Starke Positionen mit entsprechender Aufmerksamkeitsresonanz nehmen heute eher die Marken mit harten Kampfgöttern ein, zulasten der liberalen Konsensgötter.[6] Die Aufmerksamkeitsresonanz der Kampfgötter korreliert mit einer Verweigerung von Selbstreflexion im Paradigma wissenschaftlicher Kritik. Eben darum untergraben sie mit ihrer durch Reflexionsverweigerung genährten Stärke in den Kommunikations- und Aufmerksamkeitsmärkten indes die Bedingungen einer

---

5   In entsprechender Weise ist das Modell der Neuformatierung der Universität in Schools und Großfakultäten auch nicht, wie etwa bei Fichte, Schleiermacher oder Humboldt, von wissenschaftssystematischen Gesichtspunkten geleitet. Das Instrumentarium der Unternehmensberatung tritt an deren Stelle. Nur durch dessen wissenschaftssystematische, methodische und kulturpolitische Gleichgültigkeit ist es verstehbar, daß die vielfach heiß diskutierten Fragen nach dem Wissenschaftscharakter der Theologie und dessen institutioneller Abspiegelung kaum eines Gedankens wert scheinen.

6   Vgl. FRIEDRICH WILHELM GRAF, *Die Wiederkehr der Götter. Religion in der modernen Kultur*, München 2004, v. a. 15–66.

liberalen Gesellschaft, einschließlich ihrer Ökonomie. Dieser Umstand ist in die religionsökonomische Langzeitrechnung einzustellen. Auch eine freiheitliche Marktwirtschaft steht in Wechselzusammenhängen mit normativen Orientierungen.[7] In sie greift auch Religion hinein, nicht zuletzt durch ihr Verhältnis zur Bildung. Es ist zu stärken. Daß es Interdependenzen zwischen Bildung und wirtschaftlichem Wohlstand gibt, ist empirisch gut belegt – zumal Bildung selbst etwas mit Sozialisierung durch möglichst weit greifenden Austausch und ein reflektiertes Selbstverhältnis zu tun hat.[8] Die dadurch erreichte Befähigung zur Freiheit aufgrund von Urteilsstärke läßt sich in das klassische Wort ‚Persönlichkeitsbildung' übersetzen. Von ihm her ist der Neologismus ‚soft skills' zu präzisieren – und nicht umgekehrt.

Die Theologie hat entscheidend dazu beigetragen, christliche Religion mit aufgeklärter Bildung und neuzeitlicher Wissenschaft zusammenzubringen. Darum ist sie ein Erfolgsmodell. Es wird nicht obsolet, wenn die Kirchen kleiner werdende Teile der zunehmend pluralisierten Religionsmilieus besetzen. Religion durch ihre Verbindung mit wissenschaftlicher Reflexion zu kultivieren, ist nicht nur ein Gewinn für die Kirchen, sondern auch für die Gesellschaft insgesamt. Religion ist eine gesellschaftliche Tatsache. Sie kann offener oder verdeckter gelebt werden, reflektierter oder einfältiger, toleranter oder mit härteren Macht- und Exklusivansprüchen. In unserem Kulturkreis steht das fein ausbalancierte Gefüge von Kirchen und Wissenschaftsinstitutionen über die akademisch-theologische Bildung des kirchlichen Personals dafür, daß eine Verbindung von Religion und Reflexion, von eigener Glaubensposition und toleranter Nachdenklichkeit in den Religionsmilieus präsent ist. Zugleich obliegt der Theologie als Wissenschaft die kritische Durchdringung der kirchlichen Religionspraxis. Dies setzt einen Begriff von Wissenschaft voraus, der nicht in theoretisch-klassifizierender Phänomenbeschreibung, aber auch nicht in praktisch-technischer Anwendungsoptimierung von Fertigkeiten aufgeht. Theologische Wissenschaft muß die *Urteilsfähigkeit in Religionsdingen* stärken. Dies geht nur, wenn normative Fragen darüber, was wir sein, wie wir leben, woran wir uns orientieren wollen, mit deskriptiven Einsichten über das religionsgeschichtliche und kulturelle Werden der zur Abwägung anstehenden Alternativen verbunden werden. Stärkung der Urteilsfähigkeit in Religionsdingen als Haftpunkt für die gesellschaftliche Bedeutung von Theologie impliziert einen Begriff von Religion, wonach sie nicht

---

7   Vgl. Jörg Dierken, „Universalität und Individualität. Globalisierung aus der Perspektive christlicher Ethik", in: Klaus J. Hopt / Erhard Kantzenbach / Thomas Straubhaar (Hgg.), *Herausforderungen der Globalisierung*, Göttingen 2003, 171–197.

8   Vgl. Birgit Sandkaulen, „La Bildung", in: *FAZ* vom 19. 11. 2004, 10.

mit selbstläufigen Vollzügen der Kircheninstitutionen aufgeht. Religion hat etwas mit Letztsinnfragen zu tun, die sich der Subjektivität des bewußten Lebens, das in einem Spektrum von Alternativen geführt wird, aufdrängen. So individuell Letztsinnfragen in solcher Subjektivität sind, so allgemein sind sie trotz aller Verschiedenheit: Jeder, der ein bewußtes Leben führt, ist irgendwie vor sie gestellt. Darum hat Religion, sosehr sie in der Subjektivität der Einzelnen verortet ist, zugleich eine unaufhebbar kommunikative, intersubjektive Allgemeinheitsdimension. Und deshalb geht das Verständnis der gesellschaftlichen Bedeutung der Theologie angesichts der Rolle von Religion im Leben mit einem Konzept von Kirche einher, das die empirische Institutionalisierung von religiöser Kommunikation nicht als konfessionalistisches Selbsterhaltungsinteresse mißversteht. Aus dem Religionsthema erhellt die Kulturbedeutung des Kirchenbegriffs. Darum kann der auf die Kirche bezogenen Theologie eine gesellschaftliche Relevanz eignen. Diese verlangt eine durch Wissenschaft geschärfte Urteilsfähigkeit.

Der Blick auf das komplexe Geflecht, in dem die Theologie als akademische und als religionspraktische, kirchenbezogene Disziplin steht, zeigt eine mehrsinnige Dialektik. Das Allgemeine wird durch das Besondere expliziert, das Objektive wird im Subjektiven thematisch und das Vorhandene ist immer vor normative Alternativen gestellt. Religion hat es mit *dialektischen Übergängen* zu tun. Sie sind geradezu ihr Lebenselixier. In der Logik solcher Übergänge sei nun den mit der Frage nach der Theologie als Universitätswissenschaft sich aufdrängenden Referenzbegriffen näher nachgegangen: also dem akademischen Theologiebegriff und dem praktischen Kirchenthema.

II. Theologie und Wissenschaft

In seiner feierlichen Rede zur Eröffnung der Hamburger Theologischen Fakultät bestimmte der Gründungsdekan Helmut Thielicke die Rolle der Theologie in der *universitas litterarum*. Sosehr hiernach die Theologie zweifellos in die oberste Institution der Wahrheitssuche gehöre, sosehr gehe diese Stellung in der nunmehrigen ,Volluniversität' zugleich mit einer gewissen ,Fragwürdigkeit' einher.[9] Diese Spannung rühre nicht nur daher, daß die Theologie eine Art „Universität im Kleinen" sei und gegenüber den analogen profanen Disziplinen insbesondere der Geschichte, Philologie und Philosophie das „Ärgernis eines Dop-

---

9　Helmut Thielicke, *Was ist Wahrheit? Die Theologische Fakultät im System der Wissenschaften*, Tübingen 1954, 8.

pelgängers" bilde, sondern insbesondere daher, daß die Theologie eine „Infragestellung" und „Störung" der Wissenschaft „auf ihrem eigenen Terrain" bedeute.[10] Denn sie impliziere die „Kategorie der Offenbarung", und diese sei kein Thema methodisch-vernünftiger Forschung. Das göttliche Offenbarungswort schaffe sich sein eigenes Rezeptionsorgan, also das Verstehen in menschlichem Glauben. Dieses Organ sei jedoch zugleich bezogen auf eine „Wahrheit", die die menschliche Existenz „ist", und das göttliche Wort manifestiere sich als ‚Heilsereignis' in geschichtlich, genauer: religionsgeschichtlich faßbaren Vorgängen. Thielicke zieht eine Linie von der theologischen Figur der Fleischwerdung des Wortes hin zur Entstehung des Christentums als Datum der methodisch erforschbaren Geschichte. Sosehr die Theologie bei solcher Forschung mit sonstigen Wissenschaftsdisziplinen parallel geht, sosehr komme ihr kraft ihrer Sonderstellung die Aufgabe einer permanenten Kritik der wissenschaftlichen Vernunft zu. Gegenüber einer immanenten Selbstkritik der Vernunft komme diese Kritik angesichts der Gestörtheit der Vernunft nach dem Fall aber von außen. Indem Thielicke eine Brücke von der Offenbarung über die postlapsarische Vernunft zur Existenzfrage nach ‚Wahrheit' schlägt, begreift er die Theologie als kritisches „Gewissen [der] Universität" in ihrer Wahrheitssuche. Daneben fungiere sie als „Wahrheitsgewissen" gegenüber der Kirche, insofern deren offenbarungsbestimmtes Wahrheitsbewußtsein sich durch die Theologie voraussetzungsloser Wahrheitssuche aussetzte.[11] Der Wahrheitsbegriff erweist sich als höchst elastisch.

Thielickes Darlegungen zeigen, daß die Theologie in einem spannungsvollen Verweiszusammenhang steht, dessen Glieder beständige Übergänge zwischen Verschiedenem fordern. Wissenschaft und Kirche, voraussetzungslose Forschung und existentiell relevante Offenbarungswahrheit, Vernunft und ihre Kritik gehören hierzu. Theologie hat es mit der *bleibenden Alterität* zwischen diesen Faktoren zu tun, sie hat sie aber auch in ihrer Differenz geschmeidig *ineinander zu übersetzen*. Dabei kommt ihr das existentielle und weltanschauliche Orientierungsbedürfnis der frühen Nachkriegsjahre entgegen. Heute versteht sich indessen die Wechselresonanz der Stichworte Offenbarung und Glaube, Wahrheit und Existenz, Sünde und Vernunftkritik nicht mehr von selbst. Vor 50 Jahren konnte ein begnadeter Redner die kulturelle Präsenz und Plausibilität dieser Stichworte voraussetzen, ohne vor detaillierte Explikationserfordernisse gestellt zu sein. Dies ist gegenwärtig nicht mehr gegeben. Allgemeine Erwägungen ohne Einzelnachweise, welche Aus-

---

10   Ebd., 8f.
11   Ebd., 21. 11; vgl. 12.

wirkungen die Offenbarungskritik auf das Verfahren der Vernunft hat, wie sich die Inkarnation auf die historische Forschung auswirkt und welche Bedeutung die Existenzwahrheit für den Gewinn von empirischer Wahrheitserkenntnis hat, erzielen kaum mehr die gleiche appellativ-rhetorische Wirkung wie 1954. Während damals die Bedeutung der Theologie für das kritische inneruniversitäre Gespräch selbstverständlich schien, führten die späteren Säkularisierungsschübe dazu, daß Niklas Luhmann schon lange vor dem Ende des Jahrhunderts trocken eine „chronisch defizitär[e]" Bilanz der Theologie im interdisziplinären Austausch konstatierte: „Die Theologie nimmt mehr als sie gibt."[12]

Deshalb ist Thielickes Anliegen heute in einen weiträumigeren Rahmen einzustellen. Er wird durch das Thema ‚Religion' in seiner phänomenalen Breite, normativen Ambivalenz und inneren Dialektik markiert. Religion ist fraglos ein Thema von analytisch-wissenschaftlichem Interesse. Dies zeigen die vielfältigen Bezüge auf religiöse Tatbestände in den Kultur- und Geisteswissenschaften. Mit ihren religionswissenschaftlichen Anteilen und Methoden kommt aber eine Spannung zur Theologie auf. Denn während hier die normative Neutralität bloßer Beobachtung beansprucht wird, geht Theologie programmatisch mit Urteilsstärke, Geltungsansprüchen und Selbstpositionierungen in Religionsdingen einher. Allerdings können andere Wissenschaften selbst religionsähnliche Elemente implizieren. Dies zeigen etwa die weltanschaulichen Implikationen mancher Disziplinen, die zunächst gänzlich weltanschauungsfern zu sein scheinen. Als Beispiel seien die Universalansprüche des naturalistischen Determinismus mancher Teile der Gehirnforschung genannt. Religiöse Fragen können durch die ethischen Probleme des medizinischen Fortschritts aufgeworfen werden. Heilsversprechen der Politik reichen in die Sozialwissenschaft hinein. Um all dies einer kritischen Reflexion zuzuführen, bedarf es religionsdiagnostischer Kompetenzen, die nicht schon mit den szientifischen Verfahrensweisen gegeben sind.

Um hiermit zu beginnen: Theologie an der Universität steht heute dafür, daß Wissenschaft rational mit wertbesetzten Weltanschauungsgehalten umgeht und nicht unerkannt zur Religion mutiert. Man muß hierbei nicht wie zu Thielickes Zeiten die Verzweckung von Wissenschaft im Dienste der völkisch-totalitären Anti-Religion des Nationalsozialismus vor Augen haben – mit massivsten Auswirkungen auf das juristische Staatsverständnis, das Menschenbild der Pädagogik oder die biologische Anthropologie. Religiös-weltanschauliche Implikationen haben gegenwärtig manche lebenswissenschaftlichen Szenarien der Er-

---

12 Niklas Luhmann, *Funktion der Religion*, Frankfurt a.M. 1977, 266.

findung eines neuen, gentechnisch optimierten machinalen Menschen. Oder um ein unaufgeregteres Beispiel zu nennen: Die weltanschauliche Neutralität unseres Staates ist ihrerseits eine weltanschauliche Position, die mit ihrem Akzent auf der Fähigkeit der inneren Selbstbestimmung der Bürger auf eine Sicht des Menschen als verantwortungsfähigen Freiheitswesens abstellt. Damit wird eine Unbedingtheit von Subjektivität akzentuiert, deren juristische Operationalisierung über die Kategorie der Menschenwürde Vorstellungen von der inneren Dialektik des Subjektiven berührt. Das Subjektive nicht zu okkupieren und Verzicht auf eine positive Ausmalung des Fundaments der menschenrechtlichen Grundnorm zu üben, ist dem Recht um seiner Formalität und Allgemeingültigkeit willen geboten. Anderenfalls würde es religionsähnlich. Zugleich gehören in seinen Horizont aber auch die historisch aufgekommenen Religionsthemen der Glaubens-, Bekenntnis- und Gewissensfreiheit. Sie sind juristisch mit Bedacht offen zu halten – sosehr der Staat aus Gründen der erforderlichen Abgrenzung religiöser Tatbestände um Religion wissen muß.

Theologie an der Universität steht dafür, daß weltanschaulich-religiöse Implikationen der Wissenschaften einer sachkompetenten Diskussion zugeführt werden. Dazu müssen auch die normativen Ideengehalte des Christentums erörtert werden. In ihrer akademischen Rolle ist Theologie ein *Platzhalter* für eine solch differenzierte Erörterung von Heilsfragen, daß Wissenschaft nicht zum Heilsmittel mutiert. Sie kann kein „Weg zu Gott sein", um mit Max Weber zu sprechen.[13] Ihr Sinn ist auch nicht, Sinn zu stiften, um an Adolf von Harnack anzuschließen.[14] Sinn gibt ihm zufolge Religion dem Leben, da Wissenschaft dies nicht vermag. Doch um diese Grenze muß sie wissen. Zudem evoziert gerade die Sinnfreiheit von Forschung ein paradoxes Sinnproblem. Der Sinn dieser Sinnfreiheit besteht in der unendlichen Überholbarkeit aller Forschung. Die unerschöpfbare Unendlichkeitsdimension von Wissenschaft geht mit permanenter Kränkbarkeit allen Einzelwissens einher. Diese Dialektik hat religionsähnliche Implikate. Theologie repräsentiert im Hause der Wissenschaft einen Ort, an dem diese Spannung symbolisch reflektiert wird. Über den Umweg der in Wissenschaft gedolmetschten Religion hat die Theologie eine *regulative Funktion* im Umgang mit der programmatischen Fehlbarkeit endlicher Erkenntnisse angesichts der potentiellen Unendlichkeit des Gesamt des Wissens.

---

13 MAX WEBER, „Wissenschaft als Beruf", in: DERS., *Gesammelte Aufsätze zur Wissenschaftslehre*, hg. v. JOHANNES WINCKELMANN, Tübingen ⁷1988, 598.

14 Vgl. ADOLF VON HARNACK, *Das Wesen des Christentums*, hg. v. TRUTZ RENDTORFF, Gütersloh 1999, 261.

Dies erlaubt eine kleine Flurbereinigung: Theologie kann *heute* nicht mehr die Instanz der *Begründung* von Wissenschaft sein – wie es in der aristotelisch-scholastischen Konzeption der Theologie als erster theoretischer Wissenschaft zur Lösung des kosmologischen Erstursachenproblems oder in der noch bei Schelling greifbaren ontotheologischen Figur von Gott als Einheit von Sein und Erkennen, Objekt und Subjekt der Fall war. Mit dem Focus der Theologie auf die Subjektivität von Religion lassen sich vielfältige Konflikte zwischen der mythisch-symbolischen Form religiöser Vorstellungen und der mathematisierten Empirie der modernen Naturwissenschaften beilegen. Urknalltheorie und Schöpfungsglaube, Abstammungslehre und Gottebenbildlichkeit, Gehirn und Geist sind keine ernsthaften Gegensätze. Sie werden es nur, wenn der naturwissenschaftliche Kausalitätsgedanke jede Grenzdialektik mit der Teleologie ausschließen, wenn die Methoden empirischer Wissensgewinnung alle Rechenschaft über die immer schon beanspruchten Wechselverhältnisse von Denken und Sein ausblenden oder wenn die Gehirnforschung jede Perspektivendifferenz zum Geisterleben einziehen wollte. Nachdenkliche Naturwissenschaft reflektiert jedoch innere Transzendenzen. Darum sind konstruktive Diskurse mit einer ihrer heutigen Bedingungen bewußten Theologie möglich und sinnvoll.

Rückt das Thema der Religion in den Focus der Theologie, so bedarf es einer Verortung gegenüber der Religionswissenschaft. Das Verhältnis von Theologie und Religionswissenschaft wurde kürzlich – an etlichen prominent geführten Diskussionen im 20. Jahrhundert vorbei – gar zur Vorgabe mit Kabinettsrang. Mit der Programmformel „Theologie als Religionswissenschaft" sollte eine Modernisierungssemantik suggeriert werden.[15] Sie lebt freilich von schlichter Verkennung der mit Theologie und Religionswissenschaft verbundenen Differenzen. Diese liegen darin, daß die Theologie mit einem eigenen *religiösen Standort* verbunden ist, während die Religionswissenschaft auf *programmatische Neutralität* schwört. Danach könne nur die betrachtende Außenperspektive von Religionsgeschichte, -psychologie, -soziologie und vergleichender -phänomenologie das Thema ‚Religion' im Kontext von Forschung und Lehre behandeln, während die der Binnenperspektive des Christentums verhaftete Theologie mit positionellen Scheuklappen daherkomme. Diese Sicht der Dinge sitzt wenigstens vier Fehlurteilen auf. *Zunächst,* die programmatische Neutralität ist ihrerseits eine *Position,* und zwar

---

15 So der Reinbeker Beschluß der Kabinette von Hamburg und Schleswig-Holstein vom September 2004. – Zumindest bedient sich diese Formel einer simplen Abblendung der Differenzen, um unter Abblendung des konfessionellen Charakters und des Kirchenbezugs des Fachs Evangelische Theologie die Disziplinen der Praktischen und Systematischen Theologie aus politischem Interesse heraus zu beschneiden.

eine gegen elementare Dimensionen von Religion gerichtete. Sofern Religion etwas mit eigener Überzeugung, Glaube und Gewißheit – oder Zweifel als Kehrseite – zu tun hat, wird diese *Religionsdimension der subjektiven Geltung* aus der Wissenschaft von Religion verbannt. *Sodann,* das Verständnis von dem, was das ‚Religiöse' an Lebensformen, Ritualen, Kultpraktiken, Schriften, Gebäuden und dergleichen ist, erhellt nicht unmittelbar aus ihnen selbst. Man braucht schon irgendeinen *Vorbegriff* von Religion, um diese Phänomene *als religiöse* zu qualifizieren. Und dieser Vorbegriff ist in der Regel einer gelebten Religion entlehnt. *Weiter,* wegen der mit ‚Religion' verbundenen Beteiligungsperspektiven sind Religionsdiagnosen nicht neutral, sondern *beobachterrelativ.* Sie ergehen von der Warte unterschiedlicher Standpunkte aus. Was dem einen heilig dünkt, ist für den anderen unlauterer Gelderwerb einer Priesterkaste. *Schließlich,* der mit Religion – insbesondere nach der Auflösung homogener Milieus – verbundene Pluralismus verlangt es, daß die religiöse Standpunkthaftigkeit in Rechnung gestellt wird. Dies führt auf Urteile, die tunlichst reflektiert ergehen mögen. Während eine vermeintlich neutrale Vogelperspektive meint, sich dem durch Pluralismus ergebenden Zwang zum stets relativen, standortbezogenen Urteil überheben zu können, schwingt sie sich mit ihrem scheinbar absoluten Blick oberhalb des Relativen nur zu einem unreflektierteren Relativismus auf. Es gibt, um mit Ernst Troeltsch zu sprechen, „keine Religionsforschung ohne religiöse Stellungnahme".[16] Theologie beinhaltet hier nichts anderes als die ehrliche, für andere erkennbare und darum auch zu eigener Stellungnahme herausfordernde Angabe des Standpunktes solcher Stellungnahme.

Unbeschadet dieser Differenzen hat Theologie aber selbst religionswissenschaftliche Anteile. Paul Tillich konnte die Theologie darum als normative Religionswissenschaft charakterisieren.[17] Sie hat in ihrer neuzeitlichen Geschichte religionswissenschaftlichen Methoden selbst den Boden bereitet. Die Konzentration auf die Schrift hat in einem krisenhaften Prozeß dazu geführt, die Bibel selbst geschichtlich zu lesen und im Kosmos weiterer religiöser Dokumente zu verorten. Die nähere Bekanntschaft mit anderen Religionen hat dazu beigetragen, an die Stelle

---

16 Troeltsch, Trennung (Anm. 4), 40.
17 Vgl. Paul Tillich, „Über die Idee einer Theologie der Kultur", in: Ders., *Die religiöse Substanz der Kultur,* hg. v. Renate Albrecht, *Gesammelte Werke,* Bd. 9, Stuttgart 1967, 13–31, hier 14. Überblickt man den kulturtheoretischen bzw. kulturtheologischen Zusammenhang des Religions- und Geschichtsbegriffs, dann steht diese These in keinem Gegensatz zu der Charakterisierung der Theologie als „theonome Sinnnormenlehre" aus Tillichs ‚System der Wissenschaften' (in: Ders., *Main Works / Hauptwerke,* Bd. 1: *Philosophische Schriften,* hg. v. Gunter Wenz, 1–263; hier 248).

des Gegensatzes von göttlich geoffenbarter *religio vera* gegenüber dem heidnischen Menschengemächte der übrigen *religiones falsae* entwicklungsgeschichtliche Zusammenhänge und Typologisierungen zu setzen. Insbesondere auf den Gebieten der Philologie und der historischen Religionsforschung ist das Ensemble religionswissenschaftlicher Methoden und Kenntnisse maßgeblich durch die Theologie vorangebracht worden. Dies wäre nicht möglich gewesen, wenn nicht das protestantische Christentum selbst ein Ethos des Forschens und der Bildung hervorgebracht hätte – sei es im Interesse genauerer Schrifterkenntnis, sei es um den in Gottunmittelbarkeit stehenden Christenmenschen zum weltlichen Leben im kompetent ausgeübten Beruf zu befähigen. Das Bemühen um Bildung hat in Verbindung mit den kritischen geschichtlichen Einsichten eine *reflexive Selbstdistanz* gegenüber naiv-unmittelbaren Geltungsansprüchen in die christlichen Bestände hineingebracht. Dies hat ein konstruktives Verhältnis der Theologie zu den Entwicklungen der Moderne mitsamt ihrem religiösen Pluralismus, ihrer Differenzierung von Religion und politischer Macht und ihrer profanen Wissenschaft ermöglicht. Deshalb muß an die Stelle der falschen Alternative von Theologie *oder* Religionswissenschaft und der falschen Gleichung von Theologie *als* Religionswissenschaft eine *spannungsreiche Dialektik* von beidem treten, in der sich Normativität und Empirie, Binnensicht und Außenverhältnis wechselseitig herausfordern und befruchten. Diese Dialektik ist zwar in den heutigen theologischen Disziplinen teilweise institutionalisiert, sie ist aber durch interdisziplinäre Arbeit noch zu fördern. Und sie wird gestärkt, wenn verschiedene Religionen in den Blick treten. Dies führt zu Diskursen zwischen ihnen. Diese Diskurse können aber nur dann im Hause der Wissenschaft sinnvoll geführt werden, wenn alle Beteiligten die fein ziselierte Spannung zwischen reflexiver Selbstdistanzierung und normativer Stellungnahme irgendwie wahrnehmen.

Mit der religionswissenschaftlichen Komponente der Theologie stellt sich verschärft die Frage nach dem Rationalitätsstandard ihres Vermögens zu Stellungnahme und Urteil. Max Weber hat diese Frage mit größtmöglicher Schärfe umschrieben, wenngleich er zu einem problematischen Resultat gelangt. Hiernach ende alle Wissenschaft, die immer „Entzauberung der Welt" ist, an den Fragen von Sinn und Wert.[18] Wohl könne Wissenschaft die innere Logik von Wertentscheidungen analytisch auf ihre Bedingungen und Folgen hin durchdringen, zudem könne sie kulturelle Formen mitsamt ihrer immanenten Wertorientierung auch gegenüber Andersdenkenden beschreiben – sie könne selbst aber keine solchen Entscheidungen treffen. Dies sei eine *Angelegenheit*

---

18 Weber, Wissenschaft (Anm. 13), 594.

des Lebens. Als wertbezogene Disziplin der „Rationalisierung des [...]
Heilsbesitzes" kommt die Theologie daher schlecht weg,[19] sosehr sie
im Idealfall auch die Fähigkeit haben mag, die in ihr thematische Religion anderen gegenüber ohne Bekehrungsabsicht darzustellen. Doch
indem Weber die Wertentscheidung und die sie ermöglichende Instanz,
also Subjektivität mit der Spitze des Fürsichseins, aus der Wissenschaft
verbannt und dem ‚Leben' zuschiebt, provoziert er die Frage nach der
Lebensdimension von Wissenschaft. Sie als eine wissenschaftliche zu stellen, heißt dem Fürsichsein angesichts seiner Ambivalenz und Fragili-
tät einen wissenschaftlichen Ort zuzuweisen. Faktisch operiert Weber
selbst mit dieser Dimension, indem er auch die berufsmäßig betriebene
Wissenschaft ohne ‚Leidenschaft' bis hin zur Bereitschaft zur härtesten
Falsifikation von Thesen, an denen Herzblut oder soziologisch: Karrie-
ren hängen, für unmöglich hält. Und tatsächlich sieht er in der Wissenschaft selbst einen Wert, nämlich den der kritischen Rationalität, die alle
vermeintliche Objektivität von Werten verneint. Mit ihm liegen denn
auch andere ‚Lebensgötter' in ewigem Kampf. Stellungnahme ist Göt-
terkränkung, aber auch Wissenschaft diskriminiert. Wissenschaft weiß
um den ewigen Kampf der alten Götter, die in neuen unpersönlichen
Lebensmächten ihren Gräbern entsteigen, um mit Weber zu sprechen.
Will sie ihnen nicht kampflos das Feld überlassen, so muß sie selbst ein
Verhältnis zu dem ausbilden, was sie transzendiert: die Subjektivität der
Entscheidung in der Sphäre der Werte. Wissenschaft hilft zu wissen,
was man als ‚wertvoll' will – in der Politik, Ökonomie, Kultureinrich-
tung und eben auch Religion. Wollen muß man freilich selbst. Aber wissen, daß man selbst wollen muß, und zwar im Wissen, was man will:
darüber kann Wissenschaft aufklären. Damit mutet sie dem ins Wissen
gehobenen Wollen zugleich eine anderen mitteilbare Rechtfertigungs-
last zu. Dies muß sie um ihrer Rationalität willen wollen. Das kompetent
Stellung nehmende, ins Wissen gedolmetschte Urteil der Theologie über
die Werte der Religion ist ein exemplarischer Fall für die Rationalität
dieser Grenzdialektik, ohne die kritische Wissenschaft ihren eigenen
Begriff verfehlt. Darum gehört Theologie in die Universität.

---

19   Ebd., 610.

III. Theologie und Kirche

Theologie reflektiert Religion, sie produziert sie aber nicht. Ihre Inhalte entstammen einer gelebten Religionskultur, hier dem protestantischen Christentum. Theologie ist keine Religionsquelle – sosehr sie als Platzhalterin des Religionsthemas in der Wissenschaft mit der Religionspraxis verbunden ist. Doch ihr gegenüber ist Theologie zugleich umgekehrt Platzhalterin kritisch-wissenschaftlicher Reflexion, oder mit Thielicke: Sie ist das Wahrheitsgewissen der Kirche. Religion selbst aber ist eine Angelegenheit des *Lebens*. Sie ist einer der Orte, an dem sich das Leben als ein *bewußt* geführtes über seine Bedingungen und Ziele orientiert. Dies geschieht in symbolischen Deutungswelten, in denen sich das Individuellste und Universalste, das Eigenste und das größtmögliche Andere durchdringen, ohne in Einerleiheit aufzugehen. Hierfür stehen die Verhältnisse von Selbst, Welt und Gott. In deren Rahmen werden normative Grundunterscheidungen expliziert. So wird einer neomanichäisch-fundamentalistischen Dramatisierung eines heiligen Krieges von Gläubigen und Ungläubigen der unendliche Wert *aller* Seelen vor Gott entgegengesetzt; so steht gegen den Nihilismus einer satanischen, auch um den Preis des eigenen Untergangs zu vernichtenden Gegnerwelt der um das Böse *im Eigenen* wissende, aber getröstete Optimismus der Hoffnung, daß das Böse nicht das letzte Wort habe. Das Christentum stellt auf eine letztgültige Freiheit des Menschen ab, der kraft eigener Schuldfähigkeit zur Verantwortlichkeit für sich und die anderen aufgerufen ist. Es verbündet sich mit einer Kultur der Autonomie, die weiß, daß der Mensch sich nur um den Preis seines Selbstmißverständnisses selbst genug sein kann.

Solch religiöse Gehalte gibt es nur, wenn sie *kommuniziert* werden. Das Jenseits wird zur Kraft des Diesseits, wenn es hier *soziale Realität* wird. Ideen werden wirksam in empirischen Gestaltungen. Ihr normativer Gehalt manifestiert sich in Kontrasten zu anderen empirischen Gestaltungen, religiösen wie nichtreligiösen. Indem christliche Kirchen den normativen Ideengehalt, der mit der Präsenz des Absoluten im Relativen oder der Gegenwart Gottes im Individuum Jesus verbunden ist, kommunizieren, steht ihre hiermit gesetzte Konstitution in der Anerkennung Jesu als Christus in Kontrast zu Vergemeinschaftungsformen, für die nicht der Mensch als Mensch und mithin das Individuum als solches coram Deo gelten, sondern ethnische, geschlechtsbezogene, religiöse oder sozioökonomische Merkmale entscheidend sind. Wenn das Verhältnis des Menschen zu Gott in der Form des unvertretbaren und innerlichen Glaubens an den gerade den Sünder rechtfertigenden Gott konzentriert ist, geht hiermit eine Distanz zu ritualistischen und kultischen Formen einher. Sie verbindet sich mit einer öffentlich kommunizierten Aufmerksamkeit auf die inneren subjektiven Dimensionen von Herz und Gewissen. Natürlich treten die von den christlichen Kirchen verkörperten Ideen von Freiheit und Gleichheit, universaler Gerechtigkeit und intimer Innerlichkeit in vielfacher geschichtlicher Brechung in Erscheinung. Wie die Kirchengeschichte eine Fülle normativer Konflikte um die Kirche kennt, so zeigt die Theologiegeschichte, daß der skizzierte Ideenkreis nicht ohne einen Streit um die geltende Wahrheit thematisch wird. Durch ihn lassen sich aber auch Affinitäten von christlichen Grundkräften zur Kultur des Denkens und der Bildung erkennen. *Glaube und Einsicht* gehören zusammen: *credo ut intelligam*, um Anselm von Canterbury zu zitieren. In Anlehnung an eine Formel Carl Heinz Ratschows ist das Christentum ‚Denkglaube'.[20] Glauben, die Grundform des christlichen Religionsvollzugs, geht jedenfalls nicht ohne jede mentale Durchsicht. Kein Glaube ohne Verstehen, wie rudimentär auch immer. Auch deshalb sind die maßgeblichen Bildungsinstitutionen in unserem Kulturkreis im Radius der kirchlich kommunizierten Glaubensreligion entstanden. Glaube und Bildung sind keine Gegensätze, so wenig sie zusammenfallen. Dann wäre Glauben in Glaubenswissen verwandelt und zum intellektuellen Werk verkehrt.

Die Bildungsaffinität der christlichen Religion als Angelegenheit des Lebens hat sich auch auf das methodische Religionsdenken in den Wissenschaftsinstitutionen ausgewirkt. Dies gilt insbesondere in protestantischen Kontexten. Theologie galt und gilt hier als eine primär praktische Disziplin. Wolfhart Pannenberg hat gezeigt, daß die Bestimmung der Theologie als ‚*scientia eminens practica*' wie ein roter Faden protestantische Theologiekonzeptionen vom Reformationszeitalter über die Aufklärung bis hin zur Moderne durchzieht.[21] Gegenpositionen, zu denen die schließlich von Pannenberg selbst favorisierte gehört, treten demgegenüber zurück. Doch auch hiernach kommt und kam der protestantischen Theologie nur auf indirekte und mittelbare Weise eine wissenschaftsfundierende Funktion zu, etwa vermöge des Gottesbegriffs als Grund oder Grenze allen Subjekt und Objekt, Denken und Sein, Intelligenz und Natur synthetisierenden Wissens. Im Vordergrund stand hingegen traditionell ihre Ausrichtung auf die zum Heil des Menschen erforderlichen Bestände. Dazu verband sie die ontologische Finalstruktur des Menschen mit Gott als Geber, Richtinstanz und Vollender des Lebens durch das Studium seiner in der inspirierten Schrift niederge-

---

20 Vgl. CARL HEINZ RATSCHOW, *Die Religionen* (HAST 16), Gütersloh 1979, 122 u.ö.

21 Vgl. WOLFHART PANNENBERG, *Wissenschaftstheorie und Theologie*, Frankfurt a.M. 1977, 230ff. Pannenberg selbst vertritt ein Konzept, nach dem die Theologie schließlich zur kontemplativ-theoretischen Wissenschaft von Gott wird.

legten Heilsoffenbarung. Die um das heilspraktische Thema zentrierten Theologiekonzepte konnten subtile methodische Differenzierungen
in der Darstellungsordnung hervorbringen, den philologischen Sinn
schärfen und fein ziselierte Psychologien des religiösen Bewußtseins
entfalten. Die historisch überaus komplexen Formen müssen hier auf
sich beruhen bleiben. Gemeinsam ist ihnen der in Gott gegründete Fokus auf die *Subjektivität des Glaubens.* Insofern nach protestantischem
Verständnis schon der Glaube das Heil ist, ist Theologie, logisch betrachtet, eine *Funktion des Glaubens,* genauer: seiner *inneren Bildungsdimension.*[22] Sie entsteht korrelativ zu seiner Kommunikation durch das
Medium des Wortes. Soziologisch korrespondiert dem, daß die in den
Bildungsinstitutionen verortete Theologie für die Ausbildung der professionellen Funktions- oder Amtsträger der Kirchen zuständig ist, denen die öffentliche Glaubenskommunikation in den Regelkreisen von
Evangeliumsverkündigung und Sakramentsverwaltung obliegt. Genau
deshalb entspricht der praktischen Ausrichtung der Theologie auf das
um den Glauben zentrierte religiöse Leben ihre Ausbildungsfunktion
für das geistliche Personal.

Dies hat dazu geführt, daß die Stellung der Theologie als erste der
drei ‚oberen‘ Fakultäten im mittelalterlichen Universitätskonzept Spuren
bis weit in die Neuzeit hinein gezogen hat. Wie Jurisprudenz und Medizin sollte danach auch die Theologie den Erfordernissen des praktischen
Lebens dienen. Hierzu gehörten neben öffentlicher Gesundheitspflege
und rechtlicher Wohlordnung der Gesellschaft auch die Themen, die
sich aus dem Bedürfnis nach Heil und den Notwendigkeiten der Re-
gulierung von Streitfragen kirchlicher Lehre ergeben.[23] Das Modell von
Theologie als einer den Erfordernissen des kirchlichen Amtes verpflichteten Wissenschaft scheint trotz mancher Kritik an der Fakultätseintei-
lung noch durch neuzeitliche Universitätskonzepte hindurch, und die
Bestimmung von Theologie durch die Ausbildungserfordernisse für das
Pastoren- und, so ist zu ergänzen: Lehreramt, ist noch für gegenwärtige
staatskirchenrechtliche Regelungen leitend.[24] Insbesondere Schleierma-

---

22   Diese Bildungsdimension kann binnensubjektiv als Rechenschaft des Einzelnen
     über seine religiösen Glaubensgehalte manifest werden, sie kann aber auch intersub-
     jektiv angesichts der sozialen und intellektuellen Kontexte, in denen sich Glaubende
     bewegen, evoziert sein. Faktisch sind immer Wechselverhältnisse anzunehmen.

23   Von daher konnte die Theologie eine entscheidende Rolle im Zusammenhang mit
     Fragen der kirchlichen Lehre spielen, ohne daß sie deshalb in die Stellung eines
     kirchlichen Lehramtes mit privilegiertem Wahrheitszugang einrücken muß.

24   Natürlich ist im Blick auf die universitätsrechtlichen Konsequenzen des Staatskir-
     chen- oder Religionsrechts der Wandel in den Grundnormen mitzudenken. Das
     moderne Religionsrecht stellt auf die Religionsfreiheit als Selbstbestimmung der
     Grundrechtsträger in Religionsdingen ab und nicht auf eine staatliche Verantwor-

chers epochaler Entwurf des theologischen Studiums bezieht den ‚positiven' Charakter der Theologie als Wissenschaft auf eine soziologisch bestimmbare, geschichtlich gegebene Glaubensweise, und die Einheit der Theologie wird gestiftet durch ihre Funktion für die Kirchenleitung, für deren professionelle Ausfüllung ein Arsenal von „Kenntnissen und Kunstregeln" erforderlich ist.[25] Nur durch diesen berufspraktischen Bezug auf das „Kirchenregiment",[26] etwas moderner: durch die Kompetenzerfordernisse für professionelle kirchliche Leitungsaufgaben, seien die religionshistorischen, philologischen, philosophischen, ethischen, sozialtheoretischen und praktischen Kenntnisse, die das Theologiestudium vermittelt, *als theologische* qualifiziert. Freilich gilt auch umgekehrt: Ohne das komplexe Gefüge dieser Kenntnisse, für das die Theologie unter Anleihen an die profanen kultur- und geisteswissenschaftlichen Nachbardisziplinen nahezu eine Universität in Kleinformat ausbilden muß, ist eine kompetente professionelle Berufspraxis in den christlich-religiösen Institutionen nicht möglich. Um das Alltagsgeschäft der professionellen Berufspraxis als Pastor – oder auch als Lehrer – ausfüllen zu können, muß man immer mehr wissen, als man zu brauchen meint. Gerade der Berufstheologe muß, um es mit Schleiermachers philosophischer Theologie zu sagen, *über* das Christentum in logischem Sinne hinausgeblickt haben, um sein ‚Wesen' gegenüber anderen Glaubensweisen klar erkennen und Religion überhaupt von einer Verirrung des

---

tung für das Seelenheil der Bürger. Religionsfreiheit impliziert selbstverständlich auch ihre positive Gestalt als Freiheit zur individuellen und gemeinschaftlichen Religionsausübung in Religionsgesellschaften und Kirchen. Auf sie ist der staatskirchenrechtliche Regelungsbereich bezogen, in dessen Zusammenhang auch die Theologie an staatlichen Universitäten steht. Der Religionsunterricht wird im Rahmen der Kultur- und Bildungsaufgaben des Staates in Übereinstimmung mit den Grundsätzen der Religionsgemeinschaften erteilt. Insofern ist auch dieses Gebiet, in dem sich verschiedene Rechtsgebiete mit Ausstrahlungswirkung auf das Universitätsrecht überschneiden, von der Grundnorm der positiven Religionsfreiheit geleitet. – Man mag fragen, ob sich vom alten Gedanken der öffentlichen Verantwortung für das Seelenheil konstruktive Linien zur modernen Form der freiheitlichen Selbstbestimmung in Religionsdingen ziehen lassen. Eine Antwort auf diese Frage kann an der Dialektik nicht vorbeigehen, daß die Doppelgestalt der Religionsfreiheit als positive wie negative im Interesse eines freiheitszentrierten Christentums liegt, insofern sein Thema – altertümlich gesprochen: das Heil der Seele – nur vermittels der Differenzierung von Religion und Politik, Kirche und Staat in der zum Heil der Seele erforderlichen Freiheit des Wortes kommuniziert werden kann.

25 Friedrich Daniel Ernst Schleiermacher, *Kurze Darstellung des theologischen Studiums zum Behuf einleitender Vorlesungen (1810)*, Nachdruck, hg. v. Heinrich Scholz, Hildesheim ⁴1977, § 5.

26 Ebd., § 6.

Geisteslebens unterscheiden zu können.[27] Theologie über die Erfordernisse des kirchlichen Berufs zu definieren, funktioniert nur, wenn sie zugleich Fragen der Geistes- und Kulturwissenschaften in ihrer ganzen Weite mitdiskutiert.

Dieser Diskurs schließt Streit nicht aus. Sofern in ihm sich Deskriptives und Normatives ineinander verwickeln, lebt ein solcher Diskurs geradezu vom produktiven Streit um die Wahrheit. Die Universität steht dafür, daß dieser Streit in *methodisch kontrollierter Weise* geführt wird: also *argumentativ* und auf grundsätzlich *öffentlichem* Forum. Kant suchte ihn als Streit der drei ‚oberen‘, auf gesellschaftliche Ausbildungserfordernisse ausgerichteten Fakultäten mit der ‚unteren‘, allein der Wahrheitsforschung gewidmeten philosophischen Fakultät zu inszenieren. Sosehr aus dieser Einteilung die alte Universitätsorganisation durchscheint, sosehr läßt Kant sie zugleich auf den für die Universität charakteristischen ‚Streit der Fakultäten‘ hin durchsichtig werden. Ein Aufhören dieses Streits, etwa durch die „friedliche Übereinkunft" eines hinter den Kulissen geschlossenen Vergleichs, ist für Kant daher nicht einmal wünschbar.[28] Die Differenz der Sichtweisen, zwischen denen der Streit geführt wird, kann nicht reduziert werden. Sie schattet sich sogar in der philosophischen Fakultät selbst ab. Zum Streit mit der Theologie kommt es von ihrer Seite aus, weil sie aufgrund ihrer Binnenstruktur die Spannung des Historisch-empirischen und Normativ-praktischen kennt und weil Religion selbst eine „Vernunftsache" im Sinne einer einsehbaren Grenzdialektik darstellt.[29] Dies betrifft die von der sittlichen Vernunft her gebotene Integration des menschlichen Glückstrebens, aber auch das empirisch-historische Werden des kulturellen Bodens der von Kant angestrebten ‚Vernunftreligion‘. Gehört solches historische Werden selbst in die Grenzdialektik der Vernunft, dann müssen um des wissenschaftlichen ‚Streites‘ willen auch die kontingenten, historisch vorgegebenen Formen des ‚Kirchenglaubens‘ mitsamt seiner ‚statutarischen‘ Verfaßtheit in der Universität thematisch sein. Sosehr Kant diesen ‚Kirchenglauben‘ durch Aufklärung in ‚Vernunftreligion‘ überführen will, sosehr ist angesichts des geschichtlichen Werdens der Religion als einer Vernunftangelegenheit die falsche Alternative von bloß Historischem und rein Vernünftigem in das spannungsvolle Ineinander von werdender Vernunft und geschichtlichem Glauben zu überführen. Kirchenglaube und Vernunftreligion sind im Lichte dieser Grenzdialektik keine simplen Gegensätze. Der Dialektik zwischen ihnen kann sich auch die

---

27   Ebd., § 33.
28   IMMANUEL KANT, „Der Streit der Fakultäten", zit. nach: DERS., *Werkausgabe*, Bd. 11, hg.
     v. WILHELM WEISCHEDEL, Frankfurt a.M. ²1978, A 38.
29   Ebd., A 112.

Theologie als kirchenbezogene Universitätsdisziplin nicht entziehen
– will sie sich nicht auf Kants Spottbild einer kaum diskursfähigen, auf
Apartsetzung von der Vernunft bedachten und darum zirkulären Bi-
bel- und Kirchenstatuten-Theologie reduzieren.[30] Wenn die Theologie
sich jedoch programmatisch auf „Kontrarationalität" versteifen sollte,[31]
wird die von ihr vertretene Religion ihren Krieg gegen die Vernunft auf
Dauer nicht aushalten, so ist mit Kant zu sagen.[32] Und für die Wissenschaft hat sie dann kaum mehr als eine historisch-museale Bedeutung:
Der wissenschaftliche Religionsdiskurs findet schließlich ohne Theologie statt – und ohne produktiven Wahrheitsstreit. Wenn aber die innere
Logik der christlichen Religion für die Dialektik von Geschichte und
Geltung, von subjektiver Gewißheit und intersubjektiv anzusinnenden
Wissensbeständen offen ist, wenn sie die Differenz von fehlbarer humaner Endlichkeit und der Alterität des Divinen in Kritik und Korrektur
des Humanen umzusetzen vermag, dann inszeniert sie selbst den ‚Streit
der Fakultäten' mit – etwa gegen eine um die Dimension der Praxis am-
putierte, auf technische Vernutzung reduzierte Vernunft.

Auch darin liegt die Kulturbedeutung einer Theologie, die zugleich
auf die Kirche bezogen ist. Im Horizont weiträumiger Erkundungen der
Vernunft in der Religion sind die Kulturbedeutung der Theologie und
ihr Kirchenbezug keine kontradiktorischen Gegensätze. Deshalb kann
die Alternativstellung von Kirchentheologie und Kulturtheologie, wie
sie im 20. Jahrhundert etwa von Troeltsch und Tillich, aber mit umge-
kehrtem Akzent auch von Barth und seiner Schule betont wurde, unterlaufen werden. Diese Alternative hat ihr Recht, wenn der Kirchenbezug
durch kurzschlüssige Vermittlung berufstechnischer Fertigkeiten definiert wird, sei es im Sinne eines von keiner kritischen Frage angekrän-
kelten kirchlichen Amtstraditionalismus, sei es im Sinne eines in Zeit-
geistmoden verliebten Funktionärswesens. Sie hat auch ihr Recht, wenn
Kultur in Unkultur umschlägt. Doch auch in diesen Fällen kann die
Alternative nur ein pragmatisch gebotenes Gegenmittel gegen Fehlent-
wicklungen sein, mit denen im 20. Jahrhundert fraglos massive Erfahrungen gemacht worden sind. Denn die *Kirche* ist als institutionalisierte

---

30 Dieses Bild der Theologie wird von Kant als historische Beschreibung gezeichnet,
    um gegen es die Vernunftaufklärung zu mobilisieren. Wenn Religion eine Ver-
    nunftangelegenheit ist, muß in der Logik von Kants Argumentation die Theologie
    mehr sein als der hilflose Versuch, statutarischen Kirchenglauben unter Verwick-
    lung mit einigen halbrationalen Argumenten zu stützen.

31 Johann Anselm Steiger, Art. „Rationalismus, III. und IV.", in: *RGG*[4] 7 (2004), Sp. 52f.

32 Vgl. Immanuel Kant, „Die Religion innerhalb der Grenzen der bloßen Vernunft", zit.
    nach: Ders., *Werkausgabe*, Bd. 8, hg. v. Wilhelm Weischedel, Frankfurt a.M. [2]1978, BA
    XIX.

religiöse Vergemeinschaftung selbst *Teil der Kultur*, und die *Kultur* wird selbst von *religiösen Themen und Logiken* mitbestimmt. Hierzu gehören etwa eine verschiedenartig artikulierte Unbedingtheit des kontingenten Humanum, aber auch Differenzierungen zwischen Glaube und Wissen, Religion und Politik. Dies will verstanden sein, sonst gerät es ins Rutschen. Gewalt kann die Stelle der Vernunft in der Religion verdrängen, wenn jene Differenzen simplen Gegensätzen weichen, die nach feindlichen Übernahmen rufen. Wenn die Säkularisierung des Lebens die religiös kultivierte Rationalität im Umgang mit Transrationalem verblassen läßt, wenn zugleich ein unverarbeiteter Pluralismus mit einer Restauration des unkultivierten Götterkampfes um Werte und Seelen einhergeht, kann Theologie die *Vernunft in der Religion* stärken, indem sie das fein ziselierte Geflecht von Kirchen- und Wissenschaftsbezug in wohlverstandener Balance hält.

IV. Schlußbemerkung: Theologie und Gesellschaft

Daß der Ort der Theologie zwischen den Stühlen ist, hat der Blick auf die beiden Referenzzusammenhänge gezeigt. Ihre Spannung, die Thielicke in die Formeln von der Unselbstverständlichkeit und Fragwürdigkeit der Theologie gekleidet hatte, läßt sich in beiden Hinsichten wie in einem Differentialkalkül in immer feinere Einheiten zerlegen. Auflösen läßt sie sich aber nicht. Die Auflösung dieser Spannung ist nicht einmal wünschbar. Denn damit würden auch das kritische Wahrheitsgewissen der Kirche und das Korrektiv der Wissenschaft hinfällig. Die religionstheoretische Erweiterung des Rahmens, innerhalb dessen Thielicke vor 50 Jahren die der Theologie eigentümliche Grundspannung beschrieben hat, erlaubt es, den guten Sinn dieser Spannung gegenwärtig in die Kontexte der akademischen Welt und der weiteren Kultur hinein zu dolmetschen. Dies ist heute weit mehr als vor 50 Jahren erforderlich. Und es ist weit schwieriger. Denn angesichts der bekannten religionskulturellen Verschiebungen droht das Unselbstverständliche, das mit der Verbindung der Stichworte Universität und Kirche gesetzt ist, ins Unverständliche abzugleiten. Wenn der gute Sinn dieses Unselbstverständlichen nicht mehr verstanden wird, dann ist es um die Theologie schlecht bestellt. Sie wird verdächtigt, ein mit muse);alem Artenschutz versehenes Fossil aus längst vergangenen Zeiten zu sein.

Doch es sind keine Pietätsgründe, die für die Theologie sprechen. Denn die von ihr verkörperte Spannung hat auch eine Bedeutung für die Gesellschaft. Von dem Umstand, daß mit dem Vorhandensein von Religion um Wahrheitsüberzeugungen und Lebensgewißheiten gestrit-

ten wird, können sich auch Nichtgläubige und Atheisten nicht dispen-
sieren. Das gesellschaftliche Faktum von Religion im Plural wirft den
Streit um normative Fragen auf. Auch wer sie nicht religiös beantwortet,
nimmt Stellung – übrigens auch in Sachen Religion. Man sollte dabei
wissen, was man tut. Theologie kann hier zur Aufklärung beitragen.
Sie kann dabei angesichts ihres Ortes auf der Grenze Unbequemes zur
Sprache bringen und dabei manche Selbstgerechtigkeit irritieren. Dies
ist um so mehr geboten, je mehr Überzeugungen und Gewißheiten zur
Disposition stehen – und zwar zum Nutzen aller. Denn es geht ums
‚Eingemachte'. Theologie kultiviert hier, wo es am dringlichsten ist,
nachdenkliche Distanz – gerade weil sie dem Innersten, Subjektivsten
mit letzten Gedanken nachgeht, die auf intersubjektive Äußerung und
kommunikatives Verstehen drängen.

Fünfzig Jahre Hamburger theologische Promotionen

von

INGE MAGER

Inhalt

Einleitung

Zur Gründungs- und 50jährigen Fakultätsgeschichte

Dem nunmehr 50jährigen Bestehen der Theologischen Fakultät bzw. des Fachbereichs Ev. Theologie an der Universität Hamburg ging eine fast ebenso lange Gründungs-Vorgeschichte voraus. Seit 1895 fanden im Rahmen des Hamburger Allgemeinen Vorlesungswesens regelmäßig auch theologische Lehrveranstaltungen statt, die überwiegend von Hauptpastoren angeboten wurden. Mit der Eröffnung des Kolonialinstituts (1908) kamen noch missionswissenschaftliche Vorlesungen hinzu. Trotzdem erfolgte die Gründung der Universität Hamburg 1919 ohne theologische Fakultät. Selbst die für die weltoffene Handelsmetropole von liberaler Seite zeitweilig erwogene Religionswissenschaftliche Fakultät blieb reine Idee. Der jahrhundertelang dominierende Gedanke einer universitas litterarum fiel funktionalen, pragmatischen und wirtschaftlichen Überlegungen zum Opfer. Zudem erfolgte Ende 1918 im Zuge der zunächst geplanten strengen Trennung von Staat und Kirche die Abschaffung des öffentlichen Religionsunterrichtes. So bestand für den sozialdemokratisch geprägten Stadtstaat keine Veranlassung zur Errichtung einer klassischen „Volluniversität". Zwar wurde der Religionsunterricht Anfang 1921 wieder eingeführt; auch gestand § 149, Absatz 3, der Weimarer Reichsverfassung das Fortbestehen Theologischer Fakultäten an staatlichen Universitäten zu. Doch scheiterten alle Fakultätsgründungsversuche bis 1948 weiterhin aus finanziellen Gründen, wegen der fortgesetzten Reserve der Sozialdemokratie, aber auch großer Teile des Hamburger Bürgertums, gegenüber Kirche und Theologie. Während der nationalsozialistischen Zeit kam eine Fakultätsgründung wegen der kirchenkampfbedingten Verhältnisse und wegen der wechselnden Reichskirchenpolitik, die sich hinsichtlich der Hochschulen zwischen der Einrichtung ideologisch linientreuer deutsch-christlicher Lehrkörper und dem Abbau theologischer Fakultäten überhaupt bewegte, nicht in Frage. Selbst die seit 1926 an die Universität verlagerte Lehrerausbildung führte im Blick auf die Zurüstung für das Fach Religion nur zu entsprechenden Lehraufträgen innerhalb der philosophischen Fakultät bzw. zu Kursen, welche die Oberschulbehörde anbot.

Als nach dem Zweiten Weltkrieg infolge der deutschen Teilung die Universitäten Rostock und Greifswald für das Theologiestudium ausfielen und Kiel dem studentischen Ansturm aus Norddeutschland nicht gewachsen war, reagierte die Hamburgische Landeskirche auf den von staatlicher Seite bisher nicht behobenen theologischen Ausbildungsnotstand durch die Gründung einer Kirchlichen Hochschule, die im Wintersemester 1948/49 in Räumen der Alsterdorfer Anstalten mit drei hauptamtlichen Dozenten (Syst.: Hans Engelland; NT: Leonhard Goppelt; KG: Kurt Dietrich Schmidt) ihren Lehrbetrieb aufnahm. Walter Freytag, der Honorarprofessor für Missionswissenschaft in Kiel und Hamburg war, lehrte nebenamtlich gleichfalls Missionswissenschaft. Das Rektorat bekleidete Hauptpastor Volkmar Herntrich, der gleichzeitig alttestamentliche Lehrveranstaltungen anbot. Hauptpastor Dr. Theodor Knolle nahm sich der Praktischen Theologie an. Bis 1952 ergänzte noch Hauptpastor Dr. phil., Lic. theol. Paul Schütz das Kollegium als Dozent und Professor für Philosophie und Systematische Theologie. Mit diesem Lehrangebot kam die Hamburgische Landeskirche ihrer Verpflichtung zu einer qualifizierten wissenschaftlichen Theologie nach und übte durch das betont lutherische, konservative Dozentenkollegium einen nicht unerheblichen Einfluß auf den theologischen Nachwuchs aus.

Dieser Vorgang aber forderte alle an der Errichtung einer unabhängigen Theologischen Fakultät an der Universität Hamburg Interessierten neu heraus. Zudem gab die Sozialdemokratie jetzt ihre kirchen- und theologiekritische Haltung auf. Diese günstige Situation nutzte vornehmlich der als Hauptimpulsgeber und Stratege im Hintergrund wirkende sozialdemokratische Schulsenator Heinrich Landahl (1895–1971). Ihm ist es wesentlich zu verdanken, daß der Ausschuß für Religionswissenschaft des 1948 zusammengetretenen Hochschulbeirates nun endlich empfehlende Richtlinien für die Gründung einer Theologischen Fakultät ausarbeitete und dem Senat antragsweise unterbreitete. Als Argumente dienten jetzt nachhaltig der Ausbau der Universität zur „Volluniversität", der interdisziplinäre Dialog, die Religionslehrer- und die Pfarrerausbildung, die einen stärkeren Bezug zu den gesellschaftlichen Problemen der Zeit gewinnen und nicht nur im Binnenraum der Kirche stattfinden sollte. Die Hamburger Bürgerschaft nahm den Antrag zur Errichtung einer Ev.-Theologischen Fakultät am 24. Oktober 1952 in erster Lesung ohne Gegenstimme an. In dem anschließend von Landahl gebildeten Ausschuß für die Erstberufungen arbeiteten außer dem Universitäts-Rektor Bruno Snell u.a. der Erziehungswissenschaftler Wilhelm Flitner und der Rektor der Kirchlichen Hochschule Volkmar Herntrich mit. Von auswärts kamen noch der Systematiker Helmut Thielicke und der Patristiker Hans von Campenhausen hinzu. Der Ausschuß begann Ende Dezember 1952 mit der Suche nach geeigneten Dozenten. Vorgesehen waren zunächst fünf Professuren für AT, NT, Systematik, Kirchengeschichte und für Mission und ökumenische Beziehungen der Kirchen.

Ein Lehrstuhl für Praktische Theologie mußte auf Drängen des für die Systematikprofessur designierten Helmut Thielicke nachbewilligt werden. Neben ihm gehörten zur Urbesetzung der Fakultät Hans-Joachim Kraus (AT), Leonhard Goppelt (NT), Kurt Dietrich Schmidt (KG; schon 1953), Walter Freytag (Missionswiss. und ökumenische Beziehungen der Kirchen; schon 1953) und Hans-Rudolf Müller-Schwefe (PT; erst 1955). Die mittleren drei Professoren entstammten dem Kollegium der Kirchlichen Hochschule. Die drei nicht berufenen ehemaligen Dozenten derselben (Engelland, Herntrich, Knolle) erhielten den Status von Honorarprofessoren. Abgesehen von diesen personellen Verbindungen hatte die Theologische Fakultät sich aber als eine durchaus von der Kirche unabhängige Einrichtung konstituiert. Zum Abschluß eines Staats-Kirchenvertrages kam es nicht.

Mit dem Sommersemester 1954 beendete die Kirchliche Hochschule ihre Arbeit. Zum Wintersemester 1954/55 nahm die neu errichtete Theologische Fakultät den Lehrbetrieb gleich mit 89 Studierenden und fünf Professoren auf. Allerdings fanden bereits seit dem Sommer-Semester 1954 theologische Lehrveranstaltungen z.B. in Kirchengeschichte und Missionswissenschaft statt, da die Errichtung der Lehrstühle gleitend vor sich ging. Zur offiziellen Einweihung der Fakultät am 12. November 1954 fand ein Staatsakt im Festsaal des Rathauses statt. Der erste Dekan Helmut Thielicke sprach über das Thema „Was ist Wahrheit" und betonte darin die Unverzichtbarkeit des Dialogs der übrigen Wissenschaften der universitas litterarum mit der Theologie und umgekehrt. Unter den Gratulanten und Ehrengästen befand sich auch – anders als bei der Einweihung der Kirchlichen Hochschule – ein Vertreter der Kieler Theologischen Fakultät. Diese hatte den langen Gründungsweg der Hamburger Konkurrentin jedoch stets als eigene Bedrohung empfunden.

Dabei waren die Hamburger und die Kieler theologische Fakultät niemals Dubletten. Die nach dem Zweiten Weltkrieg rasch wachsende Großstadt, ihre durch Handel und Schiffahrt bedingten weltweiten Beziehungen, die schneller fortschreitende Säkularisierung und die sich aus dem allen wie von selbst ergebende multikulturelle und multireligiöse Atmosphäre verliehen dem Theologietreiben in Hamburg von Anfang an eine ganz eigene Note.

1955 nahm die mit Fakultät und Universität als An-Institut verbundene Missionskademie unter der Leitung von Walter Freytag ihre Arbeit auf. Sie gleicht bis heute einer missiologischen und ökumenewissenschaftlichen Stipendiatenanstalt und bietet überseeischen Studierenden und Postgraduates qualifizierte Aus- und Fortbildungsmöglichkeiten. Gleichzeitig hat sie die hiesigen Studierenden in einen beispiellosen Prozeß interreligiösen und interkulturellen Lernens einbezogen, der sich bis in die spätere Amtsführung oder in den späteren Schulalltag auswirkt. Die ausländischen Studierenden kehren am Ende ihres Hamburg-Aufenthaltes mit Kenntnissen und Zertifikaten in ihre Heimatkirchen zurück, die es ihnen ermöglichen, dort führende Positionen zu erlangen. Auf diese Weise nehmen sie wichtige Brückenfunktionen zwischen Kirchen und Kulturen wahr.

Infolge der seit den 60er Jahren ständig gestiegenen Studierendenzahlen sowohl im Pfarramtsstudium als auch in den Lehramtsstudiengängen wurden alle sechs theologischen Lehrstühle bald doppelt, später größtenteils dreifach besetzt. Während des Hochschulreformprozesses in den 70er Jahren erhielt die in Fachbereich 01 umbenannte Fakultät eine veränderte organisatorische Gestalt mit einem Sprecher als Repräsentant an der Spitze und sechs für die einzelnen Disziplinen gebildeten Instituten mit jeweils einem geschäftsführenden Direktor. Damals entstand auch durch Neu- und Zusatzberufungen ein verhältnismäßig junger Lehrkörper mit großer Anziehungs- und Ausstrahlungskraft. Die literarische Produktivität seiner Mitglieder bezeugt dies ebenso wie die im Laufe der Jahre betreuten und eingereichten insgesamt 280 Promotionen. Mitte der 90er Jahre kam die Bezeichnung „Dekan/Dekanin" wieder in Gebrauch.

Gegenwärtig vollzieht sich im Hamburger theologischen Fachbereich erneut ein Generationenwechsel. Er wird dieses Mal zusätzlich von dem Plan grundlegender struktureller Veränderungen begleitet, die – sollten sie durchgesetzt werden – einem fast völligen Abbruch abendländischer akademischer Traditionen gleichkommen.

Zum Promotionswesen

Bei mittelalterlichen und frühneuzeitlichen Universitätsgründungen war das durch Papst und Kaiser zu gewährende Promotionsrecht in der obersten theologischen Fakultät stets Gegenstand besonderer Verhandlungen. Fiel die oft mit erheblichen Geldzahlungen beförderte Entscheidung positiv aus, galt eine Hochschulprivilegierung als erfolgreich. Die nach der Sanktionierung durch die höchsten geistlichen und weltlichen Repräsentanten verliehenen Grade wurden fortan überall in Europa anerkannt. Und überall in Europa konnten promovierte Theologen ohne weiteres eine Professur erlangen. Protestantische Hochschulen allerdings brauchten nur das kaiserliche Placet und unterlagen natürlich den Konfessionsschranken. Grundsätzlich stand der theologische Doktorgrad beider Konfessionen hoch im Kurs; während des Mittelalters bis weit in die Neuzeit hinein glich er in der gesellschaftlichen Einschätzung nahezu einer Nobilitierung.

Wenn auch die doppelte oder einfache Bewilligung des Promotionsrechts heute der Vergangenheit angehört, so ist doch die staatliche Schirmherrschaft über die akademische Gradverleihung um der Garantie ihrer Anerkennung willen noch immer in Kraft. Entsprechend diesem staatlichen Prüfungsmonopol besaß die Hamburger Kirchliche Hochschule kein Promotionsrecht, sie hatte es im übrigen auch gar nicht gefordert. Hätte sie länger bestanden, wäre ein entsprechender Wunsch – wie auch bei anderen Kirchlichen Hochschulen – mit Sicherheit aufgekommen. Im Falle der Hamburger Fakultätsgründung aber verstand sich die Gewährung des Promotions- und Habilitationsrechts zur qualifizierten Nachwuchsförderung und als Ausdruck wissenschaftlicher Autonomie ganz von selbst.

Die älteste Promotionsordnung der neu gegründeten Theologischen Fakultät stammt vom 21. Juli 1956. Sie ist sehr knapp gehalten, macht aber über alle Verfahrensschritte und über alle von den Promovenden zu erbringenden Leistungen die erforderlichen Angaben. [Da die erste Graduierung schon 1955 stattfand, muß sie im Vorgriff auf die künftige Ordnung vollzogen worden sein]. Diese Urordnung hat mit kleineren Änderungen in den Jahren 1963, 1965 und 1972 bis zum Inkrafttreten der neuen Promotionsordnung im Jahre 1992/93 in Geltung gestanden. Die 1972 vorgenommene Änderung betraf den Wegfall der sog. Konfessionsklausel, gemäß welcher dem Promotionsgesuch ein „Nachweis der Zugehörigkeit zu einer evangelischen Konfession" beigefügt werden mußte (§ 3,5). Zwanzig Jahre lang war diese Bestimmung also nicht in Kraft. Die neu ausgearbeitete Promotionsordnung vom 8. April 1992 (Fachbereichsratsbeschluß) bzw. vom 30. Juni 1993 (Veröffentlichung im Amtlichen Anzeiger) bietet gegenüber der Vorgängerfassung genauere Angaben über ein sehr viel feineres Verfahren sowie über veränderte Veröffentlichungsformen. Sie enthält aber wieder eine abgeschwächte „Konfessionsklausel". Nunmehr muß der Antragstellung eine Erklärung über die Zugehörigkeit zu einer christlichen Kirche beigefügt werden. Der Promotionsausschuß kann jedoch „über Ausnahmen von dieser Regel entscheiden" (§ 6.h).

Von Anfang an haben in Hamburg auch Ehrenpromotionen „in Anerkennung hervorragender Verdienste um die Theologie" stattgefunden. Ihre Verleihungsmodalitäten unterscheiden sich in beiden Promotionsordnungen kaum. Lediglich der Zustimmungsmodus hat sich geändert. Während der Fakultät bzw. dem Fachbereich in der ersten Ordnung eine Enthaltung oder eine Neinstimme zugebilligt wurde (§ 2), muß nunmehr die Entscheidung über eine ehrenhalber zu promovierende Person

innerhalb des Promotionsausschusses „einstimmig" erfolgen (§ 13.2).
Bei der Auswahl der bisher ausschließlich männlichen Kandidaten fällt
auf, daß die zuerst Geehrten sich um die Theologie in Hamburg, um
die Gründung der Theologischen Fakultät und um die Ökumene verdient gemacht haben; einige hatten sich auch in der Kirchenkampfzeit
bewährt. Später wird als Auswahlkriterium das Engagement für Theologie, Kirche und Gesellschaft ganz allgemein erkennbar.

Nach beiden Promotionsordnungen haben seit dem Bestehen der Fakultät bzw. des Fachbereichs bis zum Ende des Sommer-Semesters 2004
insgesamt 280 theologische Doktorpromotionen und bis zum Ende des
Sommer-Semesters 2005 23 Ehrenpromotionen stattgefunden.

Schon die Namen der Promovendinnen und Promovenden sowie die Themen der eingereichten Arbeiten erlauben bemerkenswerte
Schlußfolgerungen. Die Reihe der in einem Melde- und Protokollbuch
sowie in einem Promotionsalbum dokumentierten Graduierungen beginnt mit einer Studie über den „Begriff des Kompromisses" in seiner
Bedeutung für die theologische Ethik, und sie endet mit einer kirchen-
historischen Arbeit über den Hamburger Pietisten Johann Winckler im
17. Jahrhundert. Dazwischen begegnen viele fremde Namen und ebenso
viele ungewöhnliche missions-, ökumene- und religionswissenschaftliche Titel. Gerade sie machen eine Besonderheit des Hamburger Promo-
tionswesens aus. Denn sie stammen hauptsächlich von überseeischen
Stipendiaten der Missionsakademie. Nicht selten haben aber auch deutsche Studierende ebenfalls Fragen aus dem Bereich Mission, Ökumene
und Religionsgeschichte in ihren Dissertationen bearbeitet. Die Themen
der übrigen wissenschaftlichen Untersuchungen verteilen sich ziemlich
ausgewogen auf alle anderen fünf theologischen Disziplinen und spiegeln im Ganzen die allgemeine Diskussion in Forschung und Gesellschaft der zurückliegenden 50 Jahre recht genau wider. In den ersten
Jahren dominierten z.B. in der Kirchengeschichte unter Kurt Dietrich
Schmidt Themen des Kirchenkampfes; unter der Betreuung von Bernhard Lohse stand die Reformationsgeschichte mehr im Vordergrund. In
der Systematik unter Helmut Thielicke meldeten sich die neuzeitliche
Philosophie und Ethik zu Wort; später trat die Theologie- und Fröm-
migkeitsgeschichte mehr ins Blickfeld. In den exegetischen Fächern haben einige sehr innovative Untersuchungen die Forschungsdiskussion
besonders belebt. Praktisch-theologische Dissertationen zeichneten sich
von Anfang an durch ausgesprochen „moderne" Untersuchungsgegen-
stände in Bezug auf Kirche, Gottesdienst und Religionsunterricht aus;
mehrfach liegt noch eine unmittelbare Relation zur Hamburger Kirche
vor. Seit den frühen 70er Jahren begegnen in allen Disziplinen auch frau-

enrelevante Themen; der Frauenanteil unter den Promovierten ist indessen mit 13% noch verhältnismäßig gering.

Wegen der in mehreren Arbeiten behandelten interdisziplinären Sachverhalte sind gelegentlich zusätzlich „externe" Gutachter herangezogen worden, so daß auch hier der Dialog innerhalb der universitas litterarum ganz im Sinne der Gründungsprinzipien praktiziert worden ist.

Insgesamt haben die in Hamburg betreuten und angenommenen Doktorarbeiten, in denen die Forschertätigkeit ebenso wie die Impulsgebung der Lehrenden ihren Ausdruck findet, das wissenschaftliche Profil der hiesigen Ev.-Theologischen Fakultät/des hiesigen Fachbereichs Ev. Theologie geschärft, darüber hinaus einen nicht unerheblichen Beitrag zum Fortgang der theologischen Wissenschaft im allgemeinen geleistet und nicht selten auch die Stadt und die Interessierten unter ihren Bewohnern bereichert.

Zum Promotionsalbum

Die hier vorgelegte Promoviertenliste ist nach den Angaben im Promotionsmeldebuch, im Protokollbuch und im Promotionsalbum erstellt worden. In letzterem lag bis 1981 für die Zählung das Datum der Promotionsurkunde zugrunde; danach fand kommentarlos ein Wechsel zum Datum des Rigorosums als Maßstab für die weitere Zählung statt. Der Umschwung erfolgte genau zwischen der 138./139. Promotion. Diese Uneinheitlichkeit habe ich um der Übereinstimmung in der Reihenfolge willen beibehalten. Trotzdem ist auch bei den ersten 138 Promotionen das Datum der mündlichen Prüfung von mir an erster Stelle nachgetragen worden. Ab der 139. Promotion erscheint dann nur noch das Jahr der Urkundenausstellung. Die Gesamtzahl der Dissertationen im Promotionsalbum beträgt 292. Die Diskrepanz zu der von mir ermittelten Zahl (280) erklärt sich aus der Einbeziehung der ersten 12 Ehrenpromotionen, die ich ausgegliedert und zusammen mit den übrigen Titelverleihungen h.c. gesondert aufgeführt habe.

Um den Informationsgehalt des Promotionsverzeichnisses zu erhöhen, habe ich Kurzmitteilungen über die Gutachtenden des Hamburger Lehrkörpers angefügt, während die meist zusätzlichen externen Gutachter nur namentlich genannt und kursiv gesetzt sind. Die Angaben über die Veröffentlichungsart mit z.T. veränderten Titeln stammt gleichfalls von mir. Das der Liste angefügte alphabetische Namenregister der Promovierten soll das Promotionsverzeichnis transparenter machen und der schnelleren Auffindbarkeit von Namen, Titeln und Daten dienen.

Für die Ehrenpromovenden habe ich jeweils eine knappe Würdigung verfaßt, die meist auch die weiteren Lebensleistungen einschließt. Daraus geht hervor, weshalb die Ehrung durch unsere Fakultät erfolgte. Leider ist über die Ehrenpromotionen sehr wenig Material erhalten; nicht einmal alle Ehrendoktorurkunden liegen vor. Deshalb mußte in einigen Fällen bis ins Ausland recherchiert werden. Ich hoffe, die Mühe hat sich gelohnt.

Jubiläen können für die Sicherung der Überlieferung und für die Gedächtnispflege förderlich und anspornend sein. Möge das hiermit Vorgelegte als Information, als Vergewisserung einer reichen akademischen Ernte und als Ermutigung zu weiterem wissenschaftlichem Arbeiten ad multos annos dienen.

Dissertationen in der Ev.-Theologischen Fakultät / dem Fachbereich Ev. Theologie der Universität Hamburg 1955–2005

Nr.	Name	Titel der Abhandlung	Rigorosum/ Ausstellung der Urkunde
		Veröffentlichungsart und Titel	Gutachter
1	Zink, Jörg	Der Begriff des Kompromisses. Sein Ort, sein Rang und seine Verwandlung in der theologischen Ethik	28.04.1955/ 22.11.1955
		Maschschr.	Thielicke Engelland
2	Schmidt, Hans	Ontologie und Personalismus in ihrer Bedeutung für eine Bestimmung des Wesens und Auftrags der Kirche. Dargestellt an zwei Beispielen: A.F.C. Vilmar und S. Kierkegaard	02.10.1956/ 27.11.1956
		Maschschr.	Thielicke Müller-Schwefe
3	Kneifel, Eduard	Geschichte der Evangelisch-Augsburgischen Kirche in Polen 1555–1939	30.11.1956/ 06.02.1957
		ergänzt gedruckt unter dem Titel: Geschichte der Evangelisch-Augsburgischen Kirche in Polen. Winsen 1962	Schmidt *Walter Kuhn*
4	Bürkle, Horst	Dialektisches Zeitverständnis und existentialer Zeitbegriff. Eine Untersuchung über die Beziehung zwischen der frühen dialektischen Theologie Karl Barths und der Ontologie Martin Heideggers.	09.11.1956/ 12.07.1957
		Maschschr.	Thielicke Müller-Schwefe
5	Kramer, Rolf	Der Einfluß des Völkisch-Nationalen auf das theologische Denken Johann Hinrich Wicherns.	21.06.1957/ 16.07.1957
		gedr. unter dem Titel: Nation und Theologie bei Johann Hinrich Wichern. Hamburg 1959 (AKGH 2)	Schmidt Kretschmar

Nr.	Name	Titel der Abhandlung	Rigorosum/ Ausstellung der Urkunde
		Veröffentlichungsart und Titel	Gutachter
6	Hasselhoff, Friedrich	Urmensch und König. Untersuchungen zur Einwirkung der altorientalischen Königsideologie auf alttestamentliche Texte	29.11.1957/ 22.05.1958
		Maschschr.	Kraus Herntrich
7	Hoops, Merlin	The Activity of the church members in the New Testament on the Jewish background (A study in early parish life)	28.02.1958/ 10.07.1958
		Maschschr.	Goppelt Kretschmar
8	Kragerud, Alv	Der Lieblingsjünger im Johannesevangelium	25.07.1958/ 27.11.1958
		gedruckt unter dem Titel: Der Lieblingsjünger im Johannesevangelium. Ein exegetischer Versuch. Hambg.-Altona 1958	Goppelt Kretschmar
9	Heinemann, Günter	Untersuchungen zum apodiktischen Recht	25.07.1958 11.12.1958
		Maschschr.	Kraus K. Koch
10	Margull, Hans-Joachim	Verlauf und Ertrag der ökumenischen Diskussion über die missionarische Verkündigung der Kirche (Evangelisation) 1948–1958	20.12.1958/ 22.12.1958
		Maschschr.	Freytag Müller-Schwefe
11	Ringeling, Hermann	Menschenbild und Rechtsordnung. Ein Beitrag zur Frage der Gleichberechtigung von Mann und Frau	20.12.1958/ 05.02.1959
		Maschschr.	Engelland Thielicke
12	Schröder, David	Die Haustafeln des Neuen Testaments (ihre Herkunft und ihr theologischer Sinn)	21.02.1959/ 26.02.1959
		Maschschr.	Goppelt Kretschmar
13	Jacobs, Manfred	Der Kirchenbegriff bei Johann Gerhard	26.07.1958/ 19.08.1959
		Maschschr.	Schmidt Engelland

Nr.	Name	Titel der Abhandlung	Rigorosum/ Ausstellung der Urkunde
		Veröffentlichungsart und Titel	Gutachter
14	Puschmann, Achim	Alttestamentliche Auslegung und geschichtliches Denken bei Semler, Herder, Eichhorn, Schleiermacher und unter besonderer Berücksichtigung de Wette's	07.11.1959/ 25.11.1959
		Maschschr.	Kraus Schmidt
15	Kremser, Hubert	Die Bedeutung des Vincenz von Lerinum für die römisch-katholische Wertung der Tradition	24.07.1959/ 30.12.1959
		Maschschr.	Schmidt Kretschmar
16	Sierig, Hartmut	Rückkehr zum Ursprung. Theologische Probleme im Drama der Gegenwart	19.02.1960/ 12.05.1960
		Maschschr.	Engelland Müller-Schwefe
17	Augustin, Hermann	Regeneration und Innere Mission bei Johann Hinrich Wichern	25.11.1960 27.01.1961
		Maschschr.	Müller-Schwefe Schmidt
18	Meyer, Harding	Pascals apologetische „Pensées" als dialogische Verkündigung	20.06.1958/ 17.02.1961
		gedr. unter demselben Titel Göttingen 1962	Thielicke Müller-Schwefe
19	Berg, Horst-Klaus	Die „Ältesten Israels" im Alten Testament	25.11.1960/ 22.01.1961
		Maschschr.	Kraus K. Koch
20	Wagner, Herwig	Erstgestalten einer einheimischen Theologie in Südindien. Ein Kapitel indischer Theologiegeschichte als kritischer Beitrag zur Definition von „einheimischer Theologie"	03.06.1961/ 03.06.1961
		gedr. unter demselben Titel München 1963 (Veröffentl. zu Mission und Ökumene o. Nr.)	Meyer Schmidt
21	Feilcke, Klaus-Heinrich	Die Todesstrafe in der Geschichte der evangelisch-theologischen Ethik	25.11.1960 07.07.1961
		Maschschr.	Schmidt Kretschmar

Nr.	Name	Titel der Abhandlung	Rigorosum/ Ausstellung der Urkunde
		Veröffentlichungsart und Titel	*Gutachter*
22	Pellens, Eberhard	Die Beziehung der evangelisch-lutherischen Kirchen von Hannover und Braunschweig zur evangelisch-lutherischen Kirche in North Carolina in der 2. Hälfte des 18. Jahrhunderts (Hilfe und Einfluß)	22.07.1961/ 22.07.1961
		Maschschr.	Schmidt Kretschmar
23	Früchtel, Ursula	Die kosmologischen Vorstellungen bei Philo von Alexandrien (Ein Beitrag zur Geschichte der Genesis-Exegese)	08.11.1962/ 09.11.1962
		Maschschr.	Kretschmar Goppelt
24	Seidel, Hans-Werner	Die Erforschung des Alten Testaments in der katholischen Kirche seit der Jahrhundertwende	09.11.1962/ 02.01.1963
		Maschschr.	Kraus Kretschmar
25	Nebe, Karl-Heinz	„Religionslose" Interpretation bei Dietrich Bonhoeffer und ihre Bedeutung für die Aufgabe der Verkündigung	09.11.1962/ 23.01.1963
		Maschschr.	Müller-Schwefe Thielicke
26	Fritschel, Theodore C.	The Relationship between the Word and the Sacraments in John and in Ignatius	16.02.1963/ 19.02.1963
		Maschschr.	Goppelt Kretschmar
27	Baldermann, Ingo	Grundformen der Erzählung bei den Synoptikern in ihrer didaktischen Bedeutung	13.07.1962/ 07.05.1963
		gedr. unter dem Titel: Biblische Didaktik. Die sprachliche Form als Leitfaden unterrichtlicher Texterschließung am Beispiel synoptischer Erzählungen. Hamburg 1963	Müller-Schwefe Otto
28	Schröder, Edward H.	The Relationship between Dogmatics and Ethics. An Investigation into the Theologies of Elert, Barth and Troeltsch	12.07.1963/ 30.07.1963
		Maschschr.	Thielicke Lohff
29	Schmidt, Johann Michael	Aaron und Mose. Ein Beitrag zur Überlieferungsgeschichte des Pentateuch	20.07.1963 14.08.1963
		Maschschr.	Kraus K. Koch

Nr.	Name	Titel der Abhandlung	Rigorosum/ Ausstellung der Urkunde
		Veröffentlichungsart und Titel	Gutachter
30	Schwarzwäller, Klaus	Die Feinde des Individuums in den Psalmen	17.05.1963/ 19.08.1963
		Maschschr.	Kraus K. Koch
31	Linz, Manfred	Der missionarische Auftrag der Kirche in der Predigt des 20. Jahrhunderts	08.01.1964 03.04.1964
		gedr. unter dem Titel: Der Anwalt der Welt. Zur Theologie der Mission. Stuttgart. Berlin 1964	Meyer Müller-Schwefe
32	Röhricht, Rainer, Dr. phil.	Theologie als Hinweis und Entwurf. Eine Unterscheidung der Eigenart und Grenzen theologischer Aussagen	16.02.1963/ 16.04.1964
		gedruckt unter demselben Titel Gütersloh 1964	Thielicke Müller-Schwefe
33	Bruner, Frederick Dale	The Doctrine and Experience of the Holy Spirit in the Pentecostal Movement and correspondingly in the New Testament	12.07.1963/ 27.07.1964
		Maschschr.	Meyer Kretschmar
34	Roloff, Jürgen	Apostolat – Verkündigung – Kirche. Die Deutung von Ursprung, Inhalt und Funktion des kirchlichen Apostelamtes durch Paulus, Lukas und die Pastoralbriefe	14.12.1963/ 01.08.1964
		gedr. unter demselben Titel Gütersloh 1965	Goppelt Hunzinger
35	Meyer, Dietrich	Der Christozentrismus des späten Zinzendorf	20.06.1964 15.01.1965
		gedr. unter dem Titelzusatz: Eine Studie zu dem Begriff „täglicher Umgang mit dem Heiland". Frankfurt a.M. u.a. 1973 (EHS.T 25)	Kretschmar Lohse
36	Krause, Oswald	Die Osterpredigt nach dem Ersten Weltkrieg bis zur Gegenwart	22.02.1964/ 26.04.1965
		gedr. unter demselben Titel Gütersloh 1965	Müller-Schwefe Lohff
37	Holden, John Cecil	The Theology of Reinhold Niebuhr	17.07.1964/ 03.06.1965
		Maschschr.	Thielicke Lohff

Nr.	Name	Titel der Abhandlung	Rigorosum/ Ausstellung der Urkunde
		Veröffentlichungsart und Titel	Gutachter
38	Ansons, Gunars Janis	Untersuchung über die Wahrheit bei Reinhold Niebuhr. Beitrag zu einer Anthropologie	17.07.1964/ 05.07.1965
		Maschschr.	Thielicke Müller-Schwefe
39	Conrad, Wolfram	Gesetz und Evangelium in der politi- schen Predigt nach 1945	10.07.1965/ 11.10.1965
		Maschschr.	Müller-Schwefe Thielicke
40	Schuberth, Dietrich	Splendor imperii sonorus. Vorausset- zungen für die Einbeziehung von Mu- sikinstrumenten in die abendländische Liturgie des frühen Mittelalters	19.12.1964/ 03.11.1965
		gedr. unter dem Titel: Kaiserliche Liturgie. Die Einbeziehung von Musikinstrumenten, insbesondere der Orgel, in den frühmittelalterlichen Gottesdienst. Göttingen 1968 (VEGL 17)	Kretschmar Müller-Schwefe Egon Wellesz
41	Nörenberg, Klaus- Dieter	Analogia imaginis. Der Symbolbegriff in der Theologie Paul Tillichs	17.07.1964/ 20.04.1966
		gedr. unter demselben Titel Gütersloh 1966	Thielicke Müller-Schwefe
42	Olson, Oliver K.	The 'Missa Illyrica' and the liturgical Thought of Flacius Illyricus	23.07.1966/ 25.07.1966
		Fotodruck	Kretschmar Lohse
43	Tilgner, Wolfgang	Volksnomostheologie und Schöpfungs- glaube. Ein Beitrag zur Geschichte des Kirchenkampfes	05.07.1963/ 13.10.1966
		gedr. unter demselben Titel Göttingen 1966 (AGK 16)	Schmidt Thielicke
44	Ortman, Ernst- Albert	Motive einer kirchlichen Publizistik. Die Programmatik des evangelischen Pres- sewesens	23.07.1966/ 04.11.1966
		Dissertationsdruck: Motive einer kirchlichen Publizistik. Dargestellt an den Gründungsaktionen des Ev. Bundes, der ,Christlichen Welt' und des ev.-sozialen Preßverbandes für die Provinz Sachsen (1886–1891). Ham- burg 1966	Müller-Schwefe Kretschmar

Nr.	Name	Titel der Abhandlung	Rigorosum/ Ausstellung der Urkunde
		Veröffentlichungsart und Titel	*Gutachter*
45	Ahlers, Rolf	Die Vermittlungstheologie des Frederick Denison Maurice	23.07.1966/ 12.01.1967
		Fotodruck	Thielicke Kretschmar
46	Nomoto, Shinya	Die Hohepriester-Typologie im Hebräerbrief. Ihre traditionsgeschichtliche Herkunft und ihr religionsgeschichtlicher Hintergrund	19.02.1966/ 12.01.1967
		Maschschr.	Goppelt Hunzinger
47	Pflugk, Ulrich	Die Geschichte vom ungläubigen Thomas (Joh. 20,24–29) in der Auslegung der Kirche von den Anfängen bis zur Mitte des sechzehnten Jahrhunderts	07.05.1966/ 03.03.1967
		Maschschr.	Kretschmar Lohse
48	Gerlach [-Praetorius], Angelika	Die Kirche schwört! – Die Diskussion um den Pfarrereid im „Dritten Reich"	26.06.1964/ 26.04.1967
		gedr. unter dem Titel: Die Kirche vor der Eidesfrage. Die Diskussion um den Pfarrereid im „Dritten Reich". Göttingen 1967 (AGK 18)	Schmidt Lohse
49	Schramm, Tim	Der Markus-Stoff bei Lukas. Eine literarkritische und redaktionsgeschichtliche Untersuchung	23.07.1966/ 02.05.1967
		gedr. unter demselben Titel Cambridge 1971 (MSSNTS 14)	Hunzinger Goppelt
50	Nicolaisen, Carsten	Die Auseinandersetzungen um das Alte Testament im Kirchenkampf 1933–1945	09.12.1966 09.05.1967
		Fotodruck	Kretschmar Kraus
51	Hauschild, Wolf-Dieter	Die Pneumatomachen. Eine Untersuchung zur Dogmengeschichte des vierten Jahrhunderts	06.05.1967 19.06.1967
		Maschschr.	Kretschmar Lohse
52	Guelich, Robert A.	„Not to annul the Law rather to fulfill the Law and the Prophets". An Exegetical Study of Jesus and the Law in Matthew with emphasis on 5,17–48	22.07.1967 04.09.1967
		Fotodruck	Goppelt Hunzinger

Nr.	Name	Titel der Abhandlung	Rigorosum/ Ausstellung der Urkunde
		Veröffentlichungsart und Titel	Gutachter
53	Prien, Hans-Jürgen	Francisco de Ossuna. Mystik und Recht-fertigung, Ein Beitrag zur Erforschung der spanischen Theologie und Frömmig-keit in der ersten Hälfte des sechzehnten Jahrhunderts	22.07.1967/ 29.11.1967
		Fotodruck	Lohse Kretschmar
54	Daecke, Sigurd	Die Weltlichkeit Gottes und die Weltlich-keit der Welt. Die Einheit von Gottes-wirklichkeit bei evangelischen Theolo-gen und bei Pierre Teilhard de Chardin	06.05.1967 18.12.1967
		gedruckt unter dem Titel: Teilhard de Chardin und die ev. Theologie. Die Weltlichkeit Gottes und die Weltlichkeit der Welt. Göttingen 1967	Müller-Schwefe Thielicke
55	Klatt, Werner	Hermann Gunkel. Zu seiner Theologie der Religionsgeschichte und zur Entste-hung der formgeschichtlichen Methode	23.07.1966/ 14.03.1968
		Maschschr.	K. Koch Kraus
56	Wohlenberg, Dieter	Kultmusik in Israel. Eine forschungsge-schichtliche Untersuchung	03.11.1967/ 08.04.1968
		Fotodruck	Kraus, Henry Hans Hickmann
57	Kirst, Nelson	Formkritische Untersuchungen zum Zuspruch „Fürchte dich nicht!" im Alten Testament	23.04.1968/ 29.05.1968
		Fotodruck	raus K. Koch
58	Pertiet, Martin	Das Ringen um Wesen und Auftrag der Kirche in der nationalsozialistischen Zeit	22.02.1964/ 20.06.1968
		gedruckt unter demselben Titel Göttin-gen 1968 (AGK 19)	Schmidt Lohff
59	Rößler, Roland	Studien zum Glaubensbegriff im zwei-ten und beginnenden dritten Jahrhun-dert	27.04.1968/ 01.07.1968
		Fotodruck	Kretschmar Elze
60	Minke, Hans-Ulrich	Die Schöpfung in der frühchristlichen Verkündigung nach dem Ersten Cle-mensbrief und der Areopagrede	07.05.1966/ 30.09.1968
		Fotodruck	Goppelt Hunzinger

Nr.	Name	Titel der Abhandlung	Rigorosum/ Ausstellung der Urkunde
		Veröffentlichungsart und Titel	Gutachter
61	Brügmann, Veit	Die Durchführung der Methode der Korrelation in den religiösen Reden Paul Tillichs	08.02.1969/ 22.04.1969
		Fotodruck	Müller-Schwefe Hans P. Schmidt
62	Iathanna, Constantine Devaprasad	The Covenant and Covenant Making in Pentateuch	22.07.1967/ 28.04.1969
		Maschschr.	Kraus Henry
63	Wille, Wilhelm	Studien zum Matthäuskommentar des Hilarius von Poitiers	08.02.1969/ 07.05.1969
		Fotodruck	Kretschmar Elze
64	Goldbach, Günter	Hans Denck und Thomas Müntzer – ein Vergleich ihrer wesentlichen theologischen Auffassungen. Eine Untersuchung zur Morphologie der Randströmungen der Reformation	26.04.1969/ 16.05.1969
		Fotodruck	Lohse Elze
65	Amirtham, Samuel	The Presence of God in the Psalms	06.07.1968/ 25.06.1969
		Maschschr.	Kraus K. Koch
66	Müsing, Hans-Werner	Augustins Lehre von der Taufe	28.06.1969/ 05.08.1969
		Fotodruck	Lohse Kroeger
67	Luther, Christian	Theorie und Praxis des Notrechts im Kirchenkampf der nationalsozialistischen Zeit	22.04.1964/ 18.08.1969
		gedr. unter dem Titel: Das kirchliche Notrecht, seine Theorie und seine Anwendung im Kirchenkampf 1933–1937. Göttingen 1969 (AGK 21)	Schmidt Kretschmar
68	Ahrens, Theodor	Die ökumenische Diskussion kosmischer Christologie seit 1961	28.06.1969/ 04.09.1969
		Maschschr.	Meyer Wilckens
69	Schulz-Ankermann, Friederike	Die Boten Christi und ihr nichtchristliches Gegenüber auf den Weltmissionskonferenzen von 1910 bis 1963	07.11.1969/ 20.01.1970
		Fotodruck	Meyer Margull

Nr.	Name	Titel der Abhandlung	Rigorosum/ Ausstellung der Urkunde
		Veröffentlichungsart und Titel	Gutachter
70	Flachsmeier, Horst Dr. med.	Polygamie und Mission in Mosambik	30.01.1970/ 27.02.1970
		Fotodruck Maschschr. (Dokumente)	Margull Meyer
71	Rüppel, Erich Günter	Die Gemeinschaftsbewegung im Dritten Reich. Ein Beitrag zur Geschichte des Kirchenkampfes	22.07.1967/ 05.03.1970
		gedr. unter demselben Titel Göttingen 1969 (AGK 22)	Kretschmar Lohse
72	Lotz, Denton	The Evangelization of the world in this generation. The resurgence of a Missionary idea among the conservative Evangelicals	30.01.1970/ 20.03.1970
		Fotodruck	Margull Meyer
73	Hand, Volkmar	Augustin und das klassisch römische Selbstverständnis. Eine Untersuchung über die Begriffe gloria, virtus, justitia und Res Publica in De Civitate Dei	28.06.1969/ 03.06.1970
		Fotodruck	Lohse Elze
74	Gronemeyer, Reimer	Zur Frage nach dem paulinischen Antinomismus. Exegetisch-systematische Überlegungen mit besonderer Berücksichtigung der Forschungsgeschichte im 19. Jahrhundert	30.01.1970/ 21.07.1970
		Fotodruck	Hunzinger Wilckens Jacobs Elze
75	Vaux, Kenneth	The Conscience of Cybernetic Man	08.02.1969/ 22.12.1970
		gedruckt unter dem Titel: Subduing the Cosmos. Cybernetics and man's future. Richmond 1970	Thielicke Müller-Schwefe
76	Mohaupt, Lutz	Dogmatik und Ethik bei Adolf von Harleß. Ein Beitrag zu der Problemverknüpfung von Erfahrungstheologie und Zwei-Reiche-Lehre im Neuluthertum	15.05.1970/ 25.02.1971
		Fotodruck	Thielicke Lohff

Nr.	Name	Titel der Abhandlung	Rigorosum/ Ausstellung der Urkunde
		Veröffentlichungsart und Titel	Gutachter
77	Rothensee, Detlev	Massenkommunikation und Verkündigung – Bedingungen und Möglichkeiten für die Ausrichtung der christlichen Botschaft in den technischen Medien der gesellschaftlichen Kommunikation	27.06.1970 31.03.1971
		Fotodruck	Müller-Schwefe Lohff
78	Laubach, Hans-Jürgen	Das deutsche protestantische Tauflied von der Reformation bis zur Gegenwart	08.02.1969/ 31.03.1971
		Dissertationsdruck Liedersammlung gedr. im Selbstverlag Bargteheide 1988	Müller-Schwefe Kroeger *Bruno Jordahn*
79	Röller, Dietrich	Der Jugendliche im Religionsunterricht des Gymnasiums. Voruntersuchungen zur anthropologischen Begründung des Religionsunterrichts	28.11.1970/ 16.11.1971
		Maschschr.	Müller-Schwefe Lohff
80	Asseburg, Hans Benno	Das Gebet in der neueren, anthropologisch orientierten Theologie	10.07.1971/ 22.11.1971
		Fotodruck	Thielicke Lohff
81	Krause, Martin	Das Verhältnis von sozialer Kritik und kommender Katastrophe in den Unheilsprophezeiungen des Amos	17.12.1971/ 31.01.1972
		Fotodruck	K. Koch Henry
82	Mai, Gottfried	Die Bemühungen der evangelischen Kirche um die deutschen Auswanderer nach Nordamerika (1815–1914)	12.11.1971/ 04.04.1972
		Fotodruck	Müller-Schwefe Margull
83	Schmoldt, Hans	Die Schrift „vom jungen Daniel" und „Daniels letzte Vision". Herausgabe und Interpretation zweier apokalyptischer Texte	16.02.1972/ 04.05.1972
		Fotodruck	K. Koch Elze

Nr.	Name	Titel der Abhandlung	Rigorosum/ Ausstellung der Urkunde
		Veröffentlichungsart und Titel	Gutachter
84	Gerlach, Wolfgang	Zwischen Kreuz und Davidstern – Bekennende Kirche in ihrer Stellung zum Judentum im Dritten Reich	28.11.1970/ 17.05.1972
		Fotodruck 2. bearb. und ergänzte Aufl. unter dem Titel: Als die Zeugen schwiegen. Bekennende Kirche und die Juden. Berlin 1993 (SKI 10)	Lohse Jacobs
85	Hellmund, Dietrich	Geschichte der Zeugen Jehovas (in der Zeit von 1870–1920). Mit einem Anhang: Geschichte der Zeugen in Deutschland bis 1970	10.07.1971/ 03.07.1972
		Fotodruck	Müller-Schwefe Elze
86	Ebach, Jürgen H.	Kritik und Utopie. Untersuchungen zum Verhältnis von Volk und Herrscher im Verfassungsentwurf des Ezechiel (Kap. 40–48)	21.04.1972/ 18.07.1972
		Fotodruck	Koch Steck
87	Hölzel, Hans-Rudolf	Die Rolle des Stammes „mlk" und seiner Ableitungen für die Herrschaftsvorstellungen der vorexilischen Zeit	17.12.1971/ 19.12.1972
		Fotodruck	K. Koch Metzger
88	Engel, Lothar	Die Stellung der Rheinischen Missionsgesellschaft zu den politischen und gesellschaftlichen Verhältnissen Südwestafrikas und ihr Beitrag zur dortigen kirchlichen Entwicklung bis zum Noma-Herero-Aufstand 1904–1907	21.02.1972/ 24.08.1972
		Fotodruck	Margull Kroeger
89	Hahn, Sönke	Luthers Übersetzungsweise im Septembertestament von 1522. Untersuchungen zu Luthers Übersetzung des Römerbriefes im Vergleich mit Übersetzungen vor ihm	19.01.1973/ 14.03.1973
		gedr. Hamburg 1973 (Hamburger Philolog. Studien 29)	Lohse Elze
90	Siahaan, Sountilon Mangasi	Die Konkretisierung der Messiasvorstellung nach dem Zusammenbruch Jerusalems	27.04.1973/ 11.05.1973
		Fotodruck	K. Koch Henry

Nr.	Name	Titel der Abhandlung	Rigorosum/ Ausstellung der Urkunde
		Veröffentlichungsart und Titel	Gutachter
91	Kallarakkal, Abraham George	The Peshitto Version of Daniel. A Comparison with the Masoretic Text, the Septuagint and Theodotion	27.04.1973/ 06.06.1973
		Fotodruck	K. Koch *Manfried Dietrich*
92	Otto, Eckart	Das Bundes-Mazzotfest von Gilgal. Ein Beitrag zur Kultgeschichte Israels und Überlieferungsgeschichte des Hexateuch	22.06.1973/ 20.07.1973
		Fotodruck	K. Koch Steck
93	Krimmer, Heiko	Empirie und Normativität. Die Ethik Alexander von Oettingens (Moralstatistik 3. Aufl. 1882)	22.06.1973/ 20.08.1973
		Fotodruck	Thielicke Kroeger *Hans-Walter Schütte*
94	Holloway, Ronald	The Religious Dimension in the Cinema. With particular reference to the films of Carl Theodor Dreyer, Ingmar Bergman and Robert Brusson	22.06.1973/ 25.09.1973
		Fotodruck	Müller-Schwefe Cornehl *Gerd Albrecht*
95	Weber, Fritz	Schleiermachers Wissenschaftsbegriff. Eine Studie auf Grund seiner frühesten Abhandlungen	28.11.1970/ 28.11.1973
		gedr. unter demselben Titel Gütersloh 1973	Müller-Schwefe Röhricht
96	Okayama, Kotaro	Der Begriff „analogia relationis" als methodischer Ausgangspunkt einer theologischen Ethik	16.11.1973/ 09.01.1974
		gedr. unter dem Titel: Zur Grundlegung christlicher Ethik. Theol. Konzeptionen der Gegenwart im Lichte des Analogie-Problems. Berlin 1977 (TBT 30)	Thielicke Röhricht
97	Diel, Domingo	The Confrontation of the Roman Catholic Church with the Economic and Social development in the Philippines in Relation to the Influence of the Socio-Theological Position of the II Vatican-Council	01.02.1973/ 21.02.1974
		Fotodruck	Margull *Richard Friedli*

Nr.	Name	Titel der Abhandlung	Rigorosum/ Ausstellung der Urkunde
		Veröffentlichungsart und Titel	*Gutachter*
98	Kawamura, Eiko	Das Problem des Weltbezugs bei Kierkegaard – Dargestellt am Begriff der Angst	22.06.1973/ 25.02.1974
		gedr. Hamburg 1973 (Schrr. d. Stiftung Europa Kolleg Hambg. 24)	Thielicke *Hans-Walter Schütte*
99	Barth, Hermann	Israel und das Assyrerreich in den nichtjesajanischen Texten des Protojesajabuches. Eine Untersuchung zur produktiven Neuinterpretation der Jesajaüberlieferung	01.02.1973/ 04.03.1974
		gedr. unter dem Titel: Die Jesaja-Worte in der Josiazeit. Israel und Assur als Thema einer produktiven Neuinterpretation der Jesajaüberlieferung. Neukirchen 1977 (WMANT 48)	Steck K. Koch
100	Dismer, Rolf	Geschichte, Glaube, Revolution. Zur Schriftauslegung Thomas Müntzers	01.02.1973/ 01.04.1974
		Fotodruck	Elze Lohse
101	Conradi, Wolfgang	Die Funktion des Kirchenbegriffs bei Franz Hermann Reinhold von Frank	01.02.1974/ 08.04.1974
		Fotodruck	Thielicke Röhricht
102	Rau, Eckhard	Kosmologie, Eschatologie und die Lehrautorität Henochs. Traditions- und formgeschichtliche Untersuchungen zum äth. Henochbuch und zu verwandten Schriften	28.11.1970/ 23.04.1974
		Fotodruck	Wilckens, Steck *Ernst Hammerschmidt*
103	Altmann, Walter	Der Begriff der Tradition bei Karl Rahner	21.04.1972/ 20.05.1974
		Fotodruck	Thielicke Müller-Schwefe
104	Sommer-Baumann, Renate	Mütterlichkeit. Die Sorge um die Identität des Menschen	22.06.1973/ 20.06.1974
		Fotodruck	Thielicke Müller-Schwefe
105	Holfelder, Hans-Hermann	Tentatio et Consolatio. Studien zu Bugenhagens „Interpretatio in Librum Psalmorum"	16.02.1972/ 27.06.1974
		gedr. unter demselben Titel Berlin 1974 (AKG 45)	Elze Lohse

Nr.	Name	Titel der Abhandlung	*Rigorosum/ Ausstellung der Urkunde*
		Veröffentlichungsart und Titel	*Gutachter*
106	Hass, Ilse	Die protestantische Christenheit in der Volksrepublik China und die Chinabe-richterstattung in der deutschen evange-lischen Missionsliteratur	28.06.1974/ 28.08.1974
		Fotodruck	Margull Waack
107	Böschemeyer, Uwe	Die Sinnfrage in der Existenzanalyse und Logotherapie Viktor E. Frankls. Eine Darstellung aus theologischer Sicht	28.06.1974/ 04.09.1974
		gedr. unter dem Titel: Die Sinnfrage in Psychotherapie und Theologie. Die Existenzfrage und Lo-gotherapie Viktor E. Frankls aus theol. Sicht. Berlin 1977 (TBT 32)	Thielicke Cornehl
108	Schulze, Eberhard	Die Verkündigung vom Kommen des Reiches Gottes in unserer Zeit. Eine Untersuchung zur eschatologischen Verkündigung an Hand von Predigten zu Lukas 21,25–36 aus vier Jahrzehnten	28.06.1974/ 05.09.1974
		Maschschr.	Müller-Schwefe Cornehl
109	Reese, Hans-Jörg	Bekenntnis und Bekennen. Vom 19. Jahrhundert zum Kirchenkampf der nationalsozialistischen Zeit	09.12.1966/ 12.09.1974
		gedr. in überarbeiteter Form unter dem-selben Titel Göttingen 1974 (AGK 28)	Kretschmar Lohse
110	Ellerbrock, Jochen	Identität und Rechtfertigung – Max Frischs Romane unter besonderer Berücksichtigung des theologischen Aspektes	08.11.1974/ 05.03.1975
		Fotodruck	Müller-Schwefe Thielicke
111	Anandakumara, Sunanda	The gentile reactions to the Christ-Ke-rygma – The problems involved in the reception of the Christ-Kerygma in the young gentile Christianity in the New Testament	31.01.1975/ 10.04.1975
		Fotodruck	Wilckens Schramm Meyer
112	Neumann, Peter K. D.	Hört das Wort Jahwäs. Ein Beitrag zur Komposition alttestamentlicher Schriften	31.01.1975/ 17.04.1975
		Fotodruck	K. Koch Henry

Nr.	Name	Titel der Abhandlung	Rigorosum/ Ausstellung der Urkunde
		Veröffentlichungsart und Titel	Gutachter
113	Weiße, Wolfram	Südafrika und das Antirassismusprogramm. Kirchen im Spannungsfeld einer Rassengesellschaft	28.06.1974/ 03.06.1975
		gedr. unter demselben Titel Frankfurt a.M. 1975 (SIGC 1)	Margull Kroeger
114	Lembke, Ingo	Christentum unter den Bedingungen Lateinamerikas. Die katholische Kirche vor den Problemen der Abhängigkeit und Unterentwicklung	28.06.1974/ 24.06.1975
		gedruckt unter demselben Titel Frankfurt a.M. 1975 (SIGC 2)	Margull Müller-Schwefe
115	Kriegstein, Matthias von	Methode der Korrelation und Symbolbegriff Paul Tillichs. Ihre Bedeutung und Problematik für die notwendige Erarbeitung handlungsorientierenden theologischen Wissens	24.11.1972/ 01.07.1975
		gedruckt unter demselben Titel Hildesheim 1975 (StIren 17)	Lohff Röhricht
116	Klugkist, Heinrich	Kirchliche Macht als theologisches und kirchenrechtliches Problem	11.06.1975/ 08.07.1975
		Fotodruck	Thielicke Elze
117	Wietzke, Joachim	Christliche Identität im modernen Indien. Die Initiative Paul David Devanandans zu einer „einheimischen" und „ökumenischen" Theologie	30.04.1975/ 29.07.1975
		gedr. unter demselben Titel Frankfurt a.M. 1975 (SIGC 4)	Margull Waack
118	Ustorf, Werner	Geschichte Simon Kimbangus (1889–1951) und seiner prophetischen Bewegung von 1921 in Belgisch-Kongo unter besonderer Berücksichtigung politisch-sozialer Faktoren und der neokimban-guistischen Tradition	30.04.1975/ 21.10.1975
		gedruckt unter dem Titel: Afrikanische Initiative. Das Leiden des Propheten Simon Kimbangu. Frankfurt a.M. 1975 (SIGC 5)	Margull Walter Hollenweger

Nr.	Name	Titel der Abhandlung	Rigorosum/ Ausstellung der Urkunde
		Veröffentlichungsart und Titel	Gutachter
119	Lehmann, Rainer H.-J.	Analytische und Kritische Theologie. Propädeutische Erwägungen zum wissenschaftstheoretischen Bezugsrahmen theologischer Forschung	16.11.1973/ 11.11.1975
		gedr. unter dem Titel: Analytische und Kritische Theologie. Hildesheim 1975 (StIren 18)	Lohff Cornehl *Joachim Thiele*
120	Robinson, Gnana	The origin and development of the Old Testament Sabbath. A comprehensive exegetical Approach	29.10.1975/ 18.11.1975
		Fotodruck	K. Koch Henry
121	Nötker, Ingo Dr.	Luthers Übersetzungen des zweiten Psalms. Ihre Beziehungen zur Übersetzungs- und Auslegungstradition, zur Theologie Luthers und zur Zeitgeschichte	29.10.1975/ 03.03.1976
		gedr. unter demselben Titel Hamburg 1976	Lohse Elze
122	Kamphausen, Erhard	Anfänge der kirchlichen Unabhängigkeitsbewegung in Südafrika. Geschichte und Theologie der Äthiopischen Bewegung 1872–1912	30.01.1976/ 29.06.1976
		gedr. unter demselben Titel Frankfurt a.M. 1976 (SIGC 6)	Margull *Walter Hollenweger*
123	Reimers, Stephan	Formgeschichte der profetischen Visionsberichte	02.06.1976/ 06.07.1976
		Fotodruck	K. Koch Henry
124	Lücht, Jürgen	Kirchenreform durch Öffnung zur Religion. Bilanz der bisherigen Kirchenreformbestrebungen und neue Perspektiven	30.01.1976 04.08.1976
		Fotodruck	Müller-Schwefe Cornehl
125	Scharrer, Siegfried	Theologische Kritik der Vernunft	28.06.1974/ 25.05.1977
		gedr. unter demselben Titel Tübingen 1977 (TBF 1)	Thielicke Müller-Schwefe Fischer
126	Laube, Klaus Jürgen	Die Erweckungspredigt in Minden-Ravensberg 1845–1870	01.12.1976/ 01.11.1977
		Maschschr.	Müller-Schwefe Kroeger

Nr.	Name	Titel der Abhandlung	Rigorosum/ Ausstellung der Urkunde
		Veröffentlichungsart und Titel	*Gutachter*
127	Blatezky, Arturo	Sprache des Glaubens in Lateinamerika. Eine Studie zu Selbstverständnis und Methode der „Theologie der Befreiung"	03.02.1978/ 12.10.1978
		gedr. unter demselben Titel Frankfurt a.M. 1978 (SIGC 20)	Margull Pesch
128	Stegelmann, Uwe	Der Begriff des Mythos als Wesen und Wirklichkeit. Eine Auseinandersetzung mit der Spätphilosophie Schellings	01.07.1977/ 12.10.1978
		Maschschr.	T. Koch Röhricht
129	Dias, Zwinglio Mota	Krisen und Aufgaben im brasilianischen Protestantismus. Eine Studie zu den sozialgeschichtlichen Bedingungen und volkspädagogischen Möglichkeiten der Evangelisation	03.02.1978/ 20.10.1978
		gedr. unter demselben Titel Frankfurt a.M. 1978 (SIGC 18)	Margull Walter Hollenweger
130	Furtado, Christopher L.	On the witness of the Church Universal and Local. – D.T.Niles –	29.04.1977/ 20.10.1978
		gedr. Unter dem Titel: The Contribution of Dr. D.T. Niles to the Church universal and local. Madras 1978	Margull Waack
131	Stolz, Egbert	Die Interpretation der modernen Welt bei Ernst Troeltsch. Zur Neuzeit- und Säkularisierungsproblematik	23.05.1979/ 18.07.1979
		Fotodruck	Fischer T. Koch
132	Erdt, Werner, Dr. phil.	Marius Victorinus Afer, der erste lateinische Pauluskommentator. Studien zu seinen Pauluskommentaren im Zusammenhang der Wiederentdeckung des Paulus in der abendländischen Theologie des 4. Jahrhunderts	06.07.1979/ 08.11.1979
		gedr. unter demselben Titel Frankfurt a.M. 1979 (EHS.T 135)	Lohse Gülzow
133	Thomas, George	Christian Indians and Indian Nationalism 1885–1950. An interpretation in historical and theological perspectives	02.02.1979/ 20.11.1979
		gedr. unter demselben Titel Frankfurt a.M. 1979 (SIGC 22)	Margull Kroeger

Nr.	Name	Titel der Abhandlung	Rigorosum/ Ausstellung der Urkunde
		Veröffentlichungsart und Titel	Gutachter
134	Lee, Jai-Hyung	Das traditionelle Verhältnis von Politik und Religion in Korea und die christlichen Missionen	06.07.1979/ 14.02.1980
		Fotodruck	Margull Kroeger
135	Hutauruk, Jubil Raplan	Die Batakkirche vor ihrer Unabhängigkeit (1899–1942). Probleme der christlichen Unabhängigkeit angesichts der Problematik von Mission, Kolonialismus und Nationalismus	09.11.1979/ 20.04.1980
		Fotodruck	Margull *Lothar Schreiner*
136	Shiri, Godwin	Christian Social Thought in India 1962–1977	07.11.1980/ 12.12.1980
		Fotodruck	Margull Waack
137	Mushila, Nyamankank	Luttes de Libération en Afrique. Une interprétation théologique du processus de l'émancipation en Afrique sub-Saharienne	07.11.1980/ 04.02.1981
		Fotodruck	Margull *Richard Friedli*
138	Laiser, Naaman	The Communion of God and man in the Holy Spirit. A Study of the Concept of the Holy Spirit in contemporary Lutheran Theological Thinking	23.01.1981/ 02.11.1981
		Fotodruck	Fischer Pesch
139	Schröder, Egon	Die Aktualität Zinzendorfs. Eine Studie zur ökumenischen Diskussion über Grundfragen christlichen Glaubens angesichts des neuzeitlichen empirischen Bewußtseins	01.07.1981/ 1982
		Fotodruck	Margull Fischer *Wolfgang Villwock*
140	Freyd, Christophe	Gott als die universale Wahrheit von Mensch und Welt. Die Versöhnungslehre Karl Barths im Lichte der Religionsphilosophie Hegels	27.11.1981/ 1982
		Fotodruck	Fischer Cornehl

Nr.	Name	Titel der Abhandlung	Rigorosum/ Ausstellung der Urkunde
		Veröffentlichungsart und Titel	Gutachter
141	Munduku, Ngama-yamu	Missions et sociétés autochtones Africaines. Interprétation historique et théologique du changement des structures sociales chez les Mbala	27.01.1982/ 1982
		Fotodruck	Margull Schumann
142	Park, Chang-Kun	Das Verhältnis zwischen theologischem und anthropologischem Pneumabegriff bei Paulus	27.01.1982/ 1982
		Fotodruck	Wilckens Schramm
143	Bel, Valer	Die Einheit als Wesenseigenschaft der Kirche. Eine kontroverstheologische Untersuchung aus der Sicht orthodoxer Theologie	26.02.1982/ 1982
		Fotodruck	Pesch Fischer *Fairy von Lilienfeld*
144	Krüger, Wolfgang Friedhelm	Die theologische Auseinandersetzung um den gesellschaftspolitischen Auftrag der lutherischen Kirchen in Südwestafrika/Namibia 1970–74	04.05.1983/ 1984
		gedr. unter dem Titel: Schwarze Christen – weiße Christen. Lutheraner in Namibia und ihre Auseinandersetzung um den christlichen Auftrag in der Gesellschaft. Erlangen 1985 (EMMÖ 3)	Schumann Margull *Theo Sundermeier*
145	Ludewig, Hans-günter	Gebetserfahrungen. Das Gewahrwerden der Gegenwart Gottes bei Gerhard Tersteegen	01.12.1982/ 1986
		gedr. unter dem Titel: Gebet und Gebetserfahrung bei Gerhard Tersteegen. Göttingen 1986 (AGP 24)	Cornehl Röhricht Elze
146	Kosugi, Katsuji	Eine Studie über die Rezeption der Theologie Dietrich Bonhoeffers in Ostasien. Am Beispiel des Nachkriegsprotestantismus in Japan und Korea von 1945–1975	26.01.1983/ 1983
		Fotodruck	Schumann Waack

Nr.	Name	Titel der Abhandlung	Rigorosum/ Ausstellung der Urkunde
		Veröffentlichungsart und Titel	*Gutachter*
147	Gladstone, John Wilson	Protestant christianity and people's movements in Kerala. A study of Christian mass movements in relation to Neo-Hindu socio-religious movements in Kerala, 1850–1936	04.05.1983/ 1984
		gedr. als Seminary Publication Trivandrum/India 1984	Schumann Waack
148	Hohmann, Klaus-Dieter	Mensch, Maschine, Menschensohn	02.11.1983
		Maschschr.	Müller-Schwefe Fischer *A.M. Klaus Müller*
149	Adutwum, Ofosu	The root „batach" in the Old Testament	01.02.1984/ 1984
		Fotodruck	K. Koch Otto
150	Krolzik, Udo	Providentia-Dei-Lehre und neuzeitlicher Naturbegriff. Zur Entstehung und zur Ausformung in der Frühaufklärung	02.05.1984/ 1988
		gedr. unter dem Titel: Säkularisierung der Natur. Providentia-Dei-Lehre und Naturverständnis der Frühaufklärung. Neukirchen 1988	T. Koch Kroeger
151	Rudloff, Ortwin	Bonae litterae et Lutherus. Texte und Untersuchungen zu den Anfängen der Theologie des Bremer Reformators Propst	07.11.1984/ 1985
		gedr. unter demselben Titel Bremen 1985 (HosEc 14)	Lohse Gülzow
152	Dehn, Ulrich M.	Indische Christen in der gesellschaftlichen Verantwortung: Eine theologische und religionssoziologische Untersuchung zu christlichen politisch-theologischen Entwürfen im gegenwärtigen Indien	23.01.1985/ 1986
		gedr. unter dem Titel: Indische Christen in der gesellschaftlichen Verantwortung: eine theologische und religionssoziologische Untersuchung zu politischer Theologie im gegenwärtigen Indien. Frankfurt a.M. 1985 (ISGC 38)	Schumann *Richard Friedli*

Nr.	Name	Titel der Abhandlung	Rigorosum/ Ausstellung der Urkunde
		Veröffentlichungsart und Titel	Gutachter
153	Taube, Roselies	Gott und das Ich: erörtert in einer Auseinandersetzung mit Luthers Lehre über Glaube und Liebe in seinem Galater-Kommentar (1531/35)	23.01.1985/ 1985
		gedr. unter demselben Titel Frankfurt a.M. u.a. 1986 (EHS.T 259)	T. Koch Fischer
154	Decker, Michael	Die Monarchianer. Frühchristliche Theologie im Spannungsfeld zwischen Rom und Kleinasien	24.04.1985/ 1987
		Fotodruck	Gülzow Lohse
155	Berg, Carsten	Konzeptionsgeschichte der Sonntagsschul- und Kindergottesdienstarbeit im deutschen Protestantismus seit 1800 unter Berücksichtigung ihrer angloamerikanischen Wurzeln	10.07.1985 1987
		gedr. unter dem Titel: Gottesdienst mit Kindern. Von der Sonntagsschule zum Kindergottesdienst. Gütersloh 1988 (Eine Veröffentlichung des Comenius-Instituts, Münster)	Grünberg Cornehl
156	Hock, Klaus	Der Islam im Spiegel westlicher Theologie. Aspekte christlich-theologischer Beurteilung des Islams im 20. Jahrhundert	10.07.1985/ 1986
		gedr. unter demselben Titel Köln u.a. 1986 (KVRG 8)	Schumann Albrecht Noth
157	Fabricius, Dieter	Die theologischen Kontroversen in Lüneburg im Zusammenhang der Einführung der Reformation	29.01.1986/ 1987
		gedr. unter demselben Titel Lüneburg 1988	Lohse Gülzow
158	Gorski, Horst	„Die Niedrigkeit seiner Magd". Darstellung und theologische Analyse der Mariologie Martin Luthers als Beitrag zum gegenwärtigen lutherisch/römisch-katholischen Gespräch	29.01.1986/ 1988
		gedr. unter demselben Titel Frankfurt a.M. u.a.1987 (EHS.T 311)	Pesch Lohse
159	Dietrich, Gerhard-Heinrich	Das Verständnis von Natur und Welt bei Rudolf Bultmann und Karl Löwith. Eine vergleichende Studie	07.05.1986/ 1987
		Fotodruck	Fischer T. Koch

Nr.	Name	Titel der Abhandlung	Rigorosum/ Ausstellung der Urkunde
		Veröffentlichungsart und Titel	Gutachter
160	Schäfer, Klaus	Gemeinde als „Bruderschaft". Ein Beitrag zum Kirchenverständnis des Paulus	28.01.1987/ 1989
		gedr. unter demselben Titel Frankfurt a.M. u.a. 1989 (EHS.T 333)	Schramm Paulsen
161	Daniels, Dwight Roger	Hosea and Salvation History. The early tradition of Israel in the Prophecy of Hosea	01.07.1987/ 1987
		Fotodruck	K. Koch Janowski
162	Niwagila, Wilson B.	From the catacomb to a self-governing church. A case study of the African initiative and the partcipation of foreign missions in the mission history of the north-western Diocese of the evangelical Lutheran Church in Tanzania 1890–1965	27.01.1988/ 1988
		gedr. unter demselben Titel Ammersbek 1988 (PWM 6)	Schumann Ahrens
163	Gleßmer, Uwe	Entstehung und Entwicklung der Targume zum Pentateuch als literarkritisches Problem. Dargestellt am Beispiel der Zusatztargume	18.05.1988/ 1990
		Fotodruck	K. Koch, Rau Peter Schäfer
164	Langer, Klaus	Der Religionslehrer in der Großstadt und seine Kirche. Eine empirische Untersuchung zum religiösen und beruflichen Selbstverständnis und zur Unterrichtspraxis des Religionslehrers in der reformierten Oberstufe Hamburger Schulen	18.05.1988/ 1989
		gedr. unter dem Titel: Warum noch Religionsunterricht? Religiosität und Perspektiven von Religionspädagogen heute. Gütersloh 1989	Grünberg Cornehl
165	Reichert, Eckhard	Die Canones der Synode von Elvira. Einleitung und Kommentar	06.07.1988/ 1990
		Dissertationsdruck	Gülzow Lohse
166	Ahme, Michael	Der Versuch einer Struktur- und Verfassungsreform der Evangelischen Kirche in Deutschland 1970–1976. Vorgeschichte, Verlauf und Ergebnisse	25.01.1989/ 1989
		Fotodruck	Cornehl Grünberg

Nr.	Name	Titel der Abhandlung	Rigorosum/ Ausstellung der Urkunde
		Veröffentlichungsart und Titel	Gutachter
167	Kobong, Theodorus	Evangelium und Tongkonan. Eine Untersuchung über die Begegnung zwischen christlicher Botschaft und der Kultur der Toraja	25.01.1989/ 1990
		gedr. unter demselben Titel Ammersbek 1989 (PWM 7)	Schumann Ahrens
168	Steinmann, Werner	Die Seelenmetaphysik des Marius Victorinus	23.01. und 03.02.1989/ 1990
		gedr. unter demselben Titel Hamburg 1990 (Hamburger th. Studien 2)	Gülzow Lohse
169	Ottemann, Christian	Initiatisches Christentum. Karlfried Graf Dürckheims Lehre vom „Initiatischen Weg" als Herausforderung an die evangelische Theologie	05.07.1989/ 1990
		gedr. unter demselben Titel Frankfurt a.M. u.a. 1990 (EHS.T 402)	Cornehl Lindner
170	Müller-Kent, Jens	Militärseelsorge im Spannungsfeld zwischen kirchlichem Auftrag und militärischer Einbindung	24.01.1990/ 1991
		gedr. unter demselben Titel Hamburg 1990 (Hamburger th. Stud. 1)	Grünberg Cornehl
171	Stüben, Joachim	Das Heidentum im Spiegel von Heilsgeschichte und Gesetz. Ein Versuch über das Bild der Paganitas im Werk des Ambrosiaster	24.01.1990/ 1990
		Fotodruck	Gülzow Lohse
172	Suhr, Ulrike	Vom Menschen reden und Gott nicht verschweigen. Eine theologische Untersuchung des literarischen Werkes von Marie Luise Kaschnitz	24.01.1990/ 1992
		gedr. unter dem Titel: Poesie als Sprache des Glaubens. Eine theol. Untersuchung des literar. Werkes von Marie Luise Kaschnitz	Cornehl T. Koch

Nr.	Name	Titel der Abhandlung	Rigorosum/ Ausstellung der Urkunde
		Veröffentlichungsart und Titel	*Gutachter*
173	Wriedt, Markus	Gnade und Erwählung bei Johann von Staupitz. Eine Untersuchung zu den theologiegeschichtlichen Bedingungen der Entwicklung der reformatorischen Theologie Martin Luthers	24.01.1990/ 1990
		gedr. unter dem Titel: Gnade und Erwählung. Eine Untersuchung zu Johann von Staupitz und Martin Luther. Mainz 1991 (VIEG 141)	Lohse Pesch
174	Zimmermann, Petra	Das Wunder jener Nacht. Autobiographische Weihnachtserzählungen als Quellen religiöser Selbst- und Weltdeutung	24.01.1990/ 1992
		gedr. unter dem Titel: Das Wunder jener Nacht. Interpretation autobiographischer Weihnachtserzählungen. Stuttgart 1992 (PThe 5)	Cornehl Lindner
175	Kim, Myung-Soo	Sozialgeschichtliche Forschung zur Q-Überlieferung in den synoptischen Evangelien	09.05.1990/ 1990
		gedr. mit dem zusätzlichen Obertitel: Die Trägergruppe von Q. Ammersbek 1990 (Wiss. Beitr. aus europ. Hochsch. R. 01,1)	Paulsen Rau
176	Lien, Fu-Long	Die Ekklesiologie in der Theologie Karl Rahners. Mit besonderem Hinblick auf das Problem der interreligiösen und interkulturellen Vermittlung des Christentums	09.05.1990/ 1990
		gedr. unter demselben Titel Ammersbek 1990 (PWM 9)	Pesch T. Koch
177	Bobrowski, Jürgen	Biblische Symbole im Spiel erfahren. Grundlagen und Praxis des Bibliodramas	27.06.1990/ 1991
		gedr. unter dem Titel: Bibliodramapraxis. Biblische Symbole im Spiel erfahren. Hamburg 1991	Cornehl Schramm
178	Brandi-Hinrichs, Friedrich	Von der personalen zur politischen Theologie. Die theologie- und kulturgeschichtlichen Hintergründe der Theologie Friedrich Gogartens zwischen 1924 und 1934. Mit einem Vergleich zu Emil Brunner	27.06.1990/ 1992
		Fotodruck	Kroeger Fischer

Nr.	Name	Titel der Abhandlung	Rigorosum/ Ausstellung der Urkunde
		Veröffentlichungsart und Titel	Gutachter
179	Dahlgrün, Corinna	„Hoc fac, et vives" Lk 10,28 – vor allen dingen minne got. – Theologische Reflexionen eines Laien im Gregorius und in Der arme Heinrich Hartmanns von Aue	30.01.1991/ 1991
		gedr. unter demselben Titel Frankfurt a.M. 1991 (Hamburger Beitr. Zur Germanistik 14)	Lohse *Hartmut Freytag*
180	Gundlach, Thies	Christozentrik und Pluralität. Studien zur Neuzeitlichkeit der Theologie Barths am Beispiel der Offenbarungs- und Erwählungslehre in der Kirchlichen Dogmatik	30.01.1991/ 1992
		Maschschr.	Fischer T. Koch
181	Heling, Arnd	Die Theologie Eivind Berggravs im norwegischen Kirchenkampf. Ein Beitrag zur politischen Theologie im Luthertum	30.01.1991/ 1993
		gedr. unter demselben Titel Neukirchen 1992 (Hist.-th. Stud. zum 19. und 20. Jhdt. 3)	Kroeger *Torleiv Austad*
182	Magalhães, Antonio Carlos de Melo	Christologie und Nachfolge. Eine systematisch-ökumenische Untersuchung zur Befreiungschristologie bei Leonardo Boff und Jon Sobrino	30.01.1991/ 1991
		gedr. unter demselben Titel Ammersbek 1991 (PWM 11)	Pesch Ahrens
183	Steinmeier-Kleinhempel, Anne	„Von Gott kompt mir ein Frewdenschein". Die Einheit Gottes und des Menschen in Philipp Nicolais „Frewden-Spiegel deß ewigen Lebens"	30.01.1991/ 1992
		gedr. unter demselben Titel Frankfurt a.M. 1991 (EHS.T 430)	T. Koch Fischer
184	Buschmann, Gerd	Martyrium Polycarpi. Eine formkritische Studie. Ein Beitrag zur Frage nach der Entstehung der Gattung Märtyrerakte	03.07.1991/ 1994
		gedr. unter demselben Titel Berlin/New York 1994 (BZNW 70)	Paulsen Gülzow
185	Godel, Erika	Gegenreden. Bibelarbeiten von Frauen auf Deutschen Evangelischen Kirchentagen	03.07.1991/ 1992
		gedr. mit dem Titelzusatz: Mosaiksteine zur verborgenen Kirchengeschichte der Frauen. München 1992	Cornehl Grünberg

Nr.	Name	Titel der Abhandlung	Rigorosum/ Ausstellung der Urkunde
		Veröffentlichungsart und Titel	Gutachter
186	Han, Sang-Chan	Beziehungen zwischen dem Schamanismus und dem Verständnis des Heiligen Geistes in der protestantischen Kirche in Korea. Religionsphänomenologische und missionstheologische Untersuchung	03.07.1991/ 1991
		gedr. unter demselben Titel Ammersbek 1991 (Wiss. Beitr. aus europ. Hochsch. R. 01,3)	Schumann Ahrens
187	Stümke, Volker	Die positive Christologie Christian Hermann Weisses. Eine Untersuchung zur Hinwendung der Christologie zur Frage nach dem historischen Jesus als Antwort auf „Das Leben Jesu" von David Friedrich Strauß	03.07.1991/ 1992
		gedr. unter demselben Titel Frankfurt a.M. 1992 (EHS.T 463)	T. Koch Fischer
188	Grundmann, Christoffer	Gesandt zu heilen! Aufkommen und Entwicklung der ärztlichen Mission im neunzehnten Jahrhundert	13.11.1991/ 1992
		gedr. unter demselben Titel Gütersloh 1992 (MWF 26)	Ahrens Kroeger
189	Bergemann, Thomas	Das Verhältnis der Grundrede zur Logienquelle. Überlieferungen zur Methode der Ausgrenzung des Q-Stoffes aus dem Matthäus/Lukas-Gut	29.01.1992/ 1993
		gedr. unter dem Titel: Q auf dem Prüfstand. Die Zuordnung des Mt/Lk-Stoffes zu Q am Beispiel der Bergpredigt. Göttingen 1993 (FRLANT 158)	Hunzinger Rau
190	Schlicht, Matthias	Überlieferung und Theologie von Luthers Vorlesung über Psalm 90	29.01.1992/ 1994
		gedr. unter dem Titel: Luthers Vorlesung über Psalm 90. Überlieferung und Theologie. Göttingen 1994 (FKDG 55)	Lohse Pesch
191	Green, Friedemann	Urbanisierung als Herausforderung kirchlicher Strukturbildung. Ev.-luth. Landeskirche und Stadtmission in Hamburg zwischen 1848 und 1914	01.07.1992/ 1995
		gedr. unter dem Titel: Kirche in der werdenden Großstadt. Landeskirche und Stadtmission in Hamburg zwischen 1848 und 1914. Herzberg 1994 (AKGH 19)	Grünberg Kroeger

Nr.	Name	Titel der Abhandlung	Rigorosum/ Ausstellung der Urkunde
		Veröffentlichungsart und Titel	Gutachter
192	Gremels, Georg	Die Trinitätslehre Johann August Urlspergers. Dargestellt nach seiner Schrift „Kurzgefaßtes System"	01.07.1992/ 1993
		gedr. unter demselben Titel Frankfurt a.M. u.a. 1993 (EHS.T 488)	T. Koch Fischer
193	Park, Chung-Jin	Minjung und Mission. Eine Untersuchung über die Minjungtheologie in Korea aus der Perspektive der Mission	01.07.1992/ 1992
		gedr. unter demselben Titel Ammersbek 1992 (PWM 16)	Ahrens Schumann
194	Prieto Valladares, James Adrián	Die mennonitische Mission in Costa Rica (1960–1978)	01.07.1992/ 1992
		gedr. unter demselben Titel Ammersbek 1992 (PWM 15)	Ahrens Schumann
195	Rieske-Braun, Uwe	Zwei-Bereiche-Lehre und christlicher Staat	01.07.1992/ 1993
		gedr. mit dem Zusatz: Verhältnisbestimmungen von Religion und Politik im Erlanger Neuluthertum und in der Allg. Ev.-Luth. Kirchenzeitung. Gütersloh 1993 (LKGG 15)	Kroeger Lohse
196	Schmidt-Lauber, Gabriele	Luthers Vorlesung über den Römerbrief 1515/16. Ein Vergleich zwischen Luthers Manuskript und den studentischen Nachschriften	01.07.1992/ 1994
		gedr. unter demselben Titel Köln u.a. 1994 (AWA 6)	Lohse Kroeger
197	Albrecht, Christian	Schleiermachers Theorie der Frömmigkeit. Ihr wissenschaftlicher Ort und ihr systematischer Gehalt in den Reden, in der Glaubenslehre und in der Dialektik	27.01.1993/ 1993
		gedr. unter demselben Titel Berlin/New York 1994 (SchlAr 15)	Fischer T. Koch
198	Buchholz, Armin	Schrift Gottes im Lehrstreit. Luthers Schriftverständnis und Schriftauslegung in seinen drei großen Lehrstreitigkeiten der Jahre 1521–1528	27.01.1993/ 1993
		gedr. unter demselben Titel Frankfurt a.M. u.a. 1993 (EHS.T 487)	T. Koch Fischer

Nr.	Name	Titel der Abhandlung	Rigorosum/ Ausstellung der Urkunde
		Veröffentlichungsart und Titel	Gutachter
199	Kim, Sun-Ryol	Die Vorgeschichte der Trennung von Staat und Kirche in der Weimarer Verfassung von 1919. Eine Untersuchung über das Verhältnis von Staat und Kirche in Preußen seit der Reichsgründung von 1871	27.01.1993/ 1996
		gedr. unter demselben Titel Hamburg 1996 (Hamburger th. Stud. 13)	Kroeger Cornehl
200	Storck, Steffen	Kirchengeschichtsschreibung als Theologie. Theorien der Kirchengeschichtsschreibung in der deutschsprachigen evangelischen und katholischen Theologie seit 1945	27.01.1993/ 1993
		Fotodruck	Pesch Lohse Fischer
201	Park, Myung-Chul	Das Gespräch der Minjung-Theologen mit der Koreanischen Nationalbewegung und dem Dschutsche-Sozialismus. Eine Studie zur Frage der Menschenrechte in Korea	07.07.1993/ 1994
		gedr. unter demselben Titel Ammersbek 1993 (PWM 17)	Ahrens Schramm
202	Rösel, Martin	Übersetzung als Vollendung der Auslegung. Studien zur Genesis-Septuaginta	07.07.1993/ 1994
		gedr. unter demselben Titel Berlin/New York 1994 (BZAW 223)	Koch Spieckermann Sellin
203	Ahrens, Matthias	Arm und Reich im Jakobusbrief. Eine sozialgeschichtliche Untersuchung	26.01.1994/ 1995
		gedr. Unter dem Titel: Der Realitäten Widerschein oder Arm und Reich [...] Berlin 1995 (Alektor-Hochschulschriften o.Nr.)	Paulsen Rau
204	Eisen, Ute	Epigraphische Untersuchungen zu Amtsträgerinnen der frühen Kirche	26.01.1994/ 1996
		gedr. unter dem Titel: Amtsträgerinnen im frühen Christentum: epigraphische und literarische Studien. Göttingen 1996 (FKDG 61)	Paulsen Gülzow

Nr.	Name	Titel der Abhandlung	Rigorosum/ Ausstellung der Urkunde
		Veröffentlichungsart und Titel	Gutachter
205	Ekem, John David Kwamena	Priesthood in context. A study of Akan traditional priesthood in dialogical relation to the Priest-Christology of the Epistle to the Hebrews, and its implications for a relevant functional priesthood in selected churches among the Akan of Ghana	26.01.1994/ 1994
		gedr. unter demselben Titel Ammersbek 1994 (PWM 19)	Ahrens Paulsen
206	Lobe, Matthias	Die Prinzipien der Ethik Emanuel Hirschs	26.01.1994/ 1996
		gedr. unter demselben Titel Berlin/New York 1996 (TBT 68)	Fischer T. Koch
207	Schubert, Britta von	Auf der Suche nach neuen Wegen der Integration. Das Aktionsprogramm der Europäischen Gemeinschaft HELIOS zur Integration von Menschen mit Behinderungen und seine Bedeutung für die diakonisch-soziale Arbeit in Europa	06.06.1994/ 1994
		gedr. unter dem Titel: Behinderung und selbstbestimmtes Leben. Das HELIOS-Programm der Euop. Gemeinschaft – neue Aufgaben diakonisch-sozialer Arbeit in Europa. Heidelberg 1995 (Diakoniewiss. Stud. 4)	Grünberg *Theodor Strohm*
208	Wiefel-Jenner, Katharina	Die Liturgik Rudolf Ottos	06.06.1994/ 1994
		Maschschr. und Microfiche	Cornehl Grünberg
209	Ekué, Amélé	MAMI-WATA. Geistinhabitation in einem Frauenkult und ihre Adaption im Kontext afrikanischer Christen (Süd-Togo)	09.11.1994/ 1997
		gedr. unter dem Titel: „Und sie denken, du bist eine mamissi ...". Geistinhabitation in einem Frauenkult und ihre Adaption im Kontext afrikanischer Christen in Süd-Togo. Hamburg 1996 (Hamburger th. Stud. 9)	Ahrens Schumann
210	Hammerich, Holger	Taufe und Askese. Der Taufaufschub in vorkonstantinischer Zeit	25.01.1995/ 1995
		Fotodruck	Gülzow Lohse

Nr.	Name	Titel der Abhandlung	Rigorosum/ Ausstellung der Urkunde
		Veröffentlichungsart und Titel	Gutachter
211	Kirsner, Inge	Wie im Spiegel ein dunkles Bild. Exemplarische Untersuchungen zur ‚Erlösung im Film' bei Arcand, Askoldow, Baron und Tarkowskij	25.01.1995/ 1995
		Maschschr. und Microfiche	Cornehl Grünberg
212	Schröder, Markus	Die kritische Identität des neuzeitlichen Christentums. Schleiermachers Wesensbestimmung der christlichen Religion	25.01.1995/ 1996
		gedr. unter demselben Titel Tübingen 1996 (BHTh 96)	Fischer T. Koch
213	Burandt, Christian-Bogislav	Luthers Sicht der Geschichte auf Grund der Operationes in Psalmos 1519–1521	05.07.1995/ 1997
		gedr. unter dem Titel: Der eine Glaube zu allen Zeiten. Luthers Sicht [...] Hamburg 1997 (Hamburger th. Stud. 14)	Lohse Pesch
214	Kim, Eun-Soo	Missio Dei und Kirche in Korea. Eine Untersuchung der Wirkungsgeschichte von „Missio Dei" in den Koreanischen Protestantischen Kirchen	05.07.1995/ 1995
		gedr. unter demselben Titel Ammersbek 1995 (PWM 21)	Ahrens Schumann
215	Wagner, Jürgen	Der Zugang des Menschen zu seinem Wesen im Anschluß an ein Feldweggespräch Martin Heideggers und an die deutschen Predigten und Traktate Meister Eckharts	05.07.1995/ 1996
		gedr. unter dem Titel: Meditationen über Gelassenheit. Der Zugang des Menschen zu seinem Wesen im Anschluß an Martin Heidegger und Meister Eckhart. Hamburg 1995	Kodalle T. Koch
216	Läger, Karoline	Die Christologie der Pastoralbriefe	08.11.1995/ 1996
		gedr. unter demselben Titel Hamburg 1996 (Hamburger th. Stud. 12)	Schramm Sellin
217	Claussen, Johann Hinrich	Die Jesus-Deutung von Ernst Troeltsch im Kontext der liberalen Theologie	31.01.1996/ 1997
		gedr. unter demselben Titel Tübingen 1997 (BHTh 99)	Fischer T. Koch

Nr.	Name	Titel der Abhandlung	Rigorosum/ Ausstellung der Urkunde
		Veröffentlichungsart und Titel	Gutachter
218	Dörfel, Donata	Angelologie in der apokalyptischen Literatur und ihre theologische Relevanz am Beispiel von Ezechiel, Sacharja, Daniel und Erstem Henoch	31.01.1996/ 1996
		Maschschr. und Microfiche	K. Koch Willi-Plein
219	Emmendörfer, Michael	Der ferne Gott. Israels Ringen um die Abwesenheit Jahwes in tempelloser Zeit. Eine Untersuchung der alttestamentlichen Volksklagelieder auf dem Hintergrund der altorientalischen Literatur	31.01.1996/ 1998
		gedr. unter dem Titel: Der ferne Gott. Eine Untersuchung der alttestamentlichen Volksklagelieder vor dem Hintergrund der mesopotamischen Literatur. Tübingen 1998 (FAT 21)	Spieckermann Timm
220	Grübner, Birgit	Gott und die Lebendigkeit in der Natur. Johann Arndts Liber Naturae	31.01.1996/ 1998
		gedr. unter dem Titel: Gott und die Lebendigkeit in der Natur. Eine Interpretation des Dritten und Vierten Buches von Johann Arndts „Wahrem Christentum". Rheinbach 1998 (Arb. z. Theolgesch. 4)	T. Koch Fischer
221	Grümbel, Ute	„Für euch gegeben". Abendmahl: Erfahrungen und Ansichten von Frauen und Männern. Anfragen an Abendmahlslehre und Abendmahlspraxis in der Gegenwart	31.01.1996/ 1996
		gedr. unter dem Titel: Abendmahl: „Für euch gegeben". Erfahrungen und Ansichten von Frauen und Männern. Anfragen an Theologie und Kirche. Stuttgart 1997 (AzTh 85)	Cornehl Schramm
222	Klek, Konrad	Erlebnis Gottesdienst. Die liturgischen Reformbestrebungen um die Jahrhundertwende unter Führung von Friedrich Spitta und Julius Smend	31.01.1996/ 1996
		gedr. unter demselben Titel Göttingen 1996 (Veröff. z. Liturgik, Hymnol. und th. Kirchenmusikforschung 32)	Cornehl Lindner
223	Schade, Herwarth Frhr. von	Zu Gottes Lob in Hamburgs Kirchen: Eine Hamburgische Gesangbuchgeschichte	31.01.1996/ 1996
		gedr. unter demselben Titel Herzberg 1995 (AKGH 20)	Mager Lohse

Nr.	Name	Titel der Abhandlung	Rigorosum/ Ausstellung der Urkunde
		Veröffentlichungsart und Titel	Gutachter
224	Stahlberg, Thomas	Seelsorge im Übergang zur „modernen Welt". Studien zur Seelsorgetheorie bei Heinrich Adolf Köstlin und Otto Baumgarten	31.01.1996/ 1998
		gedr. unter demselben Titel Göttingen 1998 (APTh 32)	Lindner Kroeger
225	Wendel, Ulrich	Gemeinde in Kraft. Das Gemeindeverständnis in den Summarien der Apostelgeschichte. Als Beitrag zur lukanischen Ekklesiologie	31.01.1996/ 1998
		gedr. unter demselben Titel Neukirchen 1998 (Neuk. th. Diss. u. Habil. 20)	Schramm Sellin
226	Brucker, Ralph	„Christushymnen" oder epideiktische Passagen? Studien zum Stilwechsel im Neuen Testament und seiner Umwelt	08.05.1996/ 1997
		gedr. unter demselben Titel Göttingen 1997 (FRLANT 176)	Sellin Schramm
227	Schwarze, Bernd	Faith in my Fashion – Faith Design. Eine theologisch-ästhetische Studie zur Religion in der Rock- und Popmusik	03.07.1996/ 1996
		gedr. unter dem Titel: Die Religion der Rock- und Popmusik. Analysen und Interpretationen. Stuttgart 1997 (PTHe 28)	Cornehl Grünberg
228	Schweda, Torsten	Kirchliche Strukturentwicklung in der Stadt. Die evangelisch-lutherische Kirche in der Urbanisierung der Stadt Harburg vom Ausgang des 19. Jahrhunderts bis 1937	03.07.1996/ 1997
		gedr. unter dem Titel: Harburg. Evangelische Kirche in der Urbanisierung. Stadtentwicklung und Kirchengeschichte vom Ausgang des 19. Jahrhunderts bis 1937. Hamburg 1997 (Harb. Jb. 20)	Grünberg Mager

Nr.	Name	Titel der Abhandlung Veröffentlichungsart und Titel	Rigorosum/ Ausstellung der Urkunde Gutachter
229	Sun, Xiao-Ping	Dao für logos – ein evangeliumsgemä-ßes Äquivalent? Eine Untersuchung der Inkulturationsprobleme des Christentums bei der Bibelübersetzung in China – am Beispiel der Übersetzung des Logos-Begriffs im Johannes-Prolog in der chinesischen Unionsübersetzung (1890–1919)	03.07.1996/ 1997
		gedr. unter dem Titel: Dao für logos, ein evangeliumsgemäßes Äquivalent? Die Inkulturationsproble-matik des Christentums in China am Beispiel der Bibelübersetzung. Ammers-bek 1996 (PWM 23)	Ahrens Schumann *Roman Malek*
230	Sebastian, Johann Jayakiran	„baptisma unum in sancta ecclesia". A theological appraisal of the baptismal controversy in the work and writings of Cyprian of Carthage	29.01.1997/ 1997
		gedr. unter demselben Titel Ammersbek 1997 (Wiss. Beitr. aus europ. Hochsch. R. 01,8)	Gülzow Reichert
231	Vibila, Vuadi	Femmes et réflexion théologique. Vers une pratique ecclésiale émancipatrice (Cas du Zaire)	29.01.1997/ 1997
		gedr. unter demselben Titel Ammersbek 1997 (PWM 24)	Schumann Pesch
232	Kwok, Benedict Hung-biu	Von der historisch zur trinitätstheolo-gisch begründeten Christologie Wolfhart Pannenbergs	02.07.1997/ 1997
		gedr. unter demselben Titel Ammersbek 1997 (Wiss. Beitr. aus europ. Hochsch. R. 01,9)	Fischer T. Koch
233	Reitz-Dinse, An-negret	Theologie in der Diakonie. Eine Unter-suchung zur Arbeit der Theologischen Abteilung des Diakonischen Werkes, Innere Mission und Hilfswerk der EKD in den Jahren 1957–1975	02.07.1997/ 1998
		gedr. unter dem Titel: Theologie in der Diakonie. Exemplari-sche Kontroverse zum Selbstverständnis der Diakonie in den Jahren 1957–1975. Neukirchen 1998	Grünberg Lindner
234	Schreiber, Tilman	Die soteriologische Bedeutung der Auf-erweckung Jesu Christi in gegenwärtiger systematischer Theologie	02.07.1997/ 1998
		gedr. unter demselben Titel Frankfurt a.M. u.a. 1998 (EHS.T 627)	Pesch Dierken

Nr.	Name	Titel der Abhandlung	Rigorosum/ Ausstellung der Urkunde
		Veröffentlichungsart und Titel	Gutachter
235	Nagel, Helmut	Karl der Große (768–814) und die theologischen Herausforderungen seiner Zeit	28.01.1998/ 1998
		gedr. mit dem Titelzusatz: Zur Wechselwirkung zwischen Theologie und Politik im Zeitalter des großen Sachsenherrschers. Frankfurt a.M. 1998 (Freib. Beitr. z. ma. Gesch. 12)	Mager Reichert
236	Köhlmoos, Melanie	Das Auge Gottes. Textstrategie im Hiobbuch	15.04.1998/ 1999
		gedr. unter demselben Titel Tübingen 1999 (FAT 25)	Spieckermann Willi-Plein
237	Petersen, Silke	„Zerstört die Werke der Weiblichkeit!" Maria Magdalena, Salome und andere Jüngerinnen Jesu in christlich-gnostischen Schriften	15.04.1998/ 1999
		gedr. unter demselben Titel Leiden 1999 (NHS 48)	Rau Sellin Hans-Gebhard Bethge
238	Tiedemann, Holger	Die Erfahrung des Fleisches. Eine genealogische Interpretation des paulinischen Sexualverständnisses	15.04.1998/ 1998
		gedr. unter dem Titel: Die Erfahrung des Fleisches: Paulus und die Last mit der Lust. Stuttgart 1998	Schramm Sellin
239	Blömer, Michael	Die Kirchengemeinde als Unternehmen. Die Marketing- und Managementprinzipien der US-amerikanischen Gemeindewachstumsbewegung	01.07.1998/ 1998
		gedr. unter demselben Titel Münster 1998 (Hamburger th. Stud. 18)	Cornehl Grünberg
240	Matthiae, Gisela	Gott als Clownin. Eine feministische Dekonstruktion des Göttlichen	01.07.1998/ 1998
		gedr. unter demselben Titel Stuttgart 1999 (PTHe 45)	Grünberg Cornehl
241	Mazambara, Phillip Denhe	The Self-Understanding of African Instituted Churches. A study based on the Church of Apostles founded by John of Marange in Zimbabwe	01.07.1998/ 1999
		gedr. unter demselben Titel Aachen 1999 (PWM 29)	Ahrens Lindner

Nr.	Name	Titel der Abhandlung	Rigorosum/ Ausstellung der Urkunde
		Veröffentlichungsart und Titel	Gutachter
242	Murmann-Knuth, Ulrike	Freiheit und Entfremdung. Paul Tillichs Theorie der Sünde in ihrem genetischen und systematischen Zusammenhang	01.07.1998/ 1998
		gedr. unter demselben Titel Stuttgart 2000 (Forum Syst. 8)	Fischer T. Koch
243	Peter, Burkhard	Kulturelle Identität und religiöses Bekenntnis. Synkretismus bei den Hadiyya Südäthiopiens	01.07.1998/ 1999
		gedr. unter demselben Titel Aachen 1999 (PWM 27)	Ahrens Schumann
244	Salgado, Josué Mello	Auf dem Weg zu einer afro-brasilianischen Theologie. Eine ökumene- und missionswissenschaftliche Untersuchung	01.07.1998/ 1999
		gedr. unter demselben Titel Aachen 1999 (PWM 28)	Ahrens Schumann
245	Bähnk, Wiebke	„Sanguinem hominis deus concupiscit?" Untersuchungen zur Theologie des Martyriums bei Tertullian	27.01.1999/ 2000
		gedr. unter dem Titel: Von der Notwendigkeit des Leidens. Die Theologie des Leidens bei Tertullian. Göttingen 2001 (FKDG 78)	Reichert Mager
246	Baumann [-Koch], Angela	Frühe lutherische Gebetsliteratur bei Andreas Musculus und Daniel Cramer	27.01.1999/ 2001
		gedr. unter demselben Titel Frankfurt a.M. u.a. 2001 (EHS.T 725)	T. Koch Fischer
247	Bronk, Kay-Ulrich	Der Flug der Taube und der Fall der Mauer. Die Wittenberger Gebete um Erneuerung im Herbst 1989	27.01.1999/ 1999
		gedr. unter demselben Titel Leipzig 1999 (APTh 16)	Cornehl Grünberg
248	Bunda, Nestor Distor	A mission history of the Philippine Baptist Churches 1898–1998 from a Philippine perspective	27.01.1999/ 1999
		gedr. unter demselben Titel Aachen 1999 (PWM 30)	Ahrens Schumann

Nr.	Name	Titel der Abhandlung	Rigorosum/ Ausstellung der Urkunde
		Veröffentlichungsart und Titel	*Gutachter*
249	Geiser, Stefan	Verantwortung und Schuld. Studien zu Martin Dibelius von 1920 bis 1947	27.01.1999/ 2001
		gedr. unter demselben Titel Münster 2001 (Hamburger th. Stud. 20)	Schramm Kroeger
250	Kim, Choon-Mok	Die Vorstellung von Himmel und Mensch innerhalb der Gedankenwelt der „Tonghac"	27.01.1999/ 1999
		gedr. mit dem Zusatz: Eine missions- und religionswissen- schaftliche Untersuchung zur Anthropo- logie innerhalb der Gedankenwelt der „Tonghac" und ihres religionshistori- schen Hintergrundes in Korea. Aachen 1999 (Wiss. Beitr. aus europ. Hochsch. R. 01,10)	Schumann Grundmann
251	Körting, Corinna	Der Schall des Schofar. Israels Feste im Herbst	27.01.1999/ 1999
		gedr. unter demselben Titel Berlin/New York 1999 (BZAW 285)	Spieckermann Willi-Plein
252	Laser, Veit	„Ein Wort wie ein Anruf". Die theolo- gische Relevanz der Poetologie Franz Fühmanns	27.01.1999/ 1999
		Maschschr. und Microfiche	Cornehl Lindner
253	Lemke, Hella	Judenchristentum. Ausgrenzung und Integration. Zur Geschichte eines exege- tischen Begriffs	27.01.1999/ 2002
		gedr. unter demselben Titel Münster 2001 (Hamburger th. Stud. 25)	Sellin Koeger
254	Ramírez Kidd, José Enrique	The ger in Israel. Israel as ger. The noun ger (stranger) in the Old Testament	27.01.1999/ 1999
		gedr. unter dem Titel: Alterity and identity, the „ger" in the Old Testament. Berlin/NewYork 1999 (BZAW 283)	Spieckermann Willi-Plein
255	Schiffer, Barbara	„– fließende Identität– " Geschlechter und Körper im Wandel. Feministisch- theologische und poststrukturale Ver- gegenwärtigungen zu Psychosomatik und Geschlechterkonstruktion in den Frauenheilungsgeschichten des Markus- evangeliums	07.07.1999/ 2001
		Maschschr. und Microfiche	Schramm Lindner

Nr.	Name	Titel der Abhandlung	Rigorosum/ Ausstellung der Urkunde
		Veröffentlichungsart und Titel	Gutachter
256	Erbele-Küster, Dorothea Martina	Leben als Akt des Betens. Eine Rezeptionsästhetik der Psalmen	01.12.1999/ 2001
		gedr. unter demselben Titel Neukirchen 2002 (WMANT 87)	Spieckermann Willi-Plein
257	Bürkert-Engel, Barbara	Charles de Foucault. Christliche Präsenz unter Muslimen. Analyse einer Islamrezeption in Biographie und Nachlass	26.01.2000/ 2000
		gedr. unter dem ergänzten Titel: [...] Analyse und kritische Auseinandersetzung mit einer Islamrezeption in Biographie und Nachlass. Münster 2000 (Christentum und Islam im Dialog 1)	Schumann Ahrens
258	Raj, Samuel John	The theological Concept of hesed in the Psalms	26.01.2000/ 2001
		gedr. unter dem Titel: The theological concept of the Hebrew term hesed in the Psalter. Aachen 2001 (Wiss. Beitr. aus europ. Hochsch. R.01,12)	Spieckermann K. Koch
259	Kempin, Susanna	Leben ohne Arbeit? Wege der Bewältigung im pastoralpsychologischen und theologischen Deutungshorizont	05.07.2000/ 2001
		gedr. unter demselben Titel Münster 2001 (Hamburger th. Stud. 23)	Lindner Grünberg
260	Kruse, Jens-Martin	Martin Luther und die Wittenberger Bewegung. Die Ausbildung der reformatorischen Theologie und die Duchsetzung der Reformation in Wittenberg 1516–1522	05.07.2000/ 2002
		gedr. unter dem Titel: Universitätstheologie und Kirchenreform. Die Anfänge der Reformation in Wittenberg 1516–1522. Mainz 2002 (VIEG 187)	Mager Reichert
261	Schümann, Bodo	Heinrich Matthias Sengelmann als Stifter und Anstifter der Behindertenarbeit	05.07.2000/ 2001
		gedr. unter demselben Titel Münster 2001 (Hamburger th. Stud. 22)	Grünberg Cornehl
262	Wegener, Inke	Zwischen Mut und Demut. Die weibliche Diakonie am Beispiel Elise Averdiecks	04.07.2001/ 2003
		gedr. unter demselben Titel Göttingen 2004 (SKGNS 39)	Mager Hammerich

Nr.	Name	Titel der Abhandlung	Rigorosum/ Ausstellung der Urkunde
		Veröffentlichungsart und Titel	*Gutachter*
263	Baur, Katja	Symbolisieren als Gestalten. Ein ev. Wahrnehmen des kathol. Modells der ‚Religonspädagogischen Praxis' nach Franz Kett unter der Perspektive einer möglichen Rezeption im ev. oder konfessionell-kooperativen Religionsunterricht der Grundschule	30.01.2002/ 2002
		gedr. unter demselben Titel Münster 2002 (Hamburger th. Stud. 27)	Grünberg Cornehl
264	Klein, Renate-Andrea	Leseprozess als Bedeutungswandel. Eine rezeptionsästhetisch orientierte Erzähltextanalyse der Jakobserzählungen der Genesis	30.01.2002/ 2002
		gedr. unter demselben Titel mit dem veränderten Schluß: … im Buch Genesis. Leipzig 2002 (Arb. zur Bibel und ihrer Gesch. 11)	Willi-Plein Timm
265	Köhn, Andreas	„Und Jesus ging vorüber". Studien zur Biographie und Theologie Ernst Lohmeyers (1890–1946)	30.01.2002/ 2004
		gedr. unter dem Titel: Der Neutestamentler Ernst Lohmeyer. Studien zu Biographie und Theologie. Tübingen 2004 (WUNT R.2,180)	Sellin *Günter Haufe*
266	Pietsch, Michael	„Dieser ist der Spross Davids". Studien zur Rezeptionsgeschichte der Nathanverheißung	30.01.2002/ 2003
		gedr. mit dem Zusatz: im alttestamentlichen, zwischentestamentlichen und neutestamentlichen Schrifttum. Neukirchen 2003 (WMANT 100)	Timm Willi-Plein
267	Vočka, Tomás	Das Problem des Bösen in der Hegelschen Schule	30.01.2003/ 2003
		gedr. unter demselben Titel Frankfurt a.M. u.a. 2003 (Beitr. zur rationalen Theol. 12)	T. Koch Dierken
268	Kapust, Axel	Der Beitrag der Evangelischen Kirche in Deutschland zum Volkstrauertag	29.01.2003/ 2003
		gedr. unter demselben Titel Frankfurt a.M. u.a. 2004 (EHS.T 777)	Cornehl Gutmann

Nr.	Name	Titel der Abhandlung	Rigorosum/ Ausstellung der Urkunde
		Veröffentlichungsart und Titel	Gutachter
269	Görrig, Detlef	Israels „bleibende Erwählung" und die „Mission" der Kirche. Die theol. Neu-orientierung der Kirche im Verhältnis zum Judentum und ihre missiologischen Konsequenzen–untersucht anhand der offiziellen Verlautbarungen der EKD und ihrer Gliedkirchen von 1945 bis 2000	16.07.2003/ 2004
		gedr. unter dem Titel: Die Wurzel trägt. Israels „bleibende Erwählung" und die „Mission" der Kirche. Frankfurt a.M. 2004	Schumann Ahrens
270	Willems, Joachim	Lutheraner und lutherische Gemeinden in Russland. Eine empirische Studie über Religion im postsowjetischen Kontext	16.07.2003/ 2005
		gedr. unter demselben Titel Erlangen 2005	Grünberg Ahrens
271	Adam, Júlio César	Liturgie mit den Füßen. Brasiliens Land-kämpfer auf der Suche nach Lebensräu-men. Eine empirische Untersuchung zur Romaria da Terra in Paraná	28.01.2004
			Cornehl Gutmann
272	Braasch, Birte	Die LXX-Übersetzung des Daniel-Bu-ches. Eine Orientierungshilfe für das religiöse und politisch-gesellschaftliche Leben in der ptolemäischen Diaspora; eine rezeptionsgeschichtliche Untersu-chung von Dan. 1–7	28.01.2004/ 2004
		unter demselben Titel Online-Ressource 2004	K. Koch Hartenstein
273	Bröking-Bortfeldt, Martin Dr. phil.	Kreuz der Wirklichkeit und Horizonte der Hoffnung. Ernst Langes Predigten und seine homiletische Entwicklung	28.01.2004/ 2004
		gedr. unter demselben Titel Stuttgart 2004 (PTHe 70)	Grünberg Cornehl

Nr.	Name	Titel der Abhandlung	Rigorosum/ Ausstellung der Urkunde
		Veröffentlichungsart und Titel	Gutachter
274	Johnson, Samuel Désiré	Der Prozess einer Kirchwerdung. Fremde und eigene Beiträge zur Entstehung einer bodenständigen Kirche. Das Beispiel der Baptisten-Gemeinden in Kamerun (1841–1949)	28.01.2004/ 2004
		gedr. unter dem Titel: Schwarze Missionare – weiße Missionare: Beiträge westlicher Missionsgesellschaften und einheimischer Pioniere zur Entstehung der Baptistengemeinden in Kamerun (1841–1949). Kassel 2004 (Baptismus-Stud. 5)	Ahrens Schumann
275	Knuth, Anton	Der Protestantismus als moderne Religion. Historisch-systematische Rekonstruktion der religionsphilosophischen Theologie Kurt Leeses (1887–1965)	28.01.2004
			Fischer Dierken
276	Mohr [-Usarski], Christa	Jesus und die Kanaanäerin (Mt 15,21–28). Eine predigtgeschichtliche Recherche	28.01.2004/ 2004
		gedr. unter demselben Titel Stuttgart 2005 (PTHe 69)	Cornehl Grünberg
277	Chiquete Beltrán, José Daniel	Raum und Liturgie im mexikanischen Pentekostalismus. Eine theologische Interpretation der Pfingstarchitektur	30.06.2004
			Grünberg Gutmann
278	Cornils, Anja	Erzähltheoretisch gestützte Analysen zu Pneuma in der Apostelgeschichte des Lukas	30.06.2004
			Sellin Schramm
279	Rao, Chilkuti Vasantha	Ecological and theological aspects of some animal law in the Pentateuch	30.06.2004
			Willi-Plein Hartenstein
280	Tietz-Buck, Claudia	Johann Winckler (1642–1705). Grenzgänger zwischen lutherischer Orthodoxie und Pietismus	30.06.2004
			Mager Steiger

Register der Promovierten

478 Register

Kurzinformationen über die der Fakultät / dem Fachbereich angehörenden und die externen Gutachterinnen und Gutachter[1]

AHRENS, Theodor, Dr. theol. (* 1940); 1987 Prof. für Missionswissenschaft und ökumenische Beziehungen der Kirchen.

Albrecht, Gerd, Dr. phil., Soziologe. Interfilm-Akademie München.

Austad, Torleiv, Prof. Dr. theol., Gemeindefakultät Oslo.

Bethge, Hans-Gebhard, Prof. Dr. sc. theol., Neues Testament, Berlin.

CORNEHL, PETER, Dr. theol. (* 1936); 1976 Prof. für Praktische Theologie mit dem Schwerpunkt Homiletik/Liturgik und Universitätsprediger; 2000 emeritiert.

DIERKEN, Jörg, Dr. theol. (* 1959); 1995 Prof. für Systematische Theologie mit dem Schwerpunkt Religionsphilosophie.

Dietrich, Manfried, Prof. Dr. phil., Orientalistik, Münster.

ELZE, MARTIN, Dr. theol. (* 1927); 1967–1976 Prof. für Kirchen- und Dogmengeschichte (mit dem Schwerpunkt Alte Kirche); später Pfarrer in Aschaffenburg, Dekan und Honorarprof. in Würzburg.

ENGELLAND, Hans, Dr. theol. (1903–1970); 1954–1963 Honorarprofessor für Systematische Theologie; vorher Dozent und Prof. an der Kirchlichen Hochschule Hamburg. 1963 Prof. für Systematische Theologie in Kiel.

FISCHER, HERMANN, Dr. theol. (* 1933); 1974 Prof. für Systematische Theologie mit dem Schwerpunkt Dogmatik; 1998 emeritiert.

Freytag, Hartmut, Prof. Dr. phil., Germanistik, Hamburg

FREYTAG, WALTER, D. theol. Dr. phil. (1899–1959); 1953–1959 Prof. für Missionswissenschaft und ökumenische Beziehungen der Kirchen; gründete 1955 die Missionsakademie.

Friedli, Richard, Prof. Dr. theol., Religionswissenschaft, Fribourg.

GOPPELT, LEONHARD, D. theol. (1911–1973); 1954–1967 Prof. für Neues Testament; danach Prof. für Neues Testament in München.

GRÜNBERG, WOLFGANG, Dr. theol. (* 1940); 1978 Prof. für Praktische Theologie mit dem Schwerpunkt Religionspädagogik, Leiter der Arbeitsstelle „Kirche und Stadt".

---

1 Externe Gutachter werden in kursiver Schriftart aufgeführt.

GRUNDMANN, CHRISTOFFER, Dr. theol. (* 1950); 1996 Privatdozent für Missions-, Ökumene- und Religionswissenschaften, danach Prof. in Valparaiso.

GÜLZOW, HENNEKE, Dr. theol. (1938–1997); 1978–1997 Prof. für Kirchen- und Dogmengeschichte mit dem Schwerpunkt Alte Kirche.

GUTMANN, HANS-MARTIN, Dr. theol. (* 1953); 2001 Prof. für Praktische Theologie mit dem Schwerpunkt Homiletik; Universitätsprediger.

HAMMERICH, HOLGER, Dr. theol. (* 1940); 1997 Privatdozent für Kirchen- und Dogmengeschichte und Lehrbeauftragter.

Hammerschmidt, Ernst, Prof. Dr. theol., Dr. jur., Dr. phil., D. litt. (Oxon.), Orientalistik, Hamburg.

HARTENSTEIN, FRIEDHELM, Dr. theol. (* 1960); 2002 Prof. für Altes Testament und Altorientalische Religionsgeschichte.

Haufe, Günter, Prof. Dr. theol., Neues Testament, Greifswald.

HENRY, MARIE LOUISE, Dr. theol. (* 1911) ; 1963/1971 Professorin für Altes Testament; 1976 entpflichtet.

HERNTRICH, VOLKMAR MARTINUS, D. theol., D. D. theol. h.c. (1908–1958); 1953–1958 Honorarprofessor für Altes Testament; seit 1943 Hauptpastor an St. Katharinen, 1950 Prof. an der Kirchlichen Hochschule Hamburg sowie deren Rektor; 1956 Bischof der Ev.-luth. Kirche im Hamburgischen Staate.

Hickmann, Hans, Prof. Dr. phil. , Musikwissenschaft, Hamburg.

Hollenweger, Walter, Prof. Dr. theol., Missionswissenschaft, Birmingham.

HUNZINGER, CLAUS-HUNNO, Dr. theol. (* 1929); 1962 Prof. für Neues Testament und Spätantike Religionsgeschichte; 1991 emeritiert.

JACOBS, MANFRED, Dr. theol. (1928–1994); 1966–1970 Privatdozent für Kirchen- und Dogmengeschichte unter besonderer Berücksichtigung der Neueren KG; später Prof. in Münster.

JANOWSKI, BERND, Dr. theol. (* 1943); 1986–1991 Prof. für Altes Testament und Spätisraelitische Religionsgeschichte; danach Prof. für Altes Testament in Heidelberg und Tübingen.

Jordahn, Bruno, Dr. theol., Pastor, Hamburg-Altona.

KOCH, KLAUS, Dr. theol., Dr. h.c. (* 1926); 1962 Prof. für Altes Testament und Altorientalische Religionsgeschichte; 1991 emeritiert.

KOCH, TRAUGOTT, Dr. theol. (* 1937); 1976 Prof. für Systematische Theologie mit dem Schwerpunkt Sozialethik; 2002 emeritiert.

KODALLE. KLAUS-MICHAEL, Dr. phil. (* 1943); 1983–1993 Prof. für Religionsphilosophie und Sozialethik; danach Prof. für Praktische Philosophie/Ethik an der Universität Jena.

KRAUS, HANS-JOACHIM, D. theol. (1918–2000); 1954–1967 Prof. für Altes Testament, danach Prof. für Reformierte Theologie in Göttingen.

KRETSCHMAR, GEORG, D. theol. (* 1925); 1956–1967 Prof. für Neues Testament und Kirchengeschichte; danach Prof. in München.

KROEGER, MATTHIAS, Dr. theol. (* 1935); 1971 Prof. für Kirchen- und Dogmengeschichte mit dem Schwerpunkt Kirchen- und Theologiegeschichte der Neuzeit; 1998 entpflichtet.

Kuhn, Walter, Prof. Dr. phil., ostdeutsche Volkskunde, Hamburg.

Lilienfeld, Fairy von, Prof. Dr. theol., Ostkirchengeschichte, Erlangen.

LINDNER, WULF-VOLKER, (* 1938); 1975 Prof. für Praktische Theologie mit dem Schwerpunkt Seelsorge; 2002 entpflichtet.

LÖHR, WINRICH A., Dr. theol. (* 1961); 2001 Prof. für Kirchen- und Dogmengeschichte mit dem Schwerpunkt Alte Kirche.

LOHFF, WENZEL, Dr. theol. Dr. phil., (* 1925); 1963–1972 Prof. für Systematische Theologie mit dem Schwerpunkt Dogmatik, danach Prof. in Göttingen, Hauptpastor in Hamburg, Seminardirektor in Pullach und Honorarprof. in München.

LOHSE, BERNHARD, Dr. theol. (1928–1997); 1964 Prof. für Kirchen- und Dogmengeschichte mit dem Schwerpunkt Reformationsgeschichte; 1992 emeritiert.

MAGER, INGE, Dr. theol. (* 1940); 1993 Professorin für Kirchen- und Dogmengeschichte mit dem Schwerpunkt Reformationsgeschichte; 2003 entpflichtet.

Malek, Roman, Dr. theol. habil., Sinologie, China-Zentrum Sankt Augustin.

MARGULL, HANS JOCHEN, Dr. theol. (1925–1982); 1967–1982 Prof. für Missionswissenschaft und ökumenische Beziehungen der Kirchen.

METZGER, MARTIN, Dr. theol. (* 1928); 1969 Privatdozent für Altes Testament und Biblische Archäologie, 1974 Prof. in Kiel; 1993 emeritiert.

MEYER, HEINRICH, D. theol. (1904–1978); 1954 apl. Prof. für Missionswissenschaft; seit 1956 Bischof in Lübeck und weiterhin Hamburger Honorarprof.

MOXTER, MICHAEL, Dr. phil. (* 1956); 1999 Prof. für Systematische Theologie mit dem Schwerpunkt Dogmatik.

Müller, A.M. Klaus, Prof. Dr. rer. nat., Physik, Braunschweig.

MÜLLER-SCHWEFE, HANS-RUDOLF, D. theol. (1910–1986); 1955 Prof. für Praktische Theologie und Universitätsprediger; 1976 emeritiert.

Noth, Albrecht, Prof. Dr. phil., Islamwissenschaft, Hamburg.

OTTO, ECKART, Dr. theol (* 1944); 1975 Privatdozent für Altes Testament, später Prof. in Osnabrück, Mainz und München.

PAULSEN, HENNING, Dr. theol. (1944–1994); 1984–1994 Prof. für Neues Testament.

PESCH, OTTO HERMANN, Dr. theol., Dr. h.c. (* 1931); 1975 Prof. für Systematische Theologie mit dem Schwerpunkt Kontroverstheologie; 1997 entpflichtet.

RAU, ECKHARD, Dr. theol. (* 1938); 1983 Prof. für Neues Testament; 2001 entpflichtet.

REICHERT, ECKHARD, Dr .theol. (* 1954); 1994 Privatdozent, 1999 Prof. für Kirchen- und Dogmengeschichte (nach § 17 Abs. 1 HmbHG).

RÖHRICHT, RAINER, Dr. theol. Dr. phil., (* 1929); 1968 Privatdozent für Systematische Theologie, später Prof. an der Kirchlichen Hochschule Wuppertal.

Schäfer, Peter, Prof. Dr. phil., Judaistik, Berlin.

SCHMIDT, HANS PAUL, Dr. theol. (1926-1980); 1962 Privatdozent für Systematische Theologie, 1970 Prof. in Frankfurt.

SCHMIDT, KURT DIETRICH, D. theol. (1896–1964); 1953–1964 Prof. für Kirchengeschichte

SCHRAMM, TIM, Dr. theol. (* 1940); 1972 Prof. für Neues Testament; 2005 entpflichtet.

Schreiner, Lothar, Prof. Dr. theol., Missions- und Religionswissenschaft, Wuppertal.

Schütte, Hans-Walter, Prof. Dr. theol., Systematische Theologie, Göttingen.

SCHUMANN, OLAF, Dr. theol. (* 1938); 1981 Prof. für Religions- und Missionswissenschaft; 2004 entpflichtet.

SELLIN, GERHARD, Dr. theol. (* 1943); 1992 Prof. für Neues Testament und Spätantike Religionsgeschichte.

SPIECKERMANN, HERMANN, Dr. theol. (* 1950); 1992–1999 Prof. für Altes Testament und Altorientalische Religionsgeschichte, danach Prof. für Altes Testament in Göttingen.

STECK, ODIL HANNES, Dr. theol. (1935–2001); 1968–1976 Prof. für Altes Testament; später Prof. für Altes Testament in Mainz und Zürich.

STEIGER, JOHANN ANSELM, Dr. theol. (* 1967); 2001 Prof. für Kirchen- und Dogmengeschichte mit dem Schwerpunkt Kirchen- und Theologiegeschichte der Neuzeit.

Strohm, Theodor, Prof. Dr. theol., Dr. phil., Praktische Theologie, Diakoniewissenschaft, Heidelberg.

Sundermeier, Theo, Prof. Dr. theol., Missions- und Religionswissenschaft, Heidelberg.

Thiele, Joachim, Dr. phil., Dr. rer. nat., Erziehungswissenschaft, Hamburg.

THIELICKE, HELMUT, D. theol., Dr. phil., D. D., Dr. jur. h.c., Litt. D. h.c. (1908–1986); 1954 Prof. für Systematische Theologie, erster Dekan der Fakultät; 1960/61 Rektor der Hamburger Universität; 1974 emeritiert.

TIMM, STEFAN, Dr. theol. (* 1944); 1994 Prof. für Altes Testament und Biblische Archäologie.

Villwock, Wolfgang, Prof. Dr. rer. nat., Zoologie, Hamburg.

WAACK, OTTO WILLI, Dr. theol. (1926–2000); 1973 Privatdozent für Missionswissenschaft; seit 1967 Studienleiter an der Missionsakademie, 1974 Oberlandeskirchenrat in Kiel.

Wellesz, Egon, Prof. Dr. phil., Musikwissenschaft, Oxford.

WILCKENS, ULRICH, Dr. theol (* 1928); 1968–1981 Prof. für Neues Testament; 1981–1991 Bischof der Nordelbischen Ev.-luth. Kirche für den Sprengel Holstein-Lübeck.

WILLI-PLEIN, INA, Dr. theol. (* 1942); 1994 Professorin für Altes Testament und Spätisraelitische Religionsgeschichte.

Ehrenpromotionen durch die Ev.-Theologische Fakultät / den Fachbereich Ev. Theologie der Universität Hamburg 1955–2005

Zahl	Ehren-promotion	Ehrendoktor
1	13.09.1955	Reinhard, Johannes, Lic. theol., Dr. phil. (1870–1964), lutherischer Pastor

Der aus Sachsen stammende Reinhard war langjähriger Pfarrer an St. Johannis in Hamburg-Harvestehude (1912–1946) und vertrat seit 1946 die CDU in der Hamburger Bürgerschaft. Aufgrund seiner guten Kontakte zu Schulsenator Heinrich Landahl setzte er sich intensiv für die Gründung der Theologischen Fakultät an der Universität ein. Diese ernannte ihn 1954 zum Ehrensenator; die Fakultät verlieh ihm zum Dank für sein Engagement in Kirche und Gesellschaft sowie für seine Förderung der wissenschaftlichen Arbeit an den Problemen der Weltmission die erste Ehrendoktorwürde.

| 2 | 26.02.1957 | Neill, Stephen Charles, Dr. theol. (1900–1984), Bischof von Tinnevelly/Südindien |

Neill wirkte seit 1924 als Missionar und seit 1938 als Bischof von Tinnevelly in Südindien. Als mitreißender Prediger führte er nach dem 2. Weltkrieg Evangelisationen unter englischen und amerikanischen Studenten durch und arbeitete von 1947 an auf vielfältige Weise auch im Ökumenischen Rat der Kirchen mit. Die von ihm inspirierten und herausgegebenen „World Christian Books" erreichten einen weltweiten Leserkreis. 1960 übertrug die Theol. Fakultät Hamburg ihrem zweiten Ehrendoktor die Lehraufgabe des durch den Tod Walter Freytags vakanten Lehrstuhls für Missionswissenschaft und ökumenische Beziehungen der Kirchen.

| 3 | 13.02.1958 | Wischmann, Adolf, (1908–1983), Präsident des Kirchlichen Außenamtes der EKD in Frankfurt a.M. |

Wischmann wirkte seit 1936 als Göttinger Studentenpfarrer im Geiste der Bekennenden Kirche, während der Kriegsjahre vor allem durch seine „Wischmann-Briefe". Von 1948 an prägte er die Ev. Akademie in Hermannsburg/Loccum als Direktor und arbeitete seit 1956 als Nachfolger von Präsident M. Niemöller im Kirchlichen Außenamt der EKD. Hier bemühte er sich besonders um den Dialog mit der griechischen und russischen Orthodoxie. Die Hamburger Fakultät ehrte in ihm, der in der Gründungsphase als Lehrstuhlinhaber für Praktische Theologie im Gespräch war, den Inspirator des studentischen Lebens in Vor- und Nachkriegsdeutschland, den Förderer Ev. Akademiearbeit sowie den praktisch-theologischen Schriftsteller.

4	18.07.1958	Uhsadel, Walter, Dr. phil. (1900–1985), Prof. für Praktische Theologie in Tübingen

Uhsadel war zunächst Pastor an St. Gertrud in Hamburg sowie an St. Petri in Cuxhaven. 1950 erhielt er den Ruf als Studienleiter für Religionspädagogik an das Pädagogische Institut der Universität Hamburg; 1951 wurde er Lehrbeauftragter für Praktische Theologie/Katechetik an der Kirchlichen Hochschule Hamburg. An der neu gegründeten Theologischen Fakultät unterrichtete er im Rahmen eines Lehrauftrages Katechetik, bis er 1956 als Professor für Praktische Theologie nach Tübingen ging. Die Fakultät zeichnete in ihm den akademischen Lehrer aus, der die Bedeutung der Tiefenpsychologie für die Seelsorge erkannte, die kirchliche und pädagogische Praxis vom Grundsätzlichen her beleuchtete und das gegenseitige Verstehen zwischen Pfarrern und Lehrern förderte.

5	18.07.1958	Gensichen, Hans-Werner, Dr. theol. (1915–1999), Prof. für Religionsgeschichte und Missionswissenschaft in Heidelberg

Nach der Tätigkeit als Pfarrer und Studieninspektor an den Predigerseminaren Erichsburg und Loccum der Hannoverschen Landeskirche war Gensichen 1948–1952 Mitarbeiter im Deutschen Ev. Missionsrat in Hamburg mit kurzfristiger Lehrtätigkeit an der Kirchlichen Hochschule Hamburg. 1952–1956 arbeitete er als Dozent in Südindien. 1954 wurde er aufgrund einer Umhabilitation von Göttingen Privatdozent an der Hamburger Theol. Fakultät. Von 1957 bis zu seiner Emeritierung lehrte er Religionsgeschichte und Missionswissenschaft in Heidelberg. Die Hamburger Ehrendoktorwürde erhielt er für die in seinen missionswissenschaftlichen Arbeiten begegnende Klärung grundsätzlicher Fragen der Mission, für seine kirchengeschichtlichen Untersuchungen zum lutherischen Bekenntnis und für seine Verdienste um die Ausbildung indischer Theologen im Dienste einer selbständigen lutherischen Kirche in Indien.

6	11.05.1960	Newbigin, James Edward Lesslie, D.D. theol. (1909–1998), Bischof von Madurai-Ramnad/Südindien

Newbigin trat als schottischer Presbyterianer und Sekretär der Christlichen Studentenbewegung in den südindischen Missionsdienst und wurde 1947 zum Bischof der wesentlich durch ihn geschaffenen Church of South India gewählt. Deren weiteres Zusammenwachsen lag dem Meister der tamulischen Sprache und hinreißenden Prediger ebenso am Herzen wie die weltweite ökumenische Einheit der Kirchen. Von der Zusammengehörigkeit von Mission und Kirche zutiefst überzeugt, arbeitete er als Generalsekretär des Internationalen Missionsrates intensiv an der Verschmelzung desselben mit dem Ökumenischen Rat der Kirchen. Die Ehrendoktorurkunde wurde ihm in Hamburg während der Gedenkfeier für den am 24.10.1959 verstorbenen Walter Freytag überreicht.

7	17.07.1960	Günther, Gerhard (1889–1976), Leiter der Ev. Akademie in Hamburg

Nach dem Theologiestudium ging Günther unterschiedlichen lehrenden und schriftstellerischen Tätigkeiten nach und bot während der Zeit des Dritten Reiches zahlreichen Politikern und Angehörigen des Militärs Rat und Hilfe in Gewissensfragen. Als Mitglied der Synode der Ev.-luth. Kirche im Hamburgischen Staate gehörte er von 1949–1954 auch dem Kuratorium der Kirchlichen Hochschule an. 1952 erfolgte die Berufung in die Kammer für Publizistik der EKiD. 1953 wurde er kulturpolitischer Redakteur des Sonntagsblattes. Bereits an der Gründung der Ev. Akademie in Hamburg beteiligt, leitete er dieselbe von 1954 bis 1963 mit schöpferischem Ideenreichtum. Dadurch befruchtete er sowohl das kirchliche als auch das städtische Leben und trug nicht zuletzt zur Aufarbeitung der belastenden deutschen Vergangenheit in der jungen Generation bei.

| 8 | 08.04.1961 | Mager, Reimer (1906–1966), Präsident der Synode der Ev.-luth. Landeskirche Sachsens und Mitglied der sächsischen Kirchenleitung in Dresden |

Aus der handwerklichen Arbeit und dem christlichen Gewerkschaftsmilieu herkommend, trat Mager während der Herrschaft des Nationalsozialismus in den Dienst der Bekennenden Kirche Sachsens und wurde einer ihrer herausragenden Vertreter im Widerstand gegen Irrlehre und Gewalt. Nach der Rückkehr aus der Kriegsgefangenschaft übernahm er wieder Aufgaben im Landesbruderrat und wurde 1948 Präsident der Synode der Ev.-luth. Landeskirche Sachsens. In diesem bis zu seinem Tode geführten Amt und auch als Mitglied des Rates der EKiD zeichnete er sich in seinen Urteilen stets durch konstruktive Besonnenheit aus. 1954 setzte er sich besonders für die Vorbereitung und Durchführung des Ev. Kirchentages in Leipzig ein. Seit 1955 gehörte er dem Präsidium des Dt. Ev. Kirchentages an. Von der christlichen Arbeiterbewegung geprägt, wirkte er durch sein Tun und durch seine Persönlichkeit weit über Sachsen hinaus beispielgebend für die Haltung von Christen im öffentlichen Leben und für das Engagement von Laien in der Kirche. Die Ehrendoktorurkunde wurde ihm im Namen der Hamburger Theol. Fakultät durch Bischof Gottfried Noth in Dresden überreicht.

| 9 | 03.02.1965 | Landahl, Heinrich (1895–1971), Hamburger Schulsenator a.D. |

Als Studienrat für Französisch und Geschichte wurde Landahl 1926 bis 1933 Leiter der Lichtwark-Schule in Hamburg. Bis kurz nach der Machtergreifung Hitlers vertrat er die DDP in der Bürgerschaft und focht für Humanität und Freiheit. Während der Zeit des Nationalsozialismus machte er aus seinen Überzeugungen kein Hehl. Nach dem 2. Weltkrieg wirkte er mit einer Unterbrechung bis 1961 für die SPD als Schulsenator und bereitete u.a. die zuvor mehrfach (auch an seinem eigenen Veto) gescheiterte Gründung der Theologischen Fakultät an der Universität Hamburg vor. Eines seiner politischen Ziele bestand in der neuen Begegnung zwischen Kirche und Staat, Christentum und Sozialismus. Die Hamburger Theol. Fakultät stattete ihm mit der Verleihung der Ehrendoktorwürde ihren Dank für sein nachhaltiges Wirken als Pädagoge und Politiker, ganz besonders aber für die von ihm vorangebrachte Vervollständigung der universitas litterarum ab.

| 10 | 03.02.1965 | Kraemer, Hendrik, Dr. phil. (1888–1965), Missionstheologe und Religionshistoriker, Prof. em. für Religionswissenschaft und Phänomenologie der Religion an der Universität Leiden |

Aus Westfalen stammend, ließ Kraemer sich durch das Studium indonesischer Sprachen für den Dienst in der Mission ausbilden und schuf bzw. revidierte in den 20er Jahren des 20. Jahrhunderts u.a. neue Bibelübersetzungen auf Javanisch, Sudanesisch und Malaiisch. Außerdem förderte er aufgrund seiner fundierten Kenntnis der östlichen Religionen und Kulturen das Streben, aus den Missionsfeldern selbständige Kirchen mit eigenen Kirchenordnungen zu schaffen. Während der deutschen Besatzung im 2. Weltkrieg gehörte Kraemer dem holländischen Widerstand an. Von 1947–1955 leitete und prägte er das Ökumenische Institut in Bossey und stärkte die Rolle von Laien in den christlichen Kirchen. Als Leidener Professor widmete er sich vornehmlich der Lage und Rolle des Christentums in einer nicht-christlichen Welt. Die Hamburger Theol. Fakultät zeichnete ihn aus in Anerkennung seiner wissenschaftlichen Arbeiten über die Stellung des Christentums in der Neuzeit und über das Verhältnis von Alten und Jungen Kirchen.

| 11 | 03.02.1965 | Birkeli, Fridtjov, Dr. theol. (1906–1983), Bischof von Oslo, Direktor der Abteilung für Weltmission des Lutherischen Weltbundes |

Als Sohn eines norwegischen Missionars auf Madagaskar geboren, kehrte Birkeli nach Studium und Ordination 1933 dorthin als theologischer Lehrer im Auftrag der Norwegischen Missionsgesellschaft zurück. Trotz der gesundheitsbedingten Rückkehr in die Heimat setzte er sich weiter für die Bildung einer unabhängigen lutherischen Kirche in Madagaskar ein und organisierte 1955 die erste gesamtafrikanische Lutherische Konferenz in Marangu (heute Tansania). 1954–1957 wirkte er als Direktor der Abteilung für Weltmission des Lutherischen Weltbundes in Genf, 1957–1960 als Generalsekretär der Norwegischen Missionsgesellschaft. Von 1960 bis 1972 war er nacheinander Bischof von Stavanger und Oslo. Sein literarisches Werk befaßt sich mit der Christianisierung Norwegens sowie mit der Geschichte Madagaskars und der norwegischen Mission in Madagaskar.

| 12 | 19.02.1968 | Langmaack, Gerhard (1898–1986), Architekt und Kirchenbaumeister in Hamburg |

Der von der Berneuchener Bewegung geprägte Langmaack errichtete im Laufe seines Lebens neben zahlreichen Profanbauten nicht weniger als 50 Kirchen innerhalb und außerhalb Hamburgs. Als junger Architekt gab er zwischen 1924 und 1926 durch Um- und Anbau dem Warburg-Bibliotheksgebäude seine heutige Gestalt. Nach dem Zweiten Weltkrieg machte er sich um die Planung des Wiederaufbaus der zerstörten Hansestadt verdient. U.a. baute er St. Nikolai am Klosterstern in Harvestehude (1962) zusammen mit seinem Sohn Dieter Langmaack. 1957 erhielt er einen Lehrauftrag für Kirchenbau an der Ev.-Theol. Fakultät. Er trat auch schriftstellerisch hervor durch Studien zum evangelischen Kirchenbau im 19. und 20. Jahrhundert.

| 13 | 25.06.1971 | Pelikan, Jaroslav, Dr. phil. (* 1923), Prof. für Geschichte an der Yale University |

Der Ausgezeichnete hat sich durch wichtige Forschungen zu Luther und zur deutschen Reformationsgeschichte hervorgetan. Insbesondere galt sein Interesse dem Einfluß der reformatorischen Theologie auf die Böhmischen Brüder. Darüber hinaus übersetzte er zahlreiche Werke Luthers ins Englische. Ausschlaggebender Anlaß für die Verleihung der Hamburger Ehrendoktorwürde war Pelikans Beitrag zum 4. Internationalen Kongreß für Lutherforschung in St. Louis (1971), den er als Präsident vorbereitete und leitete. Die Urkunde wurde ihm in St. Louis überreicht. Pelikan erhielt später noch weitere wichtige Aufgaben und Ehrungen, so 1972 die Sterling Professur der Yale University. Außerdem war er u.a. Präsident der American Academy of Arts and Sciences und erhielt 2004 von der Library of Congress den John W. Kluge Price in the Human Sciences.

| 14 | 25.06.1971 | Potter, Philip Alford, (* 1921), methodistischer Theologe, Direktor der Abteilung für Weltmission und Evangelisation des Ökumenischen Rates der Kirchen |

Nach dem Dienst als methodistischer Superintendent auf Haiti trat der auf Jamaica geborene Potter 1954 ins Jugendreferat des ÖRK in Genf ein und wurde 1958 dessen Leiter. 1960 übernahm er den Vorsitz des Christlichen Studentenweltbundes und arbeitete als Sekretär der Methodistischen Missionsgesellschaft für Afrika und Westindien in London. Seit 1967 wirkte er als Direktor der Abteilung für Weltmission und Evangelisation des ÖRK wieder in Genf. Als kirchlicher Repräsentant der südlichen Hemisphäre setzte er sich durch Wort und Schrift überall für Gerechtigkeit, Menschenwürde und Entwicklung ein. Die Hamburger Theologische Fakultät ehrte in ihm den späteren Generalsekretär des ÖRK (1972–1984).

| 15 | 12.06.1976 | Mestern, Hans Adrian, (1903–1996), Jurist, Staatsrat des Hamburger Senats, Präsident der Hamburger Synode |

1945 begann der Geehrte als Verwaltungsjurist seine Tätigkeit in den verschiedensten Bereichen für die Stadt Hamburg, zuletzt als Staatsrat. Seit 1945 gehörte er der Synode der Ev.-luth. Kirche im Hamburgischen Staate an. Von 1966–1976 war er Präsident der Hamburger Synode, Mitglied der Intersynodalen Kommission, die den nordelbischen Kirchenvertrag ausarbeitete, und zuletzt Präsident der Verfassunggebenden Synode. Als solcher prägte er den Zusammenschluß der vier norddeutschen Kirchen und trug wesentlich zur Entstehung der Nordelbischen Ev.-luth. Kirche bei. Sein Einsatz als Christ und Jurist galt der Neuordnung und Ausstattung der Kirche für ihren Dienst unter den Bedingungen des ausgehenden 20. Jahrhunderts.

| 16 | 13.07.1979 | Meyer, Hans Philipp, (1919–1995), Geistlicher Vizepräsident des Landeskirchenamtes Hannover |

Meyer stand seit 1955 im Dienst der Ev.-luth. Landeskirche Hannovers, zunächst als Pastor, dann als Superintendent des Kirchenkreises Wesermünde-Nord, als Rektor des Pastoralkollegs in Loccum, als Landessuperintendent des Sprengels Hildesheim und seit 1969 als Geistlicher Vizepräsident im Landeskirchenamt Hannover sowie als Mitglied des Kirchensenats. Der Hamburger Fachbereich Theologie würdigte in ihm den nicht nur um die Geschichte, Verfassung und Leitung der Hannoverschen Landeskirche, sondern auch um die Konföderation Evangelischer Kirchen in Niedersachsen, um die VELKD und die EKD verdienten Theologen, dem in seinen Veröffentlichungen wie in der kirchenleitenden Praxis vorrangig an der Zusammenarbeit zwischen der wissenschaftlichen Theologie und der theologischen Arbeit der Kirche lag. Darüber hinaus pflegte er von seiner christlichen Warte aus den Dialog mit dem Marxismus.

| 17 | 09.01.1981 | Barrett, Charles Kingsley, Dr. theol. (* 1917), Prof. für Neues Testament an der Universität Durham |

Barrett zählt zu den führenden Exegeten des Neuen Testaments. Er trat insbesondere durch Kommentare zum Johannes-Evangelium, zum Römerbrief und zu den beiden Korintherbriefen hervor. Der Fachbereich ehrte ihn über seine fachlichen Verdienste hinaus als Brückenbauer zwischen der angelsächsischen und der deutschen neutestamentlichen Wissenschaft.

| 18 | 17.06.1981 | Walz, Hans Hermann, Dr. theol. (1914–1992), Generalsekretär des Deutschen Evangelischen Kirchentages |

Die Ehrung erfolgte während des Kirchentages in Hamburg und galt dem Theologen und Juristen Walz, der seit 1954 als Publizist und Wissenschaftler sowohl dem Ökumenischen Rat der Kirchen, der Ev. Kirche in Deutschland und dem Deutschen Evangelischen Kirchentag in herausragender Weise gedient hat.

| 19 | 15.01.1986 | Heintel, Erich, Dr. phil. (1912–2000), Prof. für Philosophie an der Universität Wien |

Heintel hat die Philosophie von Plato und Aristoteles bis Kant und Hegel in kritischer Auseinandersetzung mit der Religionskritik Feuerbachs, mit dem Materialismus und mit dem wissenschaftstheoretischen Empirismus erforscht. Die Ehrung galt darüber hinaus dem Vermittler zwischen Philosophie und Theologie, der die denkende Aneignung des christlichen Glaubens im Anschluß an Luthers „Freiheit eines Christenmenschen" durch seine engagierte philosophische Arbeit auf außergewöhnliche Weise gefördert hat.

20	05.04.1989	Brocher, Tobias, Dr. med. (1917–1998), Prof. em. für Psychiatrie und angewandte Psychoanalyse der Menninger School of Psychiatry in Topeca/Kansas USA

Brocher gilt als klarsichtiger Analytiker gegenwärtiger Lebenswirklichkeit und Lebensbewältigung, der in vielen Veröffentlichungen und Vorträgen als überzeugter Christ auf die Wirklichkeit Gottes im Alltag hingewiesen und als Sozialpsychologe wie als Gruppendynamiker die Seelsorge und die kirchliche Gruppenarbeit nachhaltig beeinflußt hat. Der Impuls zur Ehrung Brochers ging vom Institut für Praktische Theologie aus. ·

21	15.05.2002	Schloz, Rüdiger (* 1941), Oberkirchenrat im Kirchenamt der EKD in Hannover

Schloz hat als hauptverantwortlicher Leiter der Studien- und Planungsgruppe die großen religions- und kirchensoziologischen Mitgliedschaftsuntersuchungen der EKD durch markante Beiträge zu einer zeitgemäßen Theorie kirchlichen Handelns und zum Verständnis der Volkskirche begleitet. Damit und auch durch die Herausgabe der Werke Ernst Langes vermittelte er der Theologie wichtige Denkanstöße und hat insbesondere der Praktischen Theologie neue Themenfelder aufgegeben.

22	26.06.2003	Schulz, Walter (* 1955), Pfarrer der Ev.-reformierten Kirche und Direktor der Stiftung Johannes a Lasco Bibliothek Große Kirche Emden

Schulz sorgte mit Hilfe einer von ihm ins Leben gerufenen Stiftung für den Wiederaufbau der im 2. Weltkrieg zerstörten Großen Kirche in Emden und gründete die Johannes a Lasco Bibliothek. Damit schuf er nicht nur ein die Erforschung der Kulturgeschichte insbesondere der Frühen Neuzeit förderndes Forschungs- und Tagungszentrum, sondern auch ein zukunftsweisendes Modell für das kirchliche Bibliothekswesen. Zudem fördert Schulz die theologische Wissenschaft durch eigene Publikationen wie durch die Ermöglichung von Forschungen mit den Emder Bibliotheksbeständen.

23	03.06.2005	Jens, Walter (* 1923), Dr. phil., Dr. h.c. mult., Prof. em. für Allgemeine Rhetorik in Tübingen

Der in Hamburg ausgebildete Altphilologe bemühte sich seit dem Beginn seiner beruflichen Tätigkeit um den Dialog zwischen Literatur und Theologie, Kirche und Gesellschaft. Durch die Übersetzung der Evangelien und weiterer Schriften des Neuen Testamentes übertrug er Schönheit und Eindringlichkeit des Wortes Gottes in die Sprache der Gegenwart. Als Förderer der Friedensbewegung und kritischer Kommentator des Zeitgeschehens verkörpert er protestantischen Geist in exemplarischer Weise. Der Fachbereich Ev. Theologie ehrt in ihm den ebenso originellen wie mutigen Brückenschläger zwischen Luther und Lessing, zwischen Kanzel und Katheder.

Register der Ehrendoktoren

Abbildungsnachweise

Abb. 1: Johannes Bugenhagen. Altar der Stadtkirche Wittenberg, Lucas Cranach d.Ä., 1547, aus: MARTIN GRESCHAT (Hg.), *Gestalten der Kirchengeschichte*, Bd. 5: *Die Reformationszeit I*, Stuttgart u.a. 1981, vor S. 233.

Abb. 2: Philipp Nicolai, aus: PHILIPP NICOLAI, *FrewdenSpiegel des ewigen Lebens*, Frankfurt a.M. 1599, Faksimile-Neudruck (SWB 23), Soest 1963, [17].

Abb. 3: Johann Albert Fabricius. Kupferstich von Christian Fritzsch (Staats- und Universitätsbibliothek Hamburg F017).

Abb. 4: Barthold Hinrich Brockes. Ölgemälde von Balthasar Denner, aus: ECKART KLESSMANN, *Barthold Hinrich Brockes* (Hamburger Köpfe o. Nr.), Hamburg 2003, 10.

Abb. 5: Johann Christoph Wolf. Ölgemälde aus dem 18. Jahrhundert von einem unbekannten Künstler (Staats- und Universitätsbibliothek Hamburg, Lesesaal I).

Abb. 6: Titelblatt der von Johann Albert Fabricius herausgegebenen Übersetzung von William Derhams ,Physico-Theology', 5. Auflage (Bibliothek des Fachbereichs Evangelische Theologie der Universität Hamburg G VIII r 2280).

Abb. 7: Gotthold Ephraim Lessing, aus: MARTIN GRESCHAT (Hg.), *Gestalten der Kirchengeschichte*, Bd. 8: *Die Aufklärung*, Stuttgart u.a. 1983, vor S. 289.

Abb. 8: Johann Melchior Goeze. Kupferstich von Christian Fritzsch (Staats- und Universitätsbibliothek Hamburg G052).

Abb. 9: Johann Hinrich Wichern. Lithographie von Otto Speckter, 1858, aus: MARTIN GRESCHAT (Hg.), *Gestalten der Kirchengeschichte*, Bd. 9, 2: *Die neueste Zeit II*, Stuttgart u.a. 1985, vor S. 49.

Abb. 10: Amalie Sieveking, aus: THEODOR KUESSNER, *Die Erweckungsbewegung in Hamburg im Spiegel der Briefe, Tagebücher und theologischen Schriften Amalie Sievekings* (AKGH 16), Hamburg 1986.

Abb. 11: Elise Averdieck (um 1860), aus: ELISE AVERDIECK, *Lebenserinnerungen*, hg. von HANNAH GLEISS, Hamburg 1908, nach S. 312.

Abb. 12: Alsterglacis 1 (Photographie aus dem Besitz des Fachbereichs Evangelische Theologie der Universität Hamburg).

Abb. 13: Der heute sog. Philturm (Photographie, Staatsarchiv der Freien und Hansestadt Hamburg, Plankammer).

Abb. 14: Carl Mirbt (Niedersächsische Staats- und Universitätsbibliothek Göttingen, Sammlung Voit: Carl Mirbt, Nr. 2).

Abb. 15: Walter Freytag (Photographie aus dem Besitz des Fachbereichs Evangelische Theologie der Universität Hamburg).

Abb. 16: Hans Jochen Margull (Photographie aus dem Besitz des Fachbereichs Evangelische Theologie der Universität Hamburg).

Abb. 17: Helmut Thielicke (Photographie aus dem Besitz des Fachbereichs Evangelische Theologie der Universität Hamburg).

Abb. 18: Wilhelm Heydorn (Privatbesitz).

Abb. 19: Hermann Strasosky (Privatbesitz).

Abb. 20: Kurt Leese (Staats- und Universitätsbibliothek Hamburg, Nachlaß Leese).

Abb. 21: Paul Schütz (Privatbesitz).

Personenregister